이 책은 2차원 설계 프로그램인 AutoCAD를 처음 접하는 초보자와 중급자를 주요 대상으로 만들었으며 기본에 충실하고자 함을 목표로 처음에는 가능한 쉽고 예제와 그림으로 설명하였다. 혼자서도 따라하면서 다양한 메뉴를 접하고 저절로 숙지할 수 있도록 명령어와 사용법을 단계별로 정리하고 그에 맞게 실습과제를 제시하여 산업현장의 개발 및 설계도면 작성이나 학교에서의 강의 및 실습에 있어 좋은 참고 자료의 역할을 할 수 있으리라 생각한다.

실무 2D 활용서

기본에 충실한 AutoCAD 2016

고성우 · 신순욱 공저

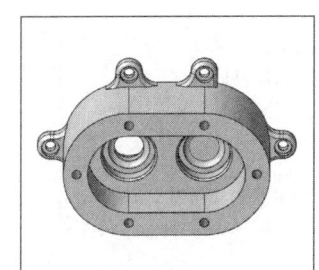
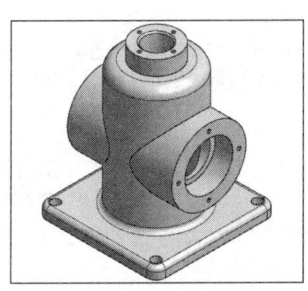
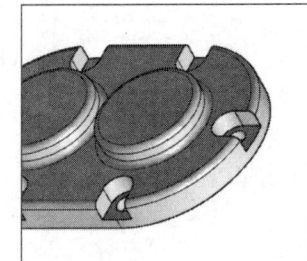

도서내용 문의 ⊙ sunugis@naver.com
본서의 사용된 예제파일은 www.webhard.co.kr에서 다운로드 받으실 수 있습니다.
ID : sjb114 / PW : sjb1234

www.sejinbooks.kr

✪ 저자 소개

고성우 교수님은 현재 "한국폴리텍 VII대학 울산캠퍼스"에서 CAD를 강의하십니다.

신순욱님은 현재 "엠에스메카텍"에서 제품 개발 및 설계를 담당하고 있습니다.

기본에 충실한 AutoCAD 2016

초판 인쇄   2016년 6월 10일
초판 발행   2016년 6월 15일

지은이 ▪ 고성우 · 신순욱
펴낸이 ▪ 홍세진
펴낸곳 ▪ 세진북스

주소 ▪ (우)400-800 경기도 고양시 일산서구 산율길 56(구산동 145-1)
전화 ▪ 031-924-3092
팩스 ▪ 031-957-3093
홈페이지 ▪ http://www.sejinbooks.kr
웹하드 ▪ http://www.webhard.co.kr   ID : sjb114   SN : sjb1234

출판등록 ▪ 제 315-2008-042호(2008.12.9)
ISBN ▪ 979-11-5745-157-9 13650

값 ▪ **22,000원**

▪ 이 책의 출판권은 도서출판 세진북스가 가지고 있습니다.
▪ 이 책의 일부 또는 전체에 대한 무단 복제와 전재를 금합니다.

 세진북스에는 당신과 나 그리고 우리의 미래가 있습니다.

AutoCAD 2016

[foreword]

기계, 자동차, 자동화시스템, 우주항공, 조선해양, 전기/전자 등 거의 모든 분야에서 설계 도면 제작 및 디자인에 있어 컴퓨터를 이용하는 것은 이제 일반적인 업무가 되었다. 이러한 작업을 기초로 2차원 드로잉으로 많은 설계자들이 AutoCAD를 활용하여 설계 데이터를 작성하고 있다.

설계를 하는데 Tool이 가장 중요한 부분은 아니지만 어떠한 Tool로 설계를 하느냐에 따라 설계 불량이라든지, 오류를 줄이고, 현장에 적합한 제품을 제작하는데 어느 정도 비중을 준다고 생각한다.

지난 30여 년 동안 학생들이나 개발자 혹은 설계자들을 강의하면서 느낀 점은 나중에 알고 나면 쉬운 내용도 초보자에게는 응용하기가 쉽지가 않으며, 너무나 많은 메뉴 때문에 당황하기가 일쑤였다.

이 책은 2차원 설계 프로그램인 AutoCAD를 처음 접하는 초보자와 중급자를 주요 대상으로 만들었으며, 기본에 충실하고자 함을 목표로 처음에는 가능한 쉽고, 예제와 그림 중심으로 하여 혼자서도 따라하면서 다양한 메뉴를 접하고 저절로 숙지할 수 있도록 명령어와 사용법을 단계별로 정리하고, 그에 맞게 실습과제를 제시하여 산업현장의 개발 및 설계 도면 작성이나 학교에서의 강의 및 실습에 있어 좋은 참고 자료의 역할을 할 수 있으리라 생각한다.

끝으로 원고가 좋은 책으로 인쇄되어 나오기까지 수고하신 [세진북스] 홍세진 사장님과 편집부 여러분들에게 깊은 감사를 드린다.

도서문의 : sunugis@naver.com

고 성 우 (한국폴리텍대학 울산캠퍼스 교수)
신 순 욱 (엠에스메카텍 기술연구소 소장)

[Contents]

Part 1
AutoCAD 시작하기

1. AutoCAD 시작하기 —————————————————— 20
    1.1 AutoCAD 실행 ·· 20
    1.2 표준 DWG 파일의 호환성 ····················· 21
    1.3 AutoCAD 초기 화면 구성 ····················· 22

2. 시작 대화상자 보기 —————————————————— 24
    2.1 새로 만들기(New) ································· 24
    2.2 열기(Open) ··· 26
    2.3 저장(Save) ··· 26
    2.4 명령 취소 방법(Undo) ·························· 27
    2.5 취소된 명령 복구(Redo) ······················ 27

3. 명령어 입력 방법 —————————————————————— 28

4. 마우스 사용 방법 —————————————————————— 30

5. 시작 도면의 환경 설정 따라하기 ————————————— 31
    5.1 도면 한계(Limits) 설정 ······················· 31
    5.2 직사각형(Rectangle) 그리기 ··············· 32
    5.3 객체 분해(Explode)하기 ····················· 34

6. 화면 제어와 관련된 명령 —————————————————— 35
    6.1 Mbuttonpan ·· 35
    6.2 Redraw(다시 그리기) ··························· 35
    6.3 Viewres(고속 줌) ································· 35

Part 2
좌표 개념과 각도계 이해하기

1. 선(Line) —————————————————————————— 38
2. 좌표와 각도 ————————————————————————— 39
    2.1 좌표의 종류 ·· 39
    2.2 각도의 이해 ·· 41
3. 지우기(Erase) ———————————————————————— 50
4. 도면 요소 선택 방법 ——————————————————————— 52

Part 3
기본적인 도형 정의하기 Ⅰ

1. 제도 설정값 조정하기 ——————————————————————— 56
    1.1 AutoCAD 문자 윈도우 F2 ···························· 56
    1.2 스냅(Snap) F9 ······································ 56
    1.3 그리드(Grid) F7 ···································· 57
    1.4 직교(Ortho) F8 ···································· 58
    1.5 극좌표(Polar) F10 ·································· 59
    1.6 객체 스냅(Object Snap) F3 ························ 59
    1.7 객체스냅추적(Otrack) F11 ·························· 62
    1.8 동적 입력(DYN Mode) F12 ·························· 62
    1.9 선 가중치 표시 / 숨기기(LWT) ······················ 63

2. 원(Circle) —————————————————— 64

    2.1 중심점과 반지름(R)을 이용한 원 ·· 64
    2.2 중심점과 지름(D)을 이용한 원 ·· 65
    2.3 2점(2p)을 이용한 원 ·· 65
    2.4 3점(3p)을 이용한 원 ·· 66
    2.5 접선, 접선, 반지름(T)을 이용한 원 ······································ 67
    2.6 접선, 접선, 접선을 이용한 원 ·· 68

3. 호(Arc) —————————————————— 69

    3.1 3점을 이용한 호 ·· 70
    3.2 시작점, 중심점, 끝점을 이용한 호 ······································ 70
    3.3 시작점, 중심점, 각도를 이용한 호 ······································ 71
    3.4 시작점, 중심점, 길이를 이용한 호 ······································ 71
    3.5 시작점, 끝점, 각도를 이용한 호 ·· 72
    3.6 시작점, 끝점, 방향을 이용한 호 ·· 72
    3.7 시작점, 끝점, 반지름을 이용한 호 ······································ 73
    3.8 연속을 이용한 호 ·· 73
    3.9 중심점, 시작점, 끝점을 이용한 호 ······································ 74
    3.10 중심점, 시작점, 각도를 이용한 호 ···································· 74
    3.11 중심점, 시작점, 길이를 이용한 호 ···································· 74

4. 타원(Ellipse) ——————————————— 75

    4.1 한 축의 길이와 다른 축의 절반 길이로 그리기 ·················· 75
    4.2 중심점과 두 축의 끝점을 지정하여 그리기 ························ 75
    4.3 타원형 호 그리기 ·· 76
    4.4 Pellipse ·· 76

5. 간격띄우기(Offset) — 94

    5.1 직선(line)일 경우 간격띄우기 … 94
    5.2 원(circle)일 경우 간격띄우기 … 95
    5.3 폴리선(polyline)일 경우 간격띄우기 … 95
    5.4 Offsetgaptype … 96

6. 자르기(Trim) — 97

    6.1 기준선과 삭제될 부분이 구분될 경우 … 97
    6.2 기준선과 삭제될 부분이 중복될 경우 … 98

7. 연장(Extend) — 99

8. 모깎기(Fillet) — 128

    8.1 기본적인 모깎기일 경우 … 128
    8.2 반지름 값이 0일 경우 … 128
    8.3 자르기(Trim) 설정 … 129

9. 모따기(Chamfer) — 130

    9.1 가로길이와 세로길이가 동일할 경우 … 130
    9.2 가로길이와 세로길이가 다를 경우 … 131
    9.3 길이와 각도를 이용할 경우 … 131

10. 끊기(Break) — 133

    10.1 직선일 경우 사이를 끊기(기본값) … 133
    10.2 원일 경우 사이를 끊기 … 133
    10.3 첫 점과 다음 점을 지정하여 끊기 … 134
    10.4 한 점에서 끊기 … 134

Part 4
기본적인 도형 정의하기 II

1. 직사각형(Rectangle) — 160
    1.1 임의의 두 점을 지정하여 직사각형 그리기 ········· 160
    1.2 길이를 입력하여 직사각형 그리기 ········· 161

2. 폴리곤(Polygon) — 162
    2.1 내접(I) 폴리곤 그리기 ········· 162
    2.2 외접(C) 폴리곤 그리기 ········· 163
    2.3 한 변의 길이로 폴리곤 그리기 ········· 163

3. 복사(Copy) — 164
    3.1 두 점을 이용한 복사 ········· 164
    3.2 상대좌표(상대극좌표)를 이용한 복사 ········· 165

4. 이동(Move) — 166
    4.1 두 점을 이용한 이동 ········· 166
    4.2 상대좌표(상대극좌표)를 이용한 이동 ········· 167

5. 회전(Rotate) — 168
    5.1 지정한 각도만큼 회전할 때 ········· 168
    5.2 참조 각도와 절대 각도만큼 회전할 때 ········· 169

6. 축척(Scale) — 170
    6.1 크기 비율을 이용한 축척 ········· 170
    6.2 상대적인 크기 변화를 이용한 축척 ········· 171

7. 길이조정(Lengthen) — 172
- 7.1 증분(Delta) … 172
- 7.2 퍼센트(Percent) … 172
- 7.3 합계(Total) … 173
- 7.4 동적(Dynamic) … 173

8. 대칭(Mirror) — 196
- 8.1 원본 삭제 여부 … 196
- 8.2 Mirrtext … 197

9. 배열 클래식(Arrayclassic) — 211
- 9.1 직사각형 배열 … 211
- 9.2 원형 배열 … 212
- 9.3 경로 배열 … 213

10. 분해(Explode) — 214

Part 5
향상된 명령 살펴보기

1. 스플라인(Spline) — 232

2. 폴리선(Polyline) — 233
- 2.1 폴리선(Polyline)의 특징 … 233
- 2.2 폴리선(Polyline)이 직선(Line)일 때 … 233
- 2.3 폴리선(Polyline)이 호(Arc)일 때 … 234

3. 도넛(Donut) —————————————————————— 238
    3.1 Fill(채우기) ·· 239
    3.2 Regen(재생성) ······································ 239

4. 신축(Stretch) ——————————————————————— 240

5. 분 할 ——————————————————————————— 241
    5.1 등분할(Divide) ······································ 241
    5.2 길이분할(Measure) ································ 242

6. 스케치(Sketch), 구성선(Xline), 광선(Ray) ———— 243
    6.1 스케치(Sketch) ······································ 243
    6.2 구성선(Xline(Construction line)) ·········· 244
    6.3 광선(Ray) ··· 245

7. 테이블(Table) —————————————————————— 246
    7.1 테이블 편집 도구 ································ 247
    7.2 Fielddisplay ·· 248

8. 그룹(Group) ——————————————————————— 254
    8.1 그룹(Group) ··· 254
    8.2 그룹해제(Ungroup) ······························ 254

9. 게시(Publish) ——————————————————————— 255
    9.1 파일 내보내기 및 게시하기 ············· 255
    9.2 PDF를 언더레이로 부착하기 ············· 256
    9.3 도면 일괄 출력하기 ···························· 259
    9.4 3D 인쇄하기 ·· 259

10. AutoCAD 복사 기능 모음 ─ 260
    10.1 복사(Ctrl+c) & 붙여넣기(Ctrl+v) ·········· 260
    10.2 드래그(Drag) & 드롭(Drop) ·········· 260
    10.3 AutoCAD 기능 활용 ·········· 260
    10.4 블록작성(Block), 블록쓰기(Wblock) 기능 활용 ·········· 260
    10.5 Design Center ·········· 261
    10.6 도구 팔레트 ·········· 261

Part 6
해치, 문자 및 치수 입력하기

1. 해치(Hatch) ─ 264
2. 그라데이션(Gradient) ─ 266
3. 문자 스타일(Style) ─ 277
4. 여러 줄 문자(Mtext) ─ 278
    4.1 문자 형식 옵션 ·········· 278
    4.2 특수문자 입력 ·········· 279
5. 문자 편집(ddedit) ─ 280
6. AutoCAD에서 지원하는 글자체로 설정하기 ─ 281
7. 치수 구성요소 ─ 291
8. 치수 스타일(Dim Style) ─ 292
9. 치수 기입하기 ─ 298
    9.1 치수(Dim), (스마트치수) ·········· 298

  9.2 선형(Dimlinear) ·· 299
  9.3 정렬(Dimaligned) ··· 300
  9.4 반지름(Dimradius) ··· 301
  9.5 지름(Dimdiameter) ·· 301
  9.6 각도(Dimangular) ·· 302
  9.7 호 길이(Dimarc) ·· 302
  9.8 지시선(Leader) ··· 303
  9.9 공차(Tolerance) ·· 303
  9.10 세로좌표(Dimordinate) ·· 305
  9.11 기준선(Dimbaseline) ·· 306
  9.12 연속(Dimcontinue) ·· 307
  9.13 꺾어진(Dimjogged) ·· 308

10. 치수 스타일(DimStyle) ——————————————————— 314
  10.1 선(Line) ··· 315
  10.2 기호 및 화살표(Symbols and Arrows) ······················ 319
  10.3 문자(Text) ·· 322
  10.4 맞춤(Fit) ··· 326
  10.5 1차 단위 ··· 328
  10.6 대체 단위 ·· 331
  10.7 공 차 ·· 333

Part 7
도면층과 특성 이해하기

1. 도면층(Layer) ——————————————————————— 338
  1.1 도면층 특성 관리자 ··· 338

1.2 Ltscale(선 종류 축척 비율) ··· 345

2. 객체 특성 변경하기 — 346

2.1 도구막대의 활용 ··· 346
2.2 Change ·· 348
2.3 특성(Properties) ·· 349
2.4 특성일치(Matchprop) ··· 350

Part 8
블록 및 라이브러리 활용하기

1. 블록작성(Block) ——————————————————— 364
2. 블록쓰기(WBlock) ——————————————————— 368
3. 삽입(Insert) ——————————————————————— 372
4. Minsert ————————————————————————— 375
5. Design Center(adcenter) ———————————————— 376

Part 9
정보 조회와 도면 출력하기

1. 도면의 정보 조회하기 ——————————————— 384

1.1 면적(Area) ·· 384
1.2 체적(Volume) ··· 386

1.3 영역, 질량특성(massprop) ·· 388
1.4 리스트(List) ·· 389
1.5 ID점 ··· 390
1.6 시간(Time) ··· 390

2. 도면 유틸리티 명령 —————————————————— 391

2.1 소거(Purge) ·· 391
2.2 Filedia ·· 392
2.3 복구(Recover) ··· 392
2.4 자동 저장(Save Time) ·· 393

3. 도면 출력하기 —————————————————————— 396

3.1 플롯(Plot, Print) ·· 396

Part 10
향상된 기계도면 작성하기

1. 기계부품 2D 도면 작성하기 ———————————————— 408

1.1 기준도면 크기(A2) 설정하기 ·· 408
1.2 템플릿 도면 작성하기 ·· 409

2. 오토캐드 기술 자격 시험 ———————————————— 431

2.1 도면 이해하기 ··· 431
2.2 도면 작성하기 ··· 435
2.3 도면 배치 작성 따라하기 ·· 436

Part 11
연습도면 Ⅰ   449

Part 12
연습도면 Ⅱ   499

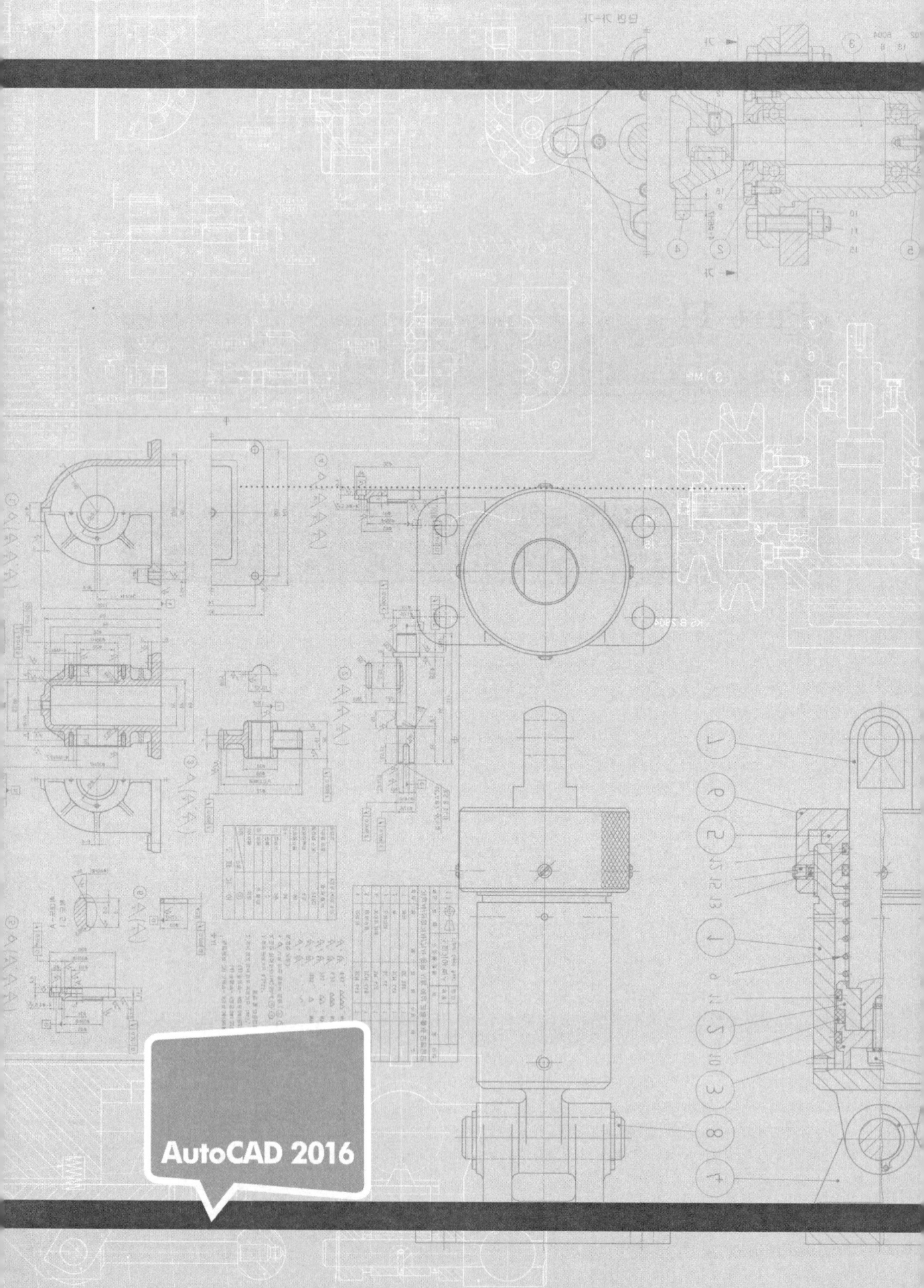

Part 01
AutoCAD 시작하기

AutoCAD 2016

1. AutoCAD 시작하기

1.1 AutoCAD 실행

A AutoCAD 실행

① 윈도우즈 바탕화면에 있는 AutoCAD 아이콘을 더블클릭하여 실행한다.

② 윈도우즈 시작 → 모든 프로그램 → Autodesk → AutoCAD2016-한국어(Korean) → AutoCAD2016-한국어(Korean)를 선택하여 실행한다.

다음 그림처럼 "시작"이 표시된다.

❶ 시작하기 : 새로운 도면의 작성을 시작할 수 있다.

❷ 최근문서 : 최근에 작업한 도면을 열기할 수 있다.

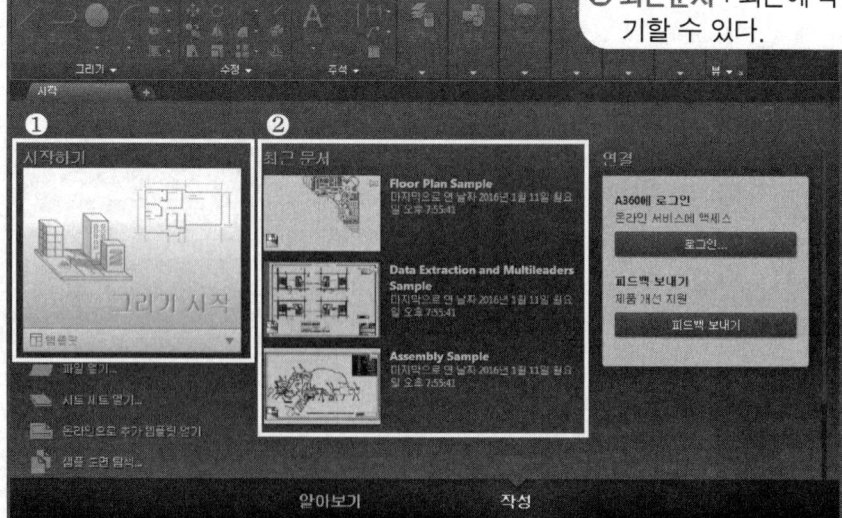

1.2 표준 DWG 파일의 호환성

A 각 버전과 DWG 형식

AutoCAD 2016에서는 설계자를 염두에 두고, 일상적인 제도 작업의 생산성을 대폭 향상시켜 주었다.

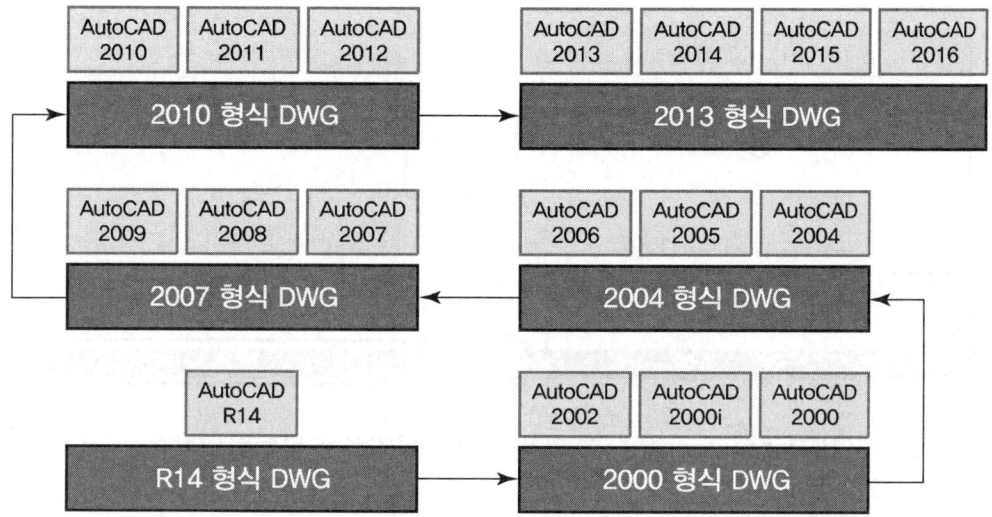

① DWG 파일

AutoCAD / AutoCAD LT에서 작성한 설계 도면을 벡터 그래픽으로 저장하기 위한 표준 파일 형식이다.

② DXF 파일

서로 다른 컴퓨터 설계(CAD) 프로그램 간에 설계 도면 파일을 교환하는 업계 표준으로 사용되는 파일 형식이다.

③ DWF 파일

AutoCAD / AutoCAD LT의 도면 웹 형식으로 DWG 파일에서 작성된 고도의 압축된 파일 형식이다. DWF 파일은 웹에 게시하거나 웹에서 보기에 쉽다.

1.3 AutoCAD 초기 화면 구성

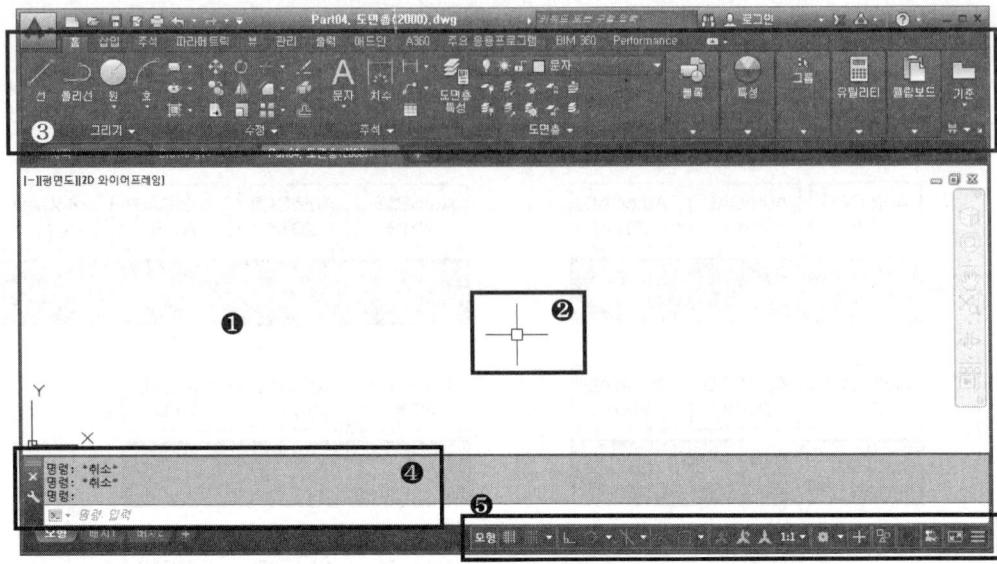

❶ **작업영역(Graphics Area)** : 도형을 그리고 편집하는 작업영역이다.

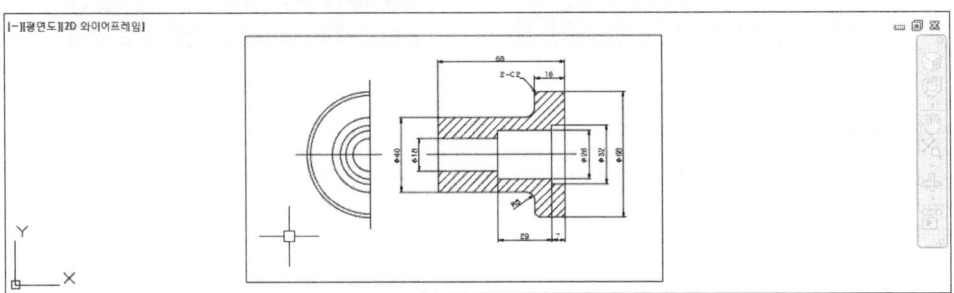

❷ **Cross Hair** : 커서(Cursor)라고도 하며, 마우스를 움직이면 따라서 움직인다. 실제 작업을 하는 펜 역할을 한다.

❸ **리본 메뉴(Ribbon Menu)** : 명령을 실행하는 아이콘의 집합이며 선택하면 실행이 된다.

❹ **명령표시줄(Command line)** : 사용자가 키보드로 명령어를 입력하는 영역으로 사용하는 모든 명령어의 입력과 메시지 및 설정값 등을 확인할 수 있다.

❺ **상태 라인(Status)** : 화면 아래쪽에 위치하며 마우스 커서의 위치를 좌표계로 표시하고, 현재 도면의 설정상태(Snap, Grid, Ortho 등)를 나타낸다.

2. 시작 대화상자 보기

2.1 새로 만들기(New)

새로운 도면의 작성을 시작한다.

AutoCAD의 명령표시줄에 "new"를 입력하고 [Enter↵]를 누르면 대화상자가 나타난다.

```
명령 : new [Enter↵]
```

도면 템플릿 선택 창은 미리 정의된 설정을 사용하여 도면을 시작할 수 있다.

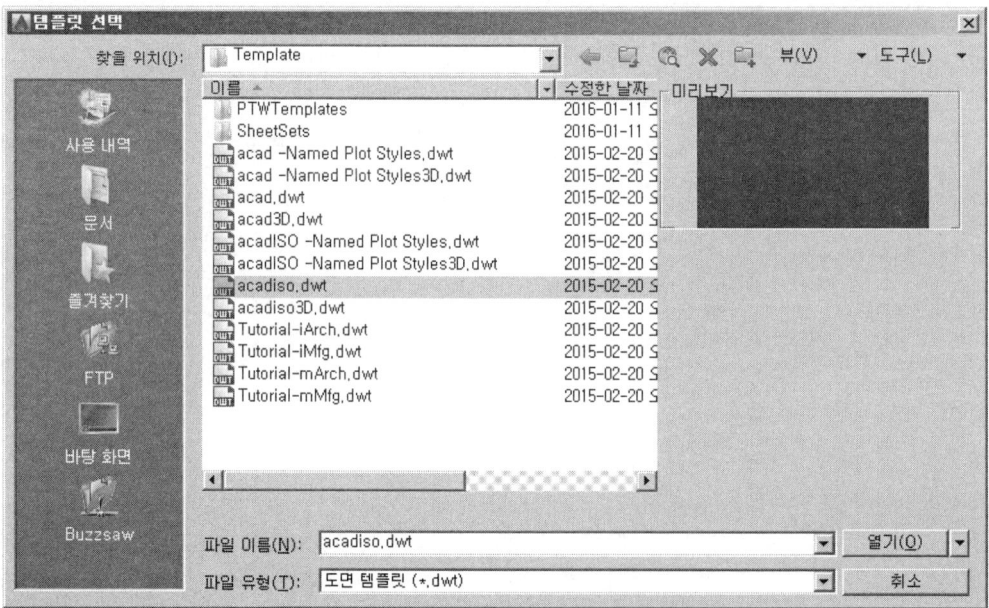

A 새 도면 작성 시 설정 정의

"템플릿 선택"을 사용하지 않고, 이전의 "새 도면 작성" 대화상자를 사용하여 도면 설정을 정의할 수 있다. 명령 표시줄에 "startup" 시스템 변수를 1로 설정하고, "filedia" 시스템 변수도 1로 설정한다.

```
명령 : startup [Enter↵]                    〈대화상자 표시 여부 설정〉
STARTUP에 대한 새 값 입력 〈0〉 : 1

명령 : filedia [Enter↵]                    〈파일 탐색 대화상자 표시 설정〉
FILEDIA에 대한 새 값 입력 〈1〉 : 1
```

① **시스템 변수** : Startup 설정 여부

새 도면 작성 대화상자의 표시 여부를 설정한다.

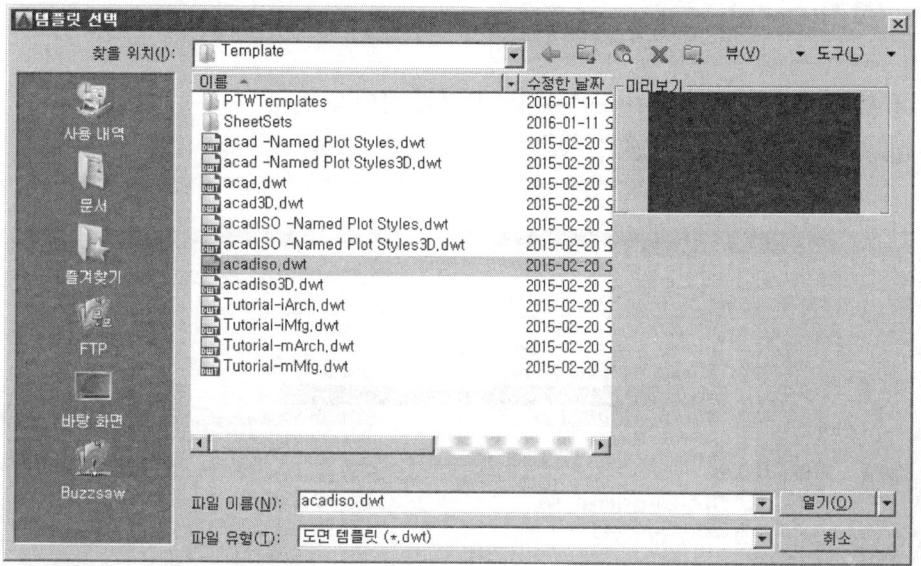

[시스템 변수 : Startup=0, Filedia=1일 때]

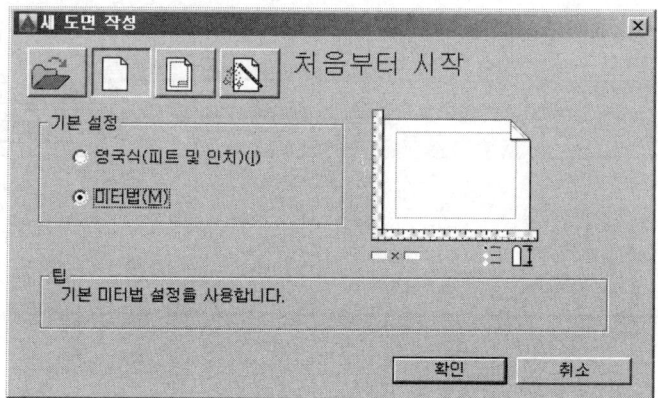

[시스템 변수 : Startup=1, Filedia=1일 때]

② **시스템 변수** : Filedia 설정 여부

대화상자가 표시되지 않고, 명령표시줄에 파일 탐색 경로가 나타난다.

[Filedia=0일 때]

2.2 열기(Open)

기존에 저장된 도면을 열기하여 수정 및 편집 작업을 한다.

명령 : **open** Enter↵

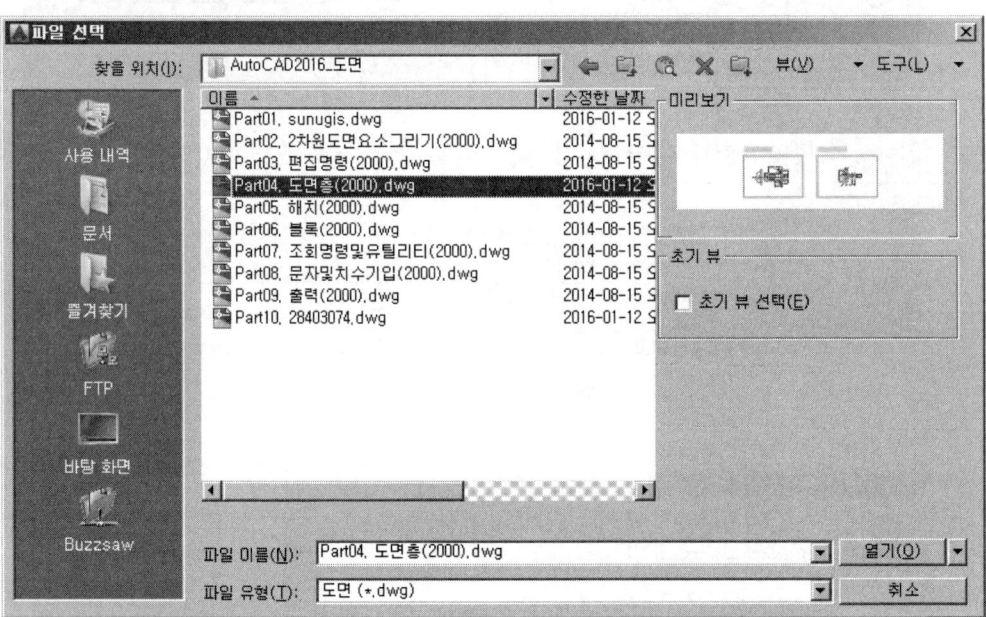

2.3 저장(Save)

A 저장(Save)

현재의 도면 이름이나 사용자가 입력하는 이름으로 저장한다.

명령 : **save** Enter↵

B 다른 이름으로 저장(Save as..) 💾

현재 도면의 사본을 새로운 이름으로 저장하고자 하는 경우에 사용하며, 새로운 파일명을 입력해 주면 된다.

명령 : **saveas** [Enter↵]

2.4 명령 취소 방법(Undo) ↩

① 실행중인 명령을 취소하는 방법은 키보드 [Esc] 버튼을 2~3번 누른다.
② 실행된 명령을 취소하는 방법은 명령어 U를 사용하여 명령을 되돌린다.

명령 : **u** [Enter↵]

③ 메뉴에 있는 Toolbar를 마우스로 선택하여 취소할 명령을 선택한 후, 취소한다.

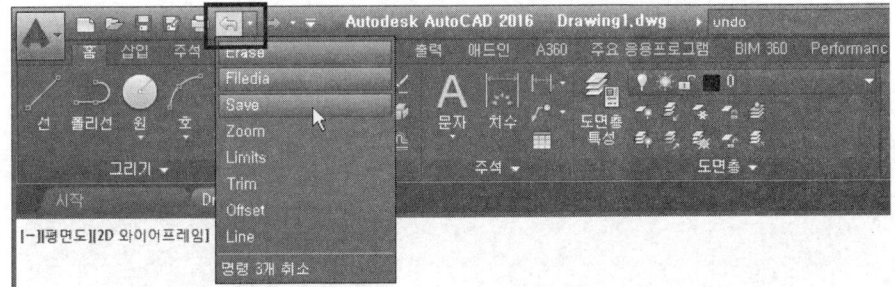

2.5 취소된 명령 복구(Redo) ↪

① 취소된 명령을 복구하는 방법은 명령어 redo를 사용한다.

명령 : **redo** [Enter↵]

② 메뉴에 있는 Toolbar를 마우스로 선택하여 취소된 명령을 선택한 후, 복구한다.

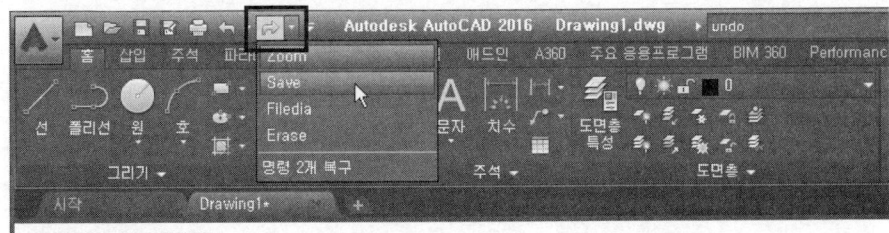

3. 명령어 입력 방법

A 키보드에 의한 방법

명령 표시줄(Command Line)에 직접 입력하여 실행한다.

```
명령: LINE
첫 번째 점 지정:
▼ LINE 다음 점 지정 또는 [명령 취소(U)]:
```

"명령 : " 외에 다른 무엇인가가 적혀있다면 다른 명령어가 종료되지 않고 실행중임을 의미한다. 이때는 키보드 Esc를 2~3번 눌러 명령을 취소한 후, 새로운 명령을 입력한다.

B 리본 메뉴의 단축아이콘에 의한 방법

리본 메뉴의 단축아이콘을 클릭하여 실행한다.

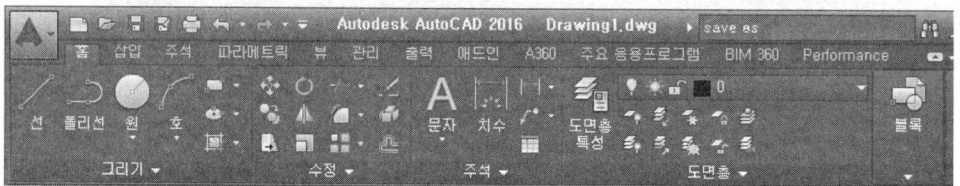

C 명령의 반복

① 명령 표시줄에서 Enter↵를 누르면 바로 직전에 실행한 명령이 다시 실행된다. 따라서 반복해서 같은 명령을 사용할 경우에 효율적이다.
② 키보드 "스페이스바"를 사용해도 반복 실행된다.

D 단축키에 의한 방법

명령 표시줄(Command Line)에 직접 명령의 단축키를 입력하여 실행한다.
단축키 설정은 리본 메뉴 → 관리 → 사용자화 → 별칭편집(pgp)을 실행한다.

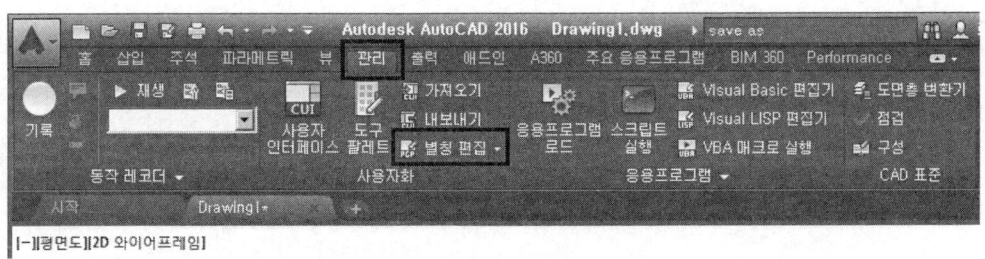

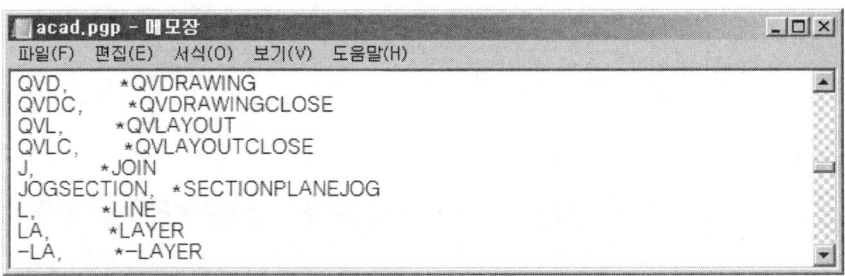

⬇ 대표적인 AutoCAD 단축키 모음

단축키	명령어	설명	단축키	명령어	설명
a	arc	원호 그리기	l	line	선 그리기
ar	array	배열하기	len	lengthen	선분 길이변경
b	block	블록	lead	leader	치수보조선 기입
bh	bhatch	해치넣기	m	move	객체 이동
br	break	선분끊기	ma	matchprop	속성(특성) 복사
c	circle	원 그리기	mi	mirror	대칭 복사
cha	chamfer	모따기	o	offset	간격띄우기
co, cp	copy	복사하기	rec	rectang	직사각형 그리기
e	erase	지우기	sc	scale	축척
el	ellipse	타원 그리기	t	mtext	다중문자 쓰기
ex	extend	선분 연장하기	tr	trim	선분 자르기
f	fillet	모깎기(라운드)	x	expoode	객체분해

4. 마우스 사용 방법

AutoCAD에서는 휠 마우스의 사용을 권장한다. 마우스 휠의 조작만으로 대부분의 화면 조작을 할 수 있으므로 설계의 작업이 편리해진다.

◎ AutoCAD에서 지원하는 마우스 동작 목록

작 업 내 용	수 행 방 법
*Zoom 확대 또는 축소	Zoom 확대하려면 휠을 앞으로 회전하고, Zoom 축소하려면 뒤로 회전한다.
도면 범위로 Zoom	휠 버튼을 두 번 누른다.
*초점 이동 (Pan)	휠 버튼을 누른 상태로 마우스를 끌기한다. (**MBUTTONPAN** 시스템 변수가 1로 설정되어 있을 경우)
초점 이동 (조이스틱)	Ctrl 키와 휠 버튼을 누른 상태로 마우스를 끌기한다.
객체 스냅 메뉴를 표시한다.	**MBUTTONPAN** 시스템 변수를 0으로 설정하고, 휠 버튼을 클릭한다.
화면 공간 회전 (3D Rotate)	Shift 키와 휠 버튼을 동시에 누른 상태로 마우스를 끌기한다.

도면의 크기는 KS 규격에 정해져 있다.
다음은 A계열 도면의 크기를 나타낸 표이며, 단위는 mm이다.

호 칭	크기 (가로×세로)
A0	1189×841
A1	841×594
A2	594×420
A3	420×297
A4	297×210

5. 시작 도면의 환경 설정 따라하기

CAD를 이용하여 도면을 작성하는 목적은 실제 도면의 크기에 대한 개념을 기반으로 정확한 도면을 작성하여 정확하게 결과물을 출력하기 위해서이다.

5.1 도면 한계(Limits) 설정

도면의 크기를 지정한다. 왼쪽 아래 구석점과 오른쪽 위 구석 점을 지정하여 설정하며, zoom→all 명령을 사용하면 설정된 도면영역을 확인할 수 있다.

① 도면한계(limits)를 실행하여 A3(420×297) 크기의 작업 영역을 설정한다.

```
명령 : limits Enter↵                                          〈도면한계 실행〉
모형 공간 한계 재설정 :
왼쪽 아래 구석 지정 또는 [켜기(ON)/끄기(OFF)] 〈0.0000,0.0000〉 : 0,0 Enter↵
오른쪽 위 구석 지정 〈420.0000,297.0000〉 : 420,297 Enter↵
```

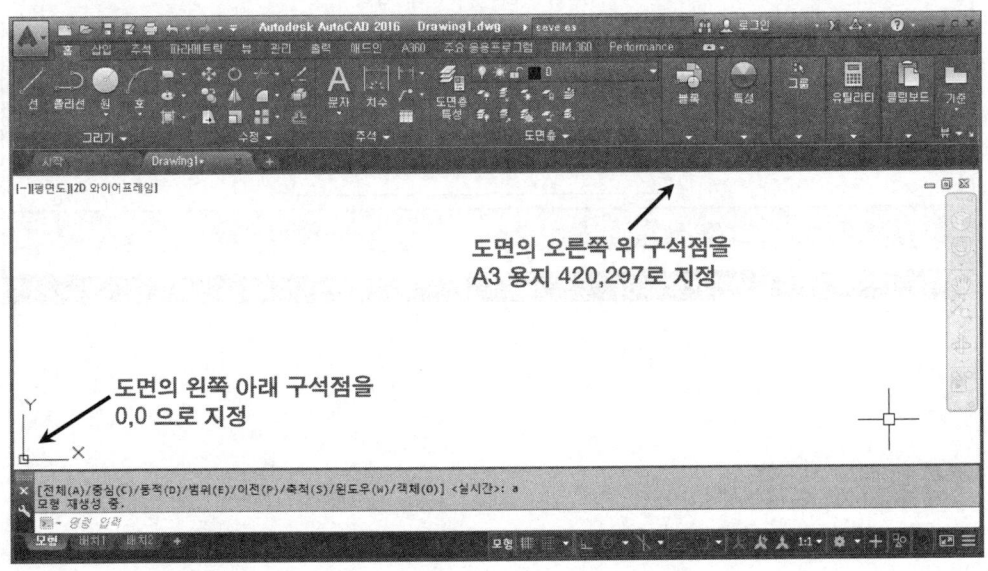

② zoom→all 명령을 실행하여 작업영역의 전체 보기를 한다.

```
명령 : zoom [Enter↵]                                        〈zoom 실행〉
윈도우 구석 지정, 축척 비율(nX 또는 nXP) 입력 또는 [전체(A)/중심(C)/동적(D)/범위(E)/이전
(P)/축척(S)/윈도우(W)/객체(O)] 〈실시간〉 : a [Enter↵]              〈전체 보기〉
```

5.2 직사각형(Rectangle) 그리기

① 직사각형을 실행하여 도면 테두리에 해당하는 사각형을 그린다.

```
명령 : rectangle [Enter↵]                                  〈직사각형 실행〉
첫 번째 구석점 지정 또는 [모따기(C)/고도(E)/모깎기(F)/두께(T)/폭(W)] : 10,10 [Enter↵]
다른 구석점 지정 또는 [영역(A)/치수(D)/회전(R)] : 410,287 [Enter↵]
```

A3용지의 크기는 420x297이며, 철을 안 했을 때의 도면여백 10을 적용하여, [10,10부터 410,287까지 크기의 직사각형]을 작성한다.

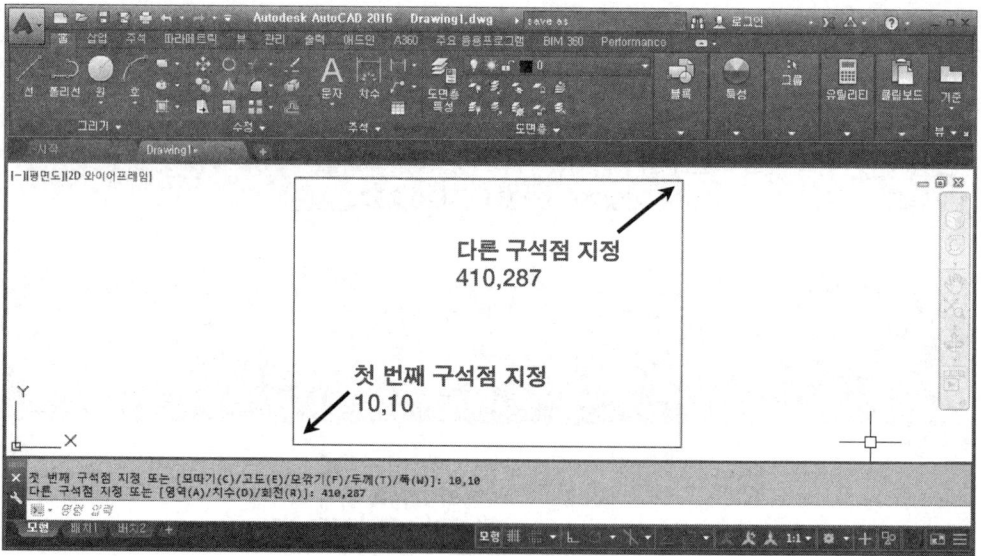

② 그리드(Grid)를 실행하여 도면영역 내에 간격을 10으로 설정한다.

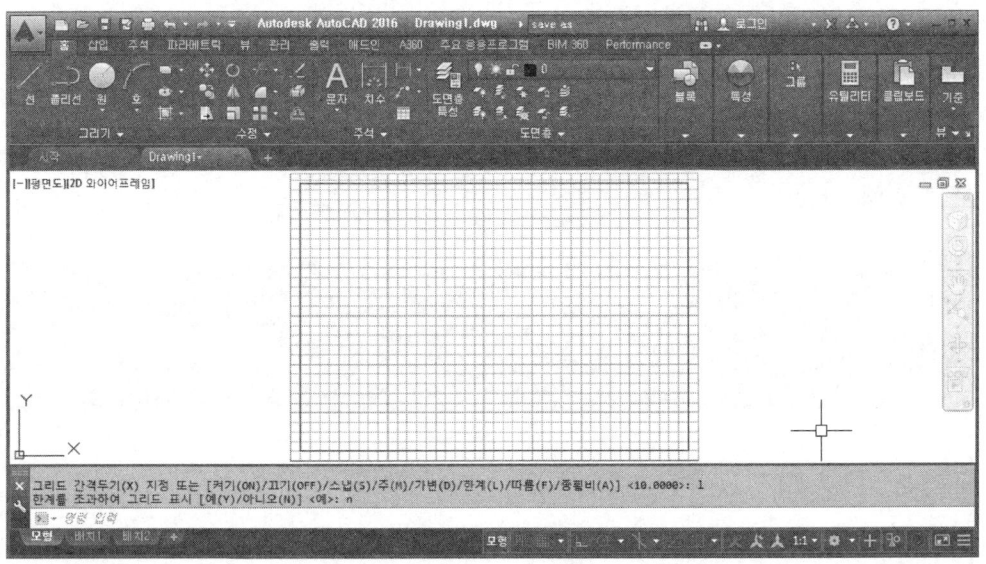

명령 : **grid** Enter↵ 〈그리드 실행〉
그리드 간격두기(X) 지정 또는 [켜기(ON)/끄기(OFF)/스냅(S)/주(M)/가변(D)/한계(L)/따름(F)/종횡비(A)] 〈10.0000〉 : **10** Enter↵ 〈그리드(모눈) 간격 입력〉
명령 : Enter↵ 〈다시 grid 실행〉
그리드 간격두기(X) 지정 또는 [켜기(ON)/끄기(OFF)/스냅(S)/주(M)/가변(D)/한계(L)/따름(F)/종횡비(A)] 〈10.0000〉 : **l** Enter↵ 〈한계 옵션〉
한계를 초과하여 그리드 표시 [예(Y)/아니오(N)] 〈예〉 : **n** Enter↵ 〈한계 초과 옵션〉

③ 그리드 표시를 없애려면 상태표시줄의 그리드를 클릭하거나, 키보드 F7을 누르거나, 그리드(Grid) 기능을 실행하여 Off 시킨다.

명령 : **grid** Enter↵
그리드 간격두기(X) 지정 또는 [켜기(ON)/끄기(OFF)/스냅(S)/주(M)/가변(D)/한계(L)/따름(F)/종횡비(A)] 〈10.0000〉 : **off** Enter↵

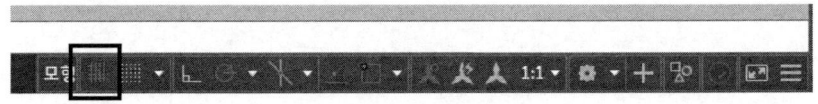

5.3 객체 분해(Explode)하기

① 분해(Explode)를 실행하여 하나로 묶여있는 사각형을 각각의 선들로 분해한다.

```
명령 : explode Enter↵
객체 선택 :                                          〈분해시킬 객체 선택〉
객체 선택 : Enter↵
```

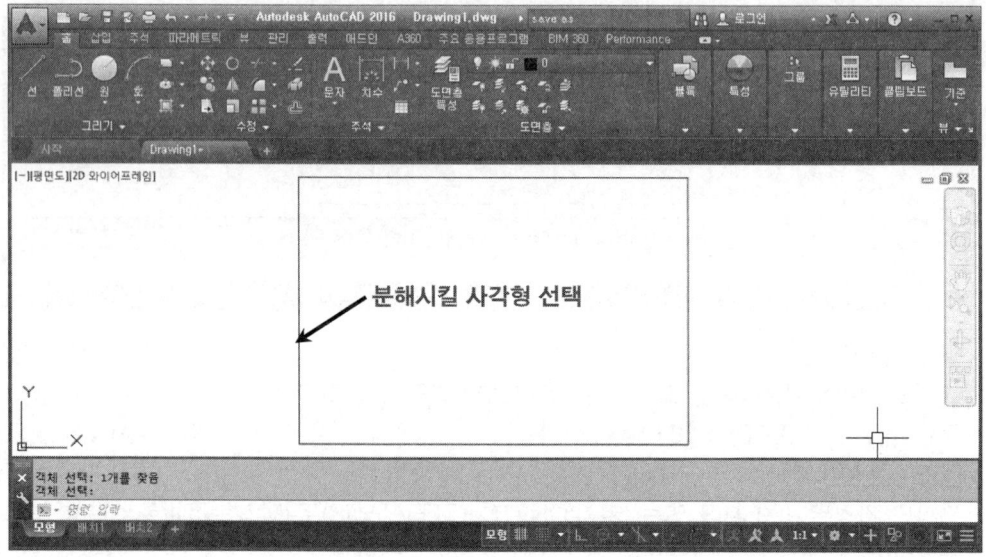

6. 화면 제어와 관련된 명령

6.1 Mbuttonpan

휠 마우스는 화면이동(Pan) 명령이 실행되지 않은 상태에서도 휠을 누른 채 화면을 이동할 수 있는데, 만약 작동하지 않는다면 [mbuttonpan] 명령을 이용하여 값을 "1"로 변경하면 된다.

```
명령 : mbuttonpan [Enter↵]
MBUTTONPAN에 대한 새 값 입력 〈1〉 : 1 [Enter↵]
```

- 1번 : 마우스의 휠 버튼을 화면이동(Pan) 기능으로 사용
- 0번 : 마우스의 휠 버튼을 객체스냅(Osnap) 기능으로 사용

6.2 Redraw(다시 그리기)

화면상의 도면 요소들을 다시 그려준다. Blip(작은 십자표시)를 제거하여 화면을 깨끗하게 한다.

```
명령 : redraw [Enter↵]
```

다른 명령의 실행 중 "redraw" 명령을 실행시키면 "redraw"가 실행되고, 계속 본래의 명령을 수행한다.
그리드 On/Off (기능키 F7)를 누르더라도 redraw와 같은 효과를 볼 수 있다.

6.3 Viewres(고속 줌)

화면 상에 원을 하나 그려놓고, 확대해 보면 원이 다각형으로 나타나게 되는데, 이는 많은 수의 짧은 직선으로 그려져 있어서이다. 이 직선의 수를 많게 하면 원이나 호가 매끄러

운 상태로 그려진다.

```
명령 : viewres Enter↵
고속 줌을 원하십니까? [예(Y)/아니오(N)] 〈Y〉 : Enter↵
원 줌 퍼센트 입력 (1-20000) 〈1000〉 : 2000 Enter↵         〈원하는 수치를 입력한다〉
모형 재생성 중.
```

Part 02
좌표 개념과 각도계 이해하기

AutoCAD 2016

이번의 명령은 CAD를 하려면 가장 기본적으로 사용할 줄 알아야 하는 명령어로 사용 방법을 익혀 CAD의 기초를 다지는데 부족함이 없도록 연습한다.

1. 선(Line)

직선을 그릴 때 사용하며, CAD 작업에 있어 가장 기본적이고 많이 사용하는 명령이다.

- ✓ 명령입력 : line
- ✓ 리본메뉴 : 홈 → 그리기 → 선
- ✓ 단축키 : l

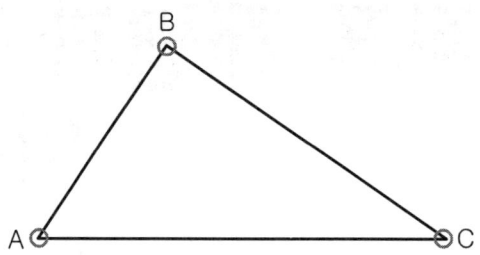

명령 : line Enter↵	〈선 실행〉
첫 번째 점 지정 :	〈A점 지정〉
다음 점 지정 또는 [명령 취소(U)] :	〈B점 지정〉
다음 점 지정 또는 [명령 취소(U)] :	〈C점 지정〉
다음 점 지정 또는 [닫기(C)/명령 취소(U)] : c Enter↵	〈닫기 옵션 및 명령 종료〉

- ●**첫 번째 점 지정** : 선의 첫 번째 점을 좌표값이나 마우스로 클릭하여 입력한다.
- ●**다음 점 지정** : 선의 다음 점을 지정한다.
- ●**닫기(C)** : C Enter↵ 하면 첫 번째 점과 연결하면서 닫힌 도형을 생성하고, 선 명령을 종료한다.
- ●**명령 취소(U)** : 선을 잘못 그렸을 경우, U Enter↵ 하면 마지막에 입력한 값이 취소된다.

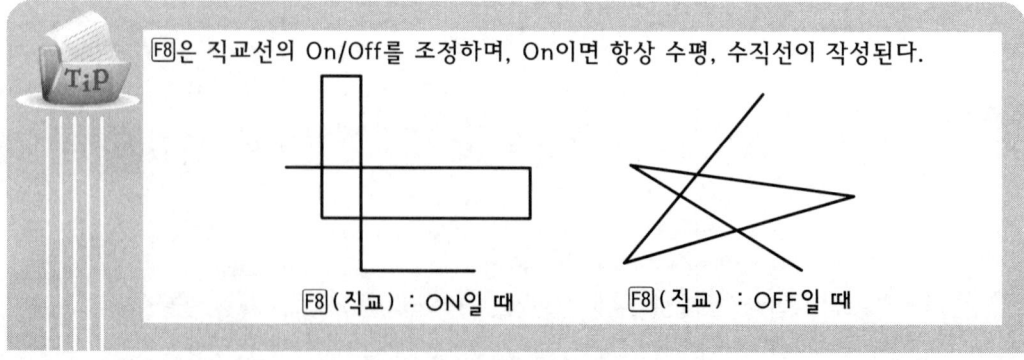

2. 좌표와 각도

2.1 좌표의 종류

명령 진행 중 [~점]이라는 메시지가 나오면 아래의 좌표계 방법을 사용하거나 마우스로 직접 화면상의 한 점을 지정한다.

A 절대좌표

기본 좌표로 첫 화면의 왼쪽 아래의 좌표를 0,0으로 하여 절대적인 X, Y, Z 값으로 점을 입력하는 방법이다.

✔입력방법 : X, Y 또는 X, Y, Z점

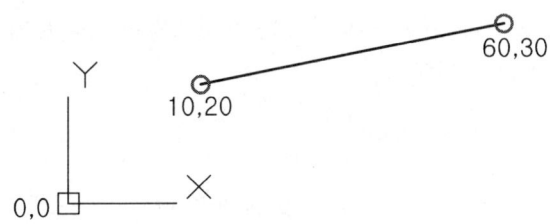

```
명령 : line [Enter↵]
첫 번째 점 지정 : 10,20 [Enter↵]
다음 점 지정 또는 [명령 취소(U)] : 60,30 [Enter↵]
다음 점 지정 또는 [명령 취소(U)] : [Enter↵]
```

B 상대좌표

어느 한 곳의 지정된 점에서 일정한 거리에 있는 점을 지정하고자 할 때 사용하는 방법으로 상대적인 변화길이를 입력하여 계산하며, 통상 좌표 앞에 "@"(at)를 입력한다.

✔입력방법 : @X변화길이, Y변화길이 또는 @X변화길이, Y변화길이, Z변화길이

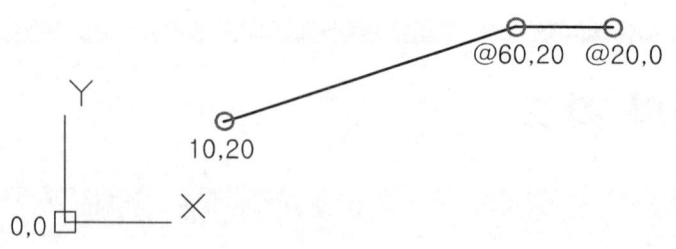

```
명령 : line Enter↵
첫 번째 점 지정 : 10,20 Enter↵
다음 점 지정 또는 [명령 취소(U)] : @60,20 Enter↵
다음 점 지정 또는 [명령 취소(U)] : @20,0 Enter↵
다음 점 지정 또는 [명령 취소(U)] : Enter↵
```

C 상대극좌표

지정된 한 점에서 일정한 거리와 각도를 입력하여 점을 지정하는 방법으로 통상 거리 앞에 "@"(at)를 입력한다.

변화길이와 진행각도로 표현하는데 각도는 반시계방향으로 증가하며, 항상 0도부터 증분되는 값으로 계산하여 입력한다.

✔ 입력방법 : @변화길이<진행각도

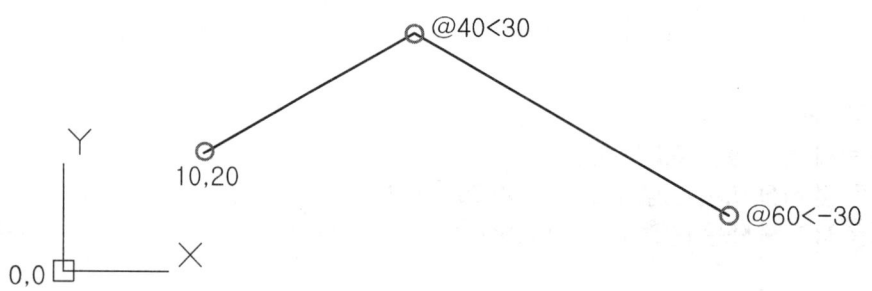

```
명령 : line Enter↵
첫 번째 점 지정 : 10,20 Enter↵
다음 점 지정 또는 [명령 취소(U)] : @40<30 Enter↵
다음 점 지정 또는 [명령 취소(U)] : @60<-30 또는 @60<330 Enter↵
다음 점 지정 또는 [닫기(C)/명령 취소(U)] : Enter↵
```

D 직접 거리 값 입력

✔입력방법 : F12 "동적입력"이 On 되어있을 경우

커서로 방향(각도)을 잡고, 입력된 수치는 거리로 인식되어 지정한 거리만큼 이동하여 점을 잡는다.

F8을 누른 후, 마우스를 그리고자 하는 방향으로 놓고 거리 값만 입력하여 그린다.

가장 쉬운 방법으로 0, 90, 180, 270도 방향으로만 정확하게 그릴 수 있다.

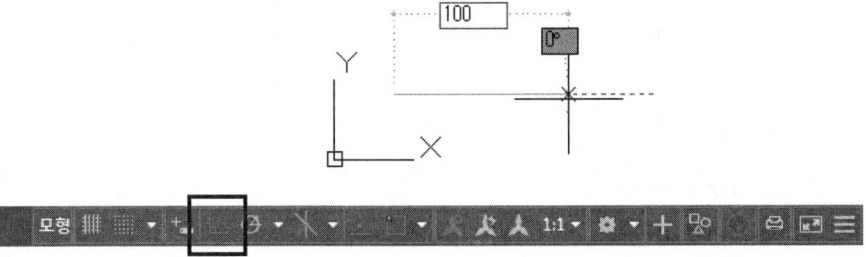

2.2 각도의 이해

AutoCAD에서의 각도는 X축 동쪽(3시방향)이 0도이고, 반시계 방향으로 회전하면서 각도가 증가한다. 시계 방향으로 회전하면 각도는 (-) 값을 가진다.

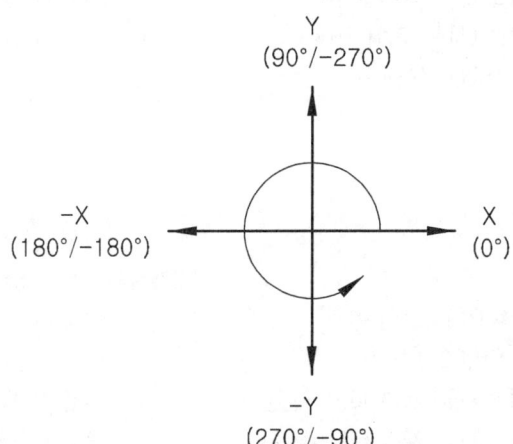

따라하기 1 좌표를 이용한 사각형 그리기

선과 좌표 및 각도를 이용하여 사각형 그리기를 연습한다.

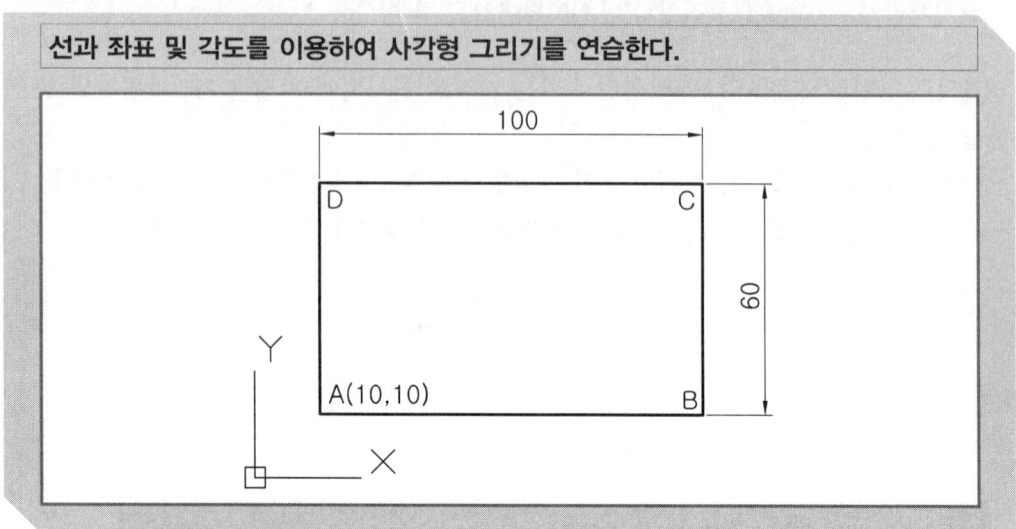

Step 01 절대 좌표로 그리기

```
명령 : line [Enter↵]                                              〈선 실행〉
첫 번째 점 지정 : 10,10 [Enter↵]                                  〈A점 지정〉
다음 점 지정 또는 [명령 취소(U)] : 110,10 [Enter↵]                〈A→B점 지정〉
다음 점 지정 또는 [명령 취소(U)] : 110,70 [Enter↵]                〈B→C점 지정〉
다음 점 지정 또는 [닫기(C)/명령 취소(U)] : 10,70 [Enter↵]         〈C→D점 지정〉
다음 점 지정 또는 [닫기(C)/명령 취소(U)] : 10,10 [Enter↵]         〈D→A점 지정〉
다음 점 지정 또는 [닫기(C)/명령 취소(U)] : [Enter↵]
```

Step 02 상대좌표로 그리기

```
명령 : line [Enter↵]                                              〈선 실행〉
첫 번째 점 지정 : 10,10 [Enter↵]                                  〈절대좌표 A점 지정〉
다음 점 지정 또는 [명령 취소(U)] : @100,0 [Enter↵]                〈A→B점 지정〉
다음 점 지정 또는 [명령 취소(U)] : @0,60 [Enter↵]                 〈B→C점 지정〉
다음 점 지정 또는 [닫기(C)/명령 취소(U)] : @-100,0 [Enter↵]       〈C→D점 지정〉
다음 점 지정 또는 [닫기(C)/명령 취소(U)] : @0,-60 [Enter↵]        〈D→A점 지정〉
다음 점 지정 또는 [닫기(C)/명령 취소(U)] : [Enter↵]
```

Step 03 상대극좌표로 그리기

```
명령 : line Enter↵                                    〈선 실행〉
첫 번째 점 지정 : 10,10 Enter↵                        〈절대좌표 A점 지정〉
다음 점 지정 또는 [명령 취소(U)] : @100<0 Enter↵      〈A→B점 지정〉
다음 점 지정 또는 [명령 취소(U)] : @60<90 Enter↵      〈B→C점 지정〉
다음 점 지정 또는 [닫기(C)/명령 취소(U)] : @100<180 Enter↵  〈C→D점 지정〉
다음 점 지정 또는 [닫기(C)/명령 취소(U)] : @60<-90 Enter↵   〈D→A점 지정〉
다음 점 지정 또는 [닫기(C)/명령 취소(U)] : Enter↵
```

따라하기 2 직접 거리값을 입력하여 그리기

직접 거리값을 입력하여 그리기를 연습한다.

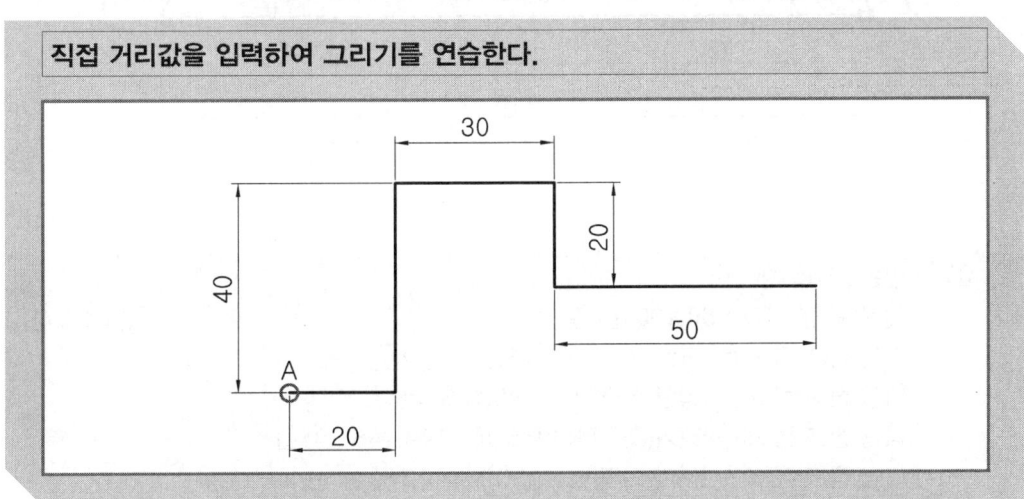

Step 01

```
명령 : 〈직교 켜기〉                                   〈F8 누름〉
명령 : line Enter↵
첫 번째 점 지정 :                                     〈임의의 A점 지정(Click)〉
다음 점 지정 또는 [명령 취소(U)] : 20 Enter↵          〈커서를 오른쪽 수평으로 위치〉
다음 점 지정 또는 [명령 취소(U)] : 40 Enter↵          〈커서를 위쪽 수직으로 위치 (이하반복)〉
다음 점 지정 또는 [닫기(C)/명령 취소(U)] : 30 Enter↵
다음 점 지정 또는 [닫기(C)/명령 취소(U)] : 20 Enter↵
다음 점 지정 또는 [닫기(C)/명령 취소(U)] : 50 Enter↵
다음 점 지정 또는 [닫기(C)/명령 취소(U)] : Enter↵
```

따라하기 3 절대좌표를 이용하여 도형 그리기

선, 좌표 및 각도를 이용하여 도형을 작성한다.

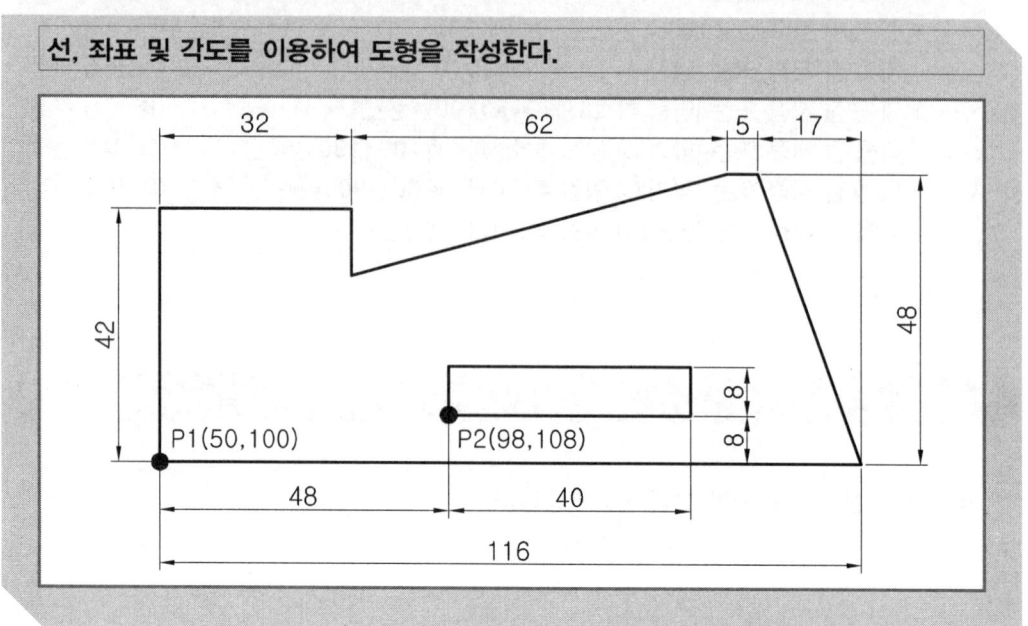

Step 01

```
명령 : line [Enter]
첫 번째 점 지정 : 50,100 [Enter]                                    〈P1점 지정〉
다음 점 지정 또는 [명령 취소(U)] : 166,100 [Enter]
다음 점 지정 또는 [명령 취소(U)] : 149,148 [Enter]
다음 점 지정 또는 [닫기(C)/명령 취소(U)] : 144,148 [Enter]
다음 점 지정 또는 [닫기(C)/명령 취소(U)] : 82,131 [Enter]
다음 점 지정 또는 [닫기(C)/명령 취소(U)] : 82,142 [Enter]
다음 점 지정 또는 [닫기(C)/명령 취소(U)] : 50,142 [Enter]
다음 점 지정 또는 [닫기(C)/명령 취소(U)] : 50,100 [Enter]
다음 점 지정 또는 [닫기(C)/명령 취소(U)] : [Enter]
명령 : [Enter]                                                      〈선 명령 재실행〉
첫 번째 점 지정 : 98,108 [Enter]                                    〈P2점 지정〉
다음 점 지정 또는 [명령 취소(U)] : 138,108 [Enter]
다음 점 지정 또는 [명령 취소(U)] : 138,116 [Enter]
다음 점 지정 또는 [닫기(C)/명령 취소(U)] : 98,116 [Enter]
다음 점 지정 또는 [닫기(C)/명령 취소(U)] : c [Enter]                 〈닫기 옵션〉
```

따라하기 4 상대좌표를 이용하여 도형 그리기

작업을 하기 전에는 우선 작업물에 대하여 어느 지점부터 어떤 방법으로 그려 나가야 할지 미리 머릿속으로 구상하고 작업을 해야 시행착오를 줄일 수 있다. 여기서는 P1점을 기준으로 반시계방향으로 도형을 작성한다.

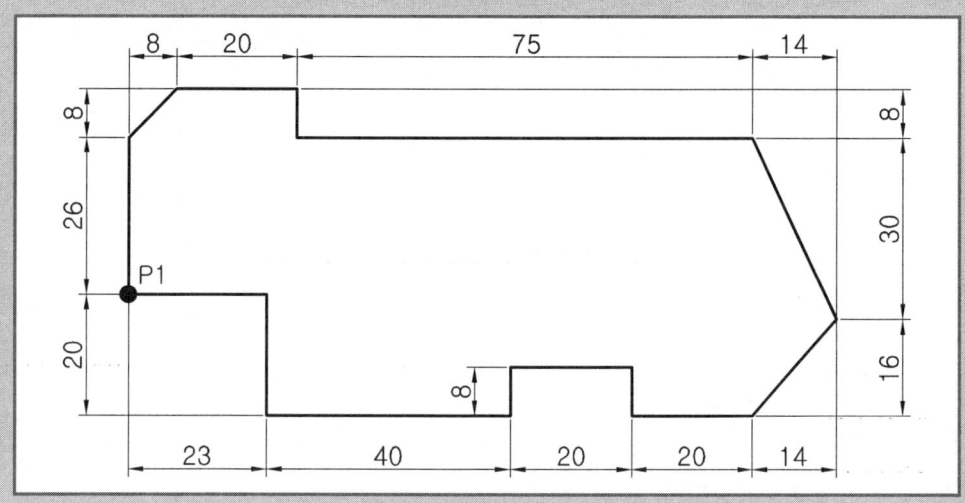

Step 01

```
명령 : line [Enter]
첫 번째 점 지정 :                                          〈임의의 P1점 지정〉
다음 점 지정 또는 [명령 취소(U)] : @23,0 [Enter]
다음 점 지정 또는 [명령 취소(U)] : @0,-20 [Enter]
다음 점 지정 또는 [닫기(C)/명령 취소(U)] : @40,0 [Enter]
다음 점 지정 또는 [닫기(C)/명령 취소(U)] : @0,8 [Enter]
다음 점 지정 또는 [닫기(C)/명령 취소(U)] : @20,0 [Enter]
다음 점 지정 또는 [닫기(C)/명령 취소(U)] : @0,-8 [Enter]
다음 점 지정 또는 [닫기(C)/명령 취소(U)] : @20,0 [Enter]
다음 점 지정 또는 [닫기(C)/명령 취소(U)] : @14,16 [Enter]
다음 점 지정 또는 [닫기(C)/명령 취소(U)] : @-14,30 [Enter]
다음 점 지정 또는 [닫기(C)/명령 취소(U)] : @-75,0 [Enter]
다음 점 지정 또는 [닫기(C)/명령 취소(U)] : @0,8 [Enter]
다음 점 지정 또는 [닫기(C)/명령 취소(U)] : @-20,0 [Enter]
다음 점 지정 또는 [닫기(C)/명령 취소(U)] : @-8,-8 [Enter]
다음 점 지정 또는 [닫기(C)/명령 취소(U)] : c [Enter]
```

따라하기 5 상대좌표를 이용하여 도형 그리기

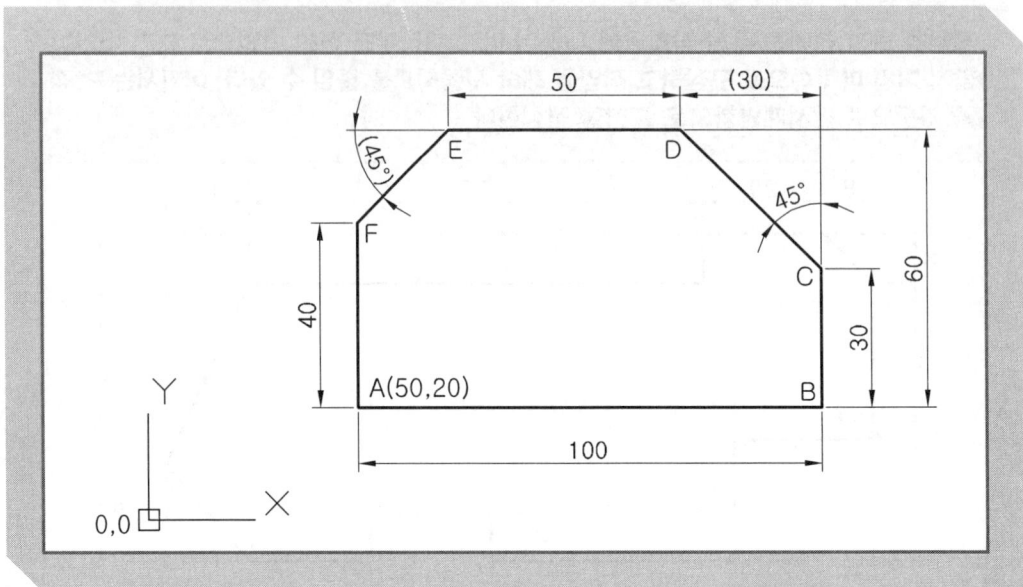

Step 01

명령 : **line** [Enter↵]
첫 번째 점 지정 : **50,20** [Enter↵]   〈절대좌표 점 지정〉
다음 점 지정 또는 [명령 취소(U)] : **@100,0** [Enter↵]
다음 점 지정 또는 [명령 취소(U)] : **@0,30** [Enter↵]
다음 점 지정 또는 [닫기(C)/명령 취소(U)] : **@-30,30** [Enter↵]
다음 점 지정 또는 [닫기(C)/명령 취소(U)] : **@-50,0** [Enter↵]
다음 점 지정 또는 [닫기(C)/명령 취소(U)] : **@-20,-20** [Enter↵]
다음 점 지정 또는 [닫기(C)/명령 취소(U)] : **c** [Enter↵]

따라하기 6 상대극좌표를 이용하여 도형 그리기

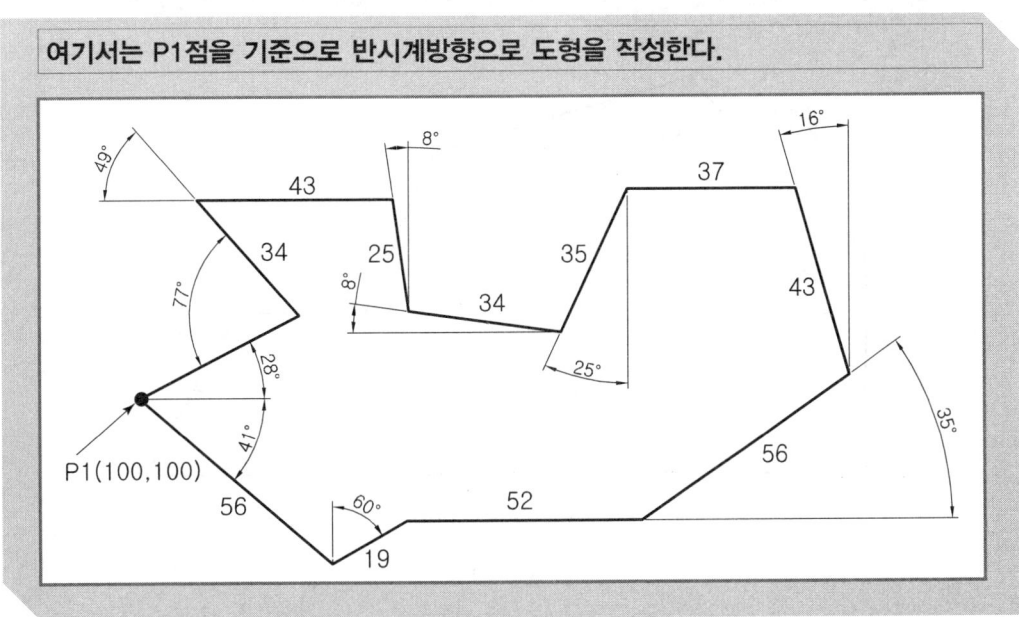

여기서는 P1점을 기준으로 반시계방향으로 도형을 작성한다.

Step 01

```
명령 : line [Enter]
첫 번째 점 지정 : 100,100 [Enter]                    〈절대좌표 P1점 지정〉
다음 점 지정 또는 [명령 취소(U)] : @56<-41 [Enter]
다음 점 지정 또는 [명령 취소(U)] : @19<30 [Enter]
다음 점 지정 또는 [닫기(C)/명령 취소(U)] : @52<0 [Enter]
다음 점 지정 또는 [닫기(C)/명령 취소(U)] : @56<35 [Enter]
다음 점 지정 또는 [닫기(C)/명령 취소(U)] : @43<106 [Enter]
다음 점 지정 또는 [닫기(C)/명령 취소(U)] : @37<180 [Enter]
다음 점 지정 또는 [닫기(C)/명령 취소(U)] : @35<-115 [Enter]
다음 점 지정 또는 [닫기(C)/명령 취소(U)] : @34<172 [Enter]
다음 점 지정 또는 [닫기(C)/명령 취소(U)] : @25<98 [Enter]
다음 점 지정 또는 [닫기(C)/명령 취소(U)] : @43<180 [Enter]
다음 점 지정 또는 [닫기(C)/명령 취소(U)] : @34<-49 [Enter]
다음 점 지정 또는 [닫기(C)/명령 취소(U)] : c [Enter]
```

연습과제 1 좌표를 이용하여 도형 그리기

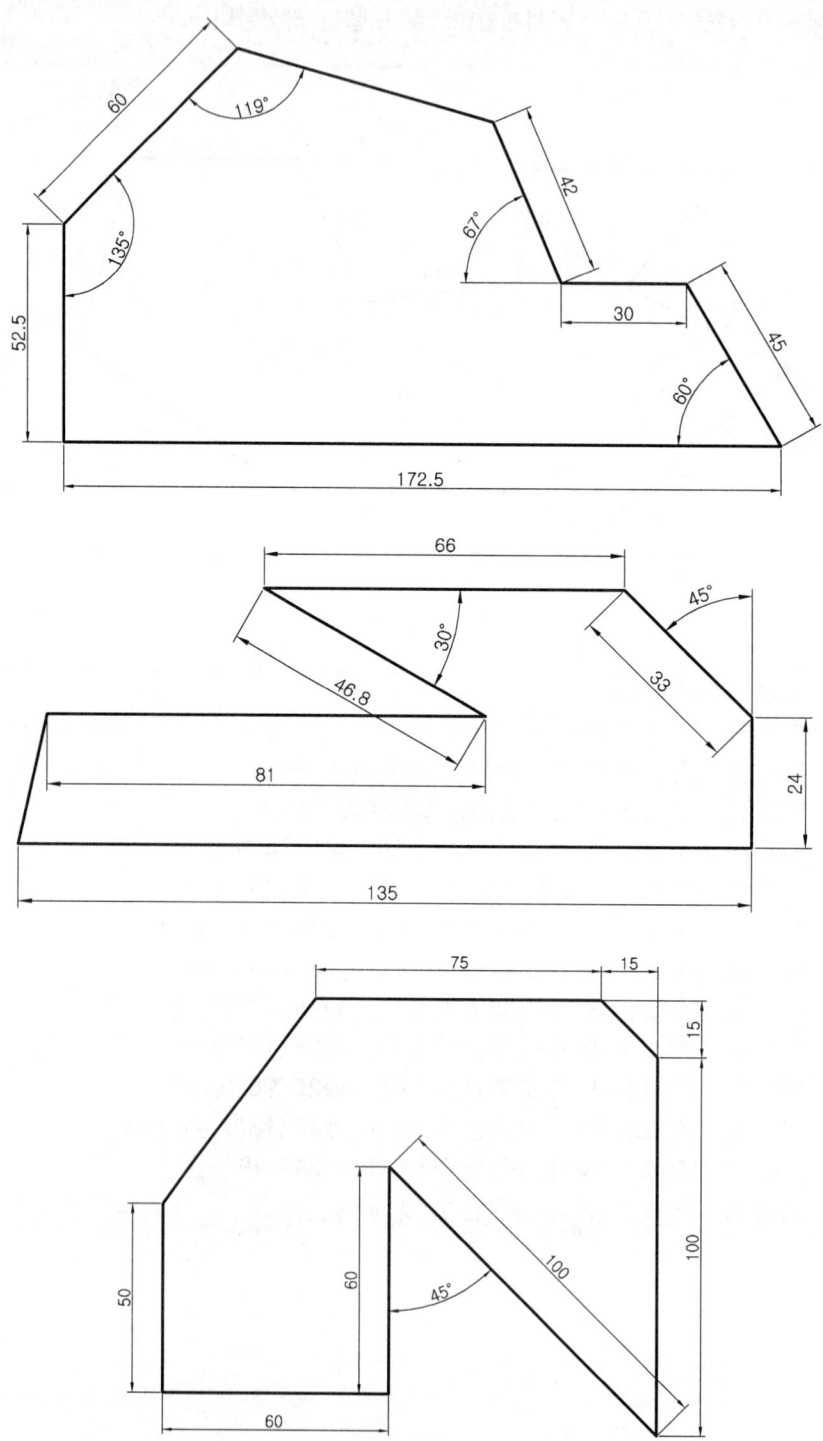

연습과제 2 좌표를 이용하여 도형 그리기

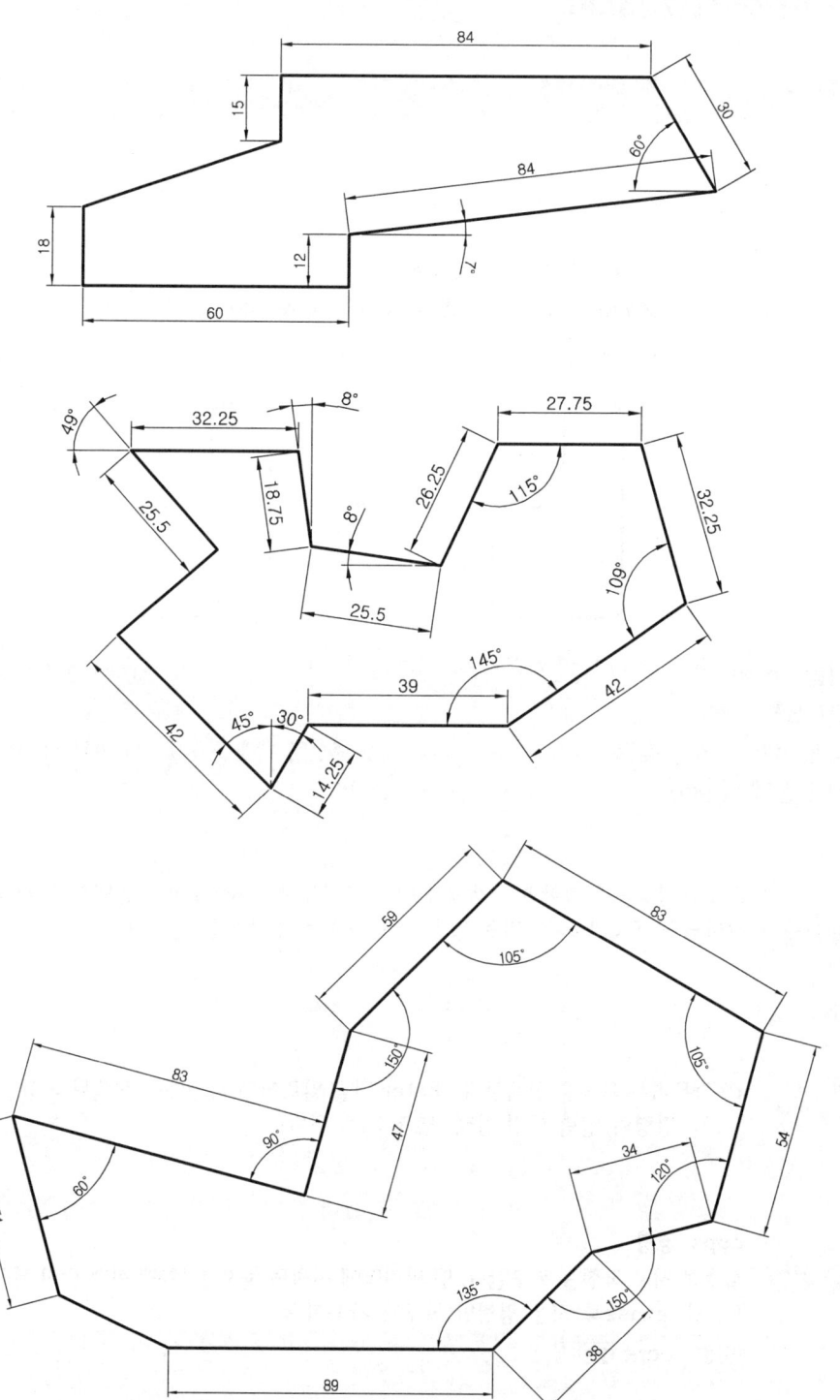

3. 지우기(Erase)

화면상에 그려진 요소를 선택하여 지운다.

- ✓ 명령입력 : erase
- ✓ 리본메뉴 : 홈 → 수정 → 지우기
- ✓ 단축키 : e

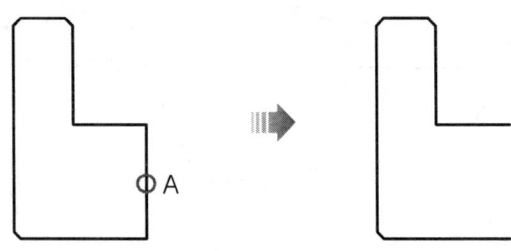

```
명령 : e Enter↵                          〈Erase 명령 실행 단축키〉
ERASE
객체 선택 : 1개를 찾음               〈A선택 - 개별 선택이나 여러 개의 대상 선택〉
객체 선택 : Enter↵
```

Erase 명령을 입력하면 "객체 선택" 상태에서 Crosshair가 없어지고, Pickbox가 나타난다. Pickbox가 하는 일은 어떤 개체를 선택하는 일이다.

✓ 지우려는 요소를 선택한 후, Enter 키를 입력하면 화면에서 선택된 도형은 지워지고, 명령어 입력 대기 상태 (명령 :)로 된다.

oops 명령
실수로 지운 도형을 복구한다. 맨 마지막에 지웠던 물체를 1회에 한해 다시 복구시켜준다. 단, erase로 지운 명령만 복구가 가능하다.

명령 : oops Enter↵

> **명령 취소 방법**
> ① 실행중인 명령을 취소하는 방법은 키보드 Esc를 2~3번 누른다.
> ② 실행된 명령을 취소하는 방법은 명령어 U를 사용하여 명령을 되돌린다.
>
> 명령 : u Enter↵

4. 도면 요소 선택 방법

객체 선택(Select Objects)은 편집 명령을 사용할 때 객체를 선택하는 방법으로 선택된 도면요소(Entity)는 실선이 점선으로 바뀌면 그 부분이 선택되었음을 표시한다.

편집 명령 사용 중에 [객체선택 :]이라는 메시지에서 원하는 도면요소를 선택한다.

A 개별 선택

선택상자(Pick Box(□))를 이용하여 하나씩 개별적으로 선택한다.

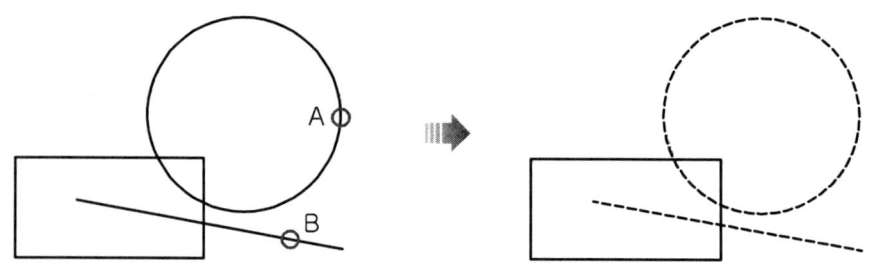

```
객체 선택 : 1개를 찾음                                    〈A 선택〉
객체 선택 : 1개를 찾음, 총 2개                            〈B 선택〉
```

B 윈도우 (W) 선택

오른쪽 대각선 방향으로 두 점을 지정하면 실선의 직사각형이 만들어지며, 실선의 직사각형 속에 완전히 포함된 요소를 선택하게 된다.

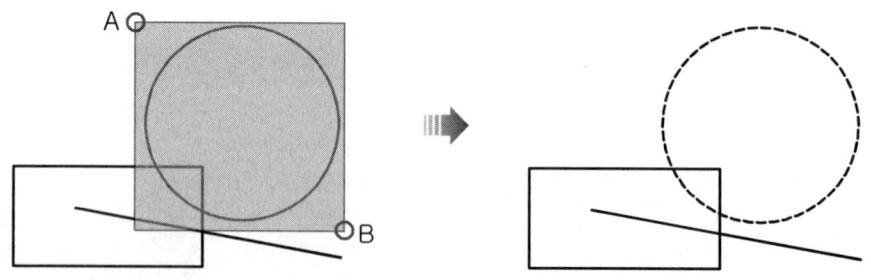

| 객체 선택 : | 〈A점 지정〉 |
| 반대 구석 지정 : 1개를 찾음 | 〈B점 지정〉 |

C 걸치기 (C) 선택

왼쪽 대각선 방향으로 두 점을 지정하면 연두색이 채워진 점선박스가 그려지는데, 그 박스에 포함되거나, 걸쳐진 요소를 선택한다.

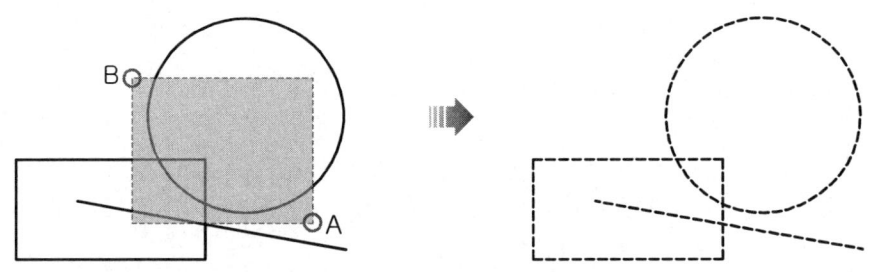

| 객체 선택 : | 〈A점 지정〉 |
| 반대 구석 지정 : 1개를 찾음 | 〈B점 지정〉 |

D 그 외 선택방법

① **최종**(L) : 마지막에 그린 요소를 선택한다.
② **모두**(All) : 화면의 모든 도면 요소를 선택한다.
③ **울타리**(F) : 여러 개의 선을 그려서 그 선에 걸리는 요소를 선택한다.

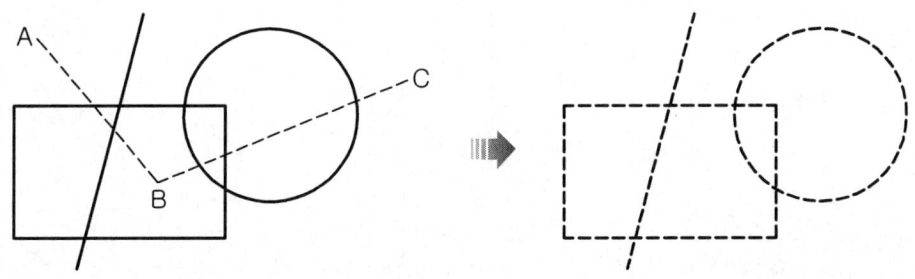

객체 선택 : f Enter↵	〈울타리(f) 옵션 선택〉
첫 번째 울타리 점 지정 :	〈A점 지정〉
다음 울타리 점 지정 또는 [명령 취소(U)] :	〈B점 지정〉
다음 울타리 점 지정 또는 [명령 취소(U)] :	〈C점 지정〉
다음 울타리 점 지정 또는 [명령 취소(U)] : Enter↵	

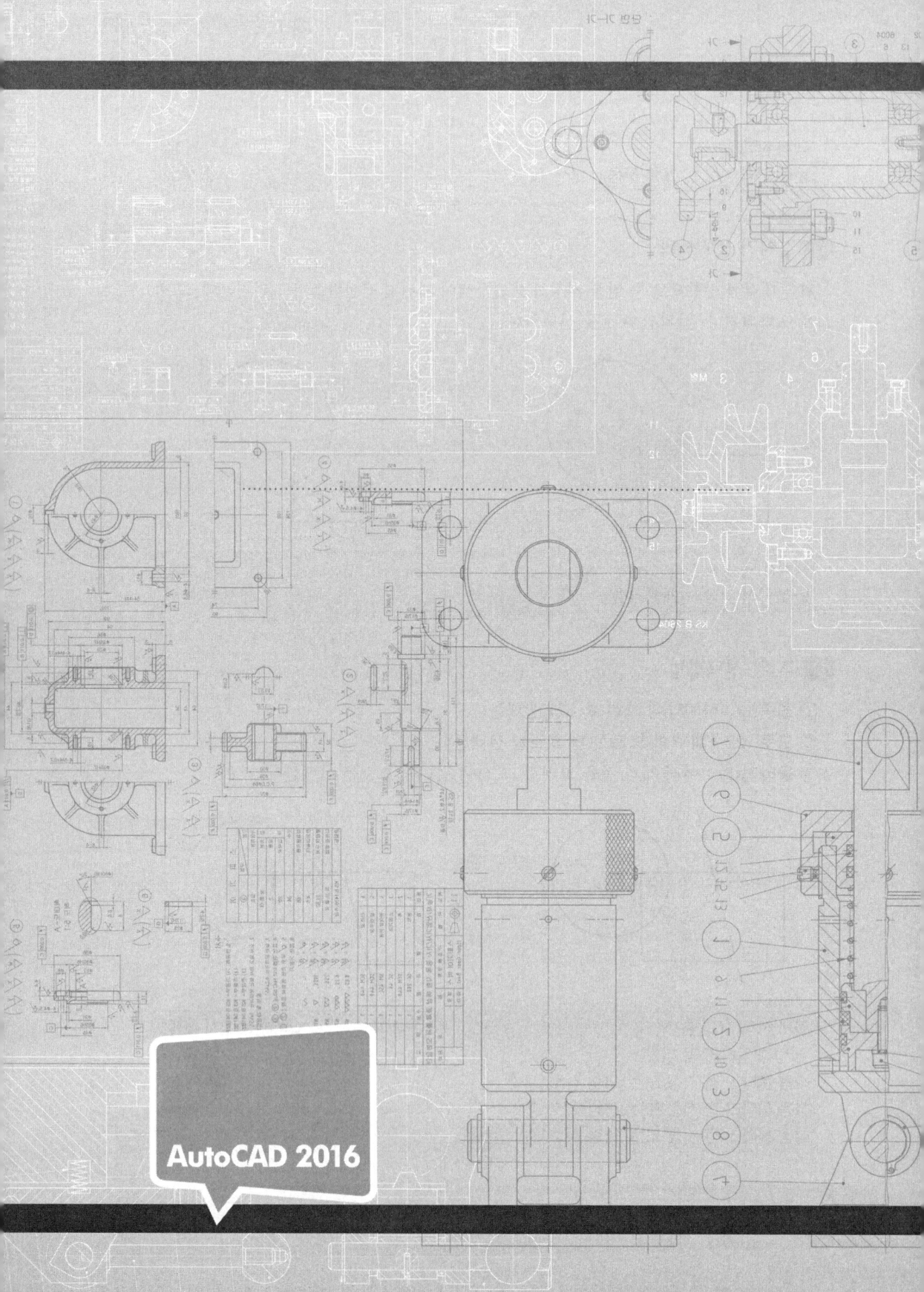

Part 03
기본적인 도형 정의하기 Ⅰ

AutoCAD 2016

직접 도형을 그리거나 편집하는 명령은 아니지만 화면 아래에 있는 상태표시줄 기능에 대하여 살펴본다.

1. 제도 설정값 조정하기

원하는 설정값이 없을 때에는 가장 우측의 "사용자화"를 클릭하여 활성화시킬 수 있다.

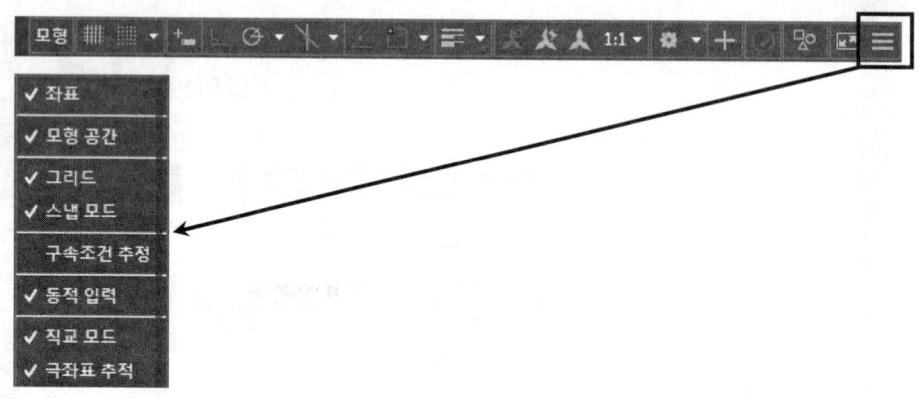

1.1 AutoCAD 문자 윈도우 F2

AutoCAD 내에서 Text 화면과 Graphic 화면을 전환하는 명령이다.

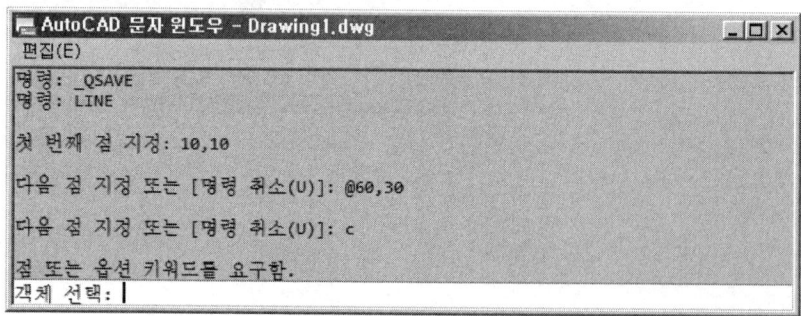

1.2 스냅(Snap) F9

지정한 간격만큼 커서(Cross Hair)의 움직임을 제어하며 F9 기능키로 On/Off한다.

```
명령 : snap Enter↵
스냅 간격두기 지정 또는 [켜기(ON)/끄기(OFF)/종횡비(A)/기존(L)/스타일(S)/유형(T)]
⟨10.0000⟩ :
```

- **켜기(ON) / 끄기(OFF)** : 스냅을 켜고 끈다.
- **종횡비(A)** : X축 간격과 Y축 간격을 다르게 지정한다.
- **스타일(S)** : 표준 및 등각 투상그리기(Isometric) 스냅으로 전환한다.

1.3 그리드(Grid) F7

모눈(격자)점을 발생시킨다. 그 모눈의 간격을 조정하며 F7 기능키로 On/Off가 가능하다.

```
명령 : grid Enter↵
그리드 간격두기(X) 지정 또는 [켜기(ON)/끄기(OFF)/스냅(S)/주(M)/가변(D)/한계(L)/따름(F)/
종횡비(A)] ⟨10.0000⟩ :
```

- **켜기(On) / 끄기(Off)** : 그리드(Grid) 모드를 켜고 끈다.
- **스냅(S)** : 스냅 간격과 동일하게 격자(모눈)점을 발생한다.
- **종횡비(A)** : X축 간격과 Y축 간격을 다르게 설정한다.
- **한계(L)** : 도면한계(Limits)로 지정한 영역 너머에도 그리드를 표시한다.

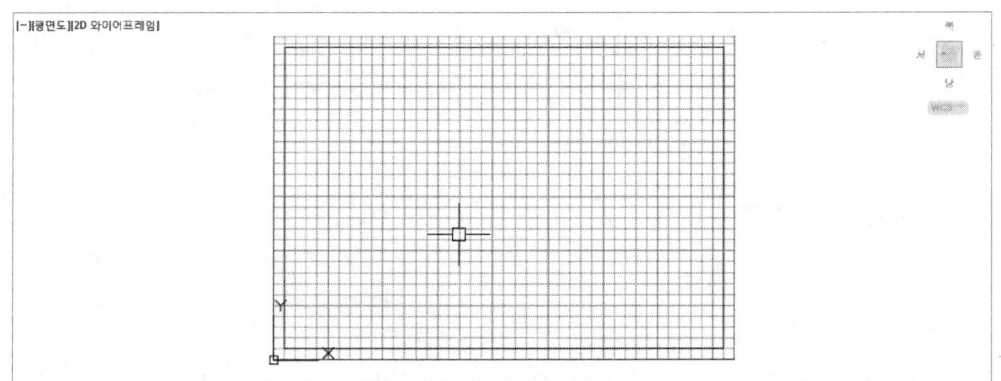

A 스냅 / 그리드 설정 방법

상태표시줄에서 스냅(Snap)이나 그리드(Grid)에 마우스를 가져다 놓고, 마우스 오른쪽 버튼을 눌러 "스냅설정"을 클릭한다. 나타나는 대화상자에서 스냅 및 그리드의 값을 조정한다.

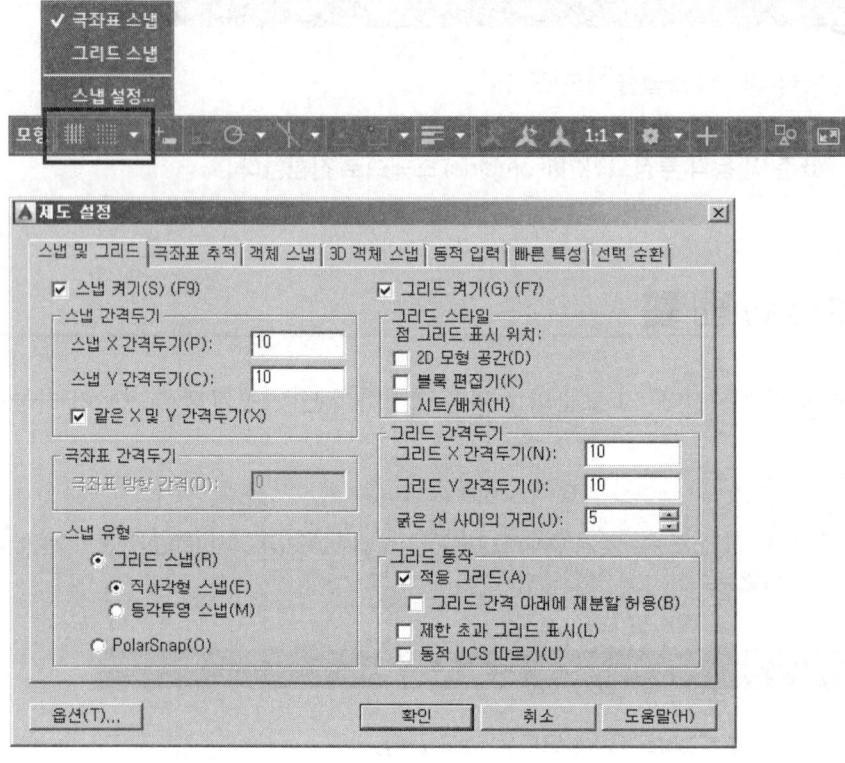

1.4 직교(Ortho) F8

직교 모드로서 수직선과 수평선을 그린다. 직교를 On시키면 4방향(0도, 90도, 180도, 270도)으로만 커서가 움직이게 제어가 되어 수직, 수평의 직선을 그릴 때 편리하다.

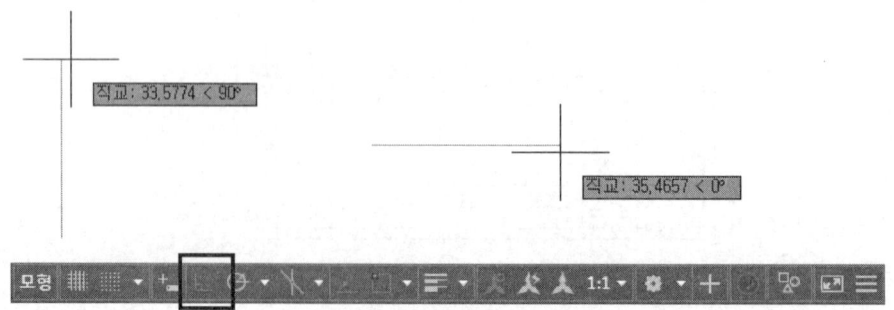

1.5 극좌표(Polar) F10

설정한 각도에 따라 마우스 커서의 움직임을 제어한다.

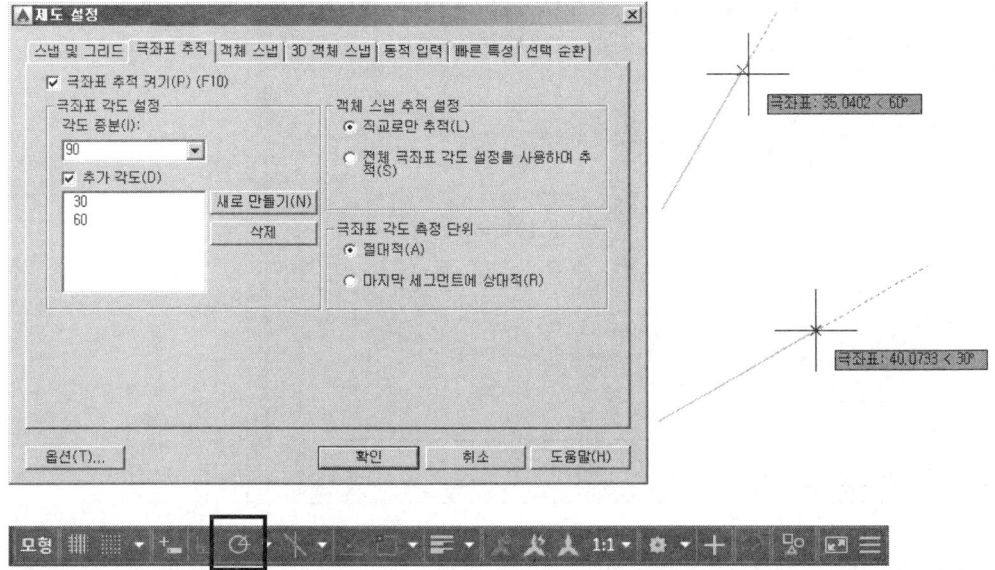

각도를 조정하려면 상태표시줄의 극좌표 추적에서 마우스 오른쪽 버튼으로 설정메뉴를 이용한다.

추가 각도에 체크를 하고, 새로 만들기를 하여 움직임을 제어하는 각도값을 입력한다.

1.6 객체 스냅(Object Snap) F3

특정한 점을 빠르고 정확하게 찾아주는 도구이다. 지정 위치를 정확하게 일치시키지 않고도 선택박스(Aperture box)에 의해 관련되는 점을 정확하게 찾아 일치시켜 준다.

상태표시줄의 객체스냅에서 마우스 오른쪽 버튼으로 "객체스냅 설정"을 클릭하여 조정한다.

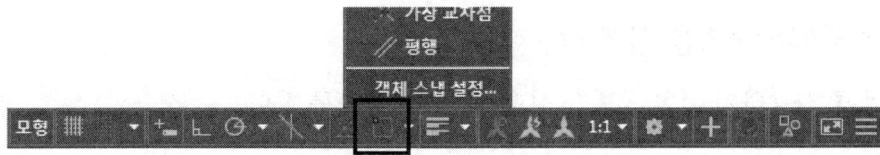

작동 방법은 상태표시줄의 [객체스냅]을 클릭하여 On 시키고, 필요한 객체스냅을 지정하려면 제도 설정 창에서 지정 및 변경을 한다.

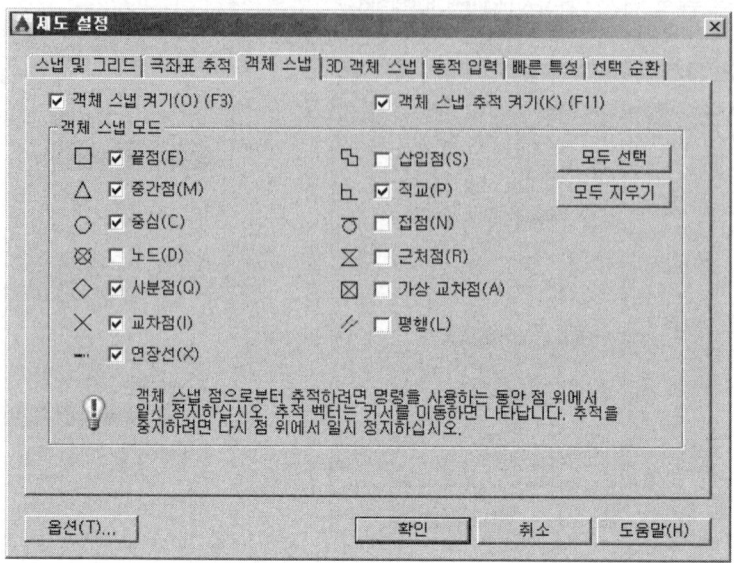

- □ 끝점(E) : 선이나 호의 끝점을 잡는다.
- △ 중간점(M) : 선이나 호의 중간점을 잡는다.
- ○ 중심(C) : 원이나 호의 중심점을 잡는다.
- ⊗ 노드(D) : 점(Point) 명령을 사용하여 그려진 객체의 절점을 잡는다.
- ◇ 사분점(Q) : 원이나 호의 사분점(0, 90, 180, 270도 지점)을 잡는다.
- ✕ 교차점(I) : 두 객체가 만나는 교차지점을 잡는다.
- ⎯ 연장선(X) : 선의 연장선상의 점을 잡는다.
- ⌐ 삽입점(S) : 블록, 문자, 셰이프 등 객체의 삽입점을 잡는다.
- ⊥ 직교(P) : 임의의 지점에서 객체까지 수직되는 점을 잡는다.
- ○ 접점(N) : 원이나 호의 접점을 잡는다.
- ⊠ 근처점(R) : 가장 가까운 객체의 점을 잡는다.
- ⊠ 가상 교차점(A) : 두 객체의 가상 교차점이나 확장된 교차점을 잡는다.
- ∥ 평행(L) : 선택한 선과 수평인 점을 잡는다.

A 객체 스냅(OSNAP)를 실제 적용하는 방법

다음 방법 중 사용하기 편한 방법을 선택하여 사용하도록 한다.

① 키보드로 직접 입력하는 방법

명령표시줄에 [~점 지정]에서 Osnap의 머리 3글자만 입력한 후, Enter↵를 누른다.

```
명령 : line Enter↵                                    〈명령 실행〉
첫 번째 점 지정 : end Enter↵                            〈끝점〉
〈-                                              〈도면요소의 끝점 지정〉
다음 점 지정 또는 [명령 취소(U)] : int Enter↵             〈교차점〉
〈-                                              〈도면요소의 교차점 지정〉
다음 점 지정 또는 [명령 취소(U)] : cen Enter↵            〈중심〉
〈-                                              〈도면요소의 중심 지정〉
```

② Shift + 마우스 오른쪽 버튼을 클릭하여 나오는 메뉴에서 선택하는 방법

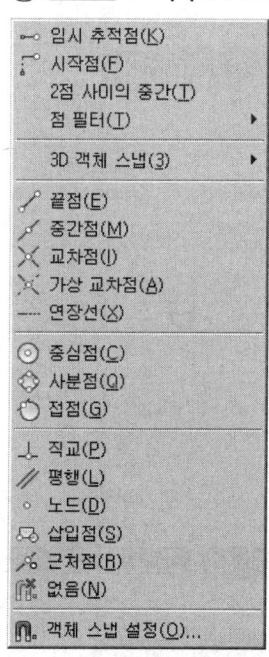

명령 실행 중에 키보드 Shift 키와 마우스 오른버튼을 클릭하여 나타나는 메뉴에서 객체스냅을 선택하는 방법이다.

이 방법은 설정되지 않은 객체스냅의 메뉴를 일회용으로 사용할 때 편리하다.

- **임시 추적점** : Osnap에 사용될 임시 점을 만든다.
- **시작점** : 임시 점으로부터 입력한 거리만큼 띄워준다.
- **2점 사이의 중간** : 선택한 두 점 사이의 중간점을 잡는다.

B Pickbox

특정 객체를 선택할 때 나타나는 Pickbox(□)의 크기를 지정한다. 1~50 사이의 수치를 적용한다.

```
명령 : pickbox Enter↵
PICKBOX에 대한 새 값 입력 〈6〉 :
```

1.7 객체스냅추적(Otrack) F11

객체에 대해 객체스냅(Osnap)으로 추적한다. 그림과 같이 선을 이용하여 사각형을 그릴 때 좌측 상단의 점을 지정하지 않고도 좌측 하단 점에 마우스를 가져다 놓고 움직여서 객체에 대한 스냅 점을 찾아준다.

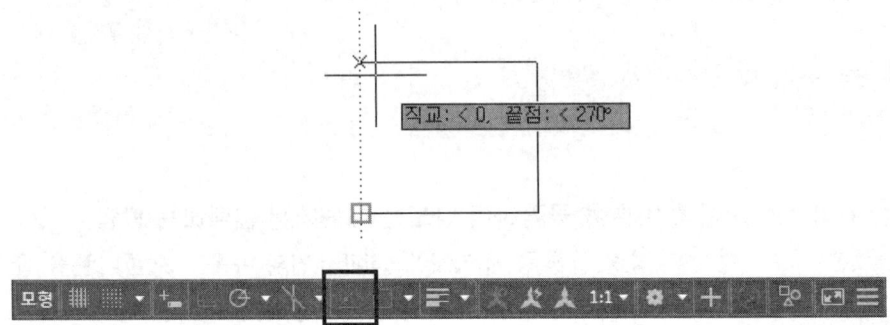

1.8 동적 입력(DYN Mode) F12

키보드에서 입력하는 명령의 상황이 명령표시줄에 나타나지 않고, 마우스 커서 옆에 표시되게 On/Off 할 수 있다.

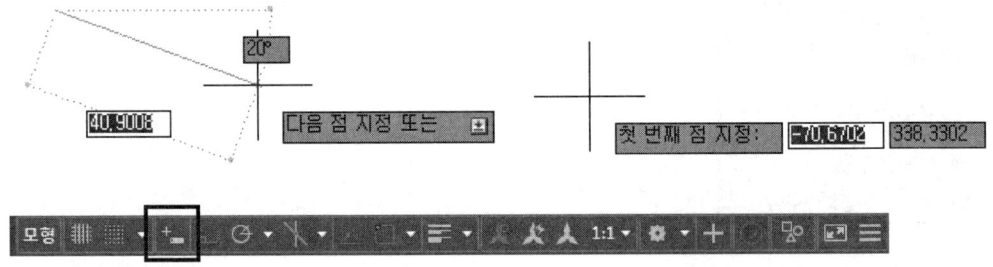

1.9 선 가중치 표시 / 숨기기(LWT)

선의 굵기를 조정하며 화면상에 표시 여부를 On/Off 할 수 있다.

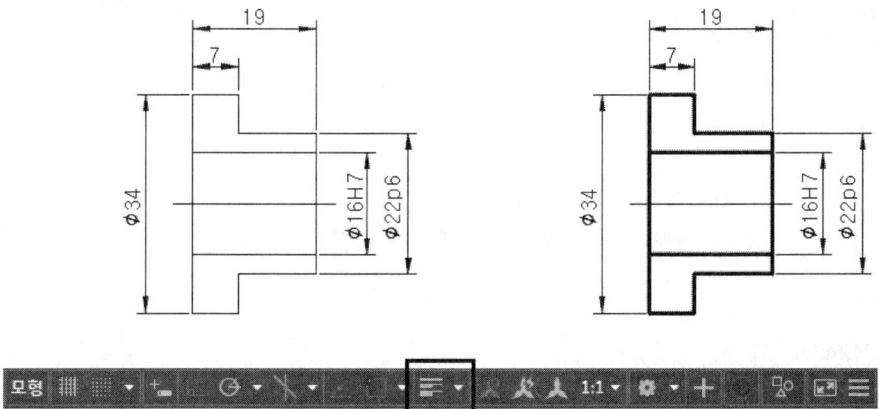

2. 원(Circle)

도면에 원을 그린다.

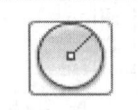

- ✓ 명령입력 : circle
- ✓ 리본메뉴 : 홈 → 그리기 → 원
- ✓ 단축키 : c

- ⊙ 중심점, 반지름(R)
- ○ 중심점, 지름(D)
- ○ 2점(2)
- ○ 3점(3)
- ⊙ 접선, 접선, 반지름(T)
- ○ 접선, 접선, 접선(A)

2.1 중심점과 반지름(R)을 이용한 원

원의 중심점과 반지름 값을 이용하여 원을 그린다.

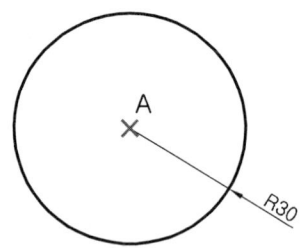

```
명령 : circle [Enter↵]                                                    〈원 실행〉
원에 대한 중심점 지정 또는 [3점(3P)/2점(2P)/Ttr - 접선 접선 반지름(T)] :      〈A점 지정〉
원의 반지름 지정 또는 [지름(D)] 〈10.0000〉 : 30 [Enter↵]                    〈반지름값 입력〉
```

2.2 중심점과 지름(D)을 이용한 원

원의 중심점과 지름 값을 이용하여 원을 그린다.

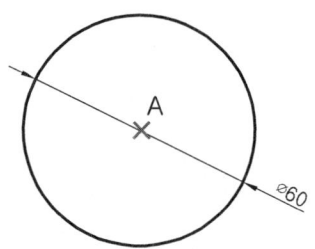

```
명령 : circle [Enter↵]
원에 대한 중심점 지정 또는 [3점(3P)/2점(2P)/Ttr - 접선 접선 반지름(T)] :      〈A점 지정〉
원의 반지름 지정 또는 [지름(D)] 〈30.0000〉 : d [Enter↵]                        〈지름 옵션〉
원의 지름을 지정함 〈60.0000〉 : 60 [Enter↵]                                    〈지름값 입력〉
```

2.3 2점(2p)을 이용한 원

2점을 지름으로 하는 원을 그린다.

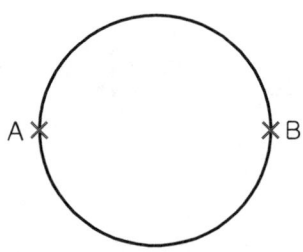

```
명령 : circle [Enter↵]
원에 대한 중심점 지정 또는 [3점(3P)/2점(2P)/Ttr - 접선 접선 반지름(T)] : 2p [Enter↵]
                                                                              〈2점 옵션〉
원 지름의 첫 번째 끝점을 지정 :                                                 〈A점 지정〉
원 지름의 두 번째 끝점을 지정 :                                                 〈B점 지정〉
```

2.4 3점(3p)을 이용한 원

① 3점을 지나는 곳에 외접하는 원을 그린다.

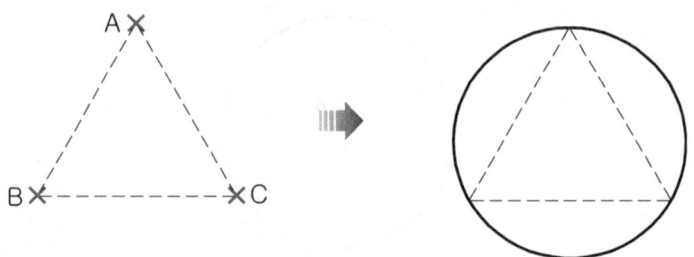

```
명령 : circle Enter↵
원에 대한 중심점 지정 또는 [3점(3P)/2점(2P)/Ttr - 접선 접선 반지름(T)] : 3p Enter↵
                                                              〈3점 옵션〉
원 위의 첫 번째 점 지정 :                                      〈A점 지정〉
원 위의 두 번째 점 지정 :                                      〈B점 지정〉
원 위의 세 번째 점 지정 :                                      〈C점 지정〉
```

② 3점을 지나는 곳에 내접하는 원을 그린다.

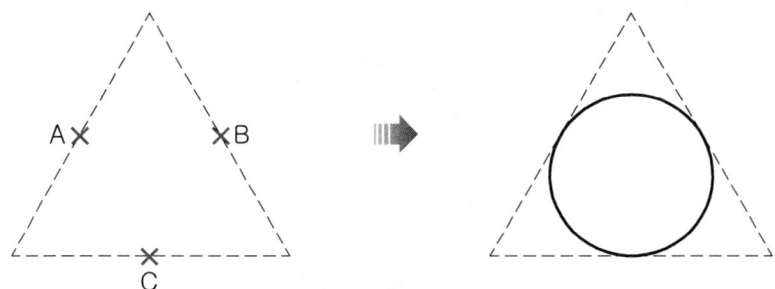

```
명령 : circle Enter↵
원에 대한 중심점 지정 또는 [3점(3P)/2점(2P)/Ttr - 접선 접선 반지름(T)] : 3p Enter↵
                                                              〈3점 옵션〉
원 위의 첫 번째 점 지정 : tan Enter↵             〈객체스냅 접점 실행〉
->                                                            〈A 선 지정〉
원 위의 두 번째 점 지정 : tan Enter↵             〈객체스냅 접점 실행〉
->                                                            〈B 선 지정〉
원 위의 세 번째 점 지정 : tan Enter↵             〈객체스냅 접점 실행〉
->                                                            〈C 선 지정〉
```

2.5 접선, 접선, 반지름(T)을 이용한 원

① 2군데 객체(선)에 접하고, 반지름 값을 이용한 원을 그린다.

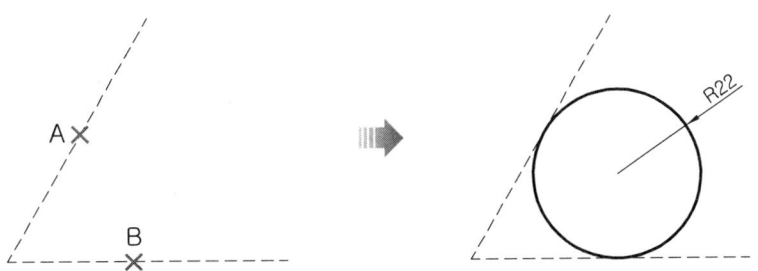

```
명령 : circle Enter↵
원에 대한 중심점 지정 또는 [3점(3P)/2점(2P)/Ttr - 접선 접선 반지름(T)] : t Enter↵
                                                          〈접선 접선 반지름 옵션〉
원의 첫 번째 접점에 대한 객체위의 점 지정 :                      〈A 선 지정〉
원의 두 번째 접점에 대한 객체위의 점 지정 :                      〈B 선 지정〉
원의 반지름 지정 〈10.0000〉 : 22 Enter↵                     〈반지름 값 입력〉
```

② 2군데 객체(원)에 접하고, 반지름 값을 이용한 원을 그린다.

```
명령 : circle Enter↵
원에 대한 중심점 지정 또는 [3점(3P)/2점(2P)/Ttr - 접선 접선 반지름(T)] : t Enter↵
                                                          〈접선 접선 반지름 옵션〉
원의 첫 번째 접점에 대한 객체위의 점 지정 :                      〈A 원 지정〉
원의 두 번째 접점에 대한 객체위의 점 지정 :                      〈B 원 지정〉
원의 반지름 지정 〈10.0000〉 : 22 Enter↵                     〈반지름 값 입력〉
```

2.6 접선, 접선, 접선을 이용한 원

3군데 객체에 접하는 원을 그린다.

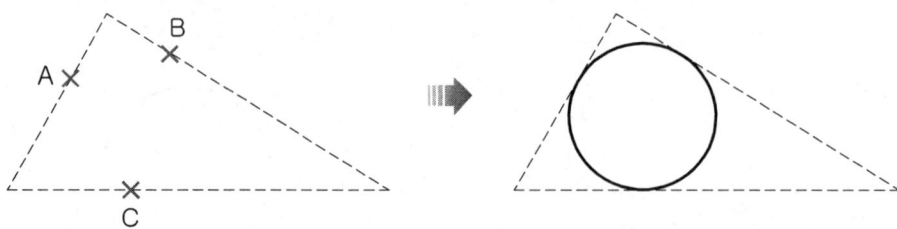

명령 :	〈리본메뉴 → 홈 → 그리기 → 원 → 접선 접선 접선 실행〉
원에 대한 중심점 지정 또는 [3점(3P)/2점(2P)/Ttr - 접선 접선 반지름(T)] : _3p 원 위의 첫 번째 점 지정 : _tan -〉	〈A 선 지정〉
원 위의 두 번째 점 지정 : _tan -〉	〈B 선 지정〉
원 위의 세 번째 점 지정 : _tan -〉	〈C 선 지정〉

3. 호(Arc)

도면에 호을 그린다. 호는 원의 일부분으로 중심점, 반지름 등의 구성 요소를 생각하면 쉽게 작성이 된다.

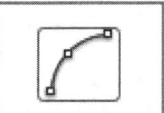

✓명령입력	: arc
✓리본메뉴	: 홈 → 그리기 → 호
✓단축키	: a

✓ 호의 명칭을 알면 쉽게 작성이 된다. 그려지는 방향은 항상 반시계 방향이지만 각도나 부호 또는 Ctrl을 이용하여 시계 방향으로 그릴 수 있다.

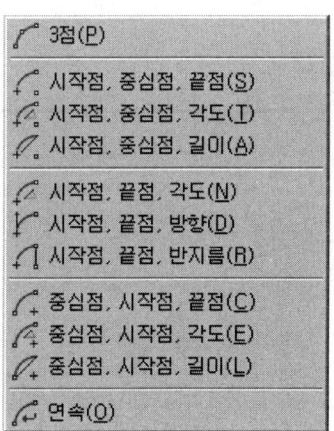

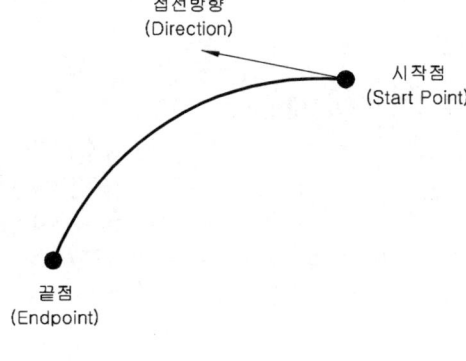

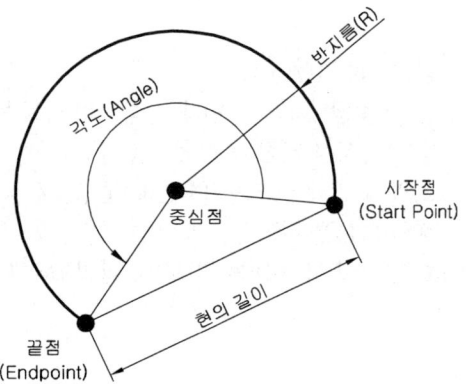

3.1 3점을 이용한 호

3개의 점을 지정하여 호를 그린다.

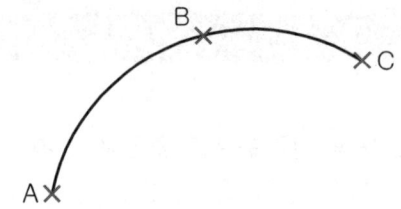

명령 : arc [Enter↵]	〈호 실행〉
호 작성 방향 : 시계 반대 방향(Ctrl 키를 누른 상태에서 방향 전환).	
호의 시작점 지정 또는 [중심(C)] :	〈A점 지정〉
호의 두 번째 점 또는 [중심(C)/끝(E)] 지정 :	〈B점 지정〉
호의 끝점 지정 :	〈C점 지정〉

3.2 시작점, 중심점, 끝점을 이용한 호

시작점을 지정한 후, 중심점과 끝점을 지정하여 호를 그린다.

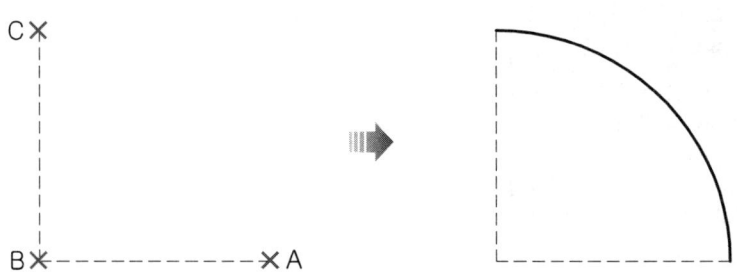

명령 : arc [Enter↵]	
호 작성 방향 : 시계 반대 방향(Ctrl 키를 누른 상태에서 방향 전환).	
호의 시작점 지정 또는 [중심(C)] :	〈A점 지정〉
호의 두 번째 점 또는 [중심(C)/끝(E)] 지정 : c [Enter↵]	〈중심 옵션〉
호의 중심점 지정 :	〈B점 지정〉
호의 끝점 지정 또는 [각도(A)/현의 길이(L)] :	〈C 점 지정〉

3.3 시작점, 중심점, 각도를 이용한 호

시작점과 중심점을 지정한 후, 각도 값을 입력하여 호를 그린다.

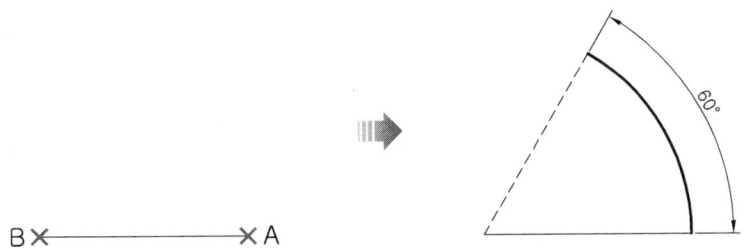

```
명령 : arc Enter↵
호 작성 방향 : 시계 반대 방향(Ctrl 키를 누른 상태에서 방향 전환).
호의 시작점 지정 또는 [중심(C)] :                              〈A점 지정〉
호의 두 번째 점 또는 [중심(C)/끝(E)] 지정 : c Enter↵           〈중심 옵션〉
호의 중심점 지정 :                                              〈B점 지정〉
호의 끝점 지정 또는 [각도(A)/현의 길이(L)] : a Enter↵           〈각도 옵션〉
사이각 지정 : 60 Enter↵                                        〈각도값 입력〉
```

3.4 시작점, 중심점, 길이를 이용한 호

시작점과 중심점을 지정하고, 시작점과 끝점을 잇는 현의 길이 값을 입력하여 호를 그린다.

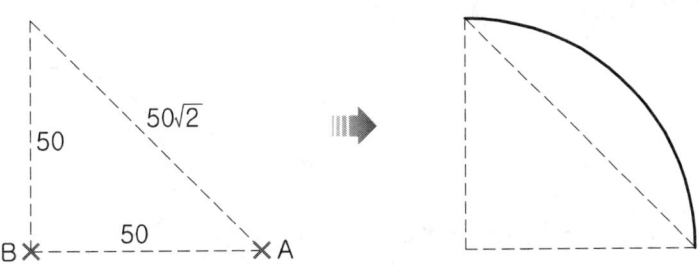

```
명령 : arc Enter↵
호 작성 방향 : 시계 반대 방향(Ctrl 키를 누른 상태에서 방향 전환).
호의 시작점 지정 또는 [중심(C)] :                              〈A점 지정〉
호의 두 번째 점 또는 [중심(C)/끝(E)] 지정 : c Enter↵           〈중심 옵션〉
호의 중심점 지정 :                                              〈B점 지정〉
호의 끝점 지정 또는 [각도(A)/현의 길이(L)] : l Enter↵          〈현의 길이 옵션〉
현의 길이 지정 : 70.71                                         〈길이 입력 50√2 =70.71〉
```

3.5 시작점, 끝점, 각도를 이용한 호

시작점과 끝점을 지정하고, 각도 값을 입력하여 호를 그린다.

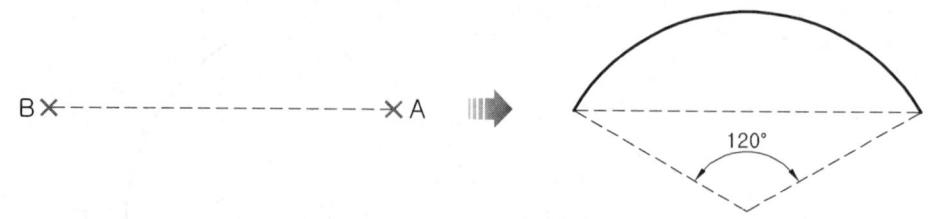

```
명령 : arc Enter↵
호 작성 방향 : 시계 반대 방향(Ctrl 키를 누른 상태에서 방향 전환).
호의 시작점 지정 또는 [중심(C)] :                                          〈A점 지정〉
호의 두 번째 점 또는 [중심(C)/끝(E)] 지정 : e Enter↵                        〈끝 옵션〉
호의 끝점 지정 :                                                          〈B점 지정〉
호의 중심점 지정 또는 [각도(A)/방향(D)/반지름(R)] : a Enter↵                  〈각도 옵션〉
사이각 지정 : 120 Enter↵                                                  〈각도값 입력〉
```

3.6 시작점, 끝점, 방향을 이용한 호

시작점과 끝점을 지정하고, 접선 방향을 지정하여 호를 그린다. 주로 다른 요소와 접선 방향으로 이어지는 호를 그릴 때 사용한다.

```
명령 : arc Enter↵
호 작성 방향 : 시계 반대 방향(Ctrl 키를 누른 상태에서 방향 전환).
호의 시작점 지정 또는 [중심(C)] :                                          〈A점 지정〉
호의 두 번째 점 또는 [중심(C)/끝(E)] 지정 : e Enter↵                        〈끝 옵션〉
호의 끝점 지정 :                                                          〈B점 지정〉
호의 중심점 지정 또는 [각도(A)/방향(D)/반지름(R)] : d Enter↵                  〈방향 옵션〉
호의 시작점에 대해 접선 방향을 지정 : 120 Enter↵                             〈각도값 입력〉
```

3.7 시작점, 끝점, 반지름을 이용한 호

시작점과 끝점, 반지름을 입력하여 호를 그린다. 시작점과 끝점을 알고 있을 경우, 또는 반지름이 클 경우에 사용한다. 반지름에 (-)값을 입력하면 180도 보다 큰 호를 그린다.

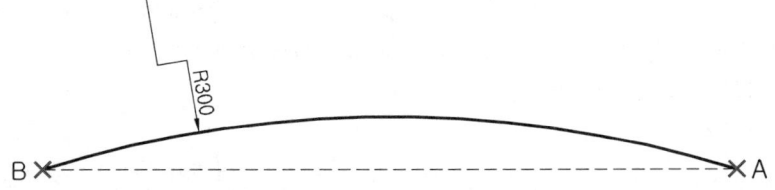

```
명령 : arc Enter↵
호 작성 방향 : 시계 반대 방향(Ctrl 키를 누른 상태에서 방향 전환).
호의 시작점 지정 또는 [중심(C)] :                                    〈A점 지정〉
호의 두 번째 점 또는 [중심(C)/끝(E)] 지정 : e Enter↵                  〈끝 옵션〉
호의 끝점 지정 :                                                    〈B점 지정〉
호의 중심점 지정 또는 [각도(A)/방향(D)/반지름(R)] : r Enter↵         〈반지름 옵션〉
호의 반지름 지정 : 300 Enter↵                                       〈반지름 값 입력〉
```

3.8 연속을 이용한 호

호나 직선을 그리고 난 후 연속해서 호를 그리고자 할 때 사용하는 명령으로 호의 시작점 및 끝점, 시작 방향을 지정하는 방법과 유사하다.

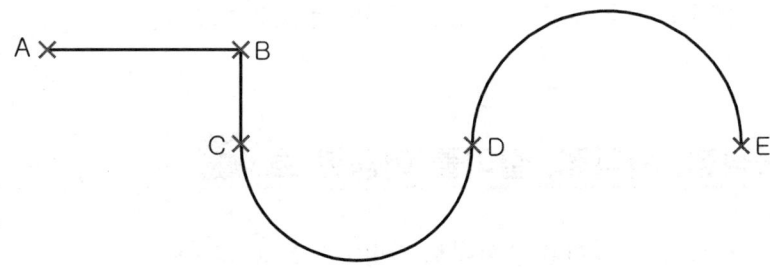

```
명령 : line Enter↵
첫 번째 점 지정 :                                                  〈A점 지정〉
다음 점 지정 또는 [명령 취소(U)] :                                    〈B점 지정〉
다음 점 지정 또는 [명령 취소(U)] :                                    〈C점 지정〉
다음 점 지정 또는 [닫기(C)/명령 취소(U)] Enter↵
명령 :                                          〈풀다운메뉴 → 호 → 연속 호 실행〉
호 작성 방향 : 시계 반대 방향(Ctrl 키를 누른 상태에서 방향 전환).
호의 시작점 지정 또는 [중심(C)] :
호의 끝점 지정 :                                                   〈D점 지정〉
명령 :                                          〈풀다운메뉴 → 호 → 연속 호 실행〉
호 작성 방향 : 시계 반대 방향(Ctrl 키를 누른 상태에서 방향 전환).
호의 시작점 지정 또는 [중심(C)] :
호의 끝점 지정 :                                                   〈E점 지정〉
```

✔ 다음은 호를 작성하는 순서만 다를 뿐 위와 같은 방식으로 작성을 하면 된다.

3.9 중심점, 시작점, 끝점을 이용한 호

중심점 → 시작점 → 끝점을 순서대로 지정하여 호를 그린다.

3.10 중심점, 시작점, 각도를 이용한 호

중심점 → 시작점 → 각도를 순서대로 지정하여 호를 그린다.

3.11 중심점, 시작점, 길이를 이용한 호

중심점 → 시작점 → 길이를 순서대로 지정하여 호를 그린다.

4. 타원(Ellipse)

AutoCAD 2016

타원을 그린다. 완전한 타원과 타원형의 호를 그릴 수 있다.

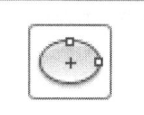

✓ 명령입력	: ellipse
✓ 리본메뉴	: 홈 → 그리기 → 타원
✓ 단축키	: el

4.1 한 축의 길이와 다른 축의 절반 길이로 그리기

두 점에 의한 한 축을 정의하고, 다른 축의 끝점을 정하여 타원을 그린다.

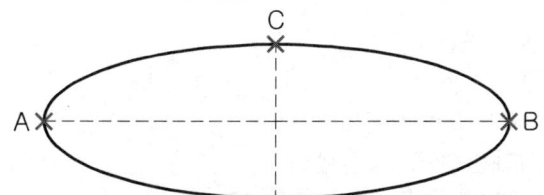

명령 : **ellipse** [Enter↵]	〈타원 실행〉
타원의 축 끝점 지정 또는 [호(A)/중심(C)] :	〈A점 지정〉
축의 다른 끝점 지정 :	〈B점 지정〉
다른 축으로 거리를 지정 또는 [회전(R)] :	〈C점 지정〉

4.2 중심점과 두 축의 끝점을 지정하여 그리기

중심점을 지정하고, 타원의 장축이 되는 점과 단축이 되는 점을 지정하여 타원을 그린다.

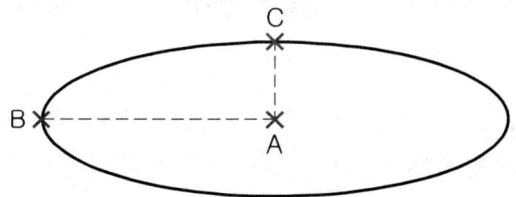

```
명령 : ellipse [Enter]
타원의 축 끝점 지정 또는 [호(A)/중심(C)] : c [Enter]
타원의 중심 지정 :                                          〈A점 지정〉
축의 끝점 지정 :                                            〈B점 지정〉
다른 축으로 거리를 지정 또는 [회전(R)] :                       〈C점 지정〉
```

4.3 타원형 호 그리기

타원형 호를 그린다.

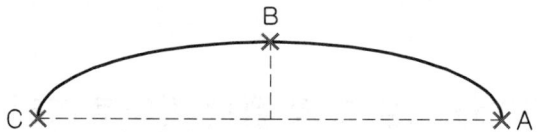

```
명령 : ellipse [Enter]
타원의 축 끝점 지정 또는 [호(A)/중심(C)] : a [Enter]              〈호 옵션〉
타원 호의 축 끝점 지정 또는 [중심(C)] :                         〈A점 지정〉
축의 다른 끝점 지정 :                                        〈B점 지정〉
다른 축으로 거리를 지정 또는 [회전(R)] :                        〈C점 지정〉
시작점 지정 또는 [매개변수(P)] : 0 [Enter]                    〈시작 각도 입력〉
끝각도를 지정 또는 [매개변수(P)/사이각(I)] : 180 [Enter]        〈끝 각도 입력〉
```

4.4 Pellipse

타원의 성분을 좌, 우로 한다.

"0"일 때 작업한 타원은 원과 동일한 성질을 가지며, 타원 명령의 옵션에 "호(Arc)" 옵션이 나타난다.

"1"일 때 작업한 타원은 여러 개의 폴리선이 합성된 형태로 만들어지며 "분해(Explode)" 명령으로 분해가 되어 "폴리선"으로 연결된 부위에서 끝점 찾기가 가능하다.

초기값은 "0"이다.

```
명령 : pellipse [Enter]
PELLIPSE에 대한 새 값 입력 〈0〉 :
```

따라하기 1 객체스냅, 선, 원, 호를 이용하여 그리기 *Step by Step*

아래의 도면을 작성한다. (사각형의 크기는 60×60으로 한다.)

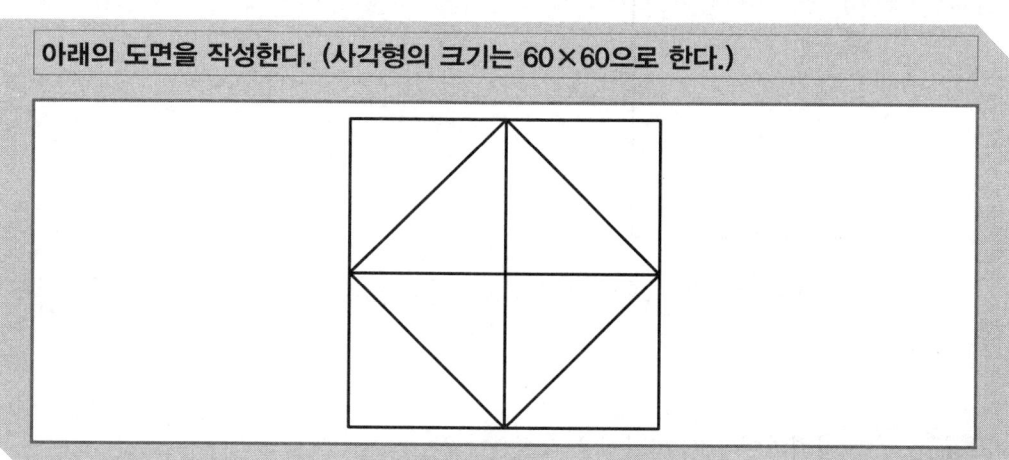

Step 01 선을 실행한다. 임의의 지점을 시작점으로 지정한다.

Step 02 F8을 눌러 직교모드를 켠다. 마우스를 오른쪽으로 이동하여 60을 입력한다.

A ✕————————→✕ B

```
명령 : line Enter↵
첫 번째 점 지정 :                                                        〈A점 지정〉
다음 점 지정 또는 [명령 취소(U)] : 〈직교 켜기〉 60 Enter↵         〈B점 지정〉
```

Step 03 마우스를 위로 이동하고 거리 60을 입력한다.

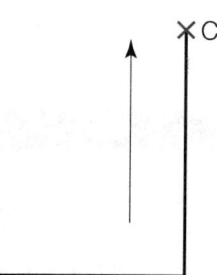

```
다음 점 지정 또는 [명령 취소(U)] : 60 Enter↵                         〈C점 지정〉
```

Step 04 마우스를 왼쪽으로 이동하고 거리 60을 입력한다.

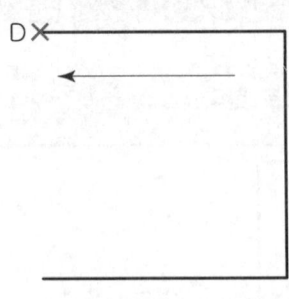

다음 점 지정 또는 [닫기(C)/명령 취소(U)] : 60 [Enter↵]　　　　　〈D점 지정〉

Step 05 "C"를 입력하여 닫힌 사각형을 작성한다.

다음 점 지정 또는 [닫기(C)/명령 취소(U)] : C [Enter↵]　　　　　〈닫기 옵션〉

Step 06 상태표시줄의 객체스냅( )에서 마우스 오른쪽 버튼을 눌러 [객체스냅설정]을 클릭한다.

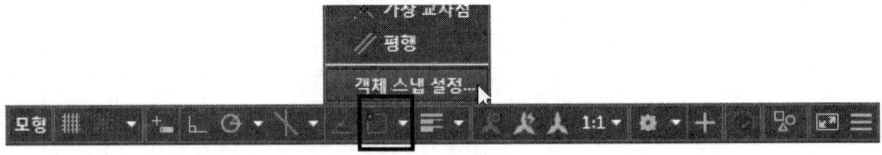

Step 07 제도 설정창에서 "끝점", "중간점", "중심", "사분점", "교차점", "연장선", "직교"에 체크를 하고 확인을 누른다.

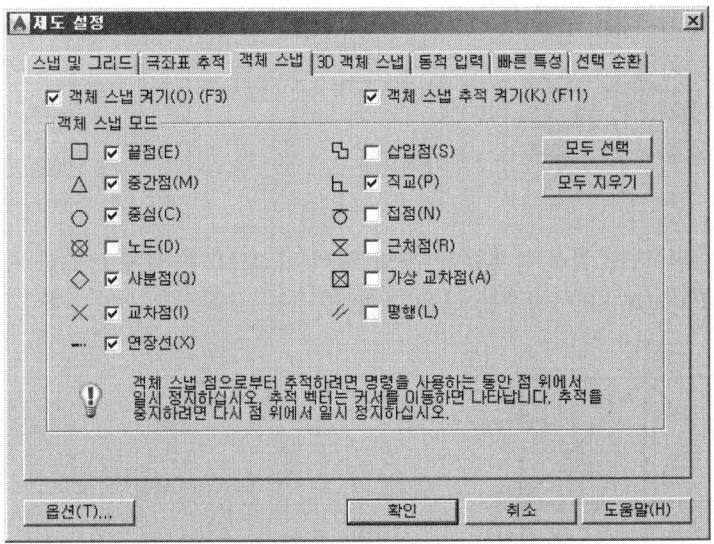

Step 08 선을 실행한다. 중간점 P1→ 중간점 P2를 클릭하여 선을 그린다.

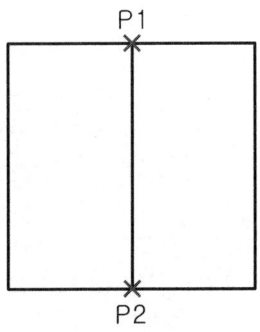

```
명령 : line Enter↵
첫 번째 점 지정 :                                                    〈P1점 지정〉
다음 점 지정 또는 [명령 취소(U)] :                                    〈P2점 지정〉
다음 점 지정 또는 [명령 취소(U)] : Enter↵
```

Step 09 Enter↵를 눌러 다시 선을 실행한다. 중간점 P3→ 중간점 P4를 클릭하여 선을 그린다.

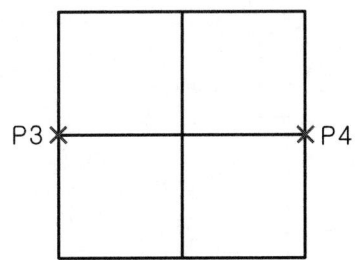

```
명령 : Enter↵                                              〈다시 선 실행〉
첫 번째 점 지정 :                                           〈P3점 지정〉
다음 점 지정 또는 [명령 취소(U)] :                          〈P4점 지정〉
다음 점 지정 또는 [명령 취소(U)] : Enter↵
```

Step 10 Enter↵를 눌러 다시 선을 실행한다. F8을 눌러 직교모드를 해제(Off)한다. P1 → P2 → P3 → P4 → P1을 이어주는 선을 그린다.

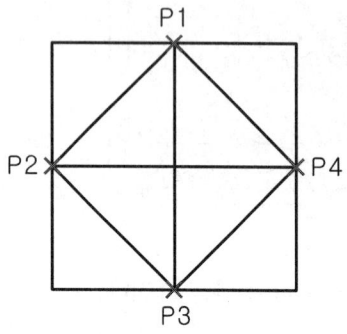

```
명령 : Enter↵
첫 번째 점 지정 :                                           〈P1점 지정〉
다음 점 지정 또는 [명령 취소(U)] : 〈직교 끄기〉      〈F8 누르고, P2점 지정〉
다음 점 지정 또는 [명령 취소(U)] :                          〈P3점 지정〉
다음 점 지정 또는 [닫기(C)/명령 취소(U)] :                  〈P4점 지정〉
다음 점 지정 또는 [닫기(C)/명령 취소(U)] :                  〈P1점 지정〉
다음 점 지정 또는 [닫기(C)/명령 취소(U)] : Enter↵
```

Step 11 도형이 완성되었다.

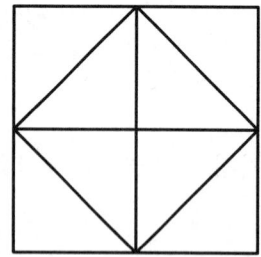

따라하기 2 　객체스냅, 선, 원, 호를 이용하여 그리기　*Step by Step*

아래의 도면을 작성한다. (사각형의 크기는 60×60으로 한다.)

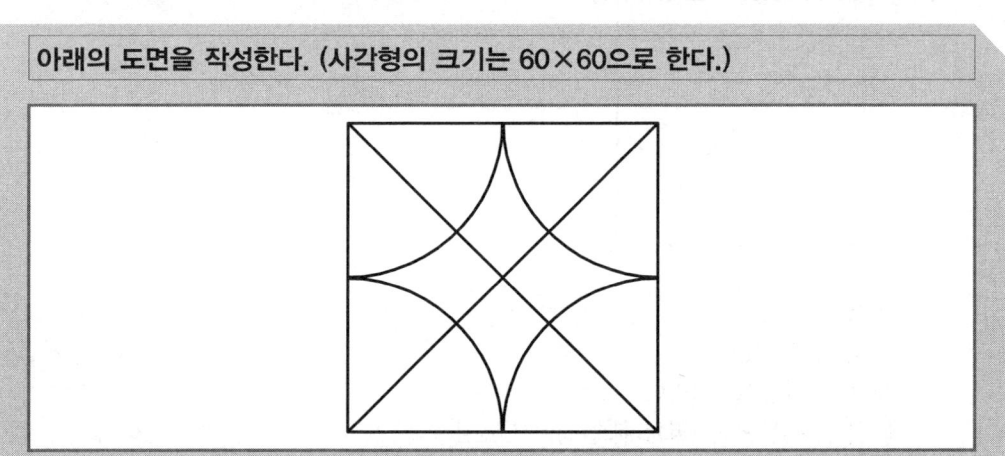

Step 01 상대극좌표를 이용하여 사각형을 그린다. (앞의 방법과 같이 직접 거리 값을 입력하여 그려도 된다.)

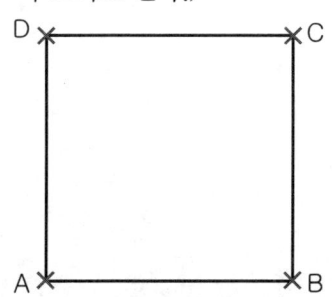

```
명령 : line Enter↵
첫 번째 점 지정 :                                          〈임의의 지점 A 클릭〉
다음 점 지정 또는 [명령 취소(U)] : @60〈0 Enter↵         〈C점 지정〉
다음 점 지정 또는 [명령 취소(U)] : @60〈90 Enter↵        〈C점 지정〉
다음 점 지정 또는 [닫기(C)/명령 취소(U)] : @60〈180 Enter↵  〈D점 지정〉
다음 점 지정 또는 [닫기(C)/명령 취소(U)] : c Enter↵       〈닫기 옵션〉
```

Step 02 Enter↵를 눌러 다시 선을 실행한다. 끝점 P1→ 끝점 P2를 클릭하여 선을 그린다.

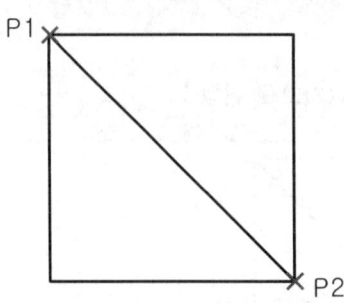

```
명령 : Enter↵
첫 번째 점 지정 :                                          〈P1점 지정〉
다음 점 지정 또는 [명령 취소(U)] :                          〈P2점 지정〉
다음 점 지정 또는 [명령 취소(U)] : Enter↵
```

Step 03 Enter↵를 눌러 다시 선을 실행한다. 끝점 P3→ 끝점 P4를 클릭하여 선을 그린다.

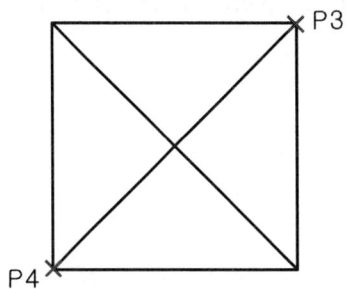

```
명령 : Enter↵
첫 번째 점 지정 :                                          〈P3점 지정〉
다음 점 지정 또는 [명령 취소(U)] :                          〈P4점 지정〉
다음 점 지정 또는 [명령 취소(U)] : Enter↵
```

Step 04 Arc를 실행하여 시작점, 중심점, 끝점의 호를 그린다.

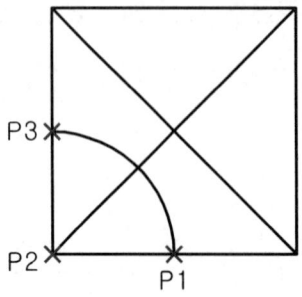

```
명령 : arc Enter↵
호 작성 방향 : 시계 반대 방향(Ctrl 키를 누른 상태에서 방향 전환).
호의 시작점 지정 또는 [중심(C)] :                                    〈P1점 지정〉
호의 두 번째 점 또는 [중심(C)/끝(E)] 지정 : c Enter↵                  〈중심 옵션〉
호의 중심점 지정 :                                                    〈P2점 지정〉
호의 끝점 지정 또는 [각도(A)/현의 길이(L)] :                           〈P3점 지정〉
```

Step 05 Enter↵를 눌러 다시 호를 실행한다. 시작점, 중심점, 끝점의 호를 그린다.

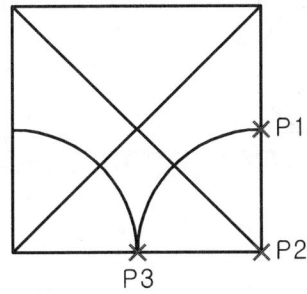

```
명령 : arc Enter↵
호 작성 방향 : 시계 반대 방향(Ctrl 키를 누른 상태에서 방향 전환).
호의 시작점 지정 또는 [중심(C)] :                                    〈P1점 지정〉
호의 두 번째 점 또는 [중심(C)/끝(E)] 지정 : c Enter↵                  〈중심 옵션〉
호의 중심점 지정 :                                                    〈P2점 지정〉
호의 끝점 지정 또는 [각도(A)/현의 길이(L)] :                           〈P3점 지정〉
```

Step 06 같은 방법을 반복하여 나머지 호를 그린다.

따라하기 3 　 객체스냅, 선, 원, 호를 이용하여 그리기

아래의 도면을 작성한다. (사각형의 크기는 60×60으로 한다.)

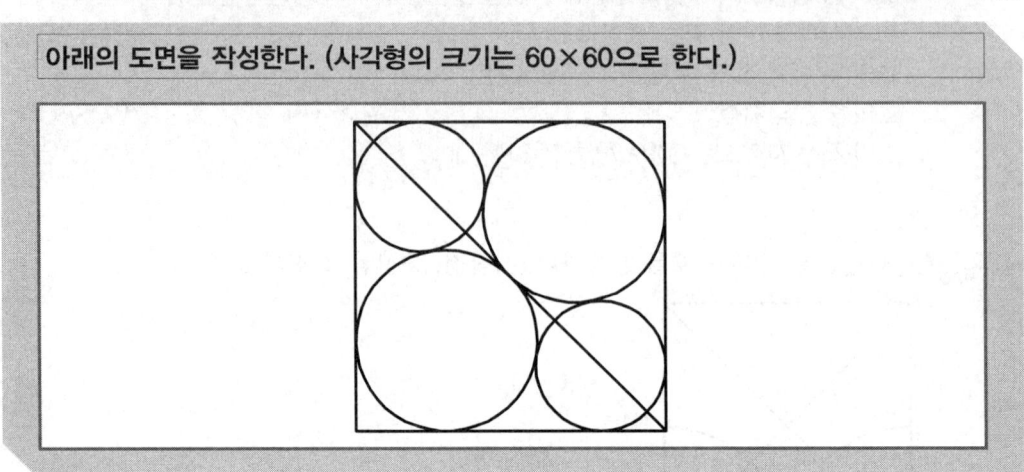

Step 01 선을 이용하여 60×60의 사각형을 그린다.

Step 02 다시 선을 이용하여 대각선을 그린다.

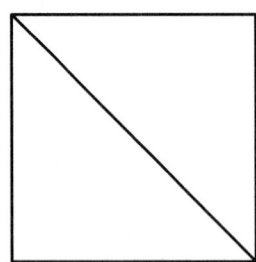

Step 03 : 리본메뉴 → 그리기 → 원 → 접선 접선 접선을 실행하여 접하는 원을 그린다.

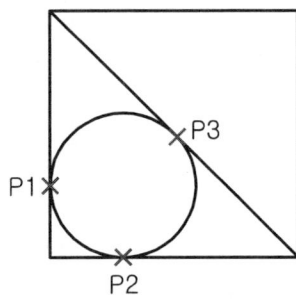

명령 : _circle	〈리본메뉴 → 그리기 → 원 → 접선 접선 접선 실행〉
원에 대한 중심점 지정 또는 [3점(3P)/2점(2P)/Ttr - 접선 접선 반지름(T)] : _3p 원 위의	
첫 번째 점 지정 : _tan -〉	〈P1선 지정〉
원 위의 두 번째 점 지정 : _tan -〉	〈P2선 지정〉
원 위의 세 번째 점 지정 : _tan -〉	〈P3선 지정〉

Step 04 : 다시 리본메뉴 → 그리기 → 원 → 접선 접선 접선을 실행하여 반대편에도 접하는 원을 그린다.(선을 지정하는 순서는 상관없다)

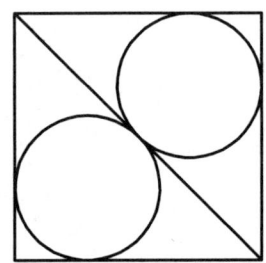

Step 05 : 다시 리본메뉴 → 그리기 → 원 → 접선 접선 접선을 실행하여 접하는 원을 그린다.

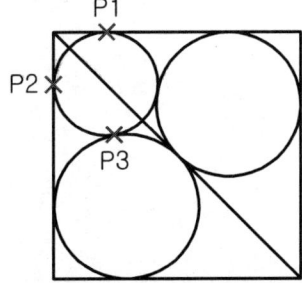

명령 : _circle	〈리본메뉴 → 그리기 → 원 → 접선 접선 접선 실행〉
원에 대한 중심점 지정 또는 [3점(3P)/2점(2P)/Ttr - 접선 접선 반지름(T)] : _3p 원 위의	
첫 번째 점 지정 : _tan -〉	〈P1선 지정〉
원 위의 두 번째 점 지정 : _tan -〉	〈P2선 지정〉
원 위의 세 번째 점 지정 : _tan -〉	〈P3원 지정〉

Step 06 반대편에도 같은 방법으로 접하는 원을 그린다.

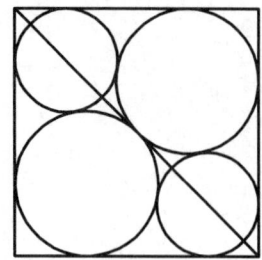

따라하기 4 객체스냅, 선, 원, 호를 이용하여 그리기

아래의 도면을 작성한다. (사각형의 크기는 60×60으로 한다.)

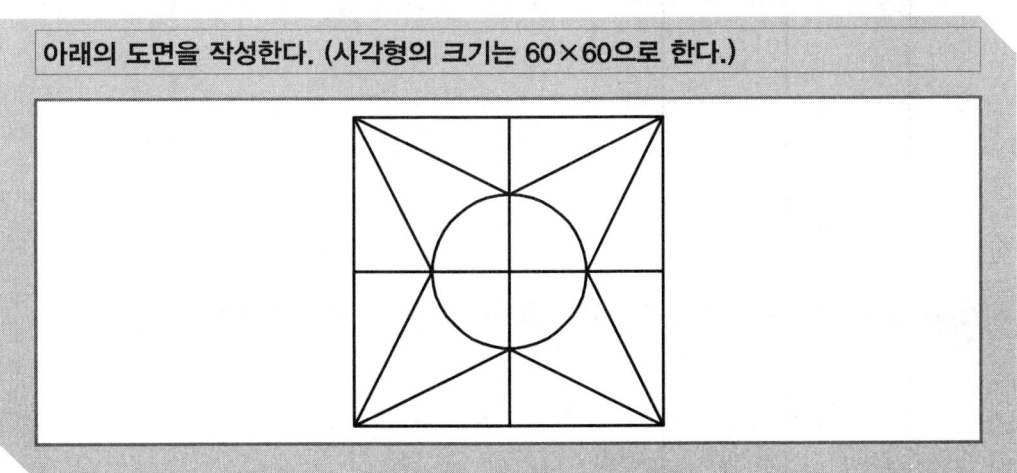

Step 01 선을 이용하여 60×60의 사각형을 그린다.

Step 02 다시 선을 이용하여 수평선을 그린다.

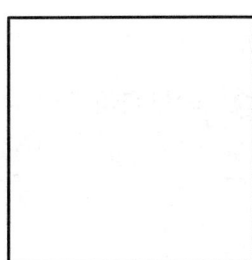

Step 03 다시 선을 이용하여 수직선을 그린다.

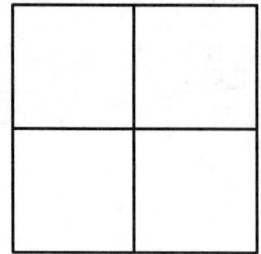

Step 04 원을 실행하여 가운데 중심 교차점(A)을 기준으로 지름 30의 원을 그린다.

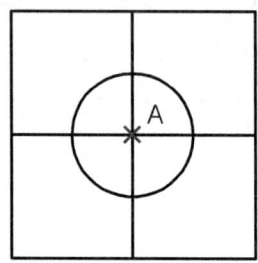

```
명령 : circle [Enter↵]                                                          〈원 실행〉
원에 대한 중심점 지정 또는 [3점(3P)/2점(2P)/Ttr - 접선 접선 반지름(T)] : 〈A점 지정〉
원의 반지름 지정 또는 [지름(D)] : d [Enter↵]                                    〈지름 옵션〉
원의 지름을 지정함 : 30 [Enter↵]                                                〈지름값 입력〉
```

Step 05 선을 이용하여 각 점을 연결하는 선을 그린다.

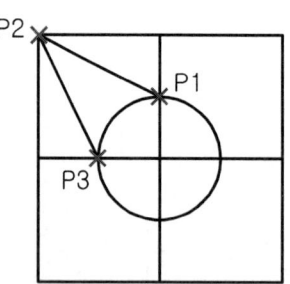

```
명령 : line [Enter↵]                                    〈원 실행〉
첫 번째 점 지정 :                                       〈P1점 지정〉
다음 점 지정 또는 [명령 취소(U)] :                      〈P2점 지정〉
다음 점 지정 또는 [명령 취소(U)] :                      〈P3점 지정〉
```

Step 06 계속해서 다음 선을 그린다.

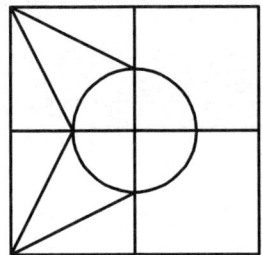

Step 07 계속해서 다음 선을 그린다.

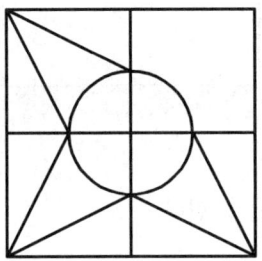

Step 08 계속해서 다음 선을 그린다.

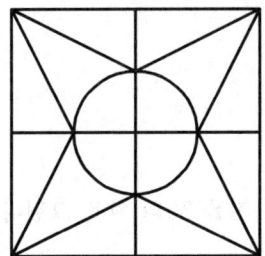

따라하기 5 객체스냅, 선, 원, 호를 이용하여 그리기

아래의 도면을 작성한다. (사각형의 크기는 60×60으로 한다.)

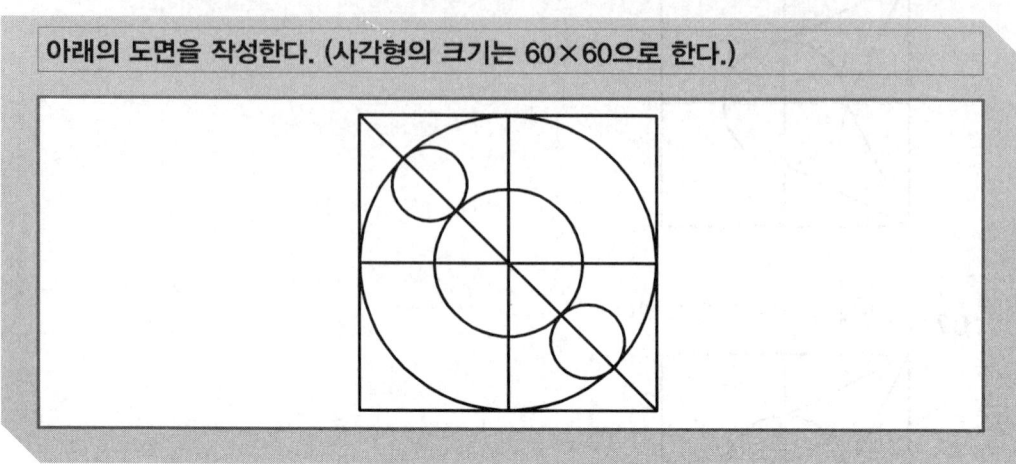

Step 01 선을 이용하여 다음 그림처럼 수평, 수직, 대각선을 그린다.

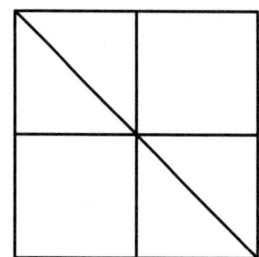

Step 02 원을 실행하여 가운데 중심 교차점(A)을 기준으로 지름 30의 원을 그린다.

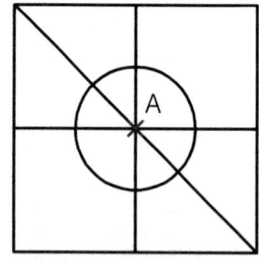

```
명령 : circle Enter↵                                                    〈원 실행〉
원에 대한 중심점 지정 또는 [3점(3P)/2점(2P)/Ttr - 접선 접선 반지름(T)] : 〈A점 지정〉
원의 반지름 지정 또는 [지름(D)] : d Enter↵                              〈지름 옵션〉
원의 지름을 지정함 : 30 Enter↵                                          〈지름값 입력〉
```

Step 03 다시 원을 이용하여 지름 60의 원을 그린다.

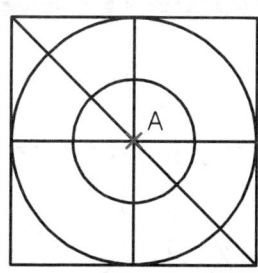

```
명령 : Enter↵                                                        〈다시 원 실행〉
원에 대한 중심점 지정 또는 [3점(3P)/2점(2P)/Ttr - 접선 접선 반지름(T)] : 〈A점 지정〉
원의 반지름 지정 또는 [지름(D)] : d Enter↵                              〈지름 옵션〉
원의 지름을 지정함 : 60 Enter↵                                          〈지름값 입력〉
```

Step 04 다시 원을 이용하여 2점을 이용한 원을 그린다.

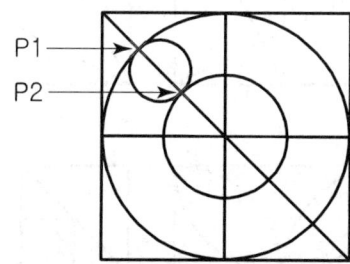

```
명령 : Enter↵                                                        〈다시 원 실행〉
원에 대한 중심점 지정 또는 [3점(3P)/2점(2P)/Ttr - 접선 접선 반지름(T)] : 2p Enter↵
                                                                   〈2점 옵션〉
원 지름의 첫 번째 끝점을 지정 :                                          〈P1점 지정〉
원 지름의 두 번째 끝점을 지정 :                                          〈P2점 지정〉
```

Step 05 다시 원을 이용하여 반대편에도 2점을 이용한 원을 그린다.

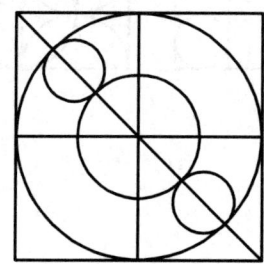

연습과제 1　객체스냅, 선, 원, 호를 이용하여 그리기

[과제] 아래의 도면을 작성한다. (사각형의 크기는 60×60으로 한다.)

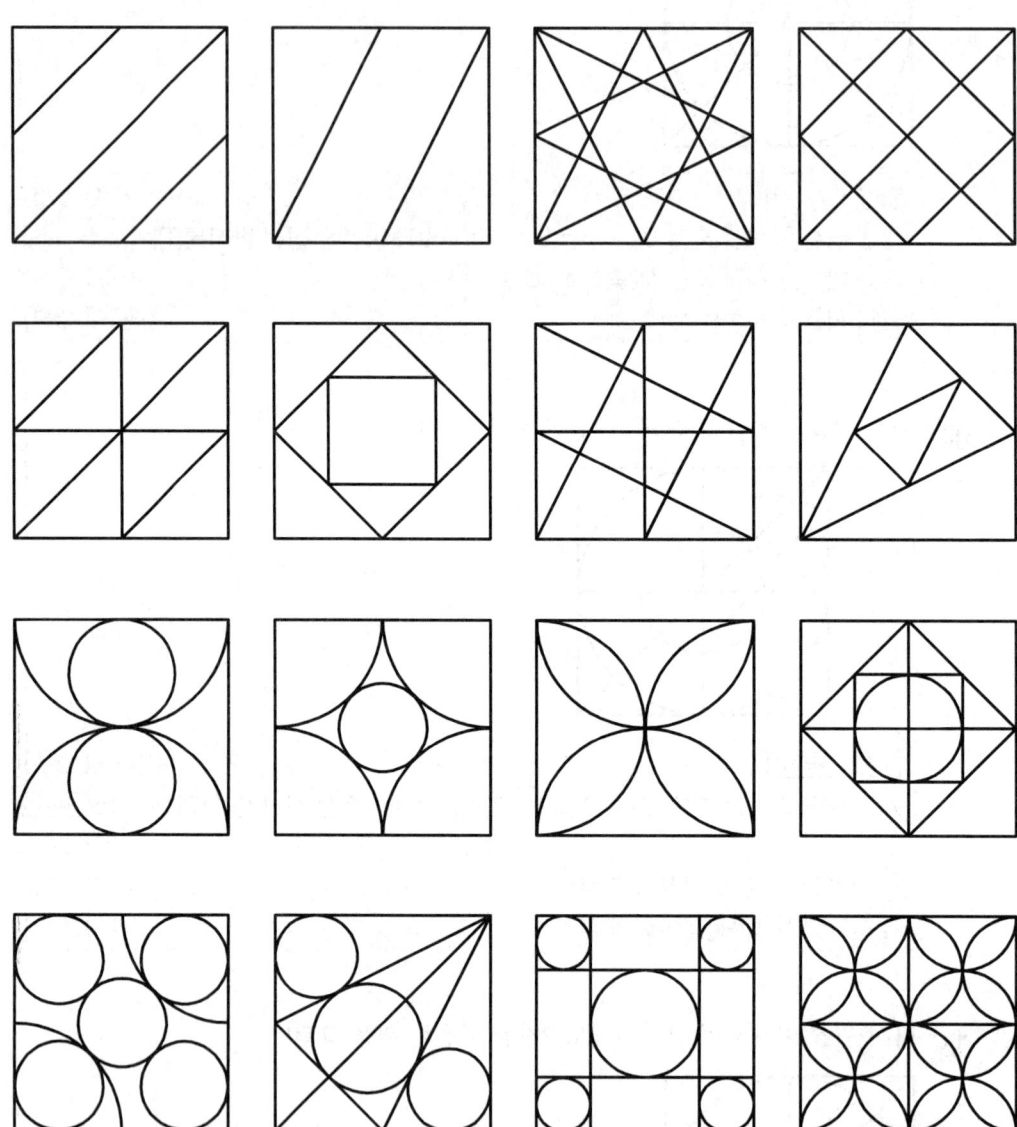

연습과제 2 객체스냅, 선, 원, 호를 이용하여 그리기

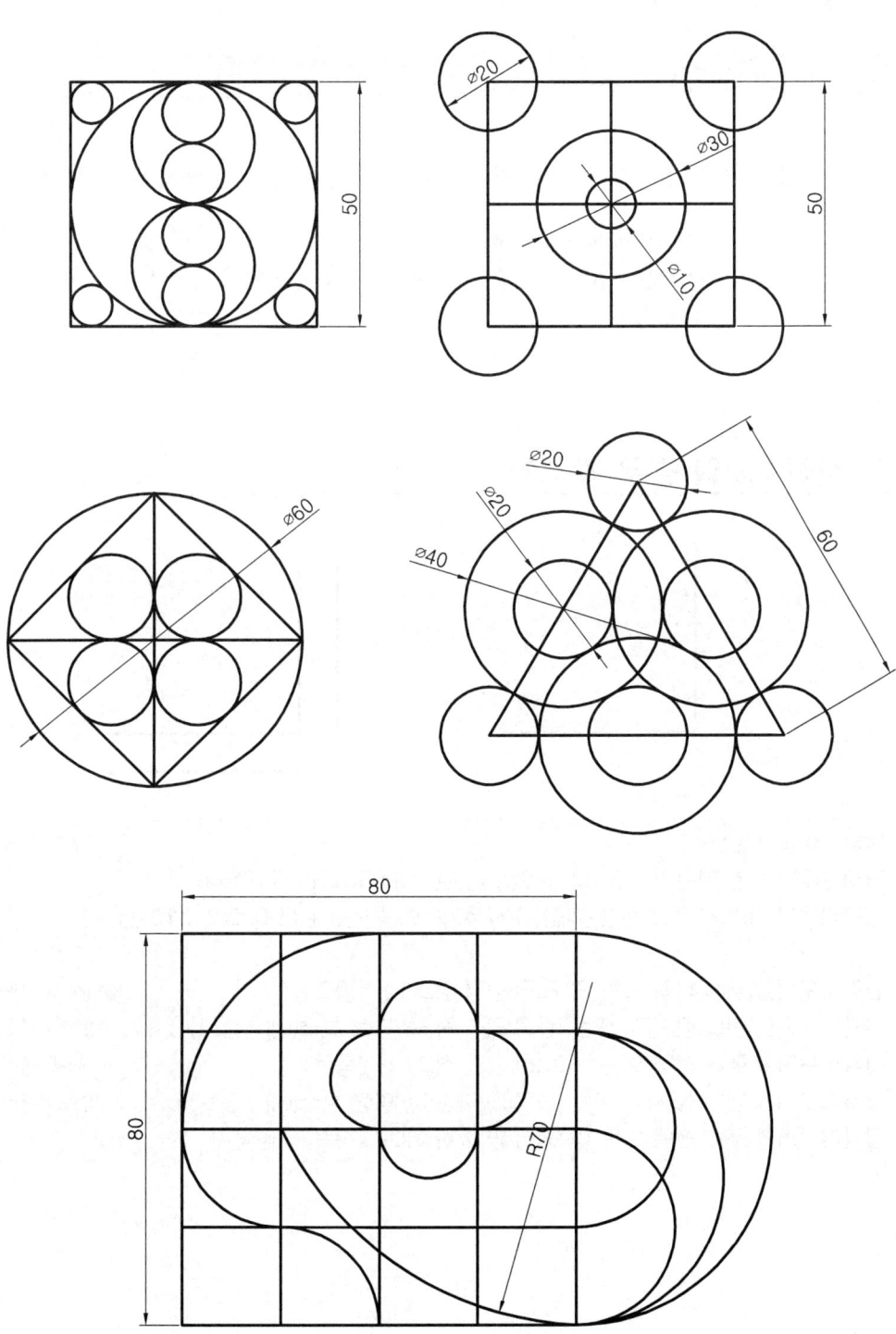

5. 간격띄우기(Offset)

AutoCAD 2016

도면 요소를 지정한 간격과 지정한 점(방향)으로 간격을 띄워 평행하게 복사한다.

- ✓ 명령입력 : offset
- ✓ 리본메뉴 : 홈 → 수정 → 간격띄우기
- ✓ 단축키 : o

5.1 직선(line)일 경우 간격띄우기

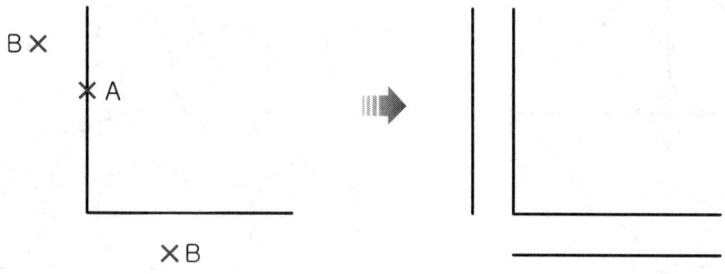

```
명령 : offset Enter↵                                        〈간격띄우기 실행〉
현재 설정 : 원본 지우기=아니오  도면층=원본  OFFSETGAPTYPE=0
간격띄우기 거리 지정 또는 [통과점(T)/지우기(E)/도면층(L)] 〈1.0000〉: 10 Enter↵
                                                             〈간격값 입력〉
간격띄우기할 객체 선택 또는 [종료(E)/명령 취소(U)] 〈종료〉:        〈A 객체 선택〉
간격띄우기할 면의 점 지정 또는 [종료(E)/다중(M)/명령 취소(U)] 〈종료〉:  〈방향 B지정〉
간격띄우기할 객체 선택 또는 [종료(E)/명령 취소(U)] 〈종료〉:        〈A 객체 선택〉
간격띄우기할 면의 점 지정 또는 [종료(E)/다중(M)/명령 취소(U)] 〈종료〉:  〈방향 B지정〉
간격띄우기할 객체 선택 또는 [종료(E)/명령 취소(U)] 〈종료〉: Enter↵
```

5.2 원(circle)일 경우 간격띄우기

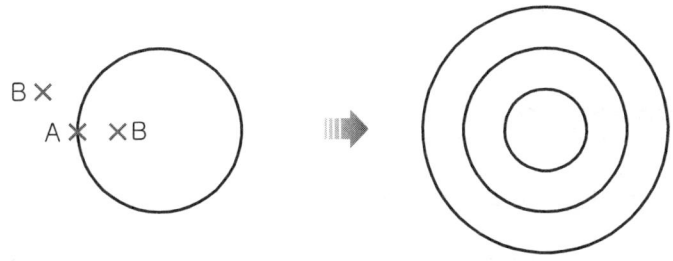

```
명령 : offset Enter↵                                         〈간격띄우기 실행〉
현재 설정 : 원본 지우기=아니오  도면층=원본  OFFSETGAPTYPE=0
간격띄우기 거리 지정 또는 [통과점(T)/지우기(E)/도면층(L)] 〈1.0000〉 : 10 Enter↵
                                                              〈간격값 입력〉
간격띄우기할 객체 선택 또는 [종료(E)/명령 취소(U)] 〈종료〉 :         〈A 객체 선택〉
간격띄우기할 면의 점 지정 또는 [종료(E)/다중(M)/명령 취소(U)] 〈종료〉 : 〈방향 B지정〉
간격띄우기할 객체 선택 또는 [종료(E)/명령 취소(U)] 〈종료〉 :         〈A 객체 선택〉
간격띄우기할 면의 점 지정 또는 [종료(E)/다중(M)/명령 취소(U)] 〈종료〉 : 〈방향 B지정〉
간격띄우기할 객체 선택 또는 [종료(E)/명령 취소(U)] 〈종료〉 : Enter↵
```

5.3 폴리선(polyline)일 경우 간격띄우기

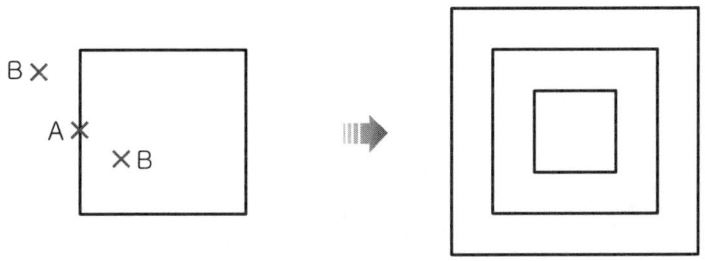

```
명령 : offset Enter↵                                         〈간격띄우기 실행〉
현재 설정 : 원본 지우기=아니오  도면층=원본  OFFSETGAPTYPE=0
간격띄우기 거리 지정 또는 [통과점(T)/지우기(E)/도면층(L)] 〈1.0000〉 : 10 Enter↵
                                                              〈간격값 입력〉
간격띄우기할 객체 선택 또는 [종료(E)/명령 취소(U)] 〈종료〉 :         〈A 객체 선택〉
간격띄우기할 면의 점 지정 또는 [종료(E)/다중(M)/명령 취소(U)] 〈종료〉 : 〈방향 B지정〉
간격띄우기할 객체 선택 또는 [종료(E)/명령 취소(U)] 〈종료〉 :         〈A 객체 선택〉
간격띄우기할 면의 점 지정 또는 [종료(E)/다중(M)/명령 취소(U)] 〈종료〉 : 〈방향 B지정〉
간격띄우기할 객체 선택 또는 [종료(E)/명령 취소(U)] 〈종료〉 : Enter↵
```

- **통과점(T)** : 지정된 지점을 지나게 간격띄우기를 한다.
- **지우기(E)** : 원본의 삭제 여부를 지정한다. (Yes : 삭제, No : 삭제하지 않음)

5.4 Offsetgaptype

간격띄우기의 모서리 모양을 결정한다. (0번 ~ 2번)

```
명령 : offsetgaptype Enter↵
OFFSETGAPTYPE에 대한 새 값 입력 〈0〉
```

- **0번** : 폴리선 형태로 연장시켜 간격을 띄운다.
- **1번** : 모깎기된 호 형태로 간격을 띄운다. (반지름은 간격띄우기 거리와 같다.)
- **2번** : 모따기된 선 형태로 간격을 띄운다. (모따기 거리는 간격띄우기 거리와 같다.)

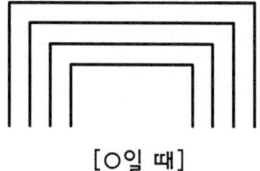

[0일 때]

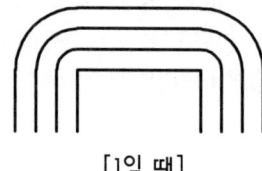

[1일 때]

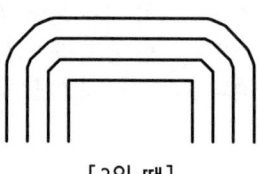

[2일 때]

6. 자르기(Trim)

다른 도형의 경계선을 기준으로 도형의 일부를 삭제한다.

- ✓ 명령입력 : trim
- ✓ 리본메뉴 : 홈 → 수정 → 자르기
- ✓ 단축키 : tr

6.1 기준선과 삭제될 부분이 구분될 경우

기준이 되는 선을 선택하고, [Enter↵]를 누른 후 자를 객체를 선택한다.

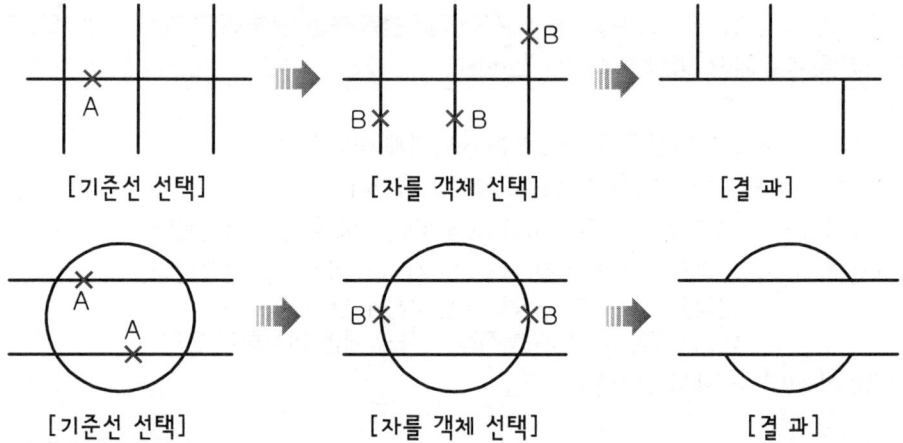

```
명령 : trim [Enter↵] 〈자르기 실행〉
현재 설정 : 투영=UCS 모서리=없음
절단 모서리 선택 ...
객체 선택 또는 〈모두 선택〉 : 1개를 찾음                    〈기준선 A 지정〉
객체 선택 : [Enter↵]
자를 객체 선택 또는 Shift 키를 누른 채 선택하여 연장 또는 [울타리(F)/걸치기(C)/프로젝트(P)/
모서리(E)/지우기(R)/명령 취소(U)] :                         〈B 객체 지정〉
자를 객체 선택 또는 Shift 키를 누른 채 선택하여 연장 또는 [울타리(F)/걸치기(C)/프로젝트(P)/
모서리(E)/지우기(R)/명령 취소(U)] : [Enter↵]
```

6.2 기준선과 삭제될 부분이 중복될 경우

경계를 지정하지 않고 객체 선택 메시지에서 Enter↵를 누르면 화면에 표시된 모든 객체가 잠재적인 기준선이 된다.

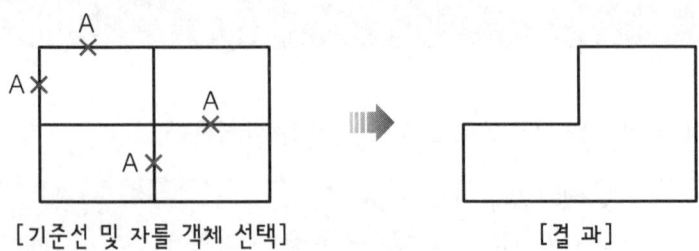

[기준선 및 자를 객체 선택]　　　　　　　[결 과]

```
명령 : trim Enter↵
현재 설정 : 투영=UCS 모서리=없음
절단 모서리 선택 ...
객체 선택 또는 <모두 선택> : Enter↵        <Enter↵를 눌러 모든 객체를 기준선으로 지정>
자를 객체 선택 또는 Shift 키를 누른 채 선택하여 연장 또는 [울타리(F)/걸치기(C)/프로젝트(P)/
모서리(E)/지우기(R)/명령 취소(U)] :              <A 객체 지정>
자를 객체 선택 또는 Shift 키를 누른 채 선택하여 연장 또는 [울타리(F)/걸치기(C)/프로젝트(P)/
모서리(E)/지우기(R)/명령 취소(U)] : Enter↵
```

- **울타리(F)** : 자르기 대상을 울타리 선을 지나가게 하여 지정한다.
- **걸치기(C)** : 자르기 할 대상을 범위로 잡아 지정한다.
- **프로젝트(P)** : 3차원 상에서 투영하여 교차 범위 내에 들면 자르기한다.
- **모서리(E)** : 직접 교차하지 않는 경계에 대해서 자르기할지를 결정한다.
  - 연장(E) : 경계를 연장하여 인식하게 한다.
  - 연장 안함(N) : 경계를 직접 교차할 때만 인식하게 한다.
- **명령 취소(U)** : 실행을 취소한다.

7. 연장(Extend)

선택한 도면요소를 경계선까지 연장시킨다. (자르기(Trim)와 반대 개념이다.)

✓ 명령입력	:	extend
✓ 리본메뉴	:	홈 → 수정 → 연장
✓ 단축키	:	ex

기준이 되는 선을 선택하고, Enter↵ 를 누른 후 연장시킬 객체를 선택하면 된다.

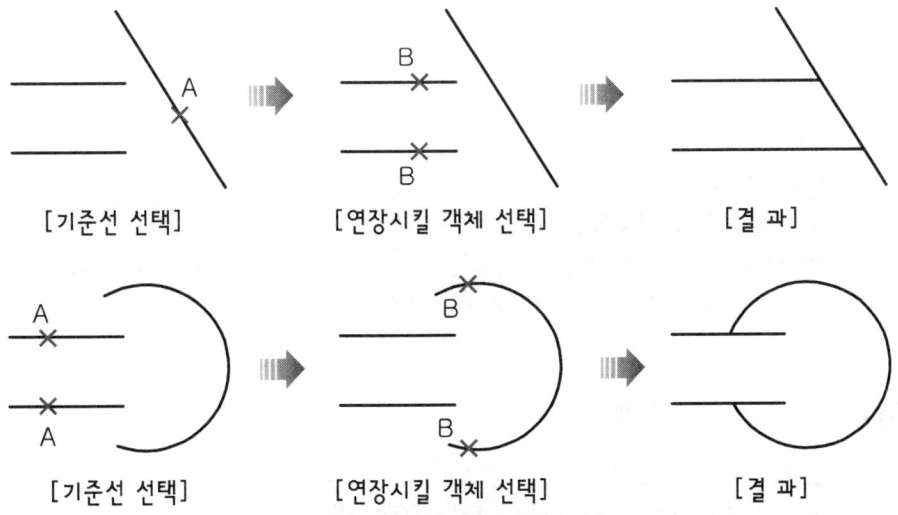

[기준선 선택]   [연장시킬 객체 선택]   [결 과]

```
명령 : extend Enter↵                                    〈연장 실행〉
현재 설정 : 투영= UCS 모서리=없음
경계 모서리 선택 ...
객체 선택 또는 〈모두 선택〉: 1개를 찾음                    〈A 선 지정〉
객체 선택 : Enter↵
연장할 객체 선택 또는 Shift 키를 누른 채 선택하여 자르기 또는 [울타리(F)/걸치기(C)/프로젝
트(P)/모서리(E)/명령 취소(U)] :                           〈B 객체 지정〉
연장할 객체 선택 또는 Shift 키를 누른 채 선택하여 자르기 또는 [울타리(F)/걸치기(C)/프로젝
트(P)/모서리(E)/명령 취소(U)] : Enter↵
```

✔ 자르기(Trim) 명령과 연장(Extend) 명령은 Shift 를 이용하여 동시에 사용할 수 있다.

따라하기 1 간격띄우기, 자르기 객체 작성하기 *Step by Step*

다음 도면을 간격띄우기와 자르기를 이용하여 작성한다.

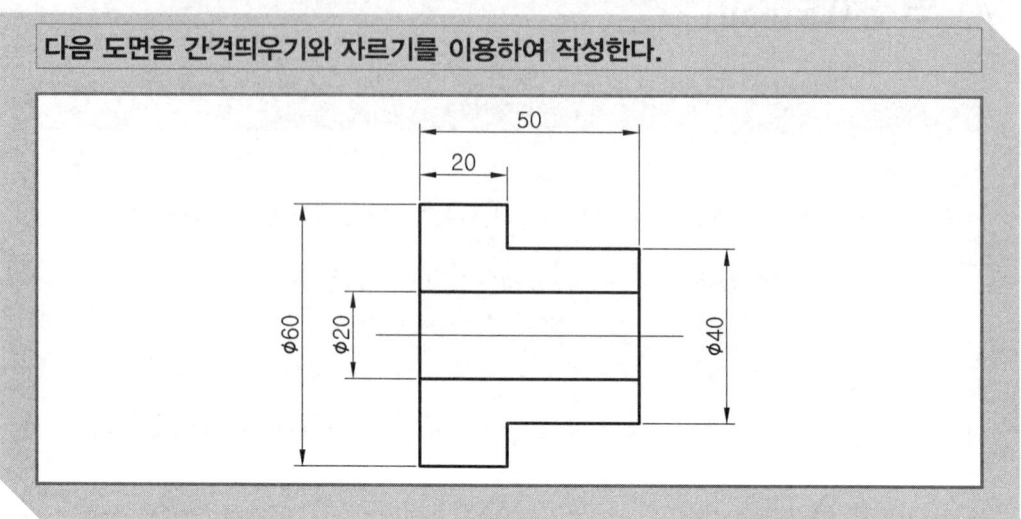

Step 01 도면 한계를 정한다.

```
명령 : limits Enter↵
모형 공간 한계 재설정 :
왼쪽 아래 구석 지정 또는 [켜기(ON)/끄기(OFF)] ⟨0.0000,0.0000⟩ : 0,0 Enter↵
오른쪽 위 구석 지정 ⟨420.0000,297.0000⟩ : 420,297 Enter↵    ⟨A3 크기 설정⟩
```

Step 02 화면 전체 보기를 한다.

```
명령 : zoom Enter↵
윈도우 구석 지정, 축척 비율(nX 또는 nXP) 입력 또는
[전체(A)/중심(C)/동적(D)/범위(E)/이전(P)/축척(S)/윈도우(W)/객체(O)] ⟨실시간⟩ : a
Enter↵
```

Step 03 길이 70 정도의 수평 기준선(중심선)을 그린다.

A ✕────────────

```
명령 : line Enter↵
첫 번째 점 지정 :                                        ⟨A 점 지정⟩
다음 점 지정 또는 [명령 취소(U)] : @70⟨0 Enter↵
다음 점 지정 또는 [명령 취소(U)] : Enter↵
```

Step 04 왼쪽에서 대략 10 정도 떨어진 위치에 80 정도의 수직 기준선을 그린다.

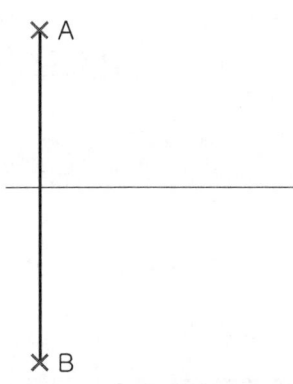

```
명령 : 〈직교 켜기〉                                    〈F8을 누른다〉
명령 : line Enter↵
첫 번째 점 지정 :                                      〈A 점 지정〉
다음 점 지정 또는 [명령 취소(U)] :                       〈B 점 지정〉
다음 점 지정 또는 [명령 취소(U)] : Enter↵
```

Step 05 수직 기준선을 오른쪽 방향으로 20만큼 간격띄우기를 한다.

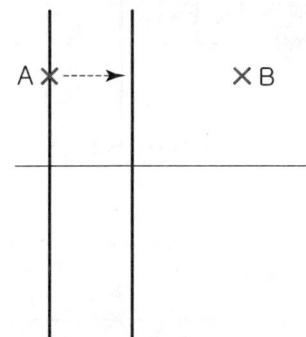

```
명령 : offset Enter↵
현재 설정 : 원본 지우기=아니오  도면층=원본  OFFSETGAPTYPE=0
간격띄우기 거리 지정 또는 [통과점(T)/지우기(E)/도면층(L)] 〈통과점〉 : 20 Enter↵
간격띄우기할 객체 선택 또는 [종료(E)/명령 취소(U)] 〈종료〉 :        〈A 선 지정〉
간격띄우기할 면의 점 지정 또는 [종료(E)/다중(M)/명령 취소(U)] 〈종료〉 :
                                                        〈B 부근지정〉
간격띄우기할 객체 선택 또는 [종료(E)/명령 취소(U)] 〈종료〉 : Enter↵
```

Step 06 수직선을 오른쪽 방향으로 30만큼 간격띄우기를 한다.

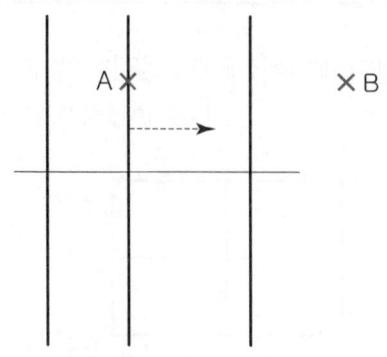

```
명령 : Enter↵                                              〈간격띄우기 실행〉
현재 설정 : 원본 지우기=아니오  도면층=원본  OFFSETGAPTYPE=0
간격띄우기 거리 지정 또는 [통과점(T)/지우기(E)/도면층(L)] 〈20.0000〉: 30 Enter↵
간격띄우기할 객체 선택 또는 [종료(E)/명령 취소(U)] 〈종료〉 :        〈A 선 지정〉
간격띄우기할 면의 점 지정 또는 [종료(E)/다중(M)/명령 취소(U)] 〈종료〉 :
                                                          〈B 부근지정〉
간격띄우기할 객체 선택 또는 [종료(E)/명령 취소(U)] 〈종료〉 : Enter↵
```

Step 07 수평 기준선을 위, 아래 방향으로 20만큼 간격띄우기를 한다.

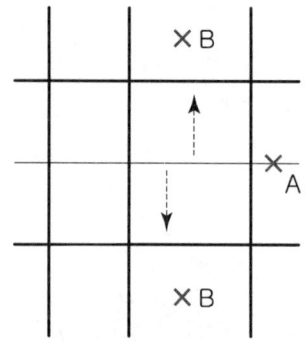

```
명령 : Enter↵ 〈간격띄우기 실행〉
현재 설정 : 원본 지우기=아니오  도면층=원본  OFFSETGAPTYPE=0
간격띄우기 거리 지정 또는 [통과점(T)/지우기(E)/도면층(L)] 〈30.0000〉: 20 Enter↵
간격띄우기할 객체 선택 또는 [종료(E)/명령 취소(U)] 〈종료〉 :        〈A 선 지정〉
간격띄우기할 면의 점 지정 또는 [종료(E)/다중(M)/명령 취소(U)] 〈종료〉 :
                                                          〈B 부근지정〉
간격띄우기할 객체 선택 또는 [종료(E)/명령 취소(U)] 〈종료〉 :        〈A 선 지정〉
간격띄우기할 면의 점 지정 또는 [종료(E)/다중(M)/명령 취소(U)] 〈종료〉 :
                                                          〈B 부근지정〉
간격띄우기할 객체 선택 또는 [종료(E)/명령 취소(U)] 〈종료〉 : Enter↵
```

Step 08 수평 기준선을 위, 아래 방향으로 30만큼 간격띄우기를 한다.

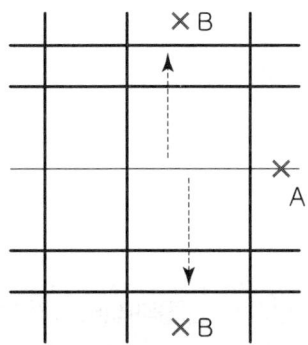

```
명령 : Enter↵                                      〈간격띄우기 실행〉
현재 설정 : 원본 지우기=아니오  도면층=원본  OFFSETGAPTYPE=0
간격띄우기 거리 지정 또는 [통과점(T)/지우기(E)/도면층(L)] 〈20.0000〉: 30
간격띄우기할 객체 선택 또는 [종료(E)/명령 취소(U)] 〈종료〉:        〈A 선 지정〉
간격띄우기할 면의 점 지정 또는 [종료(E)/다중(M)/명령 취소(U)] 〈종료〉:
                                                         〈B 부근지정〉
간격띄우기할 객체 선택 또는 [종료(E)/명령 취소(U)] 〈종료〉:        〈A 선 지정〉
간격띄우기할 면의 점 지정 또는 [종료(E)/다중(M)/명령 취소(U)] 〈종료〉:
                                                         〈B 부근지정〉
간격띄우기할 객체 선택 또는 [종료(E)/명령 취소(U)] 〈종료〉: Enter↵
```

Step 09 자르기를 실행한다. (잘린 부분을 잘 파악해야 하므로 주의 깊게 작업에 임한다.)

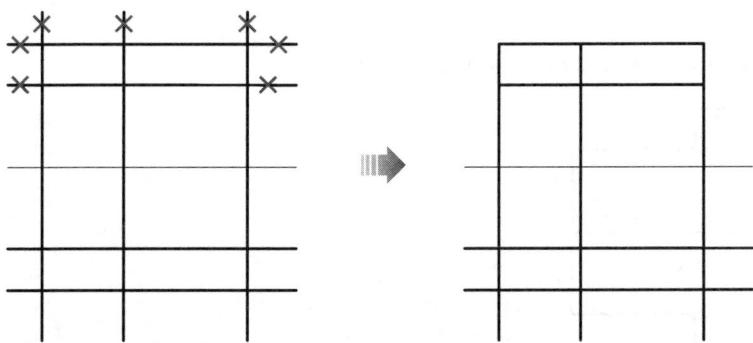

```
명령 : trim Enter↵
현재 설정 : 투영=UCS 모서리=없음
절단 모서리 선택 ...
객체 선택 또는 〈모두 선택〉: Enter↵                     〈모두 경계로 지정〉
자를 객체 선택 또는 Shift 키를 누른 채 선택하여 연장 또는 [울타리(F)/걸치기(C)/프로
젝트(P)/모서리(E)/지우기(R)/명령 취소(U)]:              〈X 표시된 부분 지정〉
```

Step 10 계속 자르기를 실행하여 아래 부분도 잘라낸다.

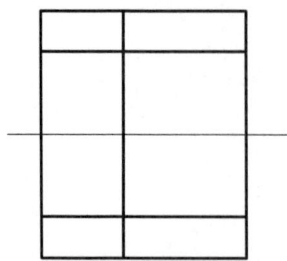

자를 객체 선택 또는 Shift 키를 누른 채 선택하여 연장 또는 [울타리(F)/걸치기(C)/프로젝트(P)/모서리(E)/지우기(R)/명령 취소(U)] :

Step 11 계속 자르기를 실행하여 X 표시된 부분을 잘라낸다.

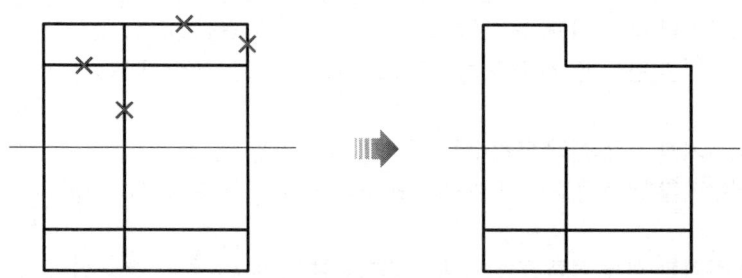

자를 객체 선택 또는 Shift 키를 누른 채 선택하여 연장 또는 [울타리(F)/걸치기(C)/프로젝트(P)/모서리(E)/지우기(R)/명령 취소(U)] :   〈X 표시된 부분 지정〉

Step 12 계속 자르기를 실행하여 아래 부분도 잘라낸다.

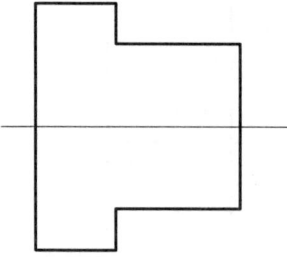

자를 객체 선택 또는 Shift 키를 누른 채 선택하여 연장 또는 [울타리(F)/걸치기(C)/프로젝트(P)/모서리(E)/지우기(R)/명령 취소(U)] : Enter↵

Step 13 간격띄우기를 실행하고, 수평 기준선을 위, 아래로 10만큼 간격띄우기를 한다.

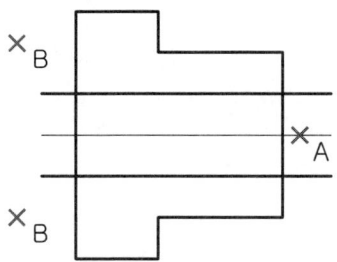

```
명령 : offset Enter↵
현재 설정 : 원본 지우기=아니오  도면층=원본  OFFSETGAPTYPE=0
간격띄우기 거리 지정 또는 [통과점(T)/지우기(E)/도면층(L)] 〈30.0000〉: 10 Enter↵
간격띄우기할 객체 선택 또는 [종료(E)/명령 취소(U)] 〈종료〉:           〈A 선 지정〉
간격띄우기할 면의 점 지정 또는 [종료(E)/다중(M)/명령 취소(U)] 〈종료〉:
                                                          〈B 부근지정〉
간격띄우기할 객체 선택 또는 [종료(E)/명령 취소(U)] 〈종료〉:           〈A 선 지정〉
간격띄우기할 면의 점 지정 또는 [종료(E)/다중(M)/명령 취소(U)] 〈종료〉:
                                                          〈B 부근지정〉
간격띄우기할 객체 선택 또는 [종료(E)/명령 취소(U)] 〈종료〉: Enter↵
```

Step 14 자르기를 실행하여 X 표시된 부분을 잘라낸다.

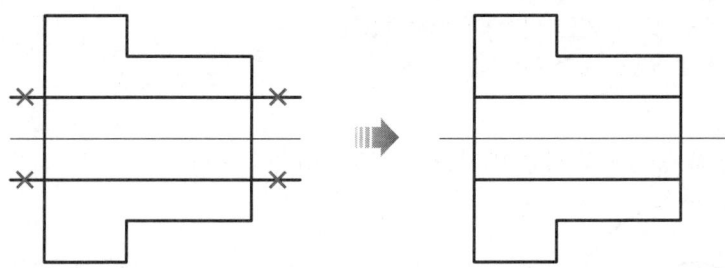

```
명령 : trim Enter↵
현재 설정 : 투영=UCS 모서리=없음
절단 모서리 선택 ...
객체 선택 또는 〈모두 선택〉:                              〈모두 경계로 지정〉
자를 객체 선택 또는 Shift 키를 누른 채 선택하여 연장 또는 [울타리(F)/걸치기(C)/프로
젝트(P)/모서리(E)/지우기(R)/명령 취소(U)] :              〈X 표시된 부분 지정〉
자를 객체 선택 또는 Shift 키를 누른 채 선택하여 연장 또는 [울타리(F)/걸치기(C)/프로
젝트(P)/모서리(E)/지우기(R)/명령 취소(U)] : Enter↵
```

Step 15 도형이 완성되었다.

따라하기 2　원, 자르기 객체 작성하기

다음 도면을 원과 자르기를 이용하여 작성한다.

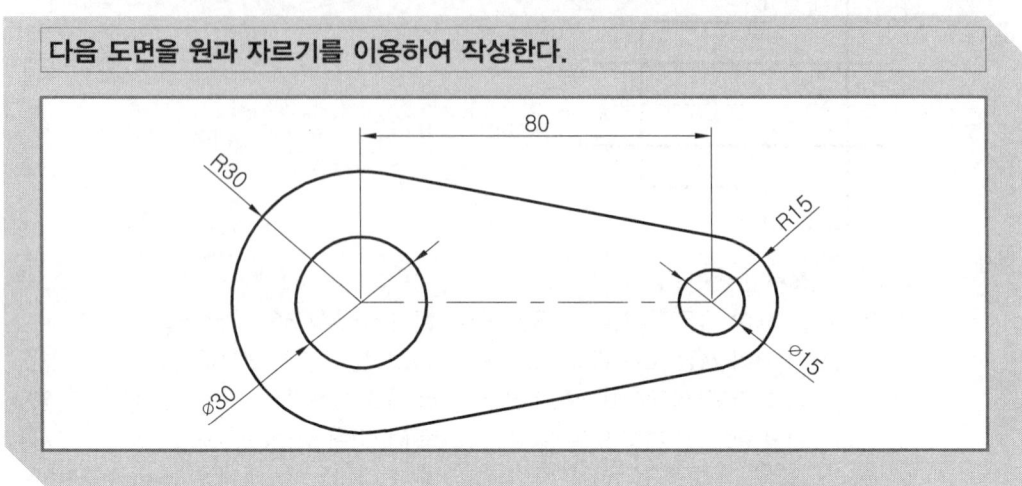

Step 01 선을 실행하여 길이 80 정도의 수평 기준선(중심선)을 그린다.

A ✕━━━━━━━━━

```
명령 : line Enter↵
첫 번째 점 지정 :                                                    〈A 점 지정〉
다음 점 지정 또는 [명령 취소(U)] : @80〈0 Enter↵
다음 점 지정 또는 [명령 취소(U)] : Enter↵
```

Step 02 왼쪽 끝점을 중심으로 하는 반지름 30, 15의 원을 그린다.

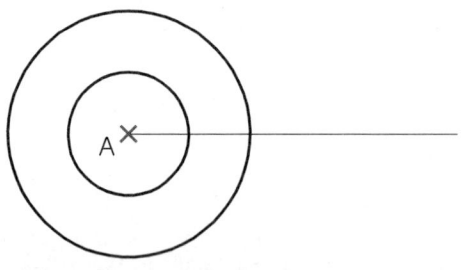

```
명령 : circle Enter↵
원에 대한 중심점 지정 또는 [3점(3P)/2점(2P)/Ttr - 접선 접선 반지름(T)] : 〈A점 지정〉
원의 반지름 지정 또는 [지름(D)] 〈15.0000〉 : 30 Enter↵         〈반지름 입력〉
명령 : Enter↵
원에 대한 중심점 지정 또는 [3점(3P)/2점(2P)/Ttr - 접선 접선 반지름(T)] : 〈A점 지정〉
원의 반지름 지정 또는 [지름(D)] 〈30.0000〉 : 15 Enter↵         〈반지름 입력〉
```

Step 03 오른쪽 끝점을 중심으로 하는 지름 30, 15의 원을 그린다.

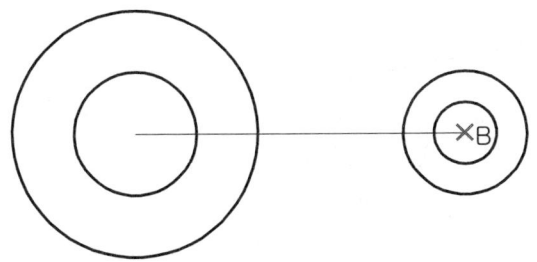

```
명령 : circle Enter↵
원에 대한 중심점 지정 또는 [3점(3P)/2점(2P)/Ttr - 접선 접선 반지름(T)] :
                                                            〈B점 지정〉
원의 반지름 지정 또는 [지름(D)] 〈15.0000〉 : d Enter↵      〈지름 옵션〉
원의 지름을 지정함 〈30.0000〉 : 15 Enter↵                 〈지름 입력〉
명령 : Enter↵
원에 대한 중심점 지정 또는 [3점(3P)/2점(2P)/Ttr - 접선 접선 반지름(T)] :
                                                            〈B점 지정〉
원의 반지름 지정 또는 [지름(D)] 〈7.5000〉 : d Enter↵       〈지름 옵션〉
원의 지름을 지정함 〈15.0000〉 : 30 Enter↵                 〈지름 입력〉
```

Step 04 선을 실행한다. 큰 원과 작은 원의 접점을 이용하여 선을 그린다.

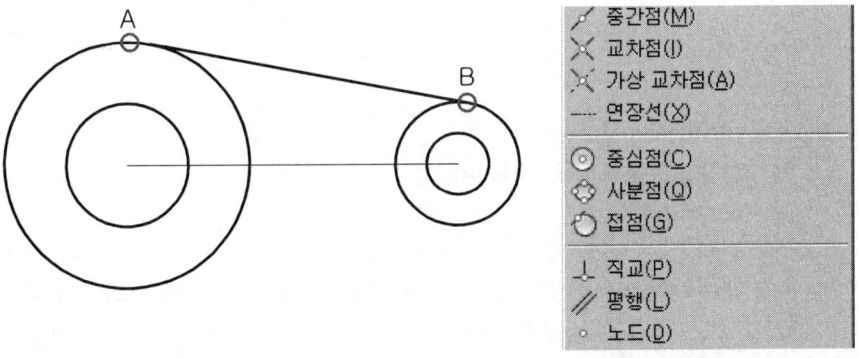

```
명령 : line Enter↵
첫 번째 점 지정 :                      〈Shift+마우스 오른버튼→접점〉
_tan →)                                              〈A 원 지정〉
다음 점 지정 또는 [명령 취소(U)] :      〈Shift+마우스 오른버튼→접점〉
_tan →)                                              〈B 원 지정〉
다음 점 지정 또는 [명령 취소(U)] : Enter↵
```

Step 05 아래에도 같은 방법으로 접선을 그린다.

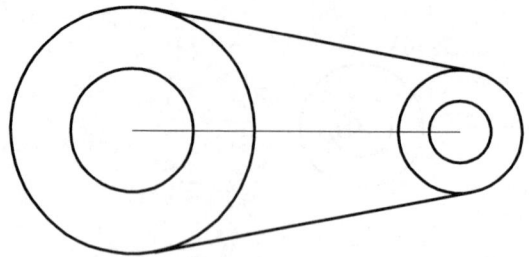

Step 06 자르기를 실행하여 X 표시된 부분을 잘라낸다.

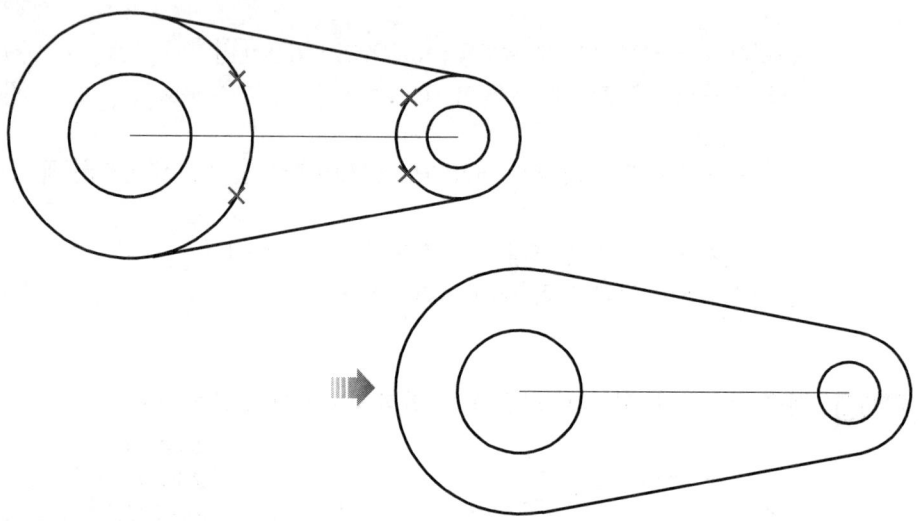

```
명령 : trim Enter↵
현재 설정 : 투영=UCS 모서리=없음
절단 모서리 선택 ...
객체 선택 또는 〈모두 선택〉: Enter↵                    〈모두 경계로 지정〉
자를 객체 선택 또는 Shift 키를 누른 채 선택하여 연장 또는 [울타리(F)/걸치기(C)/프로
젝트(P)/모서리(E)/지우기(R)/명령 취소(U)] :              〈X 표시된 부분 지정〉
자를 객체 선택 또는 Shift 키를 누른 채 선택하여 연장 또는 [울타리(F)/걸치기(C)/프로
젝트(P)/모서리(E)/지우기(R)/명령 취소(U)] : Enter↵
```

Step 07 도형이 완성되었다.

따라하기 3 간격띄우기, 자르기 객체 작성하기

Step by Step

다음 도면을 간격띄우기와 자르기를 이용하여 작성한다.

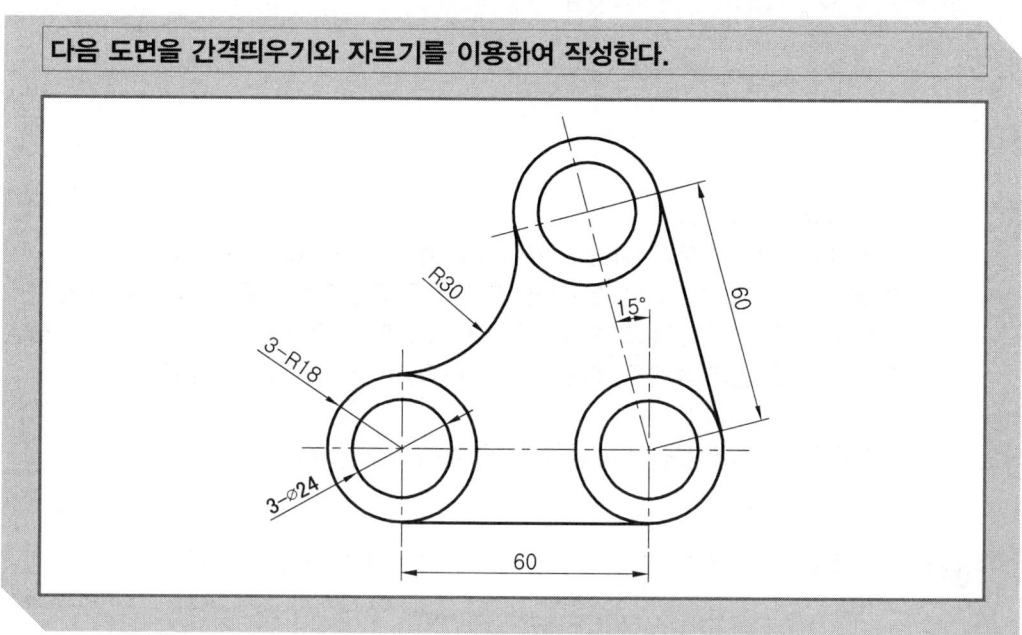

Step 01 선을 실행하고, 길이 110의 선을 그린다.

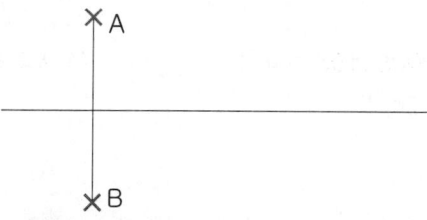

```
명령 : line Enter↵
첫 번째 점 지정 : 〈직교 켜기〉                          〈F8 − A 점 지정〉
다음 점 지정 또는 [명령 취소(U)] : @110〈0 Enter↵
다음 점 지정 또는 [명령 취소(U)] : Enter↵
```

Step 02 왼쪽에서 대략 25정도 떨어진 위치에 수직선을 그린다.

```
            ×A
    ─────────┼─────────
            ×B
```

```
명령 : line Enter↵
첫 번째 점 지정 :                                      〈A 점 지정〉
다음 점 지정 또는 [명령 취소(U)] :                       〈B 점 지정〉
다음 점 지정 또는 [명령 취소(U)] : Enter↵
```

Step 03 간격띄우기를 실행한다. 수직 기준선을 오른쪽으로 60만큼 간격띄우기를 한다.

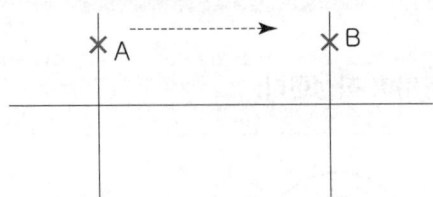

```
명령 : offset Enter↵
현재 설정 : 원본 지우기=아니오  도면층=원본  OFFSETGAPTYPE=0
간격띄우기 거리 지정 또는 [통과점(T)/지우기(E)/도면층(L)] 〈통과점〉 : 60 Enter↵
간격띄우기할 객체 선택 또는 [종료(E)/명령 취소(U)] 〈종료〉 :          〈A선 지정〉
간격띄우기할 면의 점 지정 또는 [종료(E)/다중(M)/명령 취소(U)] 〈종료〉 :
                                                              〈B부근 지정〉
간격띄우기할 객체 선택 또는 [종료(E)/명령 취소(U)] 〈종료〉 : Enter↵
```

Step 04 선을 실행한다. A점을 기준으로 길이 85, 각도 105도의 선을 그린다.

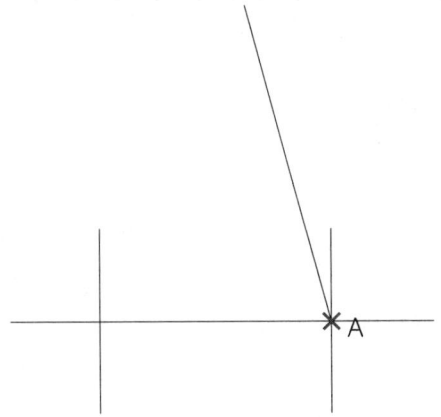

```
명령 : line Enter↵
첫 번째 점 지정 :                                              〈A 점 지정〉
다음 점 지정 또는 [명령 취소(U)] : @85〈105 Enter↵              〈상대극좌표 입력〉
다음 점 지정 또는 [명령 취소(U)] : Enter↵
```

Step 05 원을 실행한다. A점을 중심으로 반지름 60의 원을 그린다.

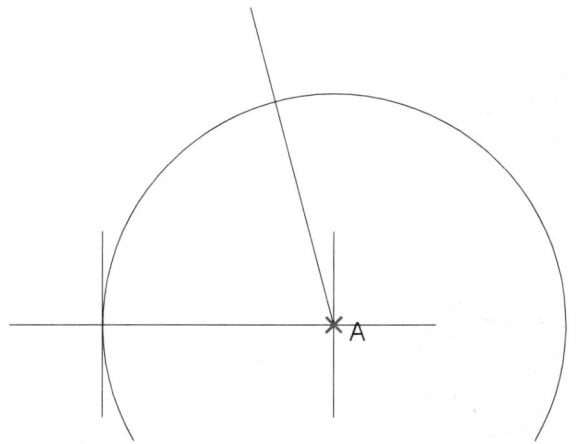

명령 : circle [Enter↵]
원에 대한 중심점 지정 또는 [3점(3P)/2점(2P)/Ttr - 접선 접선 반지름(T)] :
〈A점 지정〉
원의 반지름 지정 또는 [지름(D)] : **60** [Enter↵] 〈반지름 입력〉

Step 06 [Enter↵]를 눌러 원을 다시 실행한다. C1점을 중심으로 반지름 12, 18의 원을 그린다.

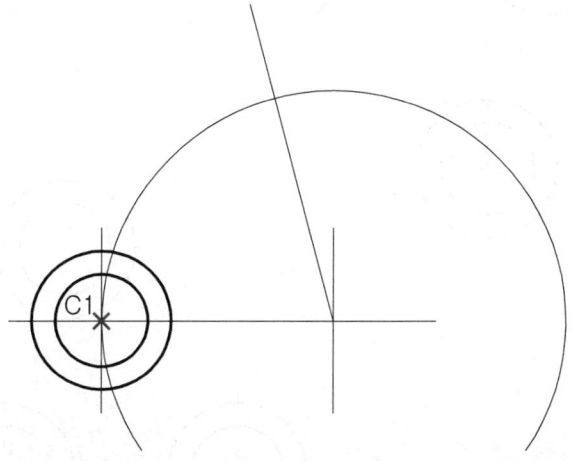

명령 : [Enter↵]
원에 대한 중심점 지정 또는 [3점(3P)/2점(2P)/Ttr - 접선 접선 반지름(T)] : 〈C1점 지정〉
원의 반지름 지정 또는 [지름(D)] 〈60.0000〉 : **12** [Enter↵]
명령 : [Enter↵]
원에 대한 중심점 지정 또는 [3점(3P)/2점(2P)/Ttr - 접선 접선 반지름(T)] : 〈C1점 지정〉
원의 반지름 지정 또는 [지름(D)] 〈12.0000〉 : **18** [Enter↵]

Step 07 [Enter↵]를 눌러 원을 다시 실행한다. 같은 방법으로 C2, C3점을 중심으로 반지름 12, 18의 원을 그린다.

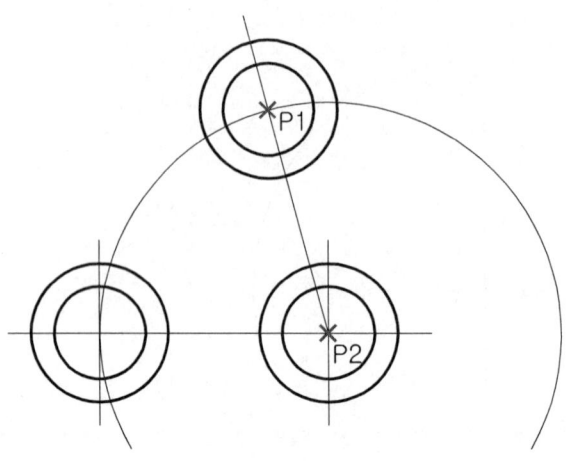

Step 08 지우기를 실행한다. 원을 지정하여 지운다.

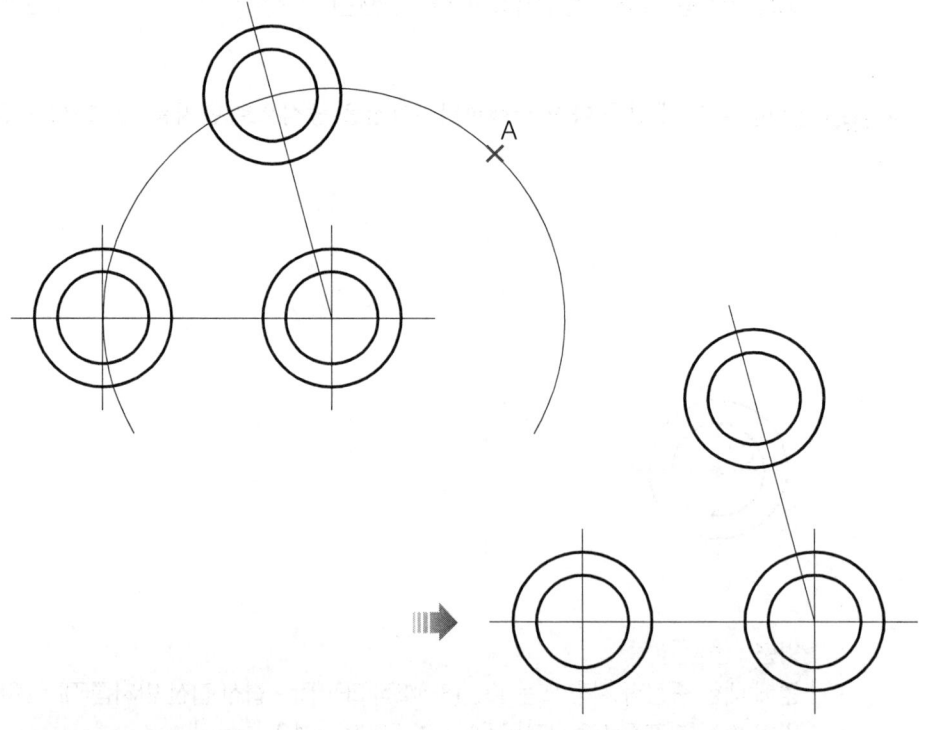

```
명령 : erase [Enter↵]
객체 선택 :                                           〈A 원 지정〉
객체 선택 : [Enter↵]
```

Step 09 선을 실행한다. 원의 사분점 or 교차점을 지나는 곳에 선을 그린다.

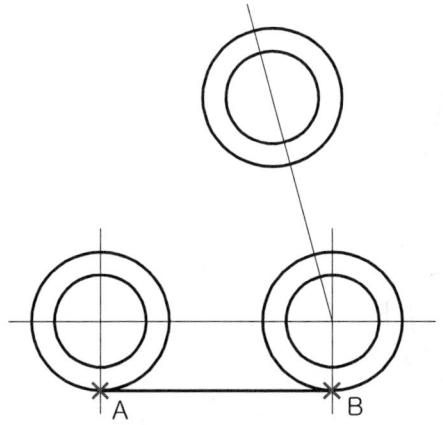

```
명령 : line Enter↵
첫 번째 점 지정 :                                          〈A 점 지정〉
다음 점 지정 또는 [명령 취소(U)] :                         〈B 점 지정〉
다음 점 지정 또는 [명령 취소(U)] : Enter↵
```

Step 10 Enter↵를 눌러 다시 선을 실행한다. T1→T2의 접점으로 선을 그린다.

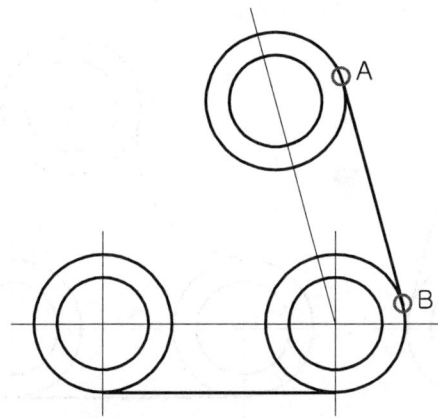

```
명령 : line Enter↵
첫 번째 점 지정 :                           〈Shift+마우스 오른버튼→접점〉
_tan -〉                                                   〈A 원 지정〉
다음 점 지정 또는 [명령 취소(U)] :           〈Shift+마우스 오른버튼→접점〉
_tan -〉                                                   〈B 원 지정〉
다음 점 지정 또는 [명령 취소(U)] : Enter↵
```

Step 11 원을 실행한다. 접선, 접선, 반지름의 원을 그린다.

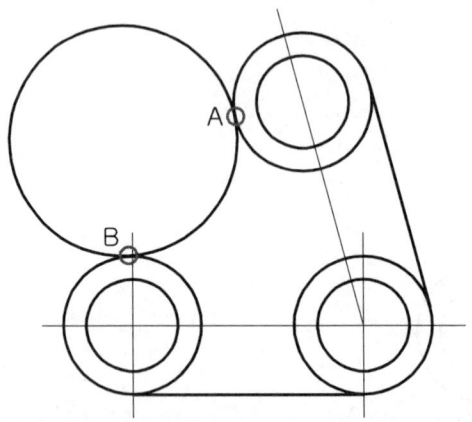

```
명령 : circle Enter↵
원에 대한 중심점 지정 또는 [3점(3P)/2점(2P)/Ttr - 접선 접선 반지름(T)] : t Enter↵
원의 첫 번째 접점에 대한 객체위의 점 지정 :                    〈A 원 지정〉
원의 두 번째 접점에 대한 객체위의 점 지정 :                    〈B 원 지정〉
원의 반지름 지정 〈18.0000〉 : 30 Enter↵
```

Step 12 자르기를 실행한다. X 표시된 부분을 잘라낸다.

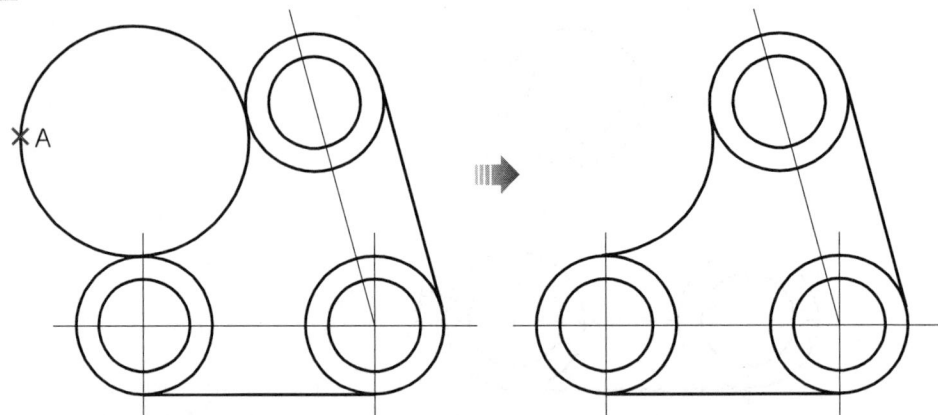

```
명령 : trim Enter↵
현재 설정 : 투영=UCS 모서리=없음
절단 모서리 선택 ...
객체 선택 또는 〈모두 선택〉 : Enter↵
자를 객체 선택 또는 Shift 키를 누른 채 선택하여 연장 또는 [울타리(F)/걸치기(C)/프로
젝트(P)/모서리(E)/지우기(R)/명령 취소(U)] :            〈X 표시된 부분 지정〉
자를 객체 선택 또는 Shift 키를 누른 채 선택하여 연장 또는 [울타리(F)/걸치기(C)/프로
젝트(P)/모서리(E)/지우기(R)/명령 취소(U)] : Enter↵
```

Step 13 선을 실행한다. 중심점 A에서 길이 24, 각도 15도의 선을 그린다.

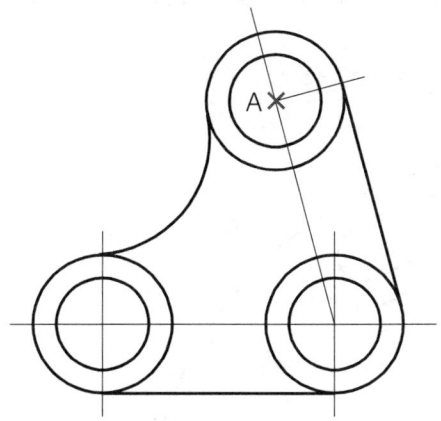

```
명령 : line Enter↵
첫 번째 점 지정 :                                              〈A 점 지정〉
다음 점 지정 또는 [명령 취소(U)] : @24〈15 Enter↵     〈상대극좌표 입력〉
다음 점 지정 또는 [명령 취소(U)] : Enter↵
```

Step 14 Enter↵를 눌러 다시 선을 실행한다. 중심점 A에서 반대쪽에도 선을 그린다.

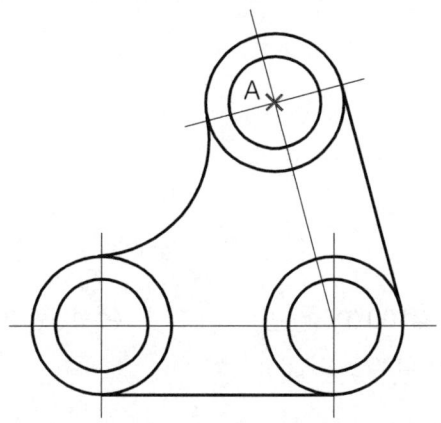

```
명령 : line Enter↵
첫 번째 점 지정 :                                              〈A 점 지정〉
다음 점 지정 또는 [명령 취소(U)] : @24〈195 Enter↵    〈상대극좌표 입력〉
다음 점 지정 또는 [명령 취소(U)] : Enter↵
```

Step 15 도형이 완성되었다.

따라하기 4 간격띄우기, 자르기 객체 작성하기

다음 도면을 간격띄우기와 자르기를 이용하여 작성한다.

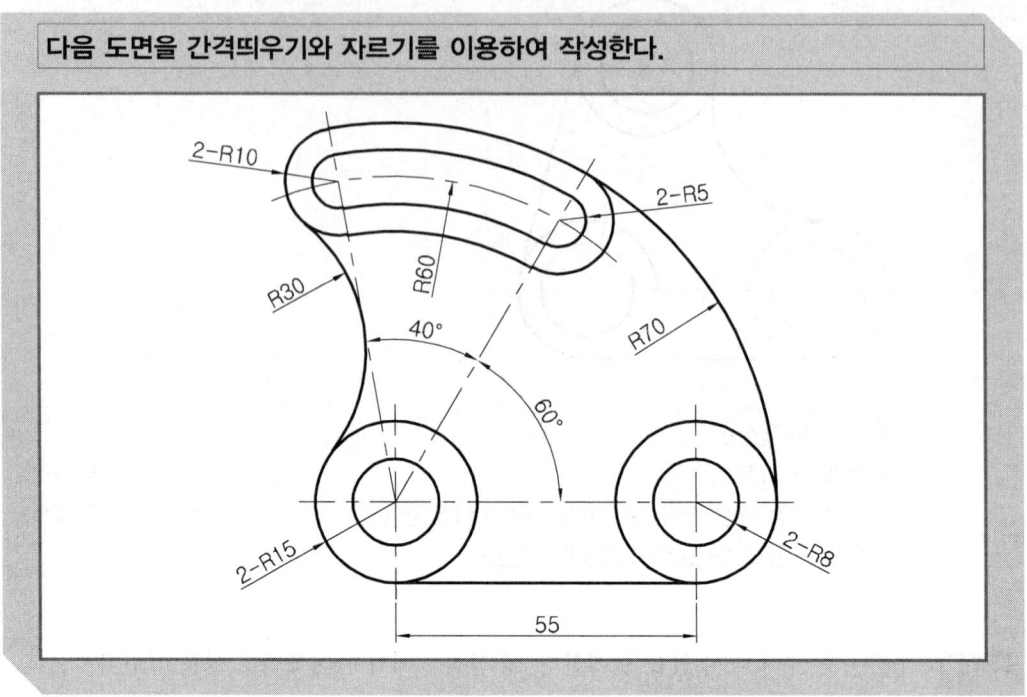

Step 01 길이 100의 수평 기준선을 그린다.

P1○────────────

```
명령 : line [Enter↵]
첫 번째 점 지정 :                                      〈임의의 P1점 지정〉
다음 점 지정 또는 [명령 취소(U)] : @100<0 [Enter↵]    〈수평길이 100 입력〉
다음 점 지정 또는 [명령 취소(U)] : [Enter↵]
```

Step 02 왼쪽에서 대략 20정도 떨어진 위치에 40 정도의 수직 기준선을 그린다.

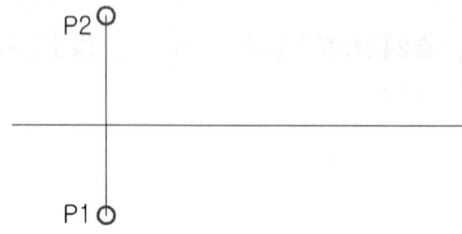

```
명령 : line [Enter↵]
첫 번째 점 지정 :                                    〈임의의 점 P1 지정〉
다음 점 지정 또는 [명령 취소(U)] :           〈수직 길이 40 정도의 P2점 지정〉
다음 점 지정 또는 [명령 취소(U)] : [Enter↵]
```

Step 03 수직 기준선을 오른쪽 방향으로 거리값 55만큼 떨어진 곳에 간격띄우기를 한다.

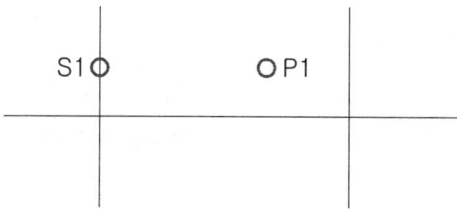

```
명령 : offset [Enter↵]
현재 설정 : 원본 지우기=아니오  도면층=원본  OFFSETGAPTYPE=0
간격띄우기 거리 지정 또는 [통과점(T)/지우기(E)/도면층(L)] 〈5.0000〉 : 55 [Enter↵]
간격띄우기할 객체 선택 또는 [종료(E)/명령 취소(U)] 〈종료〉 :        〈선 S1 지정〉
간격띄우기할 면의 점 지정 또는 [종료(E)/다중(M)/명령 취소(U)] 〈종료〉 :
                                                    〈오른쪽 방향 P1 지정〉
간격띄우기할 객체 선택 또는 [종료(E)/명령 취소(U)] 〈종료〉 : [Enter↵]
```

Step 04 왼쪽 교차점(A)을 중심으로 하는 반지름 8과 15의 원을 작성한다.

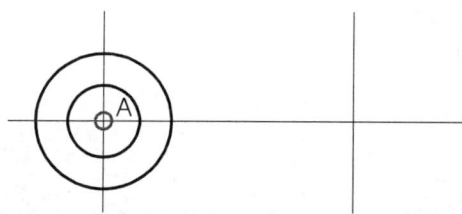

```
명령 : circle [Enter↵]
원에 대한 중심점 지정 또는 [3점(3P)/2점(2P)/Ttr - 접선 접선 반지름(T)] : 〈A 지정〉
원의 반지름 지정 또는 [지름(D)] 〈30.0000〉 : 8 [Enter↵]
명령 : [Enter↵]
CIRCLE
원에 대한 중심점 지정 또는 [3점(3P)/2점(2P)/Ttr - 접선 접선 반지름(T)] : 〈A 지정〉
원의 반지름 지정 또는 [지름(D)] 〈8.0000〉 : 15 [Enter↵]
```

Step 05 왼쪽에 작성한 원 2개를 오른쪽 교차점으로 복사한다.

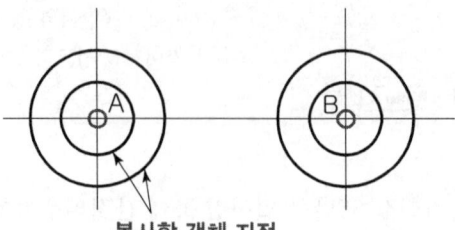

```
명령 : copy Enter↵
객체 선택 : 1개를 찾음
객체 선택 : 1개를 찾음, 총 2개                              〈복사할 객체 지정 - 원 2개〉
객체 선택 : Enter↵
현재 설정 : 복사 모드 = 다중(M)
기본점 지정 또는 [변위(D)/모드(O)] 〈변위〉 :                      〈기준점 A 지정〉
두 번째 점 지정 또는 [배열(A)] 〈첫 번째 점을 변위로 사용〉 :      〈복사시킬 점 B 지정〉
두 번째 점 지정 또는 [배열(A)/종료(E)/명령 취소(U)] 〈종료〉 : Enter↵
```

Step 06 원의 사분점 or 교차점을 지나는 곳에 선을 그린다.

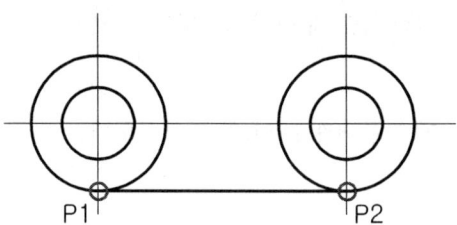

```
명령 : line Enter↵
첫 번째 점 지정 :                                                   〈P1점 지정〉
다음 점 지정 또는 [명령 취소(U)] :                                 〈P2점 지정〉
다음 점 지정 또는 [명령 취소(U)] : Enter↵
```

Step 07 왼쪽 원의 중심점에서 길이 80, 각도 60도의 선을 작성한다.

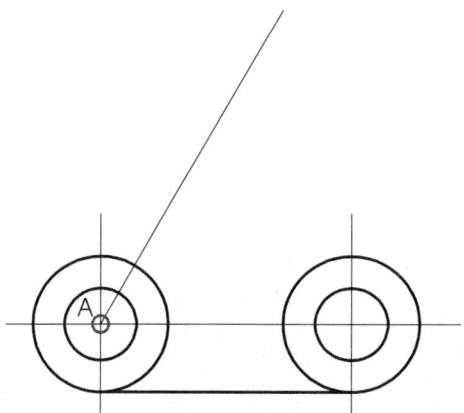

```
명령 : line [Enter↵]
첫 번째 점 지정 :                                                          〈A점 지정〉
다음 점 지정 또는 [명령 취소(U)] : @80〈60 [Enter↵]           〈상대좌표 입력〉
다음 점 지정 또는 [명령 취소(U)] : [Enter↵]
```

Step 08 왼쪽 원의 중심점에서 길이 80, 각도 100도의 선을 작성한다.

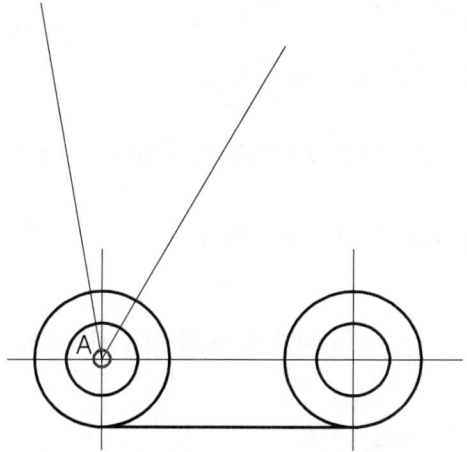

```
명령 : line [Enter↵]
첫 번째 점 지정 :                                                          〈A점 지정〉
다음 점 지정 또는 [명령 취소(U)] : @80〈100 [Enter↵]         〈상대좌표 입력〉
다음 점 지정 또는 [명령 취소(U)] : [Enter↵]
```

Step 09 A점을 중심으로 반지름 70, 60, 50의 원을 작성한다.

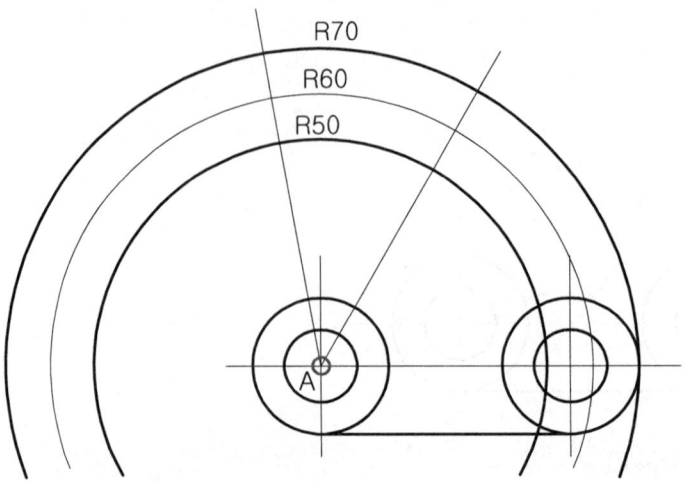

```
명령 : circle Enter↵
원에 대한 중심점 지정 또는 [3점(3P)/2점(2P)/Ttr - 접선 접선 반지름(T)] :
                                                    〈중심점 A 지정〉
원의 반지름 지정 또는 [지름(D)] 〈15.0000〉 : 70 Enter↵      〈반지름 입력〉
명령 : Enter↵
CIRCLE 원에 대한 중심점 지정 또는 [3점(3P)/2점(2P)/Ttr - 접선 접선 반지름(T)] :
                                                    〈중심점 A 지정〉
원의 반지름 지정 또는 [지름(D)] 〈70.0000〉 : 60 Enter↵      〈반지름 입력〉
명령 : Enter↵
CIRCLE 원에 대한 중심점 지정 또는 [3점(3P)/2점(2P)/Ttr - 접선 접선 반지름(T)] :
                                                    〈중심점 A 지정〉
원의 반지름 지정 또는 [지름(D)] 〈60.0000〉 : 50 Enter↵      〈반지름 입력〉
```

Step 10 대각선과 원이 교차하는 지점을 중심으로 반지름 5, 10의 원을 작성한다.

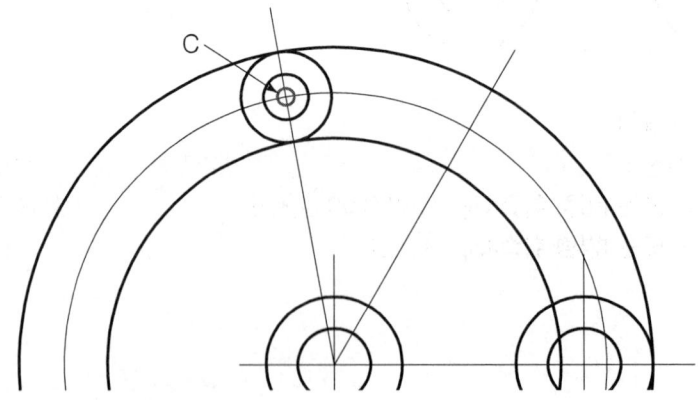

```
명령 : circle Enter↵
원에 대한 중심점 지정 또는 [3점(3P)/2점(2P)/Ttr - 접선 접선 반지름(T)] :
                                                              〈중심점 C 지정〉
원의 반지름 지정 또는 [지름(D)] 〈15.0000〉 : 5 Enter↵       〈반지름 입력〉
명령 : Enter↵
CIRCLE
원에 대한 중심점 지정 또는 [3점(3P)/2점(2P)/Ttr - 접선 접선 반지름(T)] :
                                                              〈중심점 C 지정〉
원의 반지름 지정 또는 [지름(D)] 〈5.0000〉 : 10 Enter↵       〈반지름 입력〉
```

Step 11 왼쪽에 작성한 원 2개를 오른쪽 교차점으로 복사한다.

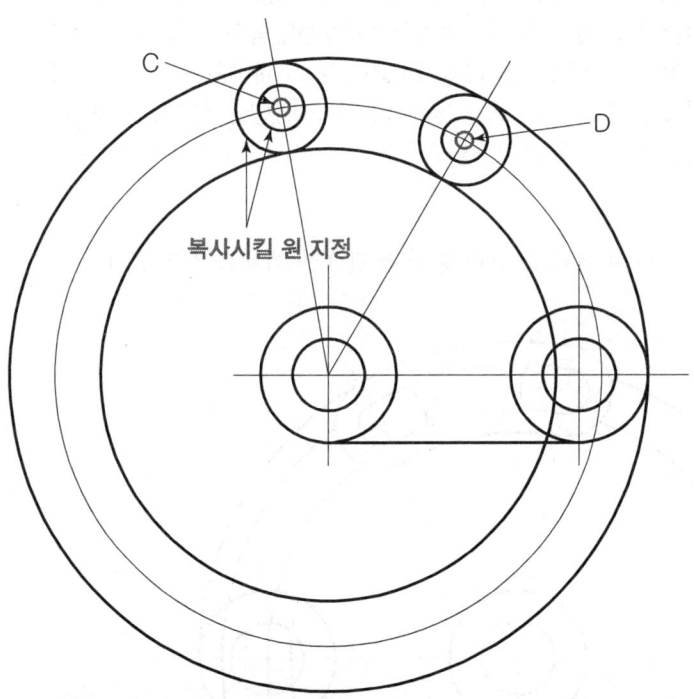

```
명령 : copy Enter↵
객체 선택 : 1개를 찾음, 총 2개                              〈복사시킬 원 2개 선택〉
객체 선택 : Enter↵
현재 설정 : 복사 모드 = 다중(M)
기본점 지정 또는 [변위(D)/모드(O)] 〈변위〉 :                  〈중심점 C 지정〉
두 번째 점 지정 또는 [배열(A)] 〈첫 번째 점을 변위로 사용〉 :  〈복사시킬 점 D 지정〉
두 번째 점 지정 또는 [배열(A)/종료(E)/명령 취소(U)] 〈종료〉 : Enter↵
```

Step 12 작성한 반지름 70과 50의 원을 중심점 방향으로 5만큼씩 간격띄우기를 한다.

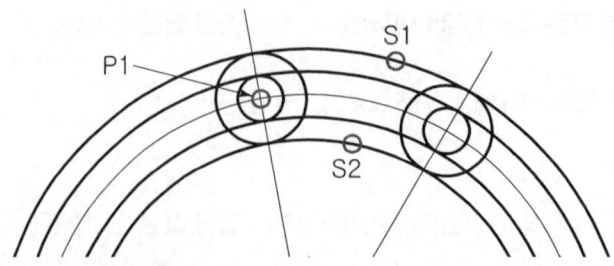

```
명령 : offset Enter↵
현재 설정 : 원본 지우기=아니오  도면층=원본  OFFSETGAPTYPE=0
간격띄우기 거리 지정 또는 [통과점(T)/지우기(E)/도면층(L)] <55.0000> : 5 Enter↵
간격띄우기할 객체 선택 또는 [종료(E)/명령 취소(U)] <종료> :              <S1 지정>
간격띄우기할 면의 점 지정 또는 [종료(E)/다중(M)/명령 취소(U)] <종료> :   <P1 지정>
간격띄우기할 객체 선택 또는 [종료(E)/명령 취소(U)] <종료> : <S2 지정>
간격띄우기할 면의 점 지정 또는 [종료(E)/다중(M)/명령 취소(U)] <종료> :   <P1 지정>
간격띄우기할 객체 선택 또는 [종료(E)/명령 취소(U)] <종료> : Enter↵
```

Step 13 자르기를 실행하여 아래 그림과 같이 불필요한 객체를 잘라낸다.

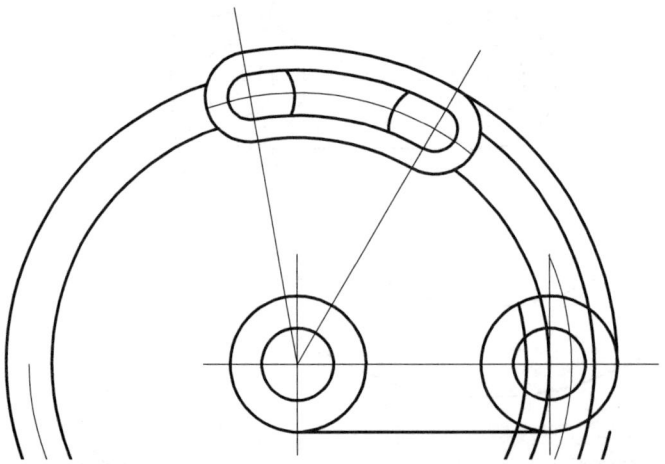

```
명령 : trim Enter↵
현재 설정 : 투영=UCS 모서리=없음
절단 모서리 선택 ...
객체 선택 또는 <모두 선택> : Enter↵                    <모두를 자를 경계로 지정>
자를 객체 선택 또는 Shift 키를 누른 채 선택하여 연장 또는
[울타리(F)/걸치기(C)/프로젝트(P)/모서리(E)/지우기(R)/명령 취소(U)] :
                                              <불필요한 객체 선택 및 잘라내기>
```

Step 14 자르기를 하고 남아있는 불필요한 객체는 지우기(Erase)로 삭제한다.

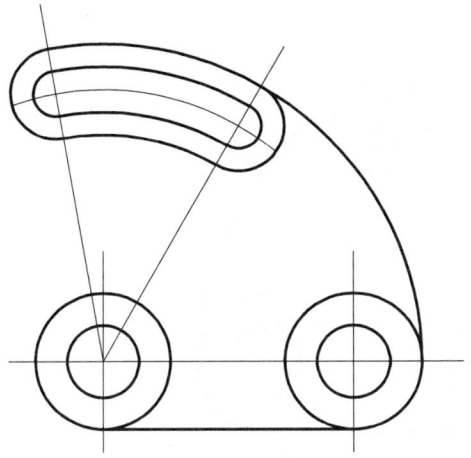

Step 15 접선, 접선, 반지름을 이용하여 원을 작성한다.

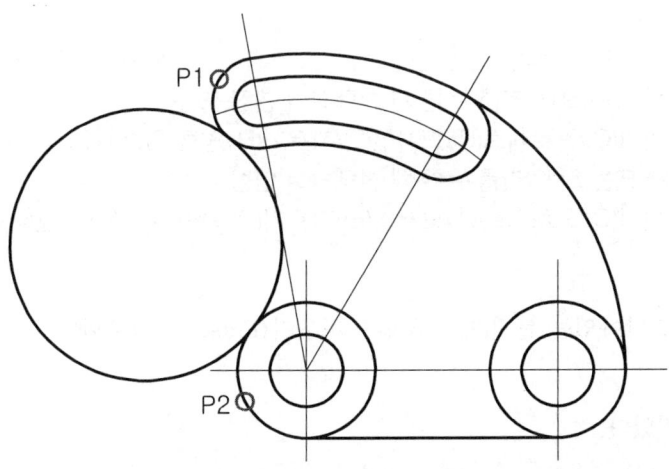

```
명령 : circle Enter↵
원에 대한 중심점 지정 또는 [3점(3P)/2점(2P)/Ttr - 접선 접선 반지름(T)] : t Enter↵
                                                              〈접선 접선 반지름 옵션〉
원의 첫 번째 접점에 대한 객체위의 점 지정 :                    〈P1 지정〉
원의 두 번째 접점에 대한 객체위의 점 지정 :                    〈P2 지정〉
원의 반지름 지정 〈10.0000〉 : 30 Enter↵                       〈반지름 입력〉
```

Step 16 자르기를 실행하여 아래 그림과 같이 불필요한 객체들을 잘라낸다.

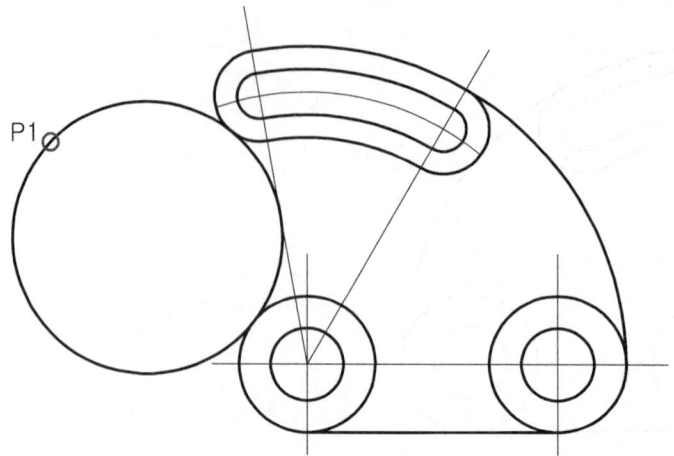

```
명령 : trim Enter↵
현재 설정 : 투영=UCS 모서리=없음
절단 모서리 선택 ...
객체 선택 또는 <모두 선택> : Enter↵              <모두를 자를 경계로 지정>
자를 객체 선택 또는 Shift 키를 누른 채 선택하여 연장 또는
[울타리(F)/걸치기(C)/프로젝트(P)/모서리(E)/지우기(R)/명령 취소(U)] :    <P1 지정>
자를 객체 선택 또는 Shift 키를 누른 채 선택하여 연장 또는
[울타리(F)/걸치기(C)/프로젝트(P)/모서리(E)/지우기(R)/명령 취소(U)] : Enter↵
```

Step 17 자르기를 하고 남아있는 불필요한 객체는 지우기(Erase)로 삭제한다.

Step 18 도면이 완성되었다.

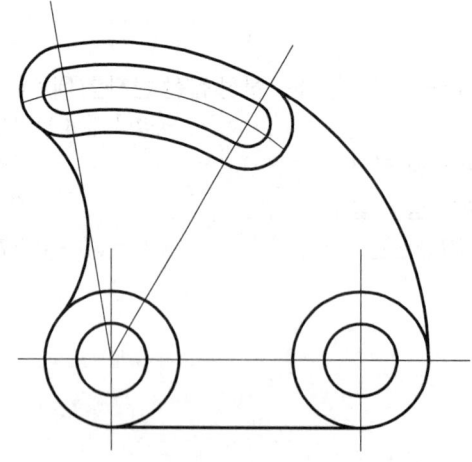

연습과제 1 도형 작성 및 편집하기

[과제] 간격띄우기와 자르기를 이용하여 다음 도면을 작성한다.

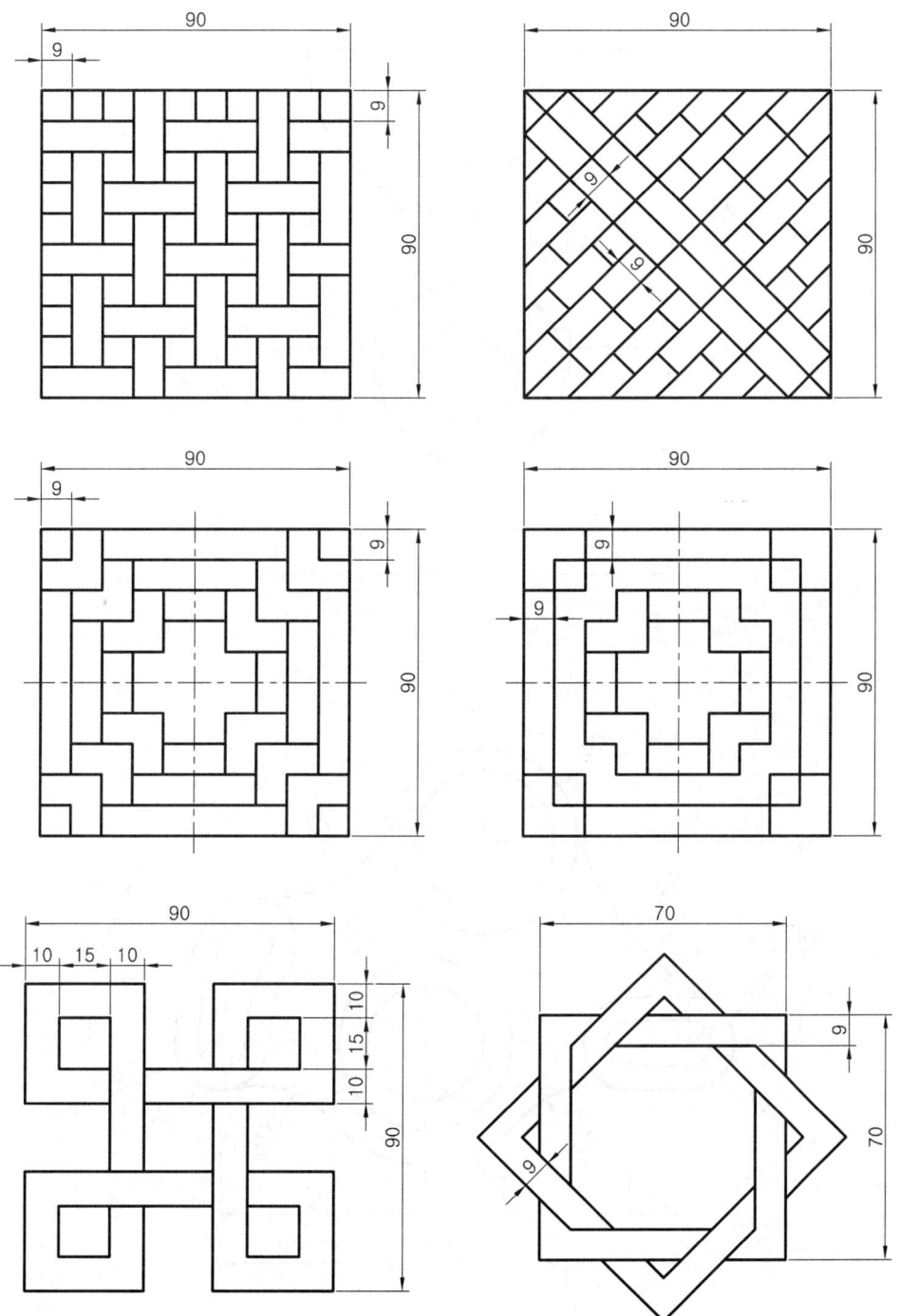

연습과제 2 도형 작성 및 편집하기

[과제] 간격띄우기와 자르기를 이용하여 다음 도면을 작성한다.

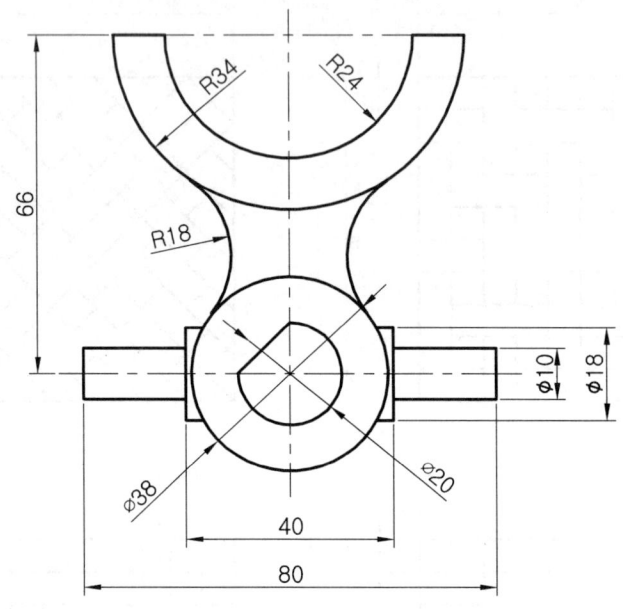

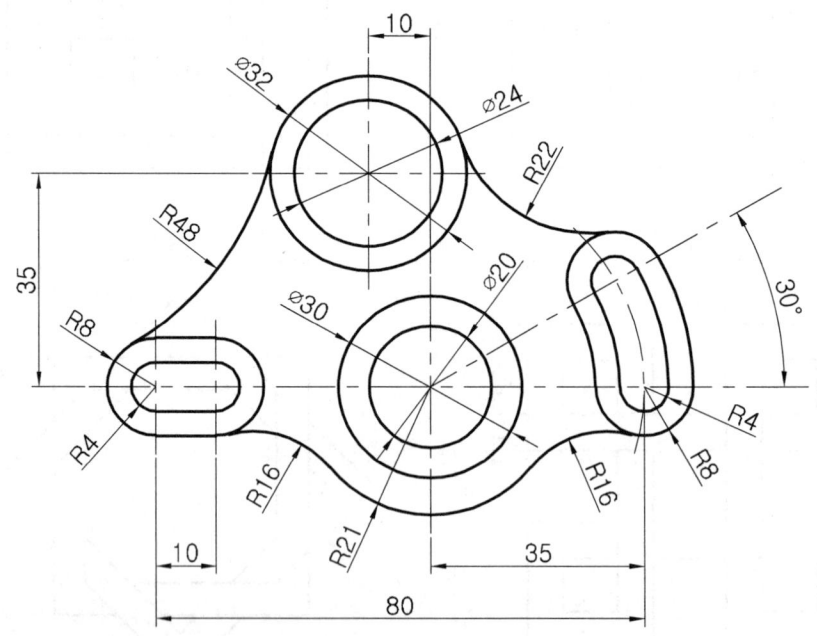

연습과제 3 도형 작성 및 편집하기

[과제] 간격띄우기와 자르기를 이용하여 다음 도면을 작성한다.

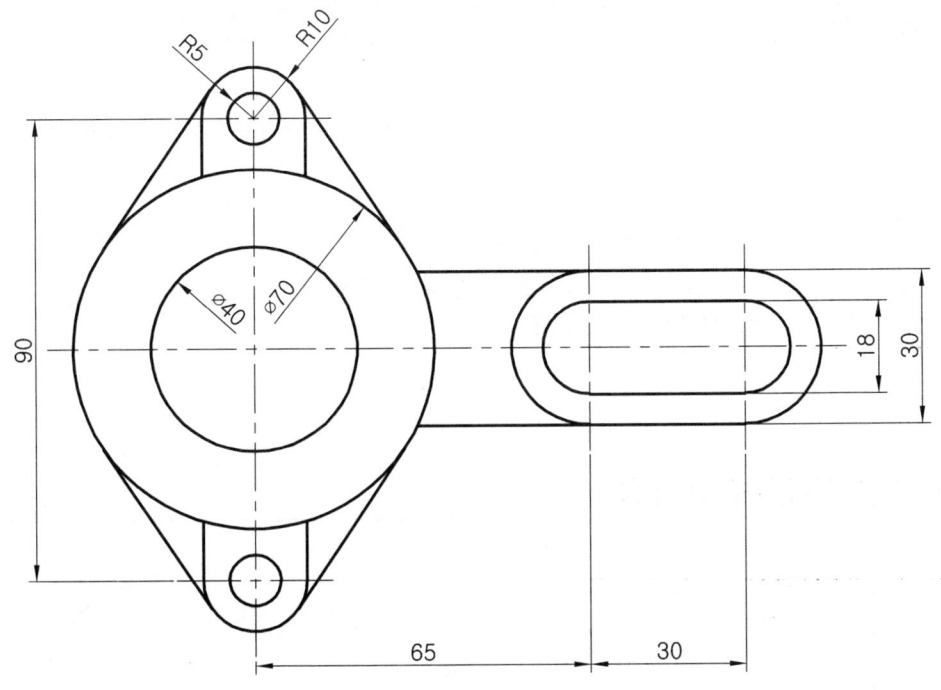

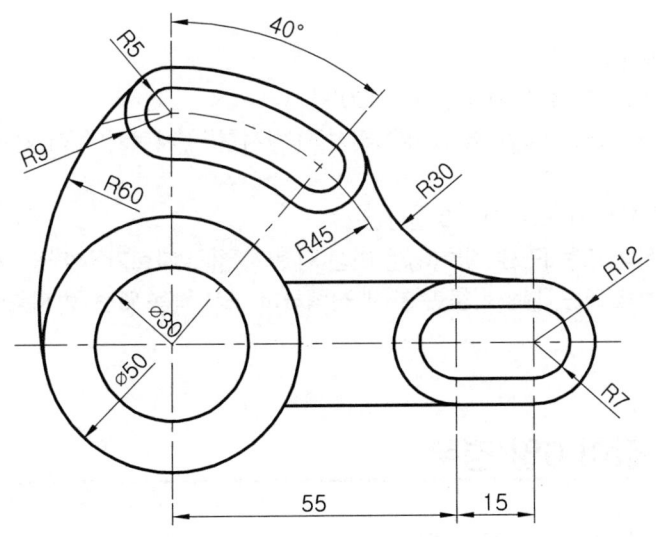

8. 모깎기(Fillet)

지정된 두 도형의 모서리 부분을 지정한 값의 반지름으로 라운딩 처리하여 둥글게 깎는 기능이다.

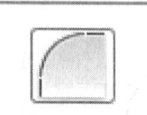

✓ 명령입력 : fillet
✓ 리본메뉴 : 홈 → 수정 → 모깎기
✓ 단축키 : f

8.1 기본적인 모깎기일 경우

```
명령 : fillet [Enter↵]                                                          〈모깎기 실행〉
현재 설정 : 모드 = 자르기, 반지름 = 0.0000
첫 번째 객체 선택 또는 [명령 취소(U)/폴리선(P)/반지름(R)/자르기(T)/다중(M)] : r
[Enter↵]                                                                        〈반지름 옵션〉
모깎기 반지름 지정 〈0.0000〉 : 3 [Enter↵]                                        〈반지름 값 입력〉
첫 번째 객체 선택 또는 [명령 취소(U)/폴리선(P)/반지름(R)/자르기(T)/다중(M)] :     〈A 선 지정〉
두 번째 객체 선택 또는 Shift 키를 누른 채 선택하여 구석 적용 또는 [반지름(R)] :   〈B 선 지정〉
```

8.2 반지름 값이 0일 경우

반지름 값이 0일 경우에는 두 도형을 직선으로 이어준다.

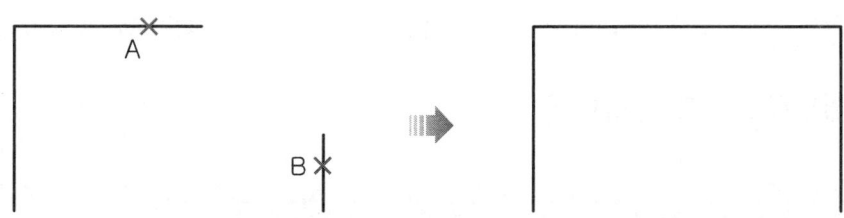

```
명령 : fillet [Enter↵]
현재 설정 : 모드 = 자르기, 반지름 = 3.0000
첫 번째 객체 선택 또는 [명령 취소(U)/폴리선(P)/반지름(R)/자르기(T)/다중(M)] : r
[Enter↵]                                                          〈반지름 옵션〉
모깎기 반지름 지정 〈3.0000〉 : 0 [Enter↵]                          〈반지름 값 입력〉
첫 번째 객체 선택 또는 [명령 취소(U)/폴리선(P)/반지름(R)/자르기(T)/다중(M)] : 〈A 선 지정〉
두 번째 객체 선택 또는 Shift 키를 누른 채 선택하여 구석 적용 또는 [반지름(R)] : 〈B 선 지정〉
```

8.3 자르기(Trim) 설정

모깎기를 할 때 지정한 선들의 절단 여부를 결정한다.

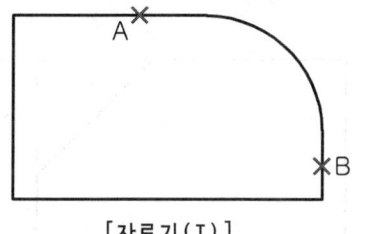

[자르기(T)]

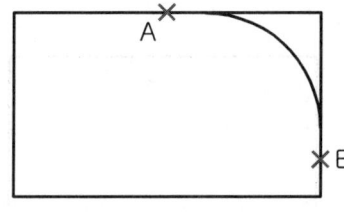

[자르지 않기(N)]

```
명령 : fillet [Enter↵]
현재 설정 : 모드 = 자르기, 반지름 = 0.0000
첫 번째 객체 선택 또는 [명령 취소(U)/폴리선(P)/반지름(R)/자르기(T)/다중(M)] : r
모깎기 반지름 지정 〈0.0000〉 : 3 [Enter↵]
첫 번째 객체 선택 또는 [명령 취소(U)/폴리선(P)/반지름(R)/자르기(T)/다중(M)] : t
[Enter↵]                                                          〈자르기 옵션〉
자르기 모드 옵션 입력 [자르기(T)/자르지 않기(N)] 〈자르기〉 : t [Enter↵] 〈자르기〉
첫 번째 객체 선택 또는 [명령 취소(U)/폴리선(P)/반지름(R)/자르기(T)/다중(M)] : 〈A 선 지정〉
두 번째 객체 선택 또는 Shift 키를 누른 채 선택하여 구석 적용 또는 [반지름(R)] : 〈B 선 지정〉
```

9. 모따기(Chamfer)

지정된 두 도형의 모서리를 직선으로 처리하여 모따기를 한다.

✓ 명령입력	:	chamfer
✓ 리본메뉴	:	홈 → 수정 → 모따기
✓ 단축키	:	cha

9.1 가로길이와 세로길이가 동일할 경우

기계제도에서 [길이(D)×45°] 또는 [C]로 표시되는 모따기가 된다.
첫 번째 거리와 두 번째 거리 값을 동일하게 입력한다.

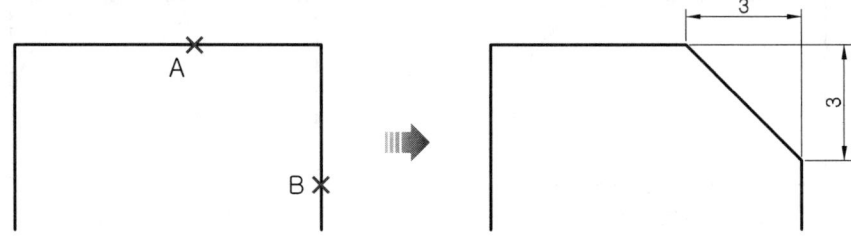

```
명령 : chamfer [Enter↵]                                          〈모따기 실행〉
(자르기 모드) 현재 모따기 거리1 = 0.0000, 거리2 = 0.0000
첫 번째 선 선택 또는 [명령 취소(U)/폴리선(P)/거리(D)/각도(A)/자르기(T)/메서드(E)/다중(M
)] : d [Enter↵]                                                 〈거리 옵션〉
첫 번째 모따기 거리 지정 〈0.0000〉 : 3 [Enter↵]                  〈거리 입력〉
두 번째 모따기 거리 지정 〈3.0000〉 : 3 [Enter↵]                  〈거리 입력〉
첫 번째 선 선택 또는 [명령 취소(U)/폴리선(P)/거리(D)/각도(A)/자르기(T)/메서드(E)/다중(M
)] :                                                            〈A 선 지정〉
두 번째 선 선택 또는 Shift 키를 누른 채 선택하여 구석 적용 또는 [거리(D)/각도(A)/메서드(M
)] :                                                            〈B 선 지정〉
```

9.2 가로길이와 세로길이가 다를 경우

기계제도에서 [가로길이(D1)×세로길이(D2)]의 모따기가 된다.
첫 번째 거리와 두 번째 거리 값을 다르게 입력한다.

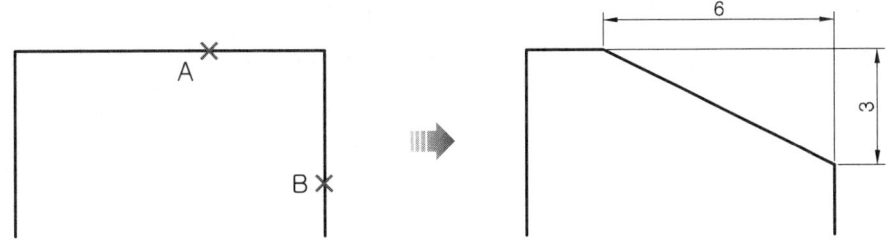

```
명령 : chamfer Enter↵
(자르기 모드) 현재 모따기 거리1 = 0.0000, 거리2 = 0.0000
첫 번째 선 선택 또는 [명령 취소(U)/폴리선(P)/거리(D)/각도(A)/자르기(T)/메서드(E)/다중(M
)] : d Enter↵
첫 번째 모따기 거리 지정 〈0.0000〉 : 6 Enter↵                          〈거리 입력〉
두 번째 모따기 거리 지정 〈6.0000〉 : 3 Enter↵                          〈거리 입력〉
첫 번째 선 선택 또는 [명령 취소(U)/폴리선(P)/거리(D)/각도(A)/자르기(T)/메서드(E)/다중(M
)] :                                                              〈A 선 지정〉
두 번째 선 선택 또는 Shift 키를 누른 채 선택하여 구석 적용 또는 [거리(D)/각도(A)/메서드(M
)] :                                                              〈B 선 지정〉
```

9.3 길이와 각도를 이용할 경우

기계제도에서 [길이(D)×각도(A)]의 모따기가 된다.
길이와 각도 값이 필요하다.

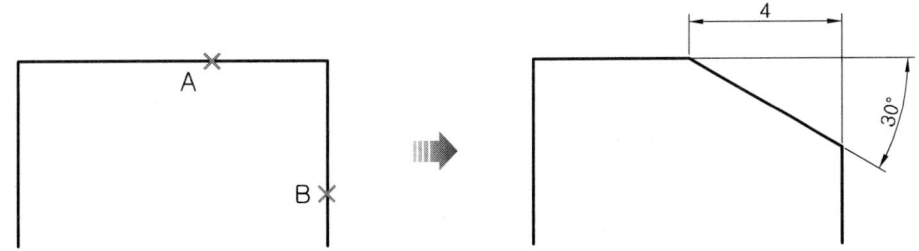

```
명령 : chamfer [Enter↵]
(자르기 모드) 현재 모따기 거리1 = 0.0000, 거리2 = 0.0000
첫 번째 선 선택 또는 [명령 취소(U)/폴리선(P)/거리(D)/각도(A)/자르기(T)/메서드(E)/다중(M)
)] : a [Enter↵]                                                          〈각도 옵션〉
첫 번째 선의 모따기 길이 지정 〈0.0000〉 : 4 [Enter↵]                       〈길이 입력〉
첫 번째 선으로부터 모따기 각도 지정 〈0〉 : 30 [Enter↵]                      〈각도 입력〉
첫 번째 선 선택 또는 [명령 취소(U)/폴리선(P)/거리(D)/각도(A)/자르기(T)/메서드(E)/다중(M)
)] :                                                                      〈A 선 지정〉
두 번째 선 선택 또는 Shift 키를 누른 채 선택하여 구석 적용 또는 [거리(D)/각도(A)/메서드(M)
)] :                                                                      〈B 선 지정〉
```

10. 끊기(Break)

도면 요소의 일부분을 지정하여 절단하거나 분리한다.

- ✓ 명령입력 : break
- ✓ 리본메뉴 : 홈 → 수정 → 끊기
- ✓ 단축키 : br

10.1 직선일 경우 사이를 끊기(기본값)

객체 선택이 첫 번째 점이 되고, 끊어야 할 요소의 다음 점을 지정하여 끊어낸다.

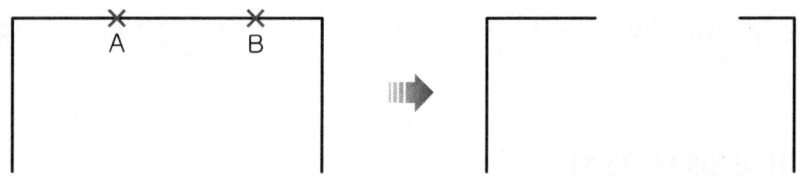

명령 : **break** [Enter↵]	〈끊기 실행〉
객체 선택 :	〈A 선 지정〉
두 번째 끊기점을 지정 또는 [첫 번째 점(F)] :	〈B 점 지정〉

10.2 원일 경우 사이를 끊기

반시계 방향으로 끊기가 되므로 선택하는 순서에 따라 끊기 부분이 달라진다.

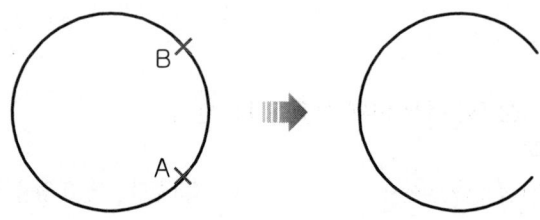

```
명령 : break [Enter↵]
객체 선택 :                                                    〈끊기 실행〉
두 번째 끊기점을 지정 또는 [첫 번째 점(F)] :                    〈A 원 지정〉
                                                              〈B 점 지정〉
```

10.3 첫 점과 다음 점을 지정하여 끊기

첫 번째 점을 별도로 지정하여 끊기를 한다.

```
명령 : break [Enter↵]
객체 선택 :                                                    〈A 선 지정〉
두 번째 끊기점을 지정 또는 [첫 번째 점(F)] : f [Enter↵]        〈첫 번째 점 옵션〉
첫 번째 끊기점 지정 :                                          〈B1 점 지정〉
두 번째 끊기점을 지정 :                                        〈B2 점 지정〉
```

10.4 한 점에서 끊기

끊기점 지정에서 같은 점을 지정하면 도면요소를 분리할 수 있다. 이런 작업은 해칭이나 모깎기 작업 전에 많이 쓰인다.

@를 입력하면 이전에 입력한 좌표점이 인식하므로 같은 곳에서 끊어져 분리가 된다.

```
명령 : break [Enter↵]
객체 선택 :                                                    〈끊기 할 A선 지정〉
두 번째 끊기점을 지정 또는 [첫 번째 점(F)] : f [Enter↵]        〈첫번째 점 옵션 지정〉
첫 번째 끊기점 지정 :                                          〈B점 지정〉
두 번째 끊기점을 지정 : @ [Enter↵]      〈최종점 지정(B점을 다시 지정한 것과 동일)〉
```

따라하기 1 모깎기, 모따기 작성하기

앞에서 학습한 명령들을 이용하여 다음 도면을 작성한다.

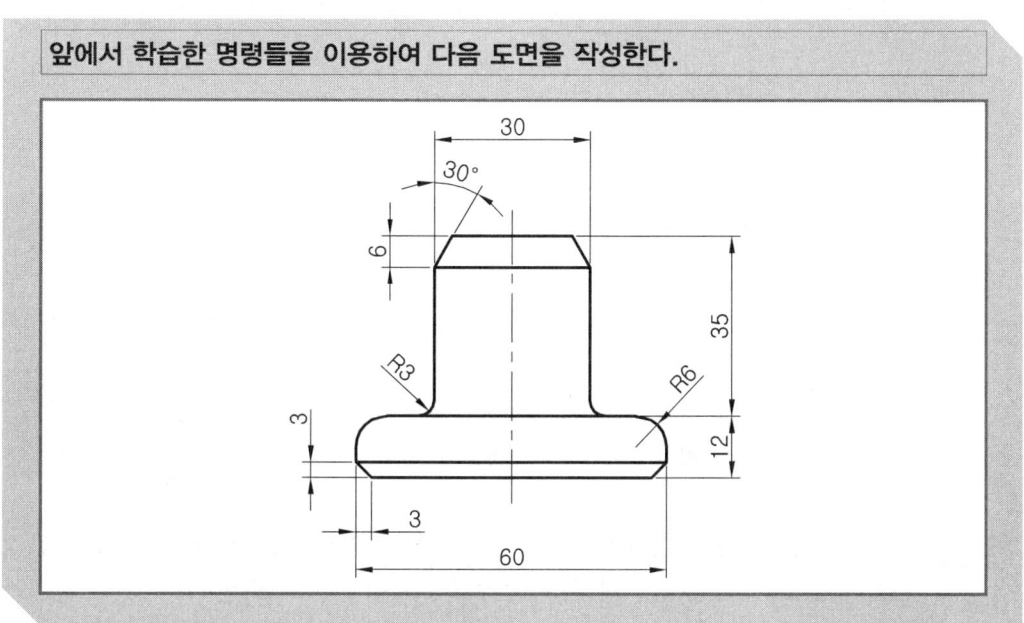

Step 01 도면한계를 실행한다. A4용지에 맞게 설정한다.

```
명령 : limits Enter↵
모형 공간 한계 재설정 :
왼쪽 아래 구석 지정 또는 [켜기(ON)/끄기(OFF)] <0.0000,0.0000> : 0,0 Enter↵
오른쪽 위 구석 지정 <420.0000,297.0000> : 297,210 Enter↵
```

Step 02 도면영역의 전체보기를 한다.

```
명령 : zoom Enter↵
윈도우 구석 지정, 축척 비율(nX 또는 nXP) 입력 또는 [전체(A)/중심(C)/동적(D)/범위
(E)/이전(P)/축척(S)/윈도우(W)/객체(O)] <실시간> : a Enter↵
```

Step 03 선을 실행한다. 길이 100 정도의 기준 수평선을 그린다.

A ✕━━━━━━━━━━━━

```
명령 : line Enter↵
첫 번째 점 지정 :                                          〈A 점 지정〉
다음 점 지정 또는 [명령 취소(U)] : @100<0 Enter↵          〈상대극좌표 입력〉
다음 점 지정 또는 [명령 취소(U)] : Enter↵
```

Step 04 다시 선을 실행한다. 수평선의 대략 중간지점에 길이 80 정도의 수직 기준선을 그린다.

```
명령 : Enter↵
첫 번째 점 지정 :                                          〈A 점 지정〉
다음 점 지정 또는 [명령 취소(U)] : @80〈0 Enter↵      〈상대극좌표 입력〉
다음 점 지정 또는 [명령 취소(U)] : Enter↵
```

Step 05 간격띄우기를 실행한다. 수평 기준선(A1)을 12만큼 위(B)로 간격띄우기하고, 간격 띄우기 한 선(A2))을 다시 위(B)로 35만큼 간격띄우기를 한다.

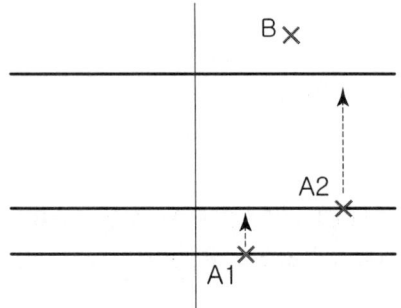

```
명령 : offset Enter↵
현재 설정 : 원본 지우기=아니오  도면층=원본  OFFSETGAPTYPE=0
간격띄우기 거리 지정 또는 [통과점(T)/지우기(E)/도면층(L)] : 12 Enter↵
간격띄우기할 객체 선택 또는 [종료(E)/명령 취소(U)]〈종료〉:       〈A1 선 지정〉
간격띄우기할 면의 점 지정 또는 [종료(E)/다중(M)/명령 취소(U)]〈종료〉:
                                                              〈B 방향 지정〉
간격띄우기할 객체 선택 또는 [종료(E)/명령 취소(U)]〈종료〉: Enter↵
명령 : Enter↵
현재 설정 : 원본 지우기=아니오  도면층=원본  OFFSETGAPTYPE=0
간격띄우기 거리 지정 또는 [통과점(T)/지우기(E)/도면층(L)]〈12.0000〉: 35 Enter↵
간격띄우기할 객체 선택 또는 [종료(E)/명령 취소(U)]〈종료〉:       〈A2 선 지정〉
간격띄우기할 면의 점 지정 또는 [종료(E)/다중(M)/명령 취소(U)]〈종료〉:
                                                              〈B 방향 지정〉
간격띄우기할 객체 선택 또는 [종료(E)/명령 취소(U)]〈종료〉: Enter↵
```

Step 06 간격띄우기를 실행한다. 수직 기준선(A)을 15만큼 좌(B1),우(B2)로 간격띄우기를 한다.

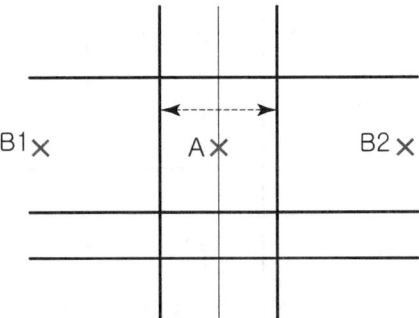

```
명령 : offset Enter↵
현재 설정 : 원본 지우기=아니오  도면층=원본  OFFSETGAPTYPE=0
간격띄우기 거리 지정 또는 [통과점(T)/지우기(E)/도면층(L)] <35.0000> : 15 Enter↵
간격띄우기할 객체 선택 또는 [종료(E)/명령 취소(U)] <종료> :           <A 선 지정>
간격띄우기할 면의 점 지정 또는 [종료(E)/다중(M)/명령 취소(U)] <종료> :
                                                           <B1방향 지정>
간격띄우기할 객체 선택 또는 [종료(E)/명령 취소(U)] <종료> :           <A 선 지정>
간격띄우기할 면의 점 지정 또는 [종료(E)/다중(M)/명령 취소(U)] <종료> :
                                                           <B2방향 지정>
간격띄우기할 객체 선택 또는 [종료(E)/명령 취소(U)] <종료> : Enter↵
```

Step 07 같은 방법으로 수직 기준선(A)을 30만큼 좌(B1),우(B2)로 간격띄우기를 한다.

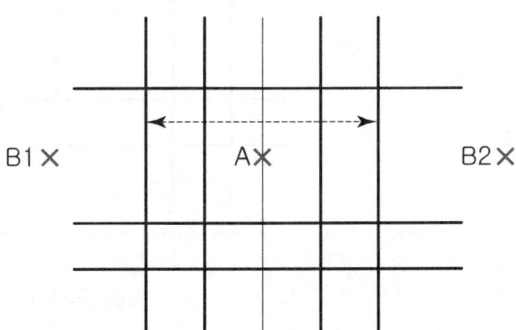

Step 08 자르기를 실행한다. 아래 그림처럼 X 표시된 부분을 잘라낸다.

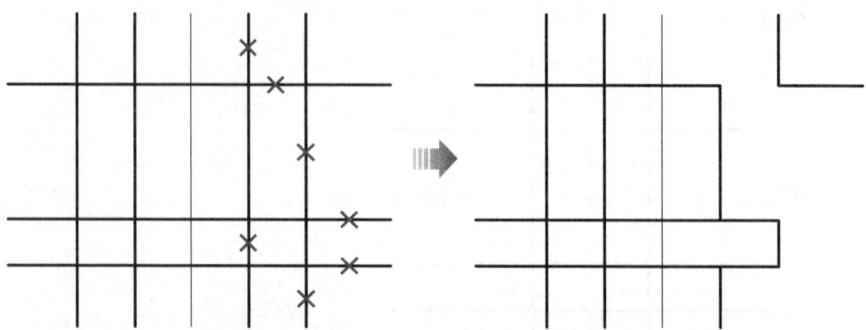

```
명령 : trim Enter↵
현재 설정 : 투영=UCS 모서리=없음
절단 모서리 선택 ...
객체 선택 또는 〈모두 선택〉: Enter↵
자를 객체 선택 또는 Shift 키를 누른 채 선택하여 연장 또는 [울타리(F)/걸치기(C)/프로
젝트(P)/모서리(E)/지우기(R)/명령 취소(U)] :            〈X 표시된 부분 지정〉
자를 객체 선택 또는 Shift 키를 누른 채 선택하여 연장 또는 [울타리(F)/걸치기(C)/프로
젝트(P)/모서리(E)/지우기(R)/명령 취소(U)] : Enter↵
```

Step 09 지우기를 실행한다. X 표시된 부분을 선택하여 지운다.

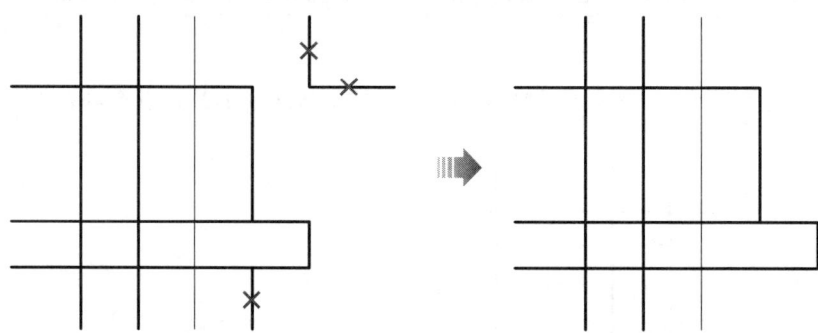

```
명령 : erase Enter↵
객체 선택 :                                          〈X 표시된 부분 지정〉
객체 선택 : Enter↵
```

Step 10 반대쪽에도 같은 방법으로 자르기와 지우기를 실행한다.

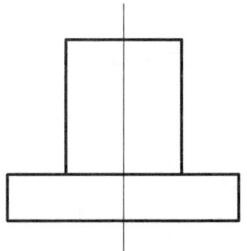

Step 11 모따기를 실행한다. 거리 3을 입력하여 모따기를 한다.

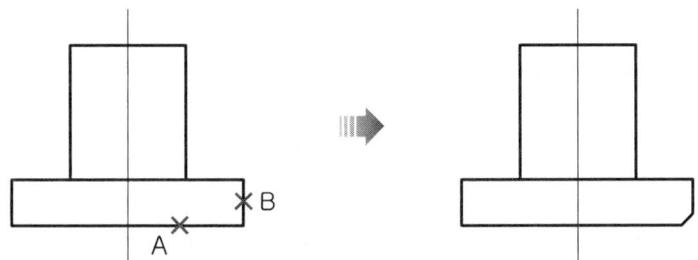

```
명령 : chamfer Enter↵
(자르기 모드) 현재 모따기 거리1 = 0.0000, 거리2 = 0.0000
첫 번째 선 선택 또는 [명령 취소(U)/폴리선(P)/거리(D)/각도(A)/자르기(T)/메서드(E)/다
중(M)] : d Enter↵                                                      〈거리 옵션〉
첫 번째 모따기 거리 지정 〈0.0000〉 : 3 Enter↵                              〈거리 입력〉
두 번째 모따기 거리 지정 〈3.0000〉 : 3 Enter↵                              〈거리 입력〉
첫 번째 선 선택 또는 [명령 취소(U)/폴리선(P)/거리(D)/각도(A)/자르기(T)/메서드(E)/다
중(M)] :                                                              〈A 선 지정〉
두 번째 선 선택 또는 Shift 키를 누른 채 선택하여 구석 적용 또는 [거리(D)/각도(A)/메
서드(M)] :                                                            〈B 선 지정〉
```

Step 12 모따기를 실행한다. 거리 6, 각도 30을 입력하여 모따기를 한다.

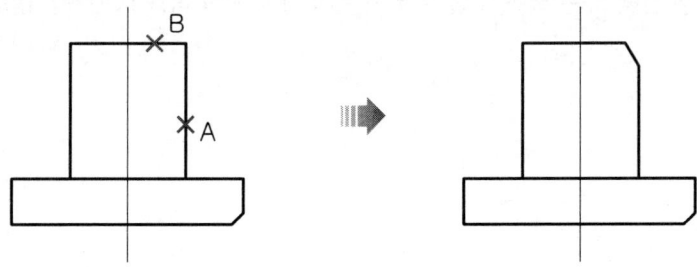

```
명령 : chamfer [Enter↵]
(자르기 모드) 현재 모따기 거리1 = 3.0000, 거리2 = 3.0000
첫 번째 선 선택 또는 [명령 취소(U)/폴리선(P)/거리(D)/각도(A)/자르기(T)/메서드(E)/다
중(M)] : a [Enter↵]                                              〈각도 옵션〉
첫 번째 선의 모따기 길이 지정 〈0.0000〉 : 6 [Enter↵]              〈거리 입력〉
첫 번째 선으로부터 모따기 각도 지정 〈0〉 : 30 [Enter↵]            〈각도입력〉
첫 번째 선 선택 또는 [명령 취소(U)/폴리선(P)/거리(D)/각도(A)/자르기(T)/메서드(E)/다
중(M)] :                                                        〈A 선 지정〉
두 번째 선 선택 또는 Shift 키를 누른 채 선택하여 구석 적용 또는 [거리(D)/각도(A)/메
서드(M)] :                                                      〈B 선 지정〉
```

Step 13 모깎기를 실행한다. 반지름 3을 입력하여 모깎기를 한다.

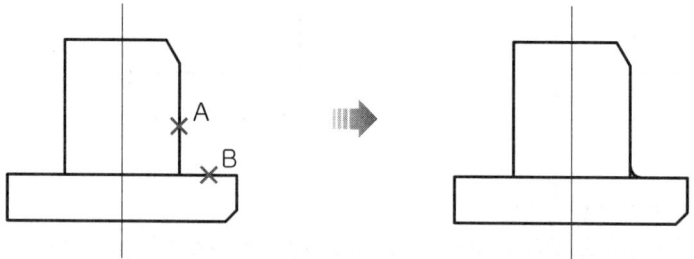

```
명령 : fillet [Enter↵]
현재 설정 : 모드 = 자르기, 반지름 = 0.0000
첫 번째 객체 선택 또는 [명령 취소(U)/폴리선(P)/반지름(R)/자르기(T)/다중(M)] : t
[Enter↵]                                                        〈자르기 옵션〉
자르기 모드 옵션 입력 [자르기(T)/자르지 않기(N)] 〈자르기〉 : n [Enter↵] 〈자르지 않기〉
첫 번째 객체 선택 또는 [명령 취소(U)/폴리선(P)/반지름(R)/자르기(T)/다중(M)] : r
[Enter↵]                                                        〈반지름 옵션〉
모깎기 반지름 지정 〈0.0000〉 : 3 [Enter↵]                        〈반지름 입력〉
첫 번째 객체 선택 또는 [명령 취소(U)/폴리선(P)/반지름(R)/자르기(T)/다중(M)] :
                                                                〈A 선 지정〉
두 번째 객체 선택 또는 Shift 키를 누른 채 선택하여 구석 적용 또는 [반지름(R)] :
                                                                〈B 선 지정〉
```

Step 14 자르기를 실행한다. 모깎기를 하고 남아있는 선을 잘라낸다.

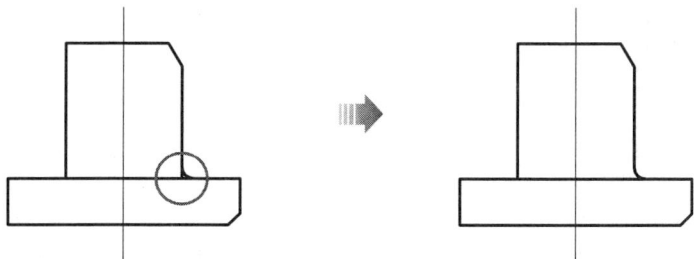

```
명령 : trim Enter↵
현재 설정 : 투영=UCS 모서리=없음
절단 모서리 선택 ...
객체 선택 또는 〈모두 선택〉 : Enter↵
자를 객체 선택 또는 Shift 키를 누른 채 선택하여 연장 또는 [울타리(F)/걸치기(C)/프로
젝트(P)/모서리(E)/지우기(R)/명령 취소(U)] :              〈O으로 표시된 선 지정〉
```

Step 15 모깎기를 실행한다. 반지름 6을 입력하여 모깎기를 한다.

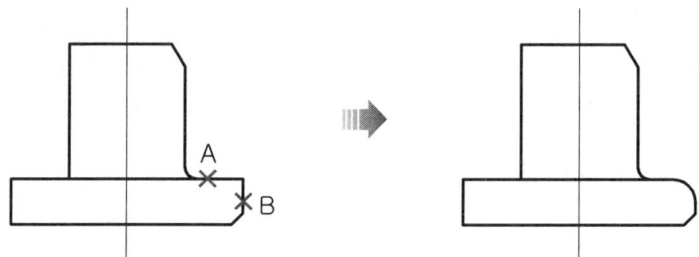

```
명령 : fillet Enter↵
현재 설정 : 모드 = 자르기 않기, 반지름 = 3.0000
첫 번째 객체 선택 또는 [명령 취소(U)/폴리선(P)/반지름(R)/자르기(T)/다중(M)] : t
Enter↵                                                    〈자르기 옵션〉
자르기 모드 옵션 입력 [자르기(T)/자르지 않기(N)] 〈자르지 않기〉 : t Enter↵
                                                          〈자르기〉
첫 번째 객체 선택 또는 [명령 취소(U)/폴리선(P)/반지름(R)/자르기(T)/다중(M)] : r
Enter↵                                                    〈반지름 옵션〉
모깎기 반지름 지정 〈3.0000〉 : 6 Enter↵                   〈반지름 입력〉
첫 번째 객체 선택 또는 [명령 취소(U)/폴리선(P)/반지름(R)/자르기(T)/다중(M)] :
                                                          〈A 선 지정〉
두 번째 객체 선택 또는 Shift 키를 누른 채 선택하여 구석 적용 또는 [반지름(R)] :
                                                          〈B 선 지정〉
```

Step 16 반대편에도 같은 방법으로 모따기와 모깎기를 실행한다.

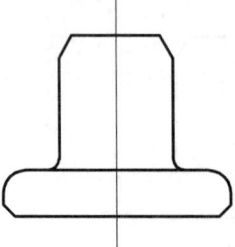

Step 17 선을 실행한다. 두 점(A-B)을 이어주는 선과 (C-D)를 이어주는 선을 그린다.

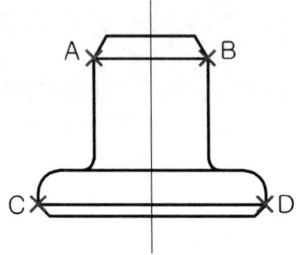

Step 18 완성되었다.

따라하기 2   모깎기, 모따기 작성하기

앞에서 학습한 명령들을 이용하여 다음 도면을 작성한다.

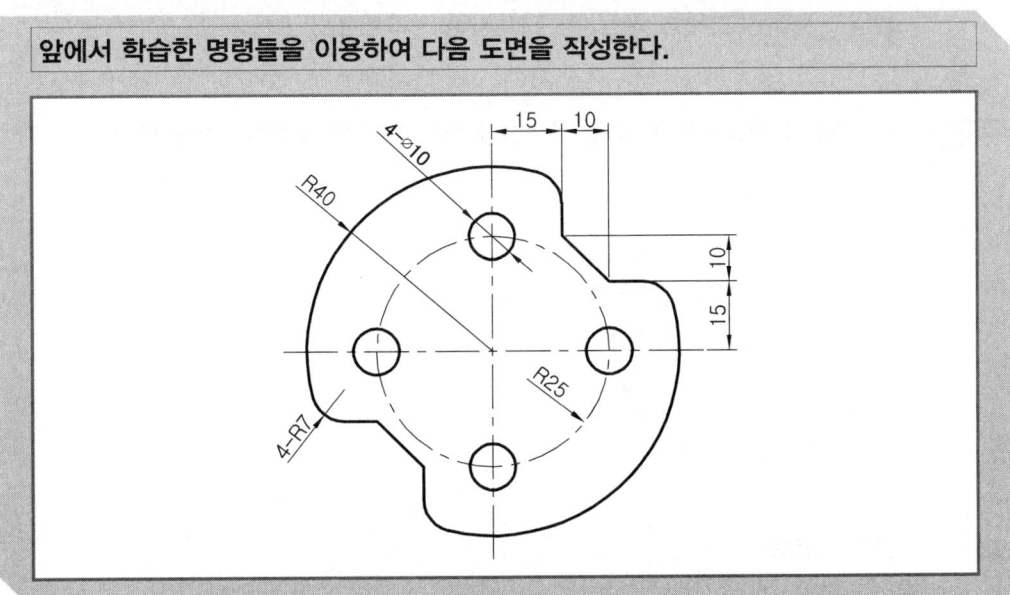

Step 01 선을 실행한다. 길이 100 정도의 수평과 수직 기준선을 그린다.

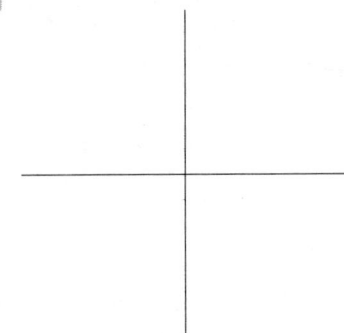

Step 02 원을 실행한다. A점을 기준으로 반지름 40의 원을 그린다.

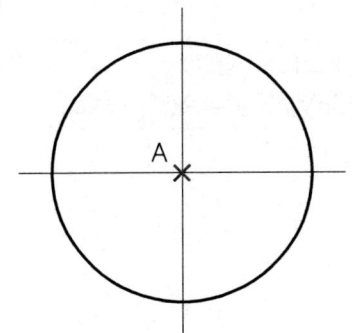

```
명령 : circle Enter↵
원에 대한 중심점 지정 또는 [3점(3P)/2점(2P)/Ttr - 접선 접선 반지름(T)] : 〈A점 지정〉
원의 반지름 지정 또는 [지름(D)] 〈5.0000〉 : 40 Enter↵
```

Step 03 간격띄우기를 실행한다. 수평 기준선을 위로 15만큼 간격띄우기를 한다.

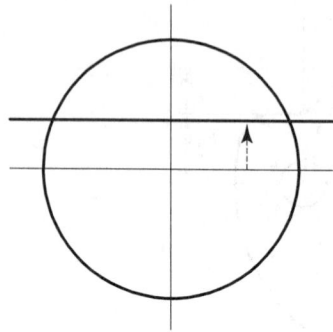

```
명령 : offset
현재 설정 : 원본 지우기=아니오  도면층=원본  OFFSETGAPTYPE=0
간격띄우기 거리 지정 또는 [통과점(T)/지우기(E)/도면층(L)] 〈5.0000〉 : 15
간격띄우기할 객체 선택 또는 [종료(E)/명령 취소(U)] 〈종료〉 :
```

Step 04 수직기준선을 오른쪽을 15만큼 간격띄우기를 한다.

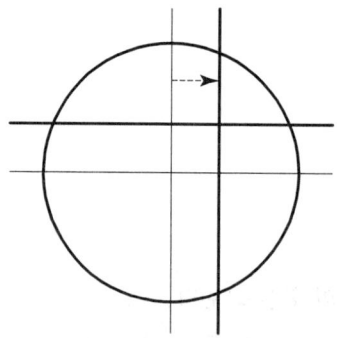

```
간격띄우기할 객체 선택 또는 [종료(E)/명령 취소(U)] 〈종료〉 :
간격띄우기할 면의 점 지정 또는 [종료(E)/다중(M)/명령 취소(U)] 〈종료〉 :
```

Step 05 자르기를 실행한다. 아래 그림이 되도록 도면요소들을 잘라낸다.

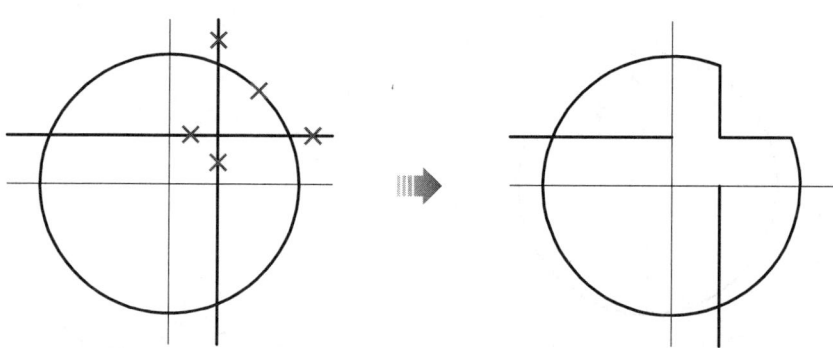

명령 : **trim** [Enter↵]
현재 설정 : 투영=UCS 모서리=없음
절단 모서리 선택 ...
객체 선택 또는 〈모두 선택〉: [Enter↵]
자를 객체 선택 또는 Shift 키를 누른 채 선택하여 연장 또는 [울타리(F)/걸치기(C)/프로젝트(P)/모서리(E)/지우기(R)/명령 취소(U)] :　　　　　　〈자를 객체 선택〉

Step 06 지우기를 실행한다. 불필요하게 남아있는 선을 지운다.

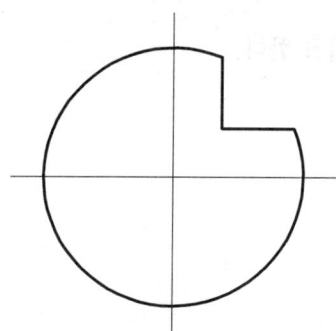

명령 : **erase** [Enter↵]
객체 선택 :

Step 07 모깎기를 실행한다. 반지름 7을 입력하고 모깎기를 한다.

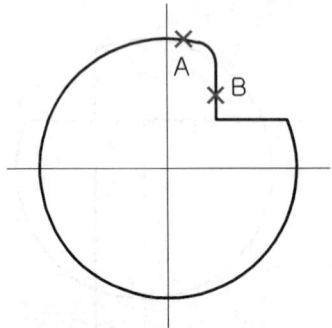

```
명령 : fillet [Enter↵] 현재 설정 : 모드 = 자르기, 반지름 = 0.0000
첫 번째 객체 선택 또는 [명령 취소(U)/폴리선(P)/반지름(R)/자르기(T)/다중(M)] : r
[Enter↵]
모깎기 반지름 지정 <0.0000> : 7 [Enter↵]
첫 번째 객체 선택 또는 [명령 취소(U)/폴리선(P)/반지름(R)/자르기(T)/다중(M)] :
                                                        <A 원 지정>
두 번째 객체 선택 또는 Shift 키를 누른 채 선택하여 구석 적용 또는 [반지름(R)] :
                                                        <B 선 지정>
```

Step 08 계속 모깎기를 실행한다. 반지름 7의 모깎기를 한다.

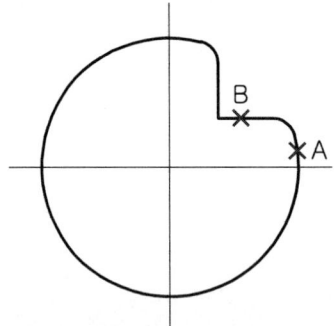

```
명령 : [Enter↵] 현재 설정 : 모드 = 자르기, 반지름 = 7.0000
첫 번째 객체 선택 또는 [명령 취소(U)/폴리선(P)/반지름(R)/자르기(T)/다중(M)] :
                                                        <A 원 지정>
두 번째 객체 선택 또는 Shift 키를 누른 채 선택하여 구석 적용 또는 [반지름(R)] :
                                                        <B 선 지정>
```

Step 09 모따기를 실행한다. 거리 10으로 모따기를 한다.

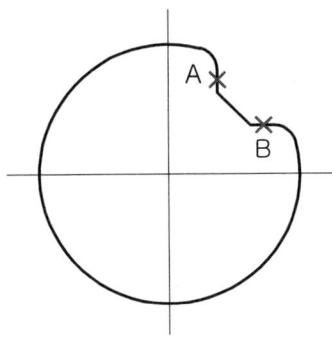

```
명령 : chamfer
(자르기 모드) 현재 모따기 거리1 = 0.0000, 거리2 = 0.0000
첫 번째 선 선택 또는 [명령 취소(U)/폴리선(P)/거리(D)/각도(A)/자르기(T)/메서드(E)/다중(M)] : d
첫 번째 모따기 거리 지정 〈0.0000〉 : 10
두 번째 모따기 거리 지정 〈10.0000〉 : 10
첫 번째 선 선택 또는 [명령 취소(U)/폴리선(P)/거리(D)/각도(A)/자르기(T)/메서드(E)/다중(M)] :
                                                    〈A 선 지정〉
두 번째 선 선택 또는 Shift 키를 누른 채 선택하여 구석 적용 또는 [거리(D)/각도(A)/메서드(M)] :
                                                    〈B 선 지정〉
```

Step 10 반대편에도 같은 방법으로 작성한다.

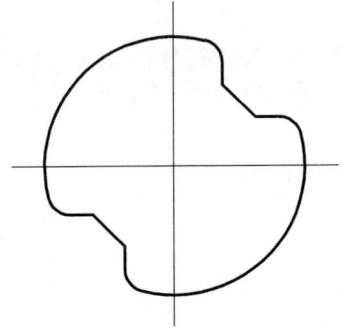

Step 11 원을 실행한다. A점을 중심으로 반지름 25의 원을 그린다.

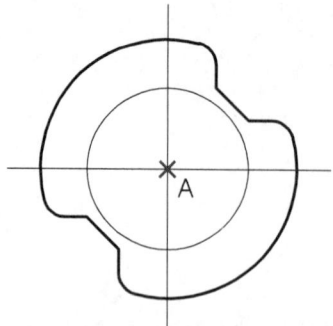

```
명령 : circle Enter↵
원에 대한 중심점 지정 또는 [3점(3P)/2점(2P)/Ttr - 접선 접선 반지름(T)] : 〈A점 지정〉
원의 반지름 지정 또는 [지름(D)] 〈40.0000〉 : 25 Enter↵
```

Step 12 다시 원을 실행한다. 교차(B)지점에 반지름 5의 원을 그린다.

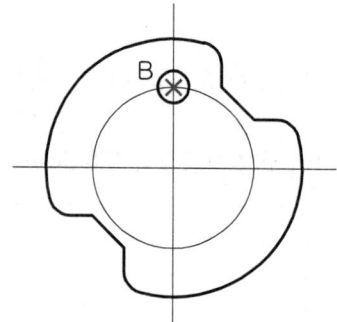

```
명령 : Enter↵
원에 대한 중심점 지정 또는 [3점(3P)/2점(2P)/Ttr - 접선 접선 반지름(T)] : 〈B점 지정〉
원의 반지름 지정 또는 [지름(D)] 〈25.0000〉 : 5 Enter↵
```

Step 13 나머지 교차지점에도 같은 방법으로 반지름 5의 원을 그린다.

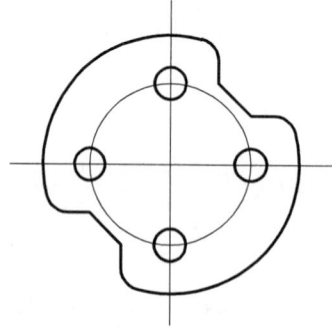

Step 14 도형이 완성되었다.

따라하기 3 모깎기, 모따기 작성하기

앞에서 학습한 명령들을 이용하여 다음 도면을 작성한다.

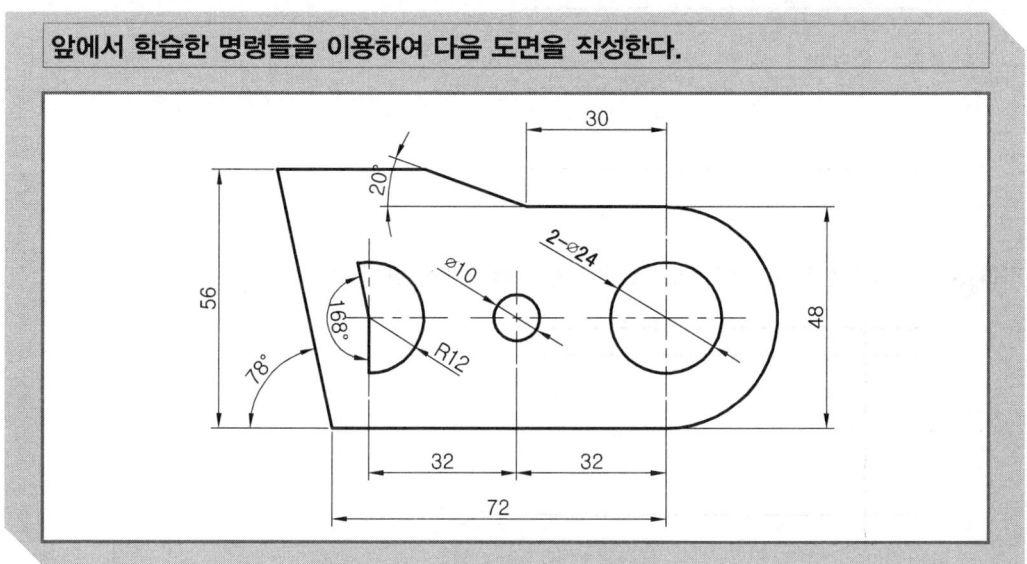

Step 01 선을 실행한다. 길이 120 정도의 수평 기준선을 그린다.

Step 02 다시 선을 실행한다. 오른쪽에서 대략 30정도 떨어진 위치에 수직 기준선을 그린다.

Step 03 수평기준선을 위, 아래로 24만큼 간격띄우기를 한다.

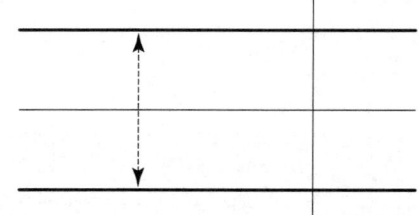

Step 04 아래의 수평선을 위로 56만큼 간격띄우기를 한다.

Step 05 수직기준선을 왼쪽으로 72만큼 간격띄우기를 한다.

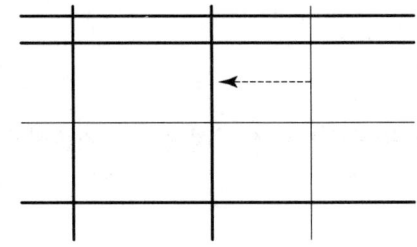

Step 06 수직기준선을 왼쪽으로 30만큼 간격띄우기를 한다.

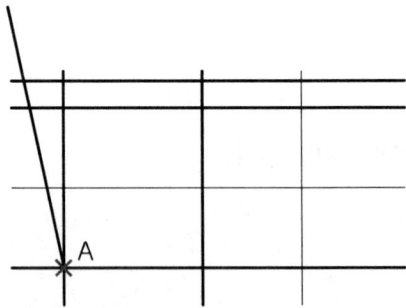

Step 07 선을 실행한다. A점을 기준으로 길이 80, 각도 102도의 선을 그린다.

```
명령 : line Enter↵
첫 번째 점 지정 :                                          〈A 점 지정〉
다음 점 지정 또는 [명령 취소(U)] : @80〈102 Enter↵
```

Step 08 B점을 기준으로 길이 50, 각도 160도의 선을 그린다.

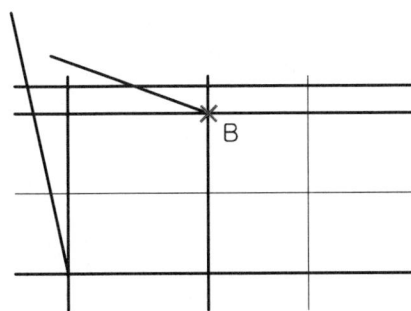

```
명령 : line Enter↵
첫 번째 점 지정 :                                        〈B 점 지정〉
다음 점 지정 또는 [명령 취소(U)] : @50〈160 Enter↵
```

Step 09 지우기를 실행한다. X 표시된 객체는 지운다.

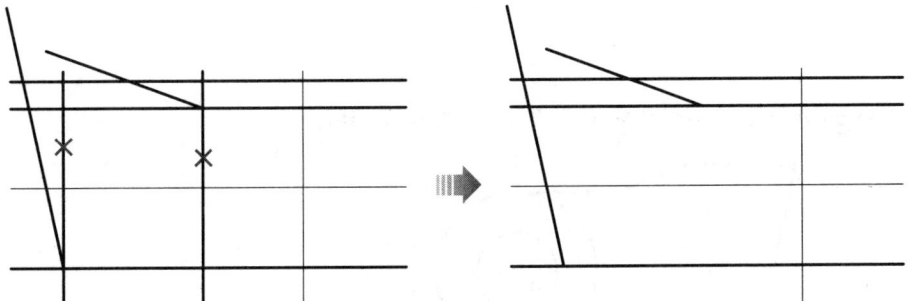

Step 10 자르기를 실행한다. 아래의 그림처럼 선택하여 잘라낸다.

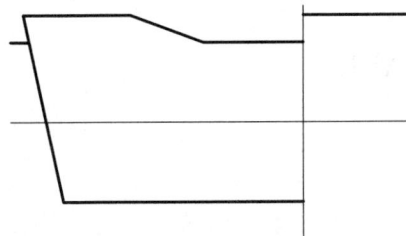

```
명령 : trim Enter↵
현재 설정 : 투영=UCS 모서리=없음
절단 모서리 선택 ...
객체 선택 또는 〈모두 선택〉: Enter↵
자를 객체 선택 또는 Shift 키를 누른 채 선택하여 연장 또는 [울타리(F)/걸치기(C)/프로
젝트(P)/모서리(E)/지우기(R)/명령 취소(U)] :
```

Step 11 지우기를 실행한다. 자르기를 하고 남아있는 객체를 지운다.

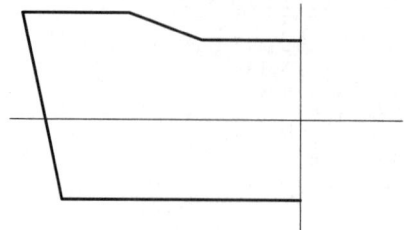

Step 12 원을 실행한다. A점을 중심점으로 반지름 12의 원을 그린다.

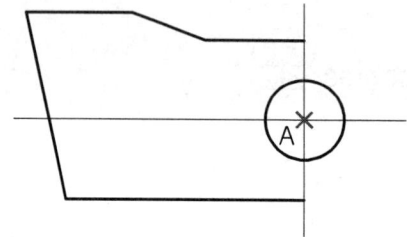

Step 13 A점을 중심점으로 반지름 24의 원을 그린다.

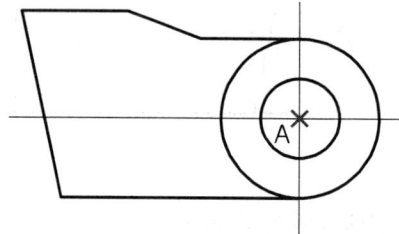

Step 14 자르기를 실행한다. 원의 한쪽을 잘라낸다.

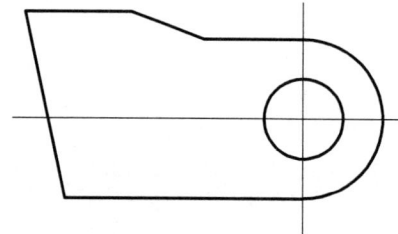

Step 15 간격띄우기를 실행한다. 수직기준선을 왼쪽으로 32만큼 간격띄우기를 한다.

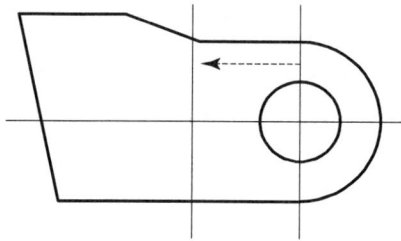

Step 16 간격띄우기한 선을 다시 32만큼 왼쪽으로 간격띄우기를 한다.

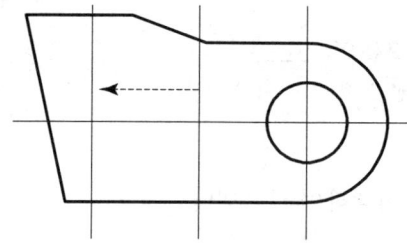

Step 17 원을 실행한다. A점을 중심으로 반지름 5의 원을 그린다.

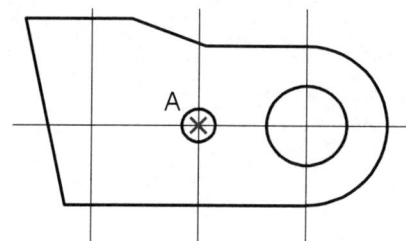

Step 18 B점을 중심으로 반지름 12의 원을 그린다.

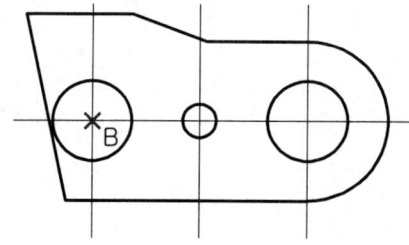

Step 19 선을 실행한다. P1→P2→P3을 연결하는 선을 그린다.

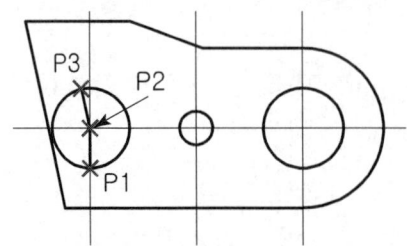

명령 : line [Enter↵]	
첫 번째 점 지정 :	〈P1 점 지정〉
다음 점 지정 또는 [명령 취소(U)] :	〈P2 점 지정〉
다음 점 지정 또는 [명령 취소(U)] : @12〈102 [Enter↵]	〈P3점 지정〉
다음 점 지정 또는 [명령 취소(U)] : [Enter↵]	

Step 20 자르기를 실행한다. 아래의 그림처럼 선택하여 잘라낸다.

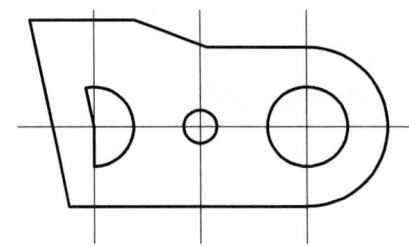

Step 21 도형이 완성되었다.

연습과제 1 실습도면 작성하기

[과제] 앞에서 학습한 명령들을 이용하여 다음 도면을 작성한다.

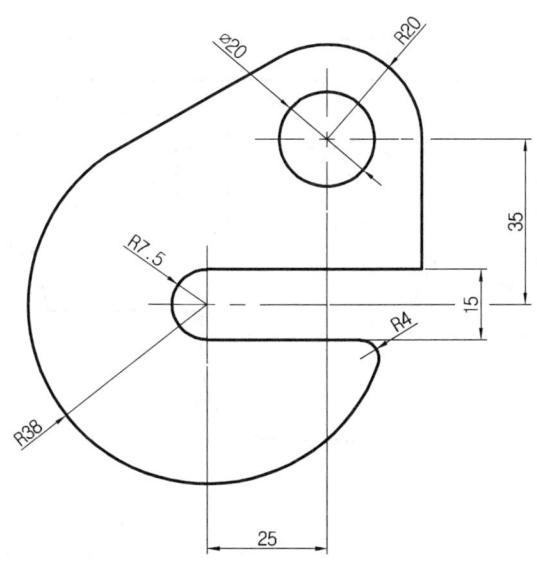

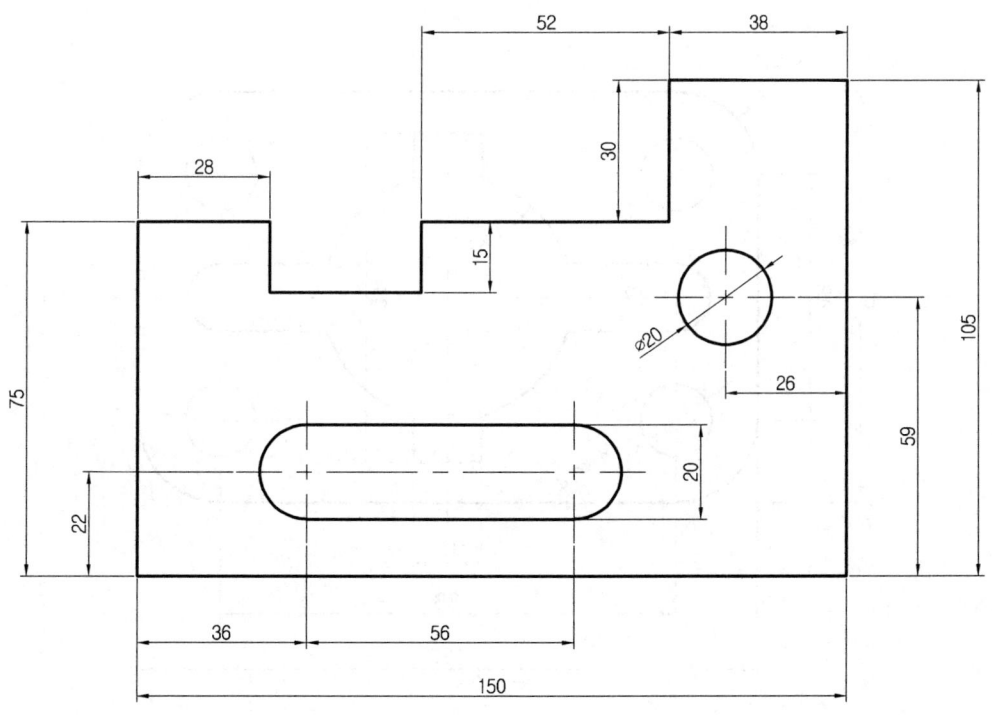

연습과제 2 실습도면 작성하기

[과제] 앞에서 학습한 명령들을 이용하여 다음 도면을 작성한다.

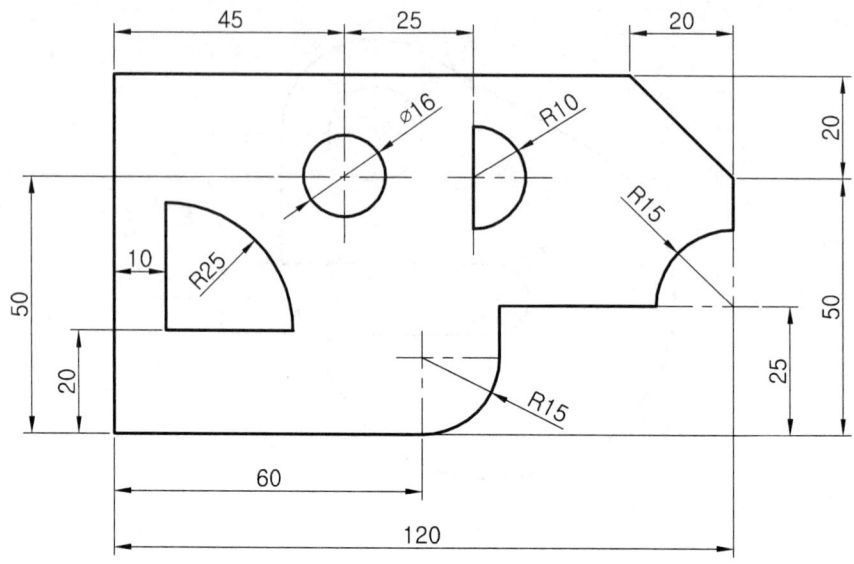

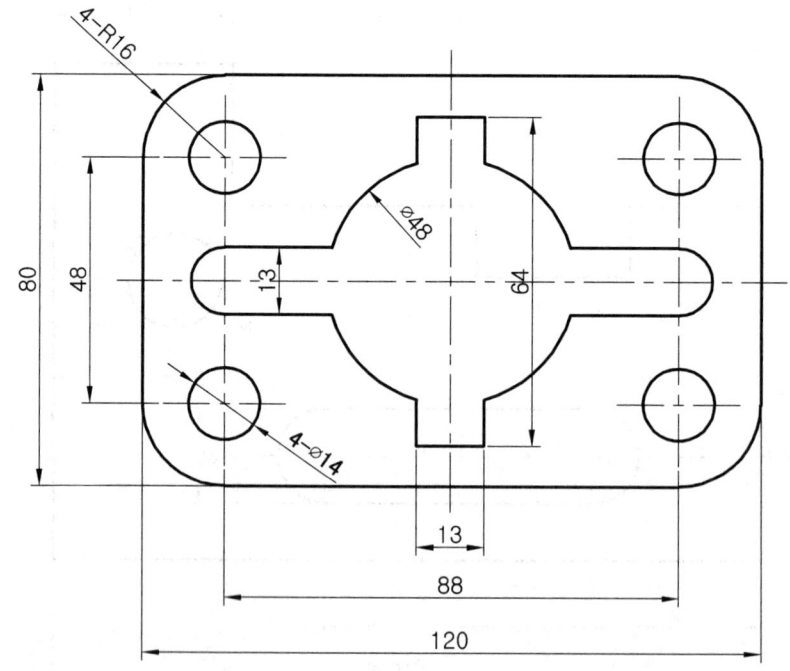

연습과제 3   실습도면 작성하기

[과제] 앞에서 학습한 명령들을 이용하여 다음 도면을 작성한다.

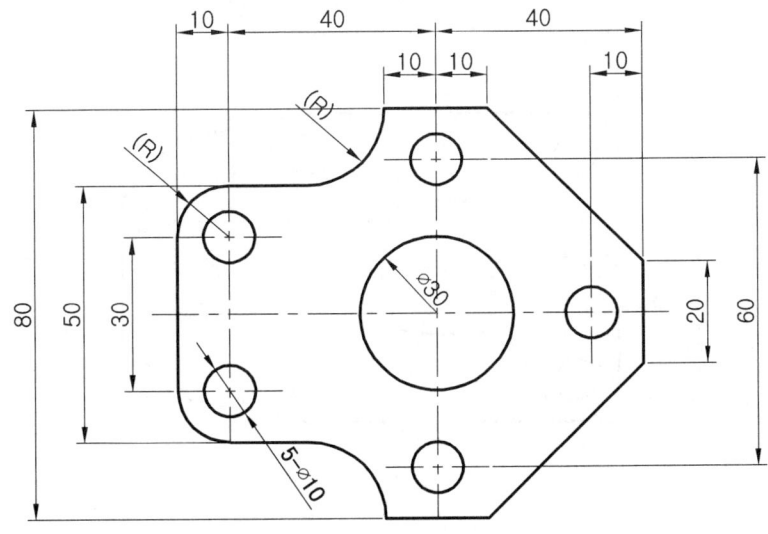

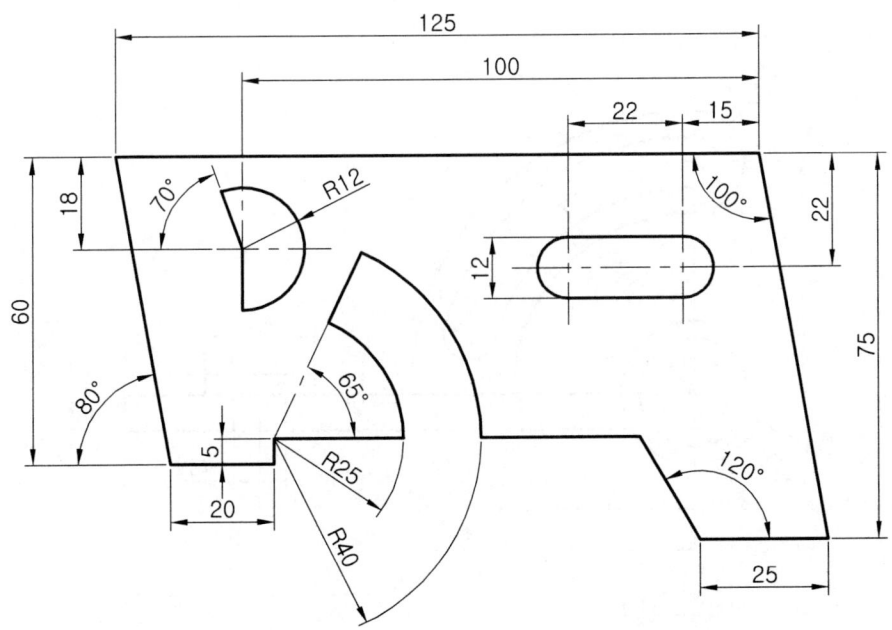

연습과제 4 실습도면 작성하기

[과제] 앞에서 학습한 명령들을 이용하여 다음 도면을 작성한다.

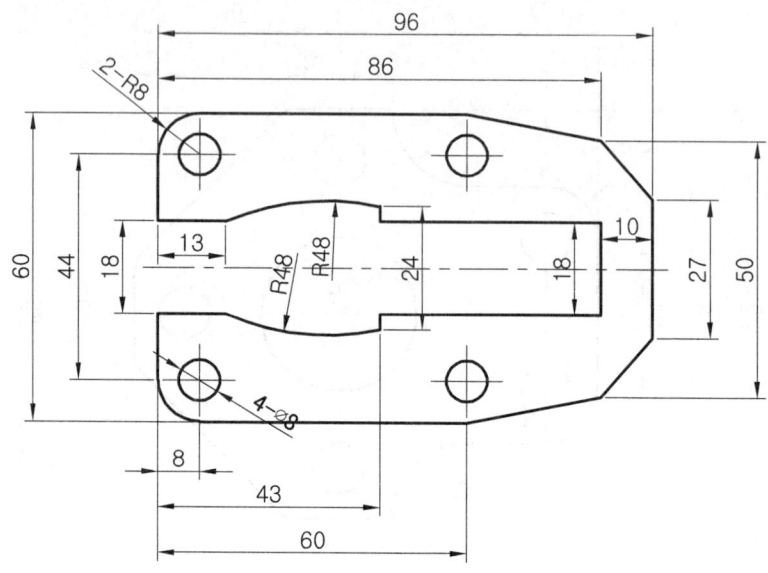

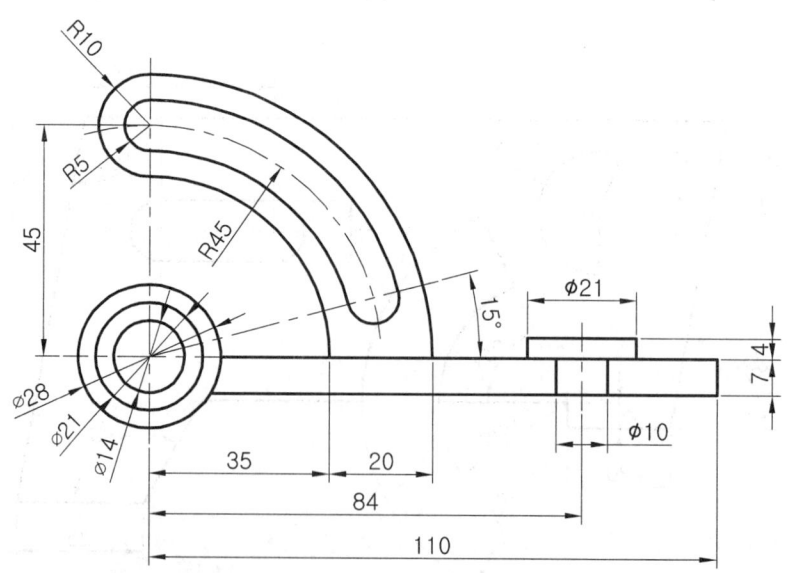

Part 04

기본적인 도형 정의하기 II

AutoCAD 2016

1. 직사각형(Rectangle)

1.1 임의의 두 점을 지정하여 직사각형 그리기

대각 방향의 두 점을 꼭지점으로 하는 사각형을 그린다.

- ✓ 명령입력 : rectangle / rectang
- ✓ 리본메뉴 : 홈 → 그리기 → 직사각형
- ✓ 단축키 : rec

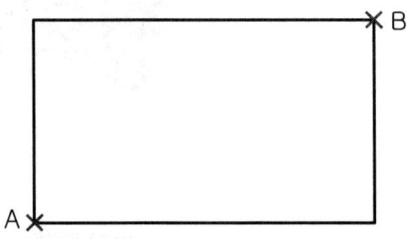

명령 : **rectang** Enter↵	〈직사각형 실행〉
첫 번째 구석점 지정 또는 [모따기(C)/고도(E)/모깎기(F)/두께(T)/폭(W)] :	〈A 점 지정〉
다른 구석점 지정 또는 [영역(A)/치수(D)/회전(R)] :	〈B 점 지정〉

1.2 길이를 입력하여 직사각형 그리기

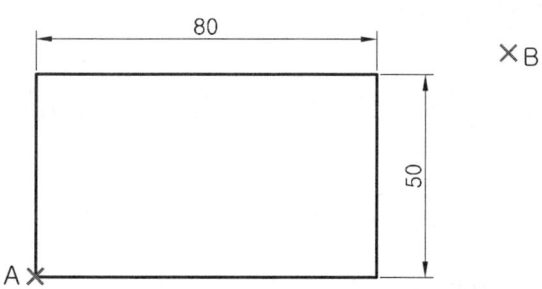

명령 : rectang [Enter↵]	〈직사각형 실행〉
첫 번째 구석점 지정 또는 [모따기(C)/고도(E)/모깎기(F)/두께(T)/폭(W)] :	〈A 점 지정〉
다른 구석점 지정 또는 [영역(A)/치수(D)/회전(R)] : d [Enter↵]	〈치수 옵션〉
직사각형의 길이 지정 〈10.0000〉 : 80 [Enter↵]	〈길이 지정〉
직사각형의 폭 지정 〈10.0000〉 : 50 [Enter↵]	〈폭 지정〉
다른 구석점 지정 또는 [영역(A)/치수(D)/회전(R)] :	〈생성 방향인 B 점 부근 지정〉

Chapter
2. 폴리곤(Polygon)

AutoCAD 2016

3각형에서 1024각형까지 폴리곤(다각형)을 그릴 수 있다.

- ✓ 명령입력 : polygon
- ✓ 리본메뉴 : 홈 → 그리기 → 폴리곤
- ✓ 단축키 : pol

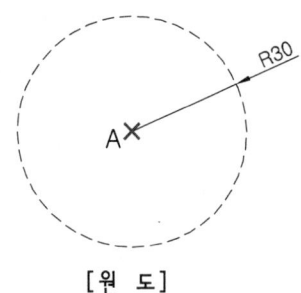

[원 도]

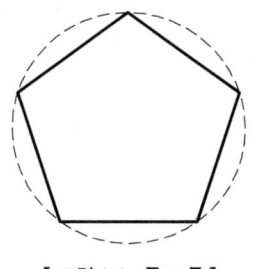

[내접(I) 폴리곤]

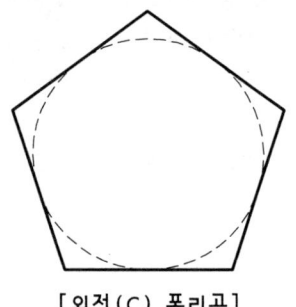

[외접(C) 폴리곤]

- ●내접 폴리곤 : 원에 내접하는 폴리곤을 작성한다.
- ●외접 폴리곤 : 원에 외접하는 폴리곤을 작성한다.
- ●모서리 : 한 변의 길이로 폴리곤을 작성한다.

2.1 내접(I) 폴리곤 그리기

명령 : **polygon** [Enter↵]	〈폴리곤 실행〉
면의 수 입력 〈4〉 : **5** [Enter↵]	〈면의 수 입력〉
폴리곤의 중심을 지정 또는 [모서리(E)] :	〈중심 A 점 지정〉
옵션을 입력 [원에 내접(I)/원에 외접(C)] 〈I〉 : **i** [Enter↵]	〈원에 내접 옵션〉
원의 반지름 지정 : **30** [Enter↵]	〈반지름 입력〉

2.2 외접(C) 폴리곤 그리기

```
명령 : polygon Enter↵
면의 수 입력 <4> : 5 Enter↵
폴리곤의 중심을 지정 또는 [모서리(E)] :                          <중심 A 점 지정>
옵션을 입력 [원에 내접(I)/원에 외접(C)] <I> : c Enter↵           <원에 외접 옵션>
원의 반지름 지정 : 30 Enter↵
```

2.3 한 변의 길이로 폴리곤 그리기

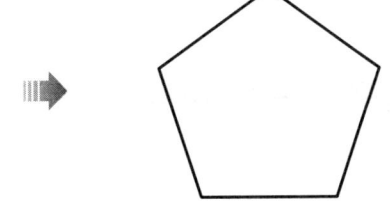

A✕------✕B

```
명령 : polygon Enter↵
POLYGON 면의 수 입력 <4> : 5 Enter↵
폴리곤의 중심을 지정 또는 [모서리(E)] : e Enter↵                <모서리 옵션>
모서리의 첫 번째 끝점 지정 :                                    <A 점 지정>
모서리의 두 번째 끝점 지정 :                                    <B 점 지정>
```

3. 복사(Copy)

지정한 도면요소를 다른 위치로 이동하여 복사한다.

✓ 명령입력	: copy
✓ 리본메뉴	: 홈 → 수정 → 복사
✓ 단축키	: co / cp

3.1 두 점을 이용한 복사

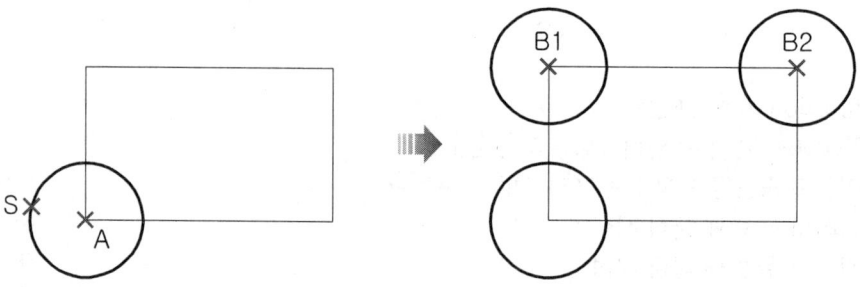

```
명령 : copy [Enter↵]
객체 선택 : 1개를 찾음                                        〈S 원 지정〉
객체 선택 : [Enter↵]
현재 설정 : 복사 모드 = 다중(M)
기본점 지정 또는 [변위(D)/모드(O)] 〈변위〉 :                    〈A 점 지정〉
두 번째 점 지정 또는 [배열(A)] 〈첫 번째 점을 변위로 사용〉 :     〈B1 점 지정〉
두 번째 점 지정 또는 [배열(A)/종료(E)/명령 취소(U)] 〈종료〉 :   〈B2 점 지정〉
두 번째 점 지정 또는 [배열(A)/종료(E)/명령 취소(U)] 〈종료〉 : [Enter↵]
```

3.2 상대좌표(상대극좌표)를 이용한 복사

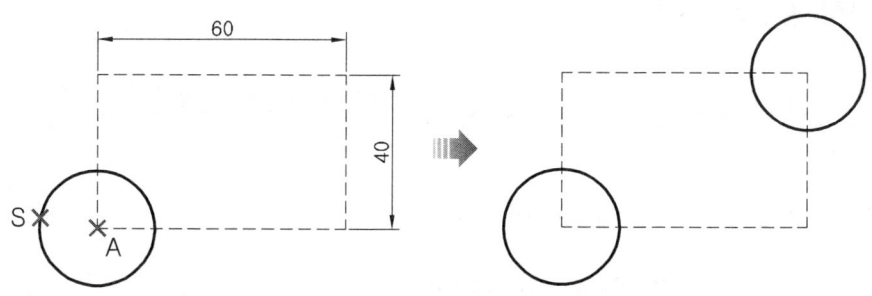

```
명령 : copy Enter↵
객체 선택 : 1개를 찾음                                    〈S 원 지정〉
객체 선택 : Enter↵
현재 설정 : 복사 모드 = 다중(M)
기본점 지정 또는 [변위(D)/모드(O)] 〈변위〉 :              〈A 점 지정〉
두 번째 점 지정 또는 [배열(A)] 〈첫 번째 점을 변위로 사용〉 : @60,40 Enter↵
                                                    〈상대좌표 값 입력〉
두 번째 점 지정 또는 [배열(A)/종료(E)/명령 취소(U)] 〈종료〉 : Enter↵
```

4. 이동(Move)

지정한 도면요소를 다른 위치로 이동한다.

✓ 명령입력	: move
✓ 리본메뉴	: 홈 → 수정 → 이동
✓ 단축키	: m

4.1 두 점을 이용한 이동

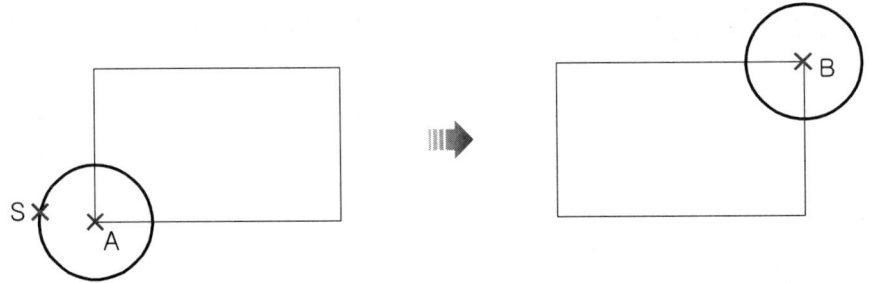

명령 : move Enter↵	〈이동 실행〉
객체 선택 : 1개를 찾음	〈S 원 지정〉
객체 선택 : Enter↵	
기준점 지정 또는 [변위(D)] 〈변위〉 :	〈A 점 지정〉
두 번째 점 지정 또는 〈첫 번째 점을 변위로 사용〉 :	〈B 점 지정〉

4.2 상대좌표(상대극좌표)를 이용한 이동

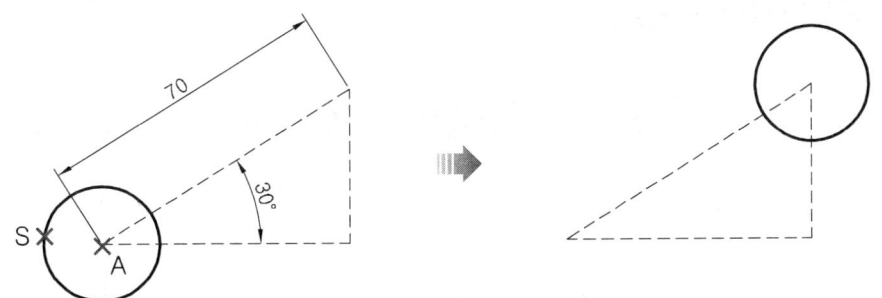

```
명령 : move Enter↵
객체 선택 : 1개를 찾음                                              〈S 원 지정〉
객체 선택 : Enter↵
기준점 지정 또는 [변위(D)] 〈변위〉 :                                 〈A 점 지정〉
두 번째 점 지정 또는 〈첫 번째 점을 변위로 사용〉 : @70〈30 Enter↵   〈상대좌표 값 입력〉
```

5. 회전(Rotate)

지정된 객체를 기준점을 중심으로 원하는 각도만큼 회전시킨다.

- ✓ 명령입력 : rotate
- ✓ 리본메뉴 : 홈 → 수정 → 회전
- ✓ 단축키 : ro

5.1 지정한 각도만큼 회전할 때

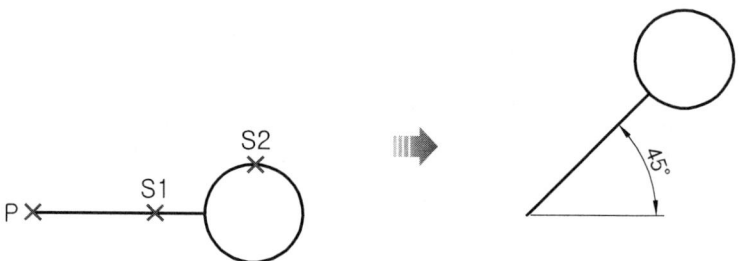

명령 : **rotate** [Enter↵]	〈회전 실행〉
현재 UCS에서 양의 각도 : 측정 방향=시계 반대 방향 기준 방향=0	
객체 선택 : 1개를 찾음	〈S1 선 지정〉
객체 선택 : 1개를 찾음, 총 2개	〈S2 원 지정〉
객체 선택 : [Enter↵]	
기준점 지정 :	〈P 점 지정〉
회전 각도 지정 또는 [복사(C)/참조(R)] 〈0〉 : **45** [Enter↵]	〈각도 입력〉

5.2 참조 각도와 절대 각도만큼 회전할 때

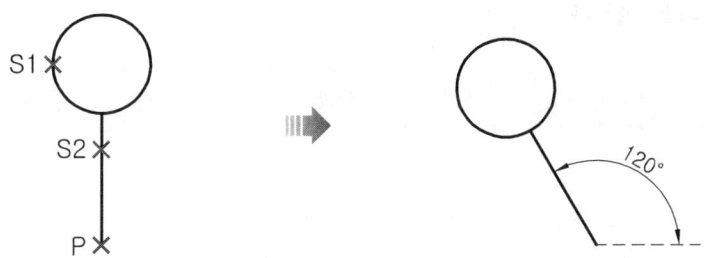

명령 : **rotate** Enter↵	
현재 UCS에서 양의 각도 : 측정 방향=시계 반대 방향 기준 방향=0	
객체 선택 : 1개를 찾음	〈S1 원 지정〉
객체 선택 : 1개를 찾음, 총 2개	〈S2 선 지정〉
객체 선택 : Enter↵	
기준점 지정 :	〈P 점 지정〉
회전 각도 지정 또는 [복사(C)/참조(R)] 〈90〉 : **r** Enter↵	〈참조 옵션〉
참조 각도를 지정 〈0〉 : **90** Enter↵	〈현재의 절대각도 입력〉
새 각도 지정 또는 [점(P)] 〈0〉 : **120** Enter↵	〈새로운 각도 입력〉

6. 축척(Scale)

기준점으로부터 크기를 일정한 비율로 변화시킨다.
축척 비율이 "1"보다 크면 객체는 커지고, "0에서 1사이이면" 객체는 작아진다.

- 명령입력 : scale
- 리본메뉴 : 홈 → 수정 → 축척
- 단축키 : sc

6.1 크기 비율을 이용한 축척

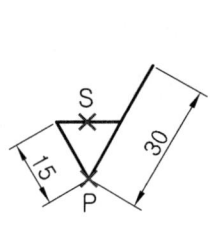
[기준]

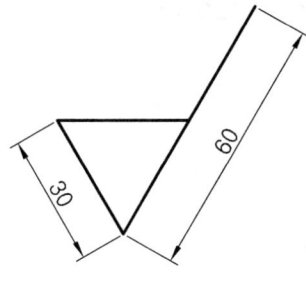
[축척 비율 = 2]

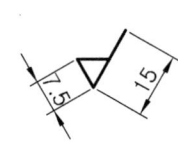
[축척 비율 = 0.5]

```
명령 : scale [Enter↵]                                      〈축척 실행〉
객체 선택 :                                                〈S 선3개 선택〉
객체 선택 : [Enter↵]
기준점 지정 :                                              〈P 점 지정〉
축척 비율 지정 또는 [복사(C)/참조(R)] : 2 [Enter↵]          〈축척비율 지정〉
```

6.2 상대적인 크기 변화를 이용한 축척

참조길이를 이용하여 가로 길이(45 → 78.5)를 변경한다.

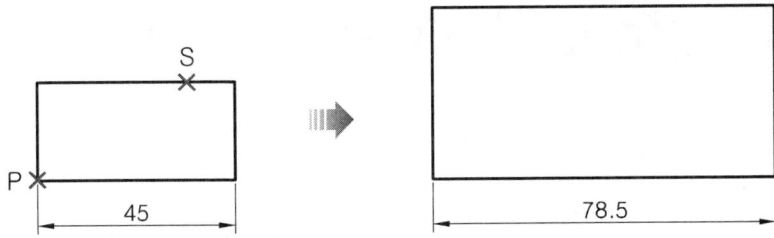

```
명령 : scale Enter↵
객체 선택 : 1개를 찾음                                    〈S 사각형 선택〉
객체 선택 : Enter↵
기준점 지정 :                                             〈P 점 선택〉
축척 비율 지정 또는 [복사(C)/참조(R)] : r Enter↵          〈참조 옵션〉
참조 길이 지정 〈1.0000〉 : 45 Enter↵                     〈현재 길이 지정〉
새 길이 지정 또는 [점(P)] 〈10.0000〉 : 78.5 Enter↵        〈바뀔 길이 입력〉
```

7. 길이조정(Lengthen)

객체의 길이와 호의 사이각을 변경시킨다.

- ✓ 명령입력 : lengthen
- ✓ 리본메뉴 : 홈 → 수정 → 길이조정
- ✓ 단축키 : len

7.1 증분(Delta)

늘어나거나 줄어드는 값을 입력한다. 선택하는 방향으로 증분이 된다.
("+"값이면 늘어나고, "-"값이면 줄어든다.)

```
명령 : lengthen [Enter↵]                                          〈길이조정 실행〉
객체 선택 또는 [증분(DE)/퍼센트(P)/합계(T)/동적(DY)] : de [Enter↵]   〈증분 옵션〉
증분 길이 또는 [각도(A)] 입력 〈0.0000〉 : 20 [Enter↵]              〈증분 길이입력〉
변경할 객체 선택 또는 [명령 취소(U)] :                              〈A 선 지정〉
변경할 객체 선택 또는 [명령 취소(U)] : [Enter↵]
```

7.2 퍼센트(Percent)

현재 크기를 100으로 한 백분율로 나타낸다.

```
명령 : lengthen [Enter↵]
객체 선택 또는 [증분(DE)/퍼센트(P)/합계(T)/동적(DY)] : p [Enter↵]        〈퍼센트 옵션〉
퍼센트 길이 입력 〈100.0000〉 : 150 [Enter↵]                           〈백분율 입력(150%로 조정)〉
변경할 객체 선택 또는 [명령 취소(U)] :                                  〈A 선 지정〉
변경할 객체 선택 또는 [명령 취소(U)] : [Enter↵]
```

7.3 합계(Total)

전체 길이를 입력한다. 서로 다른 여러 개의 길이를 동일하게 맞출 때 유용하게 사용된다.

```
명령 : lengthen [Enter↵]
객체 선택 또는 [증분(DE)/퍼센트(P)/합계(T)/동적(DY)] : t [Enter↵]        〈합계 옵션〉
전체 길이 지정 또는 [각도(A)] 〈1.0000〉 : 60 [Enter↵]                   〈전체 길이 입력〉
변경할 객체 선택 또는 [명령 취소(U)] :                                  〈A 선 지정〉
변경할 객체 선택 또는 [명령 취소(U)] : [Enter↵]
```

7.4 동적(Dynamic)

선택 부위를 마우스로 늘리거나 줄여 길이를 조정한다.

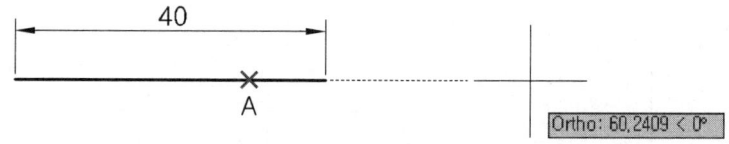

```
명령 : lengthen [Enter↵]
객체 선택 또는 [증분(DE)/퍼센트(P)/합계(T)/동적(DY)] : dy [Enter↵]       〈동적 옵션〉
변경할 객체 선택 또는 [명령 취소(U)] :                                  〈A 선 지정〉
새 끝점을 지정 :                                                      〈마우스를 이용한 길이조정〉
변경할 객체 선택 또는 [명령 취소(U)] : [Enter↵]
```

따라하기 1 복사 형상 따라하기

앞에서 학습한 명령들을 이용하여 다음 도면을 작성한다.

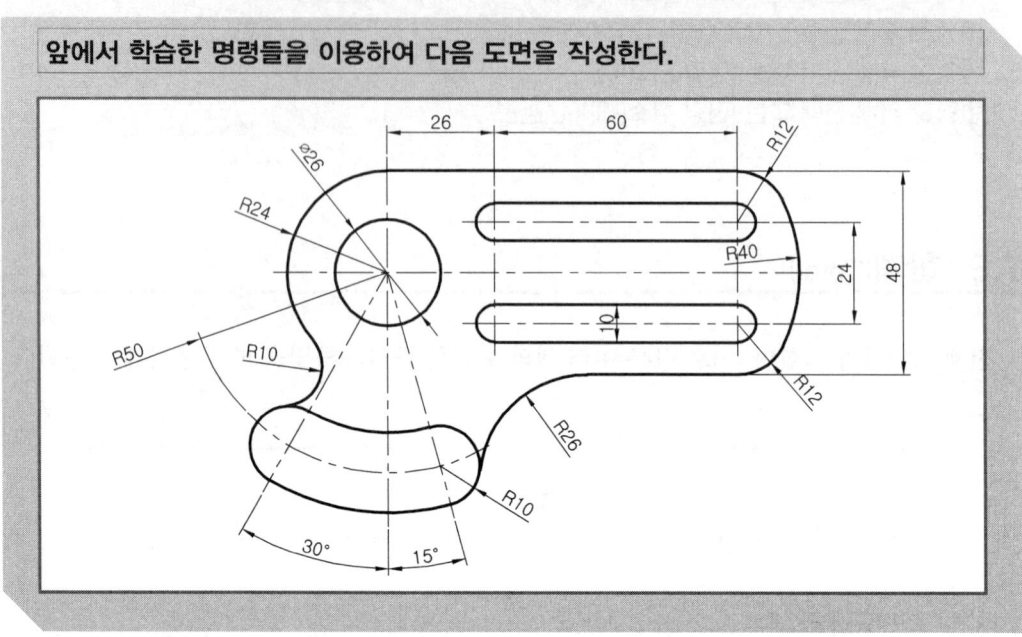

Step 01 선을 실행한다. 길이 140 정도의 수평 기준선을 그린다.

Step 02 왼쪽에서 35정도 떨어진 위치에 수직 기준선을 그린다.

Step 03 간격띄우기를 실행한다. 수평 기준선을 위, 아래로 24만큼 간격띄우기를 한다.

Step 04 수평 기준선을 위, 아래로 12만큼 간격띄우기를 한다.

Step 05 수직 기준선을 오른쪽으로 26, 86만큼 간격띄우기를 한다.

Step 06 원을 실행한다. A점을 중심으로 반지름 13, 24의 원을 그린다.

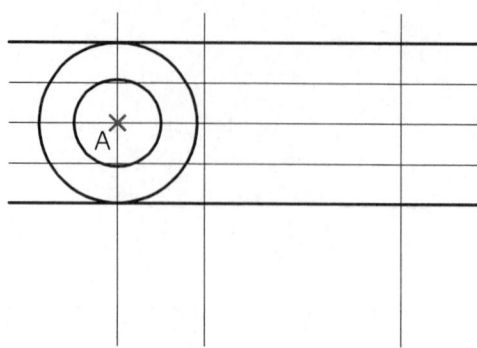

Step 07 자르기를 실행한다. 원의 한쪽을 잘라낸다.

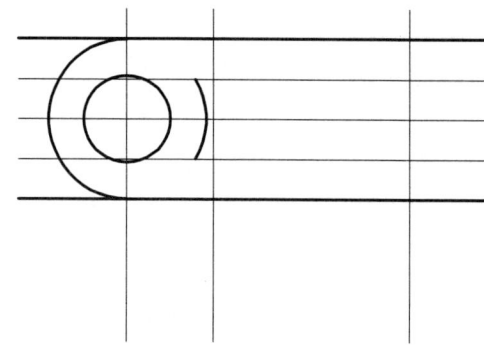

Step 08 지우기를 실행한다. 자르기가 되지 않는 객체는 지우기로 지운다.

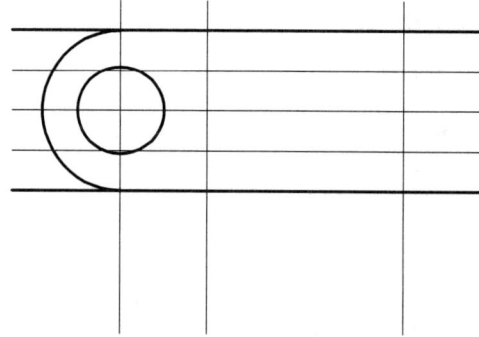

Step 09 B점과 C점을 중심으로 각각 반지름 5의 원을 그린다.

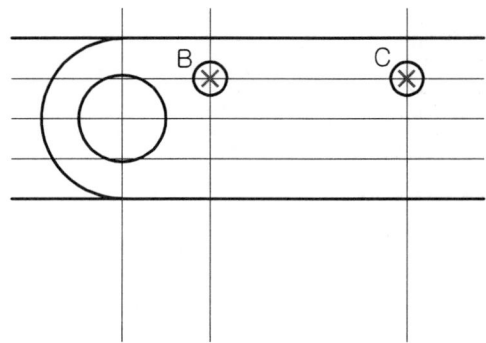

Step 10 선을 실행한다. 양쪽 원의 사분점을 이어주는 선을 그린다.

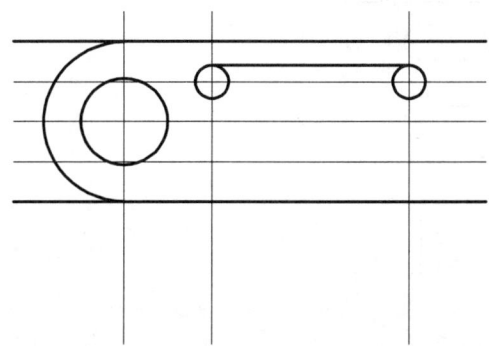

Step 11 아래에도 선을 그린다.

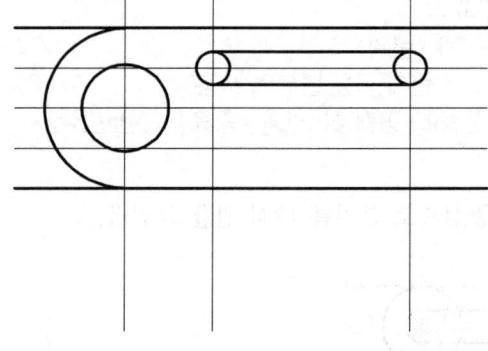

Step 12 자르기를 실행한다. 원의 안쪽 객체를 잘라낸다.

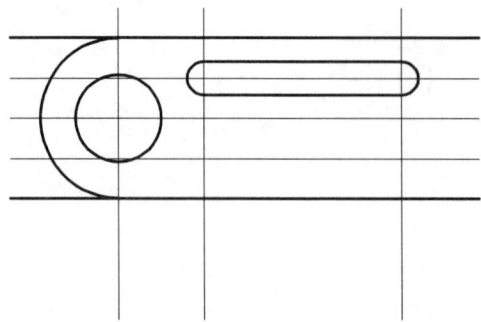

Step 13 복사를 실행한다. 위에 작성한 슬롯 형상을 선택하여 아래로 복사한다.

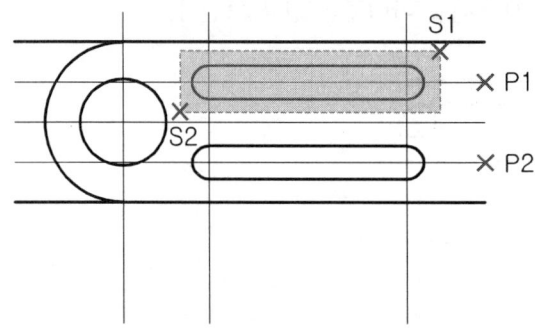

```
명령 : copy Enter↵
객체 선택 :                                                    〈S1 지점 클릭〉
반대 구석 지정 :                                                〈S2 지점 클릭〉
객체 선택 : Enter↵
현재 설정 : 복사 모드 = 다중(M)
기본점 지정 또는 [변위(D)/모드(O)] 〈변위〉 :                      〈P1 점 지정〉
두 번째 점 지정 또는 [배열(A)] 〈첫 번째 점을 변위로 사용〉 :      〈P2 점 지정〉
두 번째 점 지정 또는 [배열(A)/종료(E)/명령 취소(U)] 〈종료〉 : Enter↵
```

Step 14 원을 실행한다. A점과 B점을 중심으로 반지름 12의 원을 그린다.

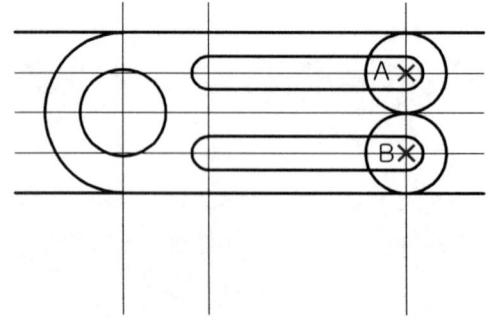

Step 15 원을 실행한다. 접선, 접선, 반지름 40의 원을 작성한다.

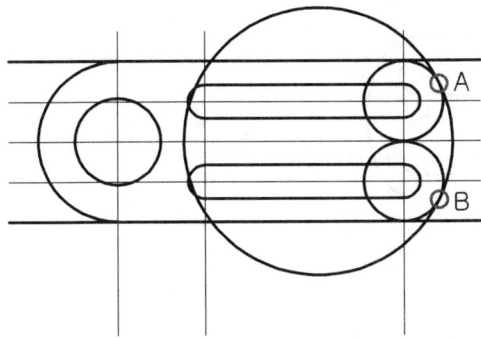

```
명령 : circle Enter↵
원에 대한 중심점 지정 또는 [3점(3P)/2점(2P)/Ttr - 접선 접선 반지름(T)] : t Enter↵
                                                    〈접선,접선,반지름 옵션〉
원의 첫 번째 접점에 대한 객체위의 점 지정 :              〈A 원 지정〉
원의 두 번째 접점에 대한 객체위의 점 지정 :              〈B 원 지정〉
원의 반지름 지정 〈10.0000〉 : 40 Enter↵                〈반지름 입력〉
```

Step 16 자르기를 실행한다. 아래 그림처럼 필요 없는 부분을 잘라낸다. (자르기가 되지 않는 부분은 지우기로 지워야 한다.)

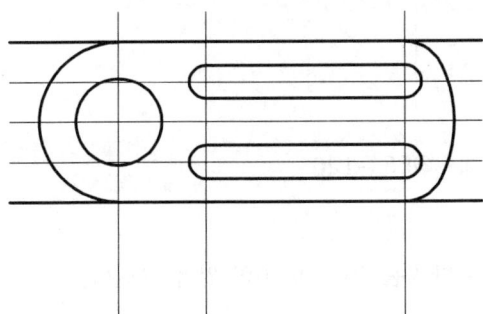

Step 17 나머지 부분도 자르기로 잘라낸다.

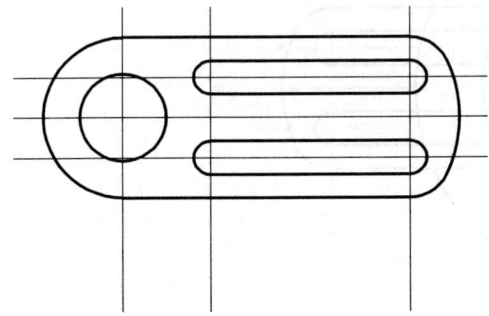

Step 18 선을 실행한다. A점에서 상대극좌표를 이용하여 길이 65, 각도 -75도의 선을 그린다.

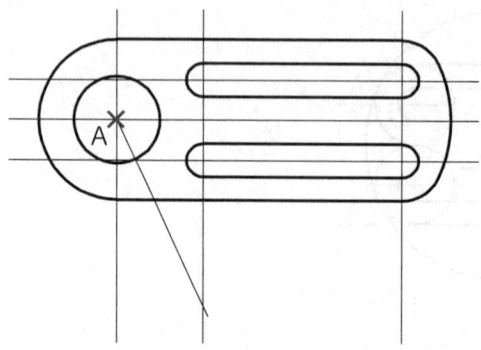

다음 점 지정 또는 [명령 취소(U)] : **@65<-75**

Step 19 A점에서 상대극좌표를 이용하여 길이 65, 각도 -120도의 선을 그린다.

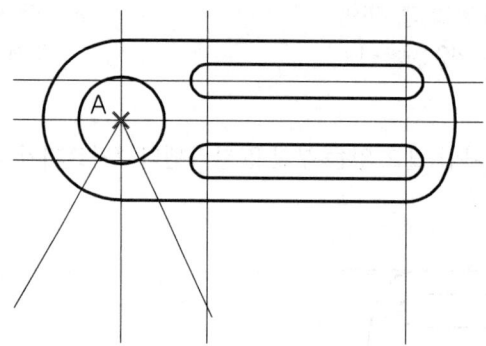

다음 점 지정 또는 [명령 취소(U)] : **@65<-120**

Step 20 원을 실행한다. A점을 중심으로 반지름 40, 50, 60의 원을 그린다.

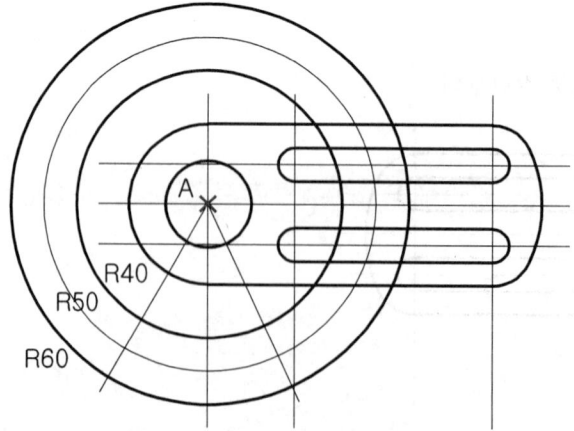

Step 21 원을 실행한다. B점과 C점을 중심으로 반지름 10의 원을 그린다.

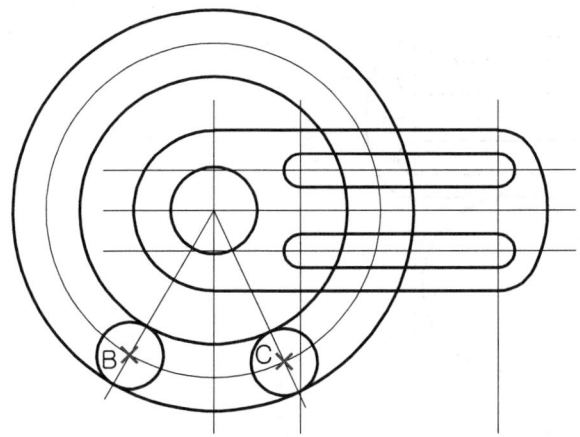

Step 22 자르기를 실행한다. 아래 그림처럼 필요 없는 부분을 잘라낸다. (자르기가 되지 않는 부분은 지우기로 지워야 한다.)

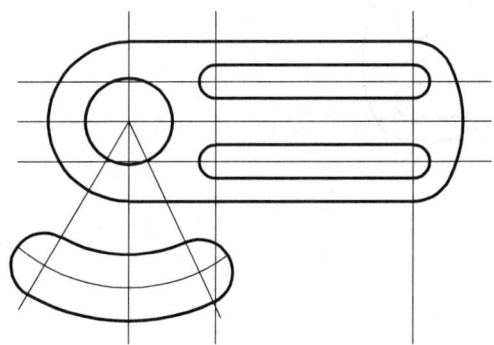

Step 23 원을 실행한다. 접선(A), 접선(B), 반지름 10의 원을 작성한다.

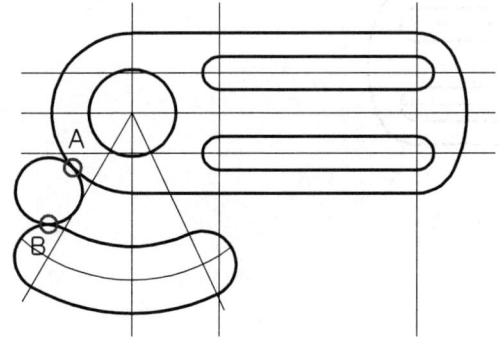

Step 24 원을 실행한다. 접선(C), 접선(D), 반지름 26의 원을 작성한다.

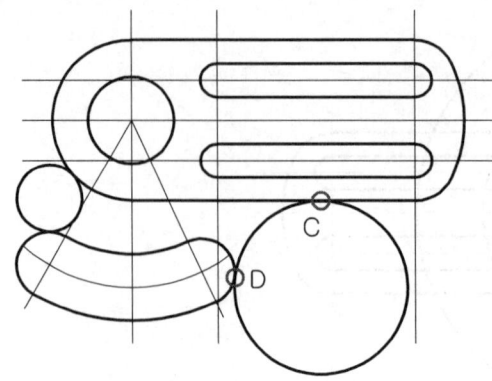

Step 25 자르기를 실행한다. 아래 그림처럼 필요 없는 부분을 잘라낸다. (자르기가 되지 않는 부분은 지우기로 지워야 한다.)

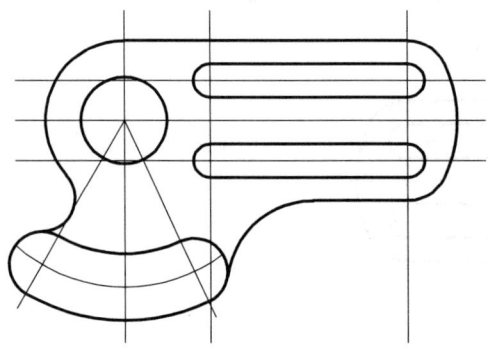

Step 26 자르기를 실행한다. 아래 그림처럼 **중심선**의 끝부분을 잘라낸다. (자르기가 되지 않는 부분은 지우기로 지워야 한다.)

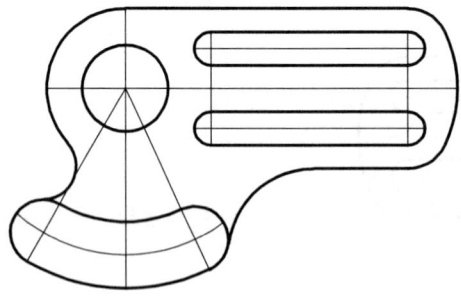

Step 27 길이조정을 실행한다. 중심선을 5만큼씩 연장시킨다.

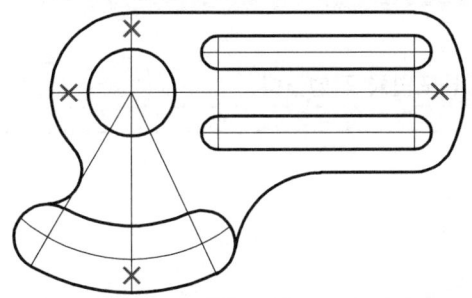

```
명령 : lengthen Enter↵
객체 선택 또는 [증분(DE)/퍼센트(P)/합계(T)/동적(DY)] : de Enter↵    〈증분 옵션〉
증분 길이 또는 [각도(A)] 입력 〈0.0000〉 : 5 Enter↵               〈길이 입력〉
변경할 객체 선택 또는 [명령 취소(U)] :                          〈X표시된 부분 지정〉
```

Step 28 계속해서 중심선의 끝부분을 지정하여 입력한 길이만큼 연장시킨다.

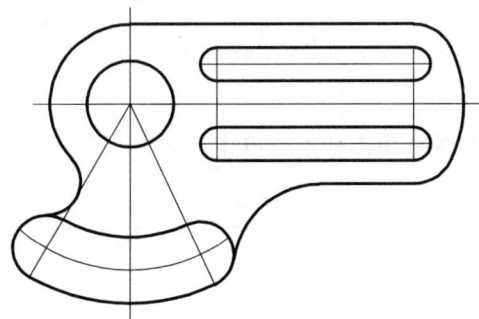

Step 29 도형이 완성되었다.

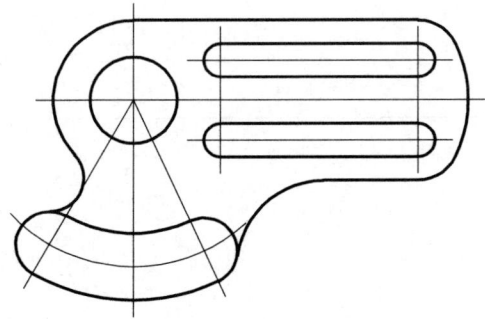

따라하기 2 복사, 회전 형상 따라하기

앞에서 학습한 명령들을 이용하여 다음 도면을 작성한다.

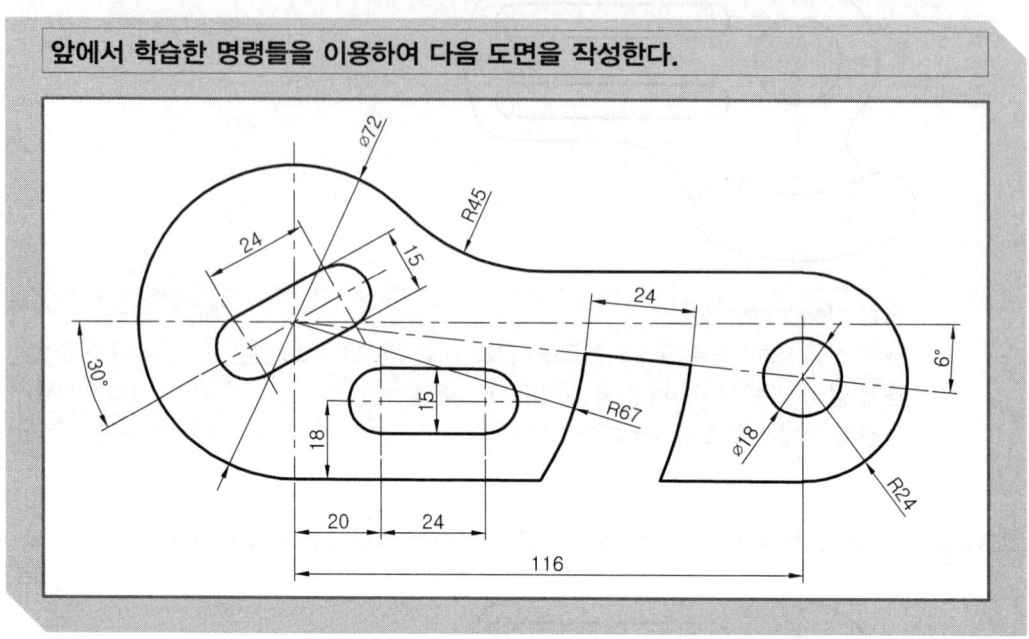

Step 01 선을 실행한다. 길이 200정도의 수평 기준선을 그린다.

Step 02 왼쪽에서 45정도 떨어진 위치에 길이 85정도의 수직 기준선을 그린다.

Step 03 원을 실행한다. A점을 중심으로 지름 72의 원을 그린다.

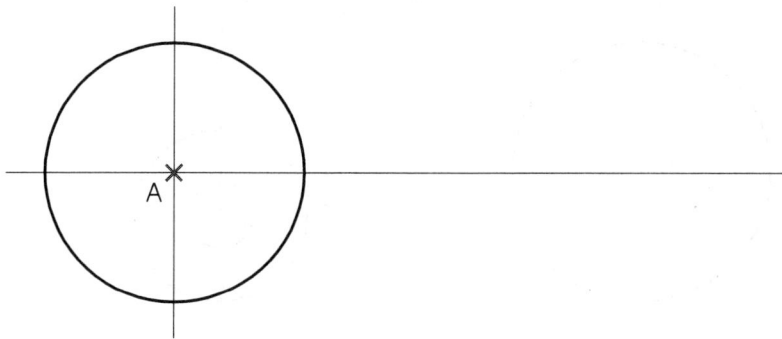

Step 04 선을 그린다. A점에서 길이 160, 각도 -6도의 상대극좌표를 이용하여 선을 그린다.

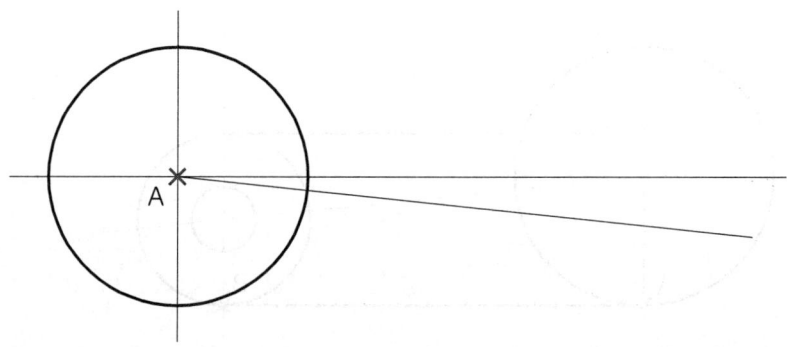

다음 점 지정 또는 [명령 취소(U)] : **@160〈-6**

Step 05 간격띄우기를 실행한다. 수직 기준선을 오른쪽으로 116만큼 간격띄우기를 한다.

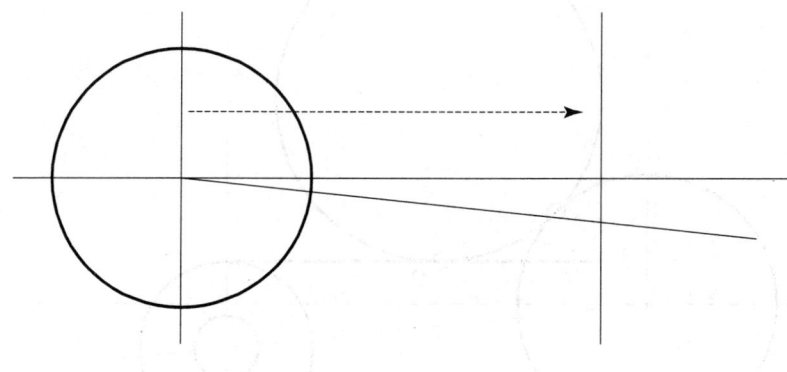

Step 06 원을 실행한다. B점을 중심으로 반지름 9, 24의 원을 그린다.

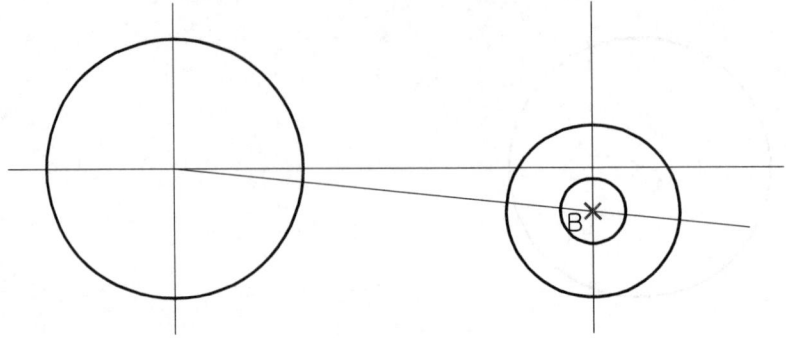

Step 07 선을 실행한다. A→B와 C→D 사이에 선을 그린다.

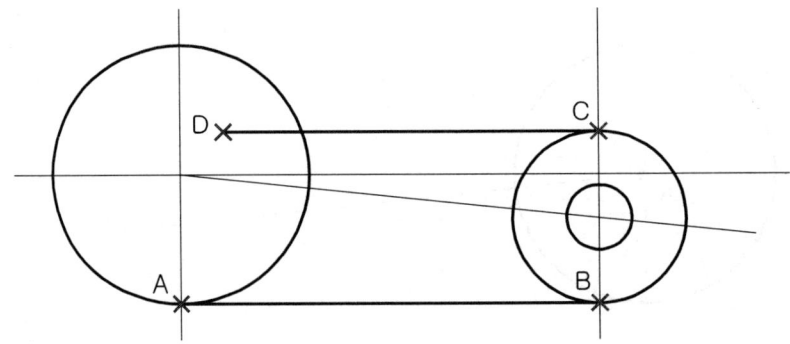

Step 08 원을 실행한다. 접선(A), 접선(B), 반지름 45의 원을 그린다.

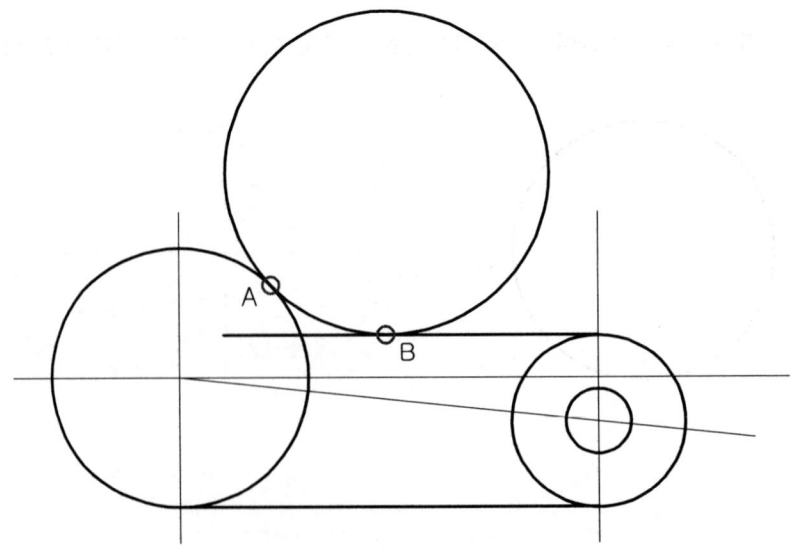

Step 09 자르기를 실행한다. 아래 그림처럼 필요 없는 부분을 잘라낸다.

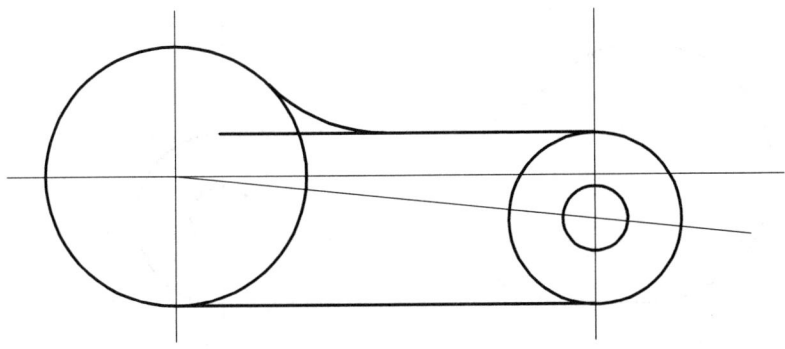

Step 10 자르기를 실행한다. 아래 그림처럼 필요 없는 부분을 잘라낸다.

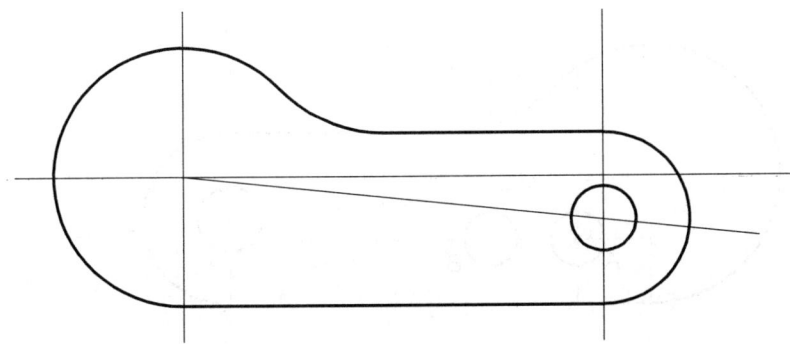

Step 11 간격띄우기를 한다. 아래의 선을 위로 18만큼 간격띄우기를 한다.

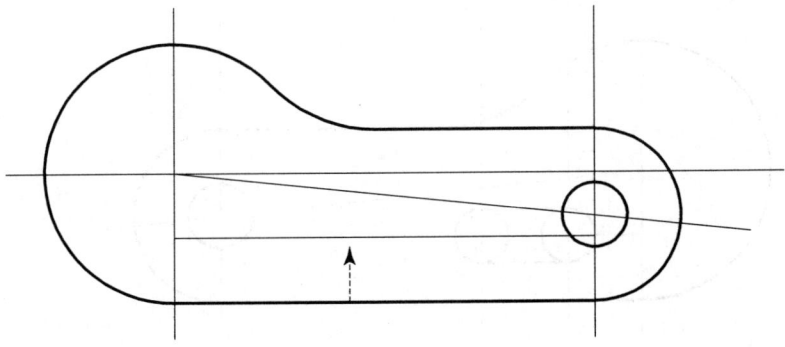

Step 12 수직 기준선을 오른쪽으로 20, 44만큼 간격띄우기를 한다.

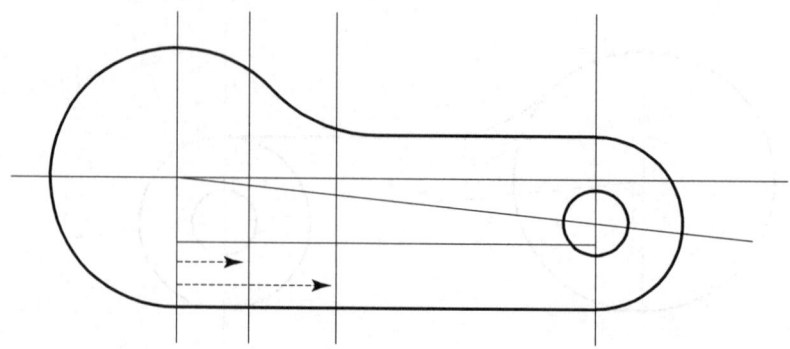

Step 13 원을 그린다. A점과 B점에 반지름 7.5의 원을 그린다.

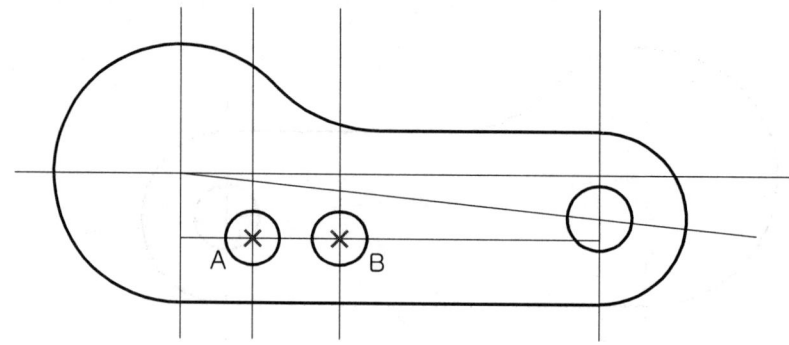

Step 14 선을 실행한다. 작성한 원의 위, 아래에 선을 그린다.

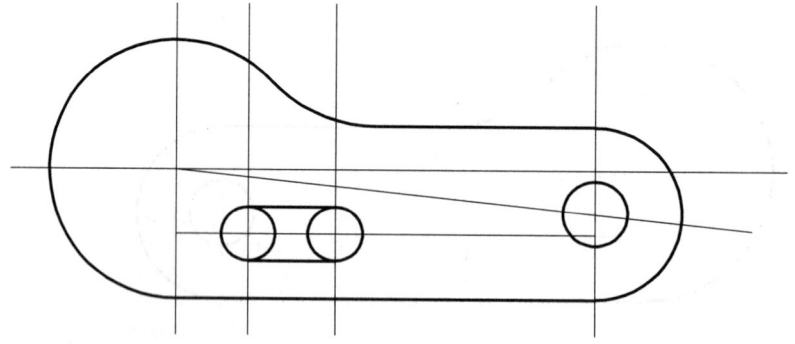

Step 15 자르기를 실행한다. 아래 그림처럼 필요 없는 부분을 잘라낸다. (잘리지 않을 때는 지우기를 이용한다.)

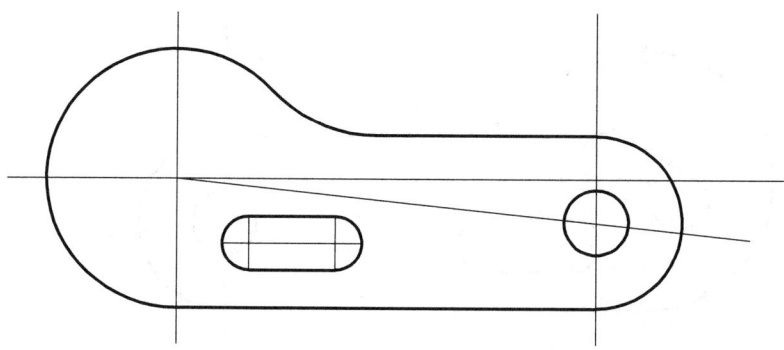

Step 16 복사를 실행한다. 작성한 슬롯형상을 복사하여 B점으로 복사한다.

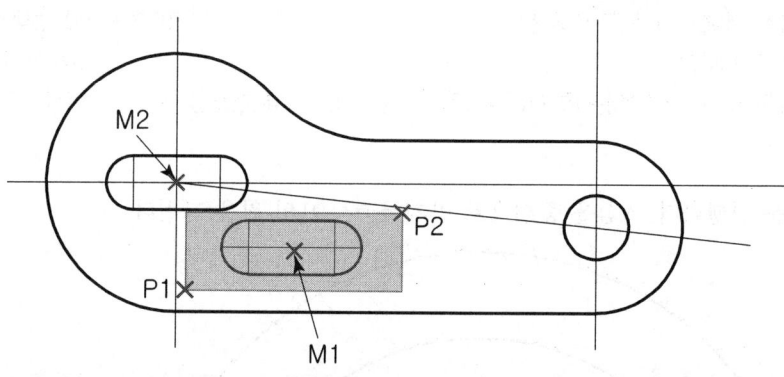

```
명령 : copy Enter↵
객체 선택 :                                                          〈P1 부근 지정〉
반대 구석 지정 :                                                     〈P2 부근 지정〉
객체 선택 : Enter↵
현재 설정 : 복사 모드 = 다중(M)
기본점 지정 또는 [변위(D)/모드(O)] 〈변위〉 :                         〈M1 중간점 지정〉
두 번째 점 지정 또는 [배열(A)] 〈첫 번째 점을 변위로 사용〉 :         〈M2 교차점 지정〉
두 번째 점 지정 또는 [배열(A)/종료(E)/명령 취소(U)] 〈종료〉 : Enter↵
```

Step 17 회전을 실행한다. 복사시킨 슬롯 형상을 선택하고, 교차점 A를 중심으로 30도만큼 회전시킨다.

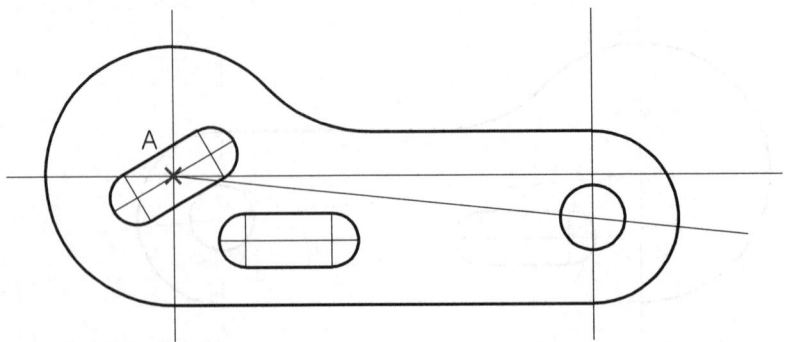

```
명령 : rotate Enter↵
현재 UCS에서 양의 각도 : 측정 방향=시계 반대 방향 기준 방향=0
객체 선택 : 반대 구석 지정 :                    〈복사시킨 슬롯형상 선택〉 Enter↵
기준점 지정 :                                          〈A 교차점 지정〉
회전 각도 지정 또는 [복사(C)/참조(R)] 〈359〉 : 30 Enter↵   〈회전각도 입력〉
```

Step 18 원을 실행한다. A점을 중심으로 반지름 67, 91의 원을 그린다.

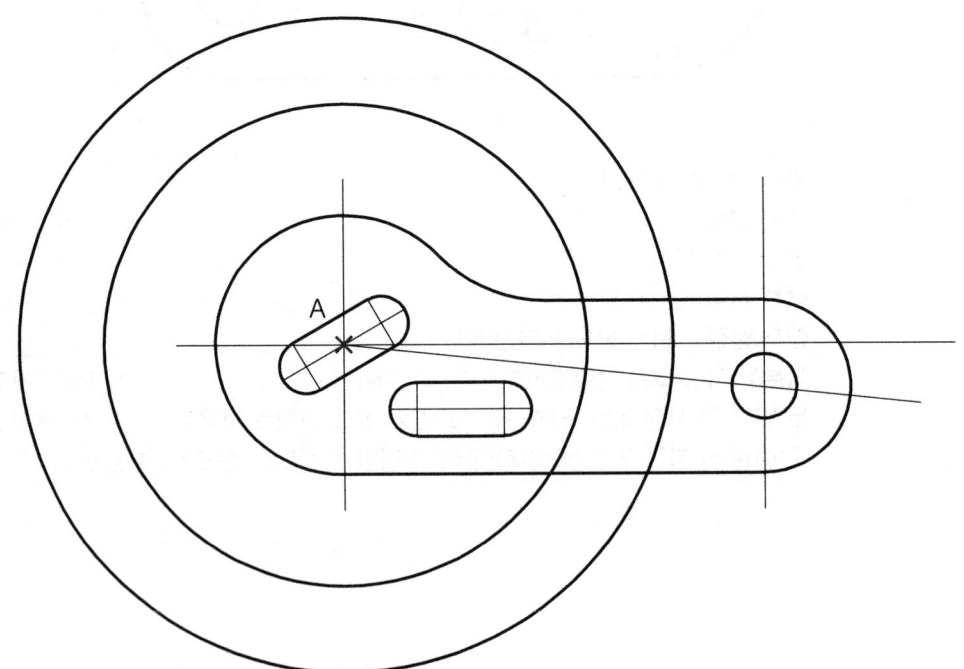

Step 19 자르기를 실행한다. 아래 그림처럼 필요 없는 부분을 잘라낸다.

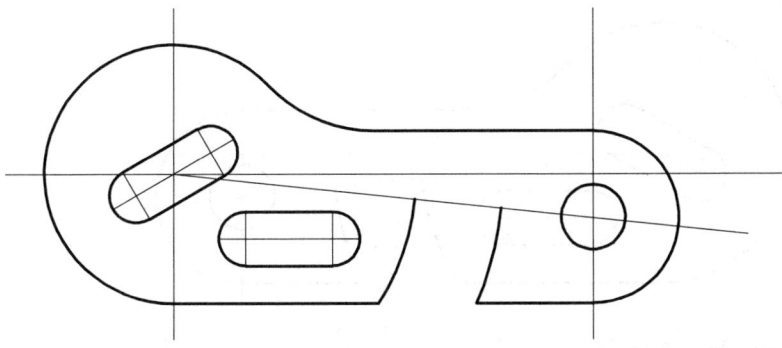

Step 20 선을 실행한다. A→B점을 연결하는 선을 그린다.

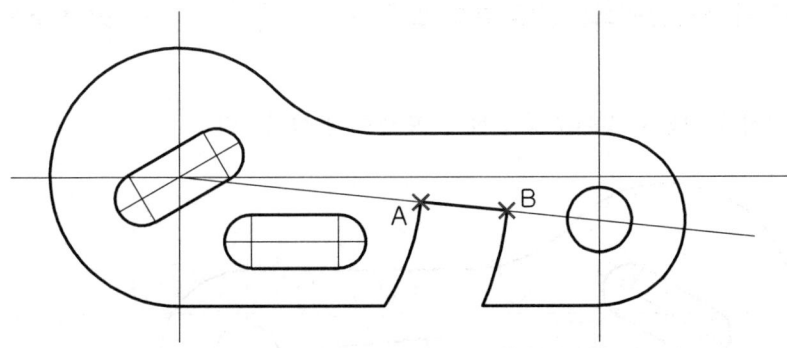

Step 21 자르기를 실행한다. 중심선을 클릭하여 잘라낸다. (길이조정을 위해)

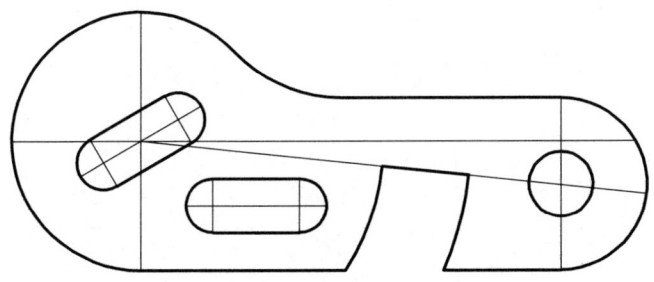

Step 22 길이조정을 실행한다. 중심선의 양끝을 5만큼씩 연장시킨다.

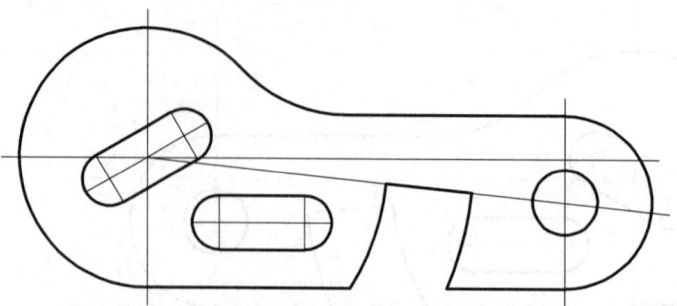

```
명령 : lengthen [Enter↵]
객체 선택 또는 [증분(DE)/퍼센트(P)/합계(T)/동적(DY)] : de [Enter↵]
증분 길이 또는 [각도(A)] 입력 〈10.0000〉 : 5 [Enter↵]
변경할 객체 선택 또는 [명령 취소(U)] :              〈중심선 끝부분 선택〉
```

Step 23 나머지 중심선도 길이조정을 한다. 도형이 완성되었다.

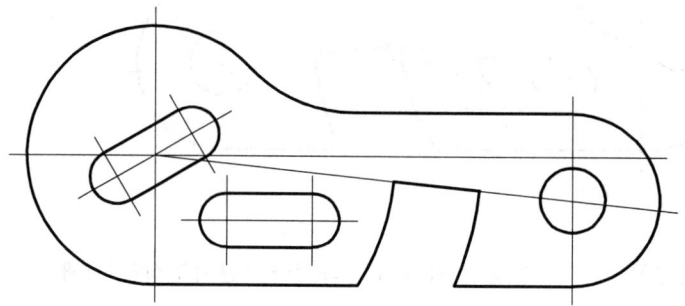

연습과제 1 실습도면 작성하기

[과제] 앞에서 학습한 명령들을 이용하여 다음 도면을 작성한다.

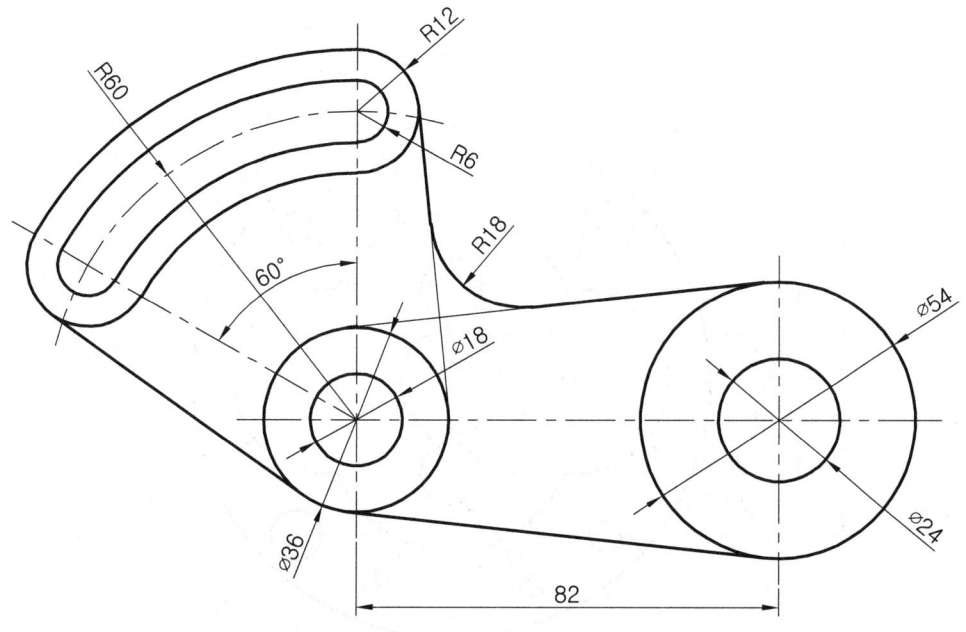

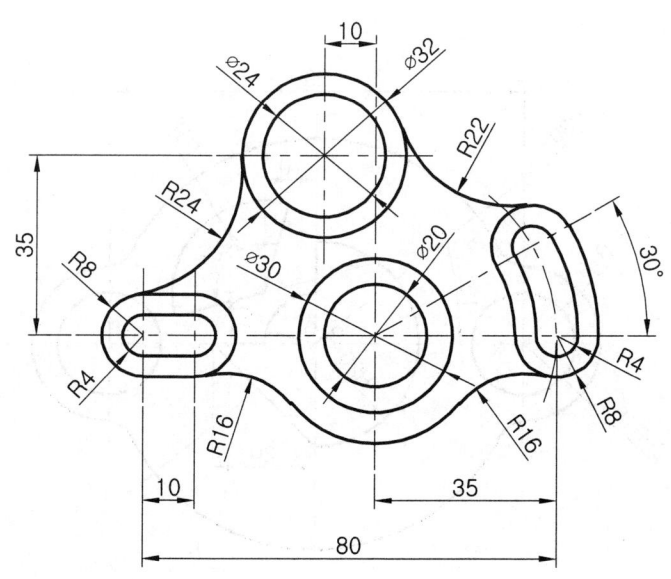

연습과제 2 실습도면 작성하기

[과제] 앞에서 학습한 명령들을 이용하여 다음 도면을 작성한다.

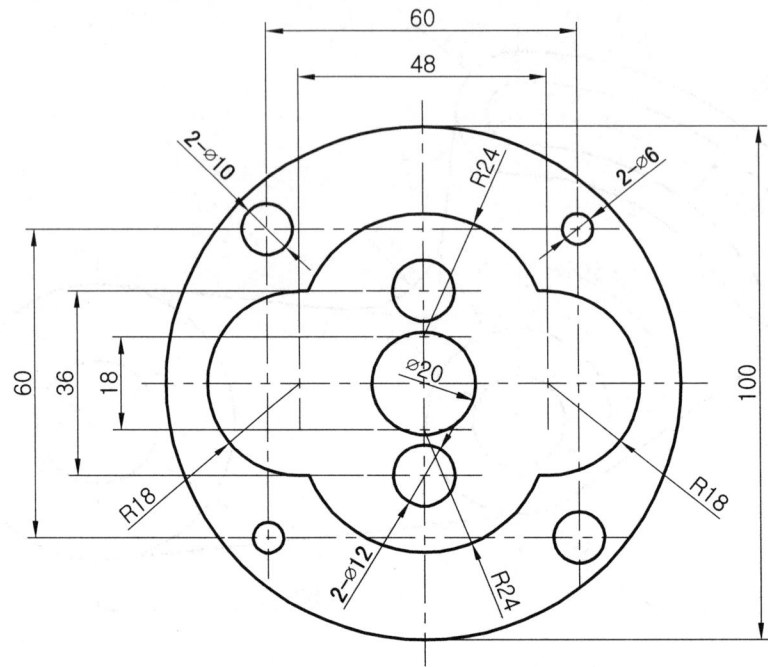

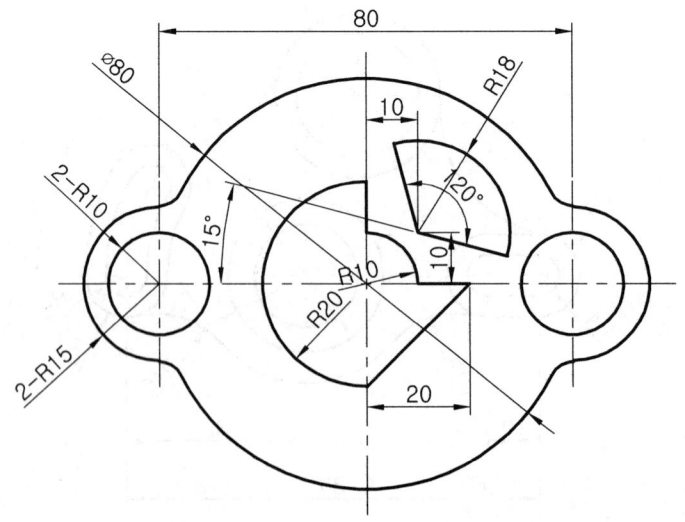

연습과제 3　실습도면 작성하기

[과제] 앞에서 학습한 명령들을 이용하여 다음 도면을 작성한다.

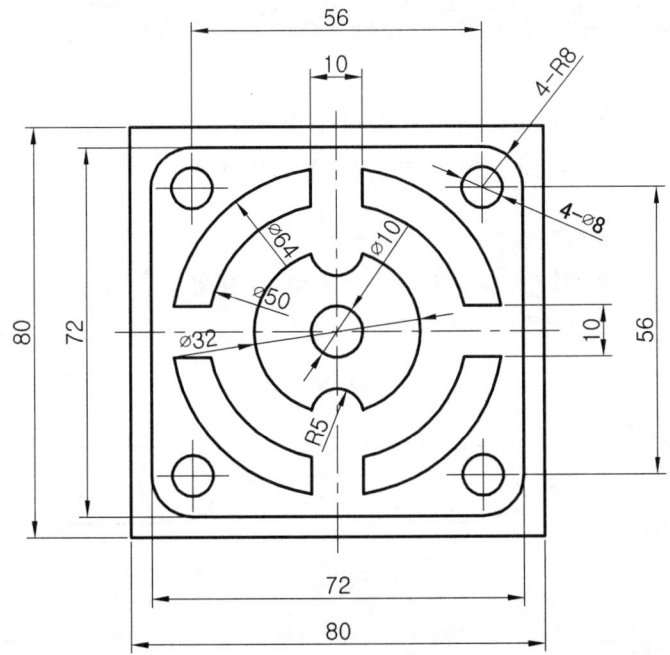

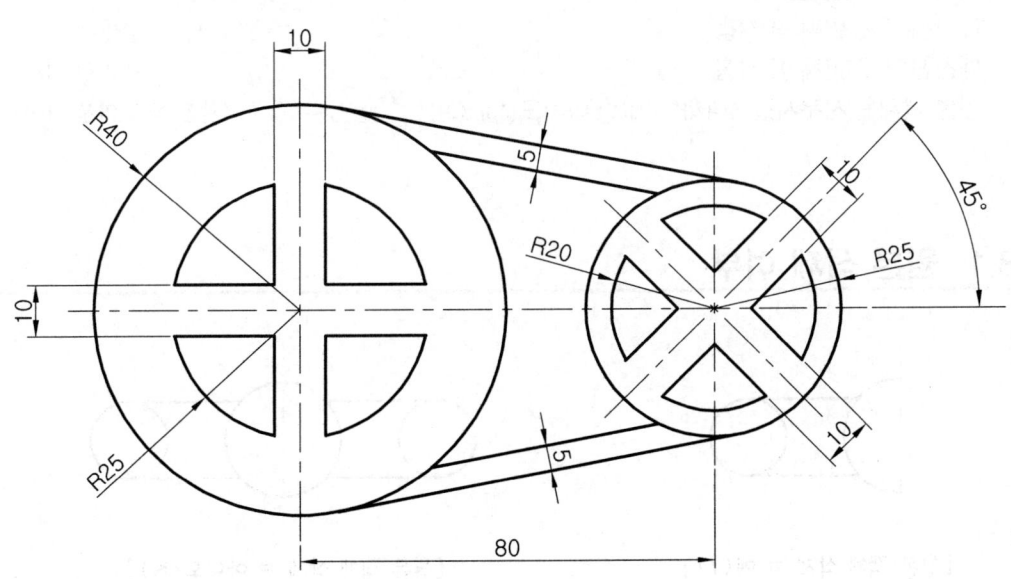

8. 대칭(Mirror)

지정한 객체를 가상의 축으로 대칭이 되게 뒤집기를 하여 거울에 반사한 것처럼 대칭복사를 한다. 주로 대칭 구조의 도형을 작성할 때 편리하다.

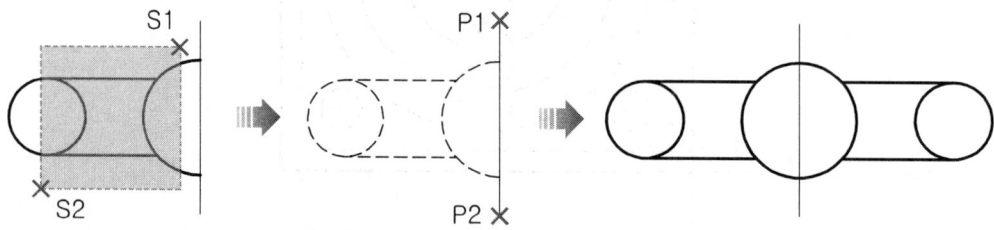

- ✔ 명령입력 : mirror
- ✔ 리본메뉴 : 홈 → 수정 → 대칭
- ✔ 단축키 : mi

```
명령 : mirror Enter↵                                    〈대칭 실행〉
객체 선택 :                                             〈S1 부근 지정〉
반대 구석 지정 : 4개를 찾음                              〈S2 부근 지정〉
객체 선택 : Enter↵
대칭선의 첫 번째 점 지정 :                               〈P1 점 지정〉
대칭선의 두 번째 점 지정 :                               〈P2 점 지정〉
원본 객체를 지우시겠습니까? [예(Y)/아니오(N)] 〈N〉 : Enter↵   〈원본 삭제 여부 지정〉
```

8.1 원본 삭제 여부

[원본 객체 삭제 = 예(Y)]   [원본 객체 삭제 = 아니오(N)]

8.2 Mirrtext

문자의 대칭 여부를 결정한다.

```
명령 : mirrtext Enter↵
MIRRTEXT에 대한 새 값 입력 <0> : Enter↵
```

Drawing A-B   Drawing A-B   B-A gniwarD
[원본 객체]   [0일 때 문자 방향유지]   [1일 때 문자대칭]

따라하기 1 대칭 형상 따라하기

앞에서 학습한 명령들을 이용하여 다음 도면을 작성한다.

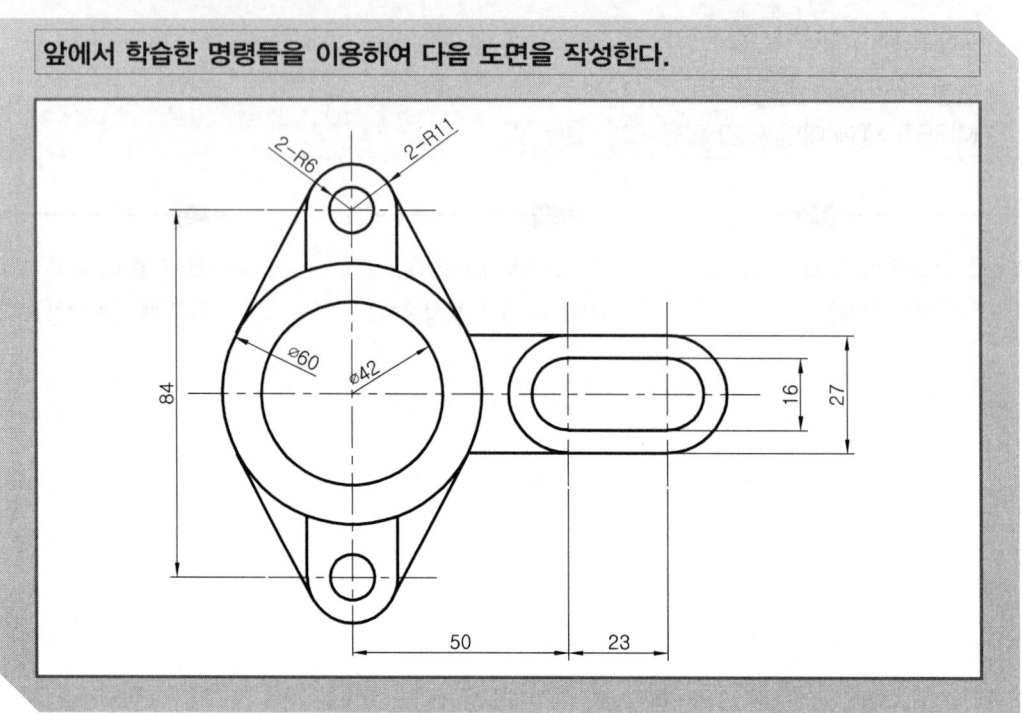

Step 01 선을 실행한다. 길이 130정도의 수평 기준선을 그린다.

Step 02 왼쪽에서 40정도 떨어진 위치에 길이 120의 수직 기준선을 그린다.

Step 03 선을 실행한다. 교차점 A를 중심으로 지름 42, 60의 원을 그린다.

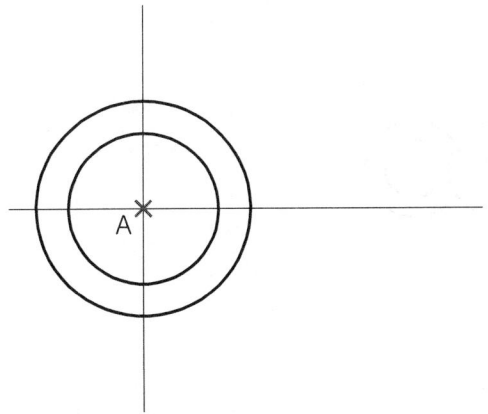

Step 04 간격띄우기를 실행한다. 수직기준선을 오른쪽으로 50, 73만큼 간격띄우기를 한다.

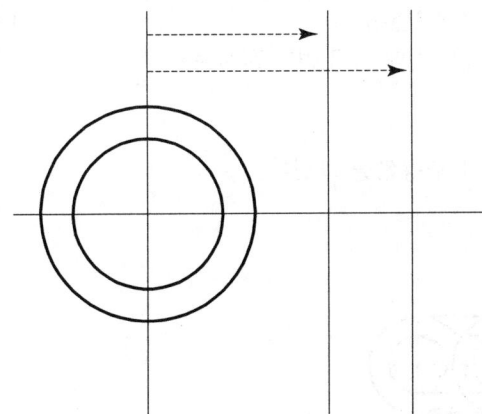

Step 05 원을 실행한다. B점을 중심으로 지름 16, 27의 원을 그린다.

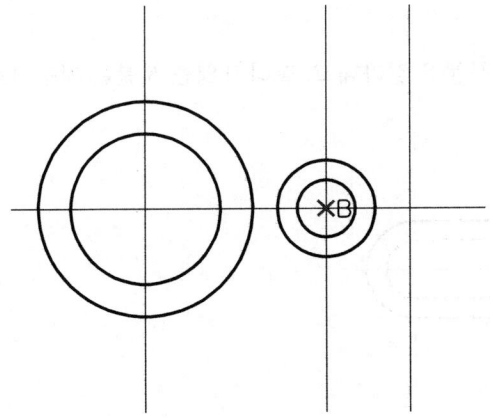

Step 06 복사를 실행한다. 작성한 2개의 원을 C점으로 복사한다.

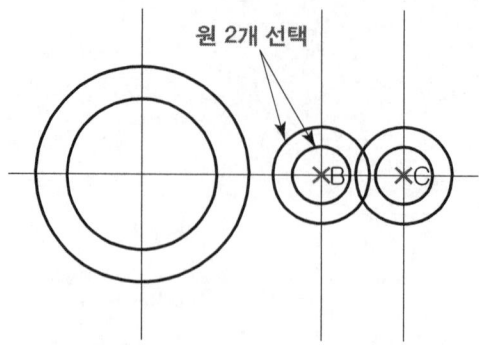

```
명령 : copy Enter↵
객체 선택 :                                                    〈원 2개 선택〉
객체 선택 : Enter↵
현재 설정 : 복사 모드 = 다중(M)
기본점 지정 또는 [변위(D)/모드(O)] 〈변위〉 :                    〈B 점 지정〉
두 번째 점 지정 또는 [배열(A)] 〈첫 번째 점을 변위로 사용〉 :     〈C 점 지정〉
```

Step 07 선을 실행한다. 원의 사분점에서 수평선을 그린다.

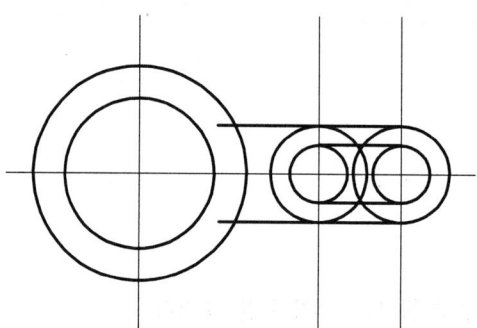

Step 08 자르기를 실행한다. 필요 없는 부분은 잘라내고, 잘리지 않는 부분은 지우기로 지운다.

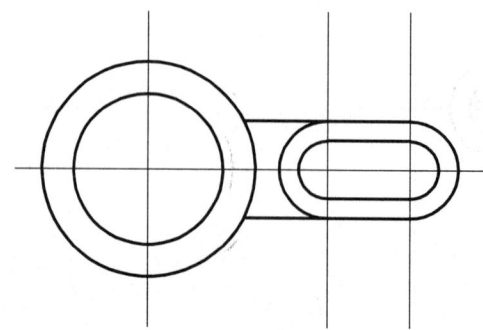

Step 09 간격띄우기를 한다. 수평기준선을 위, 아래로 42만큼 간격띄우기를 한다.

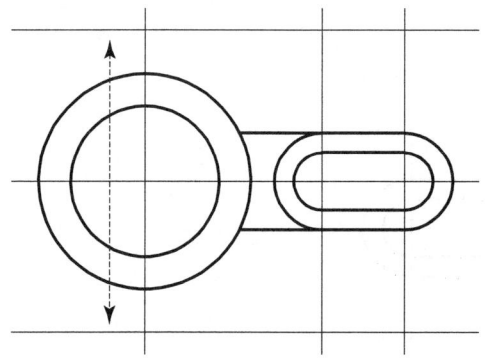

Step 10 원을 실행한다. A점을 중심으로 반지름 6, 11의 원을 그린다.

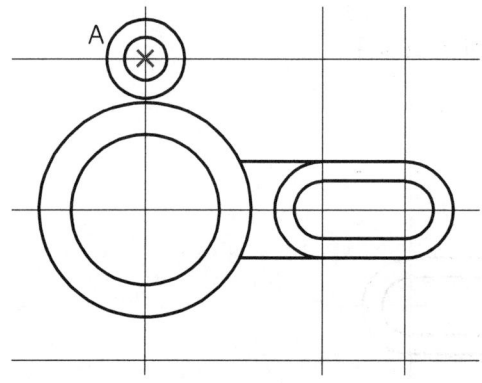

Step 11 A와 B의 접점을 이용하여 선을 그린다.

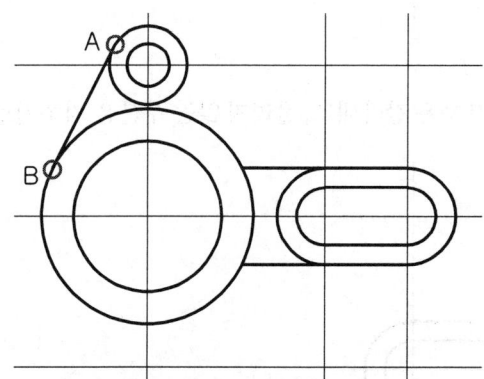

```
명령 : line Enter↵
첫 번째 점 지정 : _tan →        〈Shift+마우스 오른쪽 버튼 → 접점〉〈A 원 지정〉
다음 점 지정 또는 [명령 취소(U)] : _tan →   〈Shift+마우스 오른쪽 버튼 → 접점〉
                                                    〈B 원 지정〉
```

Step 12 오른쪽에도 접점을 이용하여 선을 그린다.

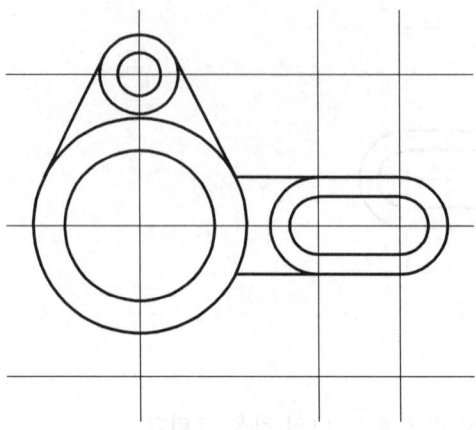

Step 13 원의 사분점을 이용하여 수직선을 그린다.

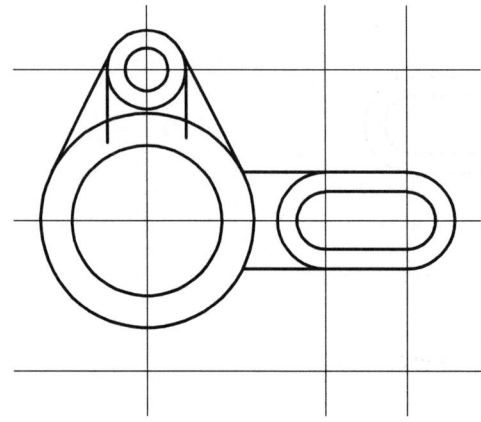

Step 14 자르기를 실행한다. 필요 없는 부분은 잘라내고, 잘리지 않는 부분은 지우기로 지운다.

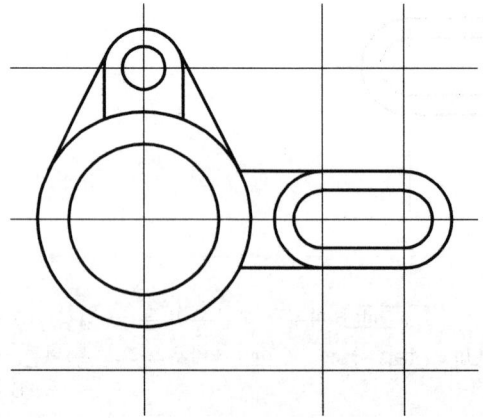

Step 15 대칭을 실행한다. 선택한 형상을 아래로 대칭복사를 한다.

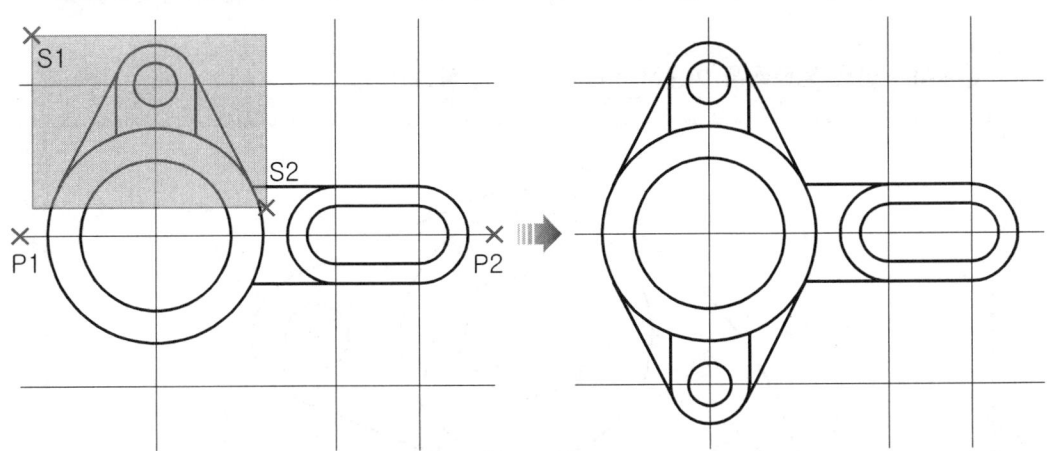

명령 : **mirror** Enter↵	
객체 선택 :	〈S1 점 지정〉
반대 구석 지정 : 6개를 찾음	〈S2 점 지정〉〈윈도우 선택〉
객체 선택 : Enter↵	
대칭선의 첫 번째 점 지정 :	〈P1 점 지정〉
대칭선의 두 번째 점 지정 :	〈P2 점 지정〉
원본 객체를 지우시겠습니까? [예(Y)/아니오(N)] 〈N〉 : Enter↵	〈원본삭제 여부〉

Step 16 자르기를 실행한다. 중심선을 선택하여 잘라낸다. (길이조정을 위해)

Step 17 길이조정을 실행한다. 중심선의 끝단을 지정하여 5만큼 연장한다.

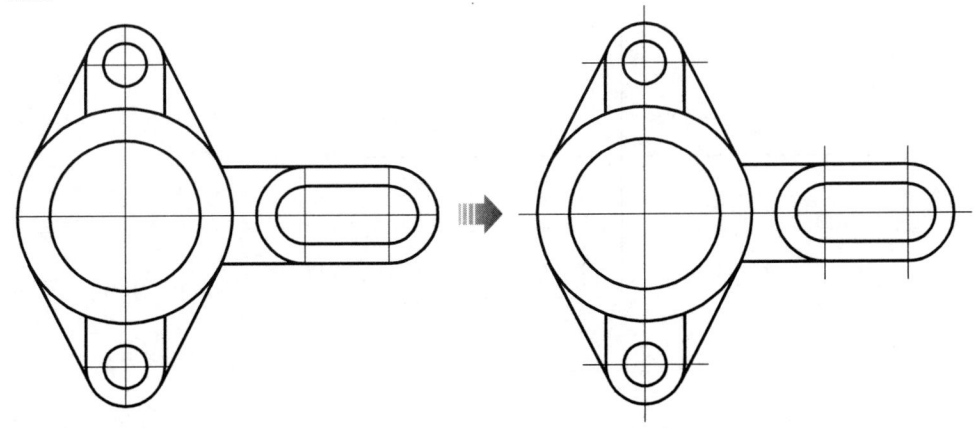

Step 18 도형이 완성되었다.

따라하기 2 다각형, 회전 형상 따라하기

앞에서 학습한 명령들을 이용하여 다음 도면을 작성한다.

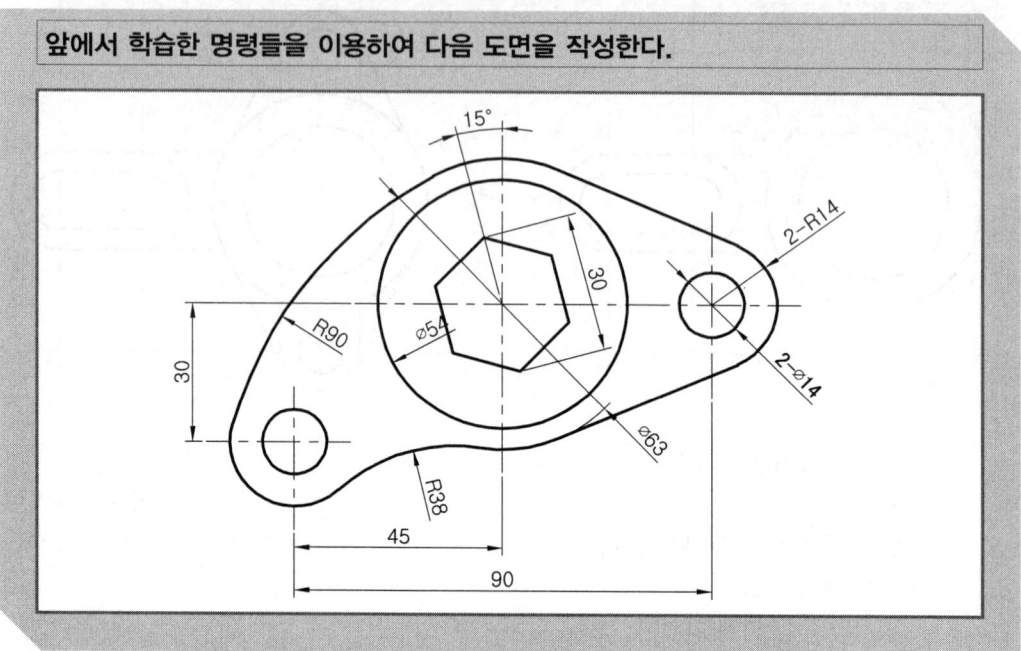

Step 01 선을 실행한다. 길이 140 정도의 수평 기준선을 그린다.

Step 02 수평선의 중간지점에 길이 100 정도의 수직 기준선을 그린다.

Step 03 원을 그린다. 교차점 A를 중심으로 지름 54, 63의 원을 그린다.

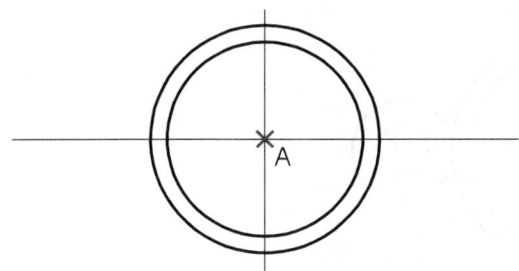

Step 04 간격띄우기를 실행한다. 수직 기준선을 좌, 우로 45만큼 간격띄우기를 한다.

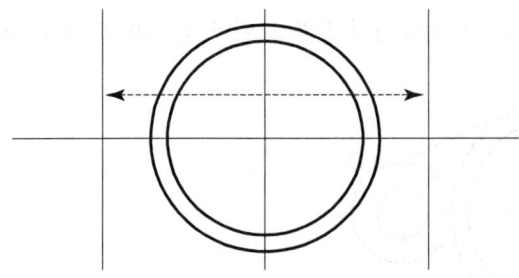

Step 05 수평 기준선을 아래로 30만큼 간격띄우기를 한다.

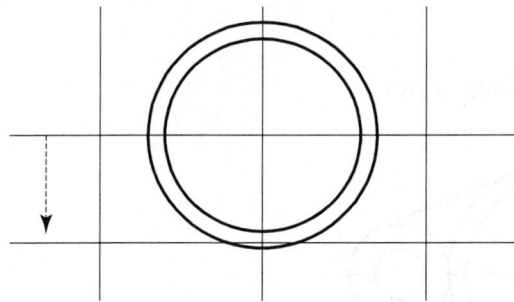

Step 06 원을 실행한다. A점을 중심으로 반지름 7, 14의 원을 그린다.

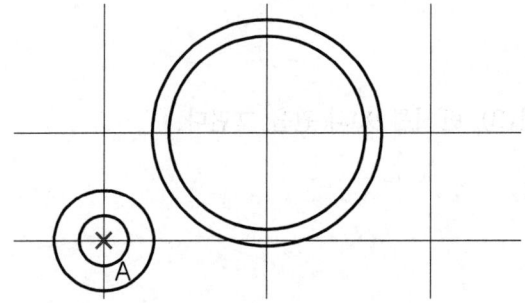

Step 07 복사를 실행한다. 작성한 원 2개를 B점으로 복사시킨다.

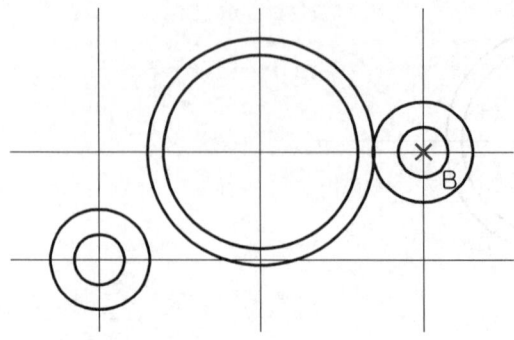

Step 08 선을 실행한다. A의 접점에서 B의 접점까지 선을 그린다. (Shift +오른쪽 버튼 이용)

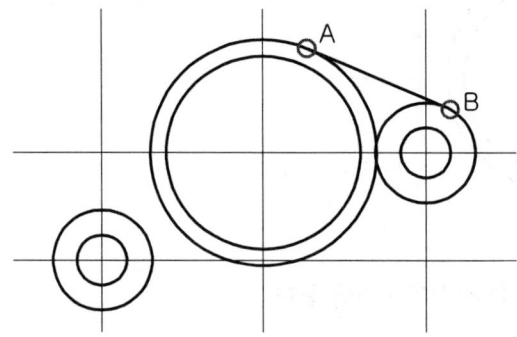

Step 09 아래에도 접점을 이용하여 선을 그린다.

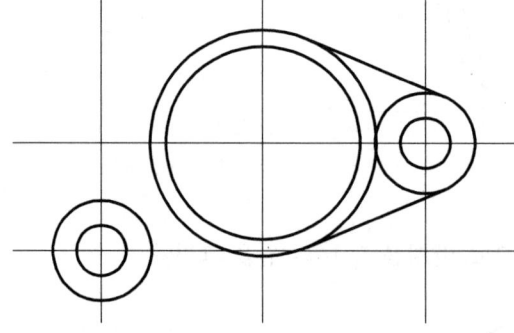

Step 10 원을 그린다. 접선(A), 접선(B), 반지름 90의 원을 그린다.

Step 11 다시 접선(C), 접선(D), 반지름 38의 원을 그린다.

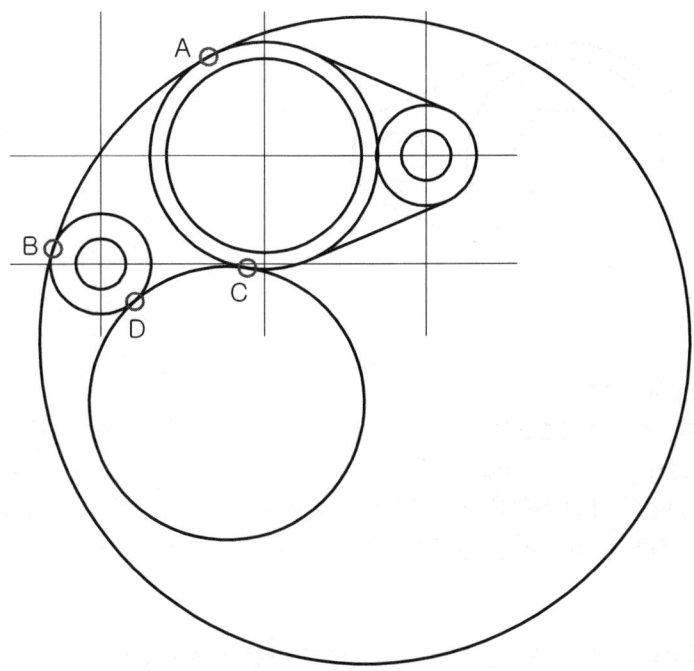

Step 12 자르기를 실행한다. 필요 없는 부분은 잘라내고, 잘리지 않는 부분은 지우기로 지운다.

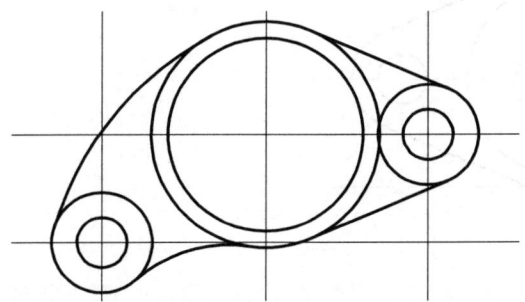

Step 13 계속해서 자르기를 이용하여 필요 없는 부분은 잘라내고, 잘리지 않는 부분은 지우기로 지운다.

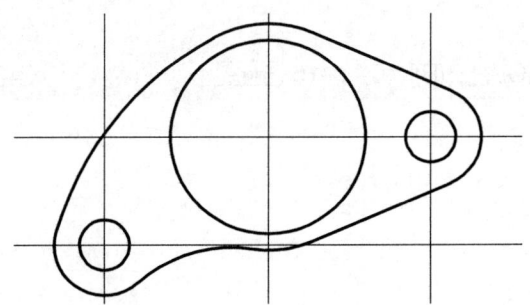

Step 14 폴리곤(다각형)을 실행한다. 원에 내접하고, 반지름 15의 6각형을 그린다.

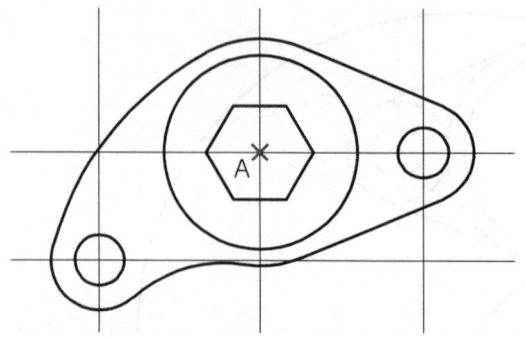

```
명령 : polygon Enter↵
면의 수 입력 <4> : 6 Enter↵                              <6각형 입력>
폴리곤의 중심을 지정 또는 [모서리(E)] :                    <A 점 지정>
옵션을 입력 [원에 내접(I)/원에 외접(C)] <I> : i Enter↵    <내접 옵션>
원의 반지름 지정 : 15 Enter↵ <반지름 입력>
```

Step 15 회전을 실행한다. 6각형을 A를 중심으로 -15도 만큼 회전시킨다.

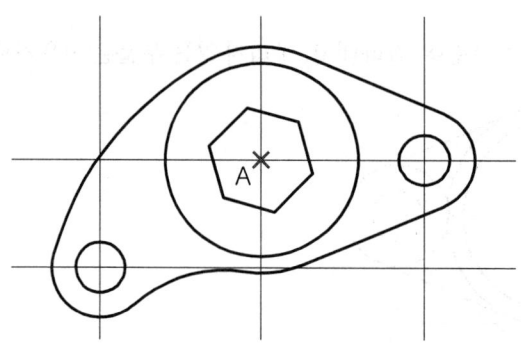

```
명령 : rotate Enter↵
현재 UCS에서 양의 각도 : 측정 방향=시계 반대 방향 기준 방향=0
객체 선택 :                                              <6각형 지정>
객체 선택 : Enter↵
기준점 지정 :                                            <A 점 지정>
회전 각도 지정 또는 [복사(C)/참조(R)] <0> : -15 Enter↵   <각도 입력>
```

Step 16 자르기를 실행한다. 중심선을 선택하여 잘라낸다. (길이조정을 위해)

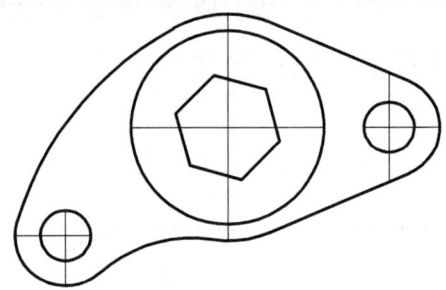

Step 17 길이조정을 실행한다. 중심선의 끝단을 지정하여 5만큼 연장한다.

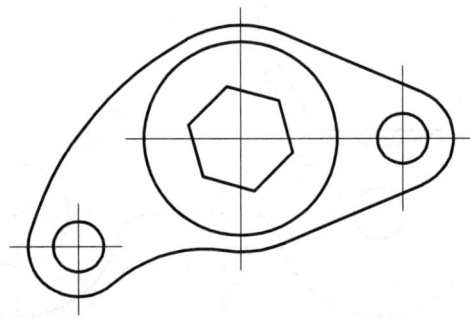

Step 18 도형이 완성되었다.

연습과제 실습도면 작성하기

[과제] 앞에서 학습한 명령들을 이용하여 다음 도면을 작성한다.

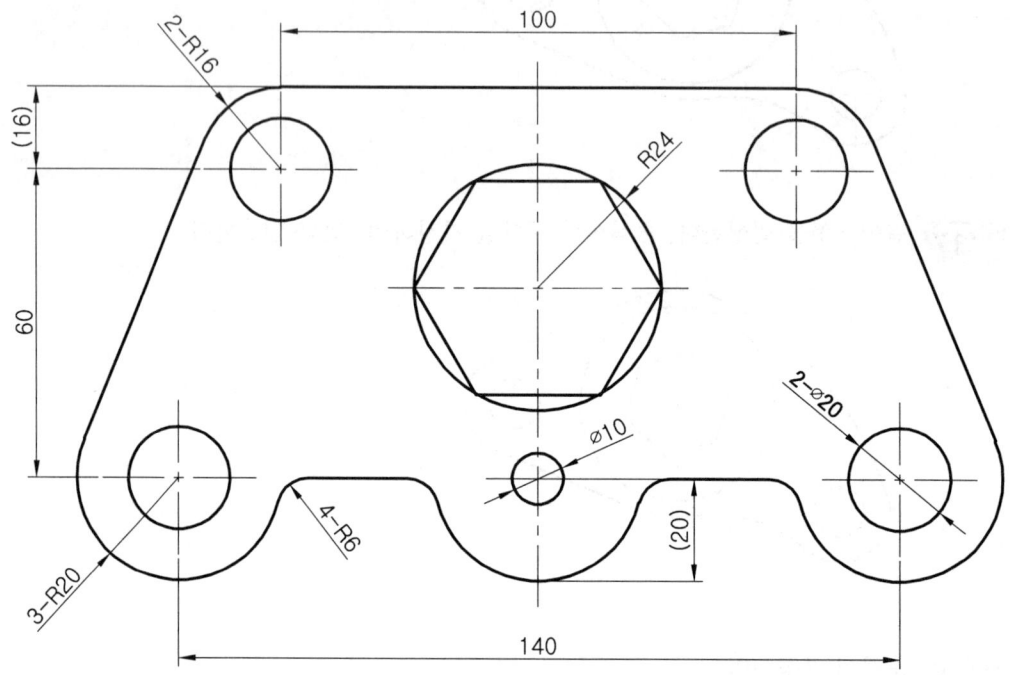

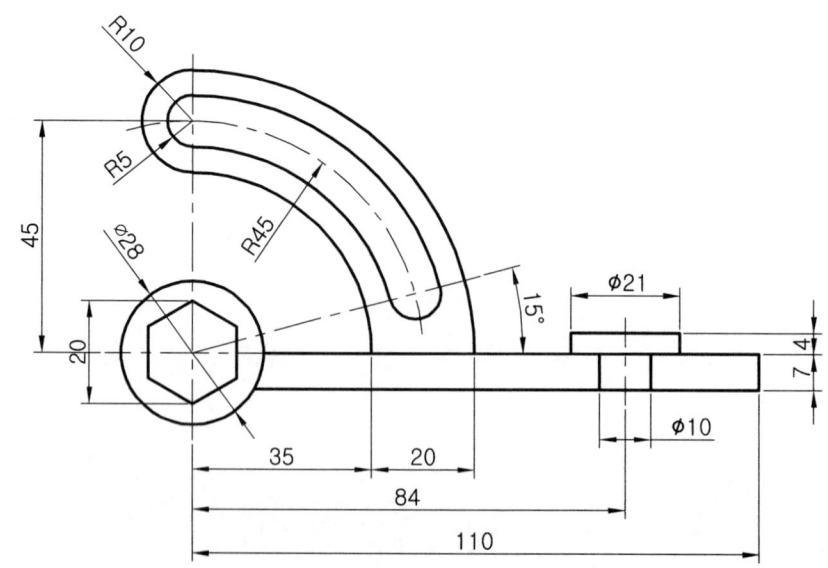

9. 배열 클래식(Arrayclassic)

많은 양의 도면요소를 복사하여 사각형이나 원형 형태로 배열한다.

✔ 배열(Array), (ar), 🔡 / 수정→배열은 대화상자 없이 배열을 실행한다.

―	✔ 명령입력 :	arrayclassic
	✔ 리본메뉴 :	―
	✔ 단축키 :	―

9.1 직사각형 배열

사각형 형태로 배열한다.

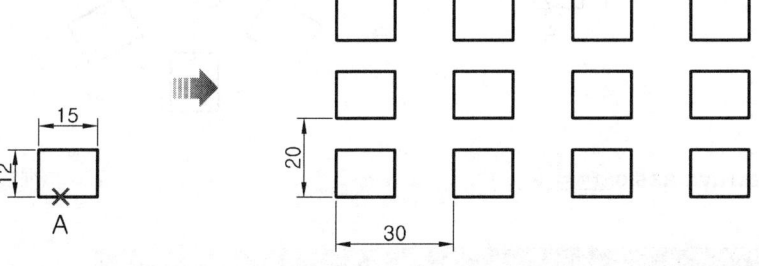

명령 : **arrayclassic** [Enter↵]   〈배열 클래식 실행〉

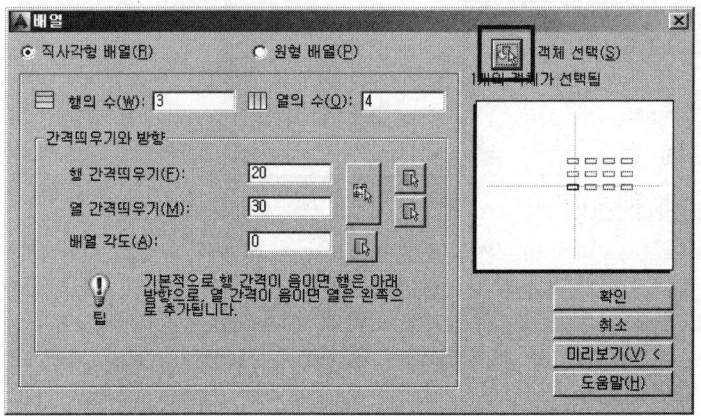

① 직사각형 배열(R)을 선택한다.
② 객체 선택(S) 버튼( )을 누른다.
③ 배열시킬 사각형 A를 지정하고, Enter↵를 누른다.
④ 행의 수에 "3", 열의 수에 "4"를 입력한다.
⑤ 행 간격띄우기에 "20", 열 간격띄우기에 "30"을 입력한다.
   (간격띄우기에 "-"값이 입력되면 반대방향으로 배열된다.)
⑥ 미리보기(V)를 누른다.
⑦ 제대로 만들어 졌다면 Enter↵를 누르고, 틀렸다면 Esc를 눌러 다시 수정을 한다.

9.2 원형 배열

원형 형태로 배열한다.

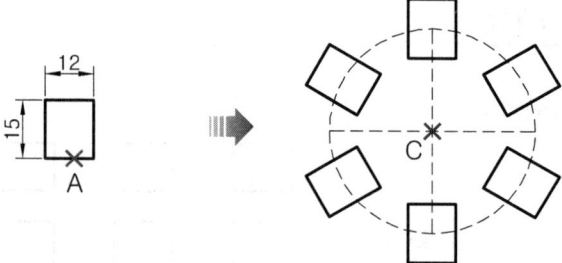

명령 : **arrayclassic** Enter↵   〈배열 클래식 실행〉

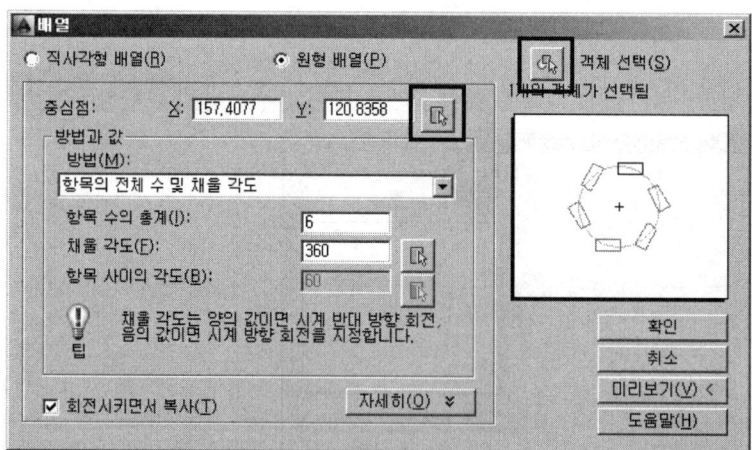

① 원형 배열(P)을 선택한다.

② 객체 선택(S) 버튼(　)을 누른다.
③ 배열시킬 사각형 A를 지정하고, Enter↵를 누른다.
④ 중심점 버튼(　)을 누른다.
⑤ 배열의 중심 C 점을 지정한다.
⑥ 항목 수의 총계에 "6", 채울 각도에 "360"을 입력한다.
⑦ 미리보기(V)를 누른다.
⑧ 제대로 만들어 졌다면 Enter↵를 누르고, 틀렸다면 Esc를 눌러 다시 수정을 한다.

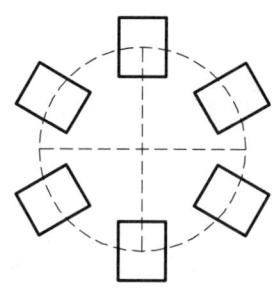

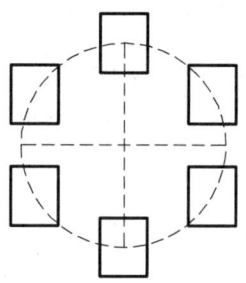

[회전하면서 복사에 체크 O]   [회전하면서 복사에 체크 X]

9.3 경로 배열

경로를 따라서 배열한다.

```
명령 : array Enter↵
객체 선택 : 1개를 찾음
객체 선택 : Enter↵
배열 유형 입력 [직사각형(R)/경로(PA)/원형(PO)] 〈원형〉: pa Enter↵
유형 = 경로  연관 = 예
경로 곡선 선택 :
그립을 선택하여 배열을 편집하거나 [연관(AS)/메서드(M)/기준점(B)/접선 방향(T)/항목(I)/행
(R)/레벨(L)/항목 정렬(A)/Z 방향(Z)/종료(X)] 〈종료〉: i
경로를 따라 배열되는 항목 사이의 거리 지정 또는 [표현식(E)] 〈28.0879〉: 15 Enter↵
최대 항목 수 = 7개
항목 수 지정 또는 [전체 경로 채우기(F)/표현식(E)] 〈7〉: 7 Enter↵
그립을 선택하여 배열을 편집하거나 [연관(AS)/메서드(M)/기준점(B)/접선 방향(T)/항목(I)/행
(R)/레벨(L)/항목 정렬(A)/Z 방향(Z)/종료(X)] 〈종료〉: Enter↵
```

10. 분해(Explode)

폴리선 성분으로 연결된 구성된 요소(폴리선, 다각형, 사각형 등)와 블록, 해칭, 치수 등을 개별 요소로 분해시킨다.

✓ 명령입력	:	explode
✓ 리본메뉴	:	홈 → 수정 → 분해
✓ 단축키	:	x

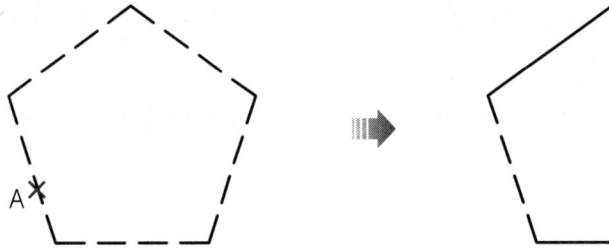

명령 : **explode** [Enter↵]　　　　　　　　　　　〈분해 명령〉
객체 선택 :　　　　　　　　　　　　　　　　〈분해시킬 요소 A 지정〉

따라하기 1 배열 형상 따라하기

앞에서 학습한 명령들을 이용하여 다음 도면을 작성한다.

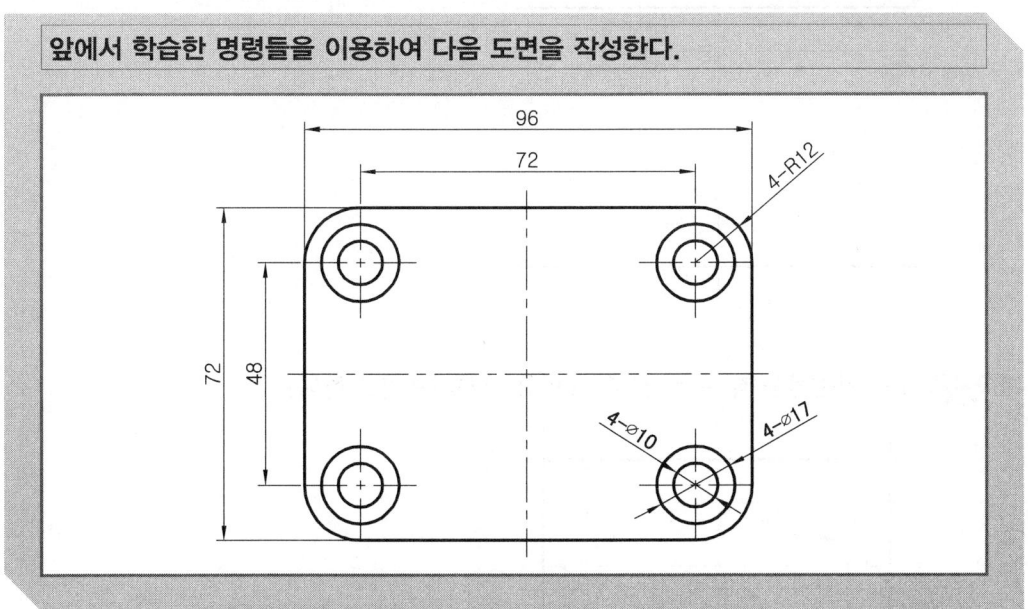

Step 01 선을 실행한다. 길이 110 정도의 수평 기준선을 그린다.

Step 02 중간지점에 길이 90정도의 수직 기준선을 그린다.

Step 03 간격띄우기를 한다. 수평 기준선을 위, 아래로 24와 36만큼 간격띄우기를 한다.

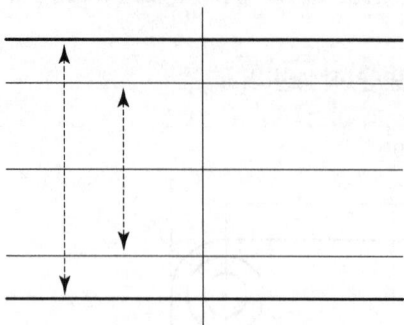

Step 04 수직 기준선을 좌, 우로 36과 48만큼 간격띄우기를 한다.

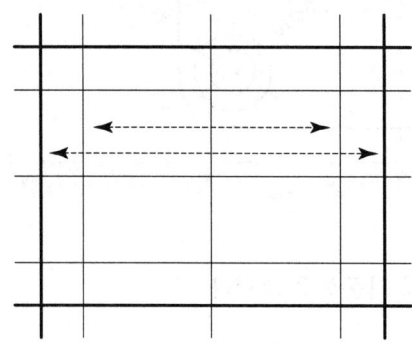

Step 05 모깎기를 실행한다. 반지름 12를 입력하여 A와 B선에 모깎기를 한다.

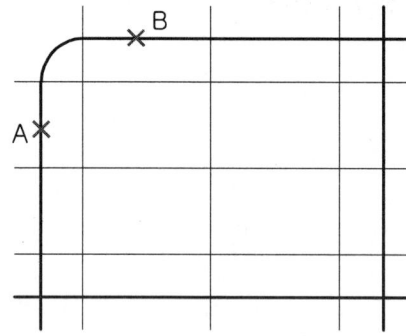

Step 06 나머지 코너에도 반지름 12로 모깎기를 한다.

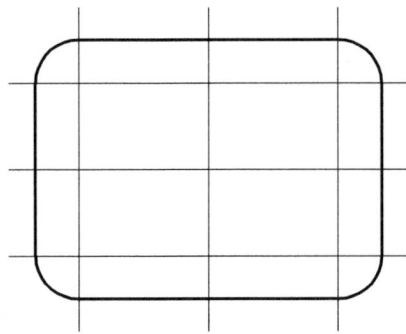

Step 07 원을 실행한다. A점을 중심으로 지름 10, 17의 원을 그린다.

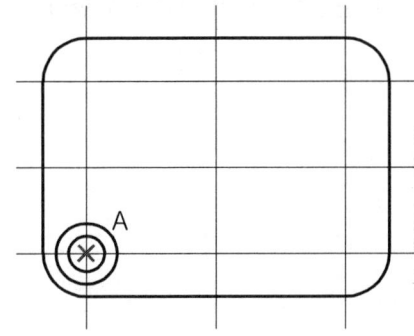

Step 08 배열클래식을 실행한다.

명령 : **arrayclassic** Enter↵

① 객체선택(S) 버튼을 클릭한다. 원 2개를 선택하고, Enter↵를 누른다.

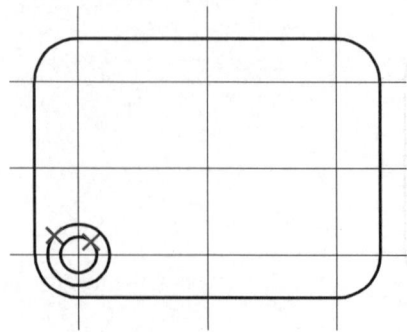

② 행의 수에 "2", 열의 수에 "2"를 각각 입력한다.
③ 행 간격띄우기에 "48", 열 간격띄우기에 "72"를 입력한다.
④ 미리보기를 누른다. 이상이 없으면 Enter↵를 눌러 명령을 종료한다.

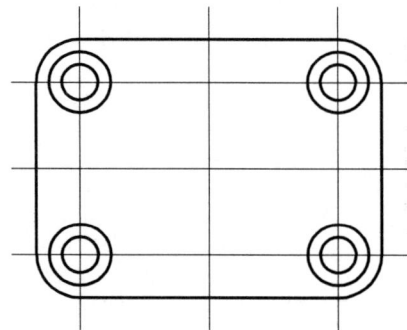

따라하기 2 배열 형상 따라하기

앞에서 학습한 명령들을 이용하여 다음 도면을 작성한다.

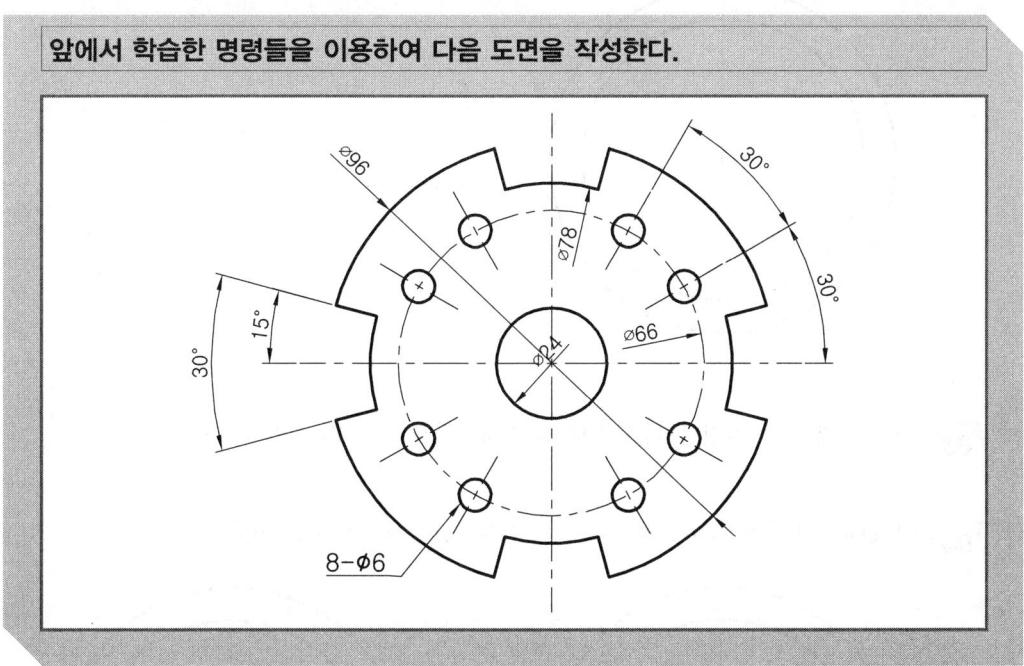

Step 01 선을 실행하다. 길이 110의 수평, 수직 기준선을 그린다.

Step 02 원을 실행한다. 교차점 A를 중심으로 지름 78, 96의 원을 그린다.

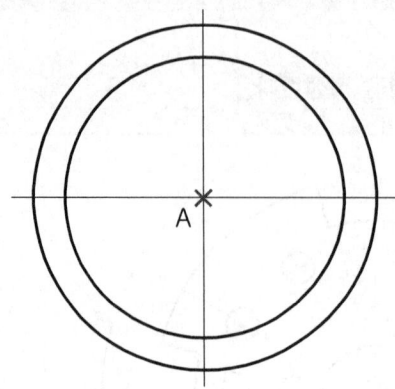

Step 03 선을 실행한다. A점을 기준으로 길이 60, 각도 15도의 선을 그린다.

Step 04 아래에도 A점을 기준으로 길이 60, 각도 -15도의 선을 그린다.

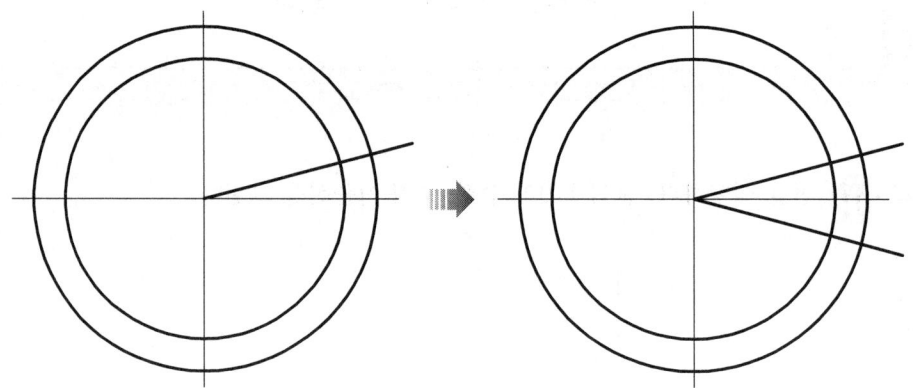

Step 05 자르기를 실행한다. 필요 없는 부분을 잘라내고, 잘리지 않을 때는 지우기로 지운다.

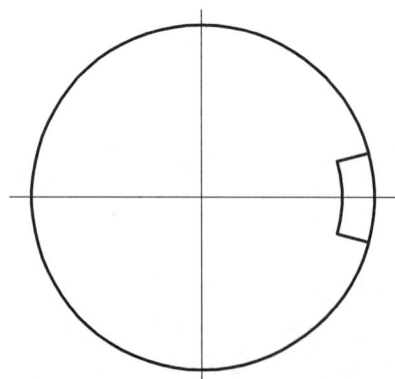

Step 06 배열클래식을 실행한다.

명령 : arrayclassic Enter↵

① 원형배열을 선택한다.
② 객체선택(S) 버튼을 누른다. 선과 호를 선택하고, Enter↵를 누른다.

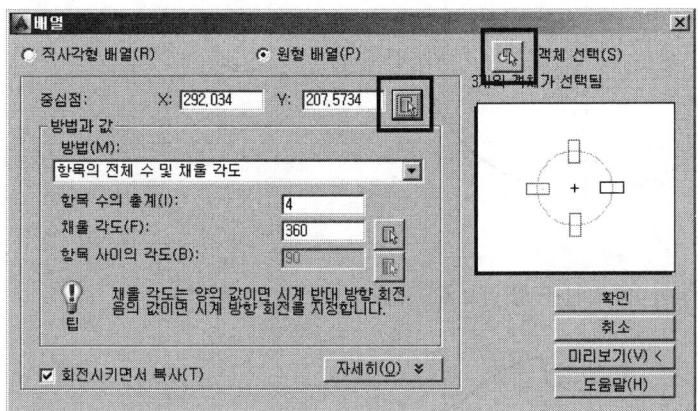

③ 중심점 버튼을 누른다. 원의 중심점(A)을 지정한다.

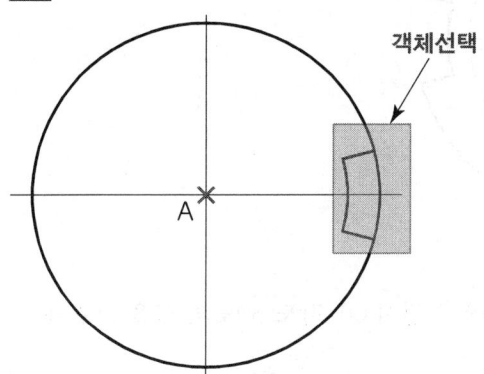

객체선택

④ 항목 수의 총계에 "4", 채울 각도에 "360"을 입력한다.
⑤ 미리보기를 누른다. 이상이 없으면 Enter↵를 눌러 명령을 종료한다.

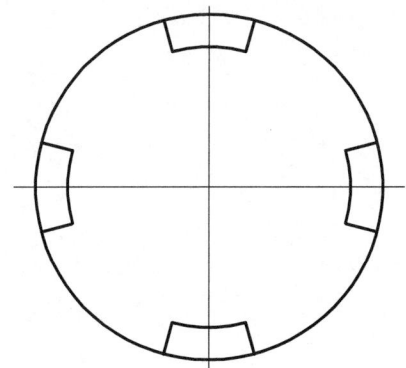

221

Step 07 자르기를 실행한다. 다음과 같이 잘라낸다.

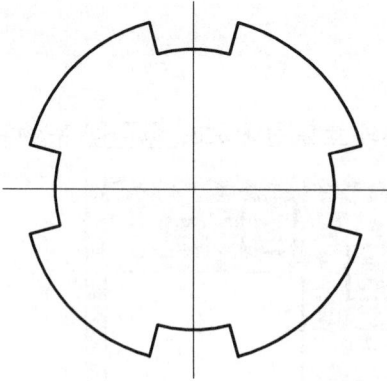

Step 08 원을 실행한다. A점을 중심으로 지름 66의 원을 그린다.

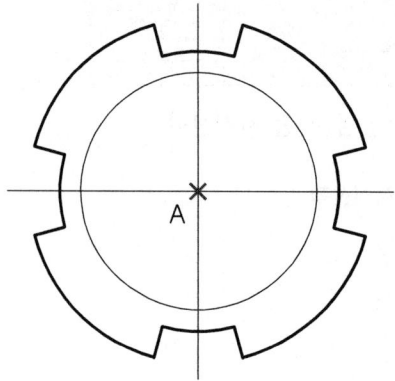

Step 09 선을 실행한다. A점을 기준으로 길이 60, 각도 30도의 선을 그린다.

Step 10 A점을 기준으로 길이 60, 각도 60도의 선을 그린다.

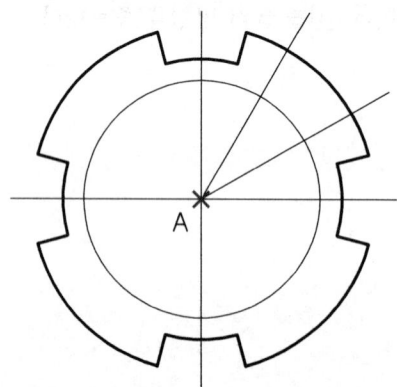

Step 11 원을 실행한다. 다음의 교차점에 반지름 3의 원 2개를 그린다.

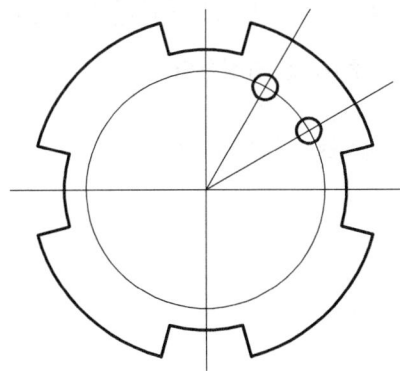

Step 12 자르기를 실행한다. 길게나온 중심선을 정리한다.

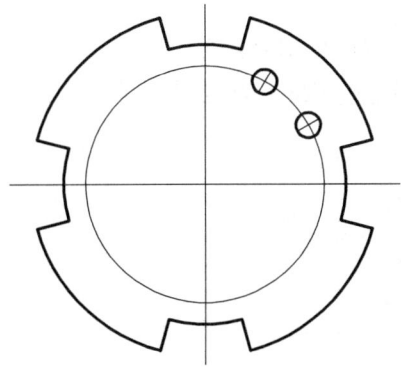

Step 13 배열클래식을 실행한다.

명령 : **arrayclassic** Enter↵

① 원형배열을 선택한다.
② 객체선택(S) 버튼을 누른다. 선과 원를 선택하고, Enter↵를 누른다.
③ 중심점 버튼을 누른다. 원의 중심점(A)을 지정한다.

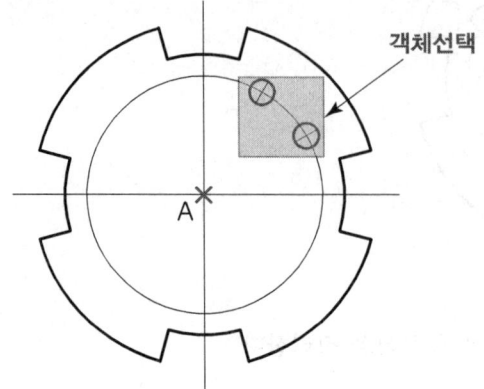

④ 항목 수의 총계에 "4", 채울 각도에 "360"을 입력한다.
⑤ 미리보기를 누른다. 이상이 없으면 Enter↵를 눌러 명령을 종료한다.

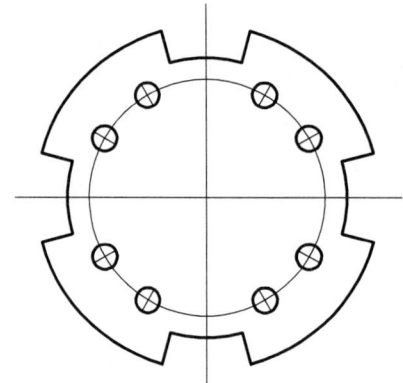

Step 14 원을 실행한다. A점을 중심으로 반지름 12의 원을 그린다.

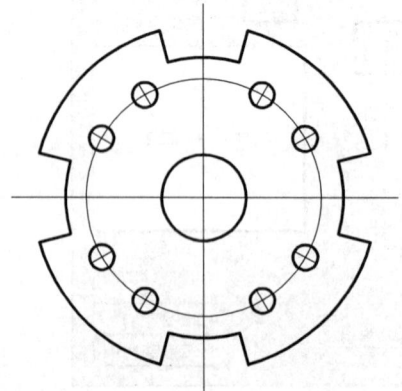

Step 15 길이조정을 실행한다. 중심선 양쪽 끝부분을 5만큼 연장시킨다.

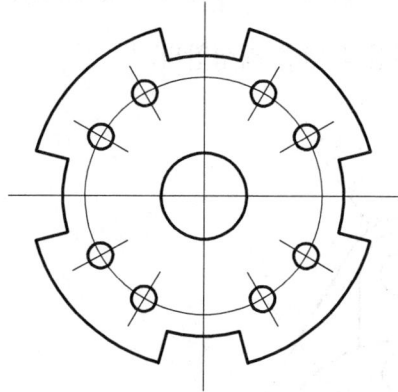

Step 16 도형이 완성되었다.

연습과제 1 실습도면 작성하기

[과제] 앞에서 학습한 명령들을 이용하여 다음 도면을 작성한다.

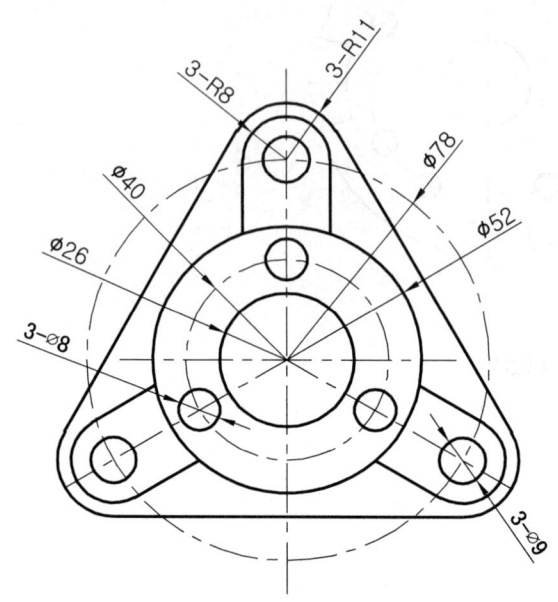

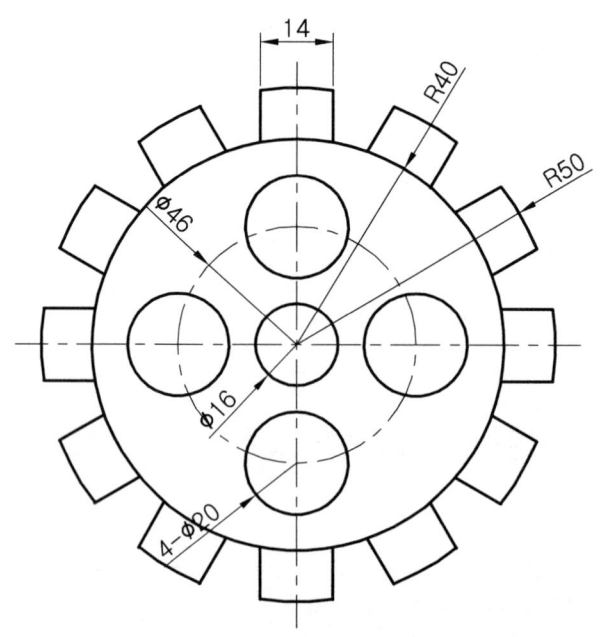

연습과제 2 실습도면 작성하기

[과제] 앞에서 학습한 명령들을 이용하여 다음 도면을 작성한다.

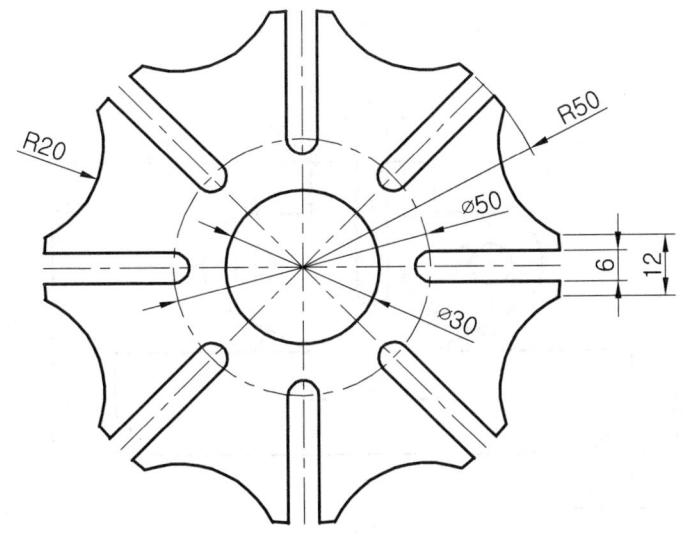

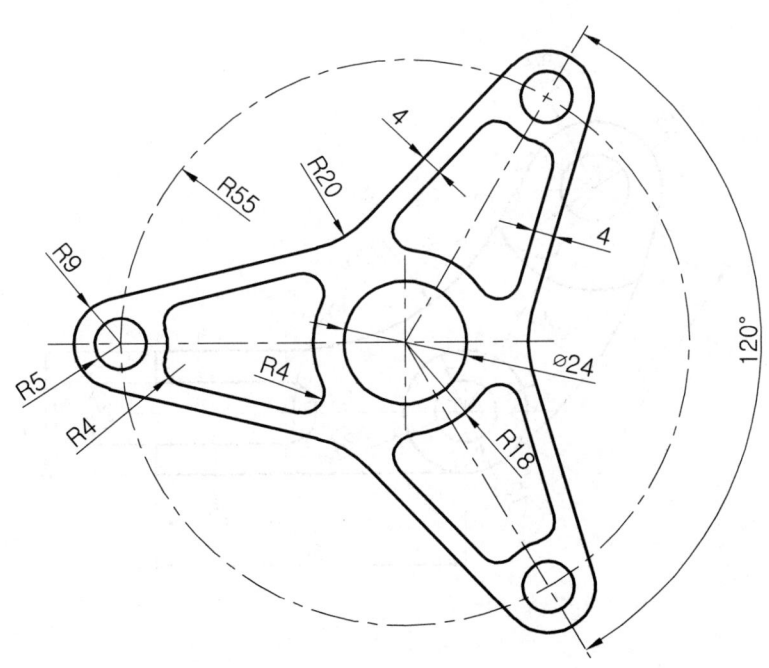

연습과제 3 실습도면 작성하기

[과제] 앞에서 학습한 명령들을 이용하여 다음 도면을 작성한다.

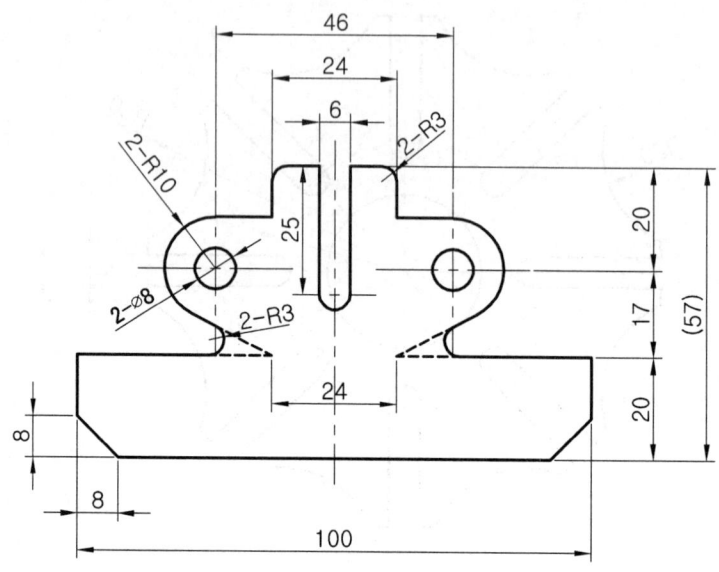

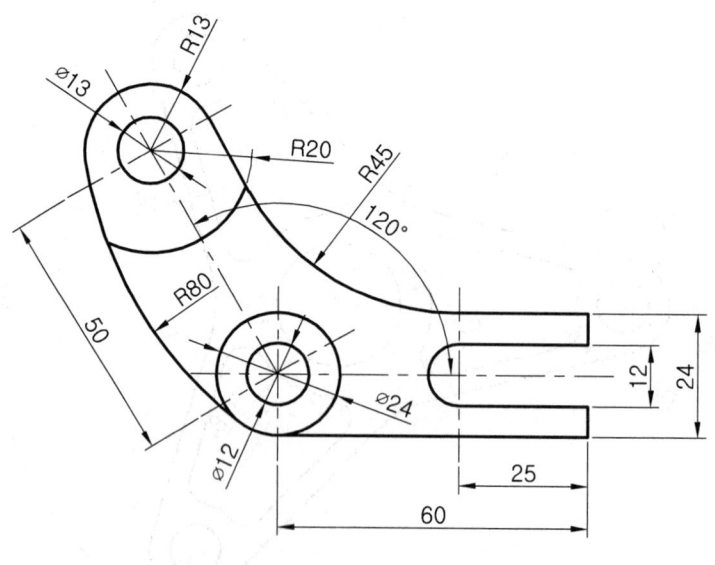

연습과제 4 실습도면 작성하기

[과제] 앞에서 학습한 명령들을 이용하여 다음 도면을 작성한다.

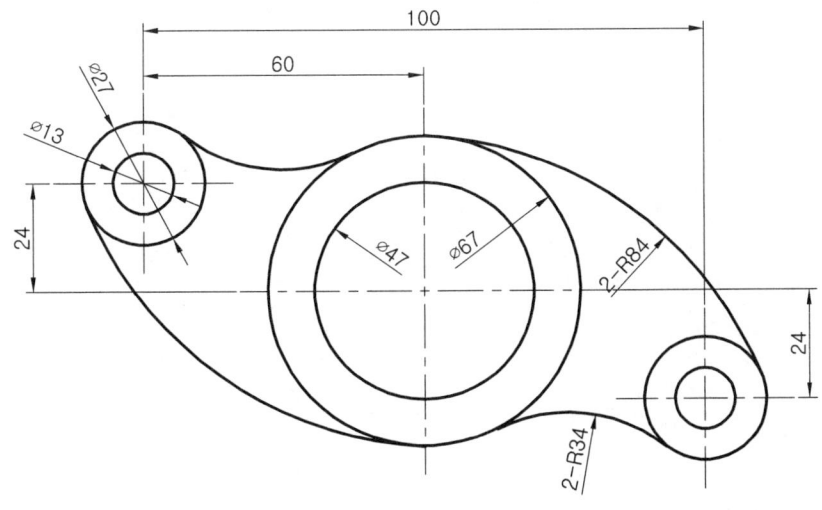

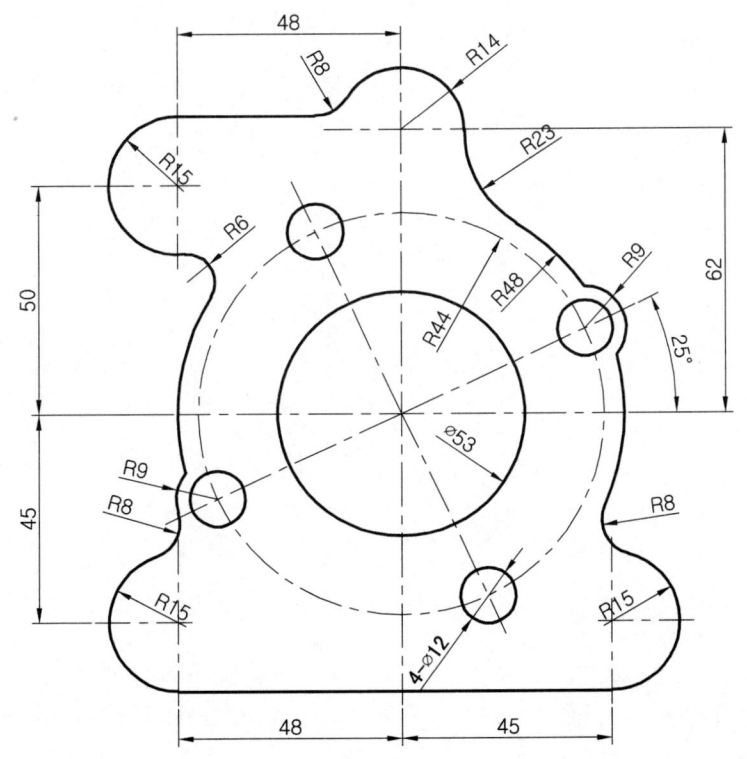

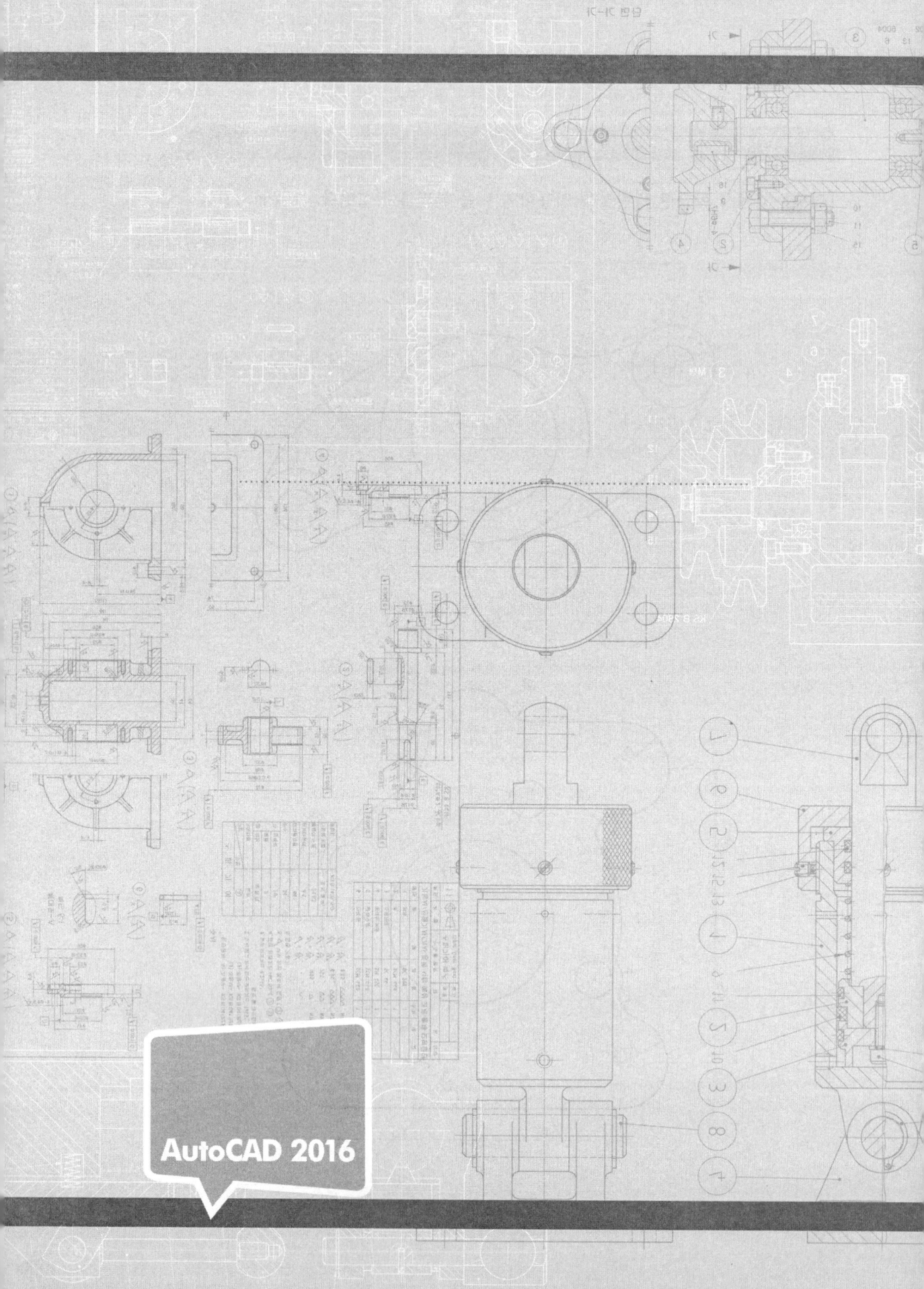

Part 05
향상된 명령 살펴보기

AutoCAD 2016

1. 스플라인(Spline)

지정한 점들을 통과하는 부드러운 곡선을 만든다.

✓ 명령입력	:	spline
✓ 리본메뉴	:	홈 → 그리기 → 스플라인 맞춤 or 스플라인 CV
✓ 단축키	:	spl

[스플라인 = 맞춤점]　　　　　　　[스플라인 = 조정 정점]

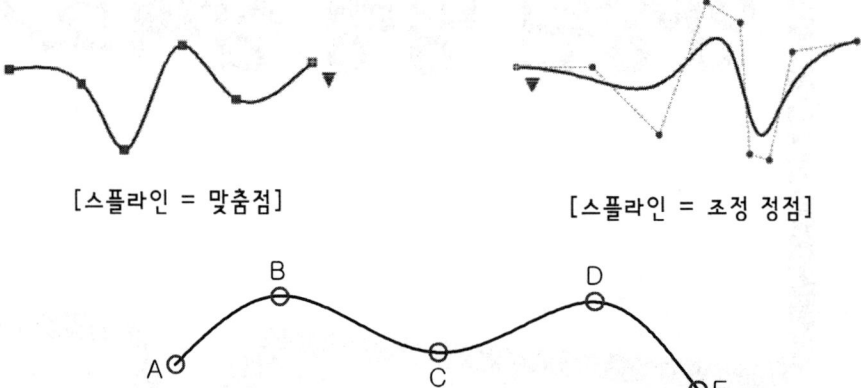

```
명령 : spline Enter↵
현재 설정 : 메서드=맞춤  매듭=현
첫 번째 점 지정 또는 [메서드(M)/매듭(K)/객체(O)] :              〈시작 A점 지정〉
다음 점 입력 또는 [시작 접촉부(T)/공차(L)] :                     〈B점 지정〉
다음 점 입력 또는 [끝 접촉부(T)/공차(L)/명령 취소(U)] :          〈C점 지정〉
다음 점 입력 또는 [끝 접촉부(T)/공차(L)/명령 취소(U)/닫기(C)] :  〈D점 지정〉
다음 점 입력 또는 [끝 접촉부(T)/공차(L)/명령 취소(U)/닫기(C)] :  〈E점 지정〉
다음 점 입력 또는 [끝 접촉부(T)/공차(L)/명령 취소(U)/닫기(C)] : Enter↵
```

- **객체** : 2D나 3D 스플라인 맞춤 폴리선을 선택할 수 있다.
- **닫기** : 스플라인의 시작점과 끝점을 닫는다.
- **공차 맞춤** : 0보다 큰 공차를 입력하면 스플라인은 지정된 공차 내에서 맞춤점을 지날 수 있다.

2. 폴리선(Polyline)

직선이나 호를 연속해서 그릴 수 있고, 적당한 폭을 가지며, 처음과 끝의 폭을 다르게 할 수 있다. 만들어진 요소는 하나로 묶으며, 분해하면 호와 직선으로 변한다.

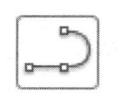

✓ 명령입력	:	pline
✓ 리본메뉴	:	홈 → 그리기 → 폴리선
✓ 단축키	:	pl

2.1 폴리선(Polyline)의 특징

① 어떠한 종류의 선이라도 그릴 수 있다.
② 폭을 가질 수 있으며, 테이퍼(굵기가 점점 두꺼워지거나 가늘어지는 요소)와 같은 요소의 선을 그릴 수 있다.
③ 직선과 호를 조합하면 닫힌 다각형이나 타원을 생성할 수 있다.
④ 폴리선은 정점을 삽입하거나 이동, 삭제하여 편집할 수 있다.
⑤ 폴리선은 모따기(Chamfer)나 라운드(Fillet)를 할 수 있으며, 모든 코너(Corner)를 한꺼번에 실행한다.
⑥ 닫힌 폴리선은 면적이나 둘레의 길이를 계산할 수 있으며, 3D 형상을 생성할 수 있다.

2.2 폴리선(Polyline)이 직선(Line)일 때

```
명령 : pline Enter↵
시작점 지정 :                                                    〈폴리선 시작점 지정〉
현재의 선 폭은 0.0000임                                          〈현재 설정된 선의 폭〉
다음 점 지정 또는 [호(A)/반폭(H)/길이(L)/명령 취소(U)/폭(W)] :
다음 점 지정 또는 [호(A)/닫기(C)/반폭(H)/길이(L)/명령 취소(U)/폭(W)] :
```

- 호(A) : 폴리선을 호(Arc) 모드로 전환한다.
- 닫기(C) 현재의 위치에서 시작점까지 선을 그어 닫는다.
- 반폭(H) : 선 두께의 절반 값을 입력하여 폴리선의 폭을 지정한다.
- 길이(L) : 길이를 입력하여 도면 요소를 그린다.
- 명령 취소(U) : 폴리선의 선 두께를 지정한다.

2.3 폴리선(Polyline)이 호(Arc)일 때

명령 : pline
시작점 지정 :
현재의 선 폭은 0.0000임
다음 점 지정 또는 [호(A)/반폭(H)/길이(L)/명령 취소(U)/폭(W)] : a   〈호 그리기 옵션〉
끝점 지정 또는 [각도(A)/중심(CE)/방향(D)/반폭(H)/선(L)/반지름(R)/두 번째 점(S)/명령 취소(U)/폭(W)] :

- 각도(A) : 호 내부의 각을 지정하여 호를 그린다.
- 중심(C) : 새로운 중심점을 지정하여 호를 다시 작성한다.
- 방향(D) : 다음 요소를 그릴 방향을 명확히 한다.
- 반폭(H) : 호 두께의 절반값을 입력하여 Polyline의 폭을 지정한다.
- 선(L) : Polyline을 Line mode로 전환한다.
- 반지름(R) : 호의 반경을 지정하여 그릴 수 있다.
- 두 번째 점(S) : 3점 그리기 Arc에서 2번째 점과 3번째 점을 입력하여 그릴 수 있다.

따라하기 1 　폴리선 따라하기　　　　　　　　　　　　　　　Step by Step

폴리선의 작성법을 이용하여 아래 도형을 작성한다.

```
         A
         ○
    ┬    │
    │    │
   15    │
    │    │
    ┴    ○━━━━━━━━━━━━━━○━━━━▶○
         B              C      D
                     두께 : 1→1  두께 : 9→0
         ├──────30──────┤──15──┤
```

Step 01

명령 : **pline** [Enter↵]	〈폴리선 명령 실행〉
시작점 지정 :	〈임의의 시작점 A 지정〉
현재의 선 폭은 0.0000임	
다음 점 지정 또는 [호(A)/반폭(H)/길이(L)/명령 취소(U)/폭(W)] : **@15<270**	
	〈B점 지정〉
다음 점 지정 또는 [호(A)/닫기(C)/반폭(H)/길이(L)/명령 취소(U)/폭(W)] : **w**	〈폭 옵션〉
시작 폭 지정 <0.0000> : **1**	〈시작점(B)의 두께 입력〉
끝 폭 지정 <1.0000> : **1**	〈끝점(C)의 두께 입력〉
다음 점 지정 또는 [호(A)/닫기(C)/반폭(H)/길이(L)/명령 취소(U)/폭(W)] : **@30<0**	
	〈C점〉
다음 점 지정 또는 [호(A)/닫기(C)/반폭(H)/길이(L)/명령 취소(U)/폭(W)] : **w**	
	〈폭 옵션〉
시작 폭 지정 <1.0000> : **9**	〈시작점(C)의 두께 입력〉
끝 폭 지정 <9.0000> : **0**	〈끝점(D)의 두께 입력〉
다음 점 지정 또는 [호(A)/닫기(C)/반폭(H)/길이(L)/명령 취소(U)/폭(W)] : **@15<0**	
	〈D점〉
다음 점 지정 또는 [호(A)/닫기(C)/반폭(H)/길이(L)/명령 취소(U)/폭(W)] : [Enter↵]	

따라하기 2   폴리선 따라하기

폴리선의 작성법을 이용하여 아래 도형을 작성한다.

두께 : 0
C   D
두께 : 2→0
R10   B   A
두께 : 2
30

Step 01

명령 : pline [Enter↵]
시작점 지정 :
현재의 선 폭은 0.0000임
다음 점 지정 또는 [호(A)/반폭(H)/길이(L)/명령 취소(U)/폭(W)] : **w**
시작 폭 지정 〈0.0000〉 : **2**
끝 폭 지정 〈2.0000〉 : **2**
다음 점 지정 또는 [호(A)/반폭(H)/길이(L)/명령 취소(U)/폭(W)] : **@30〈180**
다음 점 지정 또는 [호(A)/닫기(C)/반폭(H)/길이(L)/명령 취소(U)/폭(W)] : **a** 〈호 작성〉
호의 끝점 지정 또는 [각도(A)/중심(CE)/닫기(CL)/방향(D)/반폭(H)/선(L)/반지름(R)/두 번째 점(S)/명령 취소(U)/폭(W)] : **w**
시작 폭 지정 〈2.0000〉 : **2**
끝 폭 지정 〈2.0000〉 : **0**
호의 끝점 지정 또는 [각도(A)/중심(CE)/닫기(CL)/방향(D)/반폭(H)/선(L)/반지름(R)/두 번째 점(S)/명령 취소(U)/폭(W)] : **@20〈90**
호의 끝점 지정 또는 [각도(A)/중심(CE)/닫기(CL)/방향(D)/반폭(H)/선(L)/반지름(R)/두 번째 점(S)/명령 취소(U)/폭(W)] : **l**   〈선 작성〉
다음 점 지정 또는 [호(A)/닫기(C)/반폭(H)/길이(L)/명령 취소(U)/폭(W)] : **@30〈0**
다음 점 지정 또는 [호(A)/닫기(C)/반폭(H)/길이(L)/명령 취소(U)/폭(W)] : [Enter↵]

연습과제 1 폴리선 작성하기

[과제] 폴리선의 작성법을 이용하여 아래 도형을 작성한다.

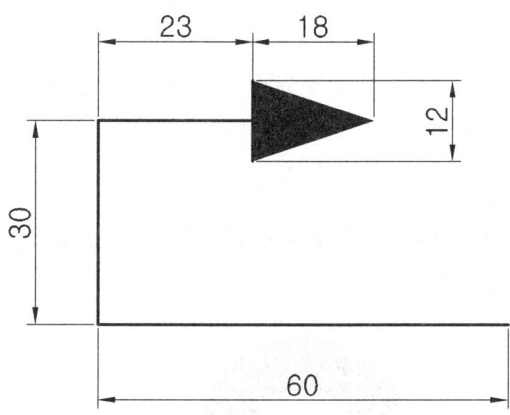

연습과제 2 폴리선 작성하기

[과제] 폴리선의 작성법을 이용하여 아래 도형을 작성한다.

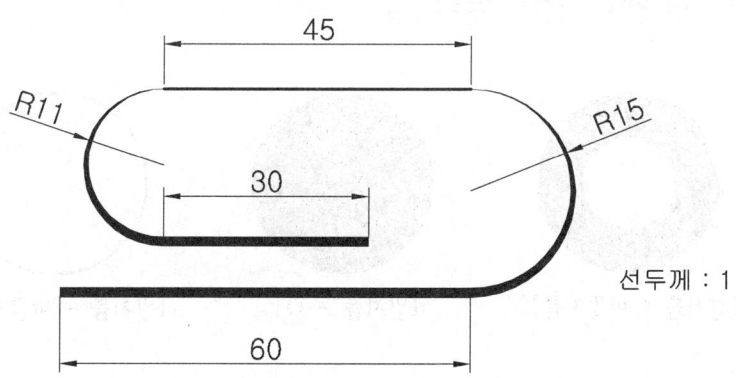

선두께 : 1

3. 도넛(Donut)

안지름과 바깥지름을 지정하여 속이 채워진 원이나 두께가 있는 원 등의 도넛을 그린다. 안지름이 "0"이면 속이 채워진 모양을 생성한다.

✓ 명령입력	:	donut
✓ 리본메뉴	:	홈 → 그리기 → 도넛
✓ 단축키	:	do

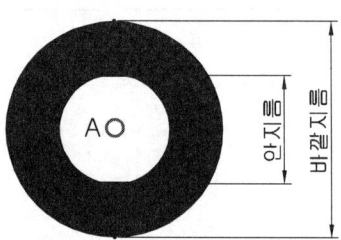

```
명령 : donut Enter↵
도넛의 내부 지름 지정 <0.0000> : 10 Enter↵                          <안지름 입력>
도넛의 외부 지름 지정 <10.0000> : 20 Enter↵                         <바깥지름 입력>
도넛의 중심 지정 또는 <종료> :                                       <A점 지정>
도넛의 중심 지정 또는 <종료> : Enter↵
```

  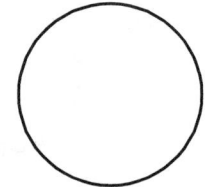

[안지름 < 바깥지름]　　　　[안지름 = 0]　　　　[안지름 = 바깥지름]

3.1 Fill(채우기)

두께를 가지는 요소(Donut, 2차원 Solid, Pline, Hatch, Trace 등)의 채움을 조정한다.

```
명령 : fill Enter↵
모드 입력 [켜기(ON)/끄기(OFF)] <켜기> :
```

- ON : 내부를 채운다.
- OFF : 내부를 채우지 않는다.

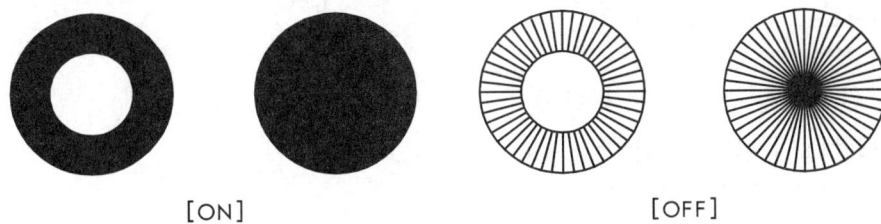

[ON]　　　　　　　　　　　　[OFF]

3.2 Regen(재생성)

도면을 다시 계산하여 재생성한다. 원이 다각형으로 보일 때, "Regen"을 하면 실제 원으로 회복된다.

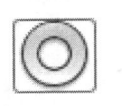

✓ 명령입력	: regon
✓ 풀다운메뉴	: 뷰 > 재생성
✓ 단축키	: re

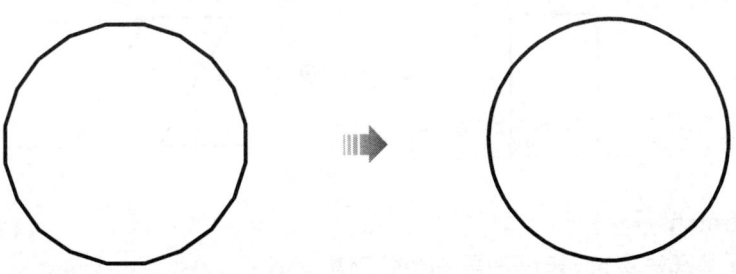

```
명령 : regen Enter↵
모형 재생성 중.
```

4. 신축(Stretch)

선택한 객체를 잡아서 늘이거나 줄인다.

- ✓ 명령입력 : stretch
- ✓ 리본메뉴 : 홈 → 수정 → 신축
- ✓ 단축키 : s

선택된 객체들 중 선택 구역 안에
① 포함된 객체는 지정한 방향으로 이동한다.
② 걸쳐있는 객체는 변한다.
③ 포함되지 않은 객체와 점은 고정된다.

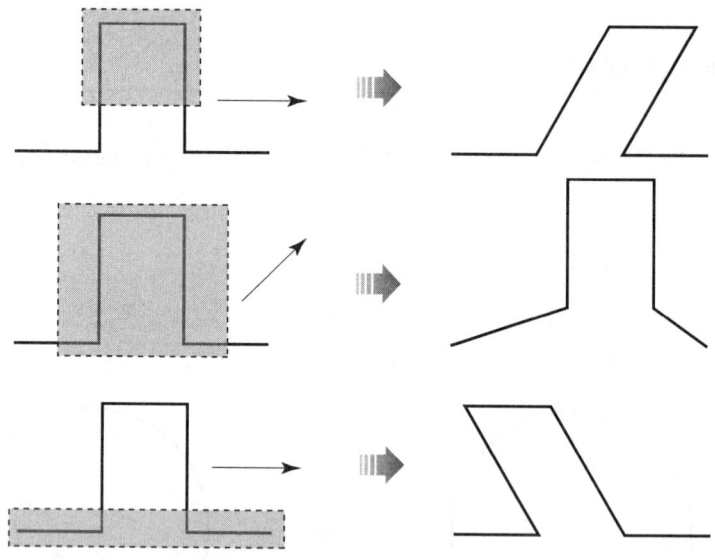

```
명령 : stretch [Enter↵]                                    〈신축 명령 실행〉
걸침 윈도우 또는 걸침 폴리곤만큼 신축할 객체 선택...
객체 선택 : 반대 구석 지정 :
객체 선택 : [Enter↵]
기준점 지정 또는 [변위(D)] 〈변위〉 :
두 번째 점 지정 또는 〈첫 번째 점을 변위로 사용〉 :
```

5. 분할

5.1 등분할(Divide)

객체의 길이 또는 둘레를 따라 일정한 간격으로 지정한 수(2~32767)만큼 등분 표시를 하여 점 객체 또는 블록을 작성한다.

✓ 명령입력	: divide
✓ 리본메뉴	: 홈 → 그리기 → 등분할
✓ 단축키	: div

등분 표시는 기본값으로 보이지 않기 때문에, 도면에 있는 모든 점 객체의 스타일과 크기를 설정하려면 [DDPTYPE]을 변경한 후 등분을 해야 한다.

명령 : **ddptype** [Enter↵]   〈ddptyep 명령 실행〉

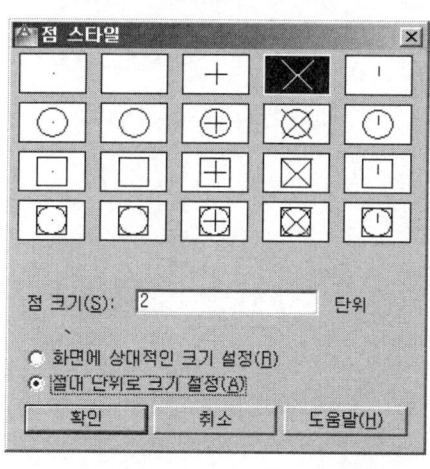

✓ 길이가 60인 선을 5등분을 하였을 경우, 12간격으로 분할이 된다.

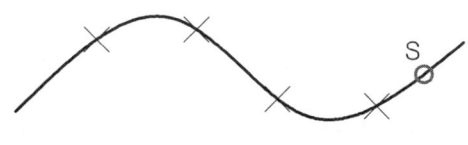

명령 : **divide** [Enter↵]   〈등분할 명령 실행〉
등분할 객체 선택 :   〈선 S 지정〉
세그먼트의 개수 또는 [블록(B)] 입력 : **5** [Enter↵]
  〈등분할 수 입력〉

241

5.2 길이분할(Measure)

객체의 길이 또는 둘레를 따라 입력된 길이로 측정하여 표시하는 점 객체 또는 블록을 작성한다.

- ✓ 명령입력 : measure
- ✓ 리본메뉴 : 홈 → 그리기 → 길이분할
- ✓ 단축키 : me

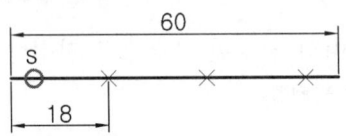

명령 : **measure** Enter↵	〈길이분할 명령 실행〉
길이 분할 객체 선택 :	〈선 S 지정〉
세그먼트의 길이 지정 또는 [블록(B)] : **18** Enter↵	

6. 스케치(Sketch), 구성선(Xline), 광선(Ray)

6.1 스케치(Sketch)

마우스를 움직여 짧은 직선 형태의 자유 실선을 그린다.

✓ 명령입력	: sketch
✓ 리본메뉴	: —
✓ 단축키	: sk

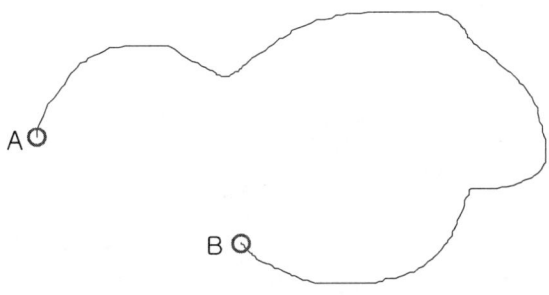

```
명령 : sketch [Enter↵]                                    〈스케치 명령 실행〉
유형 = 선  증분 = 1.0000  공차 = 0.5000
스케치 지정 또는 [유형(T)/증분(I)/공차(L)] : t [Enter↵]
스케치 유형 입력 [선(L)/폴리선(P)/스플라인(S)] 〈선〉 : l [Enter↵]
스케치 지정 또는 [유형(T)/증분(I)/공차(L)] : i [Enter↵]     〈기록 밀도 설정〉
스케치 증분 지정 〈1.0000〉 : 1 [Enter↵]
스케치 지정 또는 [유형(T)/증분(I)/공차(L)] :              〈A점에서 B점까지 마우스 드래그〉
스케치 지정 : [Enter↵]
145개의 선이(가) 기록됨.
```

- **증분(I)** : 기록 단위를 설정한다. 작을수록 정밀하게 작업이 되지만 작업 용량이 많아진다.
- **공차(L)** : 스플라인의 경우 스플라인 곡선이 프리핸드 스케치에 얼마나 가깝게 맞춰지는지를 지정한다.

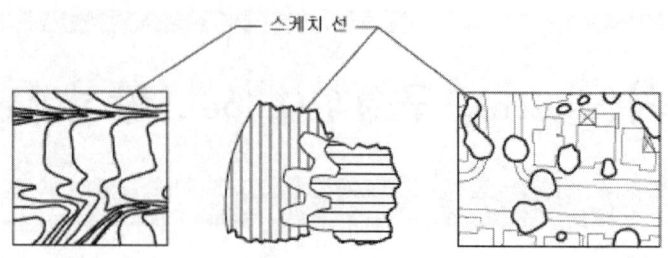

6.2 구성선(Xline(Construction line))

지정한 한 점에서 양쪽방향으로 무한대 선을 작성한다.

✓ 명령입력	:	xline
✓ 리본메뉴	:	홈 → 그리기 → 구성선
✓ 단축키	:	xl

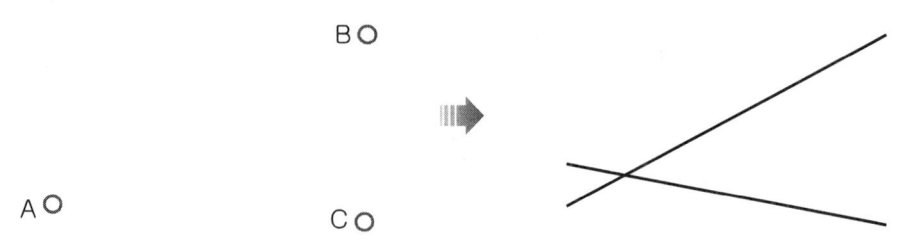

```
명령 : xline Enter↵                                              〈구성선 명령 실행〉
점을 지정 또는 [수평(H)/수직(V)/각도(A)/이등분(B)/간격띄우기(O)] :     〈A점 지정〉
통과점을 지정 :                                                    〈B점 지정〉
통과점을 지정 :                                                    〈C점 지정〉
통과점을 지정 : Enter↵
```

- 수평(H) : 수평선을 그린다.
- 수직(V) : 수직선을 그린다.
- 각도(A) : 입력한 각도로 작업자가 지정한 곳을 지나는 무한대선을 그린다.
- 이등분(B) : Xline의 기준점, 각도의 시작점, 끝점이 이루는 각도 2등분 선을 그린다.
- 간격띄우기(O) : 선택한 선을 간격띄우기하여 무한대선을 그린다

6.3 광선(Ray)

Xline과 비슷하지만 한쪽방향으로 무한대선을 작성한다.

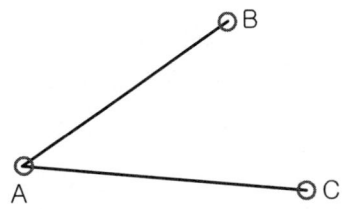

✓ 명령입력	:	ray
✓ 리본메뉴	:	홈 → 그리기 → 광선
✓ 단축키	:	―

```
명령 : ray Enter↵                     〈광선 명령 실행〉
시작점을 지정 :                              〈A점 지정〉
통과점을 지정 :                              〈B점 지정〉
통과점을 지정 :                              〈C점 지정〉
통과점을 지정 : Enter↵
```

7. 테이블(Table)

도면에 표를 삽입한다.

- ✓ 명령입력 : table
- ✓ 리본메뉴 : 홈 → 주석 → 테이블
- ✓ 단축키 : tb

명령 : table [Enter↵]

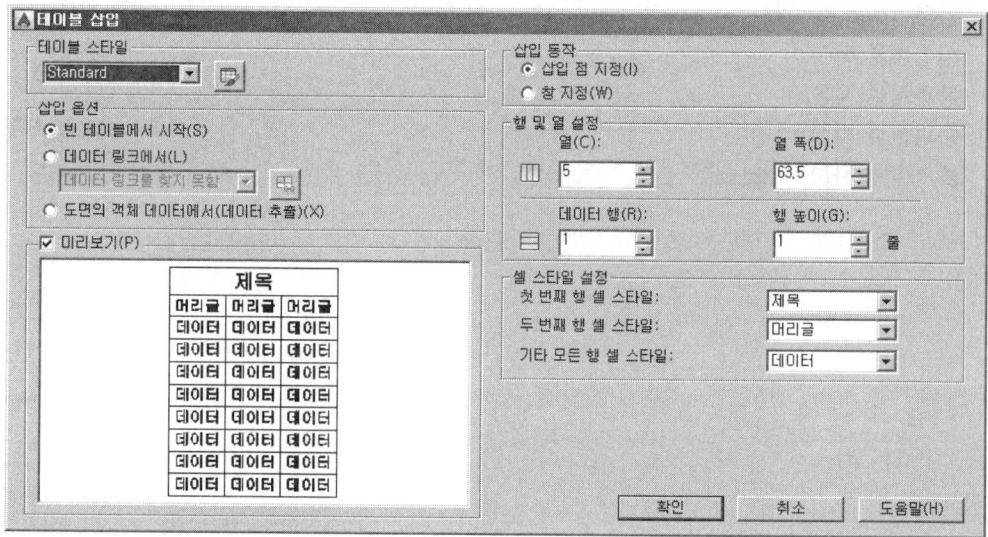

- ●삽입 동작 : 테이블의 삽입 위치를 지정한다.
- ●열, 열폭 : 생성되는 표의 열의 수와 폭을 지정한다.
- ●데이터 행, 행 높이 : 생성되는 표의 행의 수와 높이를 줄 수로 지정한다.
- ●셀 스타일 설정 : 제목, 머리글, 데이터로 구성되어 있으며 추가/삭제가 가능하다.

7.1 테이블 편집 도구

✔ 테이블을 생성한 후, 셀을 클릭하면 편집할 수 있는 도구들이 나타난다.

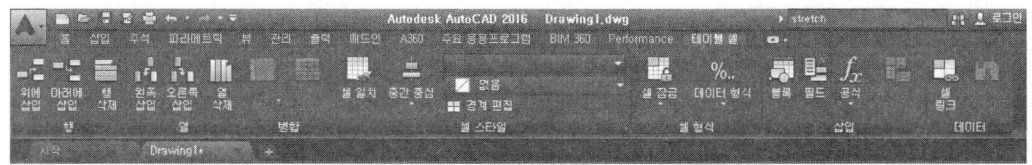

- ⬚ (위에 삽입) : 현재 선택한 셀 또는 행의 위쪽에 행을 삽입한다.
- ⬚ (아래에 삽입) : 현재 선택한 셀 또는 행의 아래쪽에 행을 삽입한다.
- ⬚ (행 삭제) : 현재 선택한 행을 삭제한다.
- ⬚ (왼쪽에 삽입) : 현재 선택한 셀 또는 행의 왼쪽에 열을 삽입한다.
- ⬚ (오른쪽에 삽입) : 현재 선택한 셀 또는 행의 오른쪽에 열을 삽입한다.
- ⬚ 열 삭제 : 현재 선택한 열을 삭제한다.
- ⬚ 셀 병합 : 선택한 여러 셀을 하나의 큰 셀로 병합한다.
- ⬚ 셀 병합 해제 : 이전에 병합한 셀의 병합을 취소한다.
- ⬚ : 배경 채우기 : 채우기 색상을 지정한다. None(없음) 또는 배경 색상을 선택한다.
- ⬚ 데이터 형식 : 테이블 행에 대해 형식화 할 수 있는 데이터 형식(각도, 날짜, 십진수 등)의 리스트를 표시한다.
- ⬚ 블록 삽입 : 현재 선택한 테이블 셀에 블록(Block)을 삽입하는 대화상자가 표시된다.
- ⬚ 필드 삽입 : 현재 선택한 테이블 셀에 필드를 삽입하는 필드 대화상자가 표시된다.
- ⬚ 공식 삽입 : 현재 선택한 테이블 셀에 공식을 삽입한다. 공식은 등호(=)로 시작하여야 한다.

7.2 Fielddisplay

필드가 회색 배경으로 표시될지 여부를 조정한다. 배경은 플롯이 되지 않는다.

> 명령 : **fielddisplay** [Enter↵]
> FIELDDISPLAY에 대한 새 값 입력 〈1〉 :

- 0 : 필드가 배경없이 표시된다.
- 1 : 필드가 회색 배경과 함께 표시된다.

품명	A공장	B공장	합계
커버	120	12	132
레버형 핑거	130	23	153

[Fielddisplay = 1]

품명	A공장	B공장	합계
커버	120	12	132
레버형 핑거	130	23	153

[Fielddisplay = 0]

따라하기 1   테이블 따라하기
Step by Step

테이블을 이용하여 다음의 표를 작성한다.

사각 레버 에어척		
품 명	재 질	수 량
하우징	ALDC7	1EA
레버형 핑거	SCM430	2EA
호이스트 축	SCM430	1EA
씰 커버	ALD7	1EA

50 / 40 / 30   11 / 9 / 9 / 56

Step 01 테이블(Table) 명령을 실행하고, 다음과 같이 입력한다.

명령 : table Enter↵

열의 값 : 3 / 열 폭의 값 : 50 / 데이터 행의 값 : 4를 입력하고, 확인을 클릭한다.

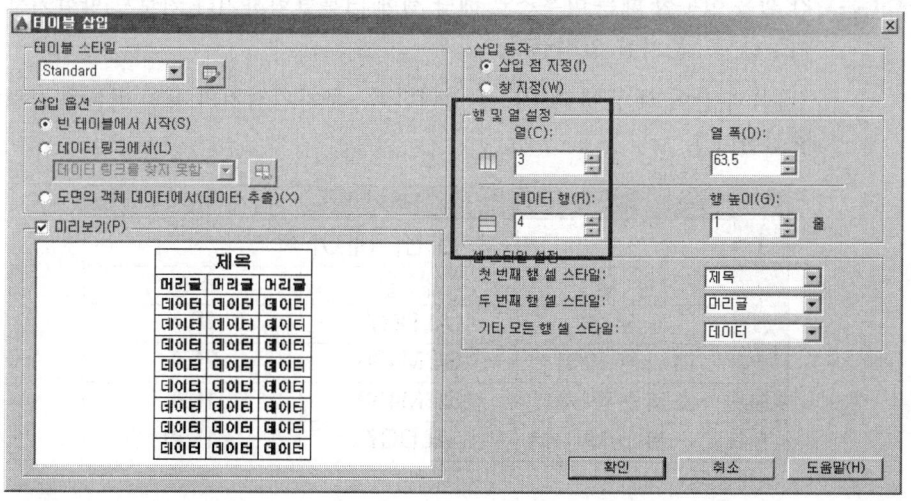

주의 데이터 행(줄)의 수가 "4"이므로 :
만들어지는 표의 행(줄) 수는 제목과 머리글을 포함한 6줄이 만들어진다.

Step 02 도면에 표가 삽입될 위치를 지정한다.

표가 삽입될 위치 지정

Step 03 표가 삽입되면 제목이 들어갈 셀부터 시작하여 나타나는 편집기에 문자를 입력한다.

	A	B	C
1		사각 레버 에어척	
2			
3			
4			
5			
6			

Step 04 각 셀을 이동할 때는 마우스로 해당 셀에 더블클릭하거나 키보드 방향키를 이용하여 이동한 후, 문자를 입력한다.

〈다음과 같이 각 셀에 데이터를 입력한 후, 문자편집기의 확인 버튼을 클릭하여 표를 완성한다.〉

	A	B	C
1		사각 레버 에어척	
2	품 명	재 질	수량
3	하우징	ALDC7	1EA
4	레버형 핑거	SCM430	2EA
5	호이스트 축	SCM430	1EA
6	씰 커버	ALDC7	1EA

Step 05 이미 작성된 테이블의 크기와 변경하기 위해 특성(Properties)을 실행한다.
(✔ 풀다운 메뉴 → 수정 → 특성)

Step 06 A점에서 마우스 왼쪽 버튼을 누른 상태에서 B점까지 드래그하여 선택한다.

사각 레버 에어척		
품 명	재 질	수량
하 우 징	ALDC7	1EA
레버형 핑거	SCM430	2EA
호이스트 축	SCM430	1EA
씰 커버	ALDC7	1EA

Step 07 특성 창에서 지정한 [셀 폭]에 "30"을 입력한 후, Enter⏎를 누른다. 폭이 변경된다.

Step 08 A점에서 마우스 왼쪽 버튼을 누른 상태에서 B점까지 드래그하여 선택한다.

사각 레버 에어척		
품 명	재 질	수량
하 우 징	ALDC7	1EA
레버형 핑거	SCM430	2EA
호이스트 축	SCM430	1EA
씰 커버	ALDC7	1EA

Step 09 특성 창에서 지정한 [셀 폭]에 "40"을 입력한 후, Enter⏎를 누른다. 폭이 변경된다.

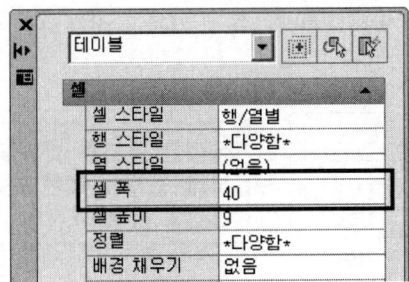

Step 10 변경하고자 하는 곳에 마우스로 드래그하여 선택한다.

사각 레버 에어척		
품 명	재 질	수 량
하 우 징	ALDC7	1EA
레버형 핑거	SCM430	2EA
호이스트 축	SCM430	1EA
씰 커버	ALDC7	1EA

Step 11 특성 창에서 지정한 셀의 높이, 정렬방법, 문자 높이, 문자 색상 등을 변경할 수 있다.

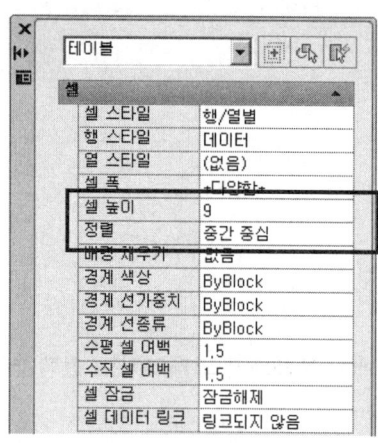

사각 레버 에어척		
품 명	재 질	수 량
하 우 징	ALDC7	1EA
레버형 핑거	SCM430	2EA
호이스트 축	SCM430	1EA
씰 커버	ALDC7	1EA

Step 12 테이블(표)에서 나머지 부분도 사용자가 선택한 후, 특성 기능을 이용하여 원하는 방식으로 변경이 가능하다.

사각 레버 에어척		
품 명	재 질	수 량
하 우 징	ALDC7	1EA
레버형 핑거	SCM430	2EA
호이스트 축	SCM430	1EA
씰 커버	ALDC7	1EA

작성한 문자를 더블클릭하면 문자에 대한 수정/편집도 가능하다.

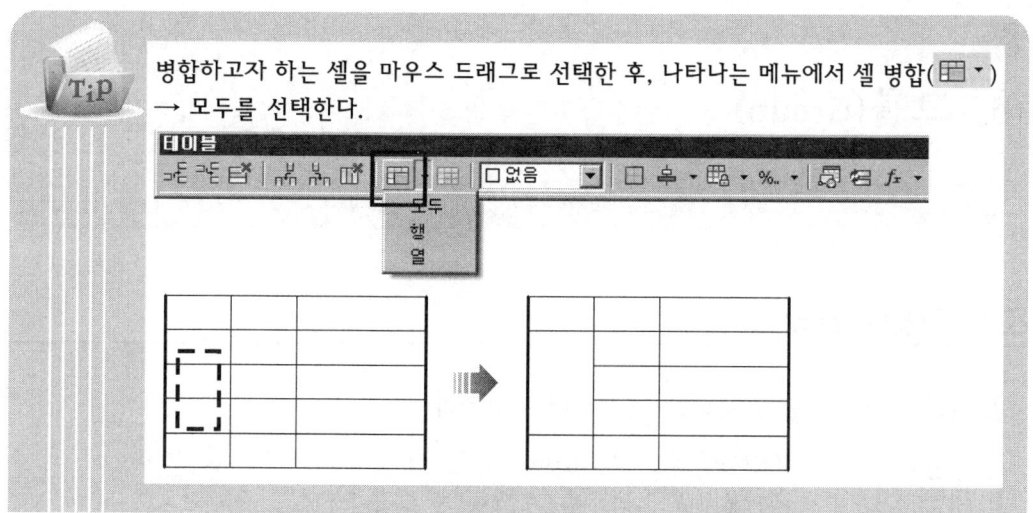

Tip 병합하고자 하는 셀을 마우스 드래그로 선택한 후, 나타나는 메뉴에서 셀 병합(⊞ ▼) → 모두를 선택한다.

Chapter 8. 그룹(Group)

8.1 그룹(Group)

도면의 여러 요소들을 하나의 요소처럼 묶어준다.

- ✓ 명령입력 : group
- ✓ 리본메뉴 : 홈 → 그룹 → 그룹
- ✓ 단축키 : g

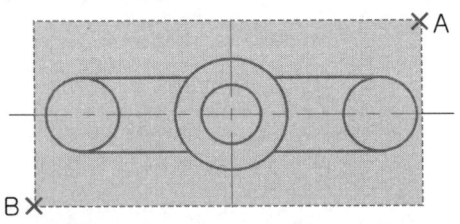

```
명령 : group Enter↵
객체 선택 또는 [이름(N)/설명(D)] : n Enter↵              〈그룹 이름 옵션〉
그룹 이름 또는 [?] 입력 : bracket Enter↵                〈그룹 이름 지정〉
객체 선택 또는 [이름(N)/설명(D)] : 반대 구석 지정 :    〈A점 → B점 지정으로 선택〉
객체 선택 또는 [이름(N)/설명(D)] : Enter↵
"BRACKET" 그룹이 작성되었습니다.
```

8.2 그룹해제(Ungroup)

그룹으로 묶여있는 하나의 요소를 여러 요소로 나눈다.

- ✓ 명령입력 : ungroup
- ✓ 리본메뉴 : 홈 → 그룹 → 그룹해제
- ✓ 단축키 : —

```
명령 : ungroup Enter↵
그룹 선택 또는 [이름(N)] : n Enter↵              〈그룹 이름 옵션〉
그룹 이름 또는 [?] 입력 : bracket Enter↵        〈해제시킬 그룹 이름 지정〉
BRACKET 그룹이 분해되었습니다.
```

9. 게시(Publish)

9.1 파일 내보내기 및 게시하기

도면을 DWG, DWFx 및 PDF 파일 또는 플로터에 일괄 게시한다.

√ 명령입력	: publish
√ 리본메뉴	: 출력 → 플롯 → 배치플롯
√ 단축키	: —

- 도면 집합을 모아 종이 또는 전자파일로 된 도면세트를 만들 수 있다. 전자적 도면 세트는 DWF, DWFx 및 PDF 파일로 저장된다.
- DWF 및 DWFx 파일은 Autodesk나 Design Review를 사용하여 보거나 플롯할 수 있다.
- PDF 파일은 PDF 뷰어로 볼 수 있다.

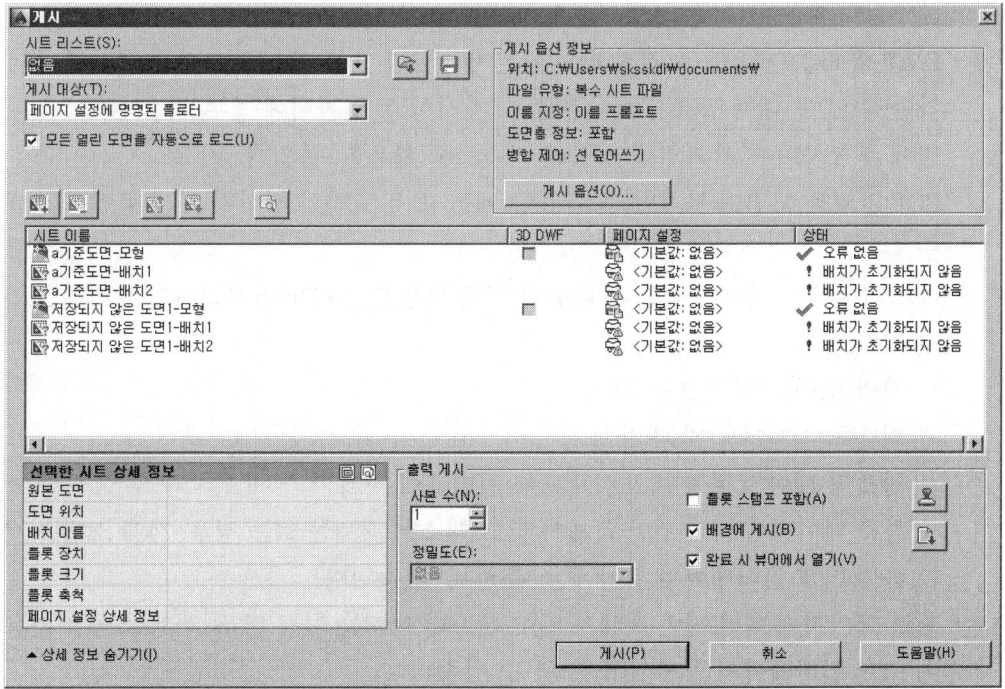

- 내보내기 리본 패널을 사용하면 모형 공간 또는 배치의 특정 영역을 DWF, DWFx 또는 PDF 파일로 내보낼 때 사용하는 도구에 빠르게 접근할 수 있다. 내보낼 때 페이지 설정 재지정 및 내보내기 옵션을 사용하여 내보낸 파일의 모양과 유형을 조정할 수 있다.

9.2 PDF를 언더레이로 부착하기

PDF 도면 파일을 AutoCAD 배경으로 부착하여 추가적인 도면 작업이 가능하다.

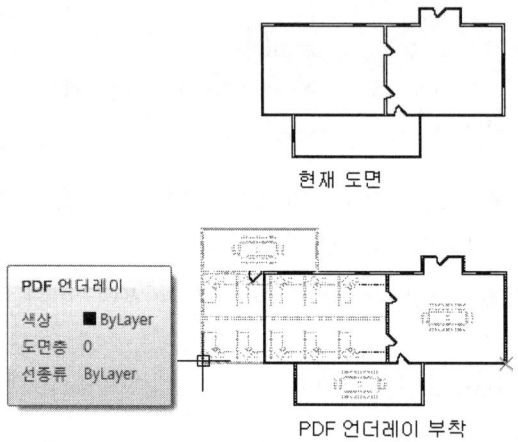

- DWF 및 DGN 파일을 부착할 때와 같은 방법으로 PDF 파일을 도면에 언더레이로 부착할 수 있다. 대개 상세 정보나 표준 고지 사항 등 입찰서에 첨부하는 PDF 파일을 도면에 부착하여 PDF 파일에 저장된 컨텐츠를 활용할 수 있다.
- PDF 파일을 도면에 부착할 때 참조할 페이지 및 도면의 페이지 표시 방법을 선택할 수 있다.
- PDF 파일을 도면에 부착한 뒤 다음과 같은 방법으로 PDF 언더레이의 표시를 조정할 수 있다.
  - 개별 도면층 켜기 또는 끄기
  - 컨텐츠의 페이드 및 대비 조정
  - 참조된 페이지 부분만 표시되도록 언더레이 자르기
  - 참조 페이지에 벡터 기반 객체가 있고 래스터 객체는 없는 경우, 객체 스냅을 사용하여 PDF 언더레이의 형상에 스냅 할 수 있습니다.
- 참조 페이지에 벡터 기반 객체가 있고 래스터 객체는 없는 경우, 객체 스냅을 사용하여 PDF 언더레이의 형상에 스냅 할 수 있습니다.

따라하기 1 PDF 언더레이 따라하기

Step 01 작업공간을 제도 및 주석으로 변경한다.

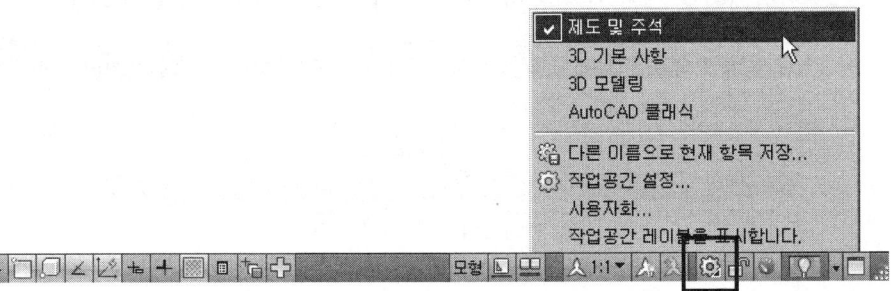

Step 02 부착(attach) 명령을 실행한다. (리본메뉴 → 삽입 → 참조 → 부착)

명령 : **attach** [Enter↵]

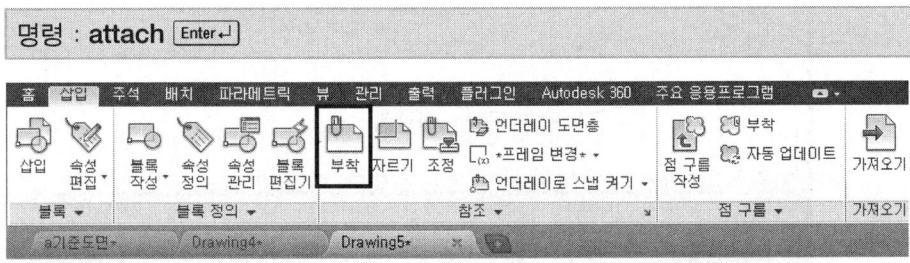

Step 03 부착시킬 PDF파일을 선택하고, "열기"를 누른다.

Step 04 축척과 로테이션에 체크를 모두 해제하고 "확인"을 누른다.

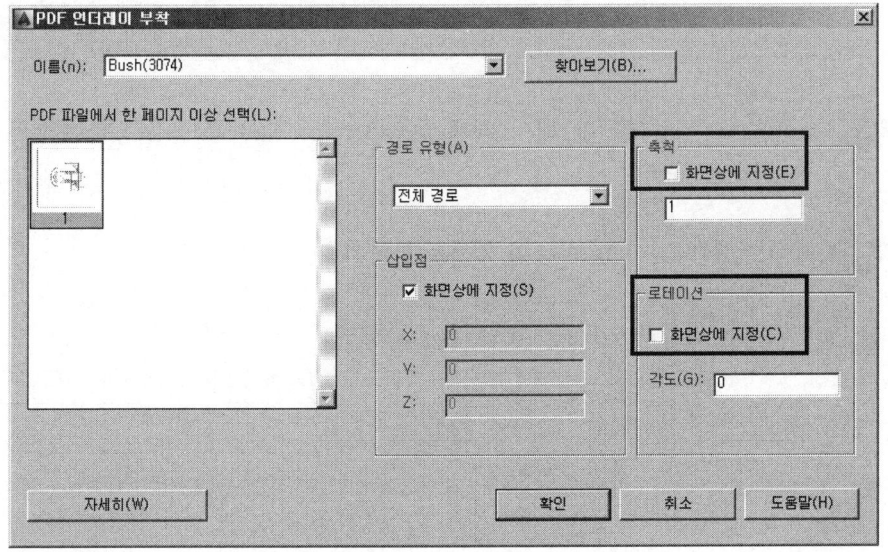

Step 05 임의의 삽입점을 지정하여 pdf 도면 파일을 배치한다.

삽입점 지정 : 〈임의의 지점 클릭〉

Step 06 언더레이로 스냅 켜기 옵션으로 설정하고, 테두리를 더블클릭한다.

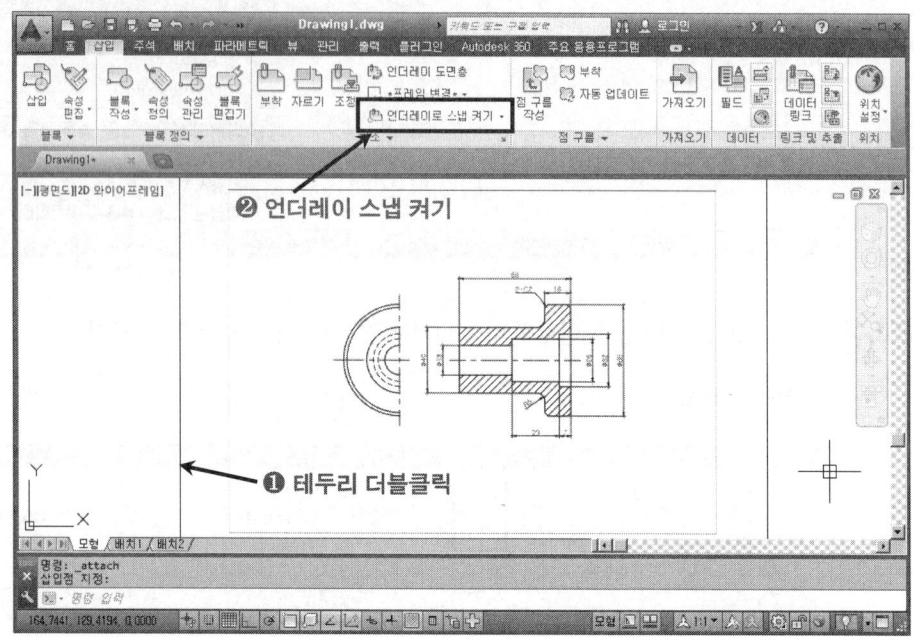

Step 07 아래 옵션을 참조한다.

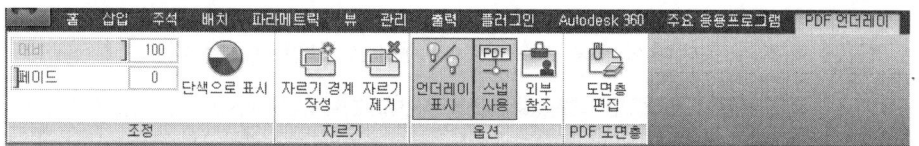

Step 08 AutoCAD 기능(선, 원, 해치, 객체스냅(Osnap), 치수 등)을 활용하여 추가적인 도면 작업을 진행한다.

Step 09 페이드, 언더레이 표시 등의 옵션을 활용한다.

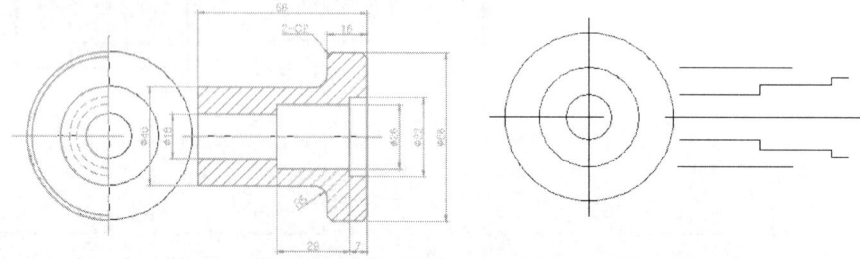

9.3 도면 일괄 출력하기

출력하고자 하는 파일이 여러 장 있을 경우… 출력하고자 하는 파일들을 선택하고, 마우스 오른쪽 버튼을 클릭하여 인쇄를 선택하면 한꺼번에 출력이 된다.

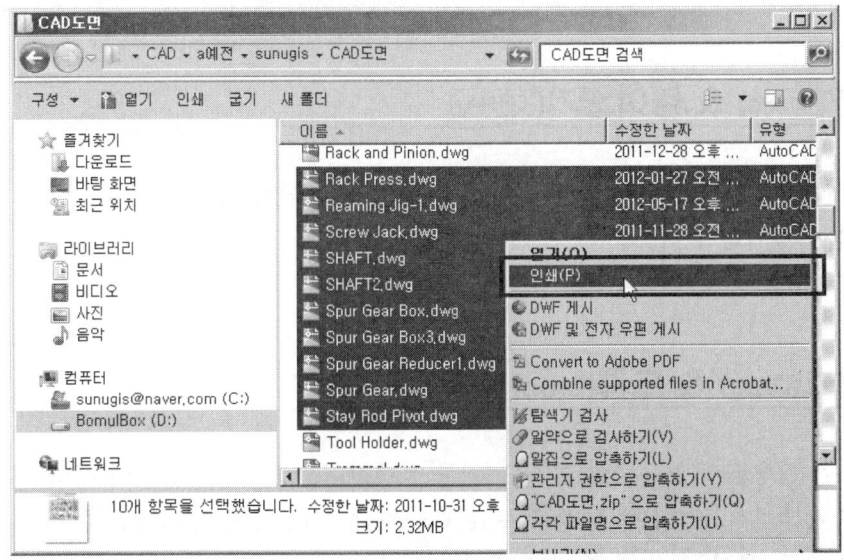

9.4 3D 인쇄하기

- 3D 인쇄를 사용하면 며칠 또는 몇 주가 아니라 몇 시간 이내에 3D 모형의 사실적이고 정확한 원형을 작성할 수 있다.
- 3D 프린터를 사용하여 원형을 만들어 주는 벤더에 3D 모형을 직접 보낼 수 있다. 이 방법으로 원형을 만들거나 수정하면 다른 방법을 이용할 때보다 시간과 비용이 절약된다.
- 사용하는 3D 프린터의 기능에 따라 여러 가지 재료로 원형을 만들 수 있다. 3D 프린터는 3D 모형의 설계를 기반으로 열린 원형이나 수밀 원형을 작성할 수 있다.

10. AutoCAD 복사 기능 모음

10.1 복사(Ctrl+c) & 붙여넣기(Ctrl+v)

아무런 기능이 실행되지 않은 상태에서 객체를 선택하고, 복사(Ctrl+c)한다.
(Ctrl+v)로 붙여넣기를 한다.

10.2 드래그(Drag) & 드롭(Drop)

아무런 기능이 실행되지 않은 상태에서 객체를 선택한다. 파란색 드롭점이 나타난다. 이 드롭점 위에서 마우스 오른쪽 버튼을 누른 채로 드래그(Drag)하여 이동한 후, 마우스 버튼을 놓으면 이동, 복사, 블록의 형태로 생성이 된다.

```
여기로 이동(M)
여기로 복사(C)
블록으로 붙여넣기(P)
취소(A)
```

10.3 AutoCAD 기능 활용

AutoCAD 기능의 복사(Copy), 회전(Rotate), 축척(Scale), 대칭(Mirror), 배열(Array) 기능을 활용하여 객체를 복사할 수 있다.

10.4 블록작성(Block), 블록쓰기(Wblock) 기능 활용

자주 쓰이는 형상을 미리 저장시켜 놓고, 원할 때 삽입시켜 활용할 수 있는 블록(Block), 블록쓰기(WBlock) 기능을 활용하여 객체를 복사할 수 있다.

10.5 Design Center

많이 사용되는 형상(도면)을 작업폴더에 저장시켜 프로젝트별로 관리할 수 있는 기능이다. [리본메뉴 → 뷰 → 팔레트 → Design Center]에 등록시켜 활용할 수 있다.

✔ 도면의 그림과 파일이름을 같이 확인할 수 있다.

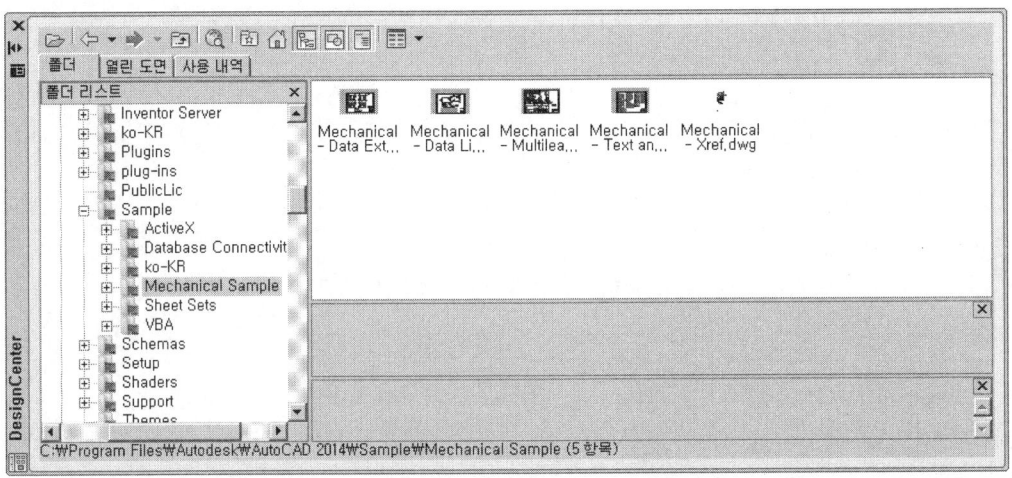

10.6 도구 팔레트

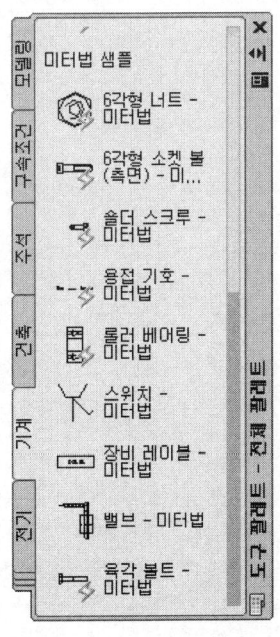

많이 사용되는 형상(도면)을 팔레트에 등록시켜 활용할 수 있다. [리본메뉴 → 뷰 → 팔레트 → 도구 팔레트]로 실행한다.

빈 공간에서 마우스 오른쪽 버튼으로 새 팔레트를 생성한다. 해당 객체(도면)을 마우스로 드래그(Drag)하여 팔레트 내로 이동시켜 등록한다.

✔ 블록(Block) 객체일 때만 등록이 가능하므로, 10.2의 드래그&드롭에서 블록으로 생성시킨 후, 등록한다.

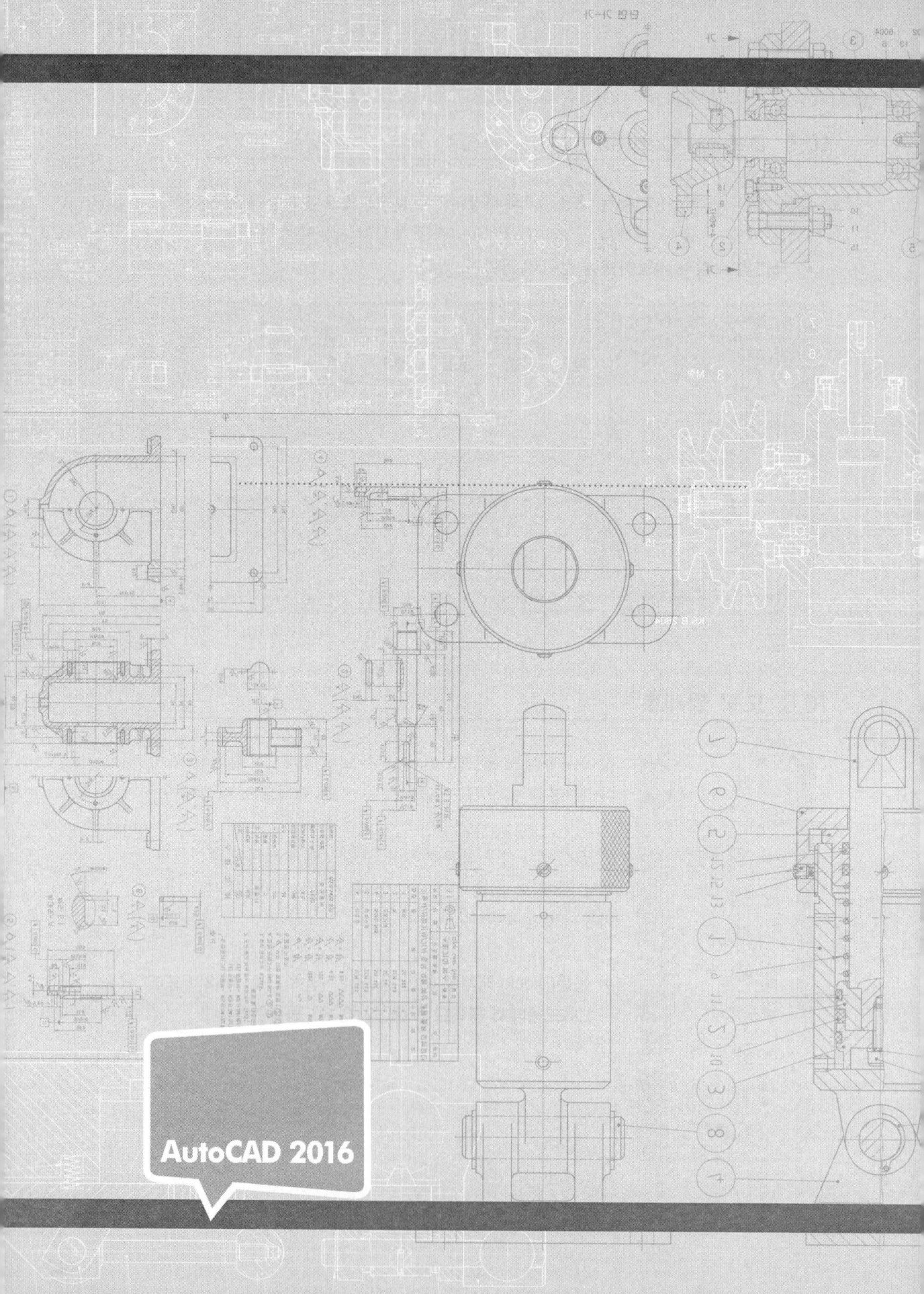

Part 06
해치, 문자 및 치수 입력하기

AutoCAD 2016

1. 해치(Hatch)

물체의 절단면, 경계면 또는 재료의 종류 등 반복되는 무늬형태로 선택한 객체 또는 닫힌 영역을 채운다.

명령 : hatch [Enter↵]

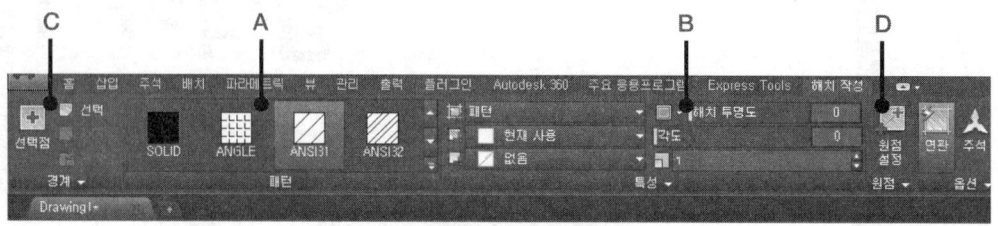

A 유형 및 패턴

해칭의 유형과 무늬를 지정한다.
보통 기계제도에서는 [ANSI 31] 패턴을 주로 사용한다.

B 각도 및 축척

① **각도** : 해치의 각도를 입력한다.

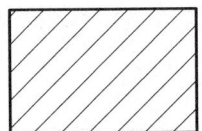 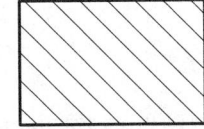 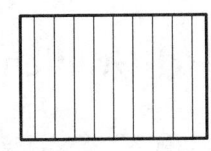

[각도 = 0]   [각도 = 90]   [각도 = 45]

② **축척** : 해치 선의 간격을 지정한다.

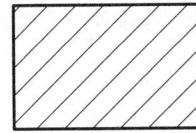 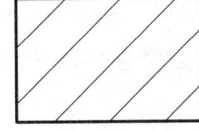 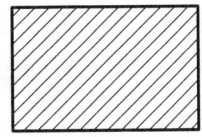

[축척 = 1]   [축척 = 2]   [축척 = 0.5]

C 경계

선택점 : 폐쇄된 영역을 지정하여 해치 영역을 설정한다.

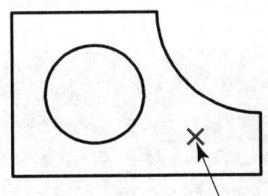  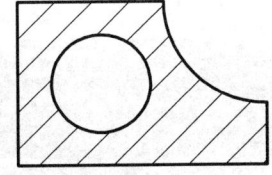

해치가 들어갈 내부점 선택

D 원점 설정

: 해치 패턴의 원점을 조정하여 반복되는 패턴의 시작점을 제어한다.

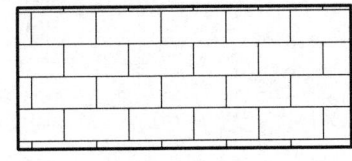 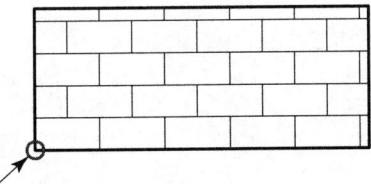

[현재 원점 사용]   [지정된 원점]

2. 그라데이션(Gradient)

해치영역에 해치 대신 그라데이션을 적용한다. Gradient 채우기는 객체에서 반사하는 라이트 모양을 제공하여 프리젠테이션 도면을 향상시킬 수 있다.

해치 명령을 실행하여 그라데이션 탭을 선택하여 실행할 수도 있다. 그라데이션 채우기를 이용하여 한 색상의 음영처리 또는 두 색상의 사이 전환에 사용한다.

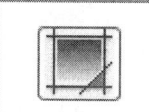

✓ 명령입력 : gradient
✓ 리본메뉴 : 홈 → 그리기 → 그라데이션
✓ 단축키 : ―

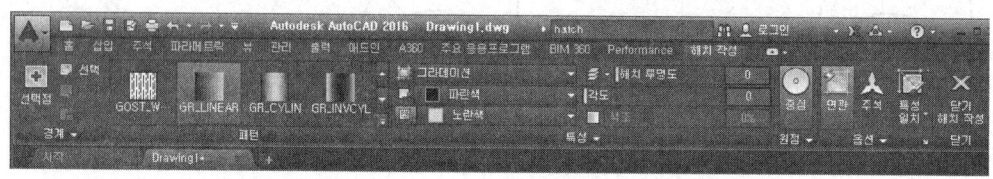

따라하기 1 해치 따라하기

다음 도면을 작성한다.

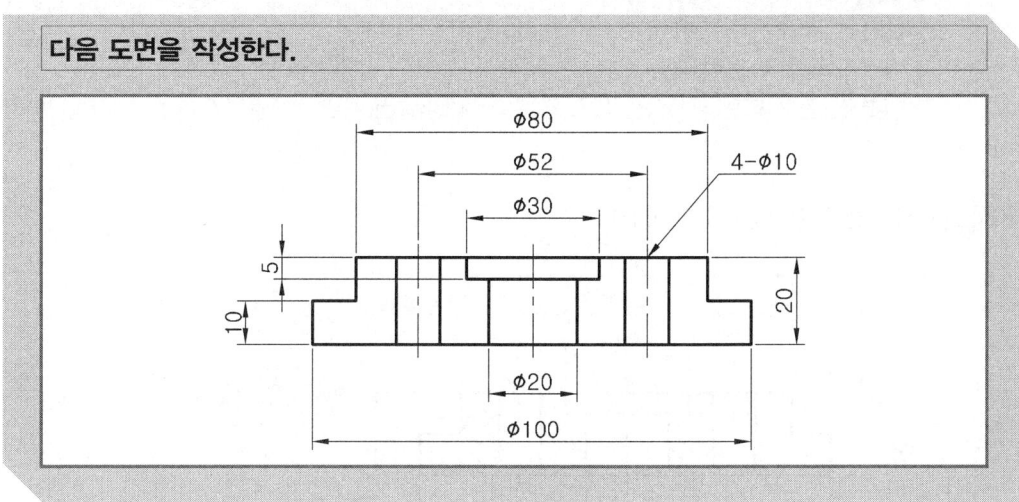

Step 01 해치를 실행한다.

명령 : **hatch** [Enter↵]

Step 02 다음과 같이 설정한다.

❶ 패턴 : ANSI31 / ❷ 각도 : 0, 축척 : 1 / ❸ 추가 : 점 선택 버튼을 클릭한다.

Step 03 도면영역 A ~ D를 차례로 선택하고, [Enter↵]를 누른다.

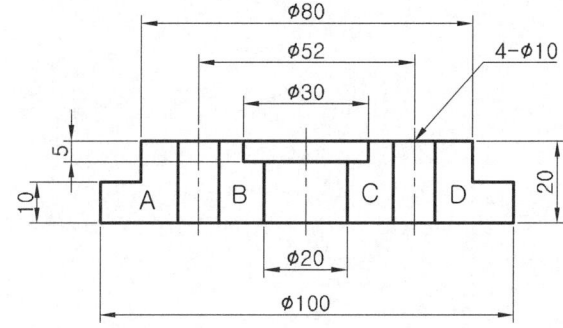

내부 점 선택 또는 [객체 선택(S)/경계 제거(B)] : 모든 것 선택...   〈A~D 영역 지정〉
가시적인 모든 것 선택 중...
선택된 데이터 분석 중...
내부 고립영역 분석 중...
내부 점 선택 또는 [객체 선택(S)/경계 제거(B)] : Enter↵

Step 04 확인을 눌러 해치를 완성한다.

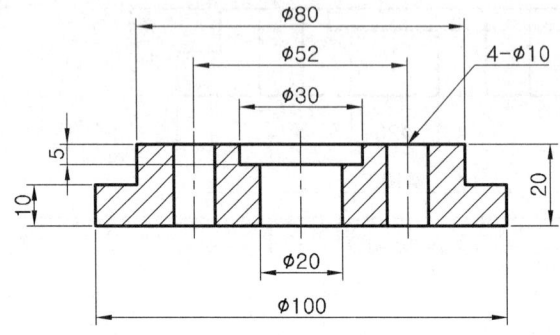

따라하기 2 해치 따라하기

다음 도면을 작성한다.

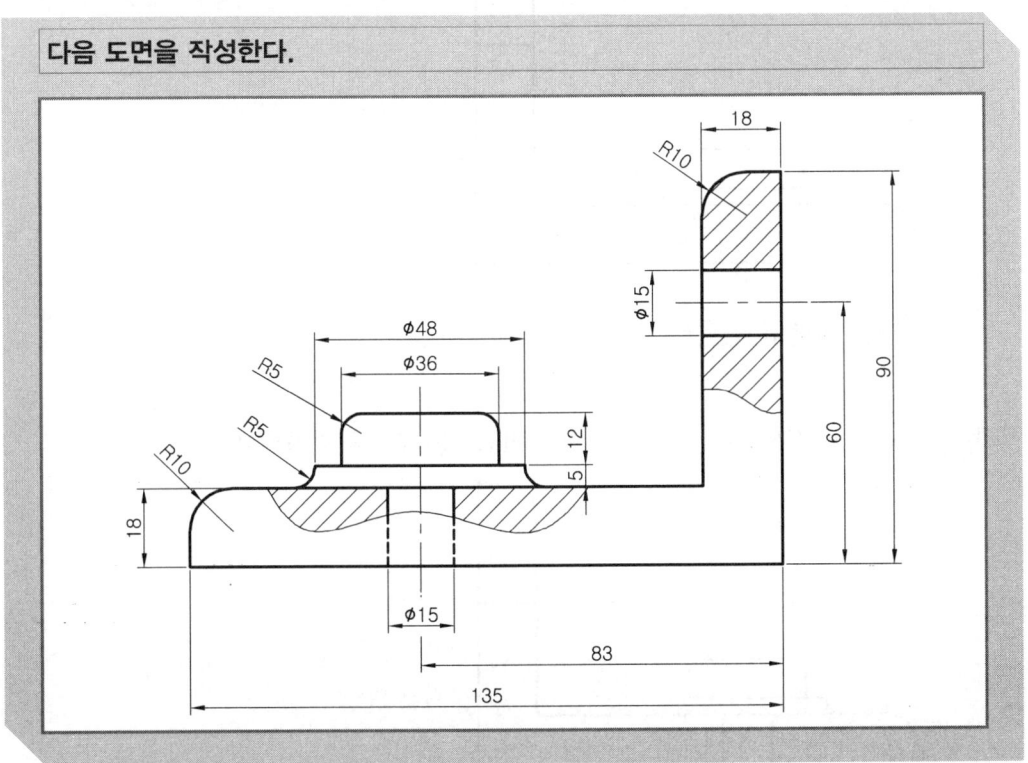

Step 01 스플라인을 실행한다. 해치가 삽입될 경계를 그린다.

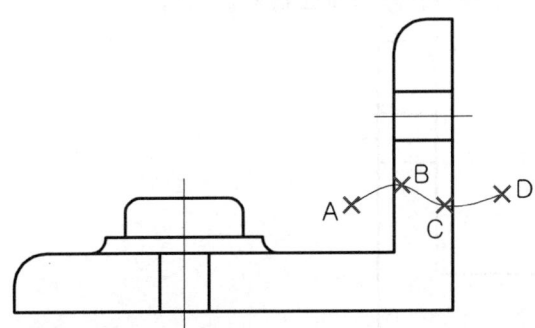

```
명령 : spline Enter
현재 설정 : 메서드=맞춤   매듭=현
첫 번째 점 지정 또는 [메서드(M)/매듭(K)/객체(O)] :           〈A 점 지정〉
다음 점 입력 또는 [시작 접촉부(T)/공차(L)] :              〈B~D 점 지정〉
다음 점 입력 또는 [끝 접촉부(T)/공차(L)/명령 취소(U)/닫기(C)] : Enter
```

Step 02 스플라인을 실행한다. 해치가 삽입될 경계를 그린다.

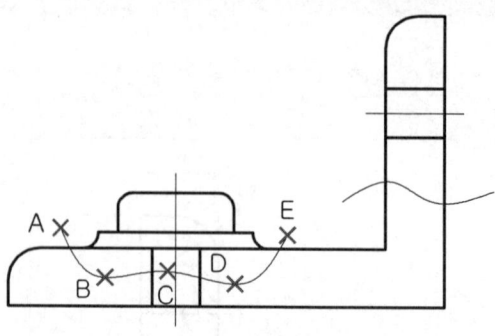

명령 : **spline** Enter↵

Step 03 자르기를 실행한다. 아래 그림처럼 필요없는 부분을 잘라낸다.

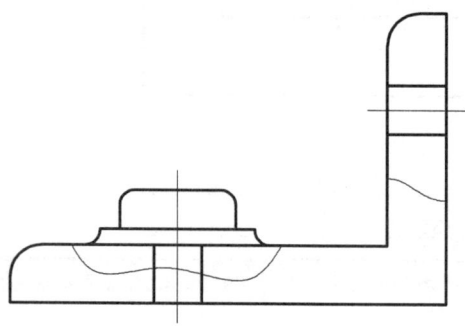

Step 04 끊기를 실행한다. 수직선을 스플라인을 경계로 끊기를 한다.

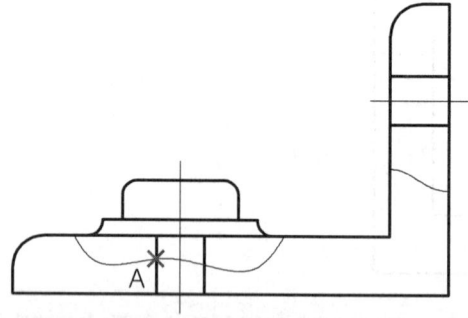

명령 : **break** Enter↵
객체 선택 : 〈끊기할 수직선 선택〉
두 번째 끊기점을 지정 또는 [첫 번째 점(F)] : f Enter↵
첫 번째 끊기점 지정 : 〈A 교차점 지정〉
두 번째 끊기점을 지정 : 〈@ 입력 또는 A 교차점 지정〉

Step 05 끊기를 실행한다. 오른쪽의 수직선도 스플라인의 A점을 경계로 끊기를 한다.

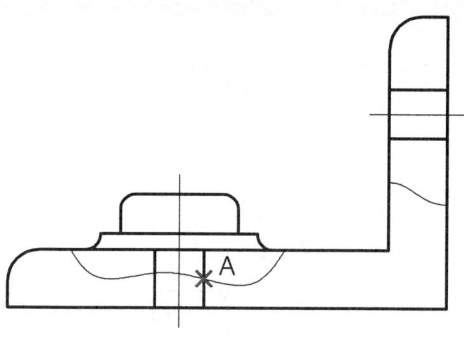

명령 : **break** Enter↵

Step 06 해치를 실행한다. 다음 그림과 같이 설정한다.

명령 : **hatch** Enter↵

❶ 패턴 : ANSI31 / ❷ 각도 : 0, 축척 : 1 / ❸ 추가 : 점 선택 클릭

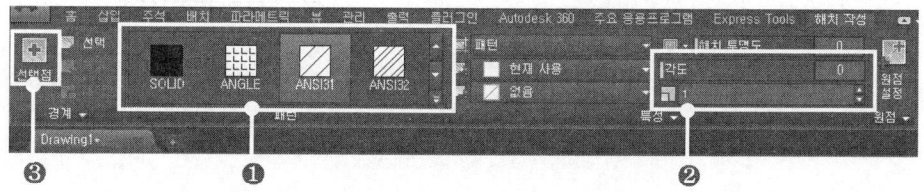

Step 07 도면영역의 A ~ D를 차례로 클릭하여 지정한다. Enter↵를 누른다.

Step 08 확인을 누른다. 해치가 완성되었다.

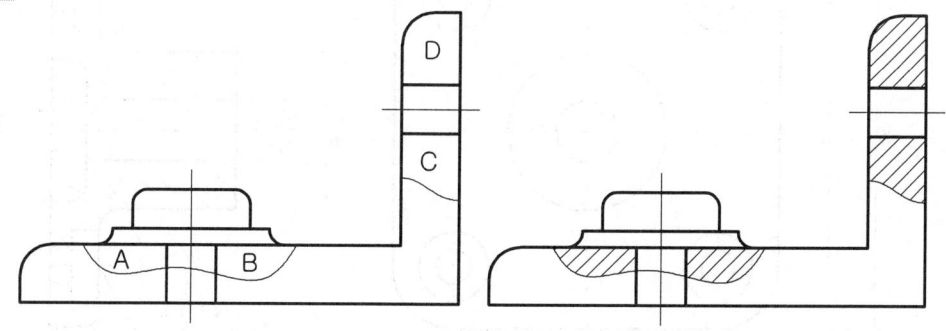

연습과제 1　실습도면 작성하기

[과제] 앞에서 학습한 해치를 이용하여 다음 도면을 작성한다.

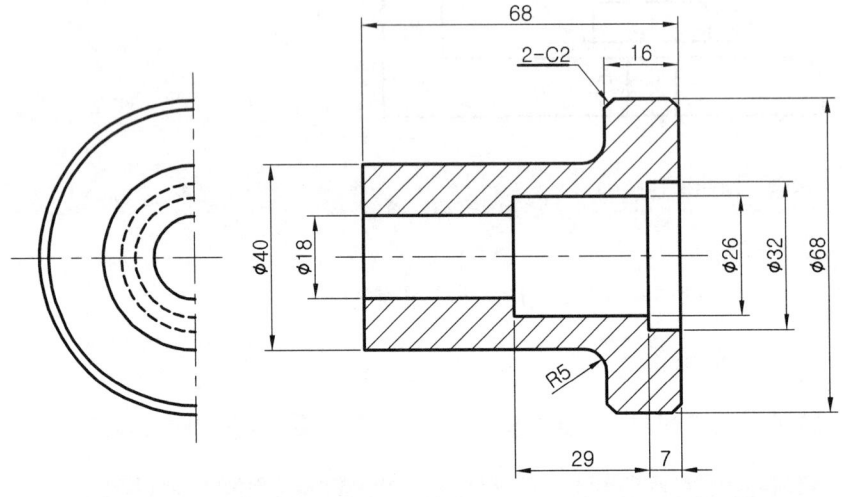

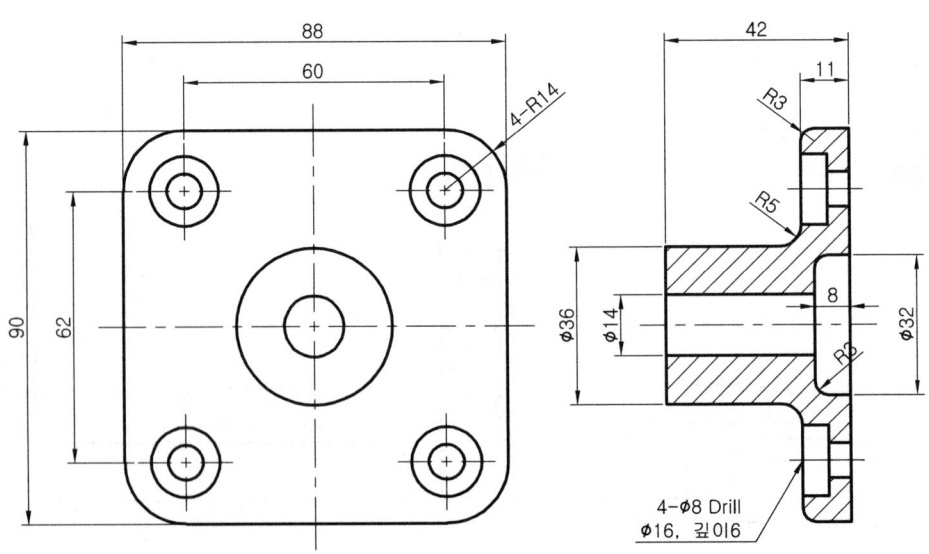

연습과제 2 실습도면 작성하기

[과제] 앞에서 학습한 해치를 이용하여 다음 도면을 작성한다.

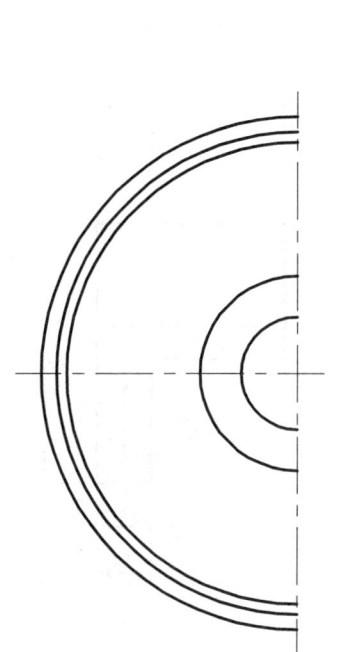
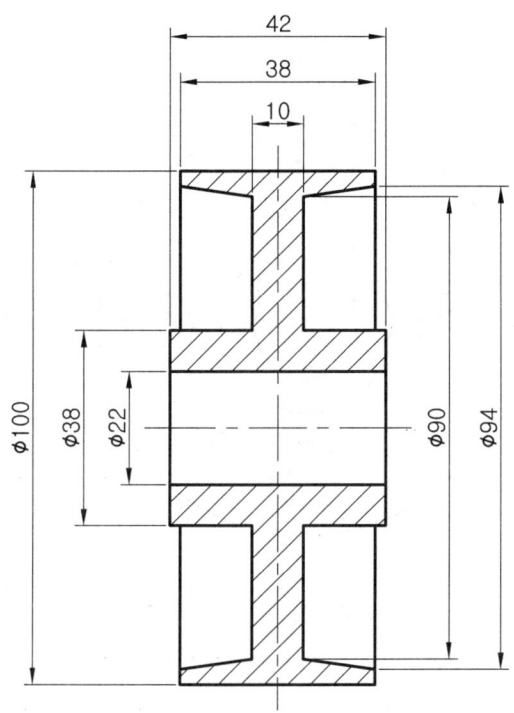
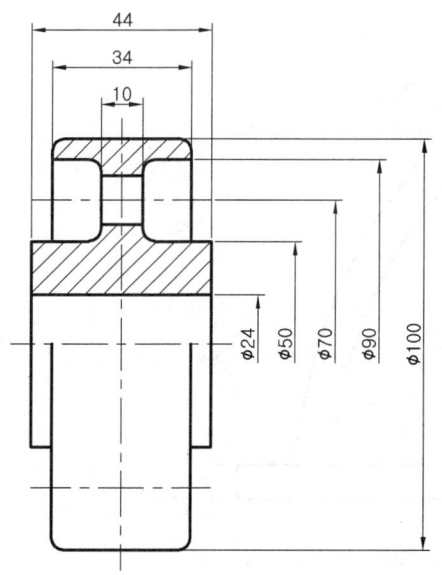

지시없는 라운드 R3

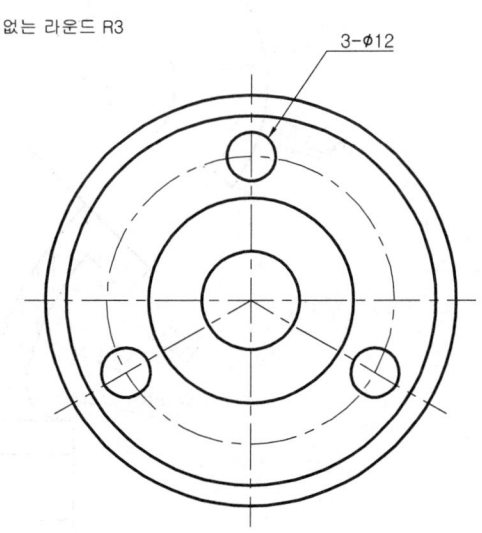

연습과제 3 실습도면 작성하기

[과제] 앞에서 학습한 해치를 이용하여 다음 도면을 작성한다.

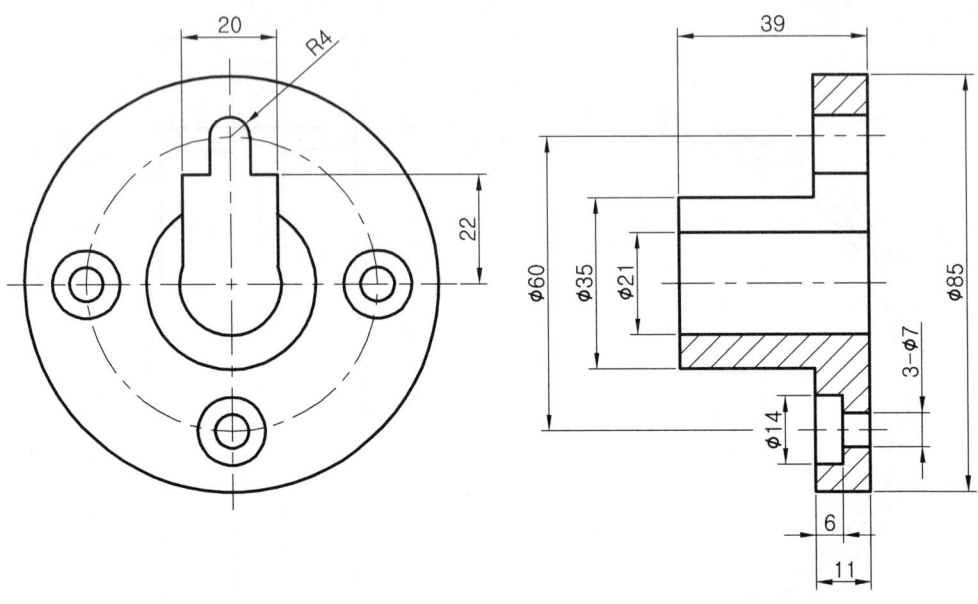

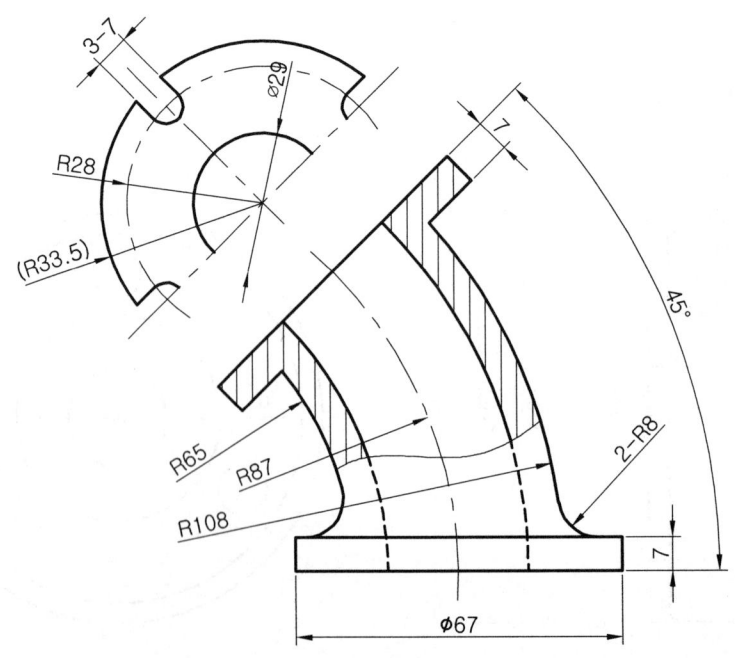

연습과제 4   실습도면 작성하기

[과제] 앞에서 학습한 해치를 이용하여 다음 도면을 작성한다.

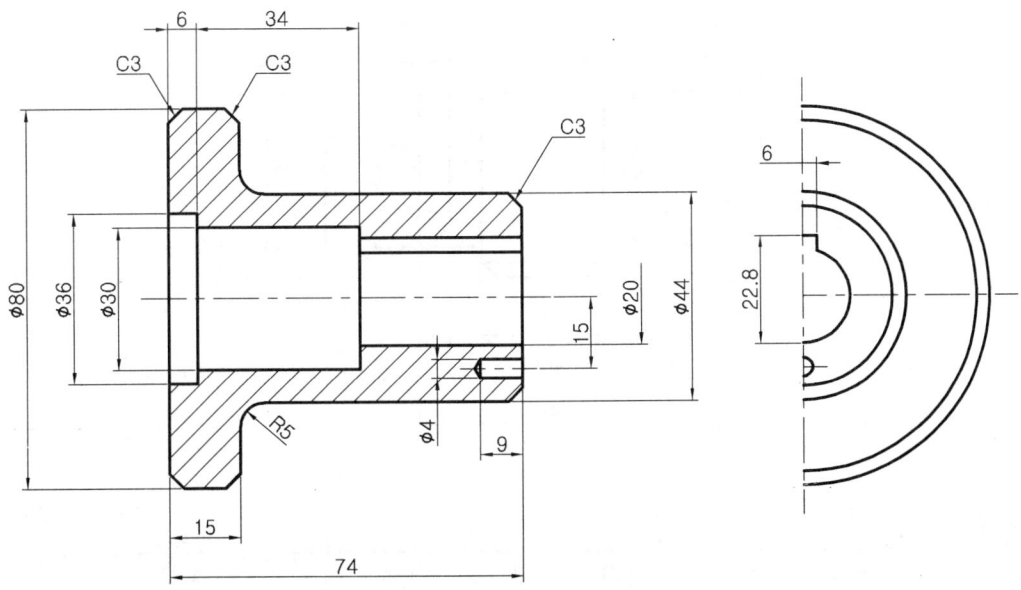

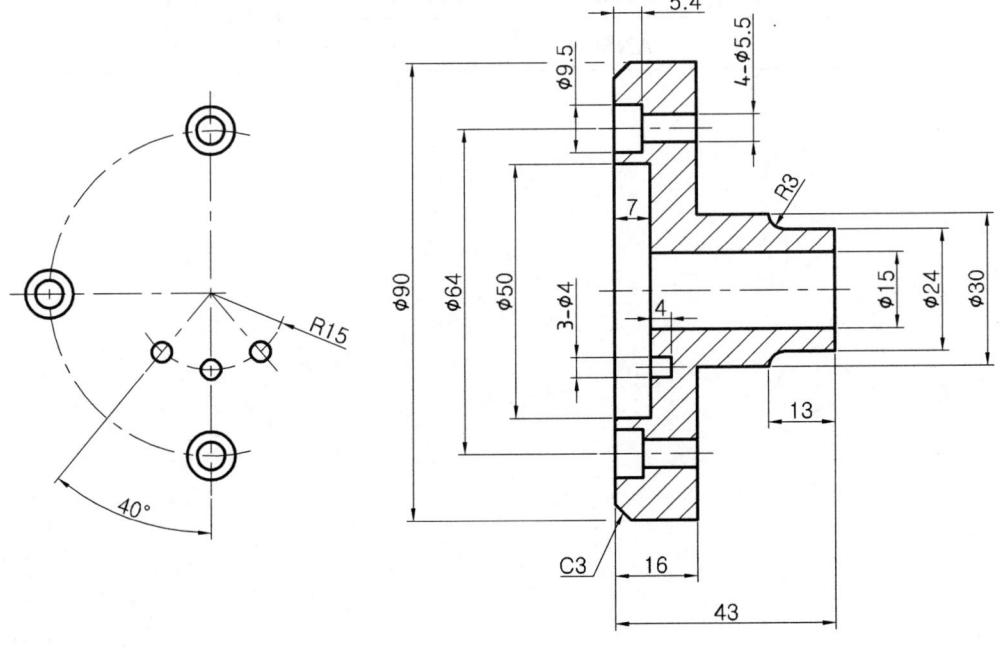

연습과제 5 실습도면 작성하기

[과제] 앞에서 학습한 해치를 이용하여 다음 도면을 작성한다.

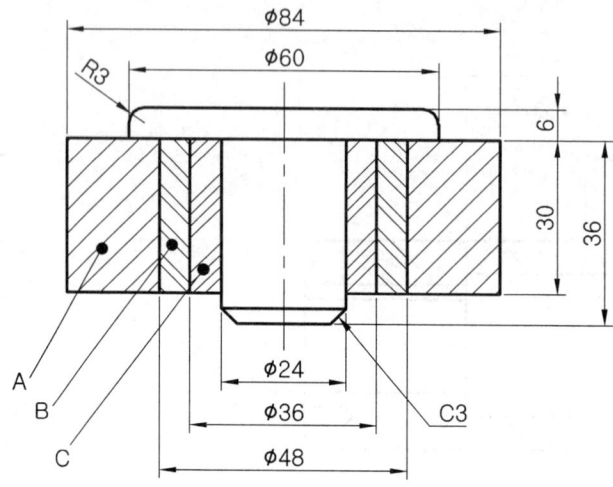

	패턴	각도	축척
A	ANSI31	0	0.5
B	ANSI32	90	1
C	ANSI34	0	0.5

3. 문자 스타일(Style)

문자는 도면의 제목을 입력하거나, 주의사항 또는 지정사항 등을 위해 주석(Note)을 입력하는 등, 도면을 구성하는데 없어서는 안 될 중요한 정보를 전달한다.

- ✓ 명령입력 : style
- ✓ 리본메뉴 : 홈 → 주석 → 문자 스타일
- ✓ 단축키 : st

문자 스타일은 글꼴, 문자높이 등을 설정하여 글자를 쓸 수 있게 만들어 준다.

명령 : **style** Enter↵

✘ 문자 스타일에서는 도면작업을 위해 다음과 같이 설정한다.

　글꼴이름 : 굴림　/　높이 : 3.15

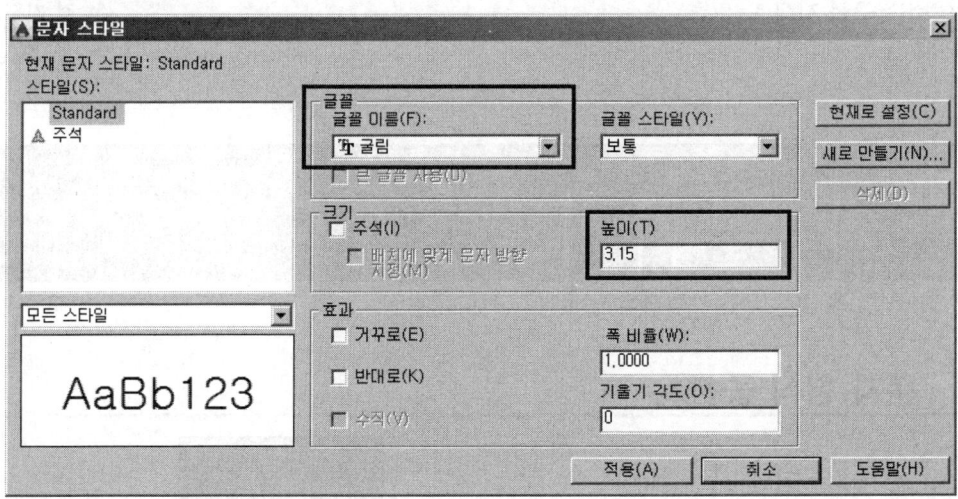

① **글꼴 이름(F)** : 사용할 글꼴을 지정한다.
② **글꼴 스타일(Y)** : 큰 폰트를 사용할 때 특정한 형태를 지정한다.
③ **높이(T)** : 문자의 높이를 지정한다.
④ **효과** : 문자에 각종 효과를 적용한다.

4. 여러 줄 문자(Mtext)

여러 줄로 문자를 입력하며, 문장 단위로 인식한다. 문서 편집 기능을 가지고 있다.

- ✓ 명령입력 : mtext
- ✓ 리본메뉴 : 홈 → 주석 → 문자 → 여러 줄 문자
- ✓ 단축키 : mt

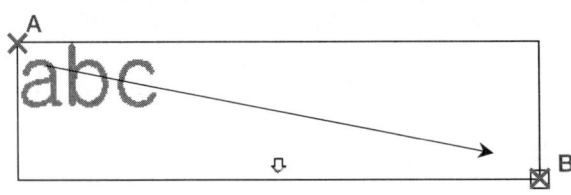

```
명령 : mtext Enter
현재 문자 스타일 : "Standard"  문자 높이 : 3.15  주석 : 아니오
첫 번째 구석 지정 :                                          〈A 점 지정〉
반대 구석 지정 또는 [높이(H)/자리맞추기(J)/선 간격두기(L)/회전(R)/스타일(S)/폭(W)/열(C)
)] :                                      〈문자가 들어갈 영역의 B 점 지정〉
```

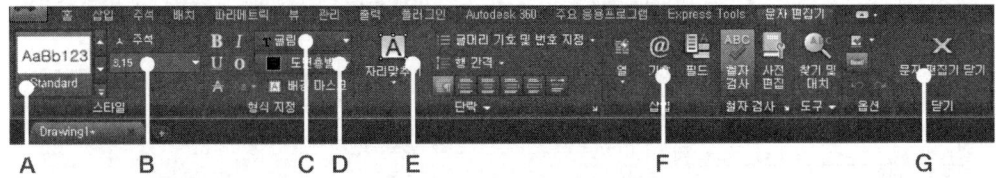

A   B   C   D   E   F   G

4.1 문자 형식 옵션

A. 문자 스타일을 지정한다.
B. 문자의 높이를 조절한다.
C. 글꼴(Font)을 지정한다.
D. 색상을 변경한다.
E. 문자의 정렬 방식을 결정한다.
F. 특수문자를 사용할 수 있다.
G. 문자 입력을 완료한다.

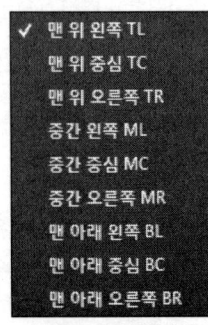

[문자 정렬 방식]

4.2 특수문자 입력

A 특수문자

글자 입력 창에 %%c를 입력하면 화면에 Ø가 나타난다.

입력 방법	내 용	입 력	출 력
%%c	지름 기호 (Ø)	%%c30	Ø30
%%p	허용오차 기호 (±)	30%%p0.1	30±0.1
%%d	각도 기호 (°)	45%%d	45°

B 스택 문자 (분수입력)

글자를 입력하는 창에 1/2를 먼저 입력하고, 마우스로 드래그하여 선택한 후, 스택 버튼을 누르고, OK를 누른다.

1/2 ⇨ ⇨ $\frac{1}{2}$

Stack 하기 전 입력 내용	Stack 하기 후 출력 내용
1/2	$\frac{1}{2}$
1#2	$\frac{1}{2}$
+0.02^-0.01	+0.02 -0.01

C 한문 문자

한글을 먼저 입력하고, 마우스로 드래그하여 선택한 후, 키보드 "한자" 버튼을 누른다.

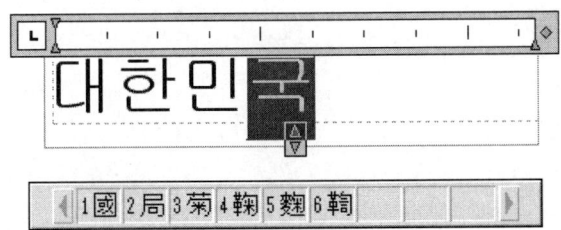

5. 문자 편집(ddedit)

문자를 선택하여 입력된 내용을 수정/편집한다.

✓ 명령입력	:	ddedit
✓ 리본메뉴	:	—
✓ 단축키	:	ed

명령 : **ddedit** [Enter↵]
주석 객체 선택 또는 [명령 취소(U)] :

6. AutoCAD에서 지원하는 글자체로 설정하기

① 명령 : st Enter↵ 〈Style 명령 실행〉
② SHX글꼴에서 "Romans.shx"를 선택하고, 큰 글꼴 사용에 체크 표시를 한다.
③ 큰 글꼴에 "whgtex.shx"를 선택한다.
④ 적용을 누르면 글꼴이 확인된다.

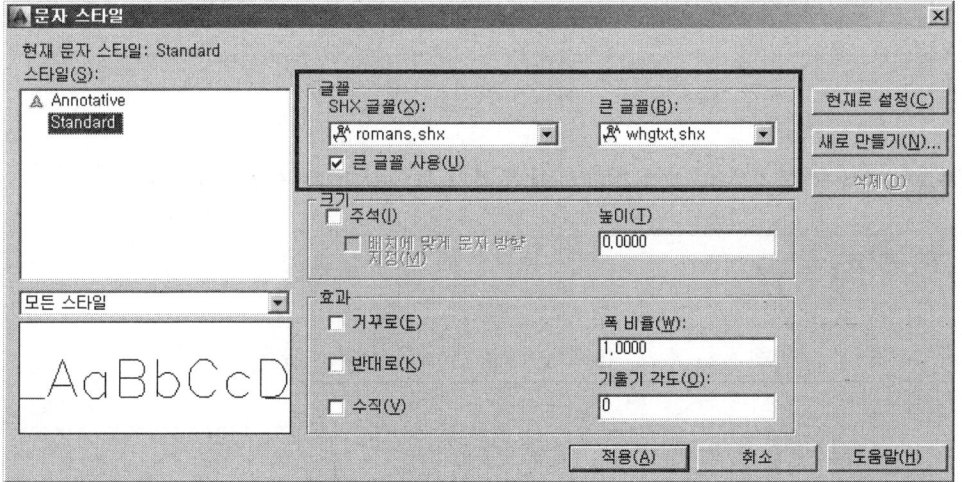

 글꼴(Font)을 지정할 때 "@"가 붙어 있는 글꼴은 문자 회전각(Ratation Angle)이 기본적으로 270로 지정되어 세로쓰기가 된다. AutoCAD2005버전까지는 90도 우회전된다.

따라하기 1 문자 작성하기

앞에서 배운 문자를 이용하여 다음을 작성한다.

```
            주   서
   1. 일반공차 - 가) 가공부 : KS B ISO 2768-m
                나) 주조부 : KS B 0250 CT-11
                다) 주강부 : KS B 0418 보통급
   2. 도시되고 지시없는 모따기는 1x45°
                    필렛 및 라운드 R3
   3. 일반 모따기는 0.2x45°
   4. (   )부 외면 명청색, 명적색 도장 후 가공 (품번  ,  )
   5. 표면거칠기 기호
```

Step 01 여러 줄 문자(Mtext)를 실행하여 문자가 들어갈 곳을 지정한다.

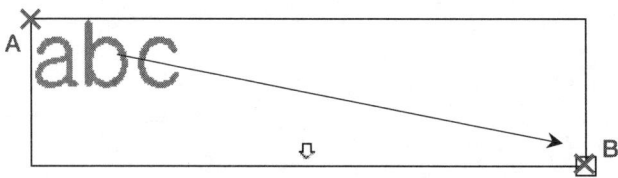

```
명령 : mtext Enter↵
현재 문자 스타일 : "Standard" 문자 높이 : 3.15  주석 : 아니오
첫 번째 구석 지정 :                                      〈A 점 지정〉
반대 구석 지정 또는 [높이(H)/자리맞추기(J)/선 간격두기(L)/회전(R)/스타일(S)/폭(W)/
열(C)] :                                   〈문자가 들어갈 영역의 B 점 지정〉
```

Step 02 글꼴 "굴림", 문자높이 "5", 색상 "파란색"을 지정하고, [주서]를 입력한다.

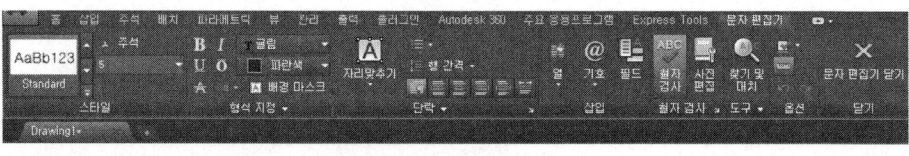

Step 03 문자높이 "3.15", 색상 "도면층별"로 지정하고, 나머지 문자를 입력한다.

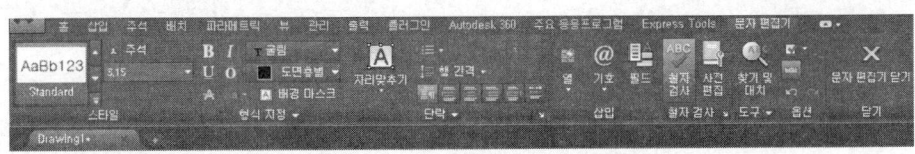

주 서
1. 일반공차 - 가) 가공부 : KS B ISO 2768-m
　　　　　　　나) 주조부 : KS B 0250 CT-11
　　　　　　　다) 주강부 : KS B 0418 보통급
2. 도시되고 지시없는 모따기는 1x45°
　　　　　　　　　필렛 및 라운드 R3
3. 일반 모따기는 0.2x45°
4. (　)부 외면 명청색, 명적색 도장 후 가공 (품번　,　)
5. 표면거칠기 기호

따라하기 2   표제란 작성하기

다음의 표제란을 작성한다.
굵게 표시된 선 : 초록색 / 가늘게 표시된 선 : 빨간색 / 글자 : 노란색, 높이 3.15

품번	품 명	재 질	수량	비 고
3	스 퍼 기 어	SC49	1	
2	축	SCM415	1	
1	하 우 징	GC200	1	

작품명	동력전달장치3	척 도	1 : 1
		도 번	

치수: 12, 43, 25, 20, 20 (가로 상단) / 20, 60, 15, 25 (가로 하단) / 48, 8, 8 (세로)

Step 01 선을 실행한다. 길이 120의 수평기준선과 길이 48의 수직기준선을 그린다.

Step 02 간격띄우기를 실행한다. 수평 기준선을 위로 8만큼씩 간격띄우기를 한다.

Step 03 수직 기준선도 치수에 맞게 간격띄우기를 한다.

Step 04 자르기를 실행한다. 필요없는 선들을 잘라낸다.

Step 05 간격띄우기를 실행한다. 수직 기준선도 치수에 맞게 간격띄우기를 한다.

Step 06 자르기를 실행한다. 필요없는 선들을 잘라낸다.

Step 07 문자 스타일을 실행한다.

> 명령 : **style** [Enter↵]

글꼴 이름 : "굴림" / 높이 : "3.15"를 입력하고 적용 및 닫기를 누른다.

Step 08 여러 줄 문자를 실행한다. 문자가 들어갈 A와 B점을 지정한다.

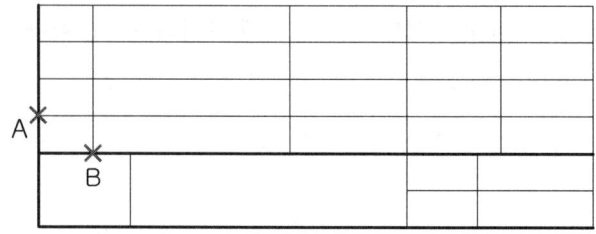

> 명령 : **mtext** [Enter↵]
> 현재 문자 스타일 : "Standard" 문자 높이 : 2.5 주석 : 아니오
> 첫 번째 구석 지정 :   〈A 점 지정〉
> 반대 구석 지정 또는 [높이(H)/자리맞추기(J)/선 간격두기(L)/회전(R)/스타일(S)/폭(W)/
> 열(C)] :   〈B 점 지정〉

Step 09 정렬 방식을 "중간 중심"으로 변경한다.

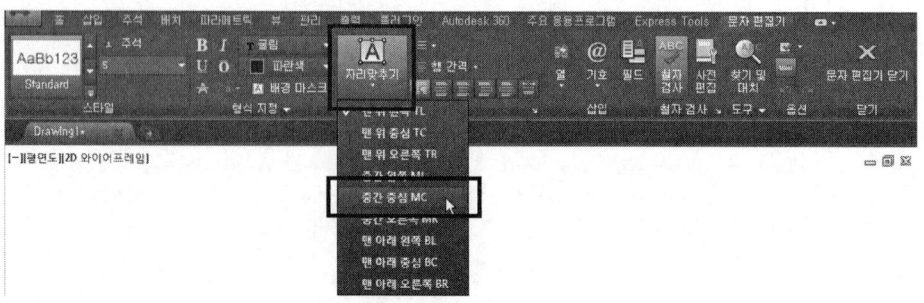

Step 10 문자 입력창에 "품번"을 입력하고, [문자편집기 닫기]를 누른다.

Step 11 다시 여러 줄 문자를 실행한다. 문자가 들어갈 A와 B점을 지정한다.

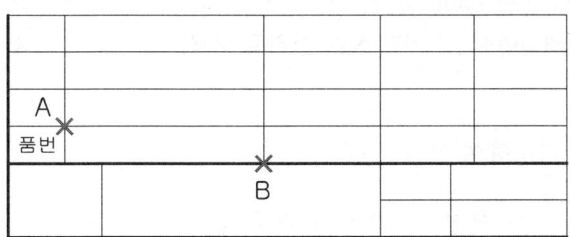

Step 12 정렬 방식을 "중간 중심"으로 변경하고, 문자 입력창에 "품명"을 입력한다. 확인을 누른다.

Step 13 위와 같은 방법으로 "재질", "수량", "비고"의 문자를 입력한다.

Step 14 복사를 실행한다. 입력한 문자를 복사시킨다.

```
명령 : copy [Enter↵]
객체 선택 :                                                          〈문자 선택〉 [Enter↵]
현재 설정 : 복사 모드 = 다중(M)
기본점 지정 또는 [변위(D)/모드(O)] 〈변위〉 :                              〈A 점 지정〉
두 번째 점 지정 또는 [배열(A)] 〈첫 번째 점을 변위로 사용〉 :              〈B 점 지정〉
```

Step 15 계속해서 C, D, E점을 지정하여 복사를 한다.

품번	품 명	재 질	수 량	비 고
품번	품 명	재 질	수 량	비 고
품번	품 명	재 질	수 량	비 고
품번	품 명	재 질	수 량	비 고

```
두 번째 점 지정 또는 [배열(A)] 〈첫 번째 점을 변위로 사용〉 : 〈C,D,E 점 지정〉 [Enter↵]
```

Step 16 문자편집을 실행한다. 바꿀 문자를 선택하고, 문자를 입력한 후, 확인을 누른다.

품번	품 명	재 질	수 량	비 고
품번	품 명	재 질	수 량	비 고
✕	품 명	재 질	수 량	비 고
품번	품 명	재 질	수 량	비 고

```
명령 : ddedit [Enter↵]
주석 객체 선택 또는 [명령 취소(U)] :              〈문자 선택 및 새로운 문자 입력〉
```

Step 17 바꿀 문자를 선택하고, 문자를 입력한 후, 확인을 누른다.

품번	품 명	재 질	수 량	비 고
품번	품 명	재 질	수 량	비 고
1	하 ✕ 징	재 질	수 량	비 고
품번	품 명	재 질	수 량	비 고

Step 18 나머지도 편집으로 문자를 변경한다. 필요없는 부분은 지운다.

3	스 퍼 기 어	SC49	1	
2	축	SCM415	1	
1	하 우 징	GC200	1	
품번	품 명	재 질	수 량	비 고

Step 19 여러 줄 문자를 실행한다. 문자를 입력한다.

3	스 퍼 기 어	SC49	1	
2	축	SCM415	1	
1	하 우 징	GC200	1	
품번	품 명	재 질	수 량	비 고
작품명	동력전달장치3		척도	1 : 1
			도번	

연습과제 1 표제란 작성하기

[과제] 선과 문자를 이용하여 표를 작성한다. (문자크기 : 3.15)

5	커 플 링	GC25	1	
4	축	SCM415	1	
3	기 어	SC45	1	
2	커 버	GC25	2	
1	몸 체	GC25	1	
품번	품 명	재 질	수량	비 고

치수: 20, 60, 40, 20, 30 / 65, 10, 15

연습과제 2 스퍼기어 요목표 작성하기

[과제] 선과 문자를 이용하여 표를 작성한다. (문자크기 : 3.15)

스 퍼 기 어 요 목 표		
구분 / 품명		2
기어 치형		표 준
기준래크	치 형	보 통 이
	모 듈	2
	압력각	20°
잇 수		70
피치원지름		⌀140
전체이높이		4.5
다듬질방법		호브 절삭

치수: 60, 30 / 8, 8, 80

7. 치수 구성요소

설계자의 의도를 충분히 전달하기 위해 도면의 정보를 치수로 기입한다.
치수의 기본 요소는 치수선, 치수보조선, 치수문자, 화살표, 지시선을 이용하여 작성한다.

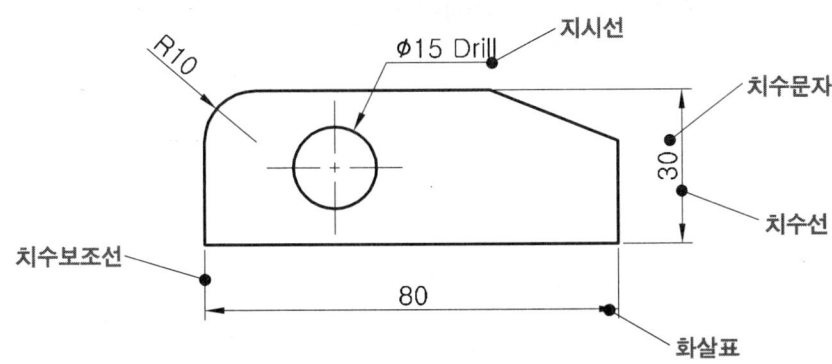

[기계제도의 치수 보조 기호]

구 분	기 호	사 용 예	사 용 법
지름	∅	∅10	지름 치수의 치수 앞에 붙인다.
반지름	R	R10	반지름 치수의 치수 앞에 붙인다.
구의 지름	S∅	S∅10	구 지름 치수의 치수 앞에 붙인다.
구의 반지름	SR	SR10	구 반지름 치수의 치수 앞에 붙인다.
정사각형의 변	□	□10	정사각형 한 변의 치수 앞에 붙인다.
판의 두께	t	t10	판 두께의 치수 앞에 붙인다.
원호 길이	⌒	⌒10	원호의 길이 치수 앞에 붙인다.
45도 모따기	C	C5	45도 모따기 치수 앞에 붙인다.
이론상 치수	□	5	이론적으로 정확한 치수 수치를 둘러싼다.
참고치수	( )	(5)	참고치수의 치수에 괄호를 친다.

8. 치수 스타일(Dim Style)

AutoCAD에서 도면 작업을 위한 기본 치수 유형을 설정한다.

- ✓ 명령입력 : dimstyle
- ✓ 리본메뉴 : 홈 → 주석 → 치수스타일
- ✓ 단축키 : ddim

따라하기 : 치수스타일 지정하기

AutoCAD에서 자주 사용되는 치수스타일을 따라하면서 지정하는 방법을 익힌다.

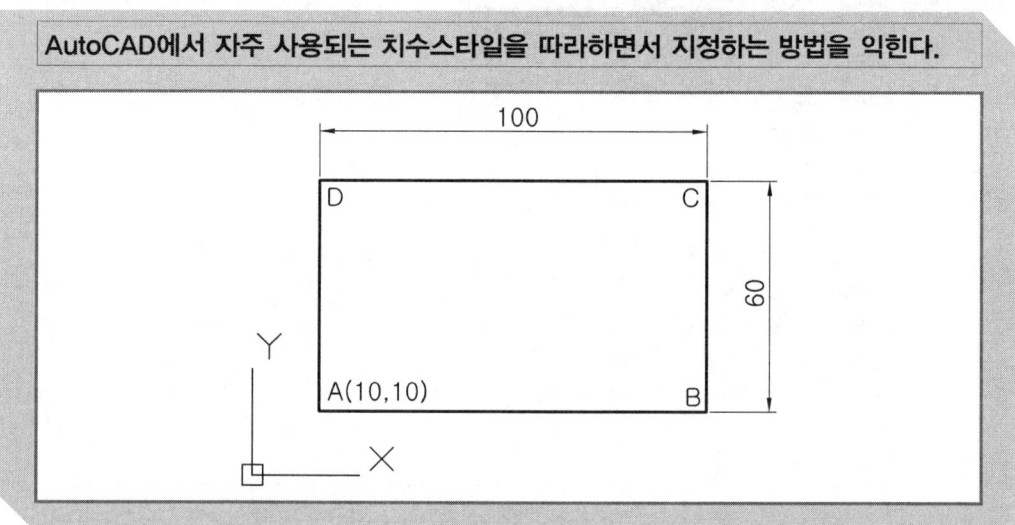

Step 01 치수스타일을 실행한다.

명령 : **ddim** [Enter↵]

Step 02 치수 스타일 관리자 창에서 "수정(M)"을 클릭한다.

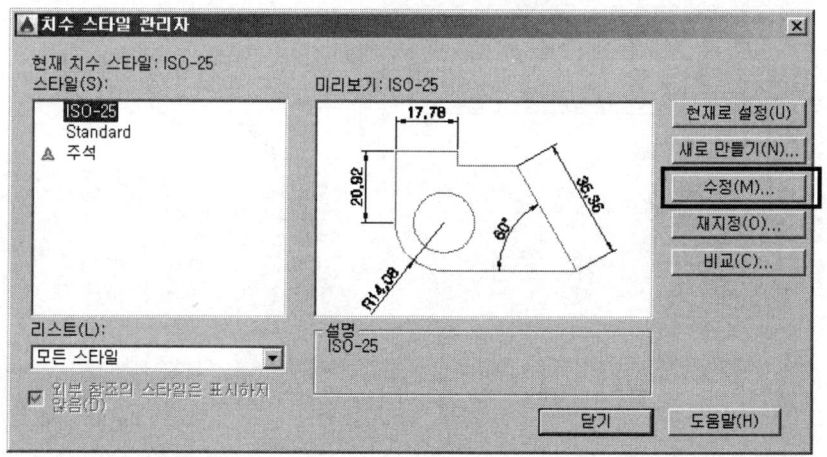

Step 03 선 탭을 누른다.
치수선과 치수보조선의 색상을 "빨간색"으로 하고, 기준선 간격에 "8",
치수선 너머로 연장에 "2", 원점에서 간격띄우기에 "1"을 입력한다.

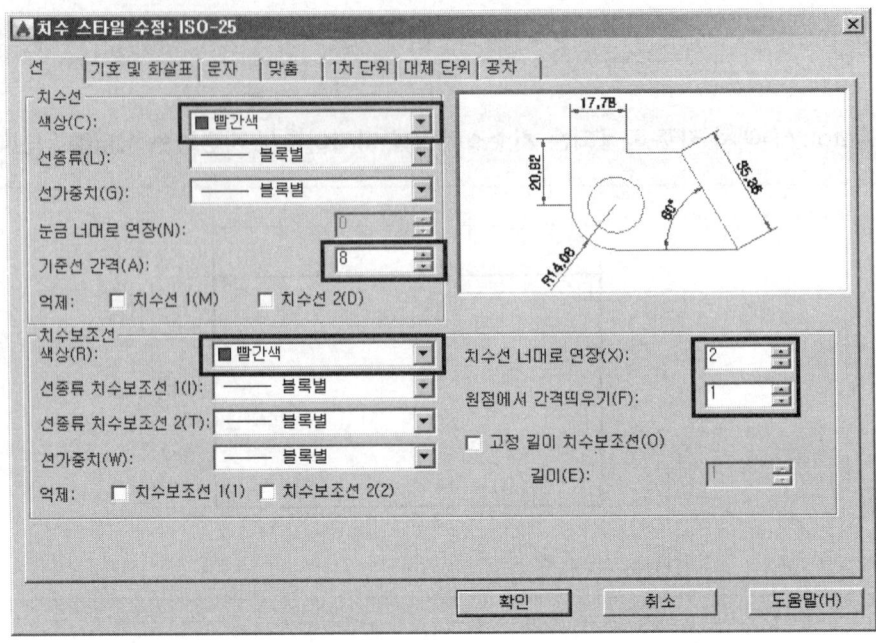

Step 04 기호 및 화살표 탭을 누른다.
화살표 크기에 "3.15", 중심표식에 "없음"을 지정한다.

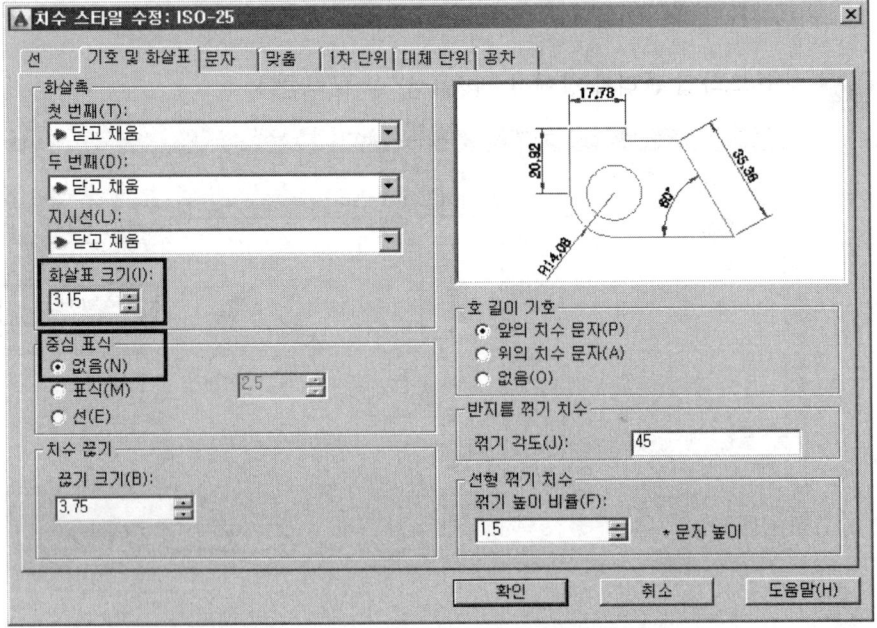

Step 05 문자 탭을 누른다.
문자 색상은 "노란색", 문자 높이에 "3.15", 치수선에서 간격띄우기에 "1"을 입력한다.

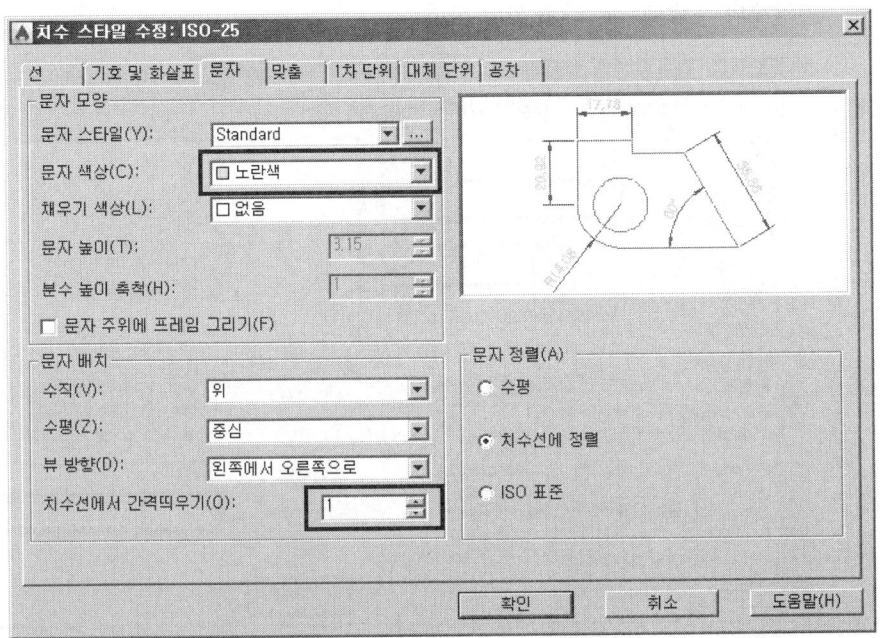

Step 06 맞춤 탭을 누른다. 변경없이 기본값을 그대로 적용한다.

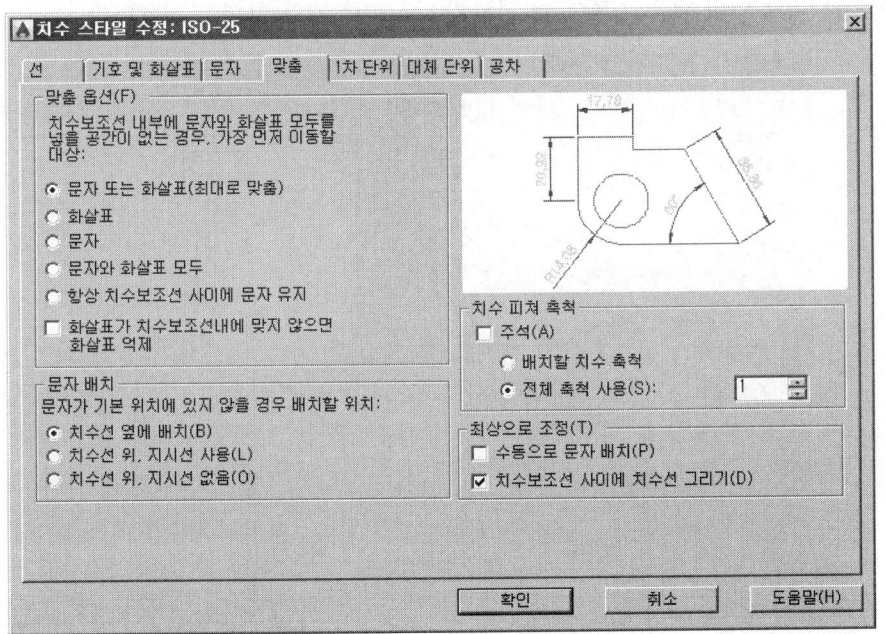

Step 07 1차 단위 탭을 누른다.
소수 구분 기호를 "마침표", 선형치수와 각도치수의 정밀도를 "0.0",
0억제의 후행에 "체크" 표시를 한다.

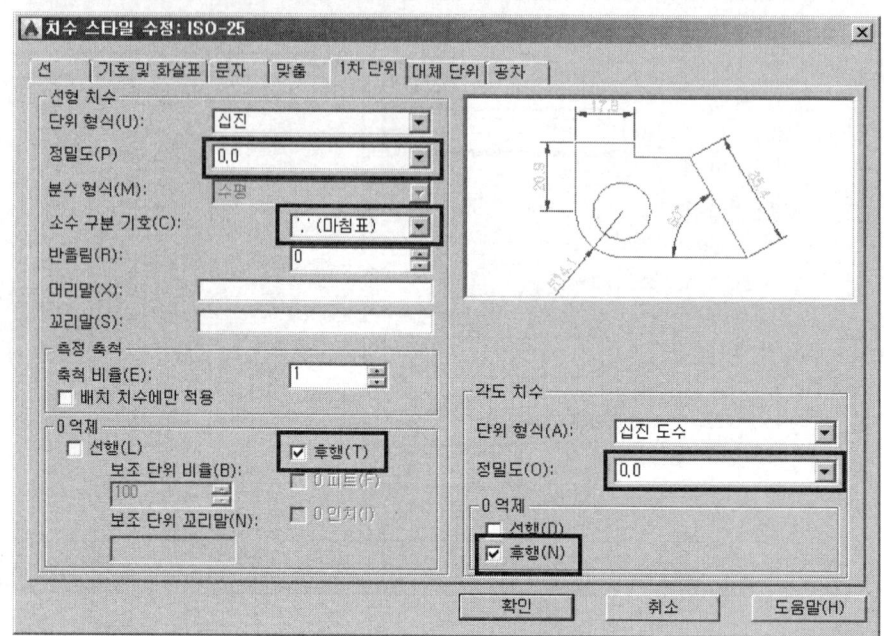

Step 08 대체 단위 탭을 누른다. 변경하지 않고 기본값을 그대로 적용한다.

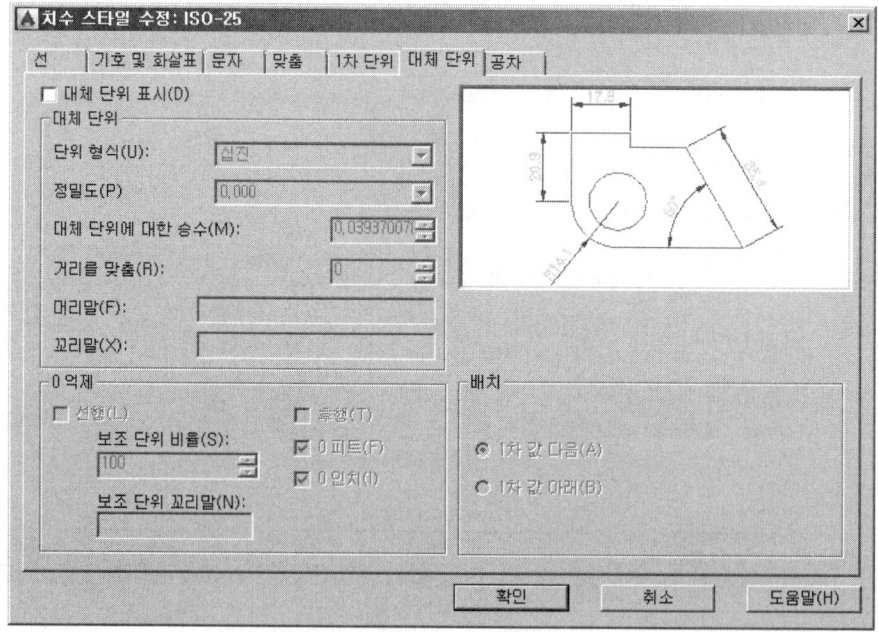

Step 09 공차 탭을 누른다. 변경하지 않고 기본값을 그대로 적용한다.

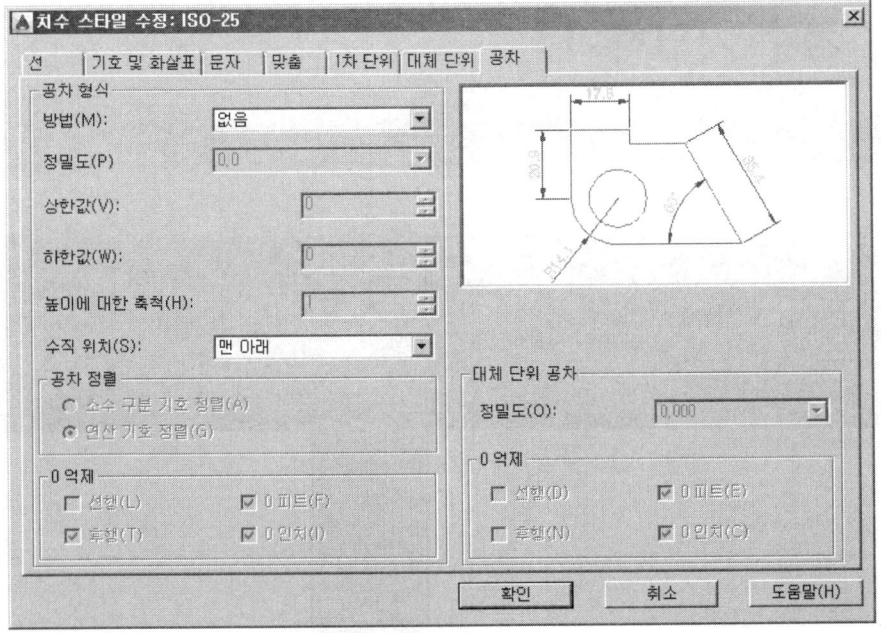

Step 10 확인 버튼을 눌러 일반 치수의 설정을 완료한다.

Step 11 치수 스타일 관리자 창에서 닫기를 누른다.

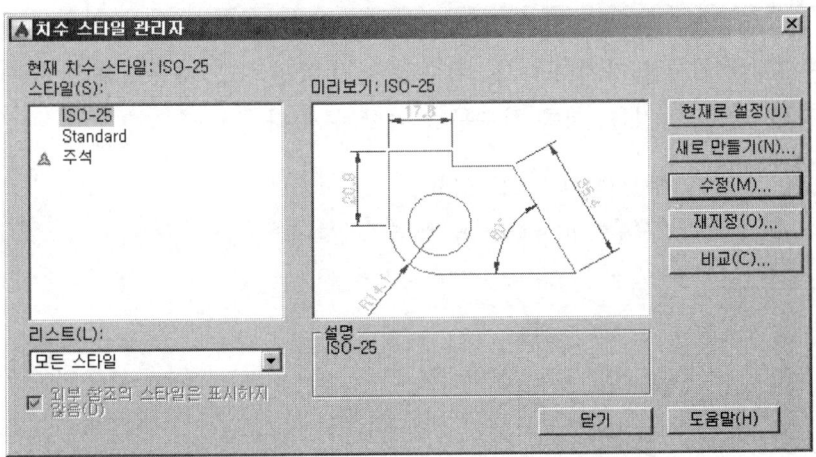

9. 치수 기입하기

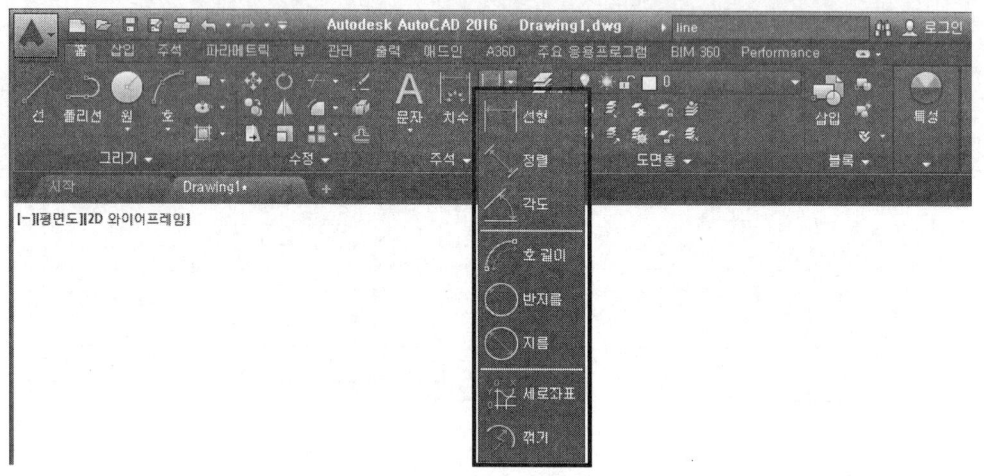

9.1 치수(Dim), (스마트치수)

선택한 객체에 커서를 가져다 대면, 치수를 미리 확인하고, 자동으로 생성한다.
선형, 정렬, 각도, 반지름, 지름 치수를 기입할 수 있다.

- ✓ 명령입력 : dim
- ✓ 리본메뉴 : 홈 → 주석 → 치수
- ✓ 단축키 : ─

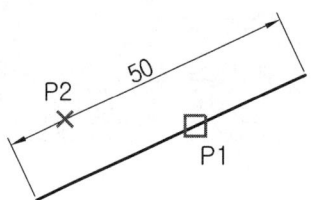
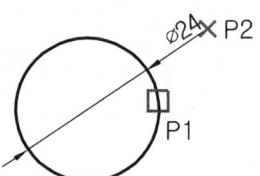

```
명령 : dim Enter↵
객체 선택 또는 첫 번째 치수보조선 원점 지정 또는 [각도(A)/기준선(B)/계속(C)/세로좌표(O)/
정렬(G)/분산(D)/도면층(L)/명령 취소(U)] :          <P1선에 마우스를 가져감 - 치수미리보기>
치수보조선 원점을 지정할 선 선택 :                              <P1 선 지정>
치수선 위치 또는 각도의 두 번째 선 지정 [여러 줄 문자(M)/문자(T)/문자 각도(N)/명령 취소(U
)] :                                                       <P2 선 지정>
객체 선택 또는 첫 번째 치수보조선 원점 지정 또는 [각도(A)/기준선(B)/계속(C)/세로좌표(O)/
정렬(G)/분산(D)/도면층(L)/명령 취소(U)] : Enter↵
```

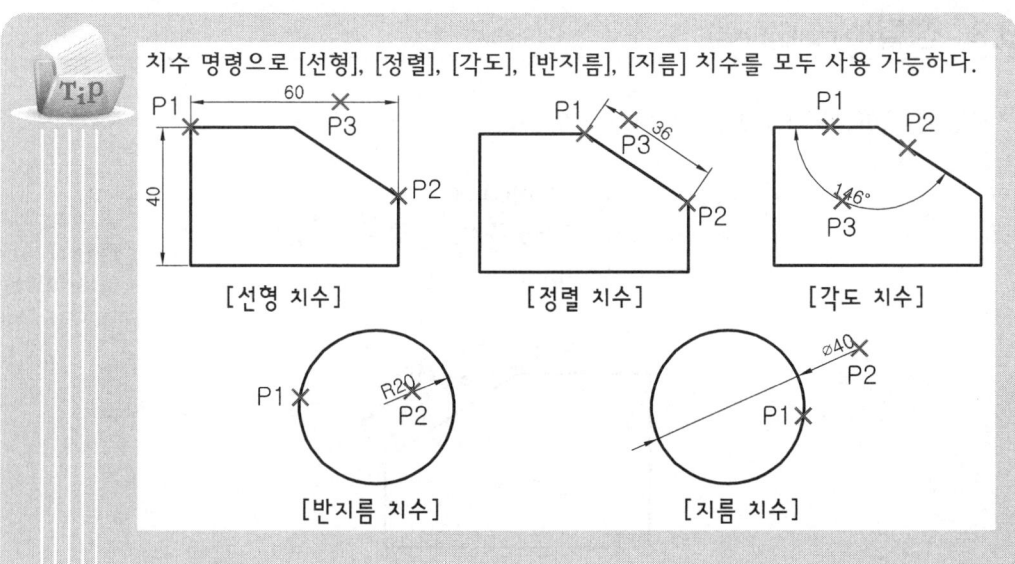

9.2 선형(Dimlinear)

선형(수직, 수평) 치수를 기입한다.

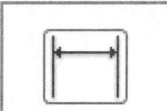

✓명령입력	: dimlinear
✓리본메뉴	: 홈 → 주석 → 선형
✓단축키	: dimlin

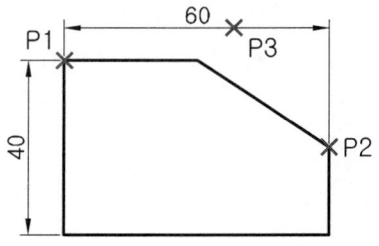

```
명령 : dimlinear [Enter↵]
첫 번째 치수보조선 원점 지정 또는 〈객체 선택〉 :                    〈P1 점 지정〉
두 번째 치수보조선 원점 지정 :                                      〈P2 점 지정〉
치수선의 위치 지정 또는
[여러 줄 문자(M)/문자(T)/각도(A)/수평(H)/수직(V)/회전(R)] :     〈치수 삽입점 P3 지정〉
치수 문자 = 60
```

9.3 정렬(Dimaligned)

정렬된 선형 치수(평행한 치수)를 기입한다.

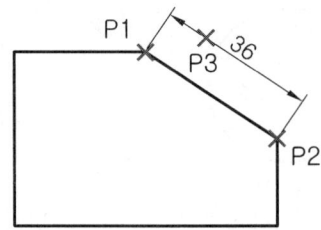

✓명령입력	:	dimaligned
✓리본메뉴	:	홈 → 주석 → 정렬
✓단축키	:	dimali

```
명령 : dimaligned
첫 번째 치수보조선 원점 지정 또는 〈객체 선택〉 :                    〈P1 점 지정〉
두 번째 치수보조선 원점 지정 :                                      〈P2 점 지정〉
치수선의 위치 지정 또는
[여러 줄 문자(M)/문자(T)/각도(A)] :                              〈치수 삽입점 P3 지정〉
치수 문자 = 36
```

9.4 반지름(Dimradius)

원이나 호의 반지름 치수를 기입한다. 치수문자 앞에 "R"기호가 추가된다.

- ✓ 명령입력 : dimradius
- ✓ 리본메뉴 : 홈 → 주석 → 반지름
- ✓ 단축키 : dimrad

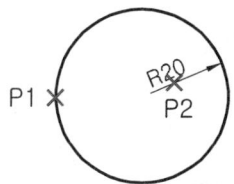 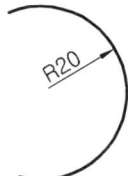

```
명령 : dimradius Enter↵
호 또는 원 선택 :                                              〈P1 원(호) 지정〉
치수 문자 = 20
치수선의 위치 지정 또는 [여러 줄 문자(M)/문자(T)/각도(A)] :    〈치수 삽입점 P2 지정〉
```

9.5 지름(Dimdiameter)

원이나 호의 반지름 치수를 기입한다. 치수문자 앞에 "∅"기호가 추가된다.

- ✓ 명령입력 : dimdiameter
- ✓ 리본메뉴 : 홈 → 주석 → 지름
- ✓ 단축키 : dimdia

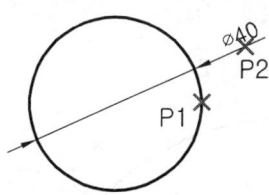 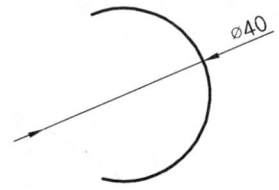

```
명령 : dimdiameter Enter↵
호 또는 원 선택 :                                              〈P1 원(호) 지정〉
치수 문자 = 40
치수선의 위치 지정 또는 [여러 줄 문자(M)/문자(T)/각도(A)] :    〈치수 삽입점 P2 지정〉
```

9.6 각도(Dimangular)

평행하지 않은 두 선에 대하여 각도 치수를 기입한다.

- ✓ 명령입력 : dimangular
- ✓ 리본메뉴 : 홈 → 주석 → 각도
- ✓ 단축키 : dimang

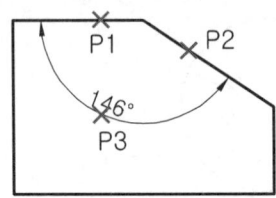

```
명령 : dimangular Enter↵
호, 원, 선을 선택하거나 <정점 지정> :                         <P1 선 지정>
두 번째 선 선택 :                                            <P2 선 지정>
치수 호 선의 위치 지정 또는 [여러 줄 문자(M)/문자(T)/각도(A)/사분점(Q)] :
                                                        <치수 삽입점 P3 지정>
치수 문자 = 34
```

9.7 호 길이(Dimarc)

호의 길이 치수를 기입한다.

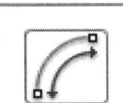
- ✓ 명령입력 : dimarc
- ✓ 리본메뉴 : 홈 → 주석 → 호 길이
- ✓ 단축키 :

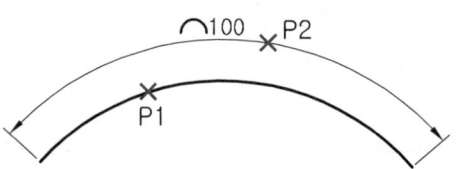

```
명령 : dimarc Enter↵
호 또는 폴리선 호 세그먼트 선택 :                              <P1 호 지정>
호 길이 치수 위치 지정 또는 [여러 줄 문자(M)/문자(T)/각도(A)/부분(P)/지시선(L)] :
                                                        <치수 삽입점 P2 지정>
치수 문자 = 100
```

9.8 지시선(Leader)

지시선 형태의 치수를 기입한다.

✓ 명령입력	: leader
✓ 리본메뉴	: —
✓ 단축키	: lea

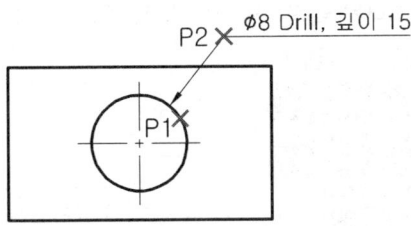

```
명령 : leader Enter↵
지시선 시작점 지정 :                                          〈P1 점 지정〉
다음 점 지정 :                                                〈P2 점 지정〉
다음 점 지정 또는 [주석(A)/형식(F)/명령 취소(U)] 〈주석(A)〉 : Enter↵
주석 문자의 첫 번째 행 입력 또는 〈옵션〉 : Enter↵
주석 옵션 입력 [공차(T)/복사(C)/블록(B)/없음(N)/여러 줄 문자(M)] 〈여러 줄 문자(M)〉 :
Enter↵                                                       〈문자 입력〉
```

9.9 공차(Tolerance)

기계제도에 있어 형상 공차를 포함한 기하학적 공차를 작성한다.

✓ 명령입력	: tolerance
✓ 리본메뉴	: 주석 → 치수 → 공차
✓ 단축키	: tol

```
명령 : tolerance Enter↵
```

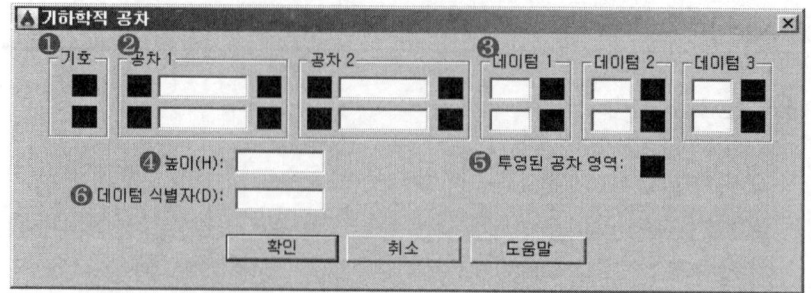

❶ **기호** : 기호의 검은색 영역을 클릭하면 기하학적 특성 기호가 표시된다.

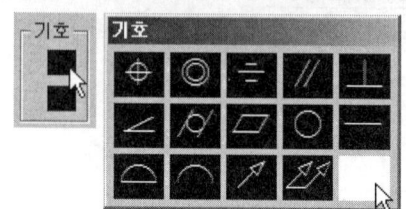

위치도	동축도	대칭도	평행도	직각도
경사도	원통도	평면도	진원도	진직도
면 윤곽도	선 윤곽도	원주 흔들림	온 흔들림	

❷ **공차 1 & 공차 2** : 첫 번째와 두 번째의 허용 공차값을 작성한다.

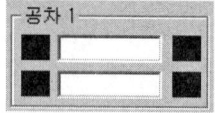

a. 첫 번째 상자 : 왼쪽 검은색 영역을 클릭하면 공차 값 앞에 "∅"기호가 삽입된다.
b. 두 번째 상자 : 값을 입력하여 공차 값을 적용한다.
c. 세 번째 상자 : 오른쪽 검은색 영역을 클릭하면 재료상태 창이 나타나 선택 가능하다.
   Ⓜ : 최대실체조건(MMC) / Ⓛ : 최소실체조건(LMC) / Ⓢ : 형체치수 무관계(RFS)

❸ **데이텀 1, 2, 3** : 자료의 참조 값과 수정기호를 표시한다.

a. 첫 번째 상자 : 왼쪽 흰색 영역을 클릭하면 데이텀 참조 값을 입력할 수 있다.
b. 두 번째 상자 : 오른쪽 검은색 부분을 클릭하면 재료상태 창이 나타나 선택 가능하다.

❹ **높이(H)** : 투영된 허용 공차의 구역값을 지정한다.
❺ **투영된 공차 영역** : 투영 허용 오차 기호인 Ⓟ를 삽입한다.
❻ **데이텀 식별자** : 자료 구분 기호를 삽입한다.

✔ 참조 1 : 아래와 같이 입력하여 작성할 수 있다.

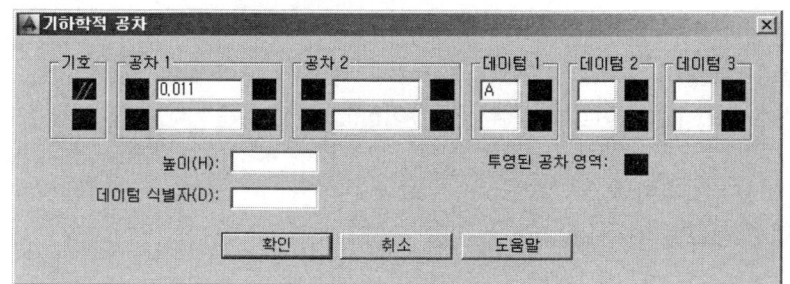

✔ 참조 2 : 아래와 같이 입력하여 작성할 수 있다.

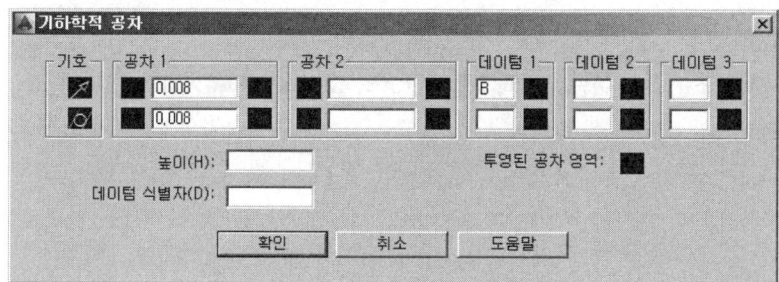

9.10 세로좌표(Dimordinate)

절대좌표의 원점 0,0을 기준으로 세로좌표 치수를 기입한다. 기준이 되는 곳을 0,0으로 이동(move)하거나 UCS 원점을 옮겨야 한다.

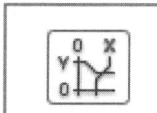

✔ 명령입력	:	dimordinate
✔ 리본메뉴	:	홈 → 주석 → 세로좌표
✔ 단축키	:	—

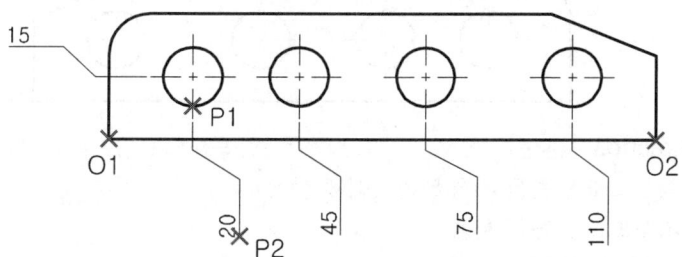

① UCS 원점을 이동시킨다.

```
명령 : ucs Enter↵                                          〈ucs 실행〉
현재 UCS 이름 : *표준*
UCS의 원점 지정 또는 [면(F)/이름(NA)/객체(OB)/이전(P)/뷰(V)/표준
(W)/X(X)/Y(Y)/Z(Z)/Z축(ZA)] 〈표준〉 :                    〈0,0 좌표 O1 점 지정〉
X축에서 점 지정 또는 〈수락(A)〉 :                           〈O2 점 지정〉
XY 평면에서 점 지정 또는 〈수락(A)〉 : Enter↵
```

② 세로좌표 치수를 기입한다.

```
명령 : dimordinate Enter↵                                 〈세로좌표 실행〉
피처 위치를 지정 :                                          〈P1 점 지정〉
지시선 끝점을 지정 또는 [X데이텀(X)/Y데이텀(Y)/여러 줄 문자(M)/문자(T)/각도(A)] :
                                                    〈치수가 삽입될 P2 점 지정〉
치수 문자 = 20
```

9.11 기준선(Dimbaseline)

계단 형식의 치수를 기입한다.

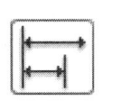

✓명령입력	: dimbaseline
✓리본메뉴	: 주석 → 치수 → 기준선
✓단축키	: dimbase

① 먼저 A와 B점 사이에 선형 치수를 기입한다.

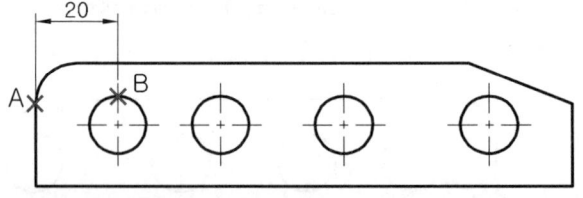

```
명령 : dimlinear Enter↵
첫 번째 치수보조선 원점 지정 또는 〈객체 선택〉 :              〈A 점 지정〉
두 번째 치수보조선 원점 지정 :                               〈B 점 지정〉
치수선의 위치 지정 또는
[여러 줄 문자(M)/문자(T)/각도(A)/수평(H)/수직(V)/회전(R)] :   〈치수 위치 지정〉
치수 문자 = 20
```

② 기준선 치수를 실행하여 기입한다.

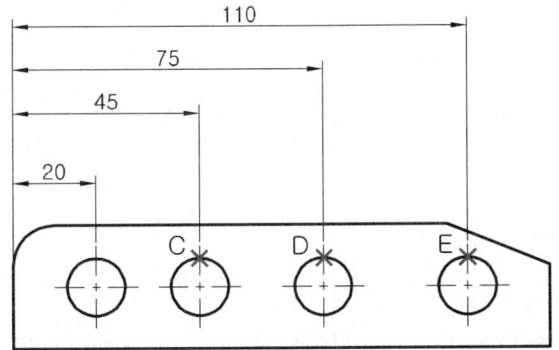

```
명령 : dimbaseline Enter↵
두 번째 치수보조선 원점 지정 또는 [명령 취소(U)/선택(S)] 〈선택(S)〉 :      〈C 점 지정〉
치수 문자 = 45
두 번째 치수보조선 원점 지정 또는 [명령 취소(U)/선택(S)] 〈선택(S)〉 :      〈D 점 지정〉
치수 문자 = 75
두 번째 치수보조선 원점 지정 또는 [명령 취소(U)/선택(S)] 〈선택(S)〉 :      〈E 점 지정〉
치수 문자 = 110
두 번째 치수보조선 원점 지정 또는 [명령 취소(U)/선택(S)] 〈선택(S)〉 : Enter↵
기준 치수 선택 : Enter↵
```

9.12 연속(Dimcontinue)

병렬식으로 치수를 기입한다.

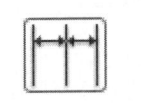

✓ 명령입력	:	dimcontinue
✓ 리본메뉴	:	주석 → 치수 → 연속
✓ 단축키	:	dimcont

① 먼저 A와 B점 사이에 선형 치수를 기입한다.

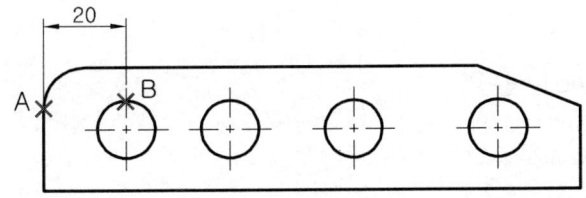

② 연속 치수를 실행하여 기입한다.

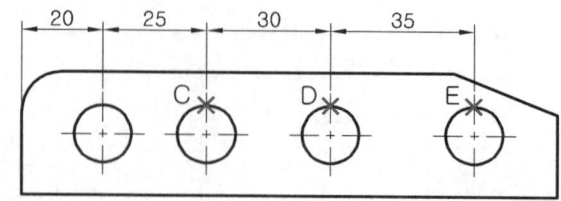

```
명령 : dimcontinue [Enter↵]
두 번째 치수보조선 원점 지정 또는 [명령 취소(U)/선택(S)] <선택(S)> :        <C 점 지정>
치수 문자 = 25
두 번째 치수보조선 원점 지정 또는 [명령 취소(U)/선택(S)] <선택(S)> :        <D 점 지정>
치수 문자 = 30
두 번째 치수보조선 원점 지정 또는 [명령 취소(U)/선택(S)] <선택(S)> :        <E 점 지정>
치수 문자 = 35
두 번째 치수보조선 원점 지정 또는 [명령 취소(U)/선택(S)] <선택(S)> :        [Enter↵]
연속된 치수 선택 : [Enter↵]
```

9.13 꺾어진(Dimjogged)

꺾어진 치수를 기입한다. 원이나 호의 반지름이 너무 크고, 중심점의 위치가 멀리 있을 때, 중심점의 위치를 재지정한 후, 치수선을 굽혀서 표현한다.

✓명령입력	: dimjogged
✓리본메뉴	: 홈 → 주석 → 꺾기
✓단축키	: ─

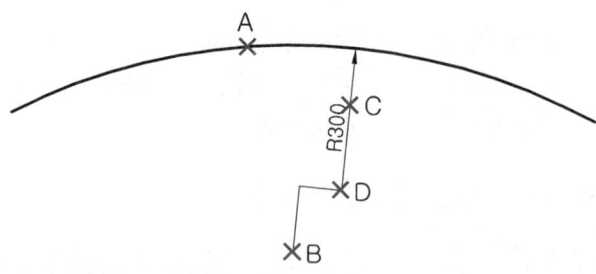

```
명령 : dimjogged [Enter↵]
호 또는 원 선택 :                                          <A 호(원) 지정>
중심 위치 재지정 지정 :                                     <중심점 B 지정>
치수 문자 = 152.4
치수선의 위치 지정 또는 [여러 줄 문자(M)/문자(T)/각도(A)] :   <C 점 지정>
꺾기 위치 지정 :                                           <D 점 지정>
```

연습과제 1 실습도면 작성하기

[과제 1] 다음 2D 도면을 작성하고, 치수를 입력한다.

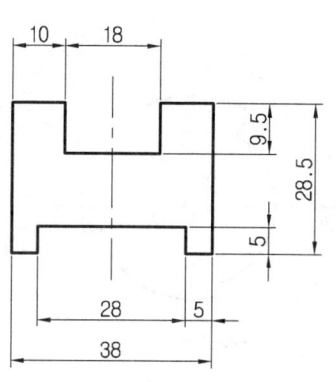
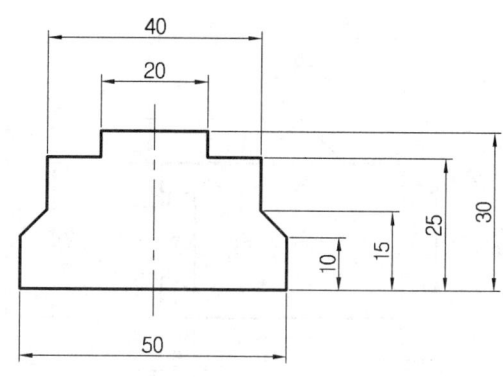

[과제 2] 다음 2D 도면을 작성하고, 치수를 입력한다.

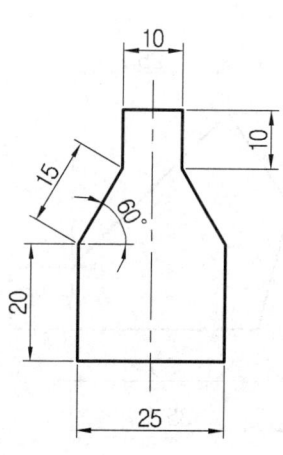
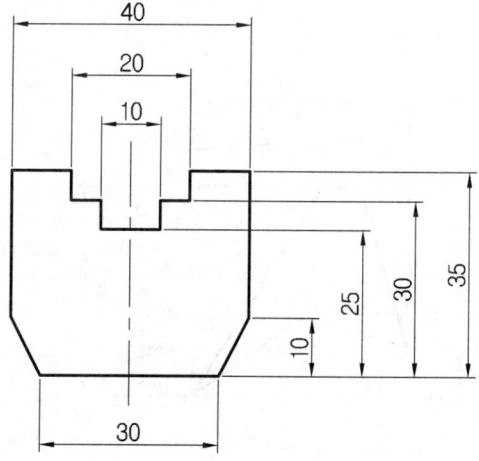

연습과제 2 실습도면 작성하기

[과제 1] 다음 2D 도면을 작성하고, 치수를 입력한다.

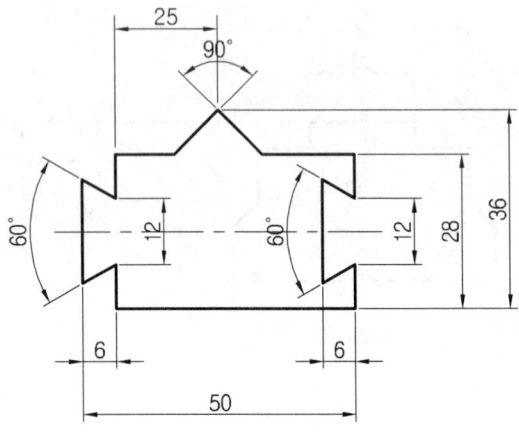
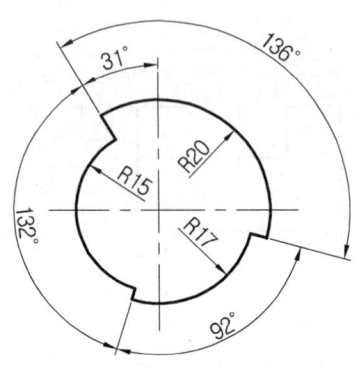

[과제 2] 다음 2D 도면을 작성하고, 치수를 입력한다.

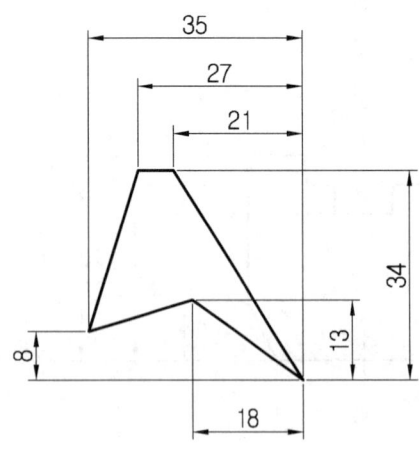
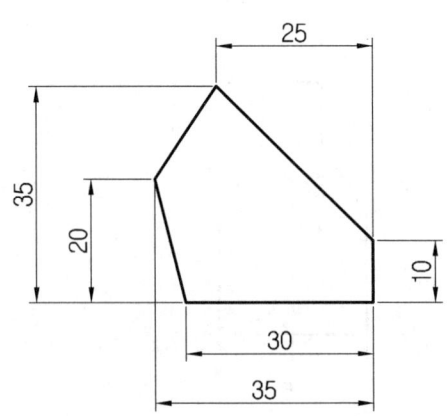

연습과제 3 실습도면 작성하기

[과제 1] 다음 2D 도면을 작성하고, 치수를 입력한다.

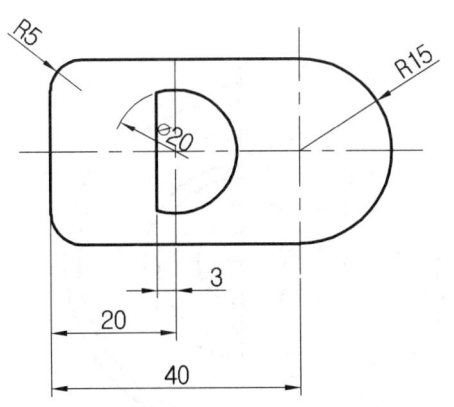
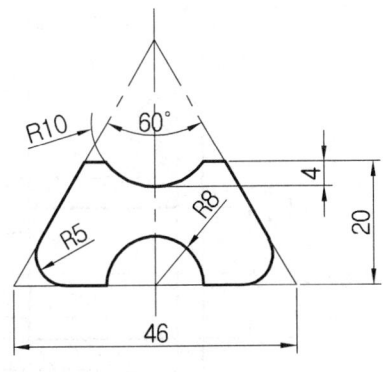

[과제 2] 다음 2D 도면을 작성하고, 치수를 입력한다.

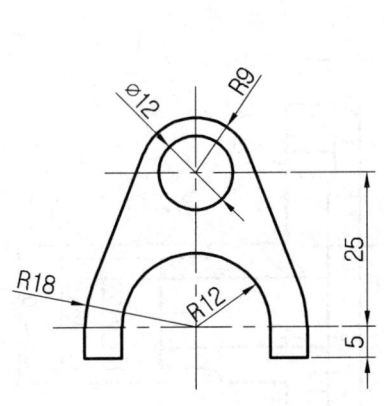
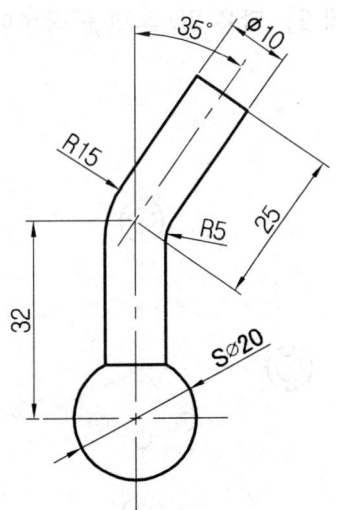

연습과제 4 실습도면 작성하기

[과제 1] 다음 2D 도면을 작성하고, 치수를 입력한다.

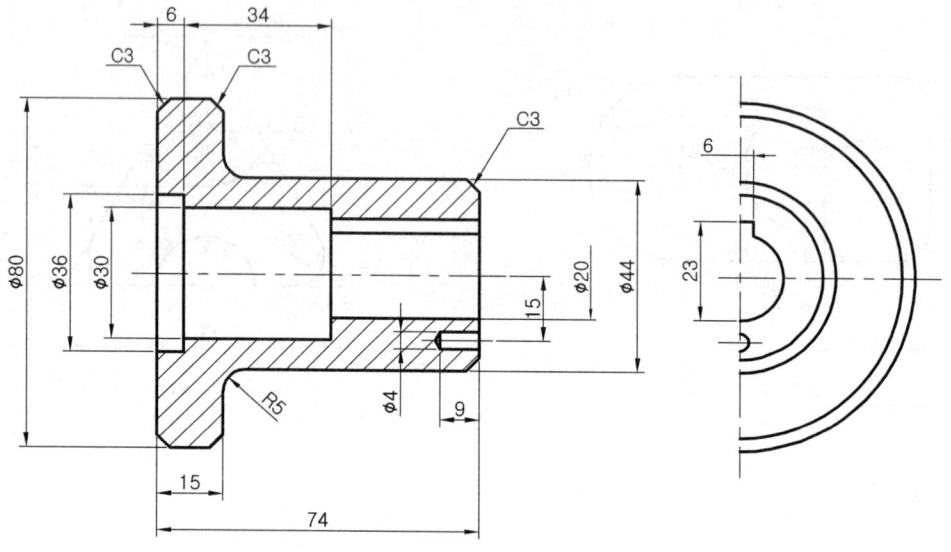

[과제 2] 다음 2D 도면을 작성하고, 치수를 입력한다.

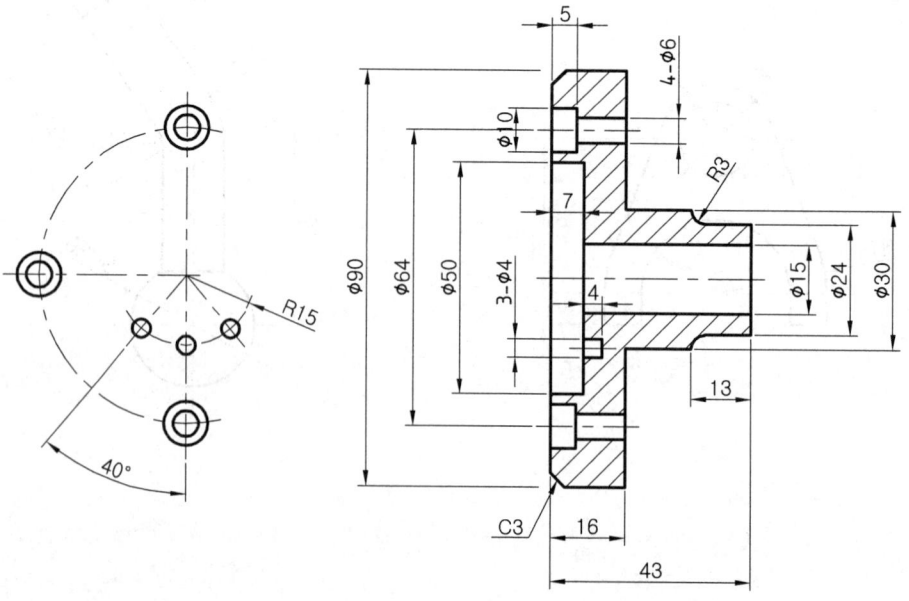

연습과제 5 실습도면 작성하기

[과제 1] 다음 2D 도면을 작성하고, 치수를 입력한다.

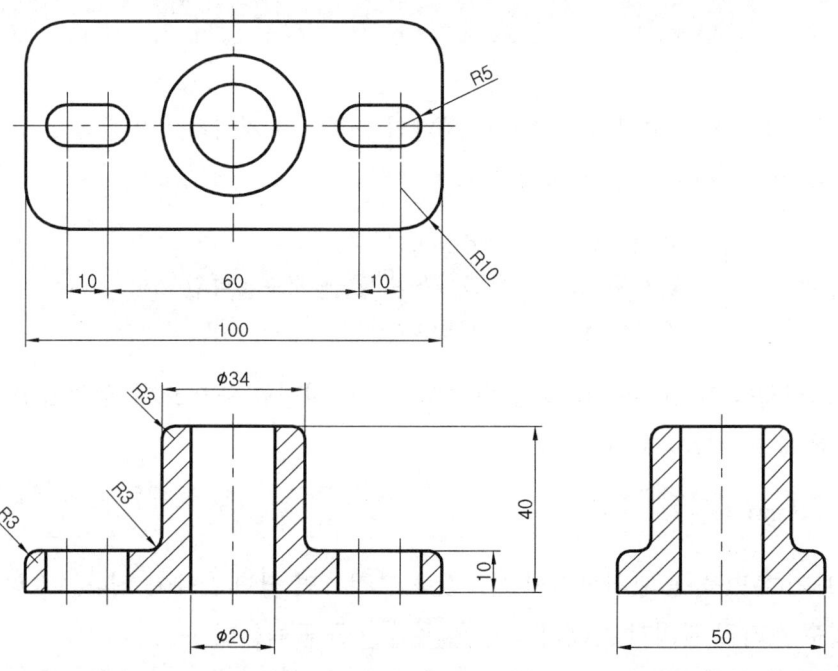

[과제 2] 다음 2D 도면을 작성하고, 치수를 입력한다.

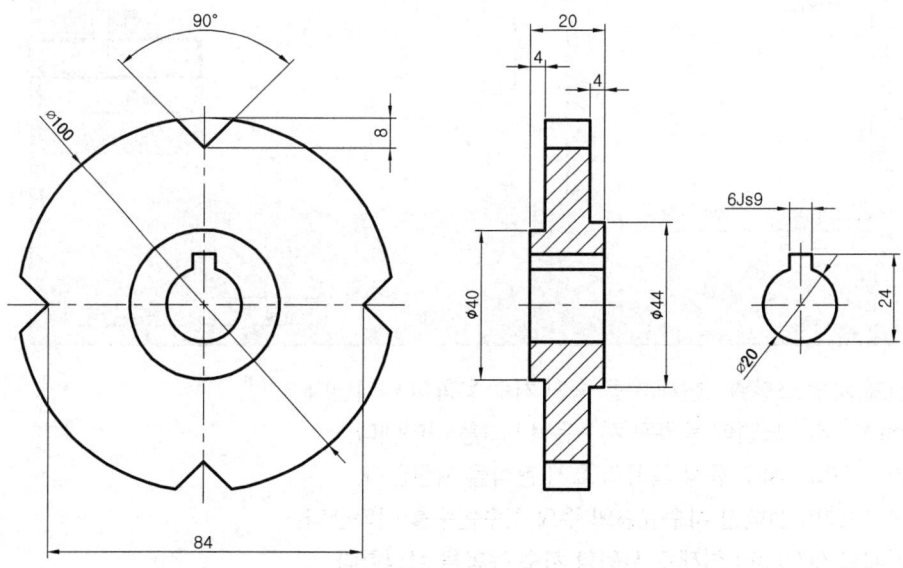

10. 치수 스타일(DimStyle)

대화상자를 통해 치수선의 변수 값을 하나의 유형으로 저장하여 일괄적으로 기입한다. 설정을 변경하여 치수 모양을 조정한다.

- ✓ 명령입력 : dimstyle
- ✓ 리본메뉴 : 홈 → 주석 → 치수스타일
- ✓ 단축키 : ddim / d

치수 스타일을 작성하여 신속하게 치수의 형식을 지정할 수 있으며, 업종 또는 프로젝트 치수 표준을 유지하도록 할 수 있다.

명령 : **ddim** Enter↵

미리보기 화면을 잘 관찰하면서 설정값을 조정하면 쉽게 이해가 된다.

✔ 치수 스타일 관리자 창에서 수정(M)... 을 클릭한다.

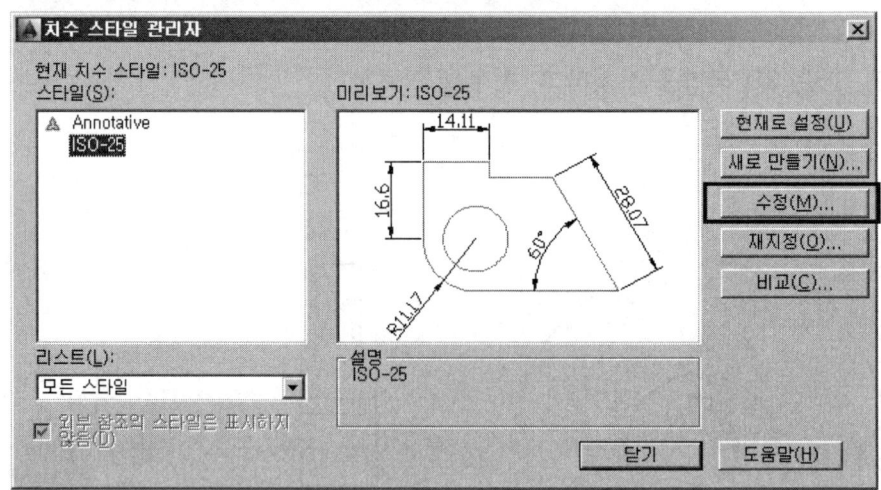

- ● **현재 치수 스타일** : 현재 사용 중인 치수 유형이 나타난다.
- ● **스타일(S)** : 도면에 등록된 치수유형 List를 나타낸다.
- ● **리스트(L)** : 치수 유형 목록의 표시 형식을 지정한다.
- ● **미리보기** : 선택한 치수유형의 주요 치수변수를 나타낸다.
- ● **현재로 설정(U)** : 현재로 사용할 치수 유형을 설정한다.

- **새로 만들기(N)** : 새로운 치수 유형을 만든다.
- **수정(M)** : 기존의 치수 유형을 수정/편집한다.
- **재지정(O)** : 특정 치수 유형에서 설정 값을 재지정한다.
- **비교(C)** : 치수스타일의 모든 특성을 표시하거나, 두 치수 스타일을 비교할 수 있는 대화상자를 표시한다.

10.1 선(Line)

치수선의 특성을 설정한다.

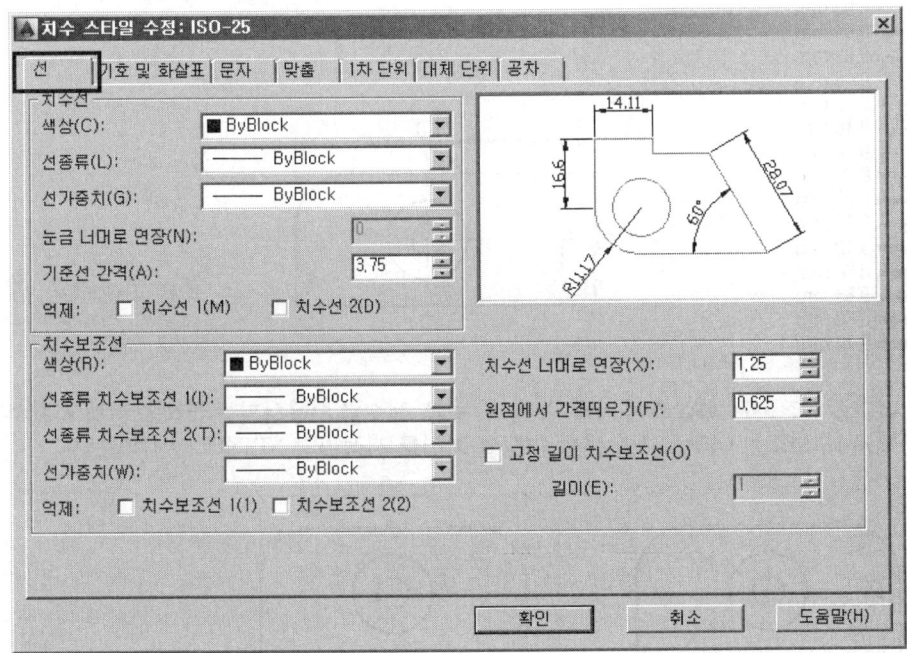

A 치수선(Dimension Lines)

치수선에 관련된 항목을 조정한다.

- **색상(C)** : 치수선의 색상을 표시 및 설정한다. 〈DIMCLRD 시스템변수〉

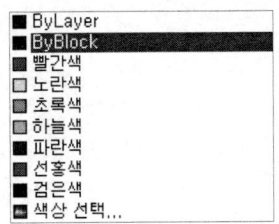 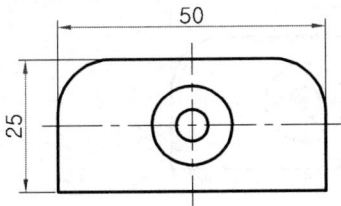

● 선종류(L) : 치수선의 선 종류를 설정한다. 도면층(Layer)과는 관계없이 지정할 수 있다.
〈DIMLTYPE 시스템변수〉

 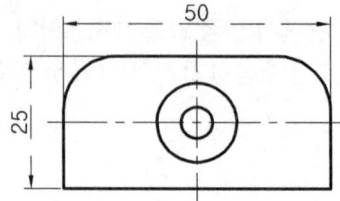

● 선가중치(G) : 치수선의 선 굵기를 설정한다. 〈DIMLWD 시스템변수〉

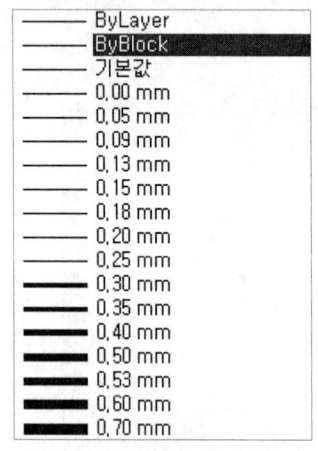 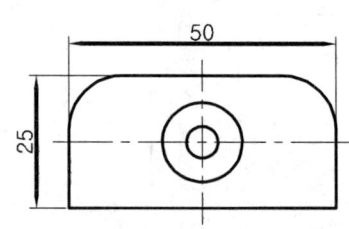

● 눈금 너머로 연장(N) : 화살촉에 기울기, 건축, 눈금, 정수를 사용하거나 표식을 전혀 사용하지 않을 때, 치수보조선 너머로 치수선을 연장할 거리를 지정한다. 〈DIMDLE 시스템변수〉

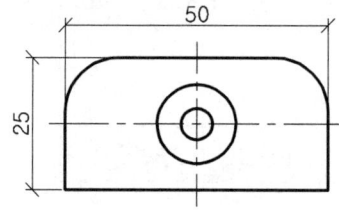 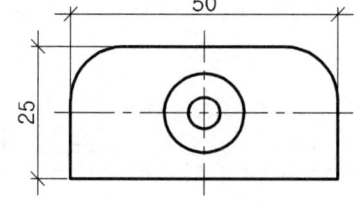

[눈금 너머로 연장 = 0일 때]   [눈금 너머로 연장 = 3일 때]

● 기준선 간격(A) : 기준선 치수의 치수선 사이에 간격을 거리 값으로 입력하여 설정한다.
〈DIMDLI 시스템변수〉

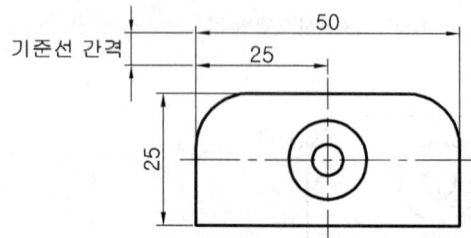

● **억제** : 치수선의 표시를 억제하여 화면상에 표시여부를 나타낸다.
Dim Line 1(치수선 1)은 첫 번째 치수선을 억제하고, Dim Line 2(치수선2)는 두 번째 치수선을 억제한다. 〈DIMSD1 / DIMSD2 시스템변수〉

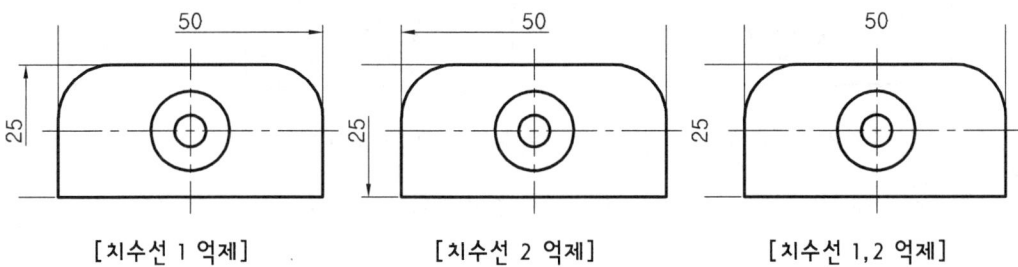

[치수선 1 억제]   [치수선 2 억제]   [치수선 1,2 억제]

B 치수 보조선(Extension Lines)

치수 보조선의 모양을 조정한다.

● **색상(R)** : 치수 보조선의 색상을 설정한다. 〈DIMCLRE 시스템변수〉

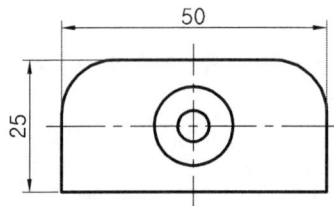

● **선종류 치수보조선 1,2** : 첫 번째와 두 번째 치수보조선의 선종류를 설정한다.
〈DIMLTEX1 / DIMLTEX2 시스템변수〉

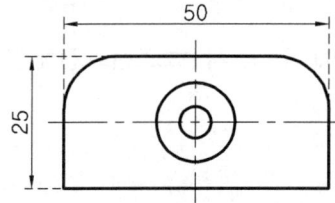

● **선가중치(W)** : 치수보조선의 선 굵기를 설정한다. 〈DIMLWE 시스템변수〉

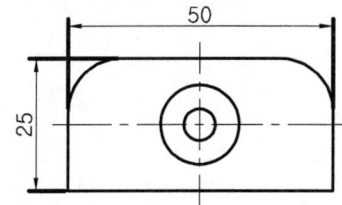

● **억제** : 치수보조선의 표시를 억제한다. 치수보조선 1은 첫 번째 치수보조선을 억제하고, 치수보조선2는 두 번째 치수보조선을 억제한다. 〈DIMSE1 / DIMSE2 시스템변수〉

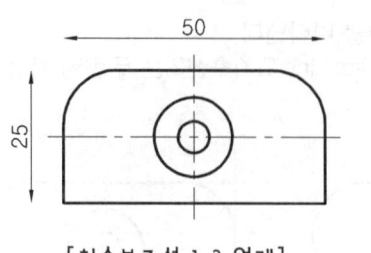

[치수보조선 1,2 억제]   [치수선 1, 치수보조선 1 억제]

- **치수선 너머로 연장(X)** : 치수선 위로 치수보조선을 연장할 거리를 지정한다. 〈DIMEXE 시스템변수〉

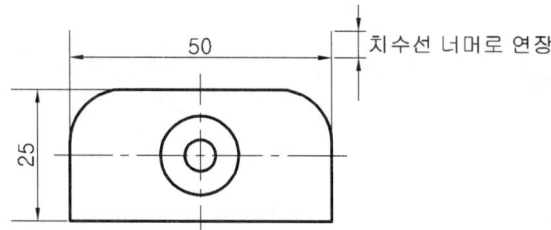

- **원점에서 간격띄우기(F)** : 도면에서 치수를 정의하는 점으로부터 치수보조선 간격띄우기를 할 거리를 설정한다. 〈DIMEXO 시스템변수〉

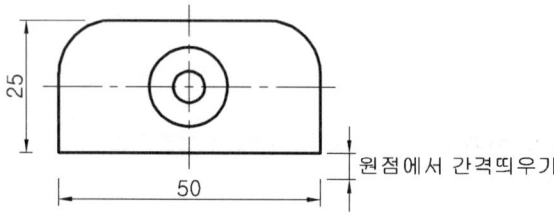

- **고정 길이 치수보조선(O) 길이(E)** : 치수선에서 치수 원점에 이르는 치수보조선의 전체 길이를 설정한다. 〈DIMFXL 시스템변수〉

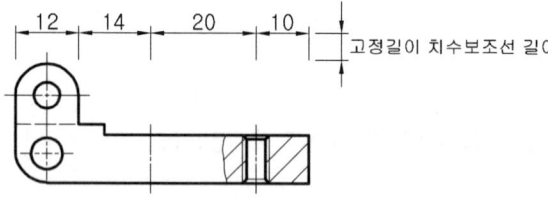

10.2 기호 및 화살표(Symbols and Arrows)

화살촉, 중심표식, 호 길이 기호 및 꺾기 반지름 치수의 형식과 배치를 설정한다.

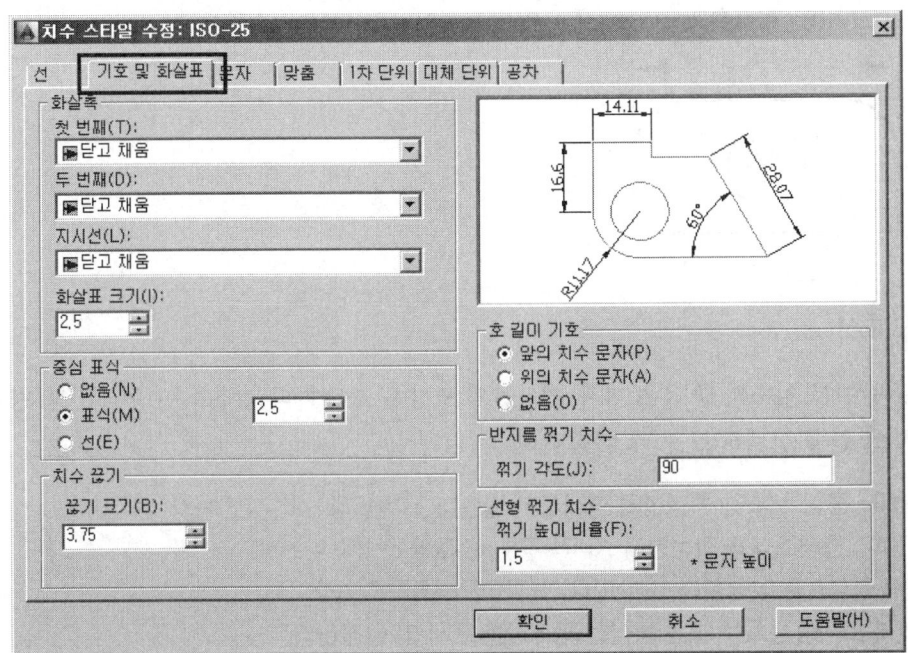

A 화살촉

치수선 화살촉의 모양을 조정한다.

- **첫 번째(T)** : 첫 번째 치수선에 사용할 화살촉을 설정한다. 〈DIMBLK1 시스템변수〉
- **두 번째(D)** : 두 번째 치수선의 화살촉을 변경한다. 〈DIMBLK2 시스템변수〉

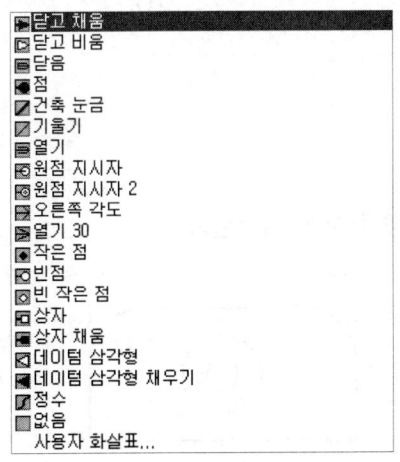

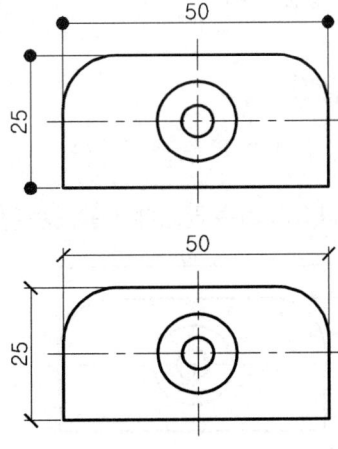

- **지시선(L)** : 지시선에 사용할 화살촉을 설정한다. 〈DIMLDRBLK 시스템변수〉

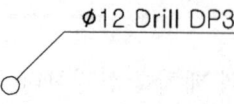

- **화살표 크기(I)** : 화살촉의 크기를 표시 및 설정한다. 〈DIMASZ 시스템변수〉

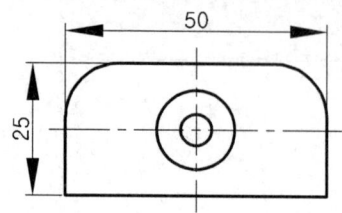

B 중심표식

지름 및 반지름 치수의 중심 표식과 중심선의 모양을 조정한다. [치수 → 중심표식] 명령을 실행하여 원을 선택하였을 때 나타난다.

- **없음(N)** : 중심표식 및 중심선을 작성하지 않는다. 〈DIMCEN 시스템변수=0으로 표시〉
- **표식(M)** : 중심표식을 작성한다. 〈DIMCEN 시스템변수=양수로 저장〉
- **선(E)** : 중심선을 작성한다. 〈DIMCEN 시스템변수=음수로 저장〉
- **Size(크기)** : 중심표식 또는 중심선의 크기를 표시 및 설정한다.

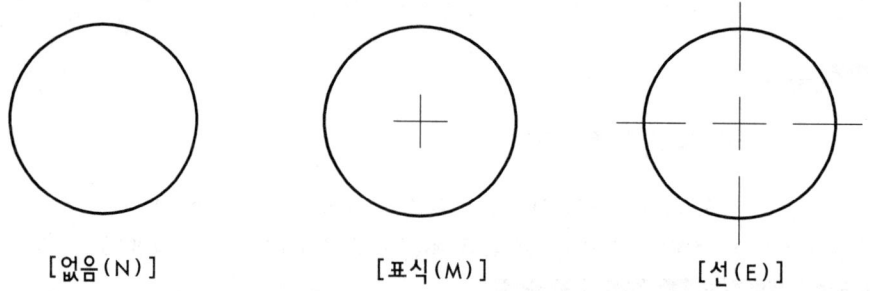

[없음(N)]　　　　　[표식(M)]　　　　　[선(E)]

C 치수 끊기

치수 끊기의 간격 폭을 조정한다.

- **끊기 크기(B)** : 치수 끊기에 사용되는 간격의 크기를 표시 및 설정한다.

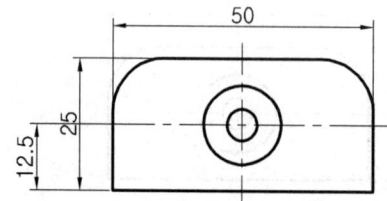 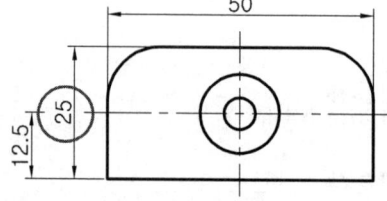

D 호 길이 기호

호 길이 치수의 원호 기호 표시를 조정한다.

- **앞의 치수 문자(P)** : 호의 길이 기호를 치수 문자 앞에 배치한다. 〈DIMARCSYM 시스템변수〉
- **위의 치수 문자(A)** : 호의 길이 기호를 치수 문자 위에 배치한다. 〈DIMARCSYM 시스템변수〉
- **없음(O)** : 호의 길이 기호 표시를 억제한다. 〈DIMARCSYM 시스템변수〉

E 반지름 꺾기 치수

꺾기(지그재그) 반지름 치수의 표시를 조정한다. 꺾기 반지름 치수는 원 또는 호의 중심점이 멀리 위치하고 있을 때 작성한다.

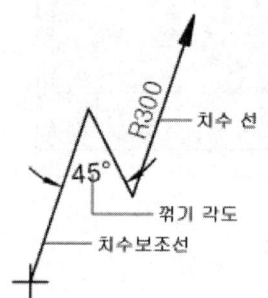

- **꺾기 각도(J)** : 꺾어진 반지름 치수에서 치수선의 횡단 세그먼트 각도를 결정한다. 〈DIMJOGANG 시스템변수〉

F 선형 꺾기 치수

선형 치수에 대한 꺾기 표시를 조정한다. 꺾기 선은 실제 측정이 치수에 의해 정확히 표현되지 않을 때 선형 치수에 추가되기도 한다. 일반적으로 실제 측정은 필요한 값보다 작다.

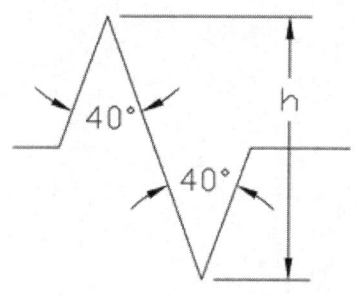

- **꺾기 높이 비율(F)** : 꺾기를 구성하는 각도의 두 정점 간의 거리에 의해 결정되는 꺾기 높이(=h)를 결정한다.

10.3 문자(Text)

치수 문자의 형식, 배치 및 정렬을 설정한다.

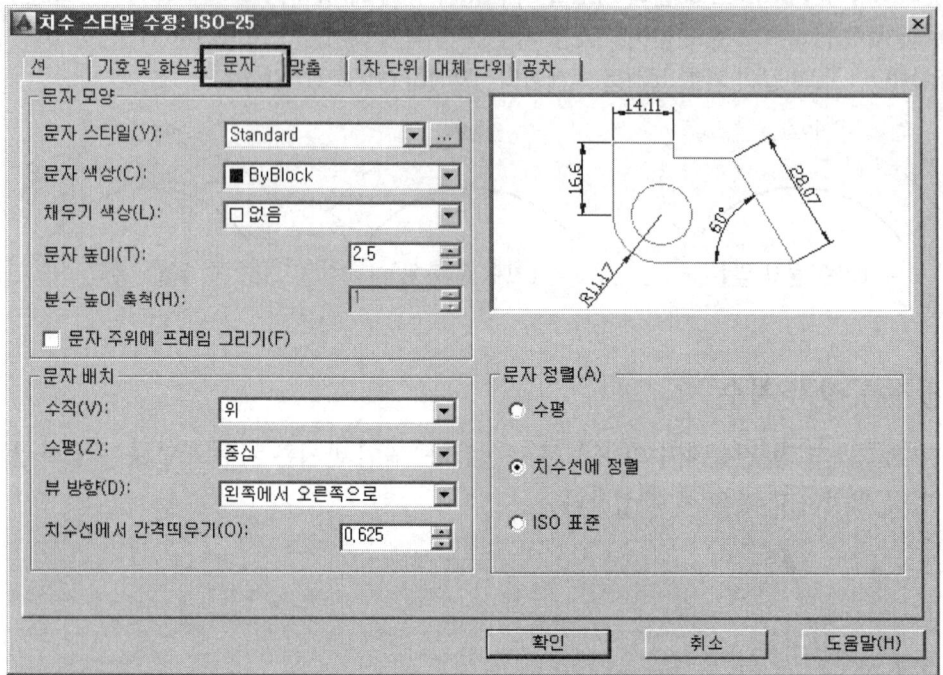

A 문자 모양

치수 문자 형식과 크기를 조정한다.

- **문자 스타일(Y)** : 사용 가능한 문자 스타일을 나열한다.

- **문자 스타일 버튼(⋯)** : 문자 스타일을 작성/수정할 문자 스타일 대화상자를 표시한다.
  〈DIMTXSTY 시스템변수〉

- **문자 색상(C)** : 치수 문자의 색상을 설정한다.

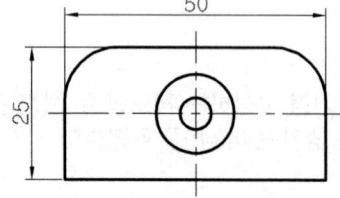

● **채우기 색상(L)** : 치수의 문자 배경 색상을 설정한다. 〈DIMFILL / DIMFILLCLR 시스템변수〉

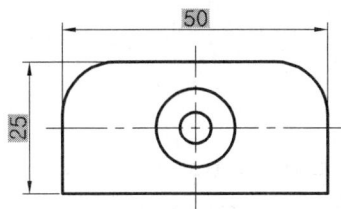

● **문자 높이(T)** : 현재 치수 문자 스타일의 높이를 설정한다. 〈DIMTXT 시스템변수〉

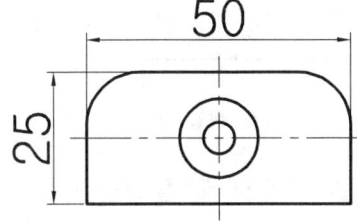

● **분수 높이 축척(H)** : 치수 문자와 관련된 분수의 축척을 설정한다. 이 옵션은 주 단위 탭에서 단위 형식으로 분수를 선택한 경우에만 사용할 수 있다. 〈DIMTFAC 시스템변수〉

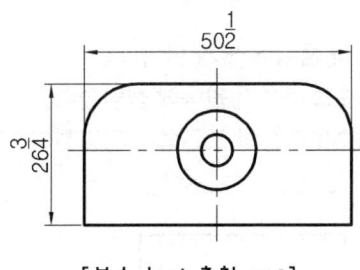 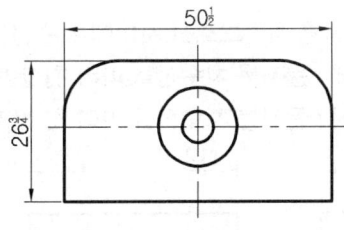

[분수 높이 축척 = 1]　　　　　　[분수 높이 축척 = 0.5]

● **문자 주위에 프레임 그리기(F)** : 이 옵션을 치수 문자 주위에 프레임이 그려진다. 〈DIMGAP 시스템변수〉

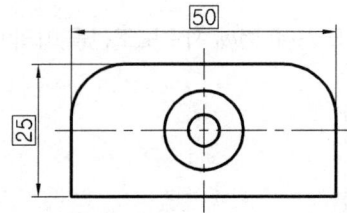

B 문자 배치

치수 문자의 배치를 조정한다.

● **수직(V)** : 치수선과 관련하여 치수 문자의 수직 배치를 조정한다. 〈DIMTAD 시스템변수〉

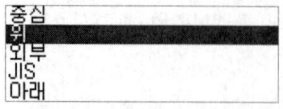

- 중심 : 치수 문자를 치수 선의 양쪽 사이에 오게 한다.
- 위 : 치수 문자를 치수선 위에 배치한다.
- 외부 : 첫 번째 정의점에서 가장 먼 치수선 쪽에 치수 문자를 배치한다.
- Jis : Jis(Japanese industrial Standards) 표기법에 따라 치수 문자를 배치한다.
- 아래 : 치수 문자를 치수선 아래에 배치한다.

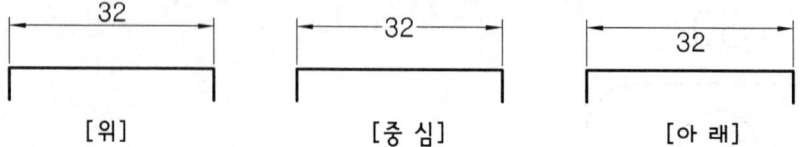

[위]   [중심]   [아래]

● **수평(Z)** : 치수보조선을 기준으로 치수선에 대한 치수 문자의 수평 배치를 조정한다.
〈DIMJUST 시스템변수〉

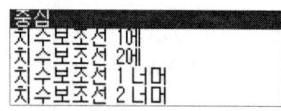

- 중심 : 치수 문자를 치수보조선 사이에 치수선을 따라 중심에 오게 한다.
- 치수보조선 1에 : 문자를 치수선을 따라 첫 번째 치수보조선의 왼쪽에 정렬한다.
- 치수보조선 2에 : 문자를 치수선을 따라 첫 번째 치수보조선의 오른쪽에 정렬한다.

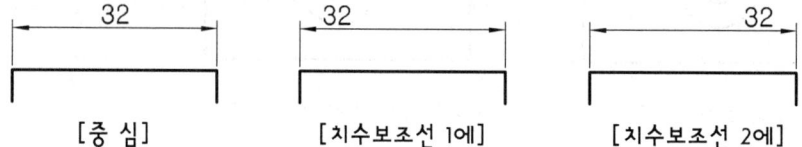

[중심]   [치수보조선 1에]   [치수보조선 2에]

- 치수보조선 1 너머 : 문자를 첫 번째 치수보조선 위에 또는 첫 번째 치수보조선을 따라 배치한다.
- 치수보조선 2 너머 : 문자를 두 번째 치수보조선 위에 또는 두 번째 치수보조선을 따라 배치한다.

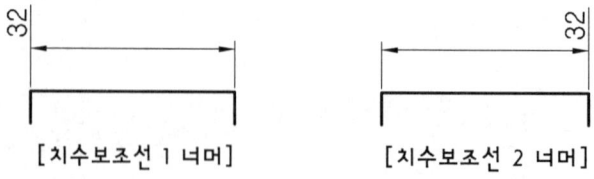

[치수보조선 1 너머]   [치수보조선 2 너머]

● **뷰 방향(D)** : 치수 문자를 보는 방향을 조정한다.
- 왼쪽에서 오른쪽으로 : 문자를 왼쪽에서 오른쪽으로 읽을 수 있도록 배치한다.
- 오른쪽에서 왼쪽으로 : 문자를 오른쪽에서 왼쪽으로 읽을 수 있도록 배치한다.

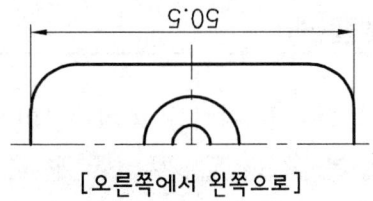

- **치수선에서 간격띄우기(O)** : 치수선과 치수 문자 사이의 간격을 지정한다. 〈DIMGAP 시스템변수〉

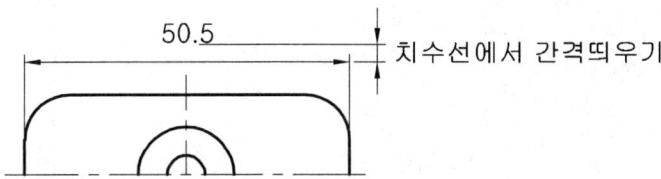

C 문자 정렬

치수보조선 안 또는 밖에서 치수 문자의 방향(수평 또는 정렬)을 조정한다.

- **수평** : 수평 위치로 문자를 위치시킨다. 〈DIMTIH 시스템변수〉
- **치수선에 정렬** : 문자를 치수선에 정렬시킨다. 〈DIMTOH 시스템변수〉
- **ISO 표준** : 문자가 치수보조선 안에 있을 때는 치수선을 따라 문자를 정렬하고, 문자가 치수보조선 밖에 있을 때는 문자를 수평으로 정렬한다.

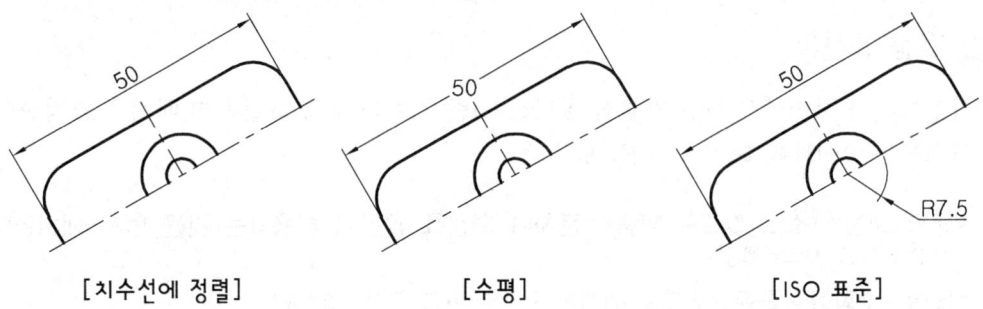

10.4 맞춤(Fit)

치수 문자, 화살촉, 지시선 및 치수선의 배치를 조정한다.

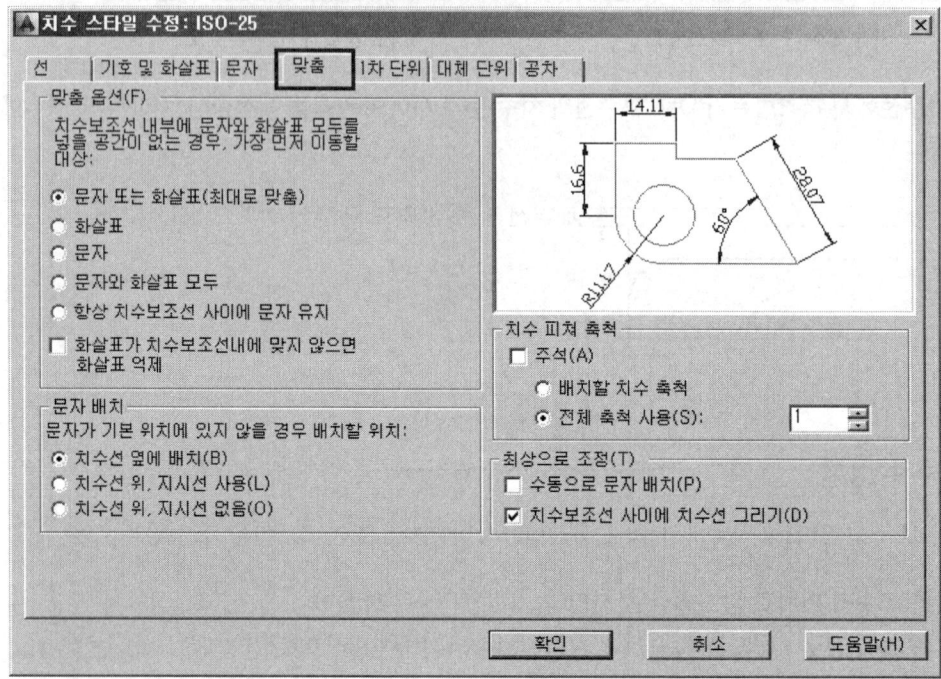

A 맞춤 옵션(F)

치수보조선 사이에서 사용 가능한 공간을 기준으로 문자 및 화살촉의 배치를 조정한다.
〈DIMATFIT / DIMTIX / DIMSOXD 시스템변수〉

- **문자 또는 화살표[최대로 맞춤]** : 문자나 화살표 공간이 허용되는 것을 먼저 배치한다.
  〈DIMATFIT 시스템변수〉
- **화살표** : 화살표를 우선적으로 배치한다. 〈DIMATFIT 시스템변수〉
- **문자** : 문자를 우선적으로 배치한다. 〈DIMATFIT 시스템변수〉
- **문자와 화살표 모두** : 문자와 화살표 모두 맞춘다. 문자와 화살표에 사용할 공간이 부족할 경우, 둘 다 치수보조선 바깥쪽으로 이동 배치한다. 〈DIMATFIT 시스템변수〉
- **항상 치수보조선 사이에 문자 유지** : 문자를 항상 치수보조선 사이에 배치한다.
  〈DIMTIX 시스템변수〉
- **화살표가 치수보조선 내에 맞지 않으면 화살표 억제** : 치수보조선 내에 충분한 공간이 없으면 화살표 억제를 억제한다. 〈DIMSOXD 시스템변수〉

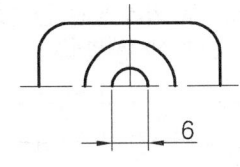
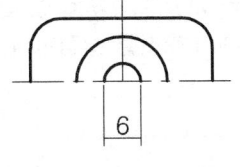

[최대로 맞춤]   [문자와 화살표 모두]   [화살표 억제]

B 문자 배치

치수 문자가 기본위치, 즉, 치수스타일에 의해 정의된 위치에서 이동하는 경우 치수 문자의 배치를 작성한다.

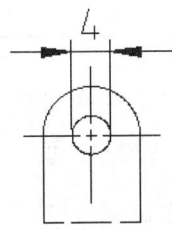

- **치수선 옆에 배치(B)** : 치수 문자를 이동할 때마다 치수선도 함께 이동한다.
  〈DIMMOVE 시스템변수〉
- **치수선 위, 지시선 사용(L)** : 문자를 이동할 때 치수선이 이동하지 않는다. 문자가 치수선으로부터 멀리 떨어져 있을 경우, 문자와 치수선을 연결하는 지시선을 작성한다.
  〈DIMMOVE 시스템변수〉
- **치수선 위, 지시선 없음(O)** : 문자를 이동할 때 치수선이 이동하지 않는다. 치수선으로부터 멀리 떨어진 문자가 지시선을 사용하여 치수선에 연결되지 않는다. 〈DIMMOVE 시스템변수〉

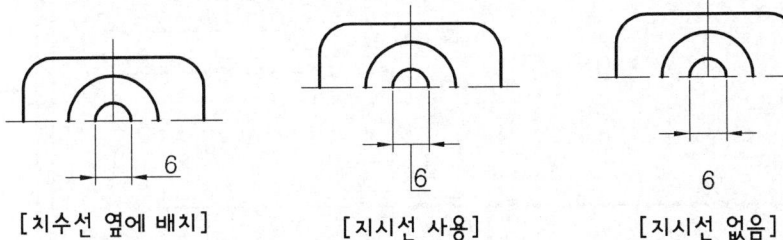

[치수선 옆에 배치]   [지시선 사용]   [지시선 없음]

C 치수 피처 축척

전체 치수 축척 값 또는 도면 공간 축척을 설정한다.

- **주석(A)** : 치수 스타일이 주석임을 지정한다.
  - 배치할 치수 축척 : 모형 공간과 도면 공간 사이의 축척을 축척 비율을 결정한다.
    〈DIMSCALE 시스템변수〉

- 전체 축척 사용(S) : 문자 및 화살촉 크기 및 거리 또는 간격을 지정하는 모든 치수 스타일 설정에 대한 축척을 설정한다. 〈DIMSCALE 시스템변수〉

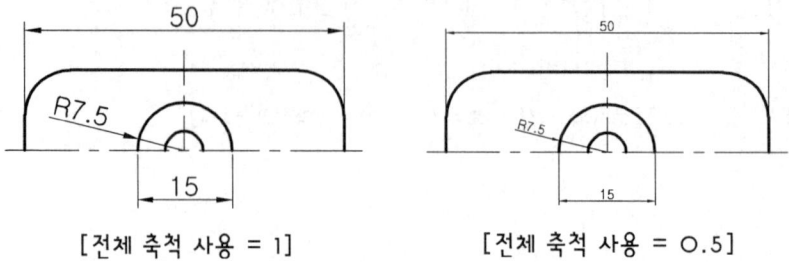

[전체 축척 사용 = 1]　　　[전체 축척 사용 = 0.5]

10.5 1차 단위

1차 치수 단위의 형식과 정밀도를 설정하고, 치수 문자의 머리말과 꼬리말을 설정한다.

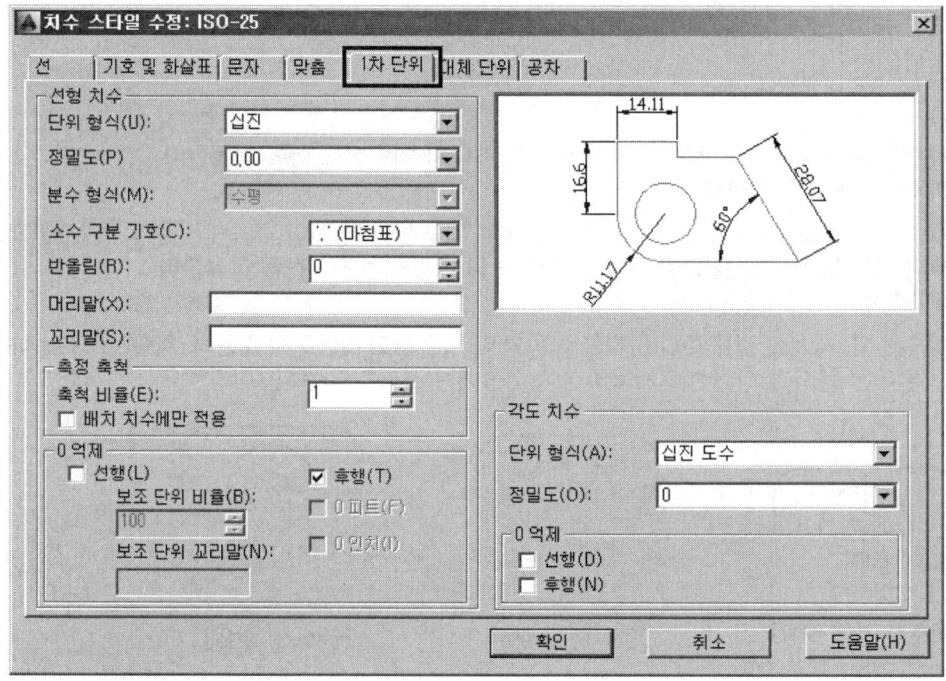

A 선형 치수

선형 치수에 대한 형식과 정밀도를 설정한다.

- **단위 형식(U)** : 각도를 제외한 모든 치수 유형에 대한 현재 단위 형식을 설정한다.
  〈DIMLUNIT 시스템변수〉

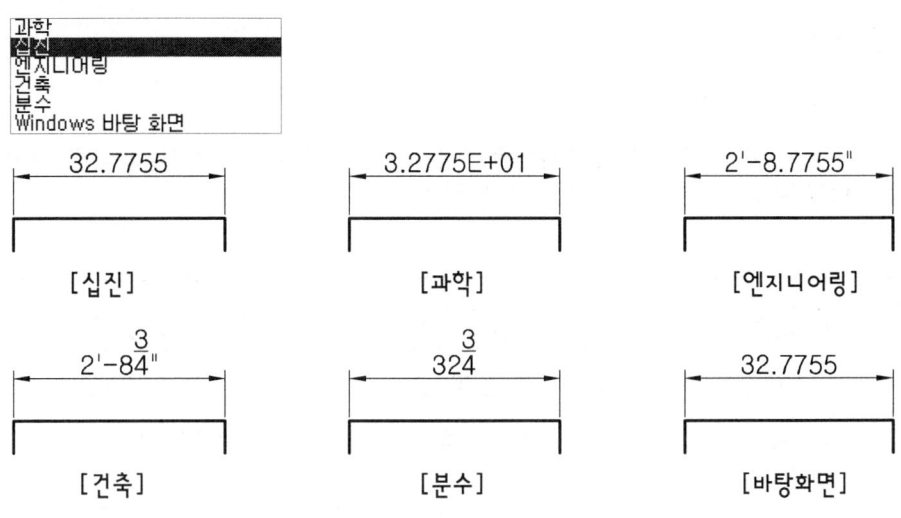

- **정밀도(P)** : 치수 문자에 있는 소수부의 자릿수를 표시 및 설정한다. 〈DIMDEC 시스템변수〉

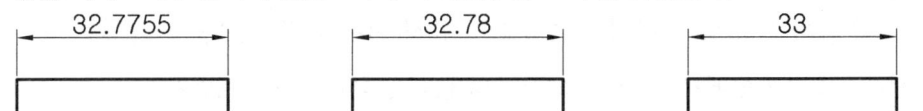

- **분수 형식(M)** : 치수 단위를 건축이나 분수로 설정한 경우 분수 표시 방법을 지정한다. 〈DIMFRAC 시스템변수〉

- **소수 구분 기호(C)** : 소수 형식에 사용할 구분 기호를 설정한다. 〈DIMDSEP 시스템변수〉

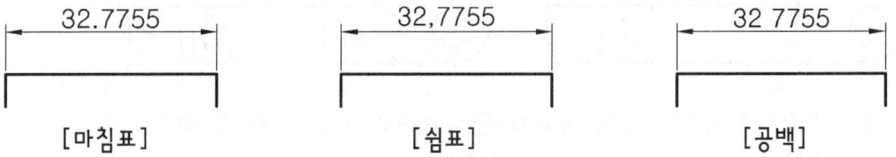

- **반올림(R)** : 각도 치수를 제외한 모든 치수 유형의 치수 측정값에 대한 반올림 규칙을 설정한다. 〈DIMRND 시스템변수〉

- **머리말(X)** : 치수 문자 앞에 문자를 입력하거나, 특수 기호 표시 등의 머리말을 삽입한다. 〈DIMPOST 시스템변수〉

- **꼬리말(S)** : 치수 문자 뒤에 문자를 입력하거나, 특수 기호 표시 등의 꼬리말을 삽입한다. 〈DIMPOST 시스템변수〉

B 측정 축척

선형 축척 옵션을 정의한다.

- **축척 비율(E)** : 선형 치수 측정값에 사용할 축척 비율을 설정한다. 축척비율이 다른 도면의 치수를 입력할 때 유용하게 사용이 된다. 〈DIMLFAC 시스템변수〉

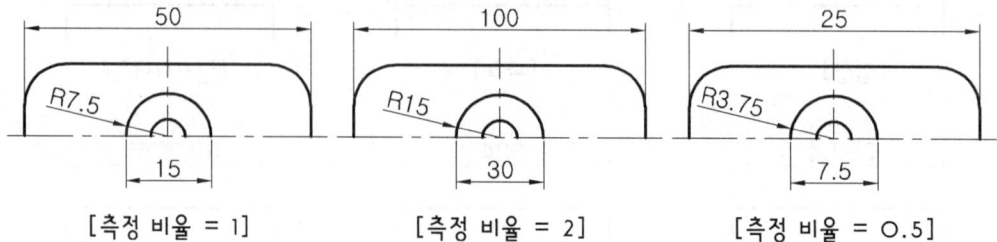

[측정 비율 = 1]   [측정 비율 = 2]   [측정 비율 = 0.5]

C 0 억제

치수 소수점의 선행 및 후행에 있는 0 값의 표시 여부를 결정한다.

- **선행(L)** : 소수 치수에서 소수점 앞의 0을 억제한다. 〈DIMZIN 시스템변수〉
- **후행(T)** : 소수 치수에서 소수점 뒤의 0을 억제한다.

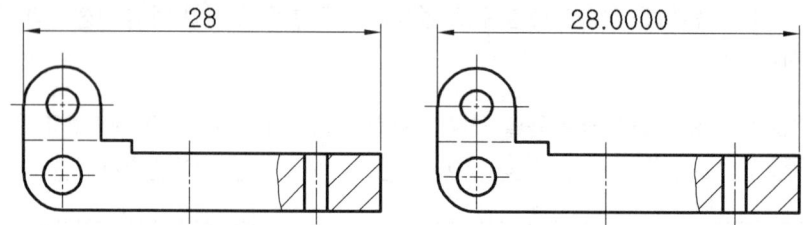

- **0 피트** : 거리가 1 피트가 안 될 때 피트-인치 치수에서 피트 부분을 억제한다.
- **0 인치** : 피트-인치 치수에서 피트의 정수로만 이루어진 경우 인치 부분을 억제한다.

D 각도 치수

각도 치수에서 현재 각도 형식을 표시 및 설정한다.

- **단위 형식(A)** : 각도의 단위 형식을 설정한다. 〈DIMAUNIT 시스템변수〉

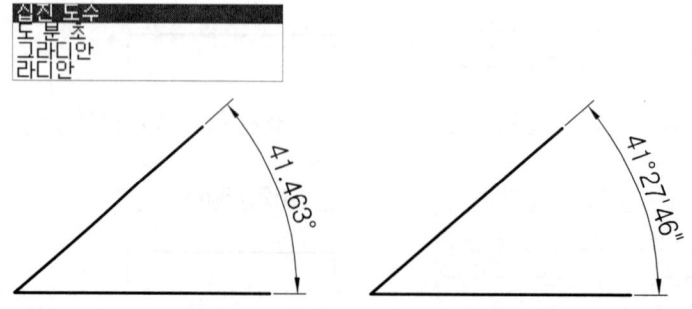

● **정밀도(O)** : 각도 치수에 사용할 소수부 자릿수를 설정한다. 〈DIMADEC 시스템변수〉

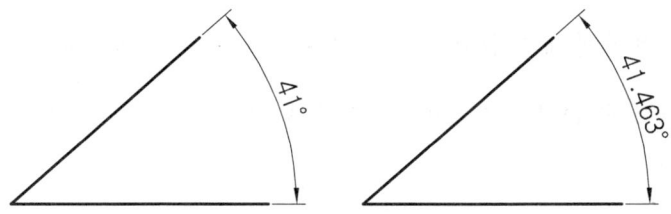

E 0 억제

각도 치수 소수점의 선행 및 후행에 있는 0 값의 표시 여부를 결정한다.

● **선행(D)** : 각도 치수의 소수점 앞의 0을 억제한다.
● **후행(N)** : 각도 치수에서 소수점 뒤의 0을 억제한다.

10.6 대체 단위

치수 측정값이 표시될 대체 단위를 지정하고, 형식 및 정밀도를 설정한다.

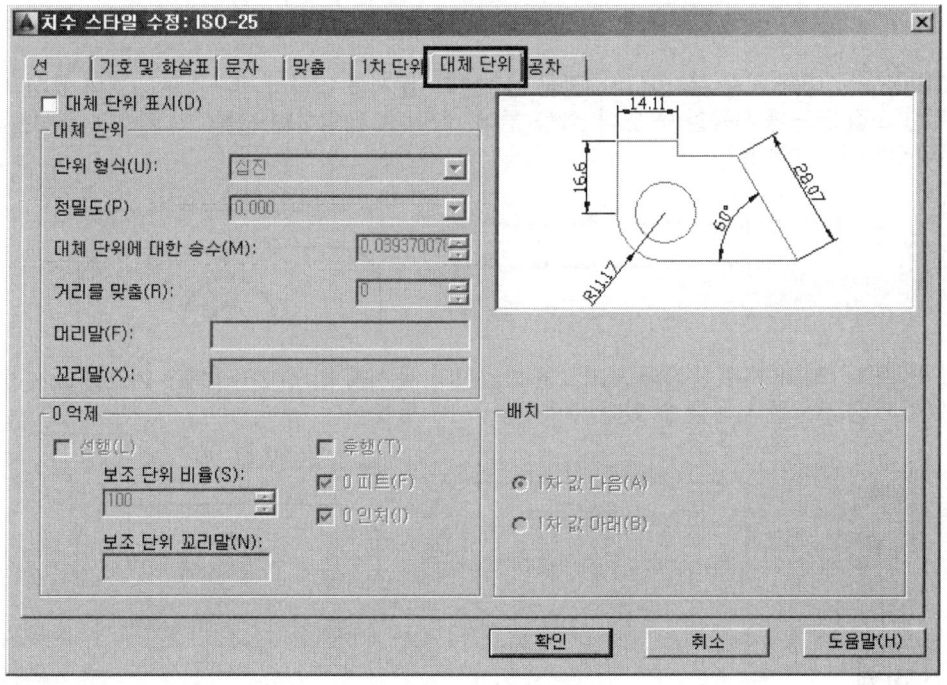

A 대체 단위 표시(D)

현재 치수 옆의 다른 단위의 치수를 기입한다.

B 대체 단위

각도를 제외한 모든 치수 유형에 대한 현재 대체 단위 형식을 표시 및 설정한다.

- **단위형식(U)** : 대체 단위의 단위 형식을 설정한다. 〈DIMALTU 시스템변수〉

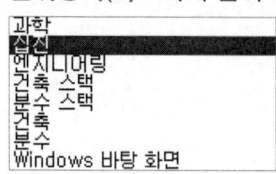

- **정밀도(P)** : 대체 단위의 소수부 자릿수를 설정한다. 〈DIMALTD 시스템변수〉

- **대체 단위에 대한 승수(M)** : 1차 단위와 대체 단위 사이의 변환 요인으로 사용할 승수를 지정한다. 예를 들어, inch를 mm로 변환하려면 25.4를 입력한다. 반대로, mm를 inch로 변환하려면 1/25.4를 입력한다. 〈DIMALTF 시스템변수〉

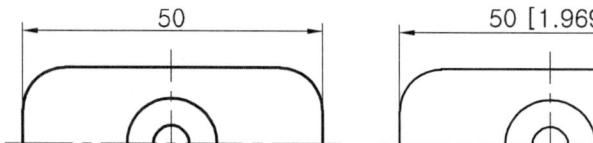

- **거리에 맞춤(R)** : 치수 유형의 대체 단위에 대한 반올림을 입력한다. 〈DIMALTRND 시스템변수〉

- **머리말(F)** : 대체 치수 문자에 머리말을 삽입한다. 문자를 입력하거나 특수 기호를 표시하기 위한 조정 코드를 사용할 수 있다. 예를 들어, %%c를 입력하면 지름(∅) 기호가 표시된다. 〈DIMPOST 시스템변수〉

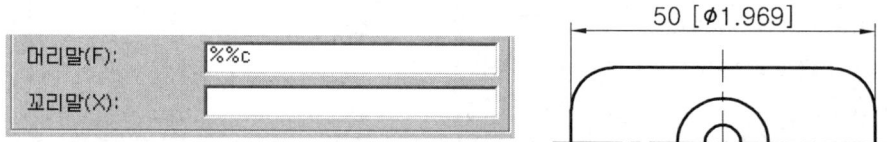

- **꼬리말(X)** : 대체 치수 문자에 꼬리말을 삽입한다. 문자를 입력하거나 특수 기호를 표시하기 위한 조정 코드를 사용할 수 있다. 〈DIMPOST 시스템변수〉

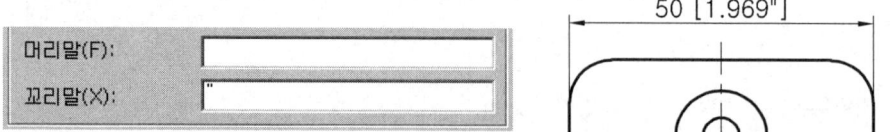

C 0 억제

- **선행(L)** : 소수 치수에서 소수점 앞의 0을 억제한다.
- **후행(T)** : 소수 치수에서 소수점 뒤의 0을 억제한다.

- **0 피트(F)** : 1 피트가 안 될 때 피트-인치 치수에서 피트 부분을 억제한다.
- **0 인치(I)** : 피트-인치 치수에서 피트의 정수로만 이루어진 경우 인치 부분을 억제한다.

D 배치

치수 문자에서 대체 단위의 배치를 조정한다.

- **1차 값 다음(A)** : 치수 문자에서 1차 단위 뒤에 대체 단위를 배치한다.
- **1차 값 아래(B)** : 치수 문자에서 1차 단위 아래에 대체 단위를 배치한다.

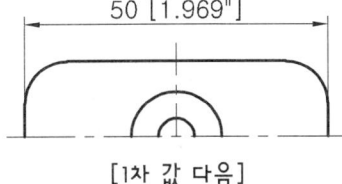

[1차 값 다음]   [1차 값 아래]

10.7 공 차

치수 문자 공차의 표시 및 형식을 조정한다.

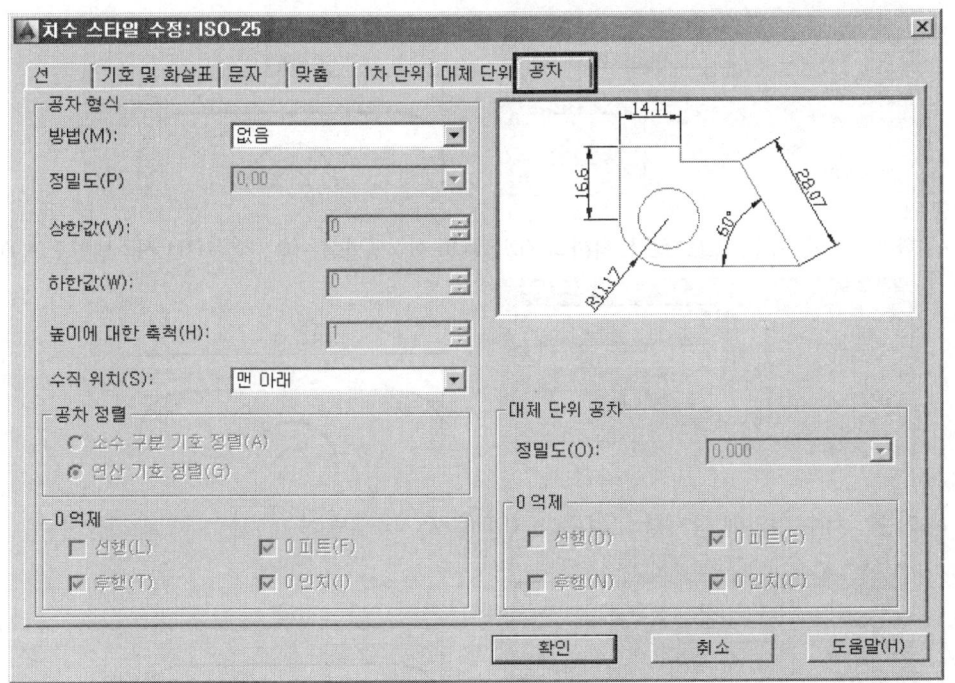

A 공차 형식

공차 형식을 조정한다.

- **방법(M)** : 공차를 계산하기 위한 방법을 설정한다. 〈DIMTOL 시스템변수〉
  - 없음 : 공차를 표시하지 않는다. 〈DIMTOL 시스템변수 = 0〉

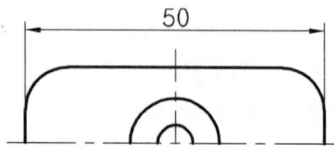

  - 대칭 : 공차 상, 하한 값이 같을 경우에 선택한다.
    〈DIMTOL 시스템변수 = 1 / DIMLIM 시스템변수 = 0〉

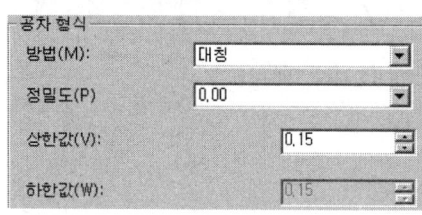 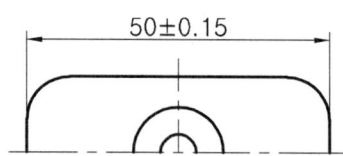

  - 편차 : 공차 상, 하한 값이 다를 경우에 선택한다.
    〈DIMTOL 시스템변수 = 1 / DIMLIM 시스템변수 = 0〉

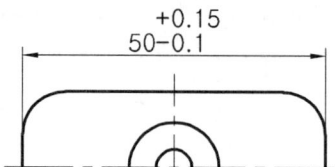

  - 한계 : 한계 치수기입으로 표시한다. 〈DIMTOL 시스템변수 = 0 / DIMLIM 시스템변수 = 1〉

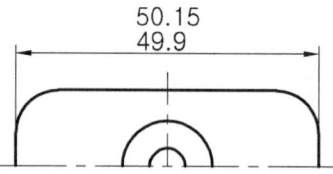

  - 기준 : 치수 기입에 상자를 그려준다. 〈DIMGAP 시스템변수〉

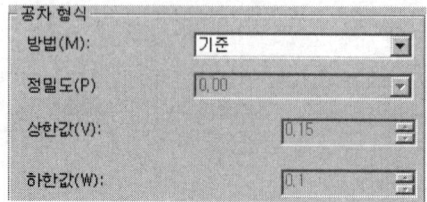 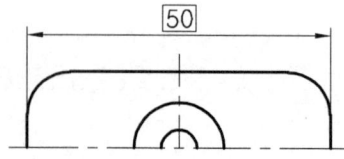

- **정밀도(P)** : 소수점 자릿수를 설정한다. 〈DIMTDEC 시스템변수〉
- **상한값(V)** : 최대 또는 상한 공차값을 설정한다. 〈DIMTP 시스템변수〉
- **하한값(W)** : 최소 또는 하한 공차값을 설정한다. 〈DIMTM 시스템변수〉
- **높이에 대한 축척(H)** : 공차 문자의 현재 높이를 설정한다. 〈DIMTFAC 시스템변수〉

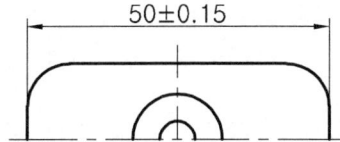 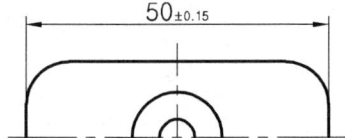

- **수직 위치(S)** : 대칭 및 편차 공차의 문자 자리 맞추기를 조정한다.

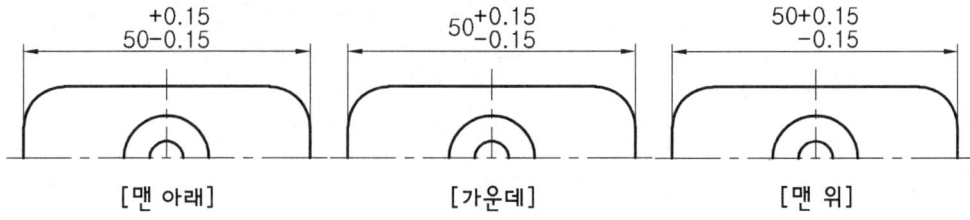

[맨 아래]   [가운데]   [맨 위]

- **공차 정렬** : 스택 시 상위 및 하위 공차 값을 정렬로 조정한다.
  - 소수 구분 기호 정렬(A) : 값은 소수 구분 기호에 의해 스택된다.
  - 연산 기호 정렬(G) : 값은 작동 기호에 의해 스택된다.

B 0 억제

선행 및 후행 0, 그리고 0 값이 있는 피트 및 인치의 억제를 조정한다.

C 대체 단위 공차

대체 공차 단위의 형식을 지정한다.

- **정밀도(O)** : 소수점 자릿수를 표시 및 설정한다. 〈DIMALTTD 시스템변수〉
- **0 억제** : 대체 단위의 선행 및 후행 0, 그리고 0 값이 있는 피트 및 인치의 억제를 조정한다.

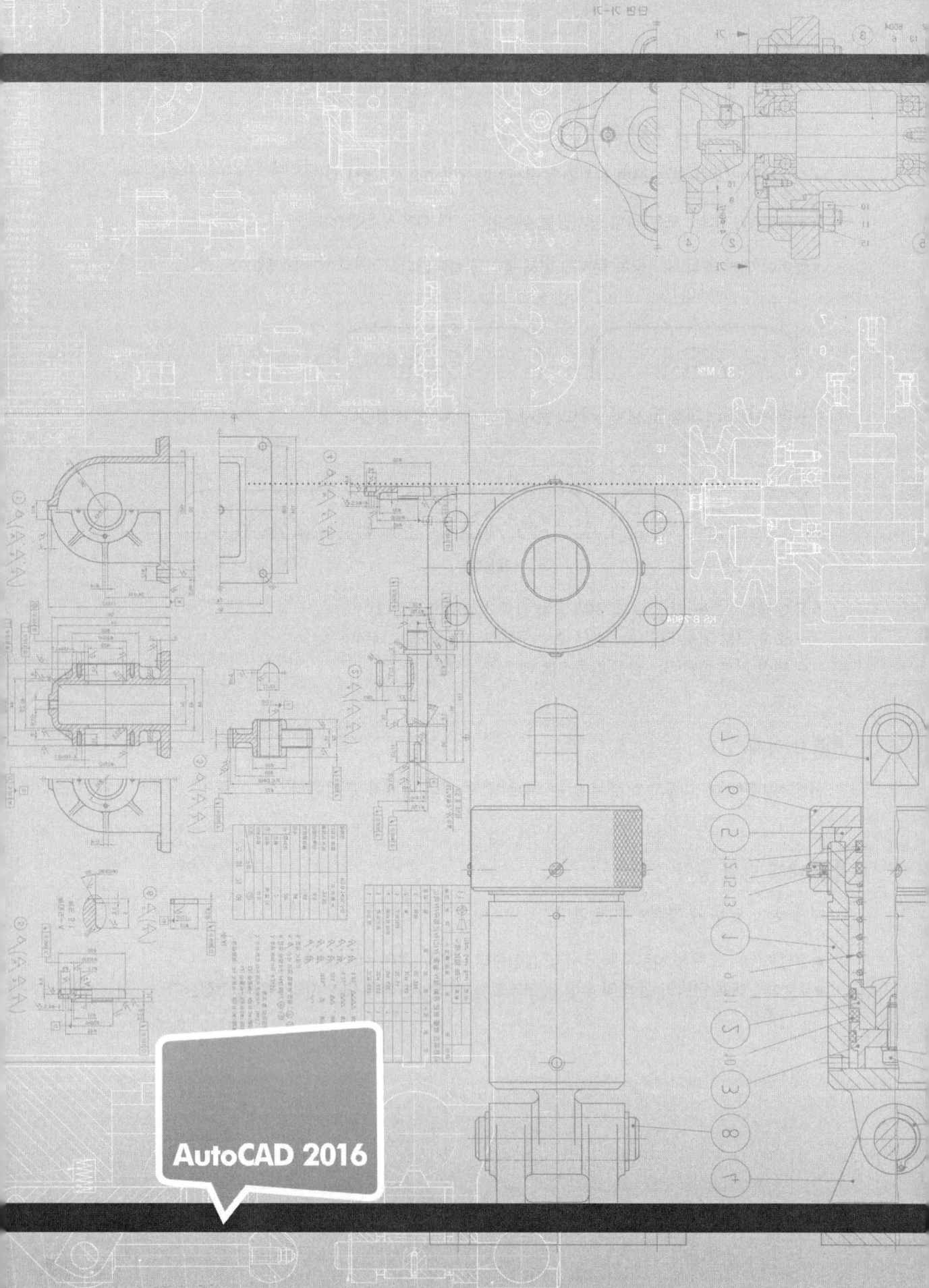

Part 07
도면층과 특성 이해하기

AutoCAD 2016

1. 도면층(Layer)

여러 개의 투명한 도면을 겹쳐놓은 것처럼 기능상이나 표현상으로 구분이 필요한 내용을 지정, 분리하여 관리함으로써 각각의 도면층마다 제어, 편집, 수정이 가능하다.

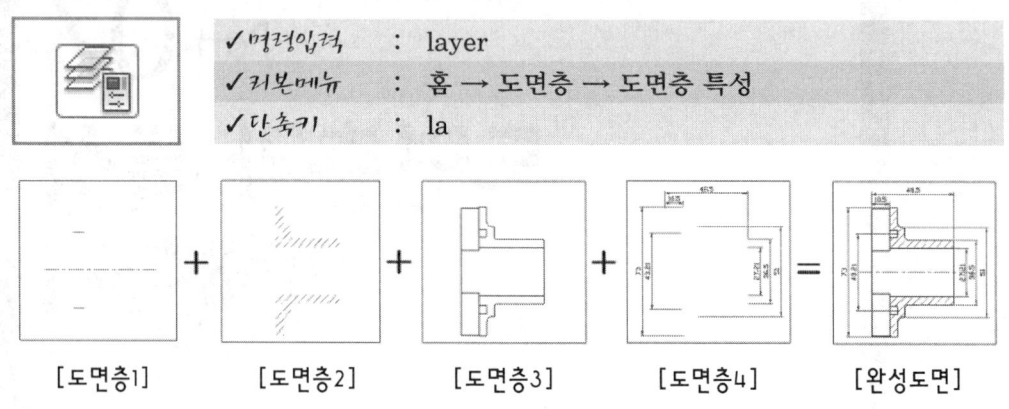

1.1 도면층 특성 관리자

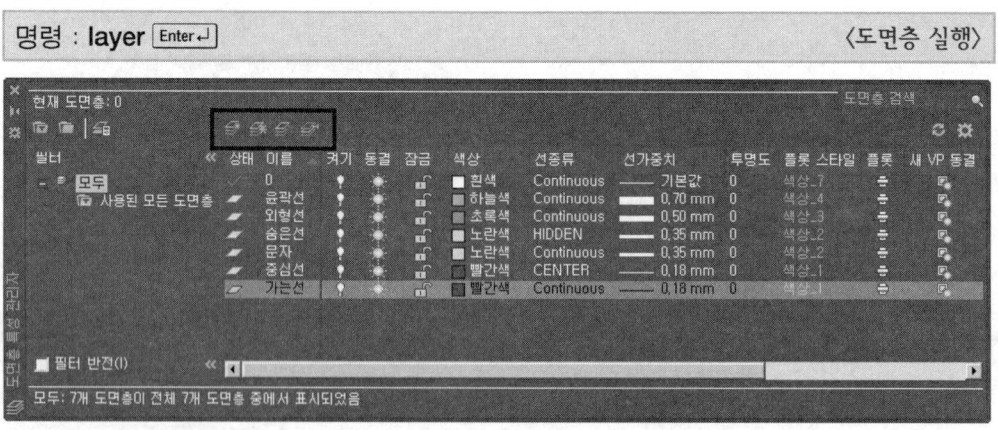

- 새 도면층[ ](New Layer) : 새 도면층을 작성한다.

- 새 도면층 VP가 모든 뷰포트에서 동결됨[ ] : 새 도면층을 작성하고 기존의 모든 배치 뷰포트에서 동결한다.

- 도면층 삭제[ ](Delete Layer) : 선택한 도면층을 삭제한다.
- 현재로 설정[ ](Set Current) : 선택한 도면층을 현재 도면층으로 설정한다.
- 이름(Name) : 도면층의 이름을 표시한다.
- 켜기(On) : 선택한 도면층을 보이거나 안 보이게 켜고 끈다.
- 동결(Freeze) : 선택한 도면층을 동결한다. 복잡한 도면의 재생성 시간 등이 단축된다.
- 잠금(Lock) : 도면층을 잠그거나 해제한다. 잠긴 도면층은 수정/편집을 할 수 없다.
- 색상(Color) : 도면층의 색상을 변경한다.
- 선종류(Linetype) : 도면층의 선종류를 변경한다.
- 선가중치(Lineweight) : 도면층의 선 굵기를 변경한다.
- 투명도(transparency) : 도면층의 투명도를 조절한다.
- 플롯스타일(Plot Style) : 선택된 도면층과 연관된 플롯 스타일을 변경한다.
- 플롯(Plot) : 도면층의 출력 여부를 결정한다.

따라하기 도면층(Layer) 만들기 — Step by Step

다음 표에서 지정한 용도별 설정을 구분하여 도면층을 지정하도록 작성한다.

이름	색상/번호	선종류	선가중치	용도
윤곽선	하늘색 / 4	Continuous	0.7mm	표제란과 부품란의 윤곽선 등
외형선	초록색 / 3	Continuous	0.5mm	외형선, 중심마크, 부품번호 등
숨은선	노란색 / 2	Hidden	0.35mm	숨은선
문자	노란색 / 2	Continuous	0.35mm	치수와 기호, 일반주서, 문자 등
중심선	빨간색 / 1	Center	0.18m	중심선
가는선	빨간색 / 1	Continuous	0.18m	해치, 치수선, 치수보조선 가상선 등

Step 01 도면층( )을 실행한다.

명령 : **layer** [Enter↵] 〈도면층 실행〉

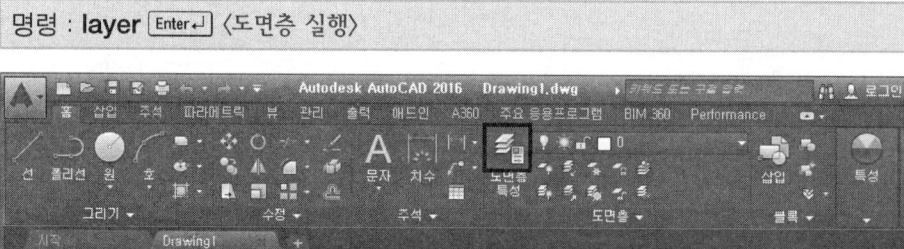

Step 02 새 도면층( )을 클릭하고 이름을 "윤곽선"으로 입력한다.

Step 03 윤곽선 도면층의 색상을 클릭하여 하늘색(4)을 선택하고 확인을 누른다.

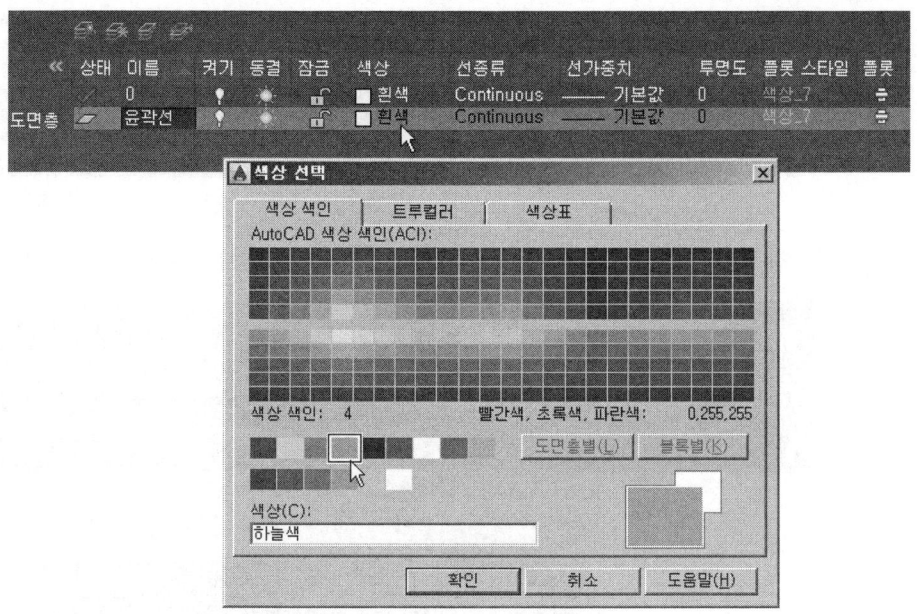

Step 04 선종류는 실선(Continuous)이므로 별도의 작업은 하지 않는다.

Step 05 윤곽선 도면층의 선가중치를 클릭하고, 0.7mm를 선택한 후, 확인을 누른다.

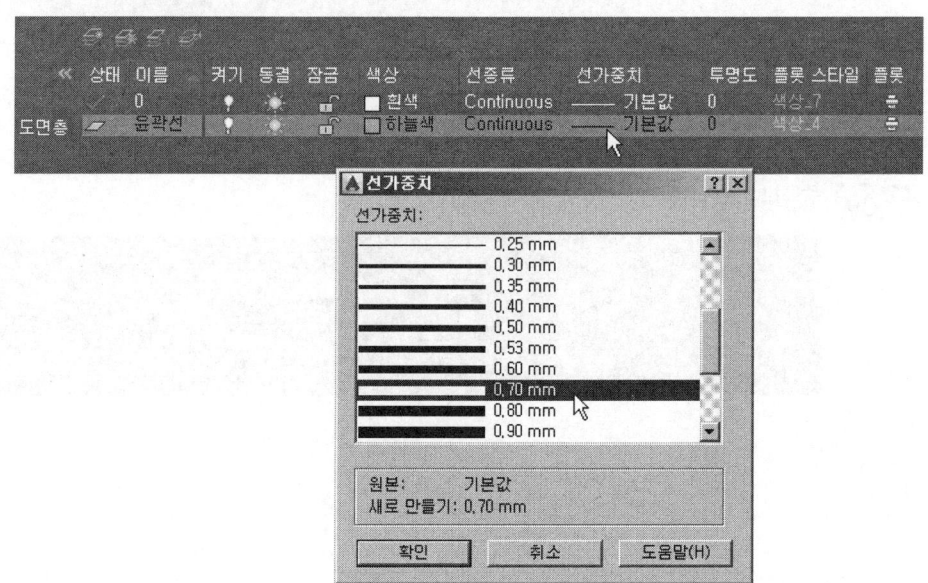

Step 06 윤곽선 도면층이 완성되었다.

341

Step 07 새 도면층( )을 클릭하고 이름을 "중심선"으로 입력한다.

Step 08 중심선 도면층의 색상을 클릭하여 빨간색(1)을 선택하고 확인을 누른다.

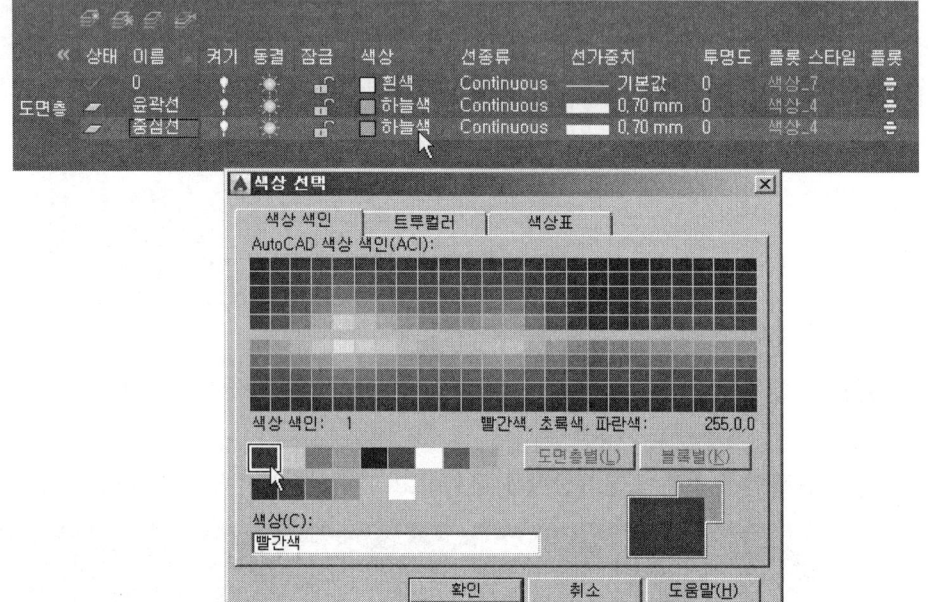

Step 09 중심선 도면층의 선종류를 클릭한다.

Step 10 로드를 클릭하고, CENTER를 선택한 후, 확인을 누른다.

Step 11 선종류 선택에서 "CENTER"를 선택하고, 확인을 누른다.

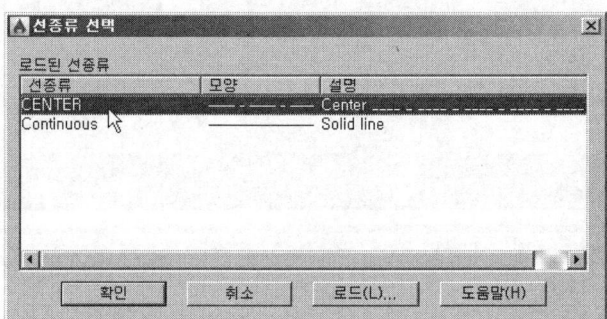

Step 12 중심선 도면층의 선가중치를 클릭하고, 0.18mm를 선택한 후, 확인을 누른다.

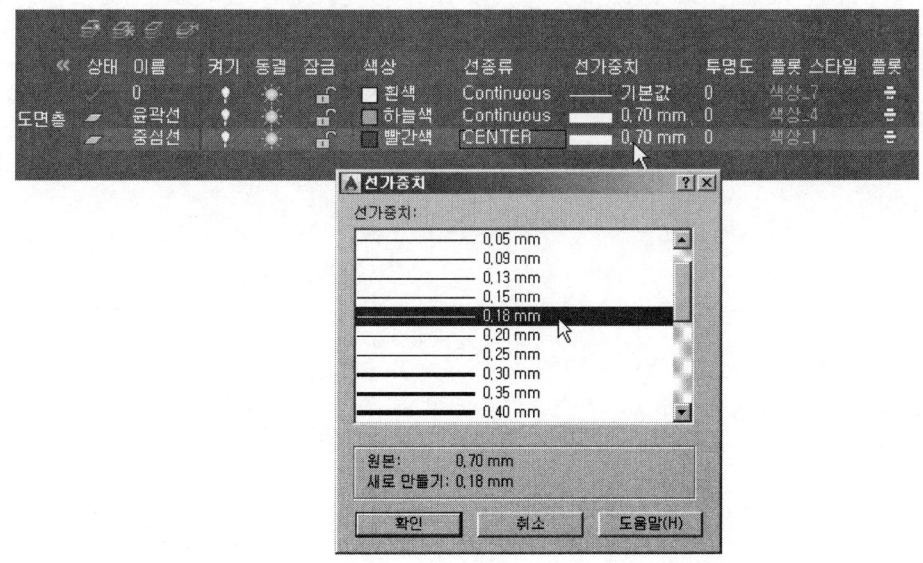

Step 13 중심선 도면층이 완성되었다.

Step 14 새 도면층( )을 클릭하고 이름을 "숨은선"으로 입력한다.

색상 : 노란색(2) & 선종류 : 로드→HIDDEN & 선가중치 : 0.35mm로 설정한다.

Step 15 반복해서 다른 도면층도 위와 같은 방법으로 작성하고 완성을 한다.

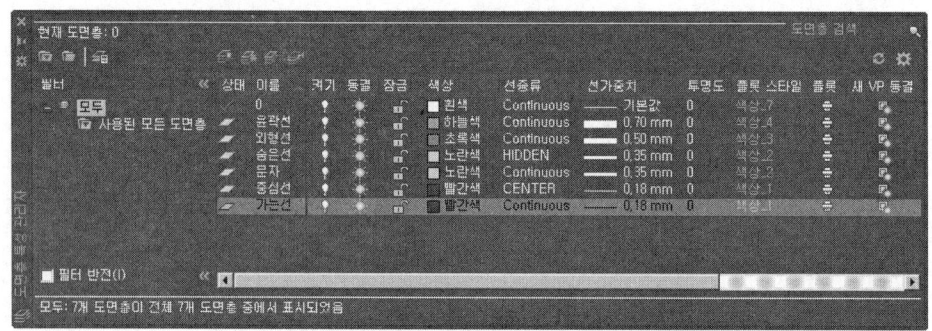

1.2 Ltscale(선 종류 축척 비율)

도면에 있는 모든 요소의 축척비율을 설정한다.

```
명령 : ltsclae [Enter↵]
새 선종류 축척 비율 입력 〈1.0000〉:
```

[Ltscale = 1]   [Ltscale = 0.5]

여기서 1보다 큰 값을 입력하면 선들의 간격이 넓어지고, 0~1이면 선들의 간격이 좁아진다. 현재 도면 크기에 맞게 조절한다.

Chapter
2. 객체 특성 변경하기

AutoCAD 2016

도면을 작성할 때 도면층, 색상, 선종류와 같은 특성을 수시로 변경하면서 작업하지 않고, "0"번 도면층에서 작업을 하고, 선의 종류에 따라 특성을 변경하는 것이 더 효과적이다.

2.1 도구막대의 활용

아무런 명령이 실행되지 않은 상태에서 객체를 먼저 지정하고, 화면 상단의 도구막대를 활용하여 도면층, 색상, 선종류, 선가중치의 설정이 가능하다.

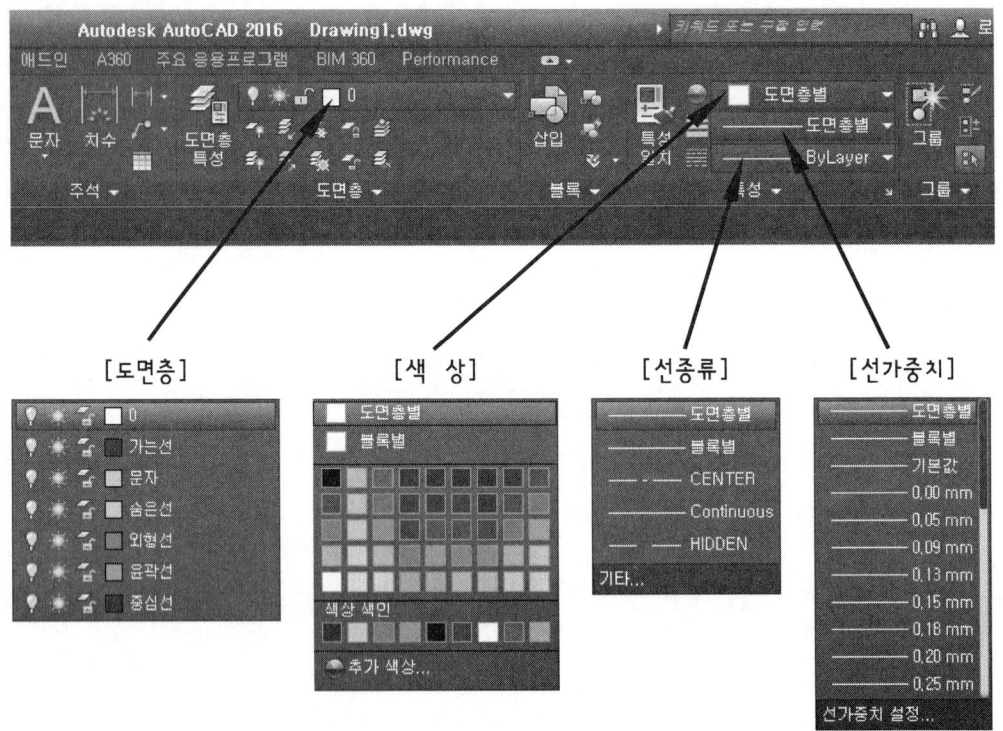

✔ 다음 객체를 "0"번 도면층에서 작업한 후, 해당 도면층으로 변경한다.
   해당 도면층의 특성(색상, 선종류, 선가중치 등)에 따라 변경된다.

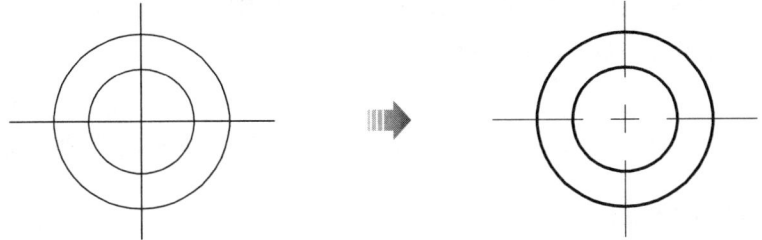

① 아무런 명령이 실행되지 않은 상태에서 원 2개를 선택한다.

② 도구막대에서 도면층을 "외형선"으로 지정한다.

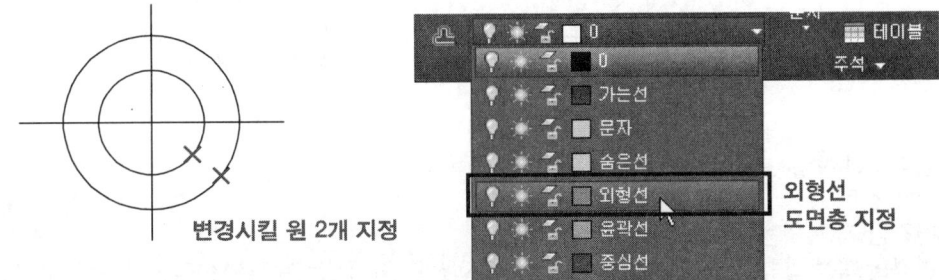

③ Esc를 누른다. 외형선의 특성으로 변경되었다. (초록색 / 실선 / 0.5mm두께)

④ 아무런 명령이 실행되지 않은 상태에서 선 2개를 선택한다.

⑤ Esc를 누른다. 중심선의 특성으로 변경되었다. (빨간색 / 중심선 / 0.18mm두께)

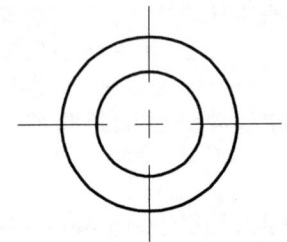

2.2 Change

이미 그려진 도면요소의 특성값을 변경한다. 고도(Elev)와 두께(Thickness)를 사용하면 3차원 모델링이 가능하며, Chprop와 비슷하다.

```
명령 : change Enter↵                                      〈change 실행〉
객체 선택 :                                              〈변경할 객체 지정〉
객체 선택 : Enter↵
변경점 지정 또는 [특성(P)] : p Enter↵                           〈특성 옵션〉
```

✔ 0번 도면층에 원을 그린 후, 색상, 선종류, 선가중치를 변경한다. (해당 도면층만 변경해도 전체 특성이 변경된다.)

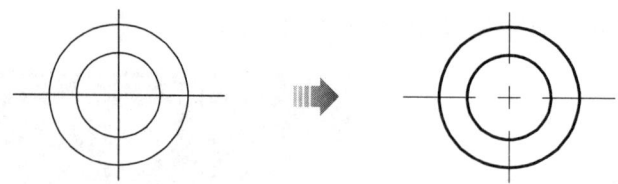

```
명령 : change Enter↵                                      〈change 실행〉
객체 선택 :                                         〈원 2개 지정〉 Enter↵
변경점 지정 또는 [특성(P)] : p Enter↵                           〈특성 옵션〉
변경할 특성 입력 [색상(C)/고도(E)/도면층(LA)/선종류(LT)/선종류축척(S)/선가중치(LW)/두께
(T)/투명도(TR)/재료(M)/주석(A)] : c Enter↵                      〈색상 옵션〉
새 색상 [트루컬러(T)/색상표(CO)] 〈BYLAYER〉 : 3 Enter↵        〈색상번호 3(하늘색)〉
변경할 특성 입력 [색상(C)/고도(E)/도면층(LA)/선종류(LT)/선종류축척(S)/선가중치(LW)/두께
(T)/투명도(TR)/재료(M)/주석(A)] : lw Enter↵                  〈선가중치 옵션〉
새 선가중치 입력 〈ByLayer〉 : 0.5 Enter↵                      〈선 굵기 0.5〉
변경할 특성 입력 [색상(C)/고도(E)/도면층(LA)/선종류(LT)/선종류축척(S)/선가중치(LW)/두께
(T)/투명도(TR)/재료(M)/주석(A)] : Enter↵
```

```
명령 : Enter↵                                          〈다시 change 실행〉
객체 선택 :                                         〈선 2개 지정〉 Enter↵
변경점 지정 또는 [특성(P)] : p
변경할 특성 입력 [색상(C)/고도(E)/도면층(LA)/선종류(LT)/선종류축척(S)/선가중치(LW)/두께
(T)/투명도(TR)/재료(M)/주석(A)] : c
새 색상 [트루컬러(T)/색상표(CO)] 〈BYLAYER〉 : 1             〈색상번호 1(빨간색)〉
변경할 특성 입력 [색상(C)/고도(E)/도면층(LA)/선종류(LT)/선종류축척(S)/선가중치(LW)/두께
(T)/투명도(TR)/재료(M)/주석(A)] : lt                         〈선종류 옵션〉
새 선종류 이름 입력 〈ByLayer〉 : center                 〈선종류 중심선 지정〉
변경할 특성 입력 [색상(C)/고도(E)/도면층(LA)/선종류(LT)/선종류축척(S)/선가중치(LW)/두께
(T)/투명도(TR)/재료(M)/주석(A)] : lw
새 선가중치 입력 〈ByLayer〉 : 0.18
변경할 특성 입력 [색상(C)/고도(E)/도면층(LA)/선종류(LT)/선종류축척(S)/선가중치(LW)/두께
(T)/투명도(TR)/재료(M)/주석(A)] : Enter↵
```

2.3 특성(Properties)

객체를 더블클릭하면 나타나는 창으로 Change 명령을 대화상자 형식으로 만들어 쉽게 객체의 특성을 변경할 수 있다.

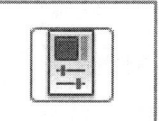

- ✓ 명령입력 : properties
- ✓ 리본메뉴 : **빠른도구모음 → 특성**
- ✓ 단축키 : ch / props / mo

✔ 0번 도면층에 원을 그린 후, 크기, 색상, 선종류, 선가중치를 변경한다. (해당 도면층만 변경해도 전체 특성이 변경된다.)

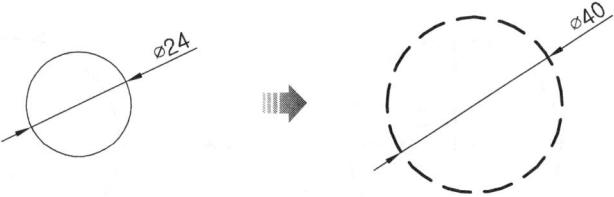

① 수정→특성을 실행한다. 또는 특성을 실행한다.

명령 : **properties** [Enter↵]

② 변경하고자 하는 원을 선택하고, 특성 창에서 값을 변경한다.

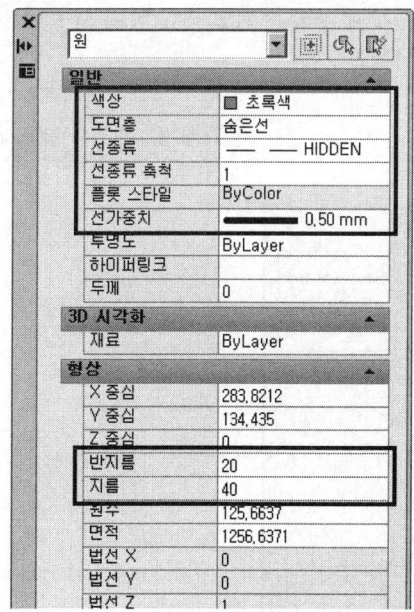

③ [Esc]를 누른다. 변경되었다.

2.4 특성일치(Matchprop)

요소를 다른 요소의 특성과 일치시킨다. 먼저 선택한 요소를 기준으로 나중에 선택한 요소에 적용한다.

✓명령입력	: matchprop
✓리본메뉴	: 홈 → 클립보드 → 특성일치
✓단축키	: ma

✓ 굵은선과 실선으로 이루어진 대상객체(S2)를 가는선과 중심선의 특성을 지닌 원본객체(S1)와 특성을 일치시킨다.

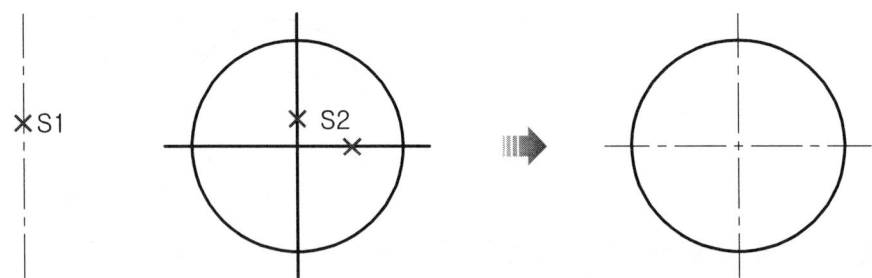

```
명령 : matchprop [Enter↵]                              〈특성일치 실행〉
원본 객체를 선택하십시오 :                              〈원본객체 S1 지정〉
현재 활성 설정 : 색상 도면층 선종류 선축척 선가중치 투명도 두께 플롯 스타일 치수 문자 해
치 폴리선 뷰포트 테이블 재료 그림자 표시 다중 지시선
대상 객체를 선택 또는 [설정(S)] :                      〈대상객체 S2 지정〉
대상 객체를 선택 또는 [설정(S)] : s [Enter↵]           〈설정S 옵션은 참조사항〉
```

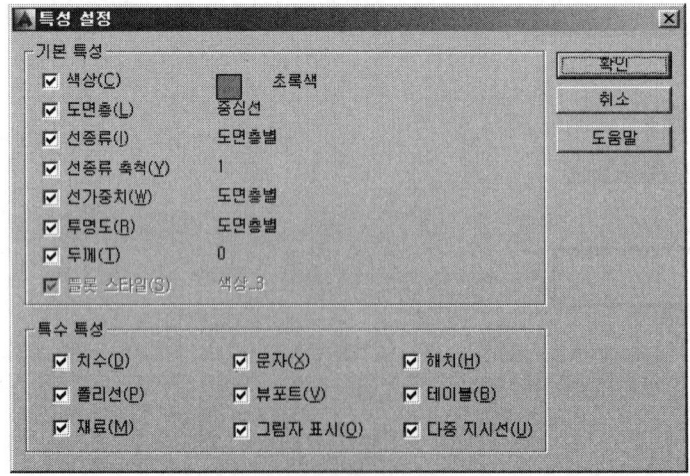

따라하기   도면층(Layer) 변경하기   *Step by Step*

아래와 같이 도면을 작성하고, 작업된 도면요소의 도면층을 변경한다. 도면층만 변경하면 색상, 선종류, 선가중치의 속성이 그대로 상속된다.

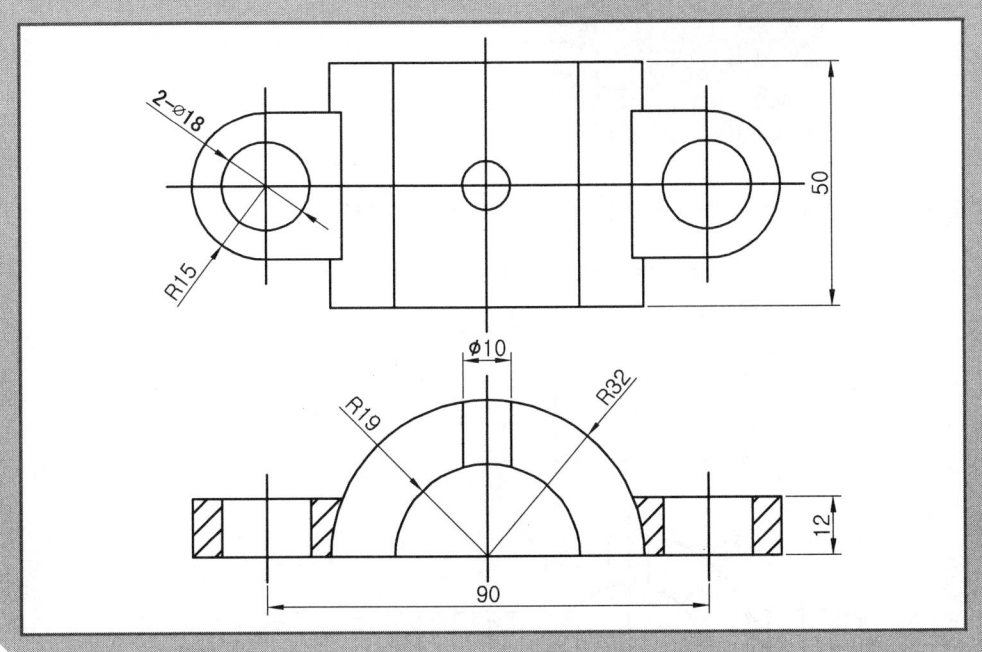

Step 01 아무런 기능이 실행되지 않은 상태에서 변경하고자 하는 "중심선"들을 마우스로 지정한다. (X 표시된 부분)

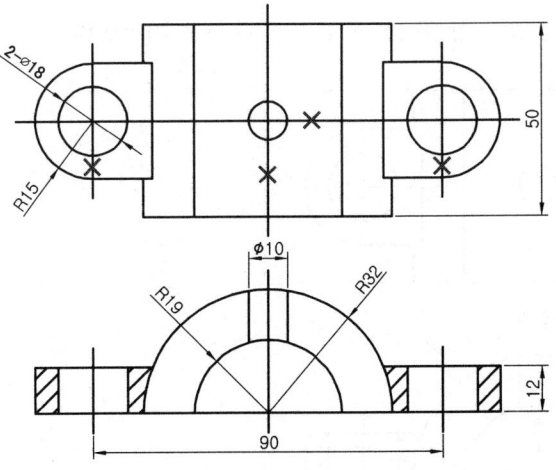

Step 02 도면층 옆의 ▼을 클릭하여 목적하는 "중심선" 도면층을 선택한다.

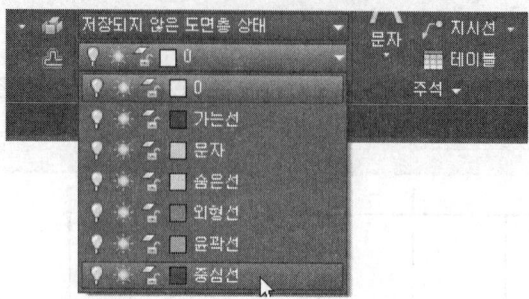

Step 03 결과와 함께 도면층에서 설정한 속성으로 변경되었다.

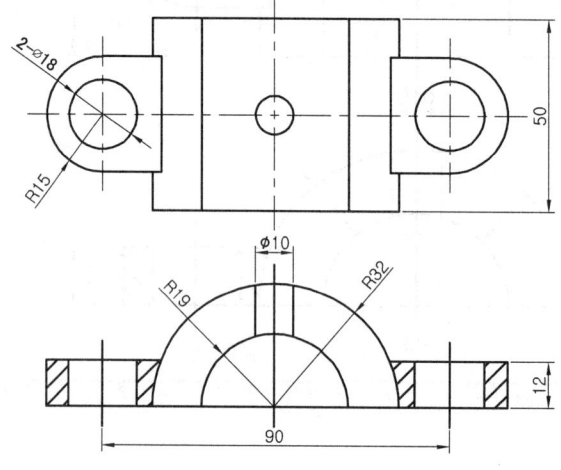

Step 04 키보드 Esc를 2~3번 눌러 기존 형상의 선택을 해제한다.

Step 05 아무런 기능이 실행되지 않은 상태에서 X 표시된 부분을 지정한다.

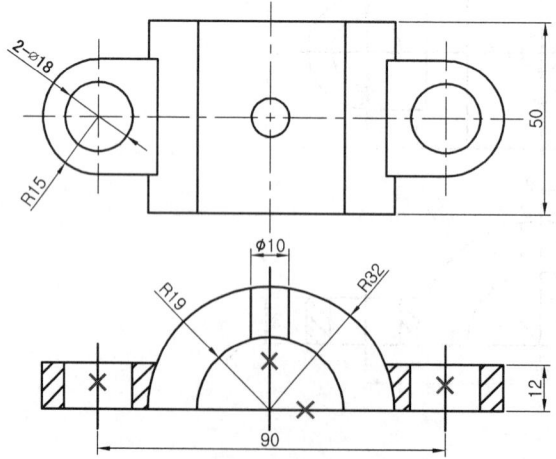

Step 06 도면층 옆의 ▼을 클릭하여 목적하는 "중심선" 도면층을 선택한다.

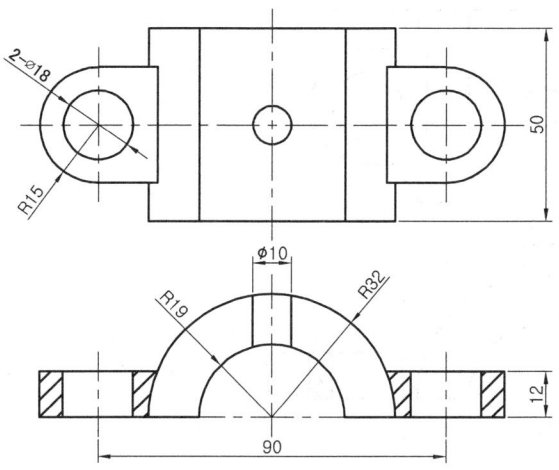

Step 07 키보드 Esc를 2~3번 눌러 기존 형상의 선택을 해제한다.

Step 08 도면층 옆의 ▼을 클릭하여 "중심선" 도면층의 켜기/끄기(💡)를 누른다. 해당 도면층이 화면에서 보이지 않게 된다. (다시 클릭하면 화면상에 나타난다.)

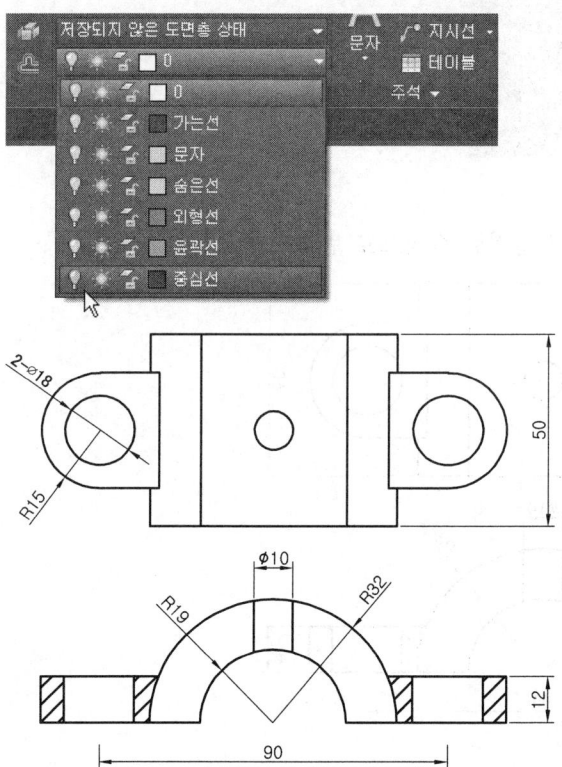

Step 09 아무런 기능이 실행되지 않은 상태에서 해칭 부분을 지정한다.

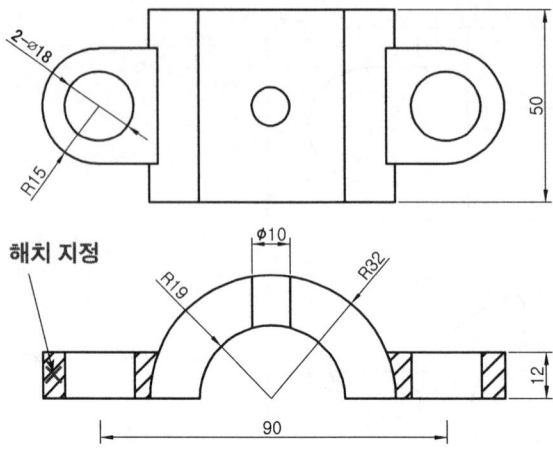

Step 10 도면층 옆의 ▼을 클릭하여 목적하는 "가는선" 도면층을 선택한다.

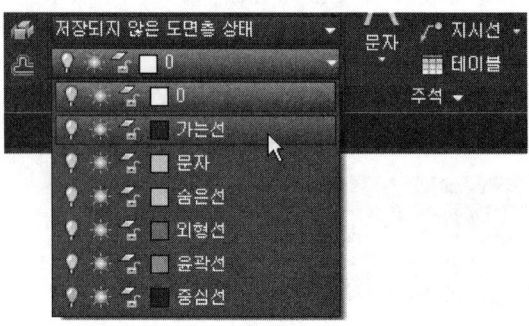

Step 11 결과와 함께 도면층에서 설정한 속성으로 변경되었다.

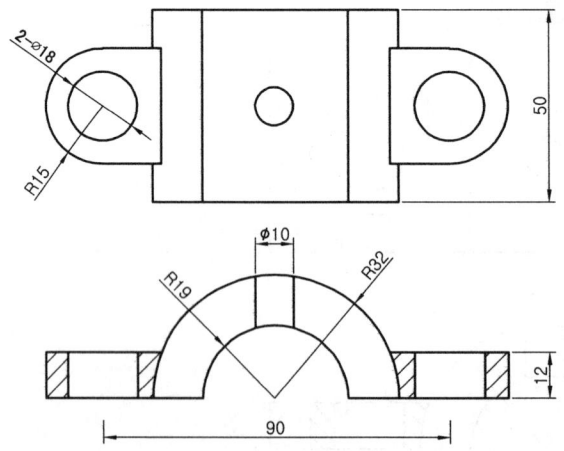

Step 12 키보드 Esc를 2~3번 눌러 기존 형상의 선택을 해제한다.

Step 13 도면층 옆의 ▼을 클릭하여 "가는선" 도면층의 켜기/끄기(💡)를 눌러 가는선 도면층이 화면에서 보이지 않게 한다.

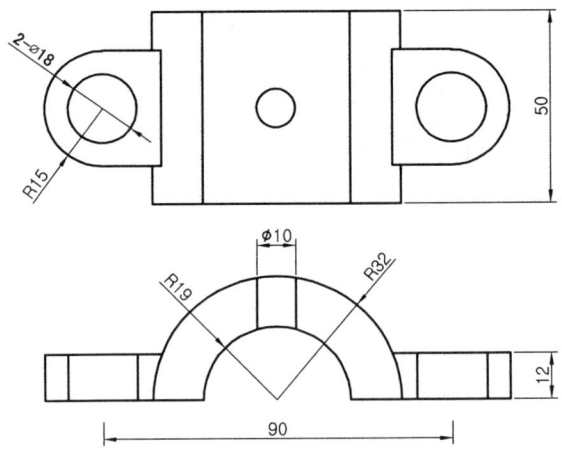

Step 14 아무런 기능이 실행되지 않은 상태에서 치수들을 선택하고, "문자" 도면층을 선택한다.

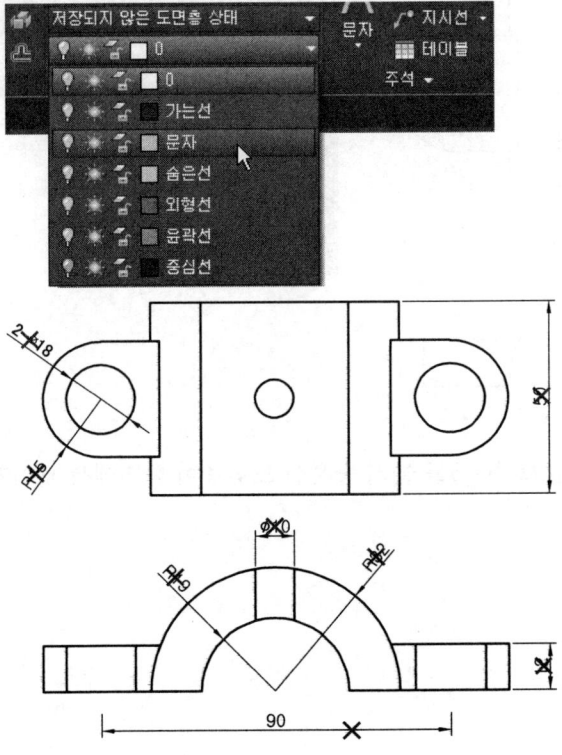

Step 15 키보드 Esc를 2~3번 눌러 기존 형상의 선택을 해제한다.

Step 16 도면층 옆의 ▼을 클릭하여 "문자" 도면층의 켜기/끄기(💡)를 눌러 문자(치수) 도면층이 화면에서 보이지 않게 한다.

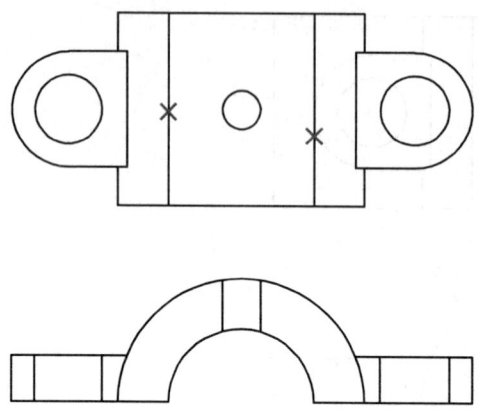

Step 17 기능이 실행되지 않은 상태에서 숨은선을 선택하고, "숨은선" 도면층을 선택한다. 키보드 Esc를 2~3번 눌러 기존 형상의 선택을 해제한다.

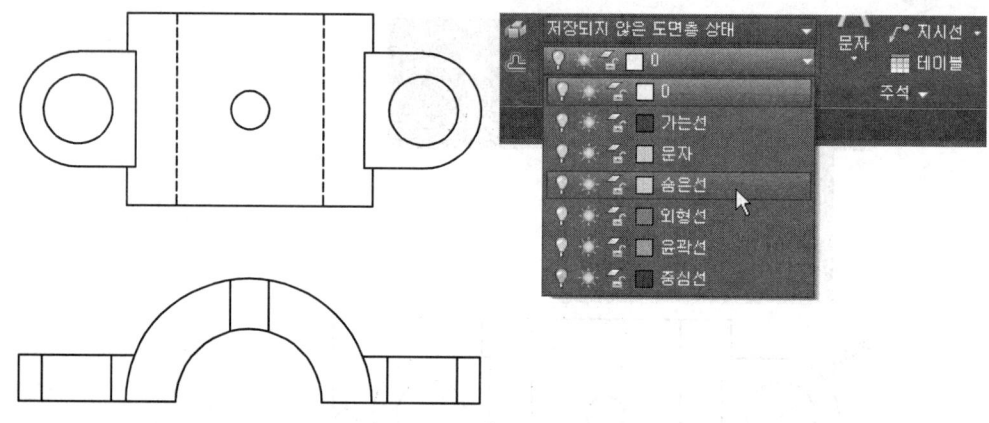

Step 18 "숨은선" 도면층의 켜기/끄기(💡)를 눌러 숨은선 도면층이 화면에서 보이지 않게 한다.

Step 19 기능이 실행되지 않은 상태에서 외형선(숨기기를 하였기 때문에 모두 선택)을 선택하고, "외형선" 도면층을 선택한다. 키보드 Esc를 2~3번 눌러 기존 형상의 선택을 해제한다.

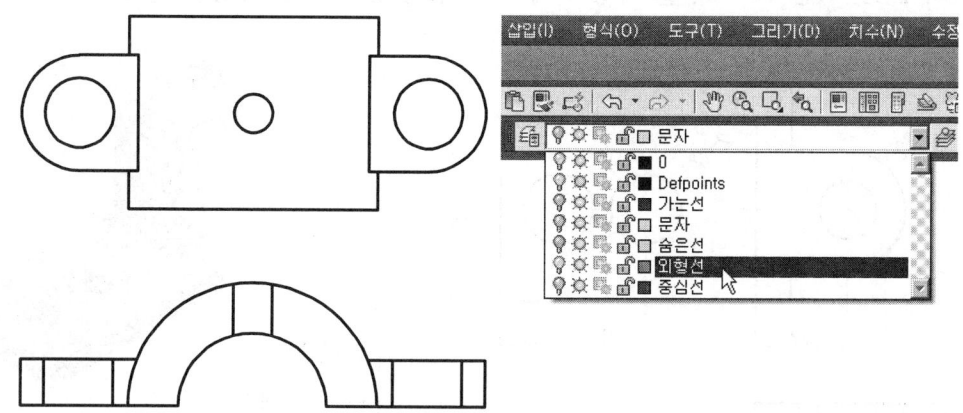

Step 20 모든 도면층의 켜기/끄기(💡)를 눌러 모든 도면층이 화면에서 보이게 한다.

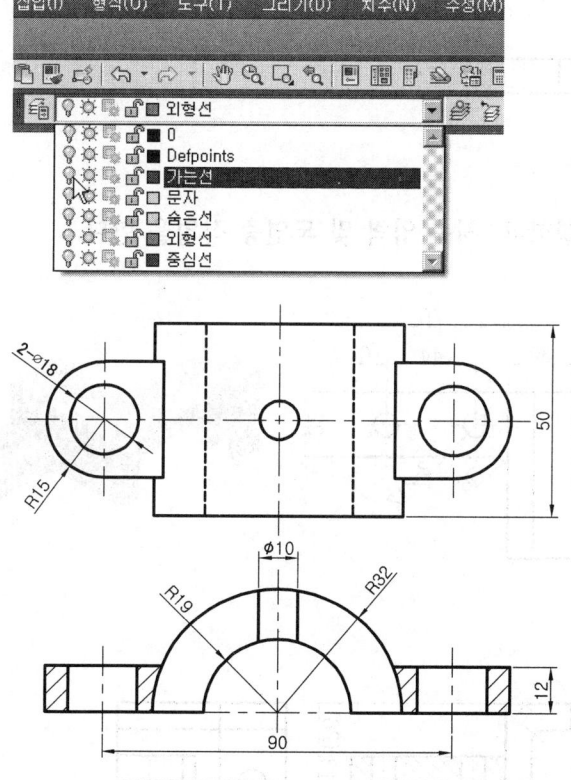

Step 21 도면층 작업을 마무리한다.

연습과제 1 도면층 작성 및 형상 그리기

[과제 1] 다음 2D 도면을 작성하고, 치수 입력 및 도면층 작업을 한다.

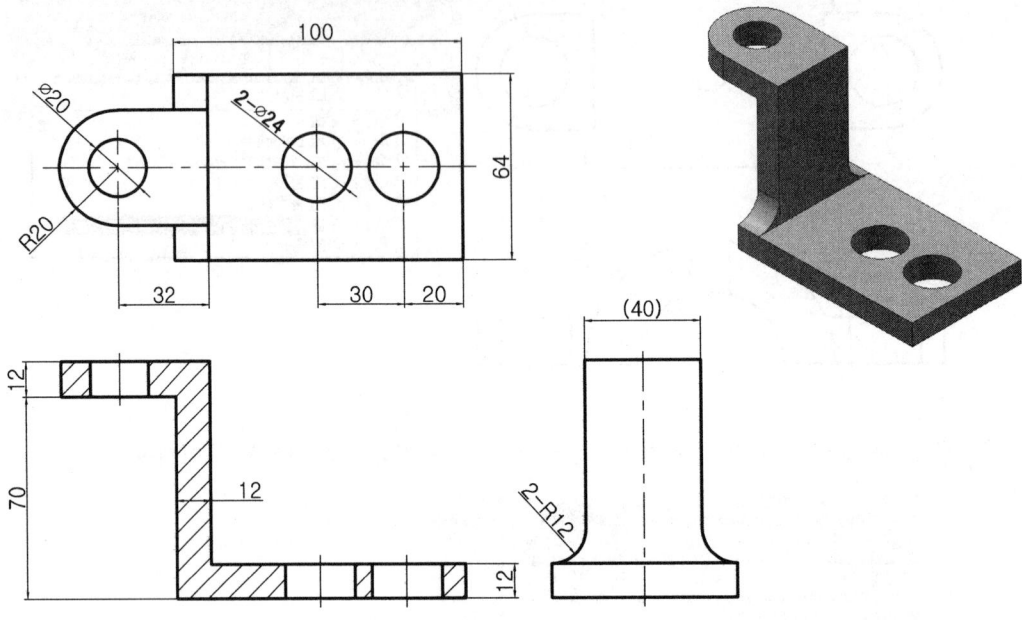

[과제 2] 다음 2D 도면을 작성하고, 치수 입력 및 도면층 작업을 한다.

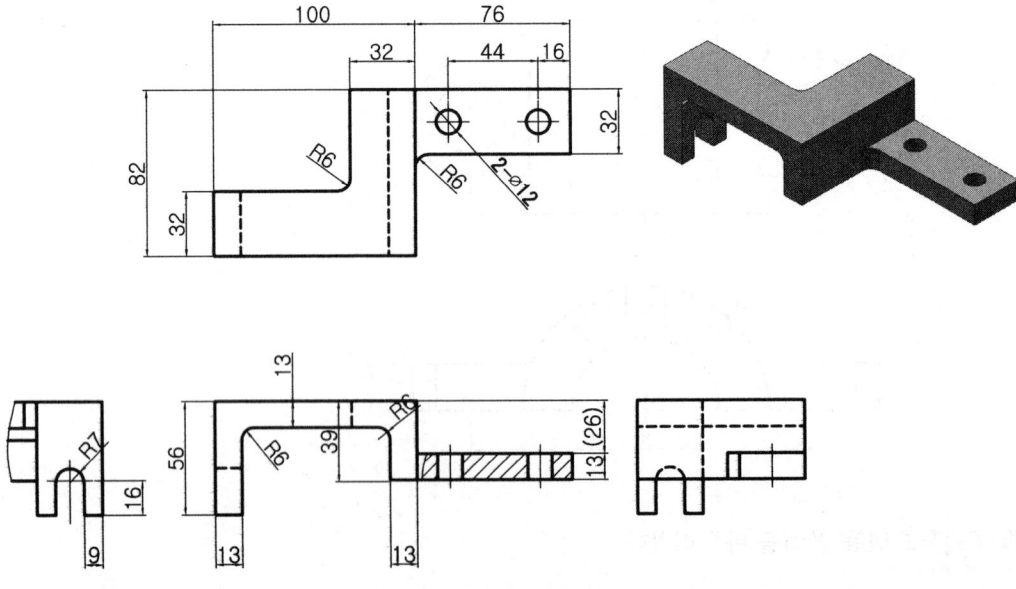

연습과제 2 도면층 작성 및 형상 그리기

[과제 1] 다음 2D 도면을 작성하고, 치수 입력 및 도면층 작업을 한다.

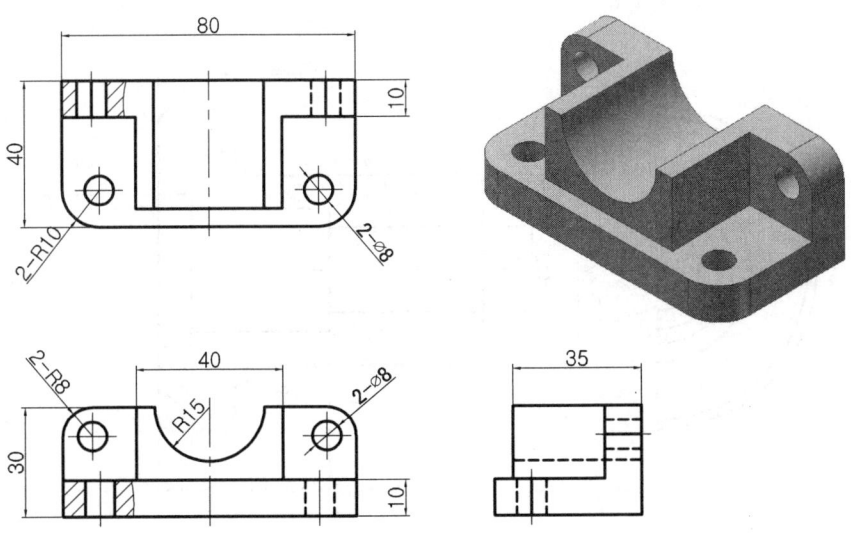

[과제 2] 다음 2D 도면을 작성하고, 치수 입력 및 도면층 작업을 한다.

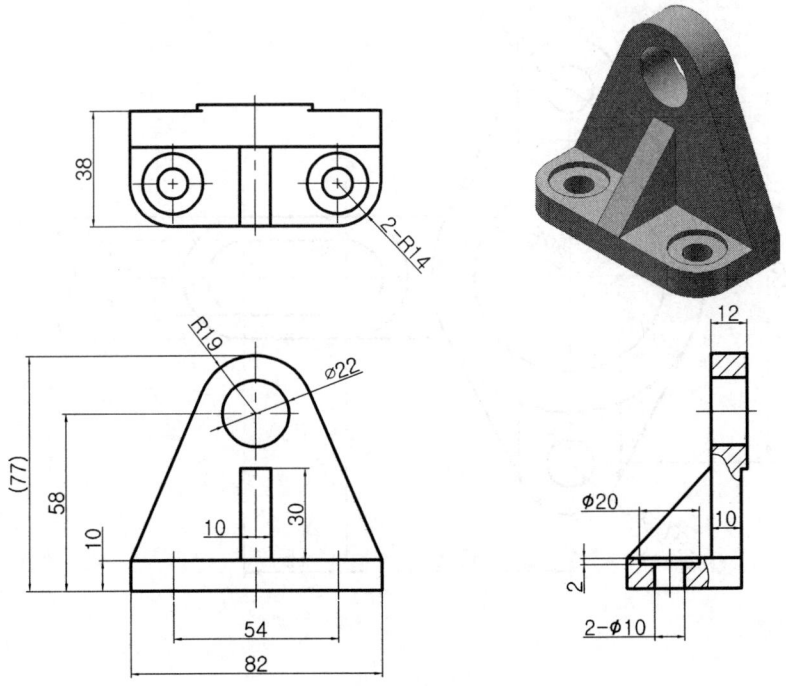

연습과제 3 도면층 작성 및 형상 그리기

[과제 1] 다음 2D 도면을 작성하고, 치수 입력 및 도면층 작업을 한다.

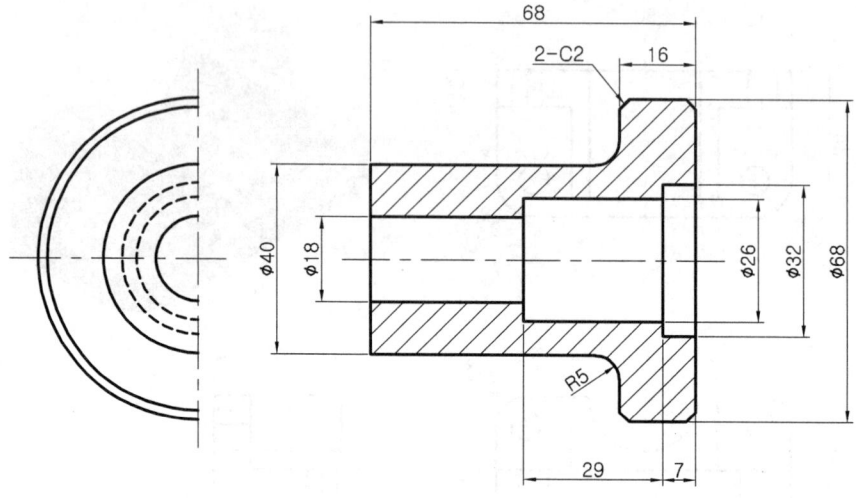

[과제 2] 다음 2D 도면을 작성하고, 치수 입력 및 도면층 작업을 한다.

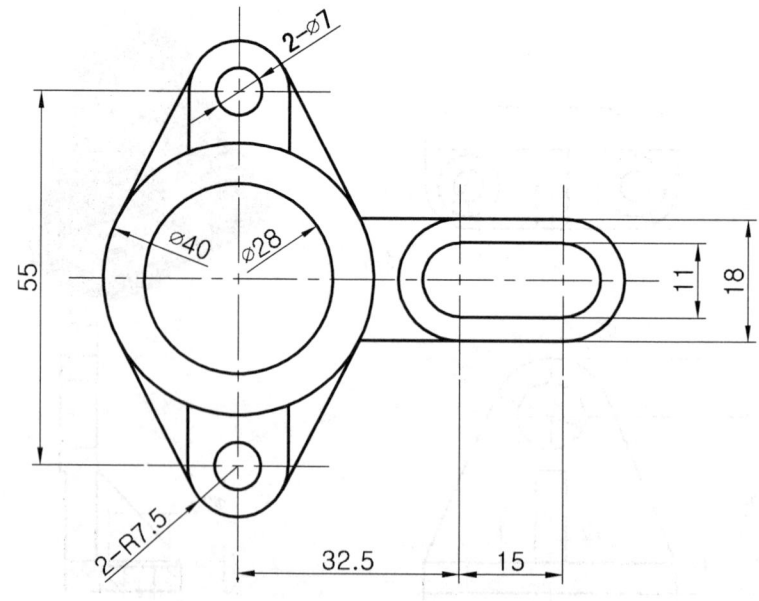

연습과제 4 도면층 작성 및 형상 그리기

[과제 1] 다음 2D 도면을 작성하고, 치수 입력 및 도면층 작업을 한다.

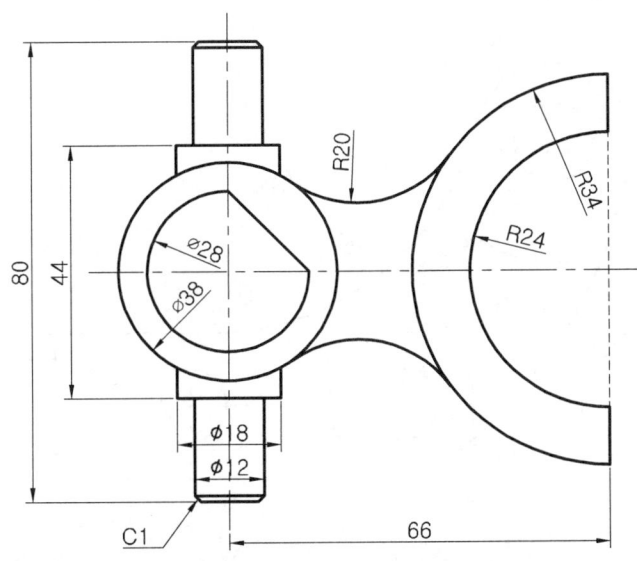

[과제 2] 다음 2D 도면을 작성하고, 치수 입력 및 도면층 작업을 한다.

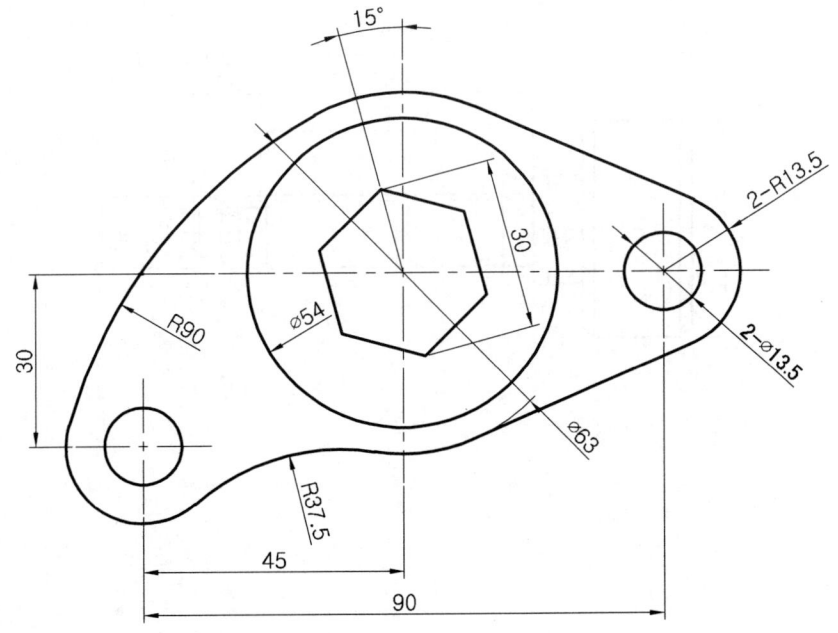

연습과제 5 도면층 작성 및 형상 그리기

[과제 1] 다음 2D 도면을 작성하고, 치수 입력 및 도면층 작업을 한다.

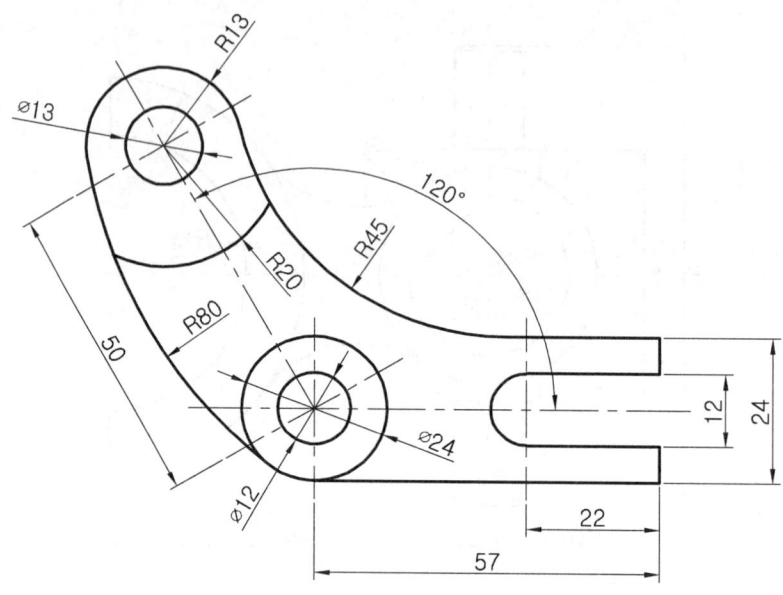

[과제 2] 다음 2D 도면을 작성하고, 치수 입력 및 도면층 작업을 한다.

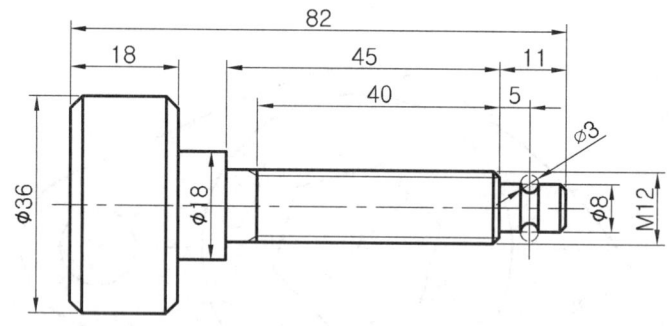

Part 08
블록 및 라이브러리 활용하기

AutoCAD 2016

도면을 작성할 때 자주 쓰이는 규격화된 부품이나 기호 등을 매번 작성하는 것이 아니라, 블록을 활용하여 미리 원형도면(라이브러리)로 저장해 두었다가 필요한 곳에 삽입시켜 사용하면 작업의 효율성을 향상시킬 수 있다. 또한 규격화 및 표준화를 이룰 수가 있다.

블록에는 내부에서만 사용할 수 있는 블록작성(Block)과 다른 여러 도면에서 같이 사용할 수 있는 블록쓰기(WBlock)가 있다.

1. 블록작성(Block)

현재 도면에서만 사용할 수 있는 블록을 만든다.

✓명령입력	: block
✓리본메뉴	: 홈 → 블록 → 블록작성
✓단축키	: b

명령 : block [Enter↵]

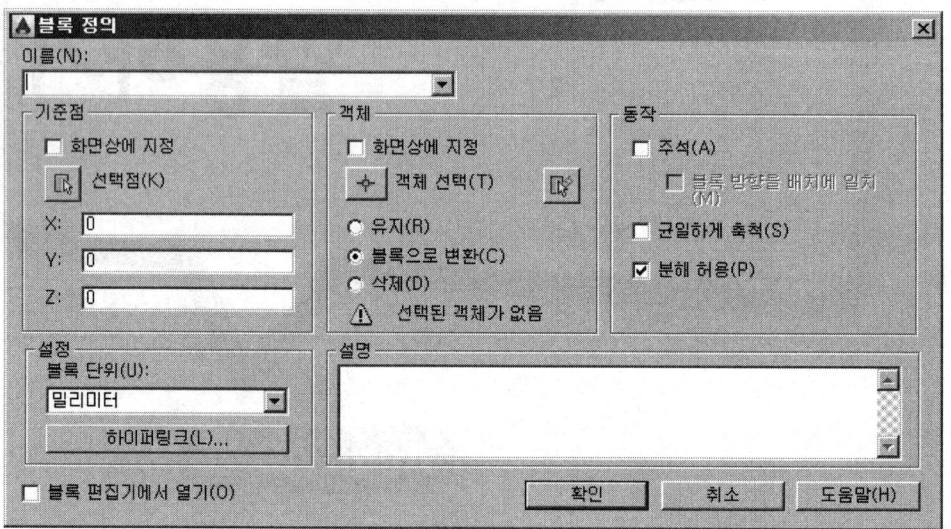

① **이름(N)** : 블록으로 만들 이름을 입력한다.

② **기준점** : 삽입할 때 기준점을 지정한다.

    선택점(K) : 마우스로 직접 삽입 기준점을 지정한다.

③ **객체** : 블록으로 만들 객체를 선택한다.

    객체 선택(T) : 화면상에 객체를 마우스로 선택한다.

따라하기 블록(Block) 작성하기 — Step by Step

다음 도면을 작성한다.

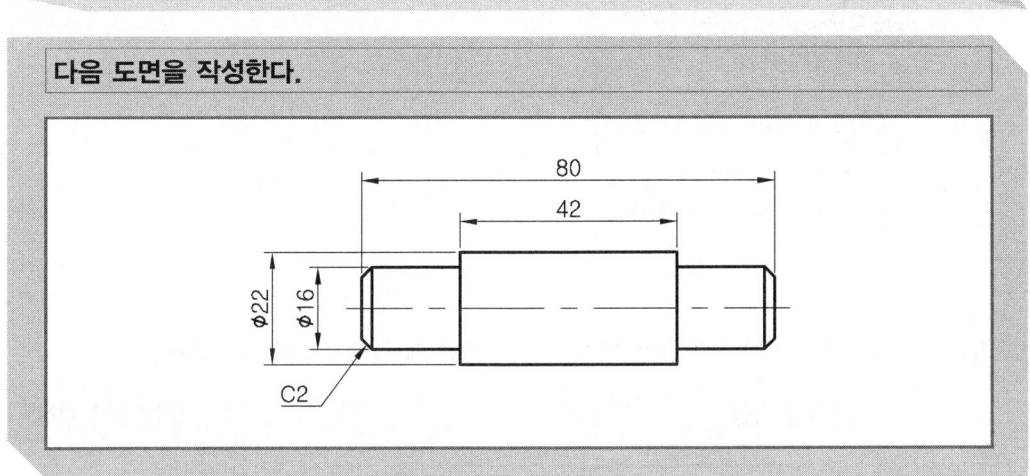

Step 01 블록(Block)을 실행한다.

명령 : **block** [Enter↵]

Step 02 이름(N)에 "Shaft"이라고 입력한다.

Step 03 기준점의 선택점(K) 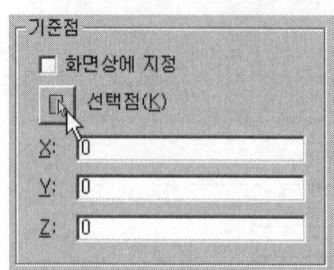 버튼을 클릭한다.

Step 04 명령표시줄에 다음과 같은 메시지가 나타날 때 기준점 A를 지정한다.

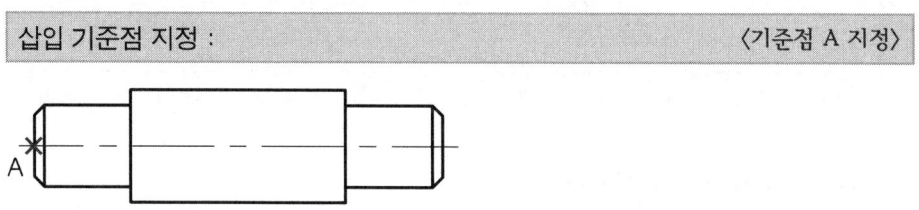

Step 05 대화상자로 돌아오면 지정한 기준점의 X, Y, Z 좌표값이 표시된다.

Step 06 블록으로 만들 객체를 선택하기 위해 객체선택(T) 버튼을 누른다.

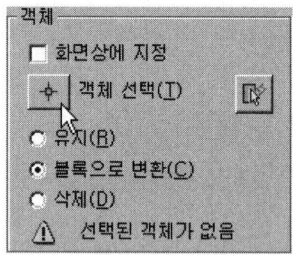

Step 07 블록으로 만들 객체를 P1 → P2를 클릭하여 전체를 선택한다.

Step 08 명령표시줄에 다음과 같은 메시지가 나타난다. Enter↵를 누른다.

객체 선택 :	⟨P1 점 지정⟩
반대 구석 지정 :	⟨P2 점 지정⟩
객체 선택 : Enter↵	

Step 09 확인을 눌러 블록을 만든다.

2. 블록쓰기(WBlock)

도면의 일부 또는 전체를 새로운 독립된 도면과 같이 dwg 파일로 생성되기 때문에 다른 도면에서도 삽입이 가능하다.

- ✓ 명령입력 : wblock
- ✓ 리본메뉴 : 삽입 → 블록정의 → 블록쓰기
- ✓ 단축키 : w

명령 : wblock [Enter↵]

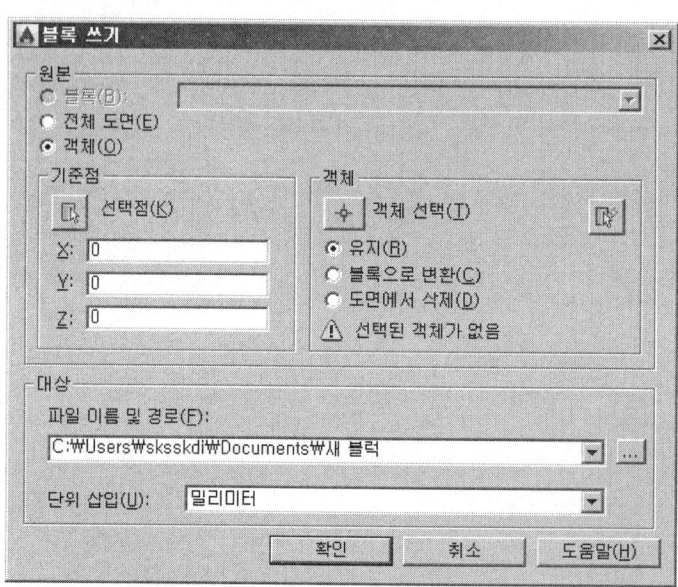

① 기준점( )과 객체( )는 블록(Block)과 동일하다.

② 대상 - 파일 이름 및 경로 : dwg로 저장시킬 폴더와 파일 이름을 지정한다.

③ 삽입 단위 : 블록의 사용 단위를 설정한다.

Part 08 블록 및 라이브러리 활용하기

따라하기 — 블록쓰기(WBlock) 작성하기 *Step by Step*

다음 도면을 작성한다.

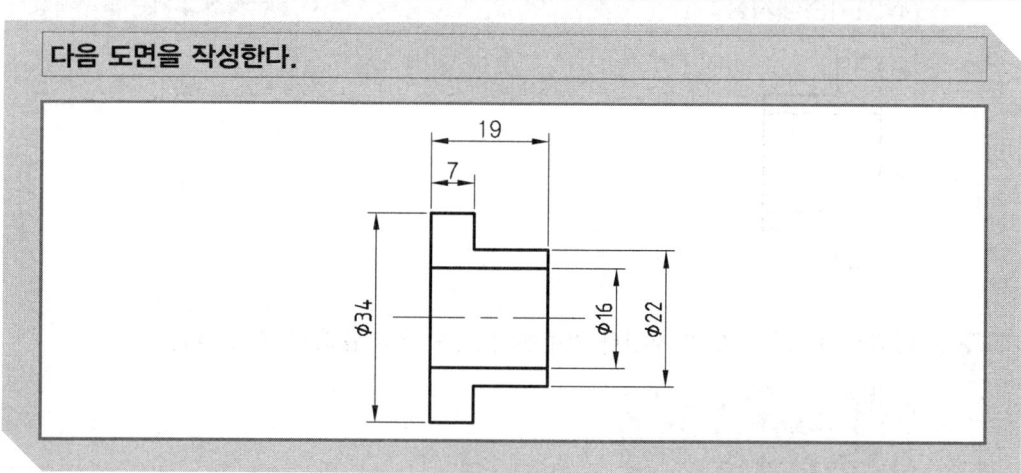

Step 01 블록쓰기(WBlock)을 실행한다.

명령 : **wblock** [Enter↵]

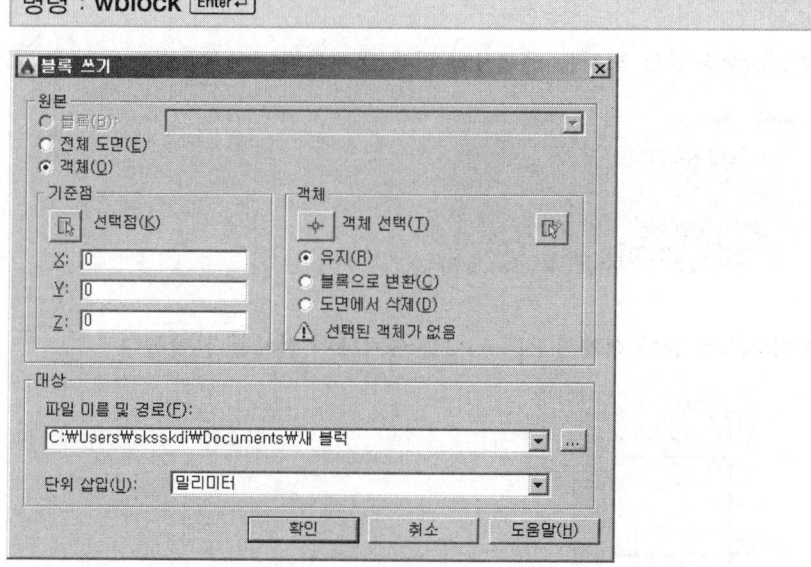

Step 02 기준점의 선택점(K) 버튼을 클릭한다.

369

Step 03 명령표시줄에 다음과 같은 메시지가 나타난다.

삽입 기준점 지정 :	〈Wblock 삽입 기준점 A 지정〉

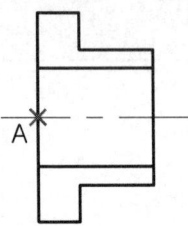

Step 04 대화상자로 돌아오면 지정한 기준점의 X, Y, Z 좌표값이 표시된다.

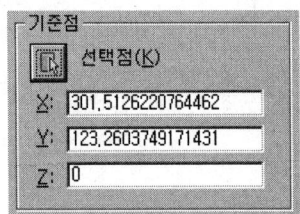

Step 05 WBlock으로 만들 객체를 선택하기 위해 객체선택(T) 버튼을 누른다.

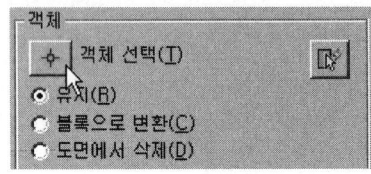

Step 06 WBlock으로 만들 객체를 P1 → P2를 클릭하여 전체를 선택한다.

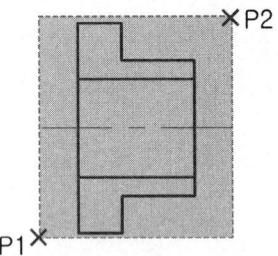

Step 07 명령표시줄에 다음과 같은 메시지가 나타난다. Enter↵를 누른다.

객체 선택 :	〈P1 점 지정〉
반대 구석 지정 :	〈P2 점 지정〉
객체 선택 : Enter↵	

Step 08 대상의 파일 이름 및 경로(F)의 [...] 버튼을 클릭한다.

Step 09 저장시킬 위치와 파일 이름 "bush"를 지정하고, 저장을 누른다.

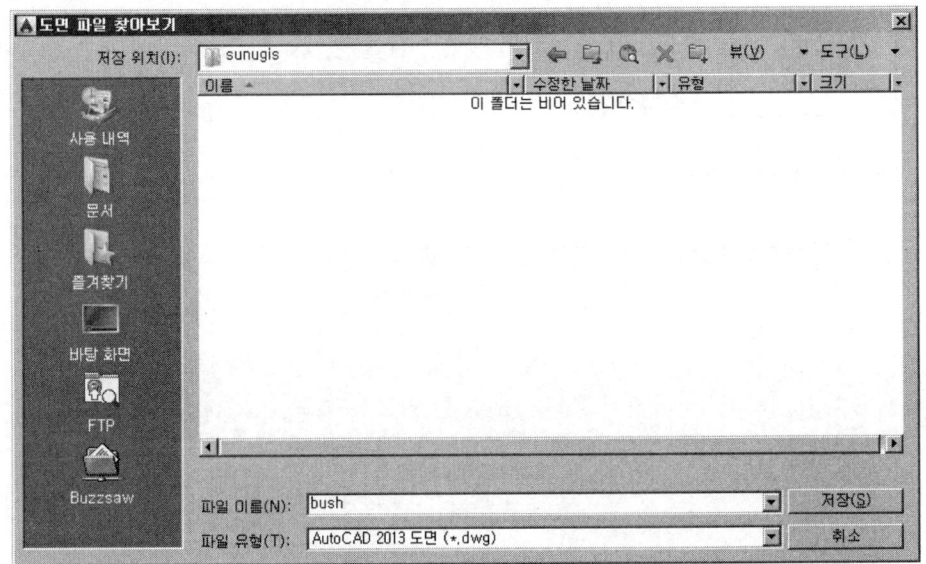

Step 10 확인을 눌러 WBlock을 만든다.

3. 삽입(Insert)

이미 정의되어 있는 블록 또는 도면 파일을 현재의 도면에 삽입한다.

- ✓ 명령입력 : insert
- ✓ 리본메뉴 : 홈 → 블록 → 삽입
- ✓ 단축키 : i

명령 : **insert** Enter↵

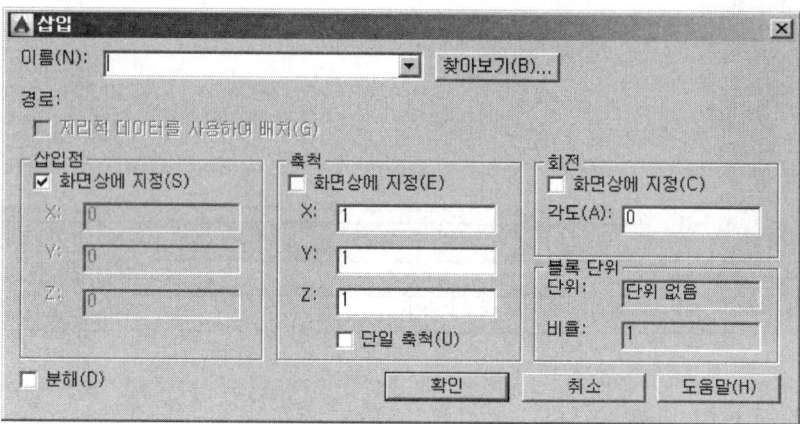

① **이름(N)** : 저장되어 있는 블록이나 도면 파일을 "찾아보기"를 통해 선택할 수 있다.

② **삽입점(화면상에 지정)** : 블록의 삽입점을 지정한다.

③ **축척** : 비율을 입력하여 블록 크기를 조절한다.

④ **회전** : 주어진 회전각만큼 회전하여 블록을 삽입한다.

⑤ **분해(D)** : 블록을 개별요소로 분해(Explode)하여 삽입한다.

삽입(Insert) 따라하기

Step 01 삽입(Insert)을 실행한다.

```
명령 : insert Enter↵
```

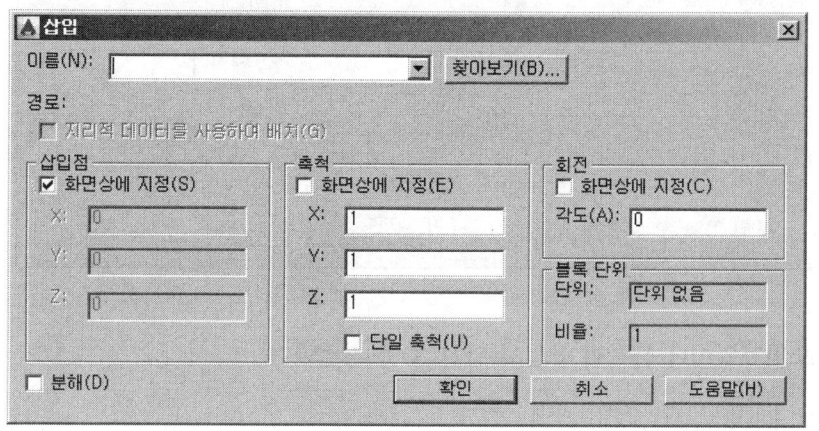

Step 02 "찾아보기"를 클릭하여 삽입시킬 도면파일을 선택하고, 열기를 누른다.

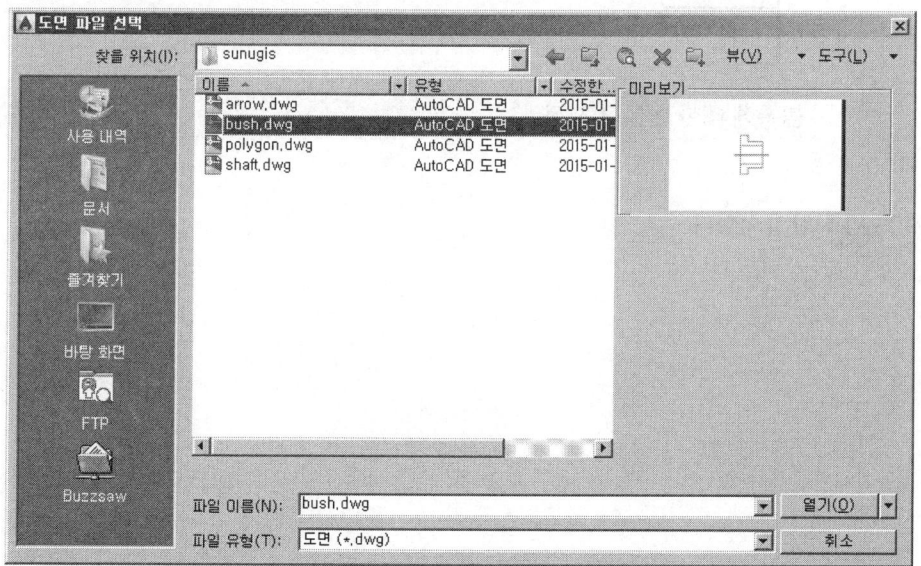

Step 03 삽입 대화상자에서 "확인"을 누른다.

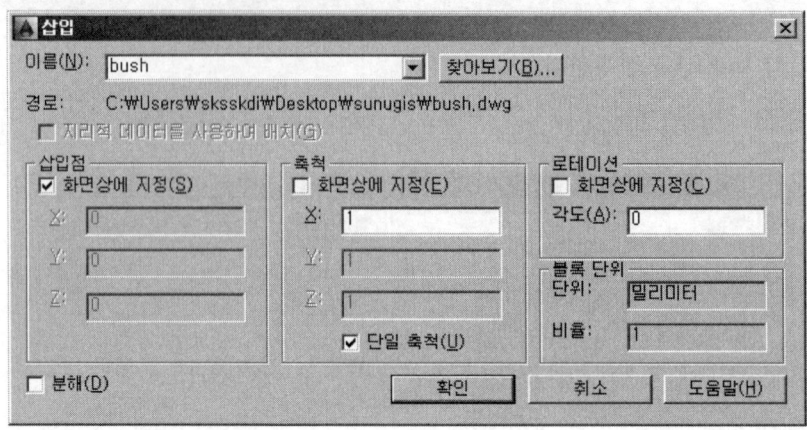

Step 04 도면파일이나 블록이 삽입될 위치(A)를 지정한다.

Step 05 삽입되었다.

4. Minsert

하나의 블록을 직사각형 형태로 배열하면서 삽입한다. 한꺼번에 많은 블록을 삽입하며, 분해는 되지 않는다.

	✔명령입력	: minsert
—	✔리본메뉴	: —
	✔단축키	: —

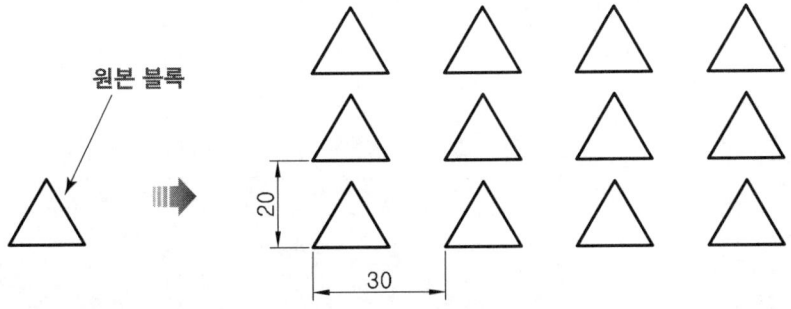

```
명령 : minsert Enter↵
블록 이름 또는 [?] 입력 <pol> :                                         <삽입할 블록 이름 지정>
단위 : 밀리미터   변환 : 1.0000
삽입점 지정 또는 [기준점(B)/축척(S)/X/Y/Z/회전(R)] : Enter↵              <블록 삽입점 지정>
X축척 비율 입력, 반대구석 지정, 또는 [구석(C)/XYZ(XYZ)] <1> : Enter↵     <X 축척 비율>
Y 축척 비율 입력 <X 축척 비율 사용> : Enter↵                             <Y 축척 비율>
회전 각도 지정 <0> : Enter↵
행 수 입력(---) <1> : 3 Enter↵
열 수 입력 (|||) <1> : 4 Enter↵
행 사이의 단위 셀 또는 거리 (---) : 20 Enter↵
열 사이의 거리를 지정 (|||) : 30 Enter↵
```

5. Design Center(adcenter)

작성해 놓은 도면 파일을 관리하거나 현재 도면으로 삽입한다.

✓ 명령입력	:	adcenter
✓ 리본메뉴	:	뷰 → 팔레트 → Design Center
✓ 단축키	:	adc

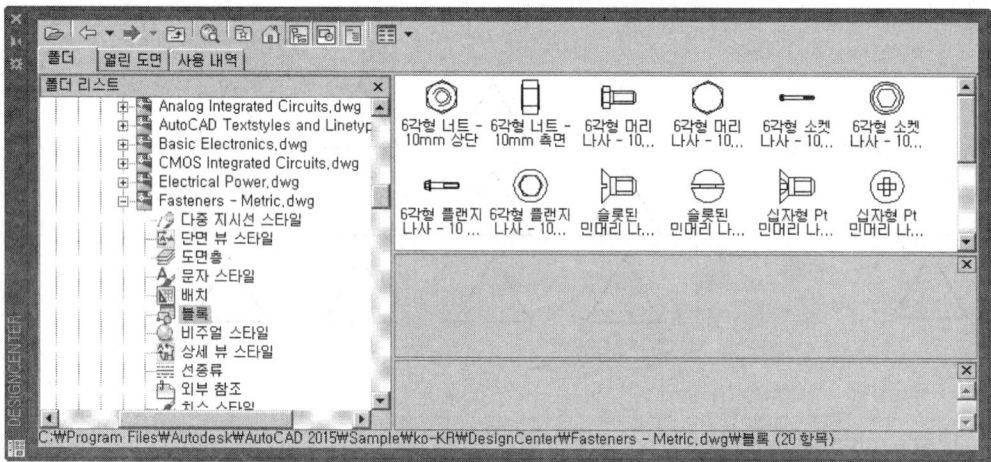

✓ 위의 그림은 미리 저장된 Fasteners-Metric(볼트)의 항목을 나열한 것이다.

따라하기 Design Center 따라하기 1

Step 01 Design Center를 실행한다.

명령 : **adcenter** Enter↵

Step 02 "C : ₩Program Files₩Autodesk₩AutoCAD 2016₩Simple₩ko-KR₩Design Center₩Fasteners-Metric.dwg₩블록"을 클릭한다.

Step 03 해당 블록에서 마우스 오른쪽 버튼을 눌러 "블록 삽입"을 클릭한다.

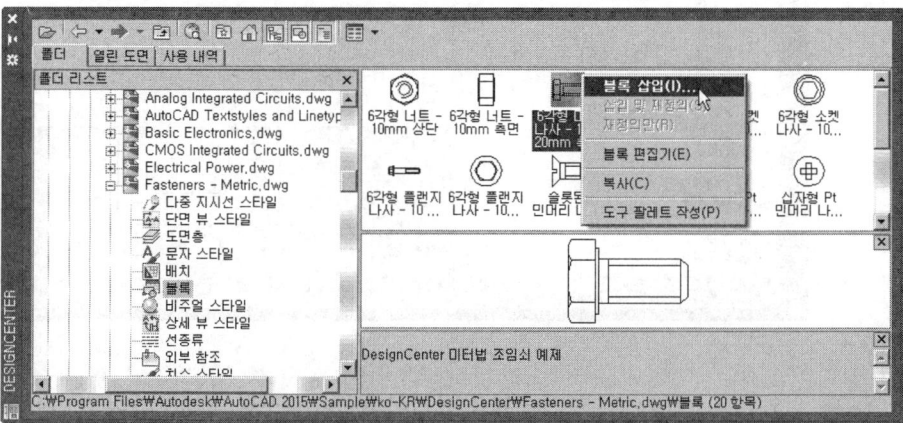

Step 04 삽입 대화상자에서 "확인"을 누른다.

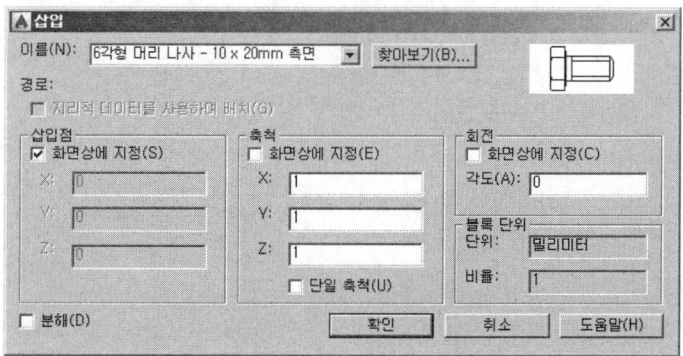

Step 05 작업 공간의 원하는 위치에 클릭하여 블록을 배치한다.

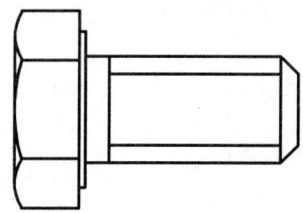

Design Center 따라하기 2

Step 01 사용자가 정의하고 많이 사용하는 도면파일을 과제별, 프로젝트 별로 하나의 폴더에 저장시킨다.

Step 02 Design Center를 실행하고, 해당 폴더를 지정한다.

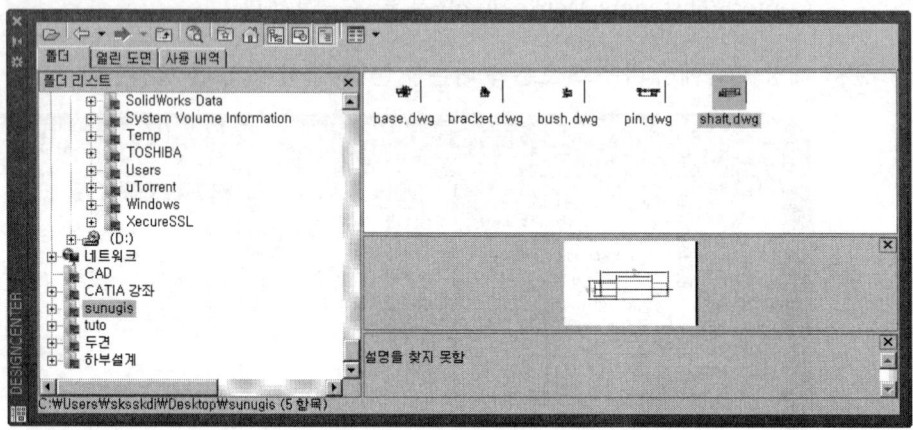

Step 03 위와 같은 방법으로 도면파일을 삽입한다. (마우스로 드래그하여 화면에 위치시켜도 된다.)

연습과제 1 블록쓰기(WBlock) 작성하기

[과제 1] 도면작업에 많이 사용되는 거칠기 기호를 작성하고, 삽입한다.

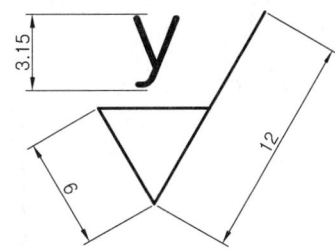

[과제 2] 도면작업에 많이 사용되는 표를 작성하고, 삽입한다.

스퍼기어 요목표	
구분 / 품명	2
기어 치형	표 준
기준래크 치형	보 통 이
기준래크 모 듈	2
기준래크 압력각	20°
잇 수	70
피치원지름	⌀140
전체이높이	4.5
다듬질방법	호브 절삭

[과제 3] 도면작업에 많이 사용되는 표제란을 작성하고, 삽입한다.

품번	품 명	재 질	수 량	비 고
3	스 퍼 기 어	SC49	1	
2	축	SCM415	1	
1	하 우 징	GC200	1	
품번	품 명	재 질	수 량	비 고
작품명	동력전달장치 1		척도	1 : 1
			도번	

연습과제 2 블록쓰기(WBlock) 작성하기

[과제] 도면작업에 많이 사용되는 기계부품을 작성하고, 삽입한다.

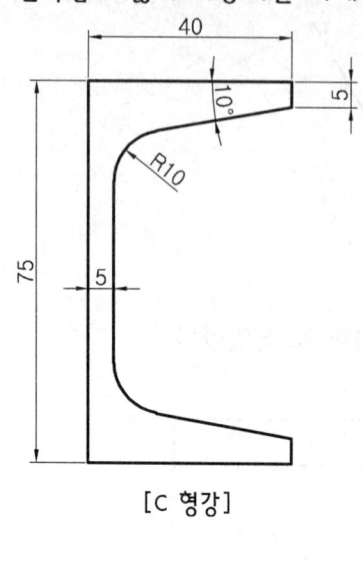

[C 형강]

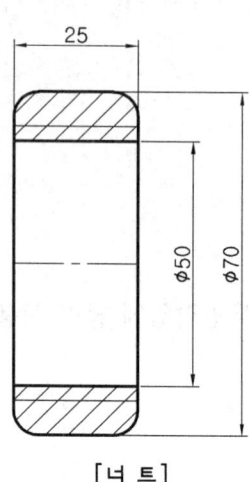

[너 트]

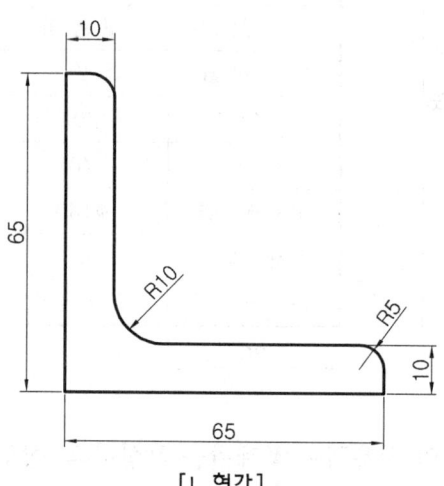

[L 형강]

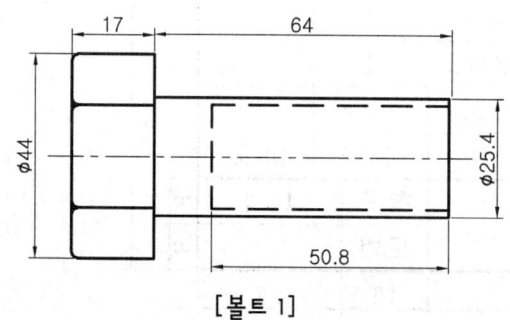

[볼트 1]

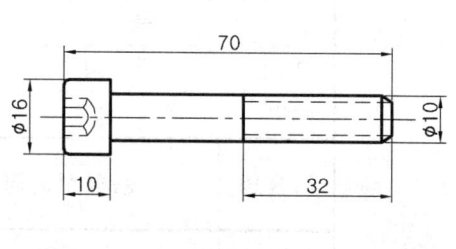

[볼트 2]

연습과제 3 블록쓰기(WBlock) 작성하기

[과제 1] 다음의 도면을 블록쓰기로 작성한다.

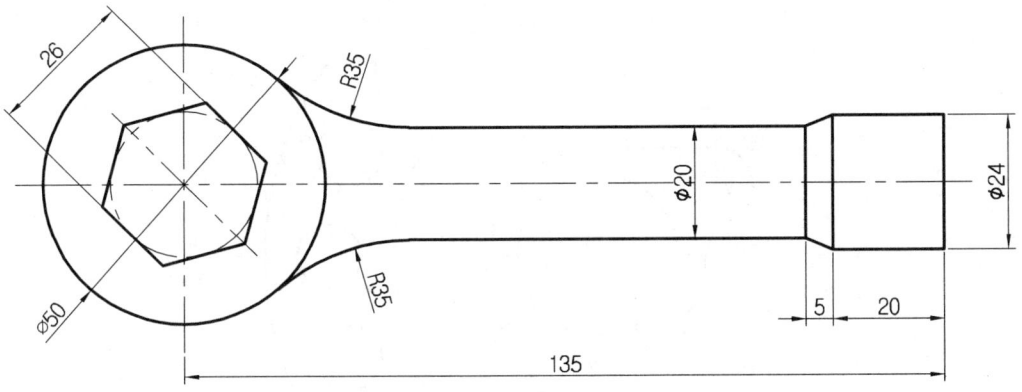

[과제 2] 다음의 도면을 블록쓰기로 작성한다.

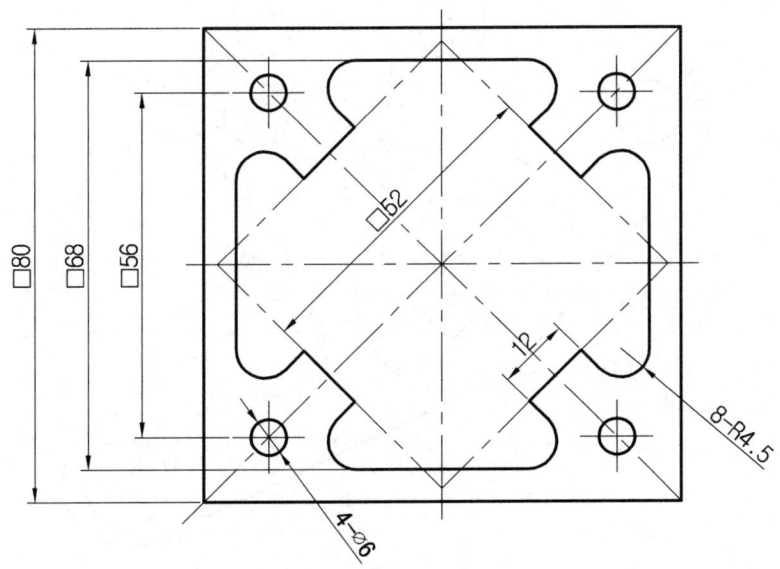

연습과제 4 블록쓰기(WBlock) 작성하기

[과제] 다음의 도면을 블록쓰기로 작성한다.

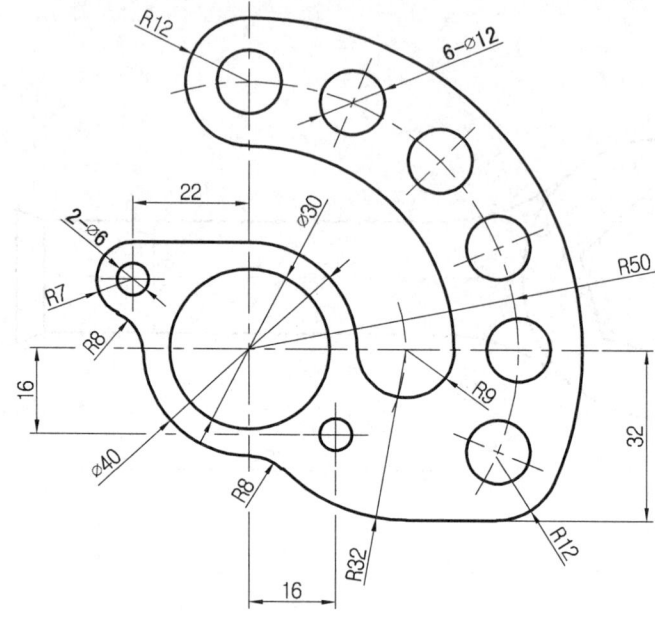

[과제 2] 다음의 도면을 블록쓰기로 작성한다.

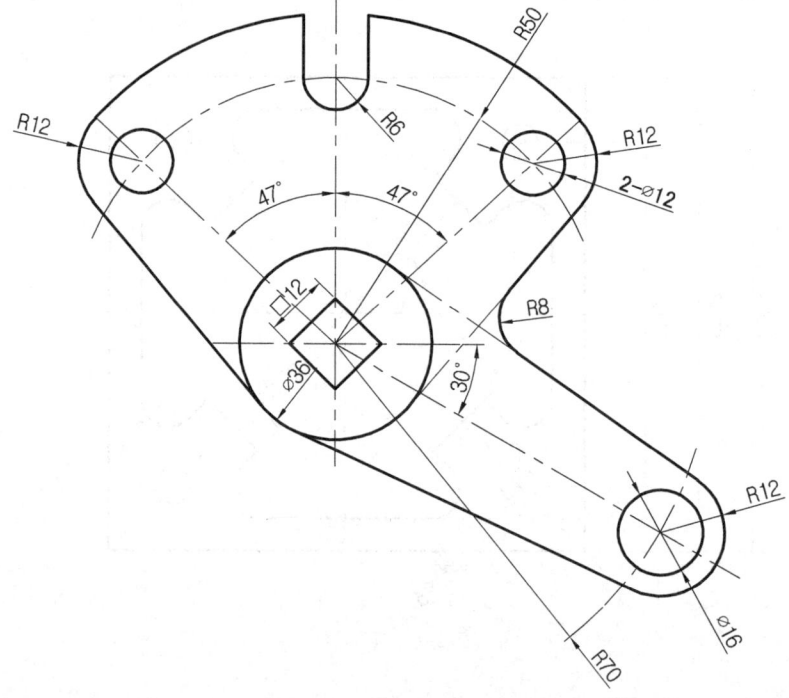

Part 09

정보 조회와 도면 출력하기

AutoCAD 2016

1. 도면의 정보 조회하기

1.1 면적(Area)

지정한 여러 개의 점들에 둘러싸인 공간의 면적과 둘레의 길이를 계산한다.

✓ 명령입력	:	area
✓ 리본메뉴	:	홈 → 유틸리티 → 면적
✓ 단축키	:	―

A 면적 및 둘레 계산 1

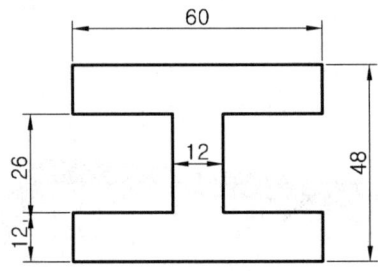

Step 01 면적을 구하기 위해 그리기 → 경계(Boundary)() 명령을 먼저 실행한다.

명령 : **boundary** [Enter↵]

Step 02 점 선택(P) 버튼을 누르고, 도형의 내부영역을 지정하여 선택한다.

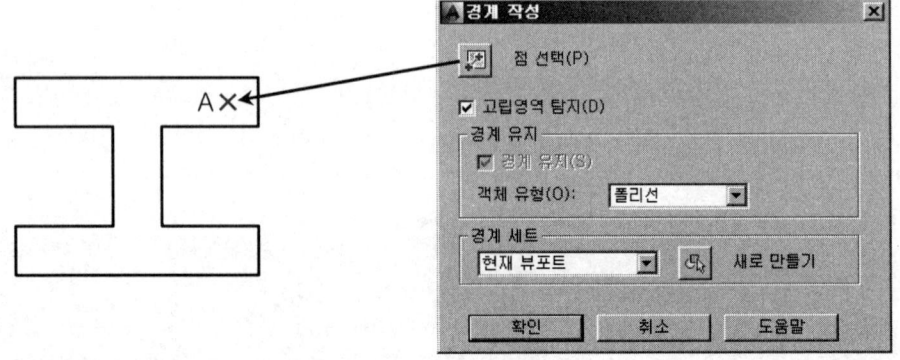

384

Step 03 `Enter↵`를 누른다.

```
내부 점 선택 : 모든 것 선택...
가시적인 모든 것 선택 중...
선택된 데이터 분석 중...
내부 고립영역 분석 중...
내부 점 선택 :                                    〈A 내부영역 지정〉 Enter↵
```

Step 04 면적(Area) 명령을 실행한다.

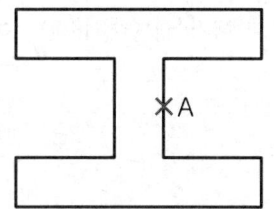

```
명령 : area Enter↵
첫 번째 구석점 지정 또는 [객체(O)/면적 추가(A)/면적 빼기(S)] 〈객체(O)〉 : o Enter↵
                                                              〈객체 옵션〉
객체 선택 :                                                      〈A 지정〉
영역 = 1728.0000, 둘레 = 312.0000
```

B 면적 추가(빼기) 및 둘레 계산

구해진 면적과 둘레에서 선택한 도형을 추가하거나 빼기를 할 수 있다.

Step 01 경계(Boundary)를 실행하고, 점 선택(P) 버튼으로 도형의 내부영역(A)을 지정한다.

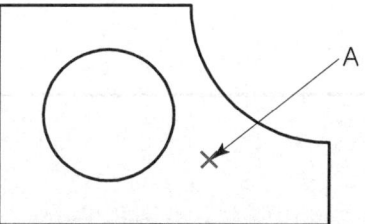

```
명령 : boundary Enter↵
내부 점 선택 : 모든 것 선택...
가시적인 모든 것 선택 중...
선택된 데이터 분석 중...
내부 고립영역 분석 중...
내부 점 선택 :                                   〈내부영역 A 지정〉
경계 2 폴리선을(를) 작성함
```

Step 02 면적(Area) 명령을 실행한다.

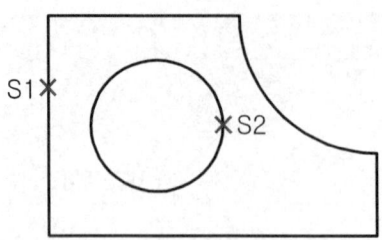

```
명령 : area Enter↵
첫 번째 구석점 지정 또는 [객체(O)/면적 추가(A)/면적 빼기(S)] 〈객체(O)〉: a Enter↵      〈추가 옵션〉
첫 번째 구석점 지정 또는 [객체(O)/면적 빼기(S)] : o Enter↵      〈객체 옵션〉
(추가 모드) 객체 선택 :                                        〈S1 객체 지정〉
영역 = 4295.5338, 둘레 = 283.9049
전체 면적 = 4295.5338
(추가 모드) 객체 선택 : Enter↵
영역 = 4295.5338, 둘레 = 283.9049
전체 면적 = 4295.5338
첫 번째 구석점 지정 또는 [객체(O)/면적 빼기(S)] : s Enter↵      〈빼기 옵션〉
첫 번째 구석점 지정 또는 [객체(O)/면적 추가(A)] : o Enter↵      〈객체 옵션〉
(빼기 모드) 객체 선택 :                                        〈S2 객체 지정〉
영역 = 1017.8760, 둘레 = 113.0973
전체 면적 = 3277.6578
(빼기 모드) 객체 선택 : Enter↵
영역 = 1017.8760, 둘레 = 113.0973
전체 면적 = 3277.6578
```

1.2 체적(Volume)

객체 또는 정의된 경계의 체적을 측정한다.

✓ 명령입력	: volume
✓ 리본메뉴	: 홈 → 유틸리티 → 체적
✓ 단축키	: ─

A 2D 객체일 경우

2D 객체를 선택하는 경우에는 높이를 지정해야 한다.

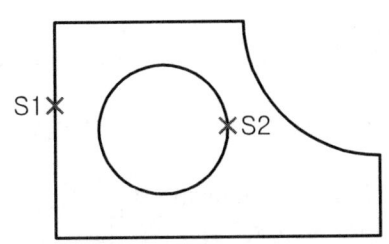

```
명령 :                                                   〈홈→유틸리티→체적 실행〉
옵션 입력 [거리(D)/반지름(R)/각도(A)/면적(AR)/체적(V)] 〈거리〉 : _volume
첫 번째 구석점 지정 또는 [객체(O)/체적 추가(A)/체적 빼기(S)/종료(X)] 〈객체(O)〉 : a
Enter↵                                                              〈추가 옵션〉
첫 번째 구석점 지정 또는 [객체(O)/체적 빼기(S)/종료(X)] : o Enter↵       〈객체 옵션〉
(추가 모드) 객체 선택 :                                         〈S1 객체 지정〉
높이 지정 : 10 Enter↵                                              〈높이 입력〉
체적 = 42955.3383
총 체적 = 42955.3383
(추가 모드) 객체 선택 :
체적 = 42955.3383
총 체적 = 42955.3383
첫 번째 구석점 지정 또는 [객체(O)/체적 빼기(S)/종료(X)] : s Enter↵       〈빼기 옵션〉
첫 번째 구석점 지정 또는 [객체(O)/체적 추가(A)/종료(X)] : o Enter↵        〈객체 옵션〉
(빼기 모드) 객체 선택 :                                         〈S2 객체 지정〉
높이 지정 : 10 Enter↵                                              〈높이 입력〉
체적 = 10178.7602
총 체적 = 32776.5781
```

B 3D 객체일 경우

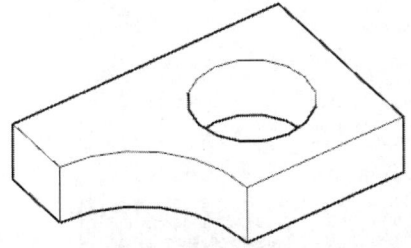

```
명령 :                                              〈풀다운메뉴→도구→조회→체적 실행〉
옵션 입력 [거리(D)/반지름(R)/각도(A)/면적(AR)/체적(V)] 〈거리〉 : _volume
첫 번째 구석점 지정 또는 [객체(O)/체적 추가(A)/체적 빼기(S)/종료(X)] 〈객체(O)〉 : o
Enter↵                                                              〈추가 옵션〉
객체 선택 :                                                     〈3D 객체 지정〉
체적 = 65553.1601
```

1.3 영역, 질량특성(massprop)

체적을 가진 객체를 선택하면 모든 정보를 볼 수가 있다.

✓ 명령입력	:	massprop
✓ 리본메뉴	:	—
✓ 단축키	:	—

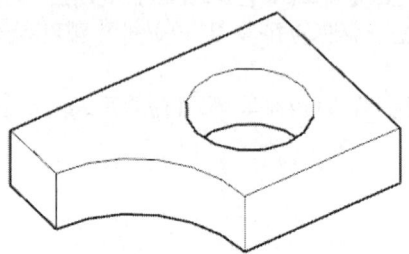

```
명령 : massprop Enter↵
객체 선택 : 1개를 찾음
객체 선택 : Enter↵
```

〈3D 객체 지정〉

```
AutoCAD 문자 윈도우 - Drawing1.dwg
편집(E)
객체 선택:
---------------- 솔리드 ----------------
질량:                   65553.1601
체적:                   65553.1601
경계 상자:         X: 170.5962  --  260.5962
                  Y: 104.0562  --  164.0562
                  Z: 0.0000    --  20.0000
중심:              X: 210.4539
                  Y: 129.3102
                  Z: 10.0000
관성 모멘트:       X: 1127585383.3877
                  Y: 2956225051.2237
                  Z: 4066329591.9240
관성곱:           XY: 1773955546.3863
계속하려면 Enter 키를 누르십시오:
                  YZ: 84766927.3220
                  ZX: 137959152.1546
회전 반경:         X: 131.1529
                  Y: 212.3596
                  Z: 249.0603
중심에 관하여 주 모멘트와 X-Y-Z 방향:
                   I: 20958142.0374   [0.9301 -0.3674 0.00
                   J: 50215230.4654   [0.3674  0.9301 0.000
                   K: 66803161.8310   [0.0000  0.0000 1.000
파일에 분석을 쓰겠습니까 ? [예(Y)/아니오(N)] <N>: n
명령:
```

1.4 리스트(List)

선택한 도면요소의 정보를 보여준다.

- ✓ 명령입력 : list
- ✓ 리본메뉴 : 홈 → 특성 → 리스트
- ✓ 단축키 : li

① 원(Circle)을 선택하면 도면층, 중심점 좌표, 반지름, 원주, 면적의 정보를 나타낸다.

```
명령 : list Enter↵
객체 선택 :                                                    〈원 선택〉
```

```
AutoCAD 문자 윈도우 - Drawing1.dwg
편집(E)

객체 선택:
         원       도면층: "외형선"
                 공간: 모형 공간
         핸들 = 8e70
         중심 점, X= 221.2200  Y= 130.8805  Z=   0.0000
         반지름  30.0000
         원주   188.4956
         면적  2827.4334

명령:
```

② 선을 선택하면 도면층, 시작점, 끝점의 좌표, 길이, 각도, 각 축의 절대 길이의 정보를 나타낸다.

```
명령 : list Enter↵
객체 선택 :                                                    〈선 선택〉
```

```
AutoCAD 문자 윈도우 - Drawing1.dwg
편집(E)

객체 선택:
         선       도면층: "외형선"
                 공간: 모형 공간
         핸들 = 9366
         시작점 점, X=  76.4901  Y= 104.6861  Z=   0.0000
         부터 점,  X= 146.8244  Y= 150.9854  Z=   0.0000
         길이 =  84.2053,  XY 평면의 각도   =    33
                X증분 =  70.3343, Y증분   =   46.2993, Z증분  =   0.0000

명령:
```

1.5 ID점

도면상에 지정된 점의 위치를 절대좌표로 나타낸다.

✓명령입력	: id
✓리본메뉴	: 홈 → 유틸리티 → ID 점
✓단축키	: —

```
명령 : id [Enter↵]
점 지정 :                                                    〈A 점 지정〉
X = 221.0000    Y = 130.0000    Z = 0.0000                   〈결과값〉
```

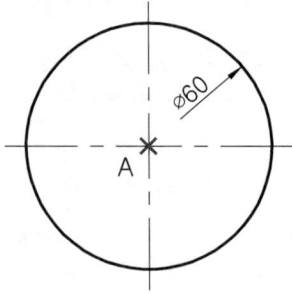

1.6 시간(Time)

도면의 작업시간을 나타낸다.

✓명령입력	: time
✓리본메뉴	: —
✓단축키	: —

```
명령 : time [Enter↵]
```

```
AutoCAD 문자 윈도우 - Drawing1.dwg                              _ □ ×
편집(E)

현재 시간:                  2014년 2월 27일 목요일   오전 8:32:45:367
이 도면의 시간:
  작성:                    2014년 2월 20일 목요일   오후 2:34:58:717
  최종 업데이트:            2014년 2월 26일 수요일   오후 10:47:26:681
  전체 편집 시간:                   1일 17:44:03:633
  경과 타이머 (켜기):                1일 17:44:03:540
  다음 자동 저장:                    0일 00:04:07:235

옵션 입력 [표시(D)/켜기(ON)/끄기(OFF)/재설정(R)]:
명령:
```

2. 도면 유틸리티 명령

2.1 소거(Purge)

현재 도면에서 사용하지 않는 정보들을 제거한다. 저장 용량을 줄여 작업 효율성을 높일 수 있다.

✓ 명령입력	: purge
✓ 리본메뉴	: 응용프로그램 메뉴 → 도면 유틸리티 → 소거
✓ 단축키	: pu

한 번에 정리가 되지 않으므로, 삭제 대상이 더 이상 나오지 않을 때까지 모두 소거(A) 와 "모든 항목 소거"를 여러 번 클릭하여 실행한다.

명령 : **purge** Enter↵

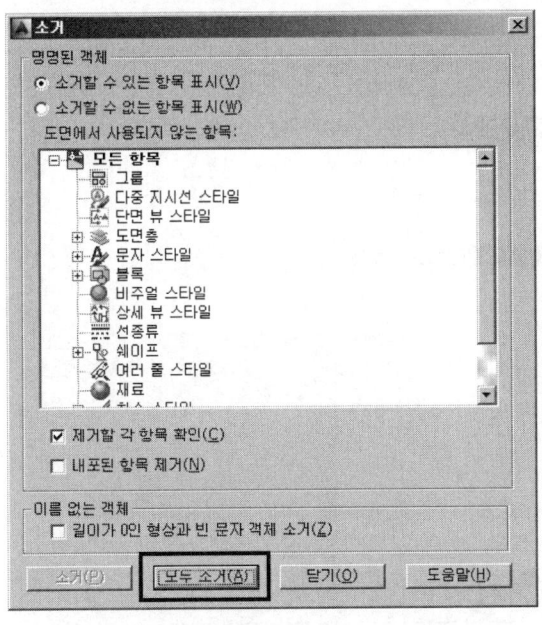

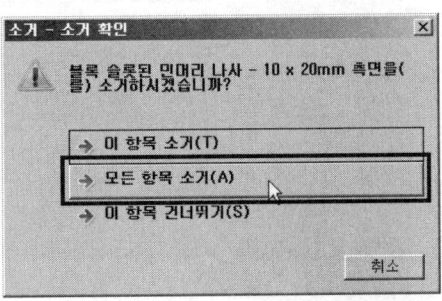

2.2 Filedia

명령어에 따른 파일 탐색 대화상자의 표시여부를 결정한다.

```
명령 : filedia Enter↵
FILEDIA에 대한 새 값 입력 <1> :
```

- 0 : 대화상자를 표시하지 않고, 명령표시줄에 입력해야 한다.
- 1 : 대화상자를 표시한다.

[Filedia = 0 일 때 [열기] 명령 실행]

2.3 복구(Recover)

손상된 도면 파일을 복구하고, 열기를 한다.

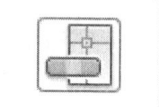

✓명령입력	: recover
✓리본메뉴	: 응용프로그램 메뉴 → 도면 유틸리티 → 복구
✓단축키	: —

```
명령 : recover Enter↵
```

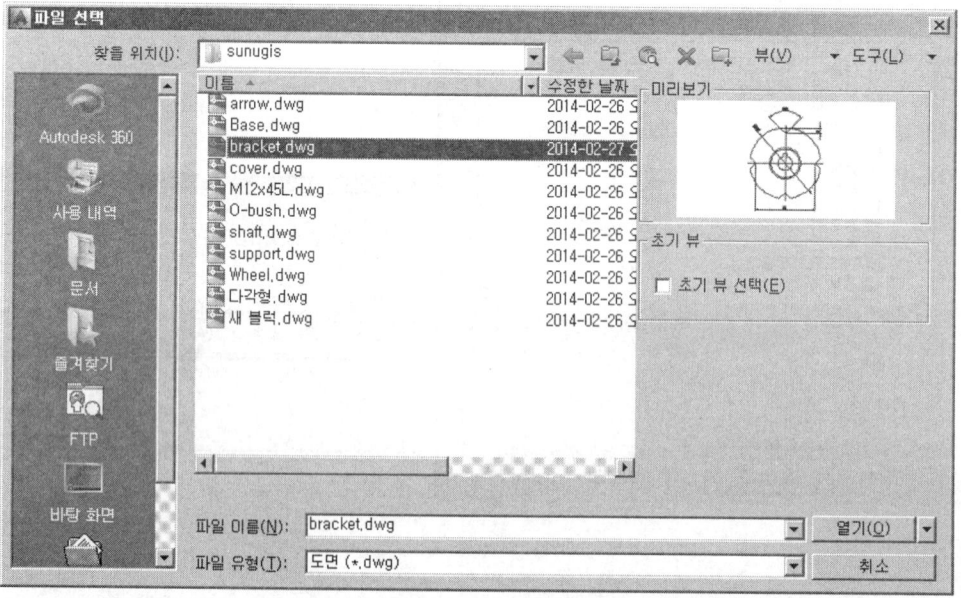

2.4 자동 저장(Save Time)

정해진 시간마다 자동으로 도면을 저장한다.

✓ 명령입력	: savetime
✓ 리본메뉴	: ─
✓ 단축키	: ─

분 단위로 자동 저장 간격을 설정한다.

```
명령 : savetime Enter↵
SAVETIME에 대한 새 값 입력 〈10〉 :
```

자동 저장 파일의 " .sv$" 확장자를 " .dwg"로 변경해야 한다.
자동 저장의 경우 다음 메시지를 명령표시줄에 나타낸다.

```
C : ₩Users₩sunugis₩appdata₩local₩temp₩Drawing1_1_1_1698.sv$(으)로 자동 저장
…
```

연습과제 1 객체 정보 조회하기

[과제 1] 정보 조회 명령을 활용하여 객체의 정보를 조회한다.
  ① 각 점에 대한 좌표(ID)를 조회한다.
  ② 각 도형의 면적(Area)을 조회하고, 작성한다.
  ③ 높이가 20일 때 각 도형의 체적(Volume)을 조회한다.
  ④ 각 도형의 정보(List)를 확인한다.

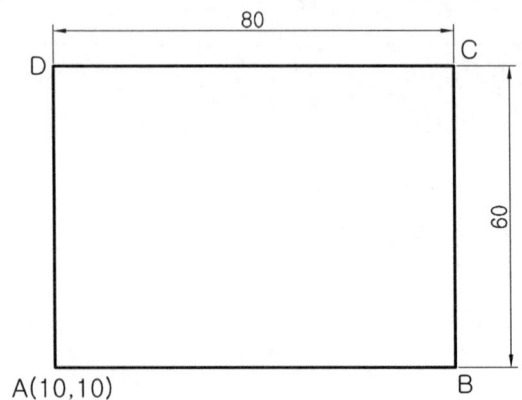
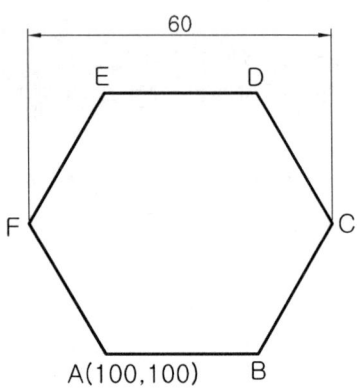

[과제 2] 정보 조회 명령을 활용하여 객체의 정보를 조회한다.
  ① 각 도형의 면적(Area), 시간(Time), 높이 : 20의 체적(Volume), 정보(List)를 조회한다.

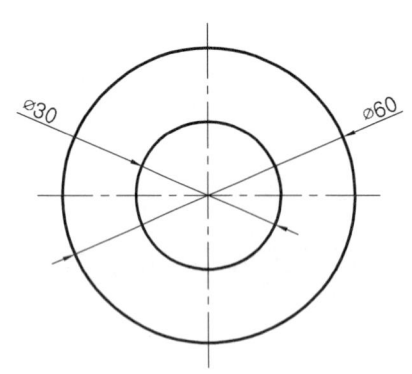
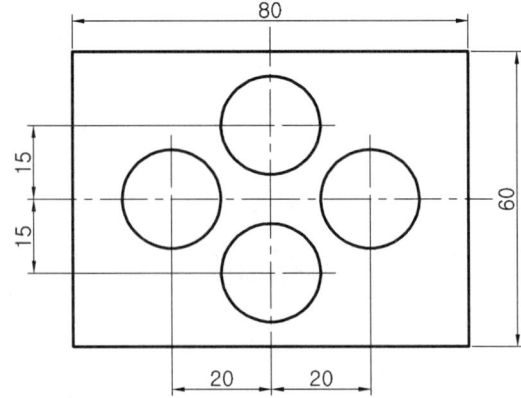

[과제 3] 도면을 작성하고, 객체의 정보를 조회한다.
① 도면을 작성하고, 체적(Volume), 정보(List)를 조회한다.

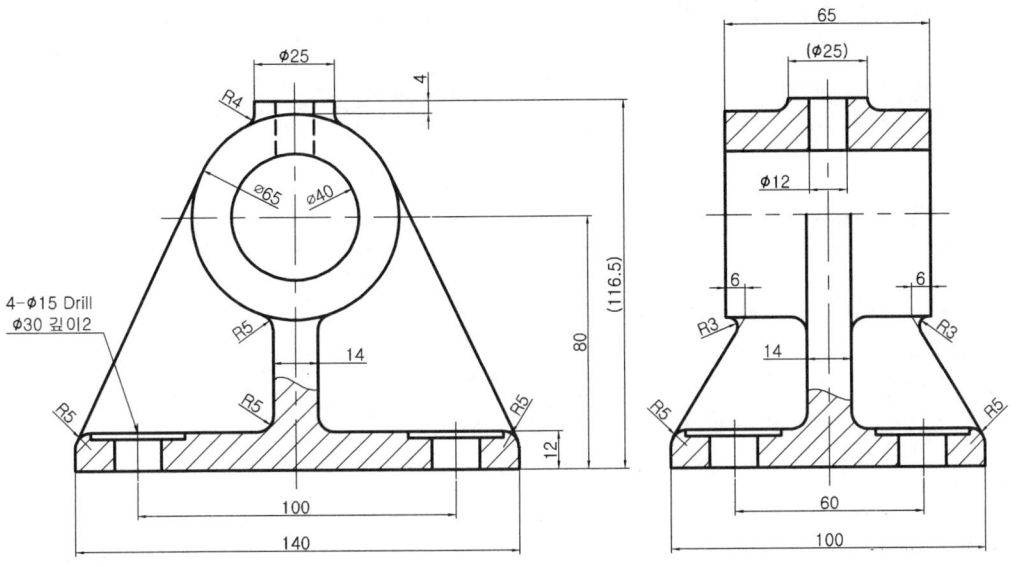

[과제 4] 도면을 작성하고, 면적(Area), 정보(List)를 조회한다.

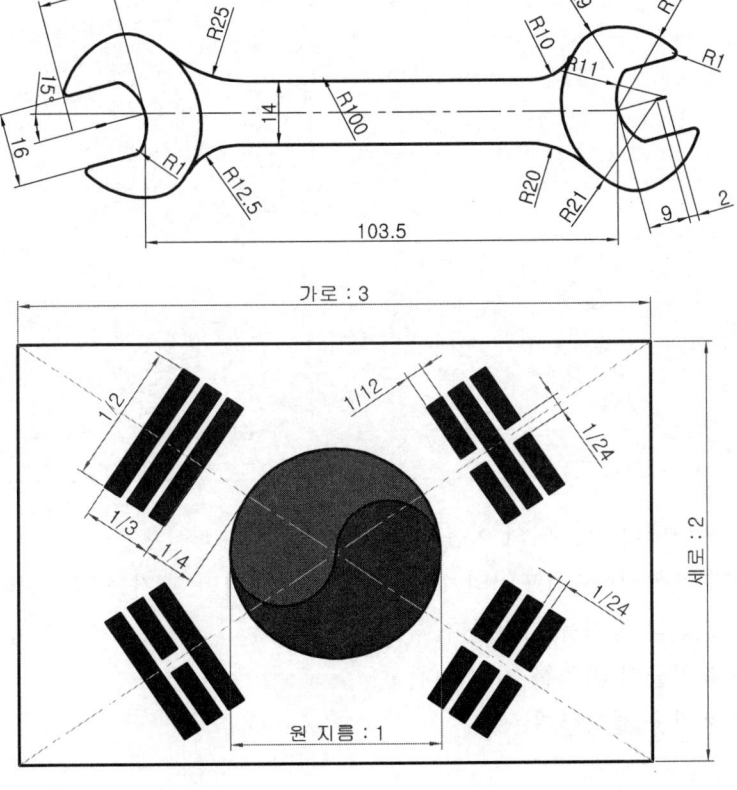

3. 도면 출력하기

3.1 플롯(Plot, Print)

도면을 프린터나 플롯터 또는 파일로 출력을 한다.

✓ 명령입력	: plot / print
✓ 리본메뉴	: 출력 → 플롯
✓ 단축키	: —

명령 : plot [Enter↵]

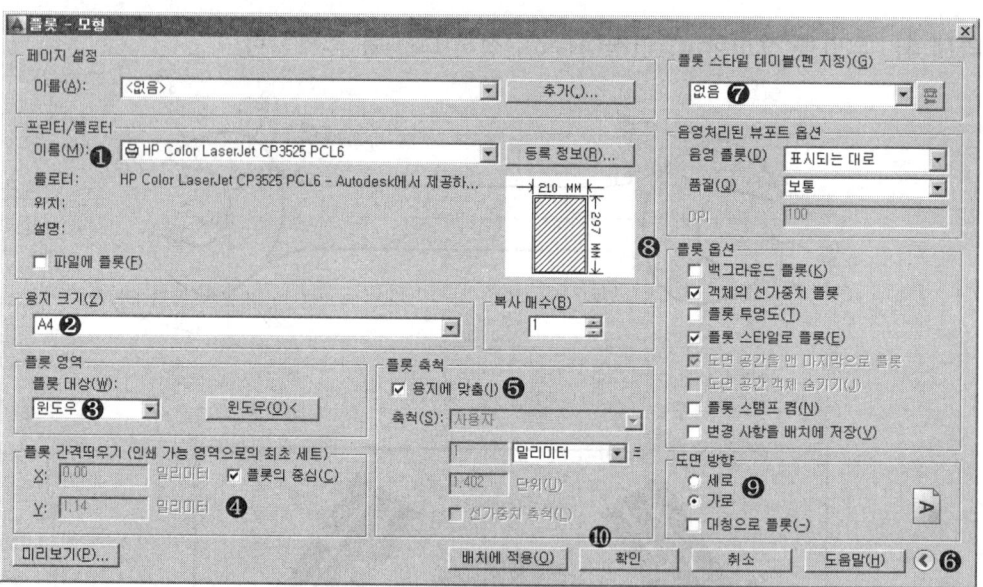

❶ 출력할 프린터나 플롯터의 이름을 선택한다.
❷ 용지크기를 선택한다.(프린터, 플롯터의 기종에 따라 크기는 달라진다.)
❸ 출력한 도면의 영역을 지정한다.
❹ 용지에 출력물의 위치를 지정한다.
❺ 플롯의 축척을 결정한다.

❻ 추가옵션(⟩,⟨)을 열고 닫는다.
❼ 도면출력에 필요한 펜(색상, 굵기 등)을 지정한다.
❽ (선택사항) 옵션을 설정한다.
❾ 도면의 방향을 지정한다.
❿ 확인을 눌러 출력(인쇄)을 한다.

따라하기 — 플롯(Plot)으로 도면 출력하기

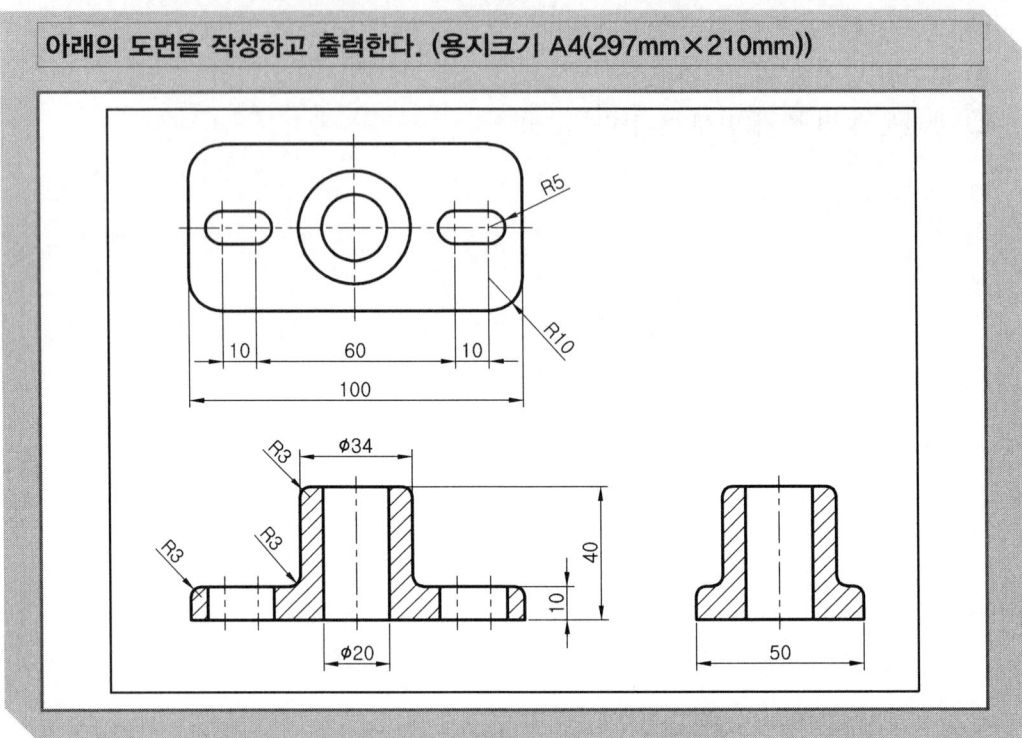

아래의 도면을 작성하고 출력한다. (용지크기 A4(297mm×210mm))

Step 01 플롯(Plot)을 실행한다.

명령 : **plot** [Enter↵]

Step 02 출력하고자 하는 프린터나 플로터의 하드웨어 장치를 선택한다.

Step 03 출력하고자 하는 용지 크기를 A4(297mm×210mm)로 설정한다.

Step 04 출력하고자 하는 플롯 대상을 "윈도우"로 설정한다.

출력을 위한 영역 지정으로 P1→P2를 클릭하여 지정한다.

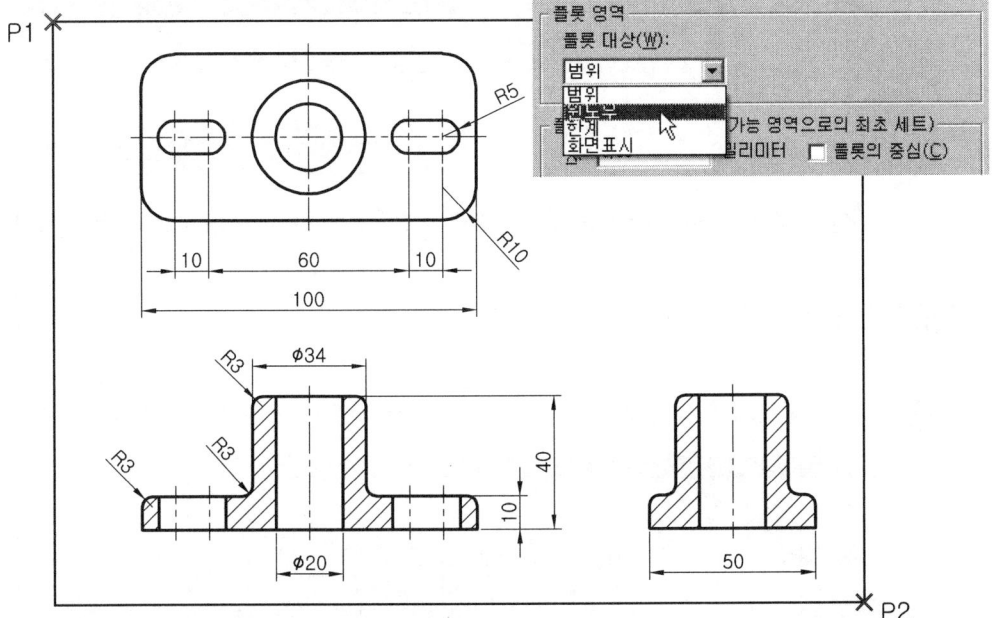

Step 05 플롯의 중심에 체크를 한다.

Step 06 플롯 축척에서 용지에 맞춤에 체크 표시를 해제하고, 축척에 "1 : 1"을 지정한다.

주의 작업한 객체의 크기와 용지크기가 다를 때는 "용지에 맞춤"에 체크를 한다.

Step 07 우측 하단의 자세히 옵션을 클릭하여 더 많은 옵션을 표시한다.

Step 08 플롯 스타일 테이블(펜 지정)은 "monochrome.ctb"로 설정하고, 질문에서는 "예"를 누른다.

> 주의 컬러 출력은 "acad.ctb", 흑백 출력은 "monochrome.ctb" 로 설정한다.

Step 09 편집( ) 버튼을 누른다.

Step 10 테이블 편집기의 형식 보기 탭에서 색상1(빨간색)을 선택하고, 선가중치를 변경한다.

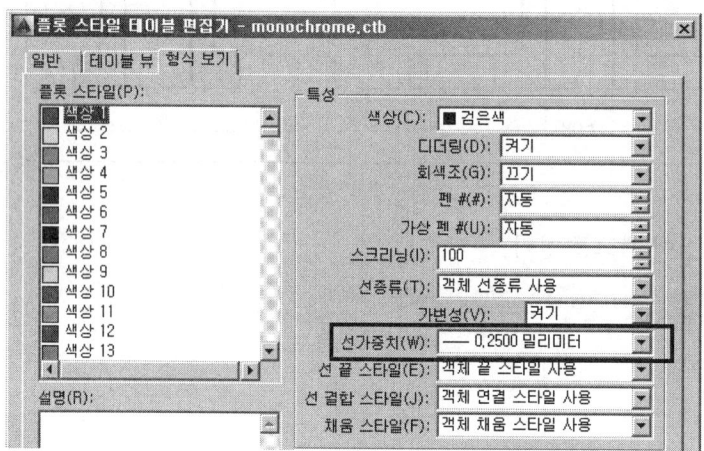

Step 11 색상2(노란색)을 선택하고, 선가중치를 변경한다.

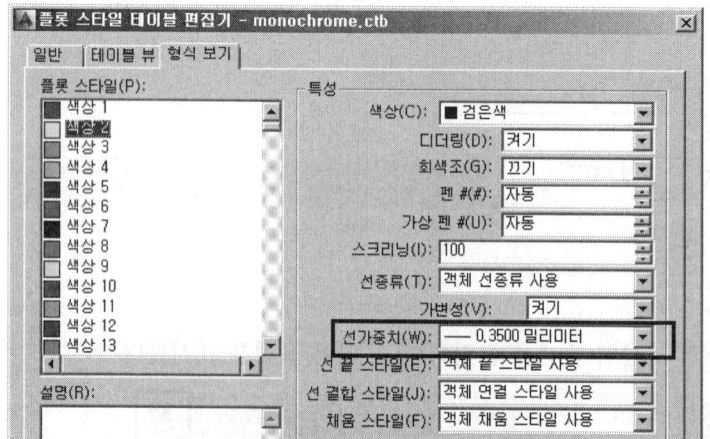

Step 12 색상3(초록색), 색상7(검은색or흰색)도 하나씩 선택하여 선가중치를 변경한다.

> **주의** 도면층에서 선가중치를 이미 적용하였다면, 플롯 스타일 편집기의 선가중치는 그대로 사용해도 무방하다.

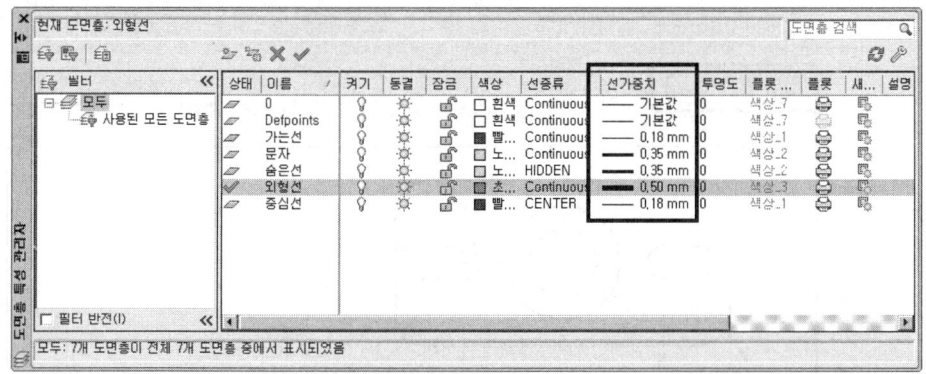

Step 13 플롯 스타일 편집기의 수정이 끝났으면, "저장 및 닫기"를 클릭한다.

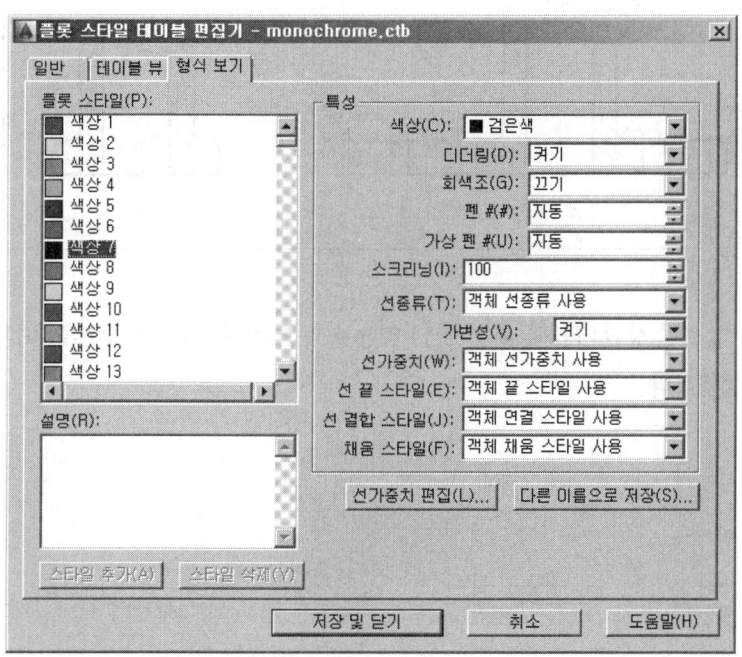

Step 14 출력방향을 "가로"로 설정한다.

Step 15 왼쪽 하단의 "미리보기"를 눌러 출력영역, 출력대상, 선굵기 등이 제대로 적용되었는지 살펴본다.

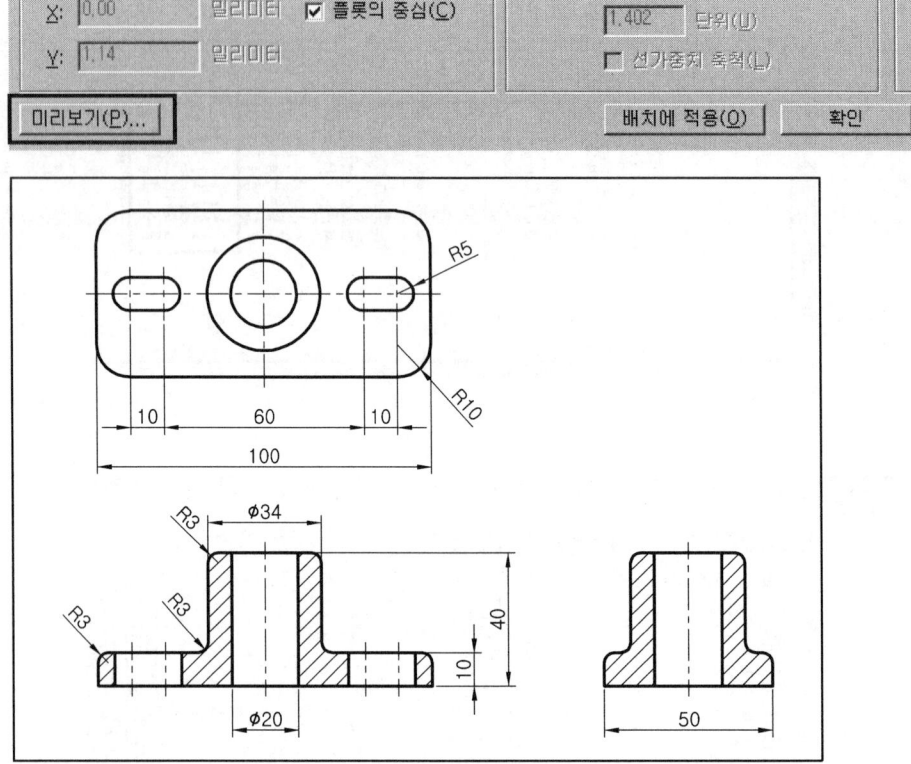

Step 16 이상이 없으면 상단메뉴의 플롯(🖶) 버튼을 누르거나, 마우스 오른쪽 버튼으로 "플롯"을 실행한다.

연습과제 1 도면 출력하기

[과제] 다음 도면을 작성하고, A4 크기의 용지에 출력을 한다.

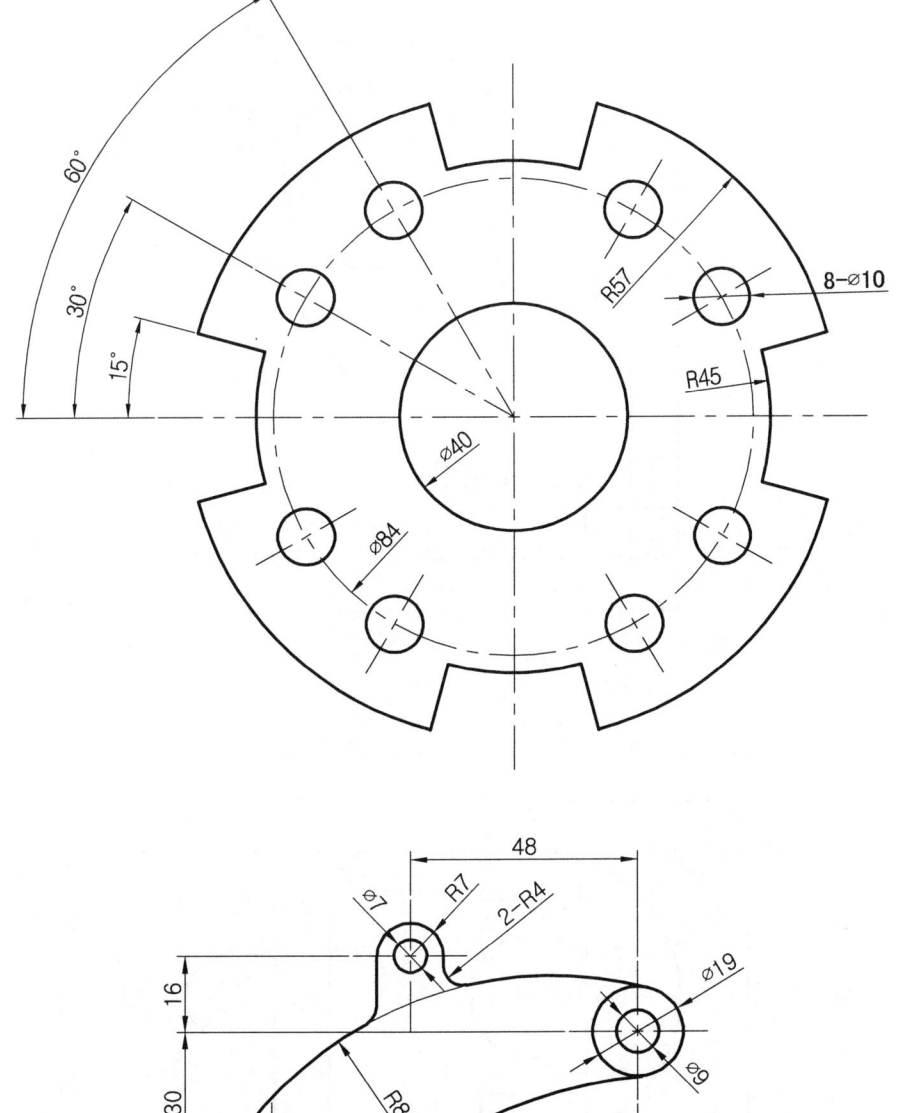

연습과제 2 도면 출력하기

[과제] 다음 도면을 작성하고, A4 크기의 용지에 출력을 한다.

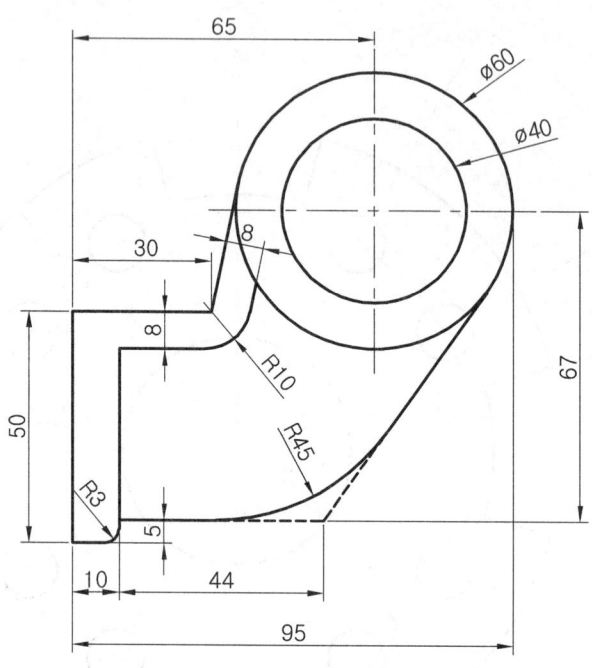

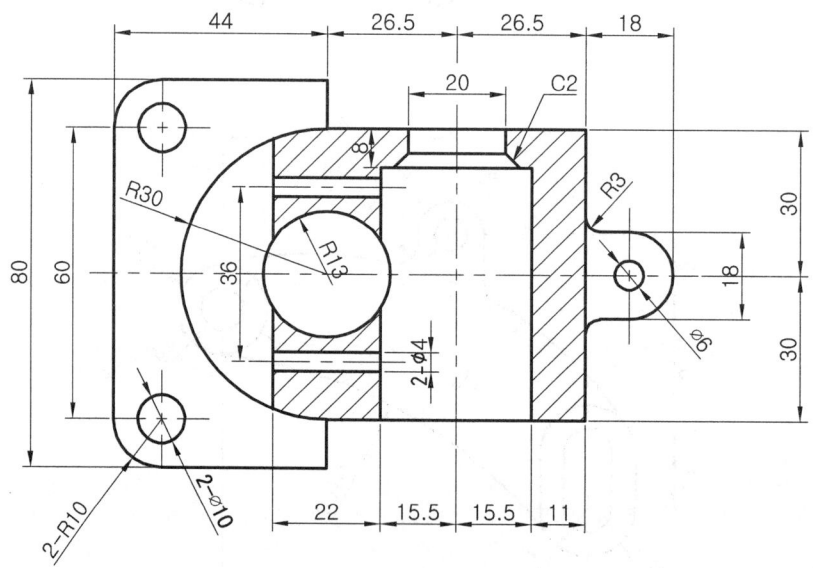

연습과제 3   도면 출력하기

[과제] 다음 도면을 작성하고, A4 크기의 용지에 출력을 한다.

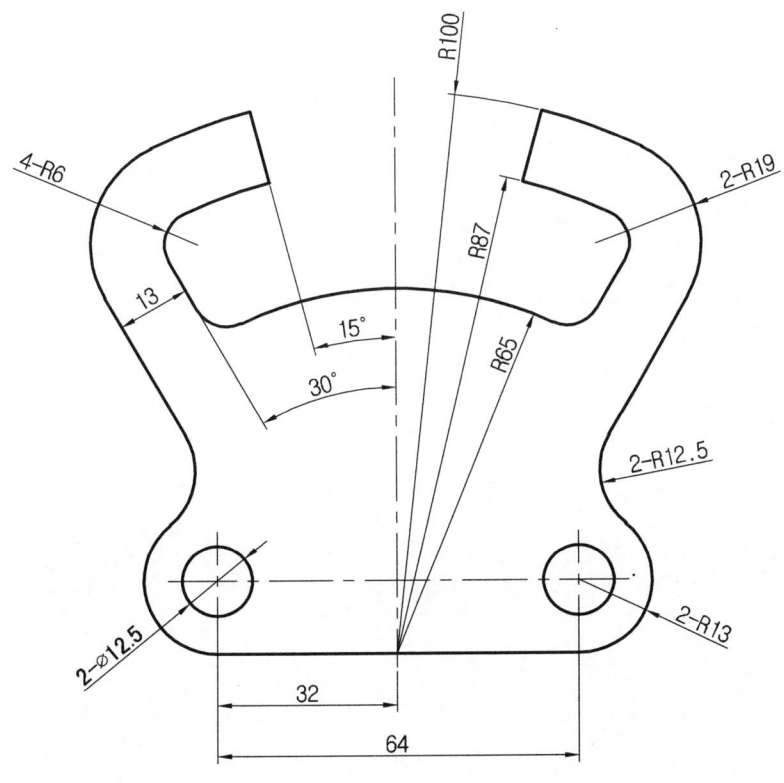

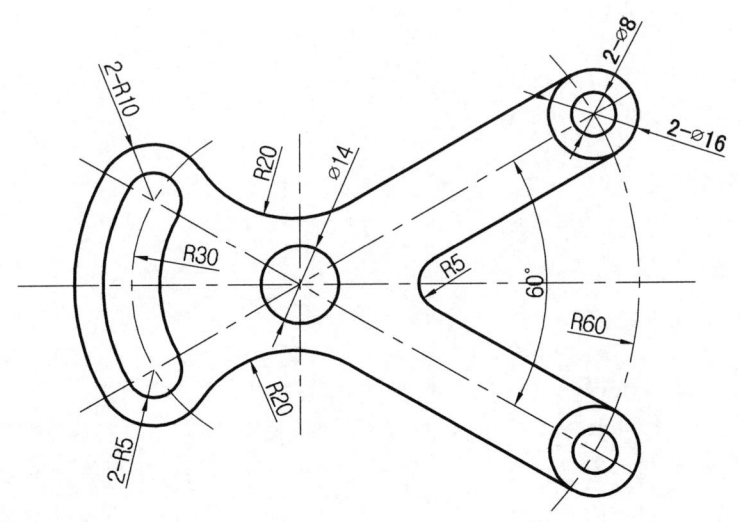

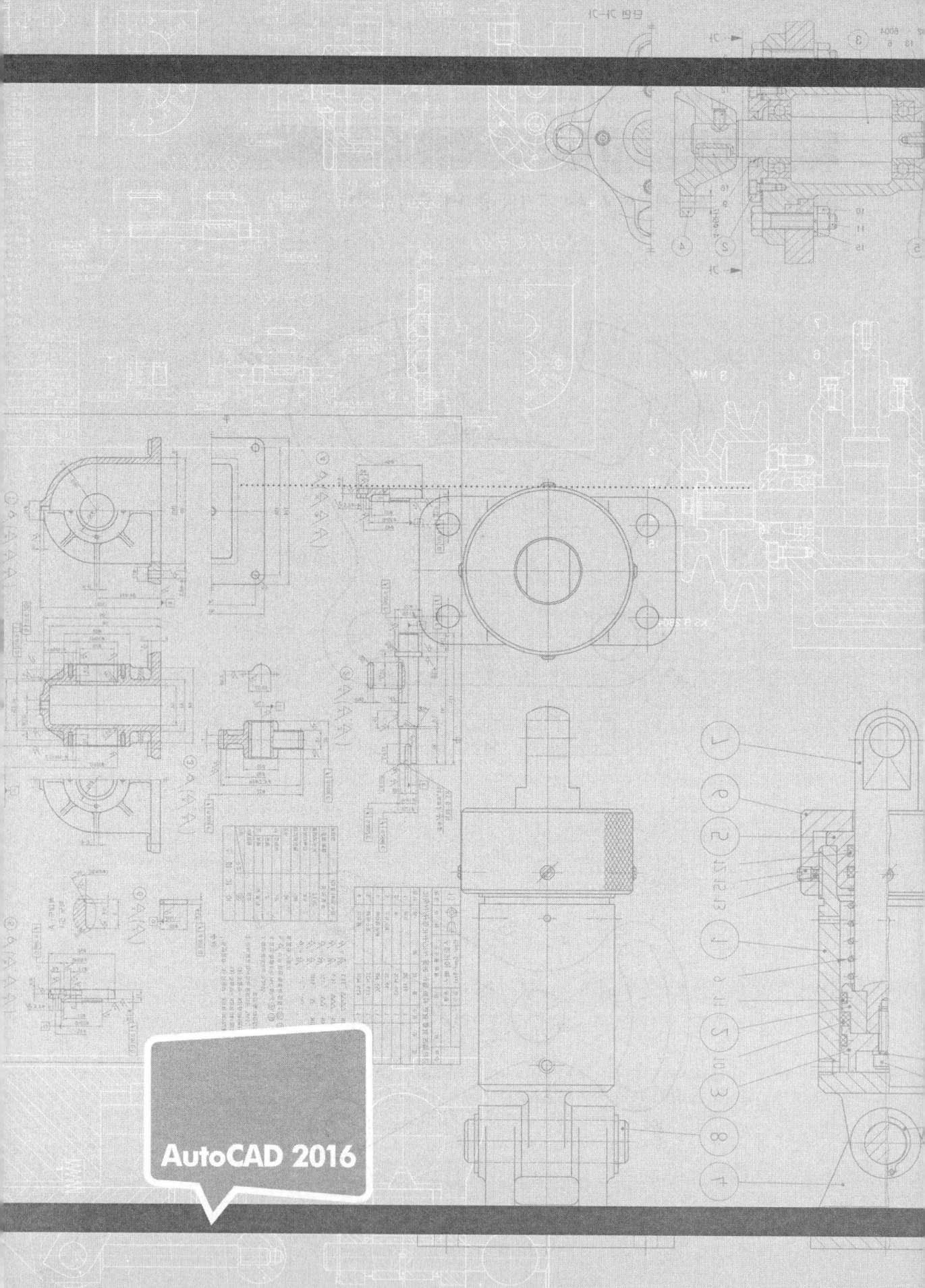

Part 10

향상된 기계도면 작성하기

AutoCAD 2016

1. 기계부품 2D 도면 작성하기

AutoCAD 2016

1.1 기준도면 크기(A2) 설정하기

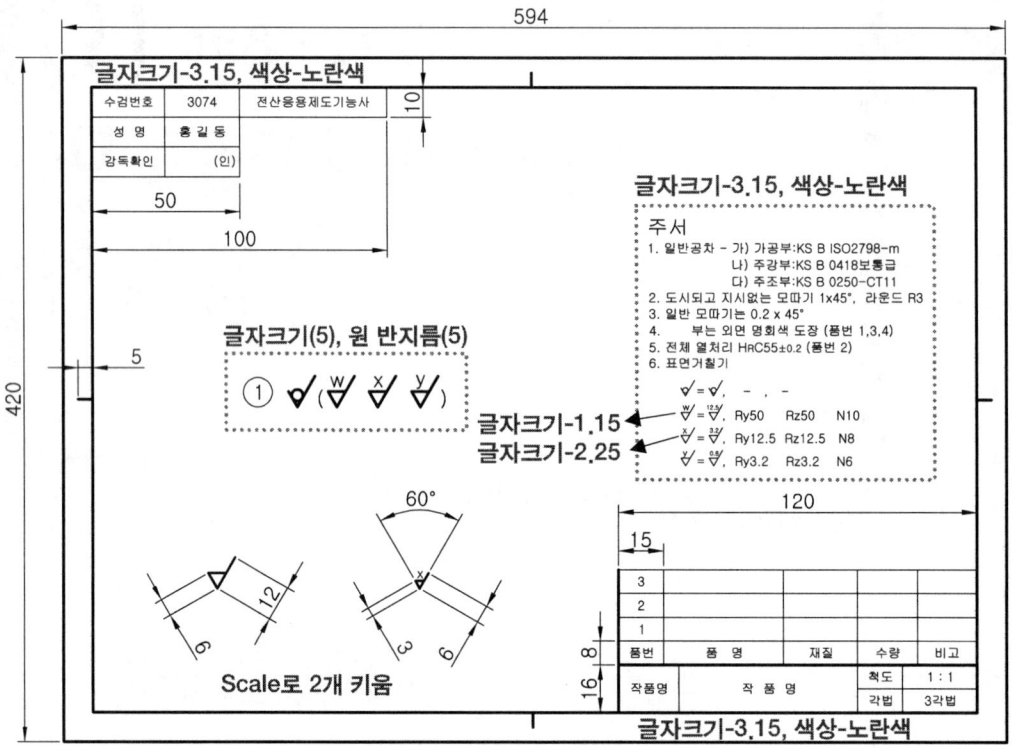

도면층 / 색상 / 선종류
1. 윤곽선 - 하늘색(Continuous)
2. 외형선 - 초록색(Continuous)
3. 숨은선 - 노란색(Hidden)
4. 문 자 - 노란색(Continuous)
5. 중심선 - 빨강색(Center)
6. 가상선 - 빨강색(Continuous)

1.2 템플릿 도면 작성하기

작업을 시작할 때마다 도면한계, 도면층, 스타일 등의 환경을 미리 설정한 후에 DWT 형식으로 저장하고, 새 도면 시작을 템플릿으로 시작한다.

Step 01 새로 만들기(📄)를 실행한다.

Step 02 도면의 초기 작업에 필요한 모든 사항을 설정한다.
(예. 도면한계, 도면층, 문자스타일, 치수스타일, 테두리, 표제란, 각종 기호 등)

Step 03 파일 → 다른이름으로 저장을 실행한다.

명령 : save Enter↵

Step 04 파일유형을 AutoCAD 도면 템플릿(*.dwt)을 지정하고, 저장경로는 변경하지 않고, 파일이름을 지정한다.

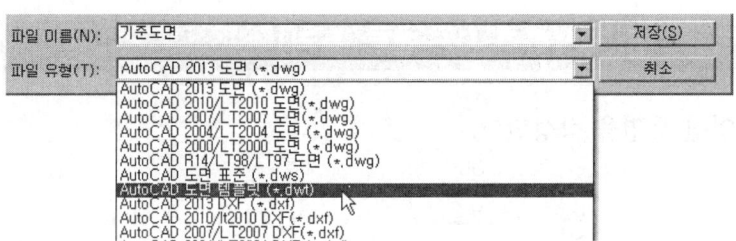

Step 05 저장을 누른다. 템플릿 옵션에서 확인을 누른다.

Step 06 새로 만들기(📄)를 실행한다. 템플릿 사용을 선택하고 저장시킨 파일을 지정한다.

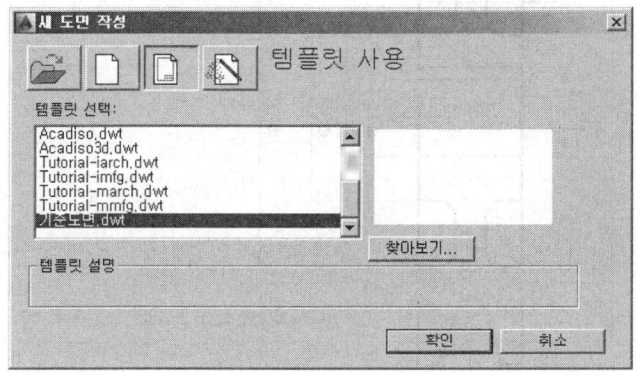

Step 07 미리 설정된 도면 환경을 사용하여 작업을 할 수 있다.

연습과제 1 연습도면 작성하기 (베어링 너트)

[과제] 다음 주어진 도면을 작성한다.

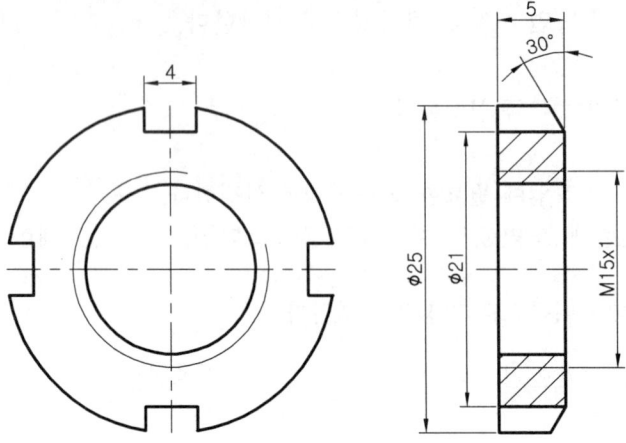

연습과제 2 연습도면 작성하기 (V-벨트 풀리)

[과제] 다음 주어진 도면을 작성한다.

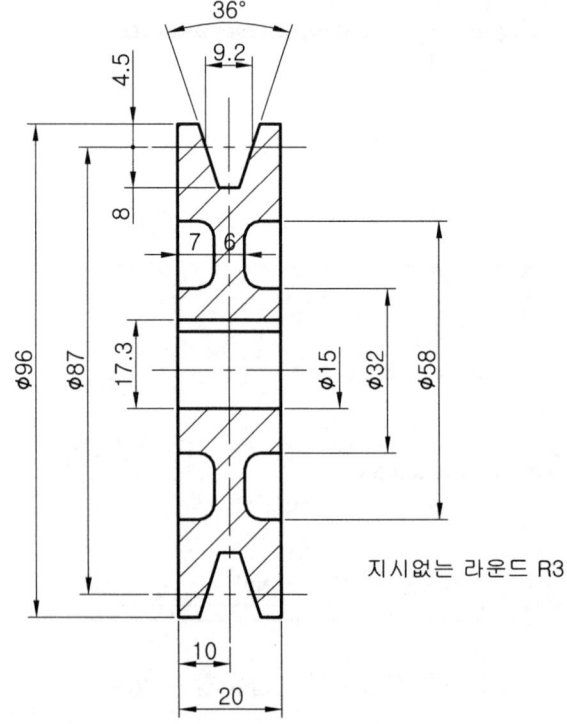

연습과제 3 연습도면 작성하기 (스퍼기어)

[과제] 다음 주어진 도면을 작성한다.

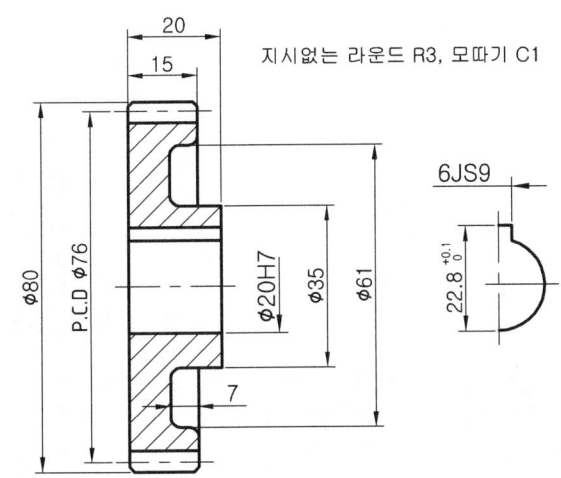

스퍼기어 요목표		
기어 치형		표 준
공구	치형	보통이
	모듈	2
	압력각	20°
잇 수		38
피치원지름		⌀76
전체이높이		4.5
다듬질방법		호브절삭
정밀도		KS B ISO 1328

연습과제 4 연습도면 작성하기 (스패너)

[과제] 다음 주어진 도면을 작성한다.

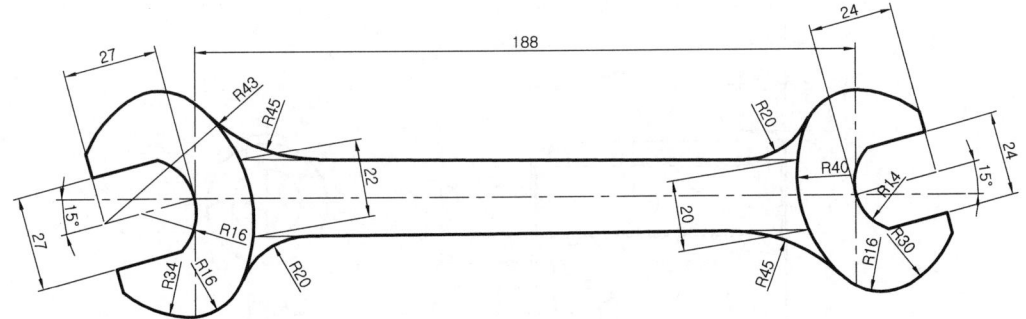

연습과제 5 연습도면 작성하기 (스프로킷)

[과제] 다음 주어진 도면을 작성한다.

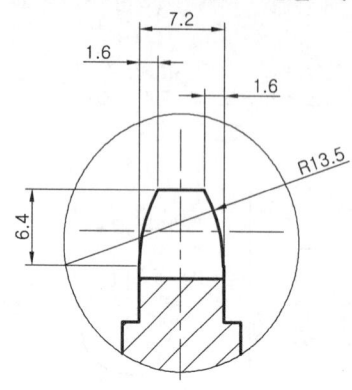
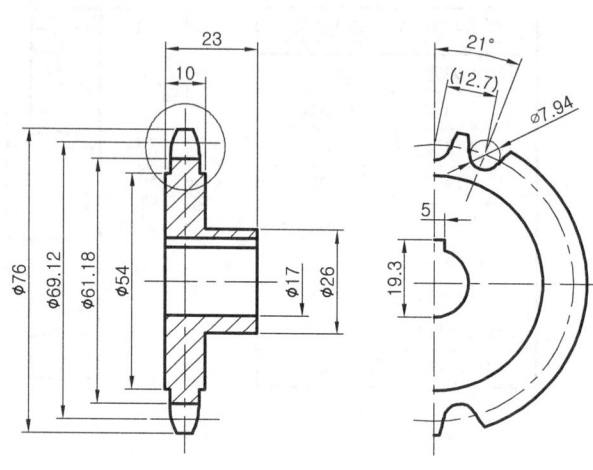

체인, 스프로킷 요목표		
체 인	호 칭	40
	원주피치	12.70
	롤러직경	Ø7.94
스프로킷	잇 수	17
	치 형	U
	피치원경	Ø69.12

연습과제 6 연습도면 작성하기 (저널 하우징)

[과제] 다음 주어진 도면을 작성한다.

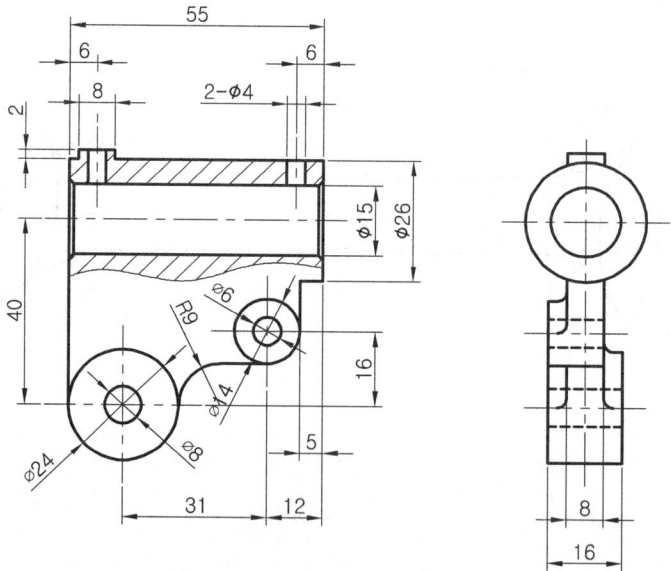

따라하기 1 기본 실습 도면 작성하기

아래에 주어진 도면을 작성을 한다.

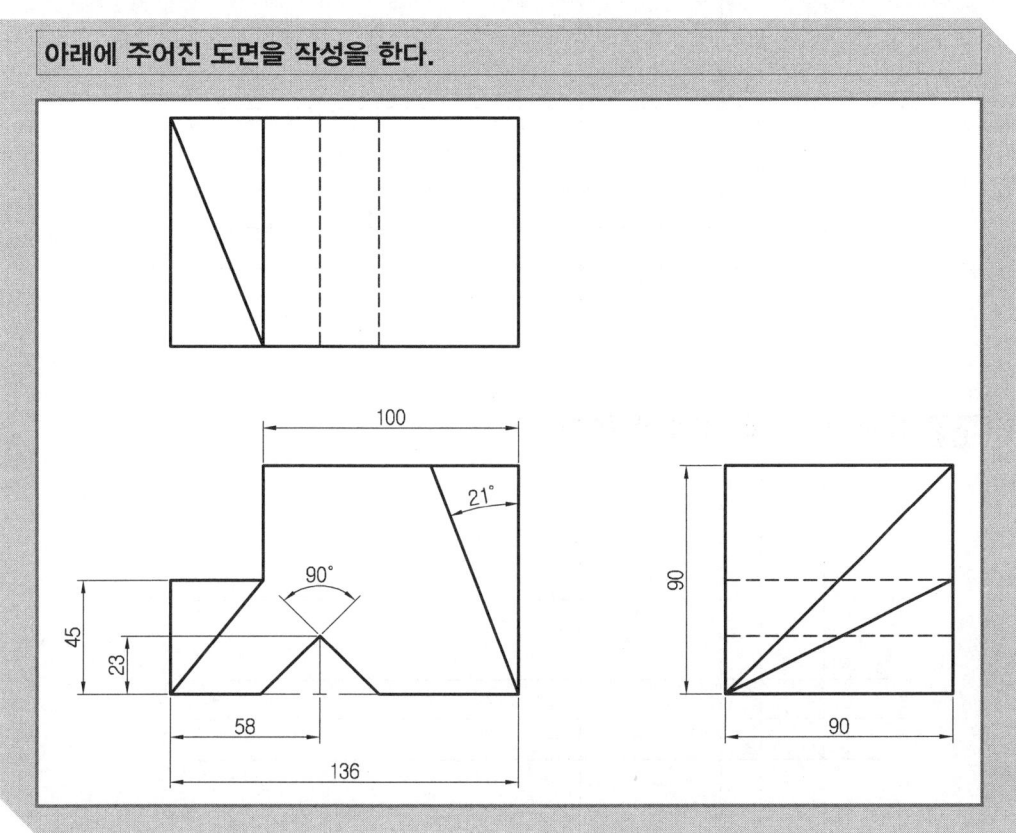

Step 01 선(line)과 F8을 이용하여 수평, 수직 기준선을 작성한다.

Step 02 정면도의 선들을 수평, 수직으로 치수에 맞게 간격띄우기(offset)한다.

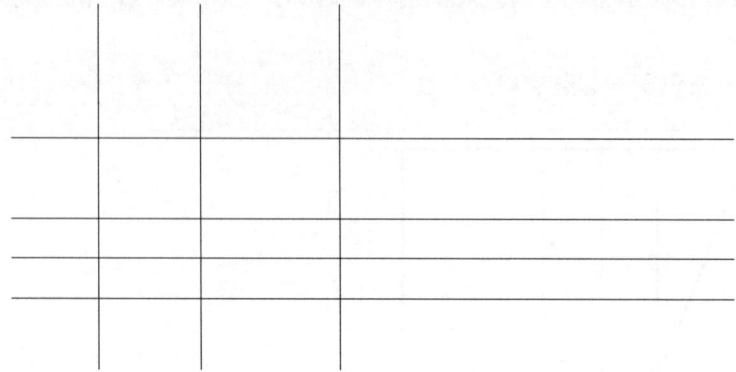

Step 03 선(line)으로 대각선을 작성한다.

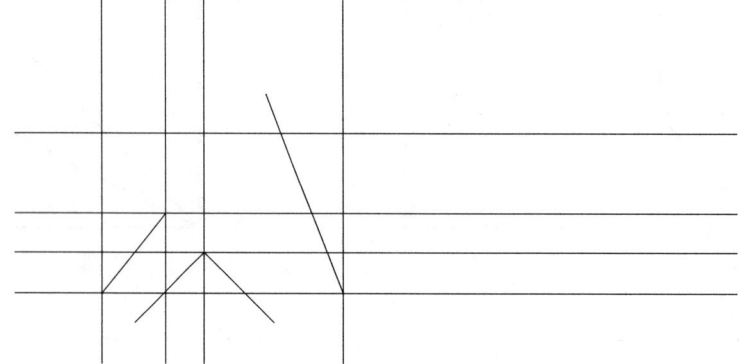

Step 04 자르기(trim)와 지우기(erase)로 정면도를 완성한다.

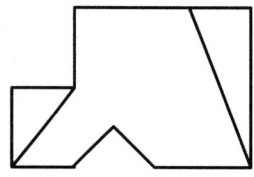

Step 05 평면도를 작성하기 위해 정면도의 각 끝점에서 수직선을 길게 그린다.

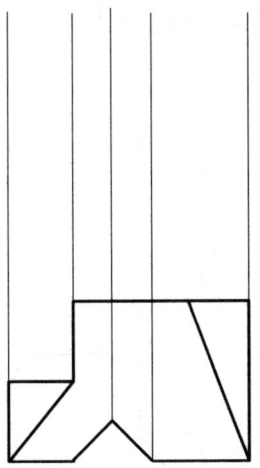

Step 06 평면도에 수평선을 임의의 위치에 그린다.

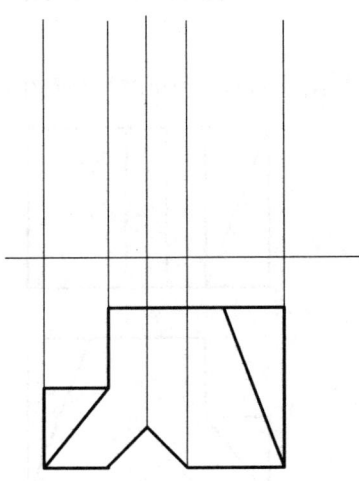

Step 07 작성한 수평선을 간격띄우기(offset) 한다.

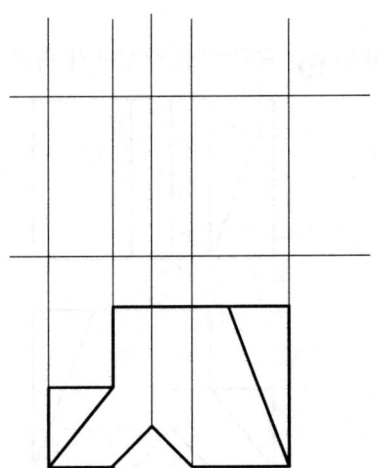

Step 08 대각선을 작성한다.

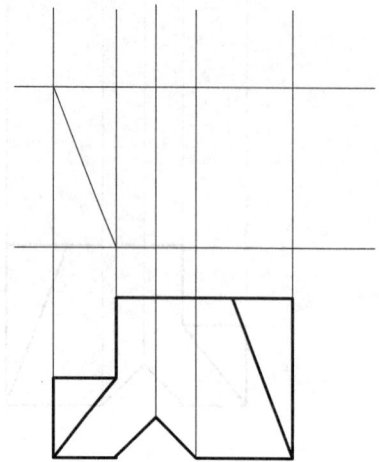

Step 09 자르기(trim)와 지우기(erase)로 평면도를 완성한다.

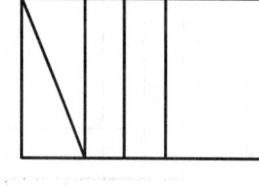

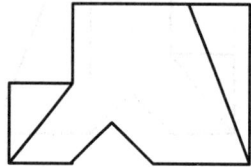

Step 10 우측면을 작성하기 위해 정면도의 각 끝점에서 수평선을 길게 그린다.

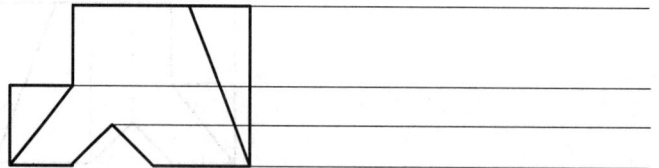

Step 11 가장 위쪽에 있는 수평선의 임의 위치에서 45도 각도의 대각선을 그린다.

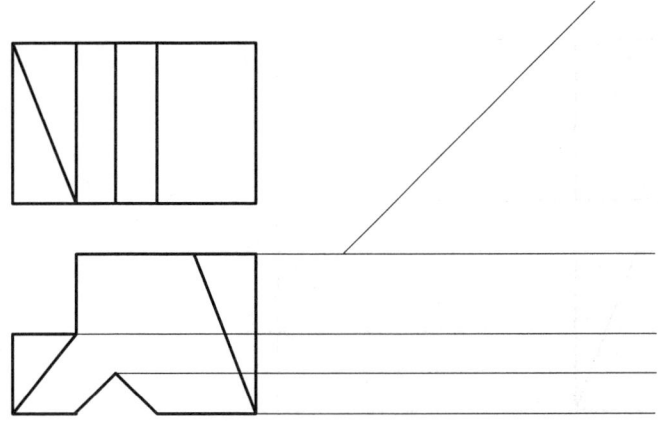

Step 12 아래 그림과 같이 평면도의 각 끝점에서 수평선을 대각선까지 그린다.

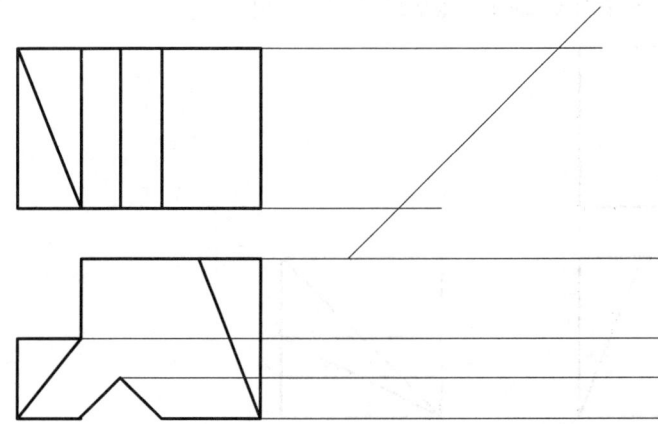

Step 13 수평선과 대각선이 만나는 지점에서 수직선을 아래로 내린다.

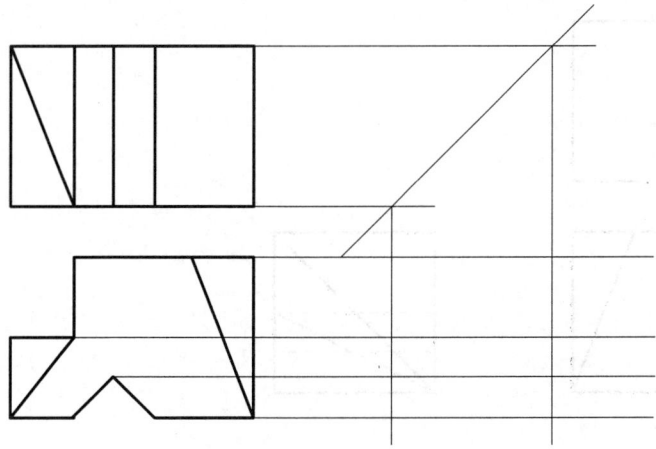

Step 14 대각선을 작성한다.

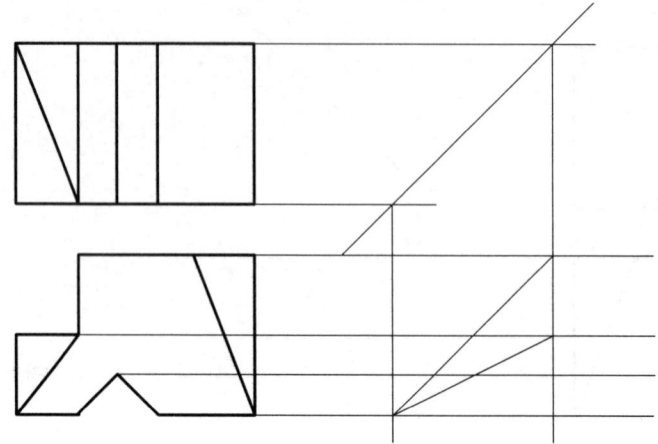

Step 15 자르기(trim)와 지우기(erase)로 평면도를 완성한다.

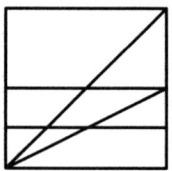

Step 16 객체변경 기능을 활용하여 외형선과 숨은선으로 바꾼다. 완성되었다.

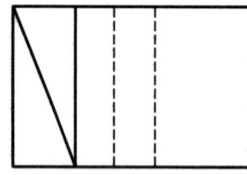

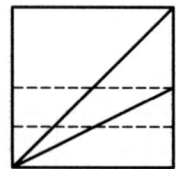

따라하기 2 기본 실습 도면 작성하기

아래에 주어진 도면을 작성을 한다.

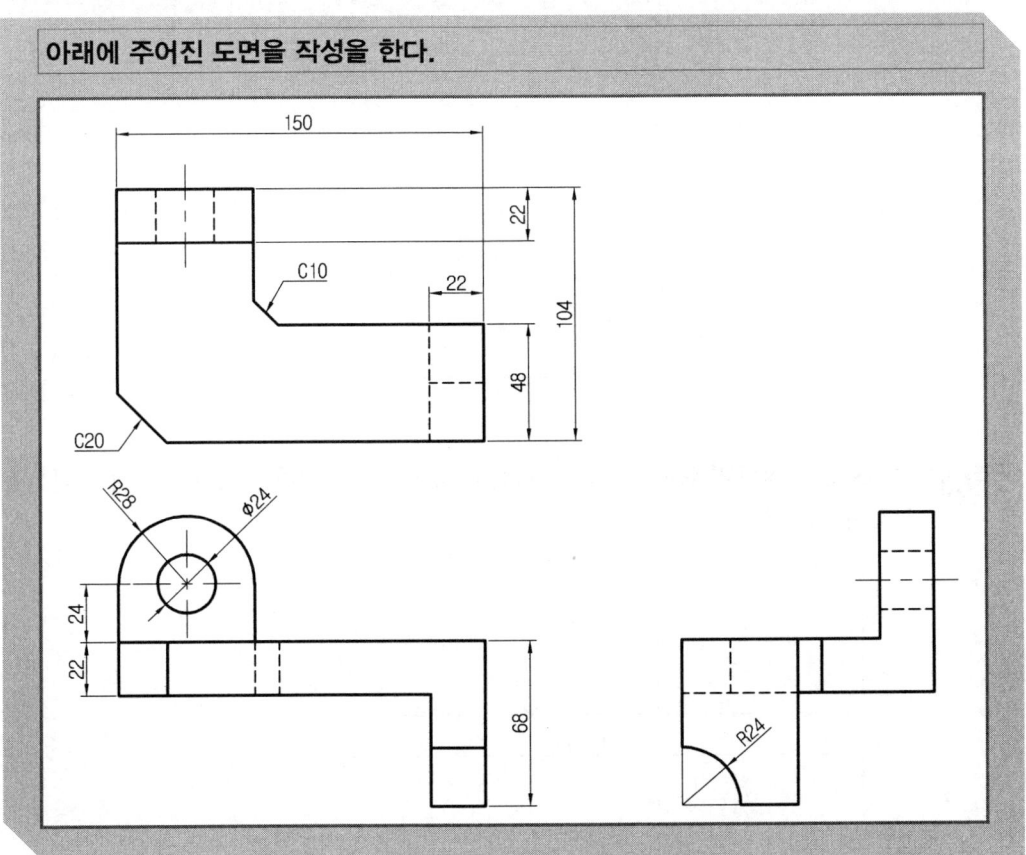

Step 01 선(line)과 F8을 이용하여 수평, 수직 기준선을 작성한다.

Step 02 정면도의 전체 가로길이와 세로길이에 해당하는 선을 치수에 맞게 간격띄우기(offset)한다.

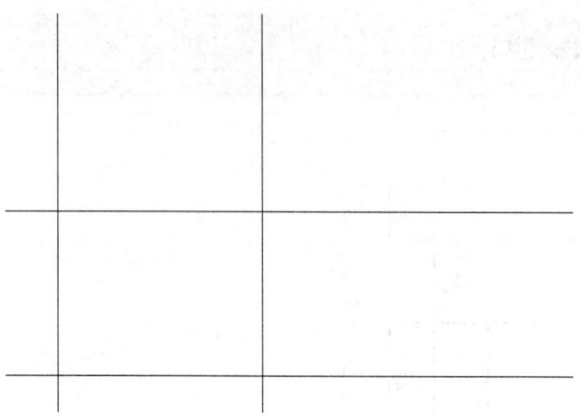

Step 03 평면도를 작성하기 위한 임의의 수평선과 측면도를 작성하기 위한 임의의 수직선을 그린다. (x표시)

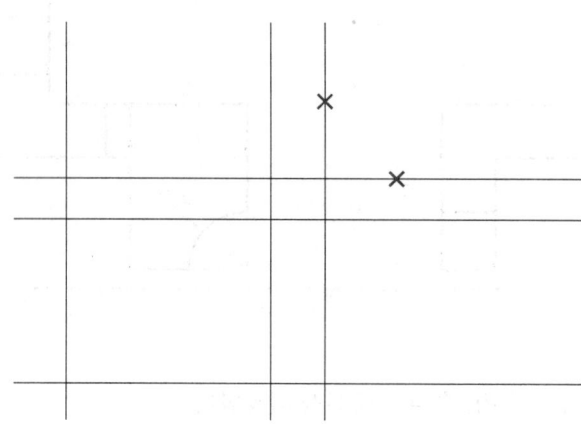

Step 04 평면도의 높이와 측면도의 길이에 해당하는 치수에 맞게 간격띄우기(offset)를 한다.

Step 05 각 점을 연결하는 대각선을 그린다.

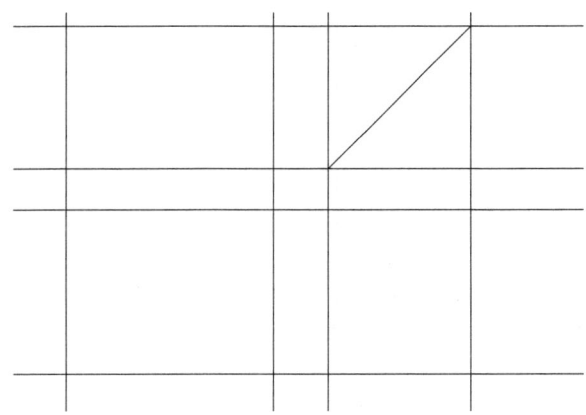

Step 06 정면도의 수평, 수직선을 치수에 맞게 간격띄우기(offset)를 한다.(평면도와 측면도의 선은 x표시를 하였다. 선들이 많이 생성되므로 혼동되어서는 안 된다.)

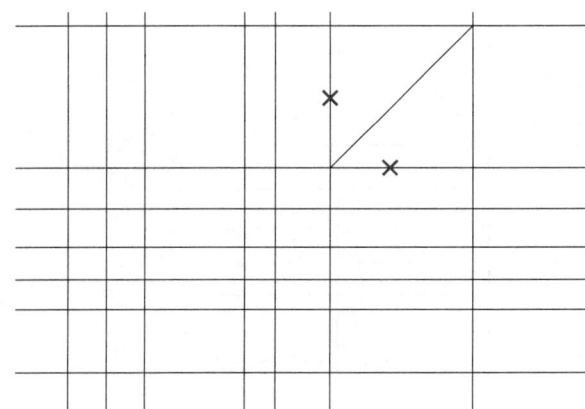

Step 07 중심점과 반지름에 적합한 원(circle)을 작성한다.

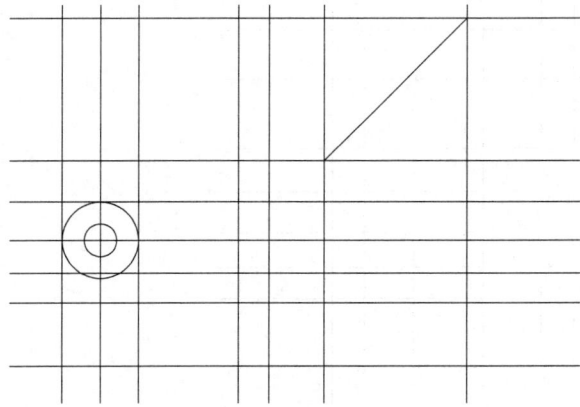

Step 08 자르기(trim)와 지우기(erase)를 이용하여 정면도를 대략적으로 완성시킨다.

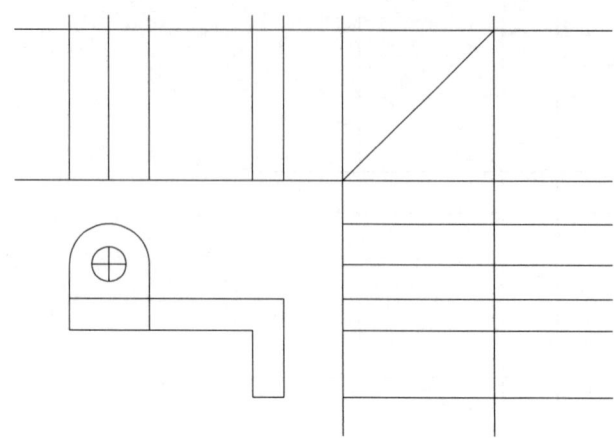

Step 09 평면도의 수평선을 치수에 맞게 간격띄우기(offset)를 한다.

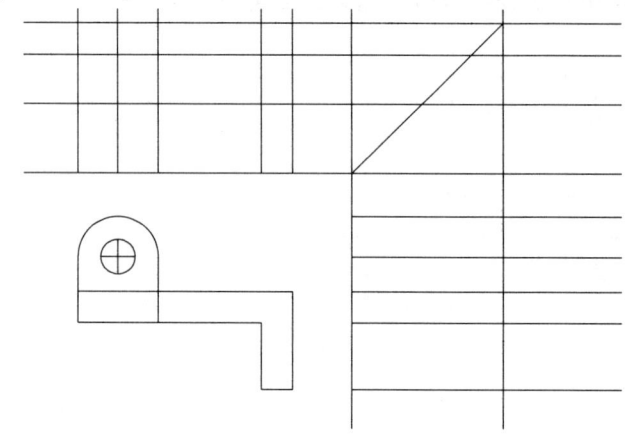

Step 10 평면도의 수평선과 대각선이 만나는 지점(x표시)에서 다음 그림처럼 수직선을 그린다.

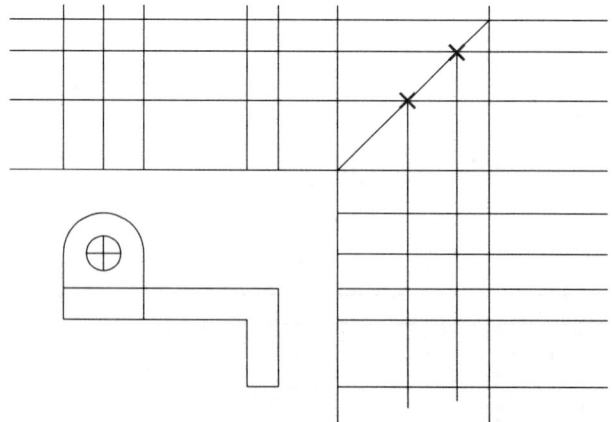

Step 11 자르기(trim)와 지우기(erase)를 이용하여 평면도를 대략적으로 완성시킨다.

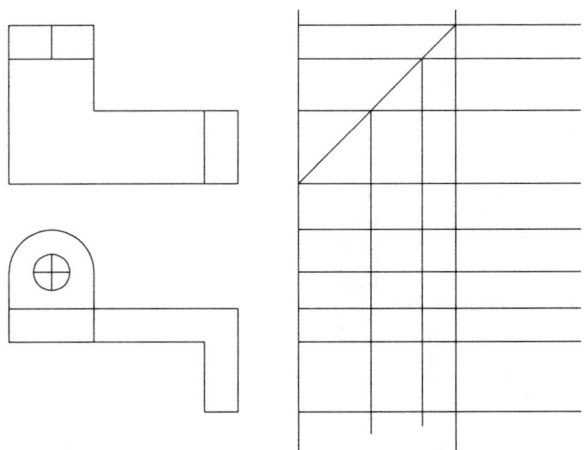

Step 12 같은 방법으로 다음 그림처럼 측면도를 대략적으로 완성시킨다.

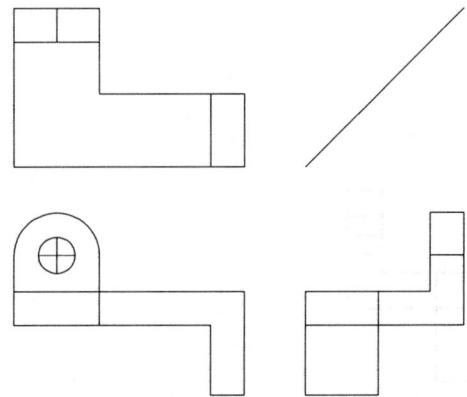

Step 13 정면도의 원 사분점을 기준으로 수평선과 수직선을 길게 그린다.

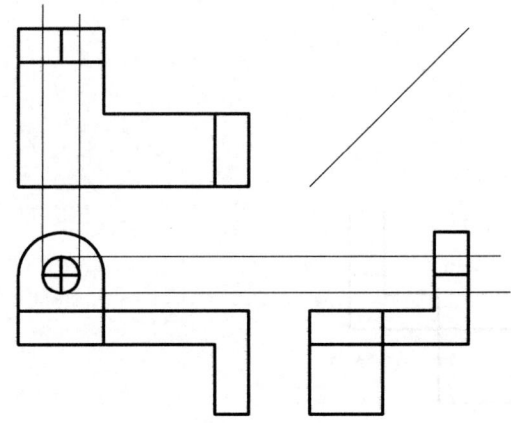

Step 14 자르기(trim)와 지우기(erase)로 평면도와 측면도의 구멍 부분을 완성시킨다.

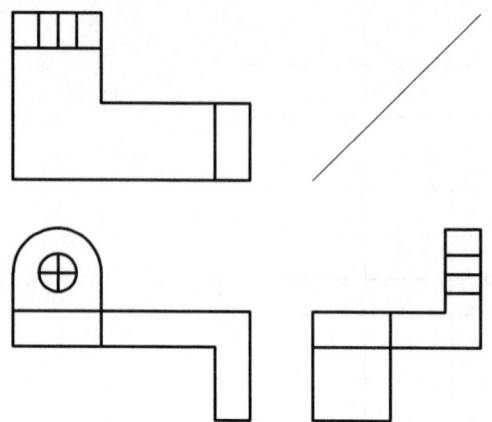

Step 15 평면도에 C20, C10만큼 모따기(chamfer)를 한다.

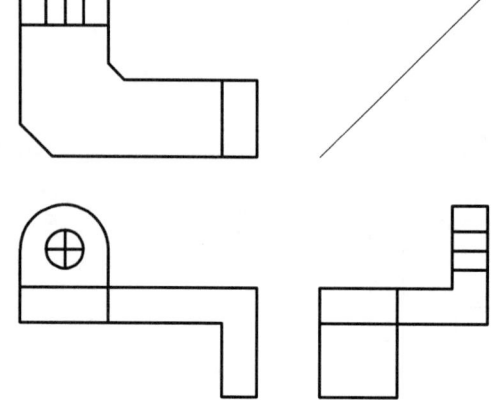

Step 16 생성된 모따기의 끝점을 아래 정면도까지 길게 수직선을 그린다.

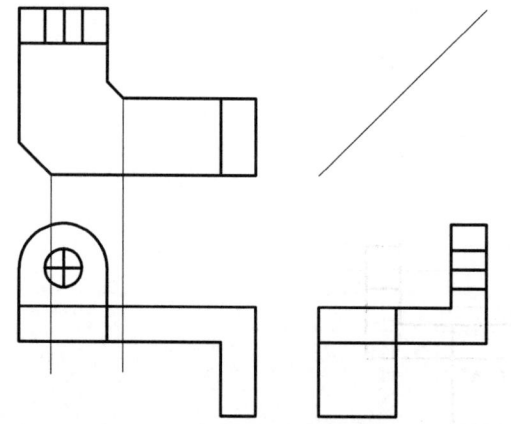

Step 17 생성된 모따기의 끝점을 오른쪽 대각선까지 길게 수평선을 그린다.

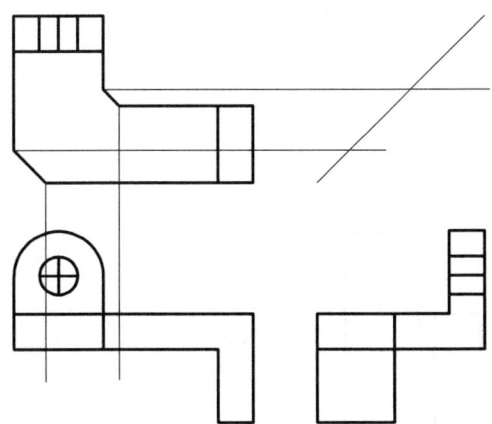

Step 18 수평선과 대각선이 만나는 점에서 아래로 수직선을 길게 그린다.

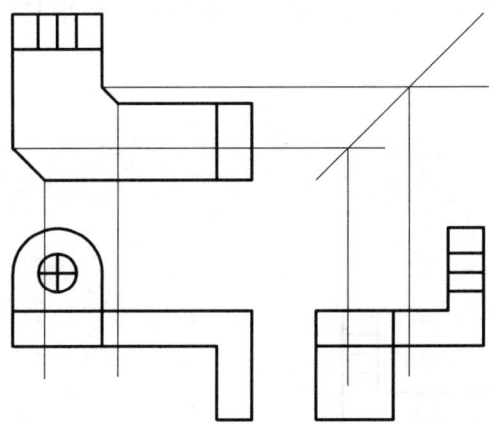

Step 19 자르기(trim)와 지우기(erase)로 정면도와 측면도의 모따기 선을 완성시킨다.

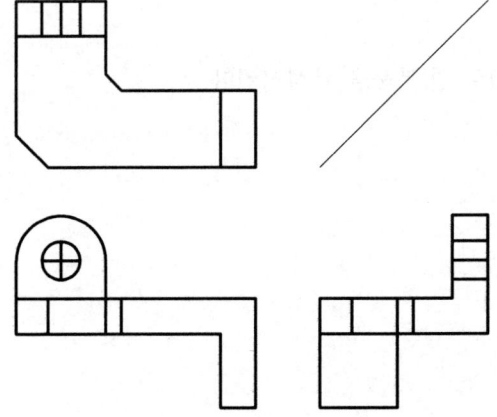

Step 20 측면도에 반지름 12의 원(circle)을 그린다.

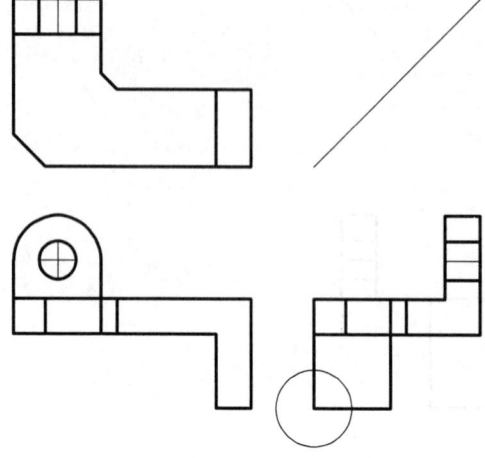

Step 21 원의 교차점(사분점)에서 수평선, 수직선을 그린다. 또한 대각선과 만나는 지점에서 선을 그린다.

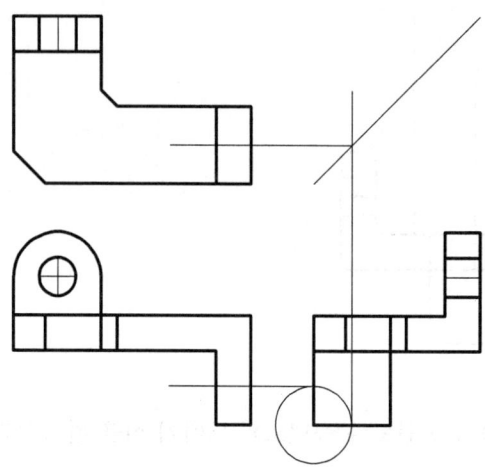

Step 22 자르기(trim)와 지우기(erase)로 원 부분을 완성시킨다.

Step 23 x표시된 지점을 끊기(break)하여 2개의 선으로 분리한다.

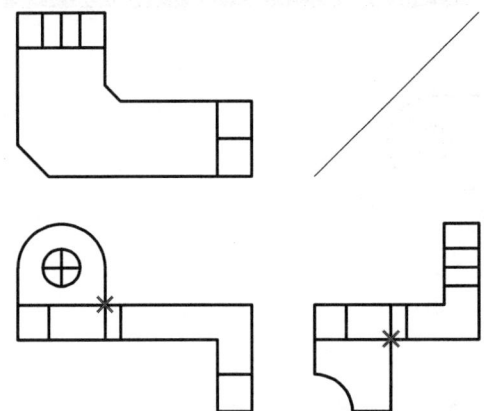

Step 24 객체변경 기능을 활용하여 외형선, 중심선, 숨은선으로 바꾼다.

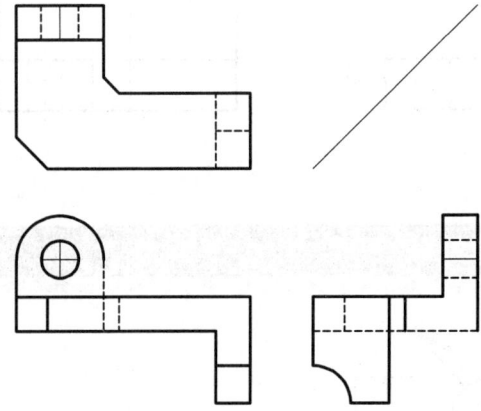

Step 25 길이조정(lengthen) → 증분(de)을 활용하여 중심선의 길이를 3만큼 길게 조정한다.

Step 26 완성되었다.

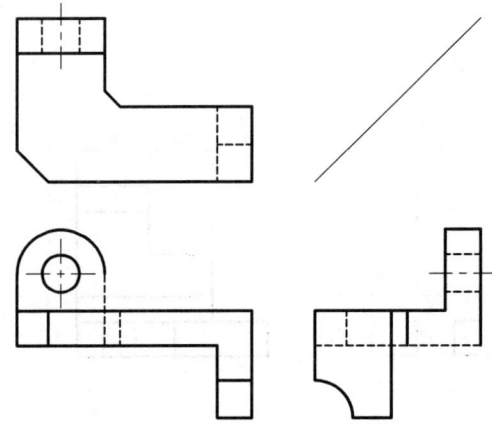

연습과제 1 기본 실습 도면 작성하기

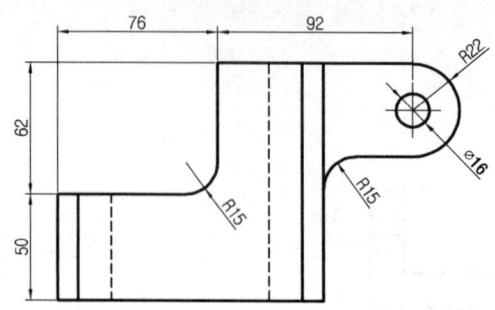

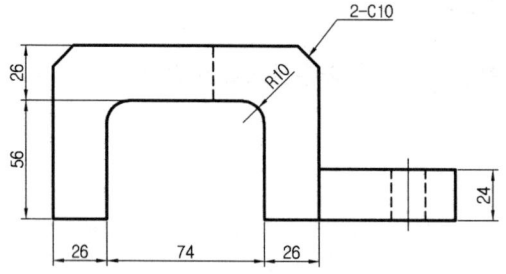
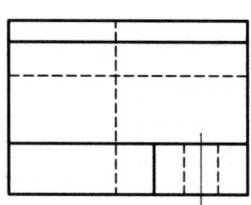

연습과제 2 기본 실습 도면 작성하기

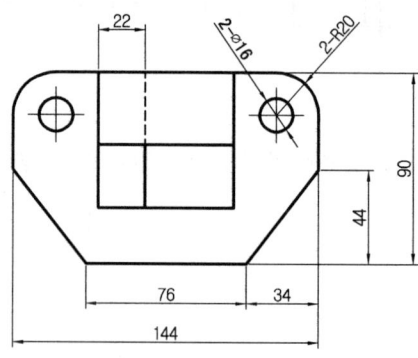

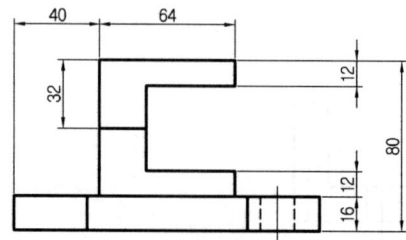
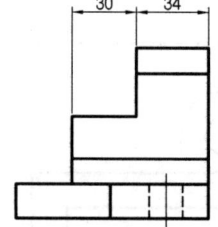

연습과제 3 기본 실습 도면 작성하기 *Exercises*

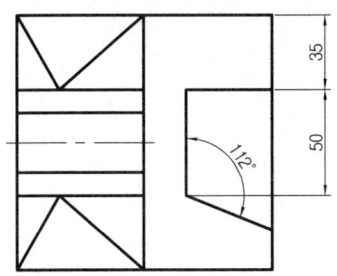

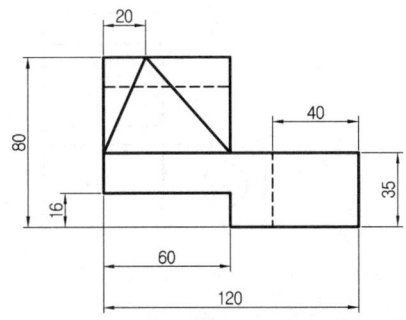
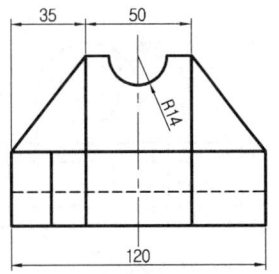

연습과제 4 기본 실습 도면 작성하기 *Exercises*

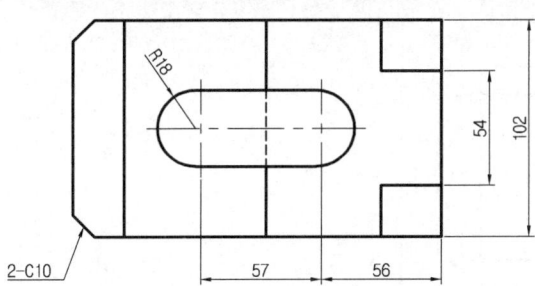

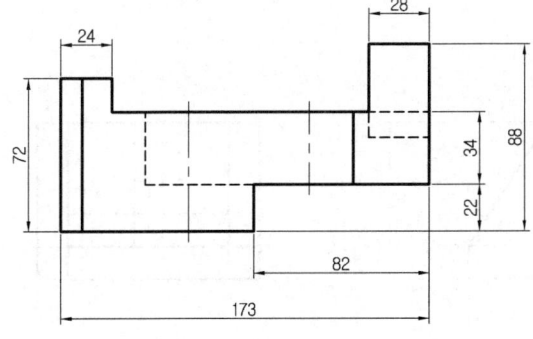
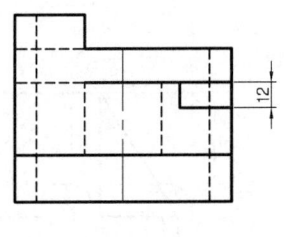

연습과제 5 기본 실습 도면 작성하기

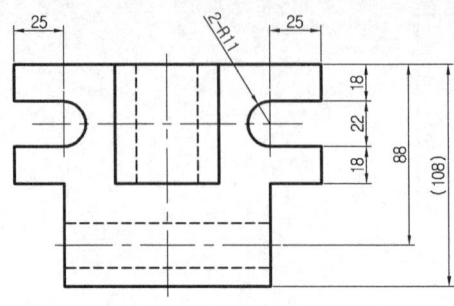

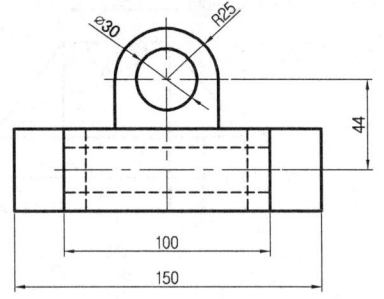
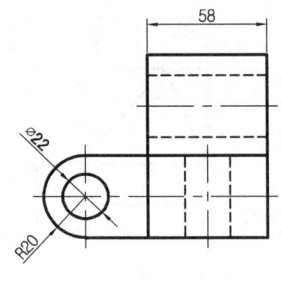

연습과제 6 기본 실습 도면 작성하기

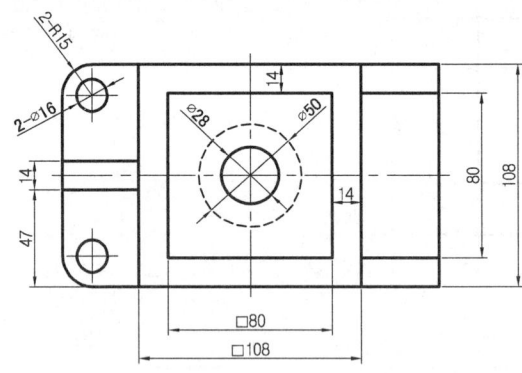

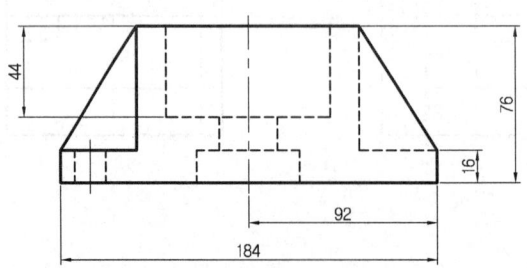
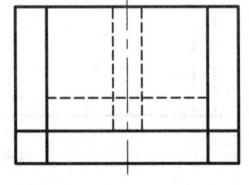

2. 오토캐드 기술 자격 시험

2.1 도면 이해하기

오토캐드 기술자격 시험은 AutoCAD 기능을 얼마나 효율적으로 잘 사용하는지 시험하는 것이다.

따라하기 기술자격 설정하기 *Step by Step*

다음의 설정은 오토캐드 기술자격을 위한 설정방법이다.

A 도면층 설정하기

첫 번째 요구사항으로 지시한 도면층(Layer)을 설정하도록 한다.

명령 : **layer** Enter↵

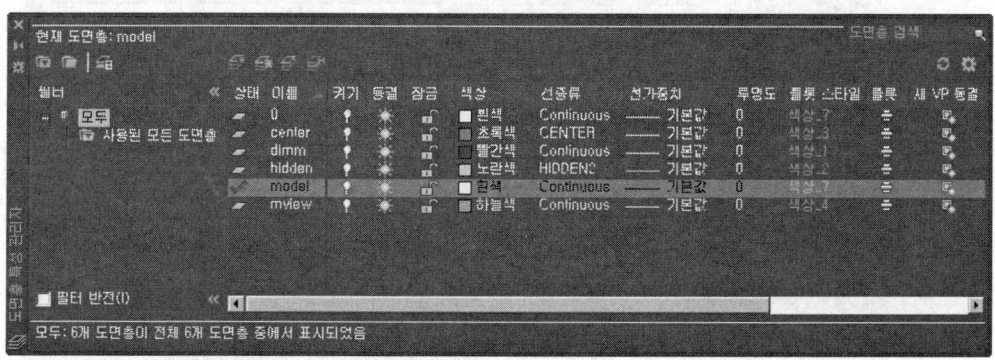

① 이름은 영문자로 하고, 위와 같이 설정을 한다.
② "model" 도면층을 "현재로 설정( )"하고 작업을 시작한다.

B 치수 유형 설정하기

다음과 같이 치수 유형을 설정한다.

명령 : ddim [Enter↵]

Step 01 수정 버튼을 누른다.

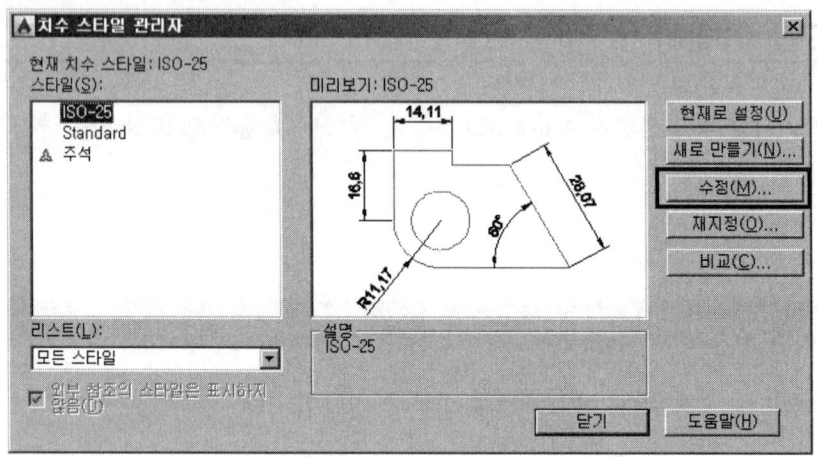

Step 02 선 탭에서
"치수선 너머로 연장 = 2", "원점에서 간격띄우기 = 2"로 설정한다.

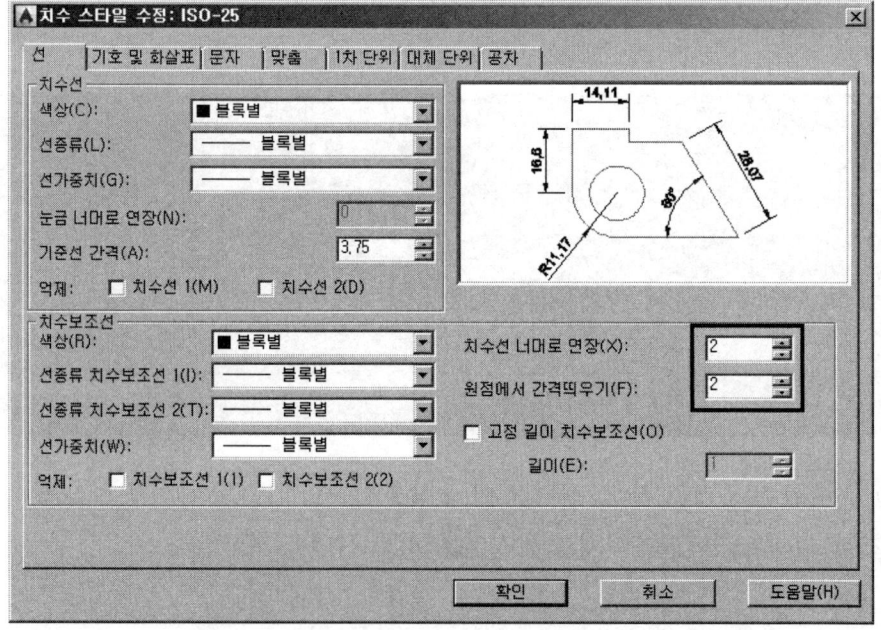

Step 03 기호 및 화살표 탭에서
"화살표 크기 = 3", "중심표식 = 없음"을 설정한다.

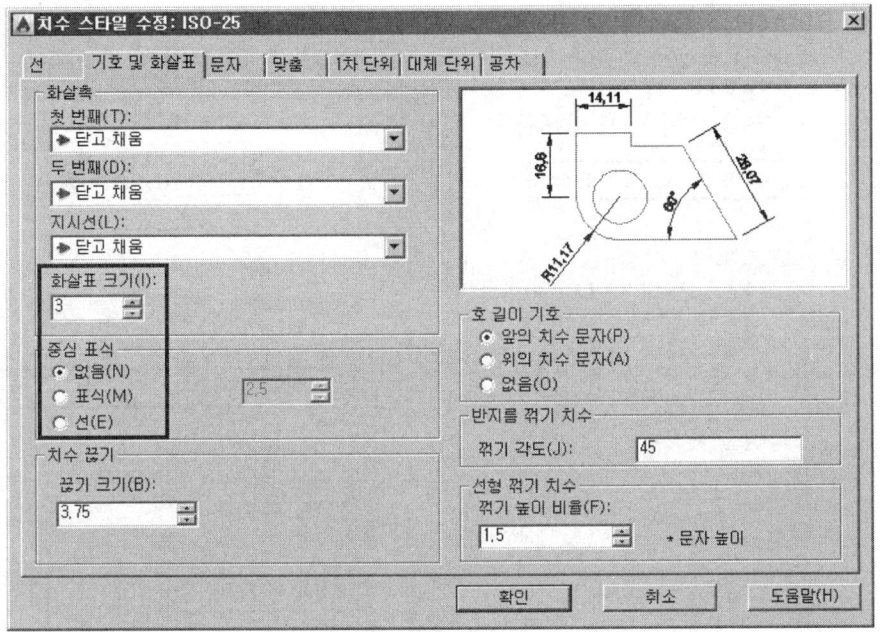

Step 04 문자 탭에서
"문자 높이 = 4", "치수선에서 간격띄우기 = 1.5"로 설정한다.

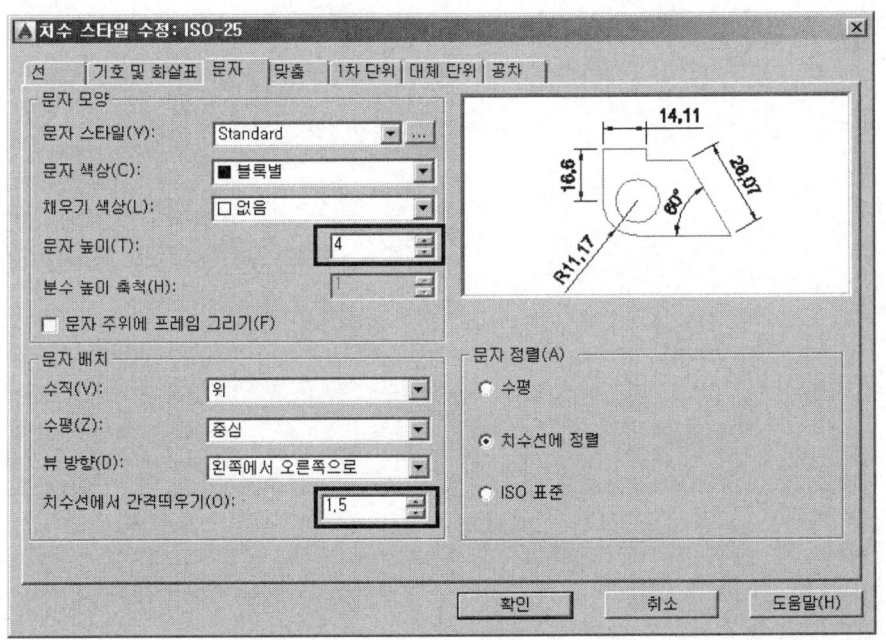

Step 05 맞춤 탭에서
"맞춤 옵션 = 문자 또는 화살표", "전체 축척 사용 = 1"로 설정한다.

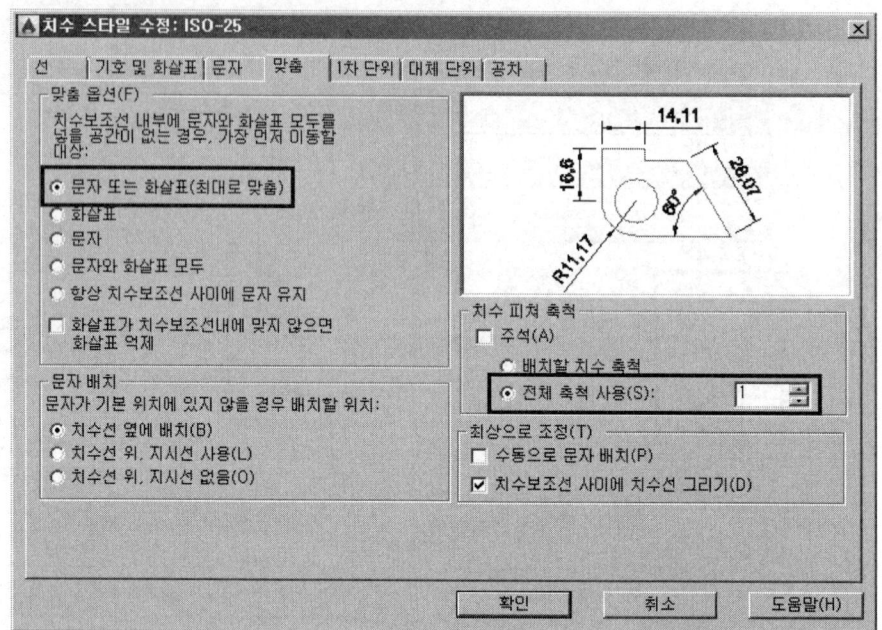

Step 06 1차 단위, 대체 단위, 공차 탭은 변경하지 않고, 기본값으로 한다.

Step 07 확인과 닫기를 누른다.

2.2 도면 작성하기

연습과제 기본 실습 도면 작성하기   *Exercises*

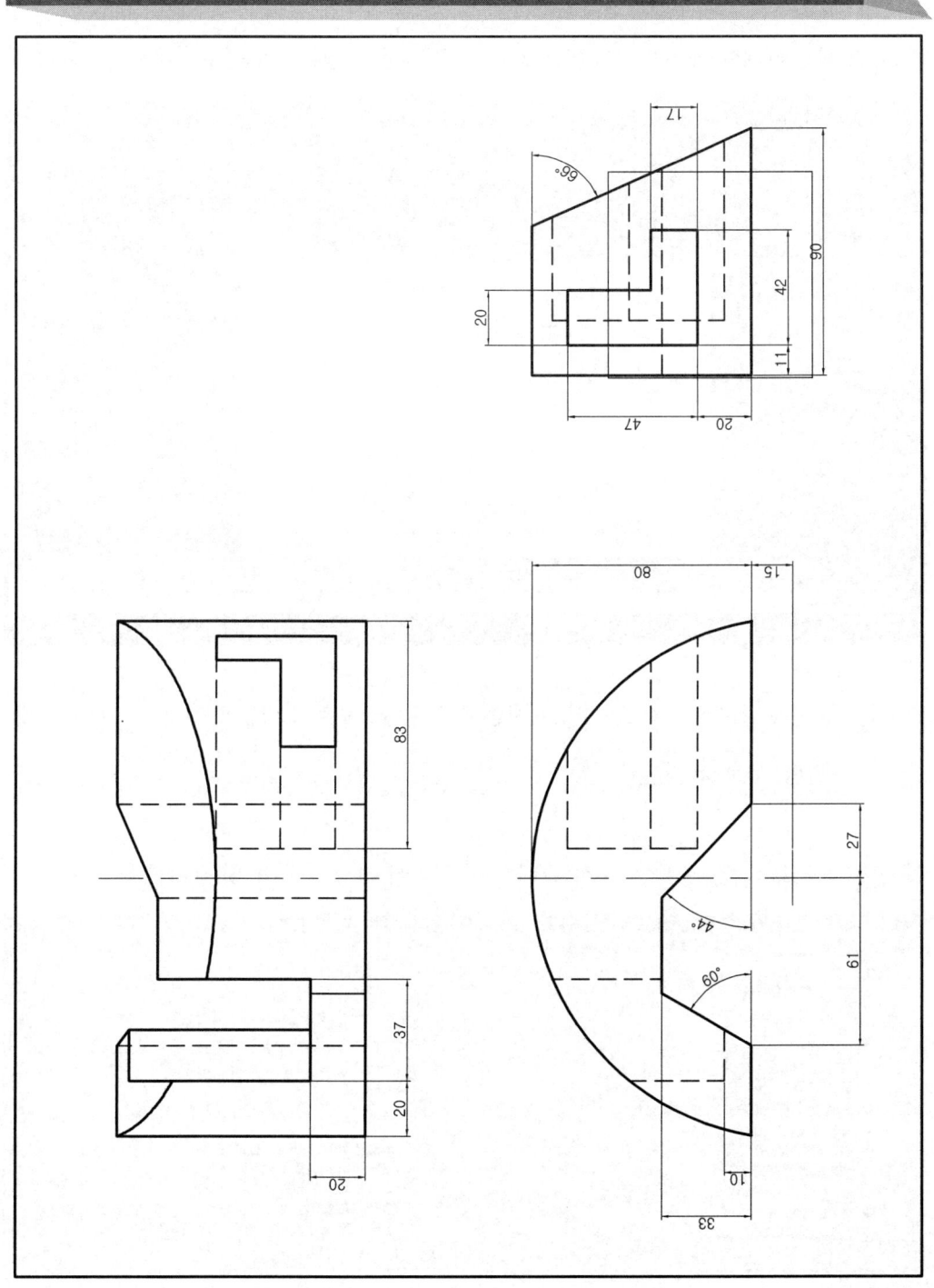

2.3 도면 배치 작성 따라하기

✔ 출력을 위한 배치를 작성한다.

Step 01 화면 아래의 "배치1" 클릭 및 자동으로 나타나는 그림은 테두리를 선택하여 삭제한다.

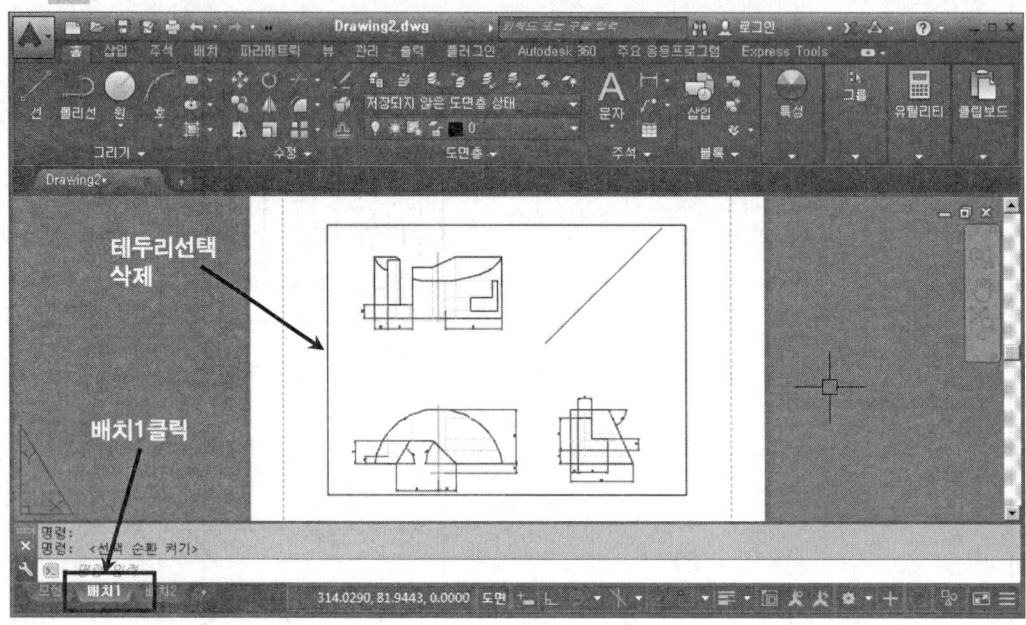

Step 02 옵션을 실행한다. (또는 명령표시줄에서 마우스 오른쪽 버튼을 클릭하고 옵션 실행)

명령 : option Enter↵

Step 03 화면표시 탭 → 색상 → 시트/배치 → 검은색 지정 → 적용 및 닫기를 누른다.

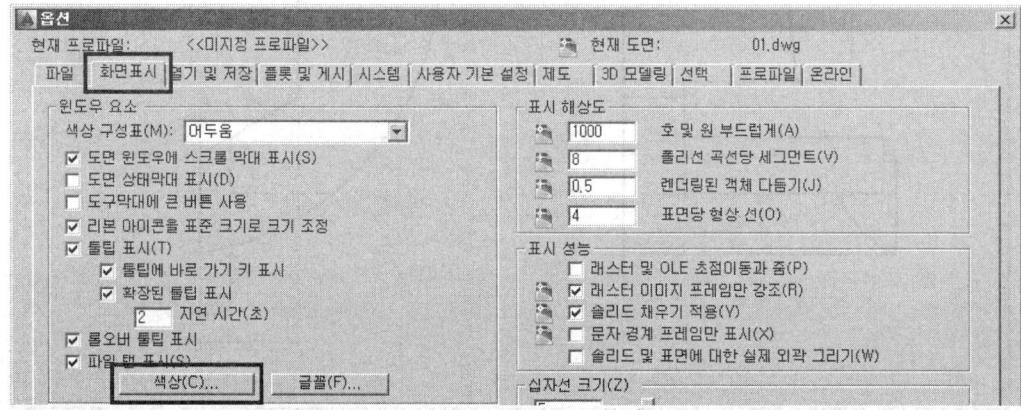

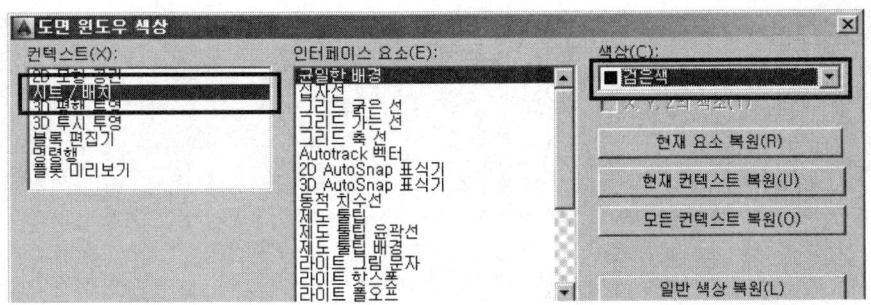

Step 04 화면표시 탭의 배치요소에 "배치 및 모형 탭 표시"에만 체크하고, 나머지는 체크를 모두 지운다. 확인을 누른다.

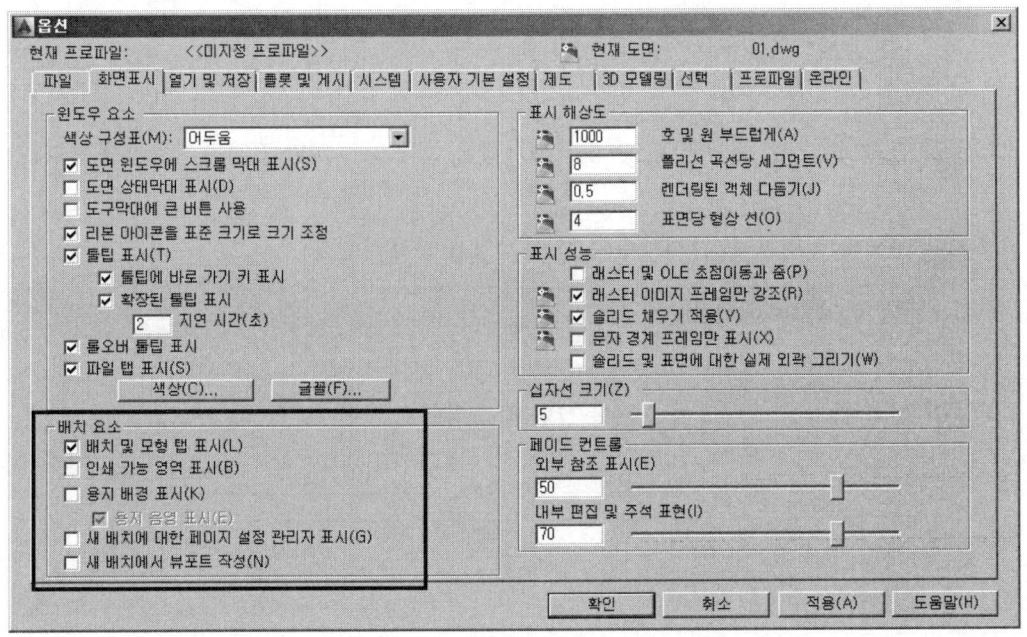

Step 05 도면한계(A4) 및 전체 보기를 실행한다.

limits → 0,0 → 297,210 → zoom → a

Step 06 도면층을 실행한다. "0"번 도면층을 선택하고 "현재로 설정( )"으로 지정한다. 창을 닫는다.

명령 : layer Enter↵

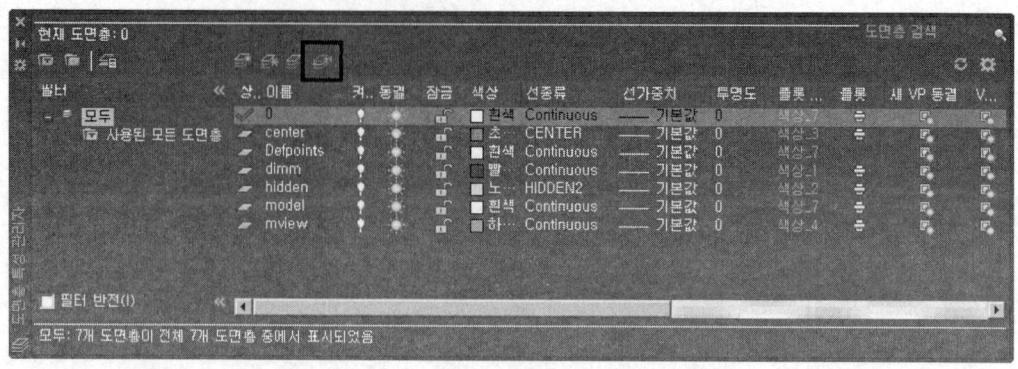

Step 07 사각형을 실행한다. A4용지에 맞게 사각형을 그린다.

rectang → 0,0 → 297,210

Step 08 간격띄우기를 실행한다. 작성한 사각형을 안쪽으로 10만큼 간격띄우기를 한다.

Step 09 분해를 실행한다. 간격띄우기 한 사각형을 분해시킨다.

명령 : explode Enter↵   〈안쪽 사각형 지정〉

Step 10 선과 문자를 실행하여 오른쪽 상단에 수험번호 란을 작성한다.

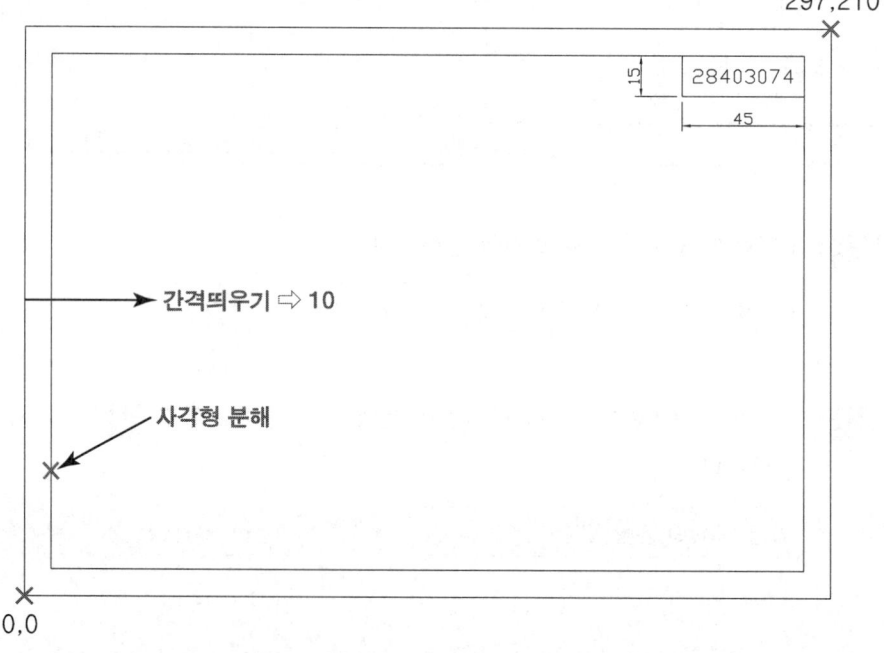

Step 11 도면층을 실행한다. 도면층을 "mview"을 선택하고, "현재로 설정( )"으로 지정한다. 창을 닫는다.

명령 : layer [Enter↵]

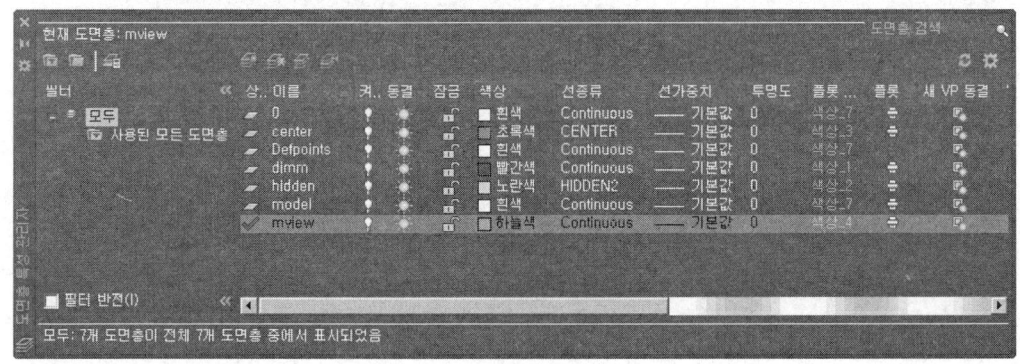

Step 12 mview를 실행한다.

명령 : mview [Enter↵]
뷰포트 구석 지정 또는 [켜기(ON)/끄기(OFF)/맞춤(F)/음영플롯(S)/잠금(L)/객체(O)/폴리곤(P)/복원(R)/도면층(LA)/2/3/4] 〈맞춤(F)〉 : **4** [Enter↵]
첫 번째 구석점 지정 또는 [맞춤(F)] 〈맞춤〉 : 〈A점 지정〉
반대 구석 지정 : 〈B점 지정〉

Step 13 우측 상단의 뷰는 사각형 테두리를 클릭하여 삭제한다.

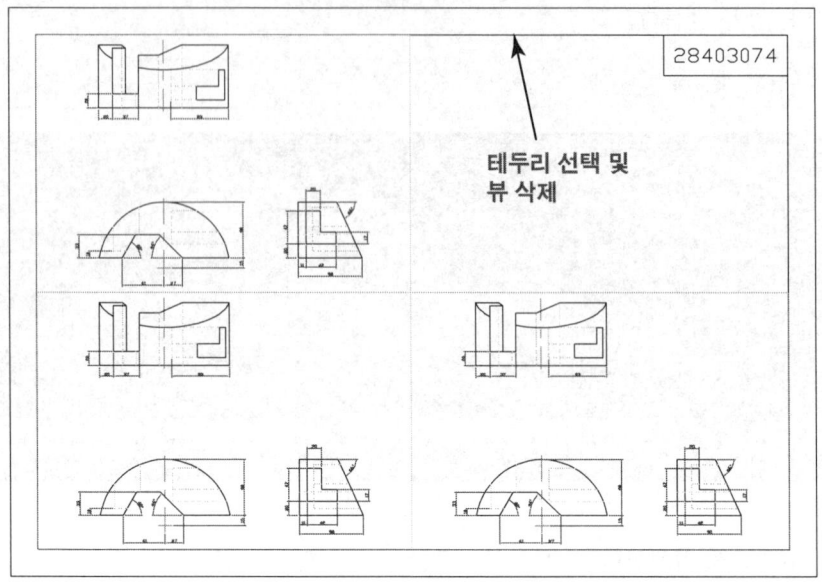

Step 14 축척을 실행한다. 사각형 테두리 3개를 모두 선택하고, 축척비율 0.9를 입력한다.

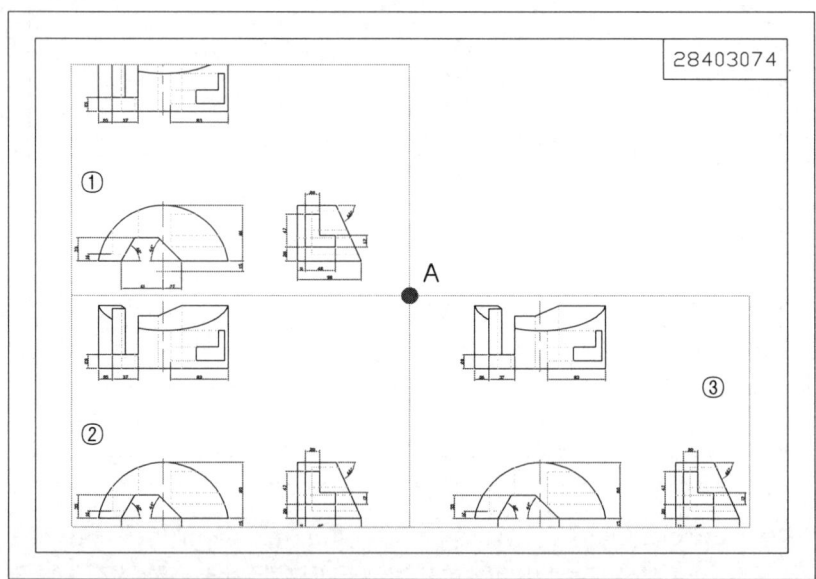

명령 : **scale** Enter↵		
객체 선택 :		〈사각형 테두리 ①②③ - 3개 선택〉
객체 선택 : Enter↵		
기준점 지정 :		〈A 점 지정〉
축척 비율 지정 또는 [복사(C)/참조(R)] : **0.9** Enter↵		〈축척 비율 입력〉

Step 15 축척을 설정한다.
① 사각형 내부의 빈 공간을 더블클릭하여 활성화 → 해당 공간의 View만 두꺼운 테두리로 표시되면서 활성화된다.

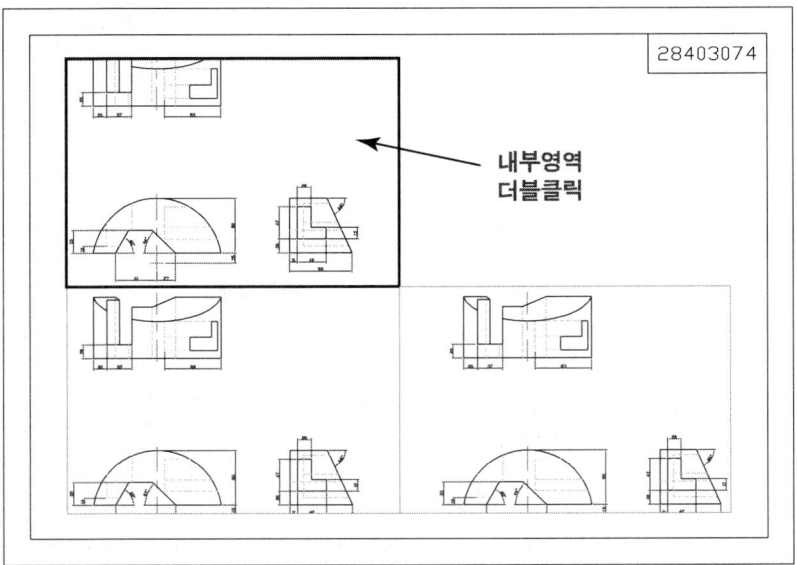

② 축척을 맞춘다.

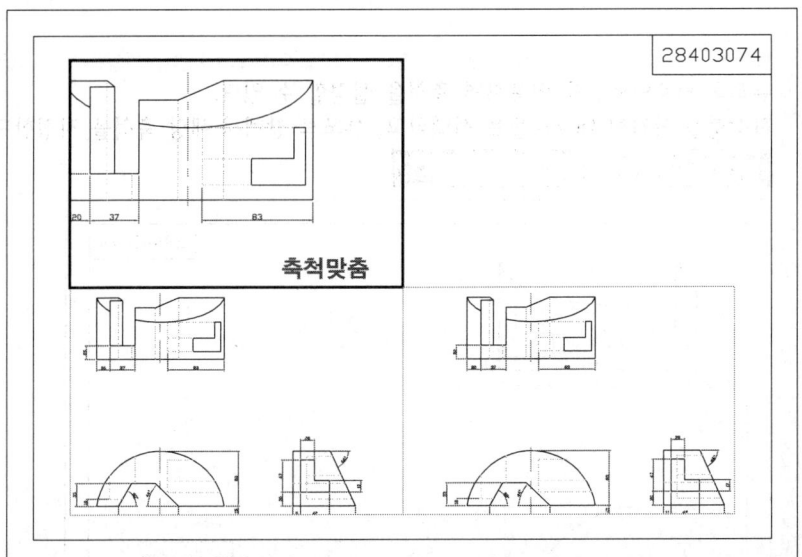

명령 : **zoom** Enter↵
윈도우 구석 지정, 축척 비율(nX 또는 nXP) 입력 또는 [전체(A)/중심(C)/동적(D)/범위(E)/이전(P)/축척(S)/윈도우(W)/객체(O)] 〈실시간〉 : **s** Enter↵
축척 비율 입력 (nX 또는 nXP) : **1/2xp** Enter↵

주의 여기서, 스크롤바를 움직이거나 휠을 위, 아래로 굴리면 축척이 맞지 않게 된다.

Step 16 위와 같은 방법으로 정면도, 측면도의 축척도 각 사각형 내부를 더블클릭하여 축척맞춤을 한다.

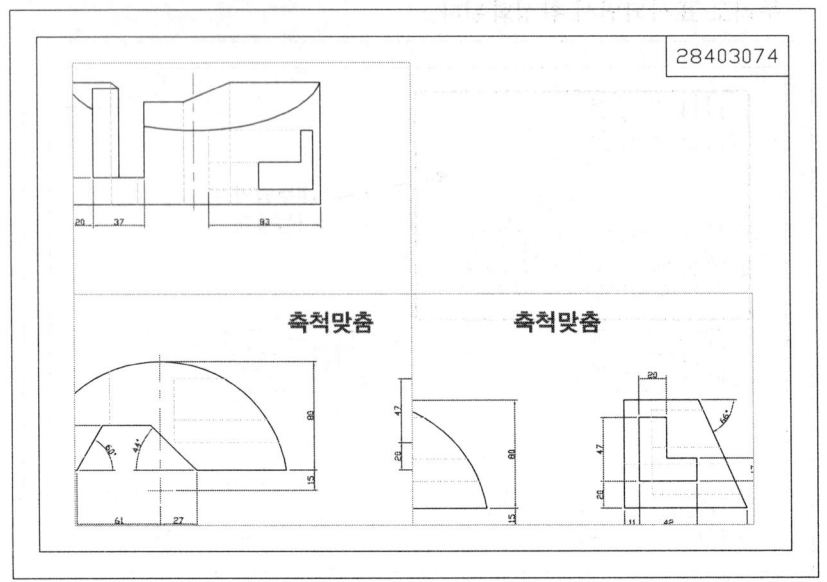

주의 활성화된 사각형 바깥 영역을 더블클릭하면 해당 영역의 활성화가 사라진다.

TiP 뷰포트 단축아이콘을 이용하여 축척을 설정할 수 있다.
사각형을 사각형 테두리들을 선택하고, 뷰포트 창에서 해당 축척을 지정한다.

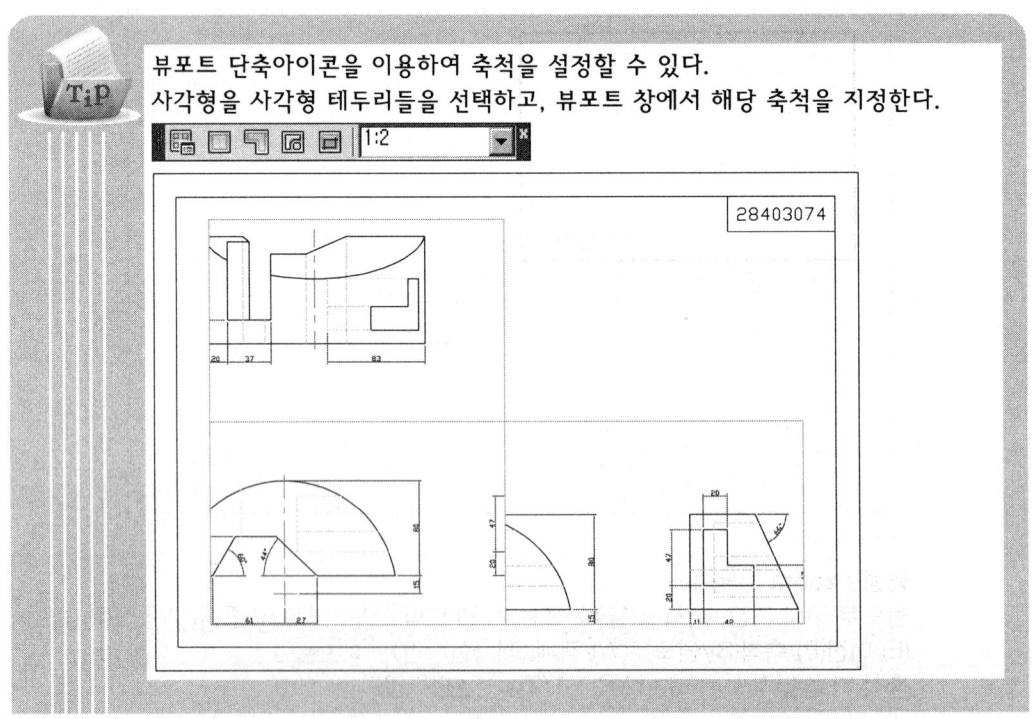

Step 17 mview 안에 필요 없는 치수와 도면 등이 보일 경우, 해당 사각형 영역을 더블클릭하여 보이지 않게 상/하, 좌/우로 이동시킨다.

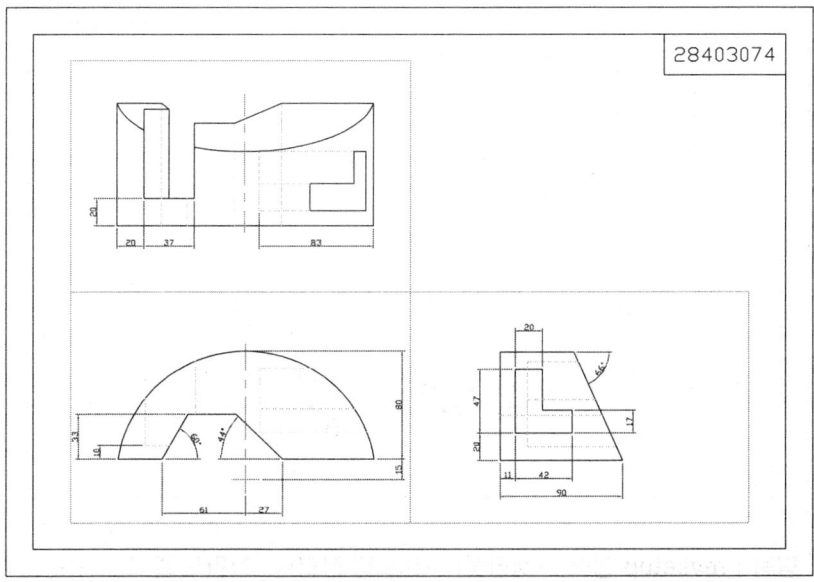

Step 18 mvsetup를 실행하여 뷰의 수직을 맞춘다.

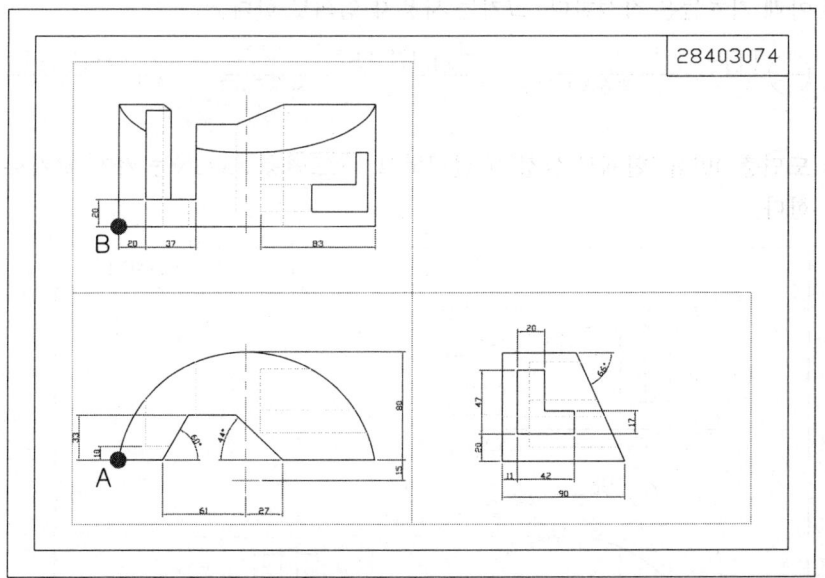

명령 : **mvsetup** 입력 → **a**(정렬) → **v**(수직 정렬) → 정면도 클릭 → 기준점 A 지정 → 평면도 클릭 → 정렬시킬 B 점 지정 (정면도와 평면도 맞춤)

Step 19 mvsetup를 실행하여 뷰의 수평을 맞춘다.

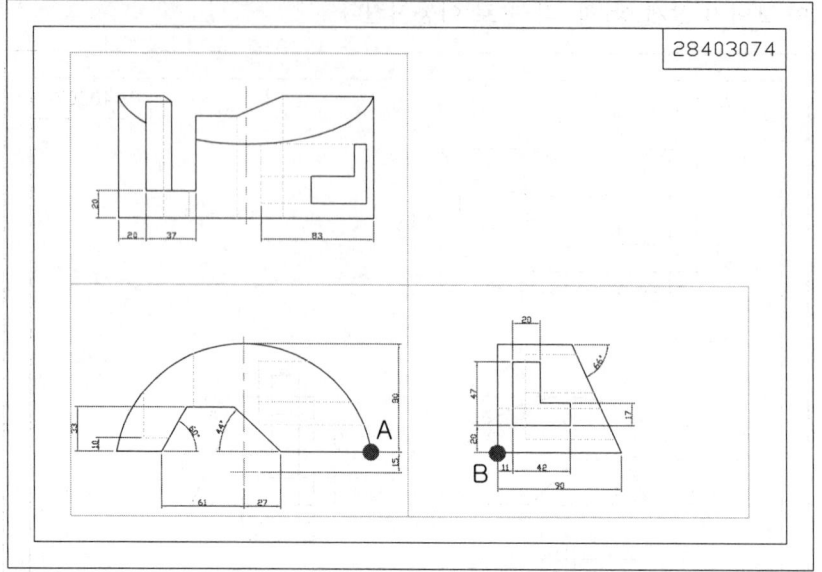

명령 : **mvsetup** 입력 → **a**(정렬) → **h**(수평 정렬) → 정면도 클릭 → 기준점 A 지정 → 측면도 클릭 → 정렬시킬 B 점 지정 (정면도와 측면도 맞춤)

Step 20 아래 기호들은 작성한다. 크기는 사용자 임의로 한다.

Step 21 도면층 0번을 "현재로 설정"에 설정하고 → 도면층 mview는 켜기/끄기로 숨기기를 한다.

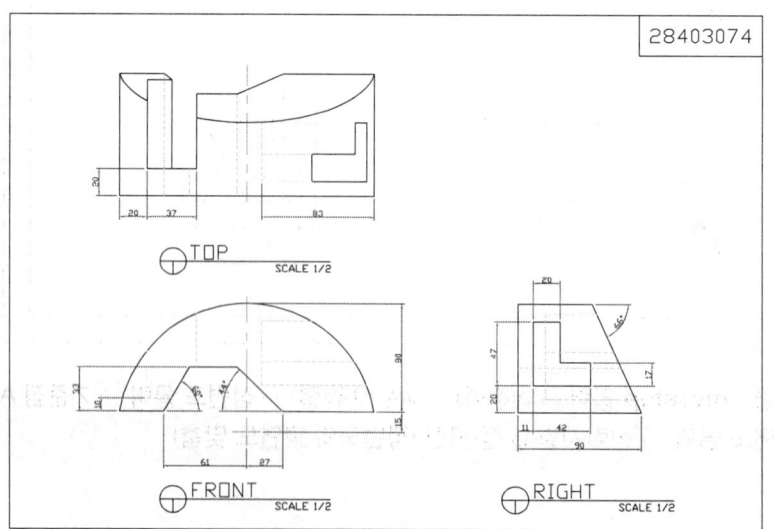

> **Tip**: 배치 설정 이후, 객체를 더블클릭하여 삭제 또는 수정/편집이 안 될 경우…
> 옵션(option) → 선택사항 탭 → 선택모드에서 "명사/동사 선택사항"에 체크를 한다.

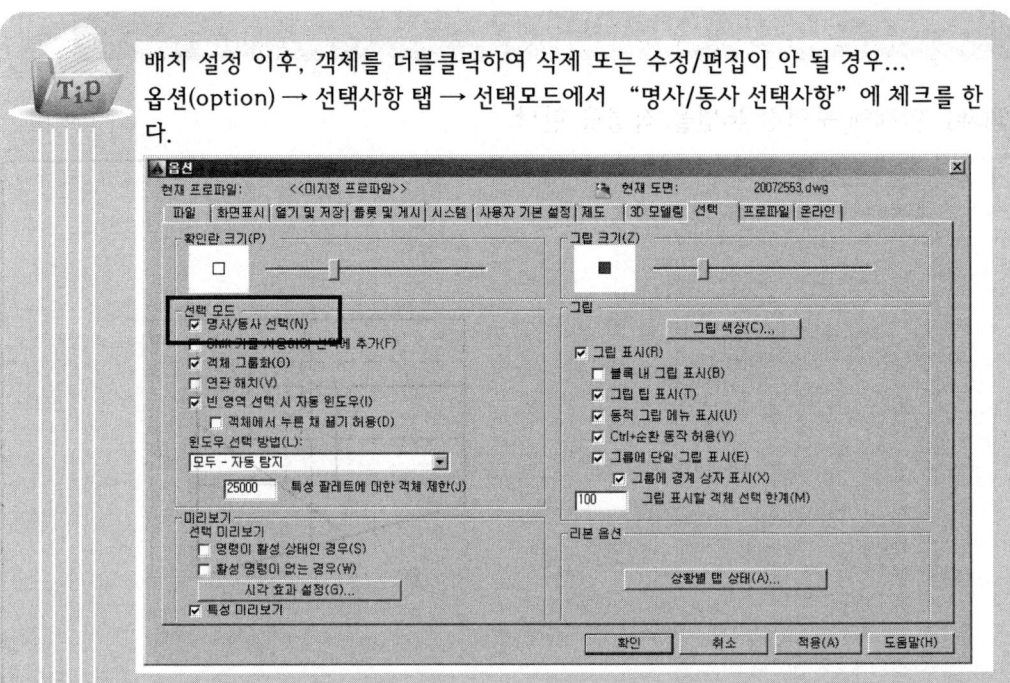

연습과제 1 실습도면 작성하기

[과제] 아래에 주어진 도면을 작성을 한다.

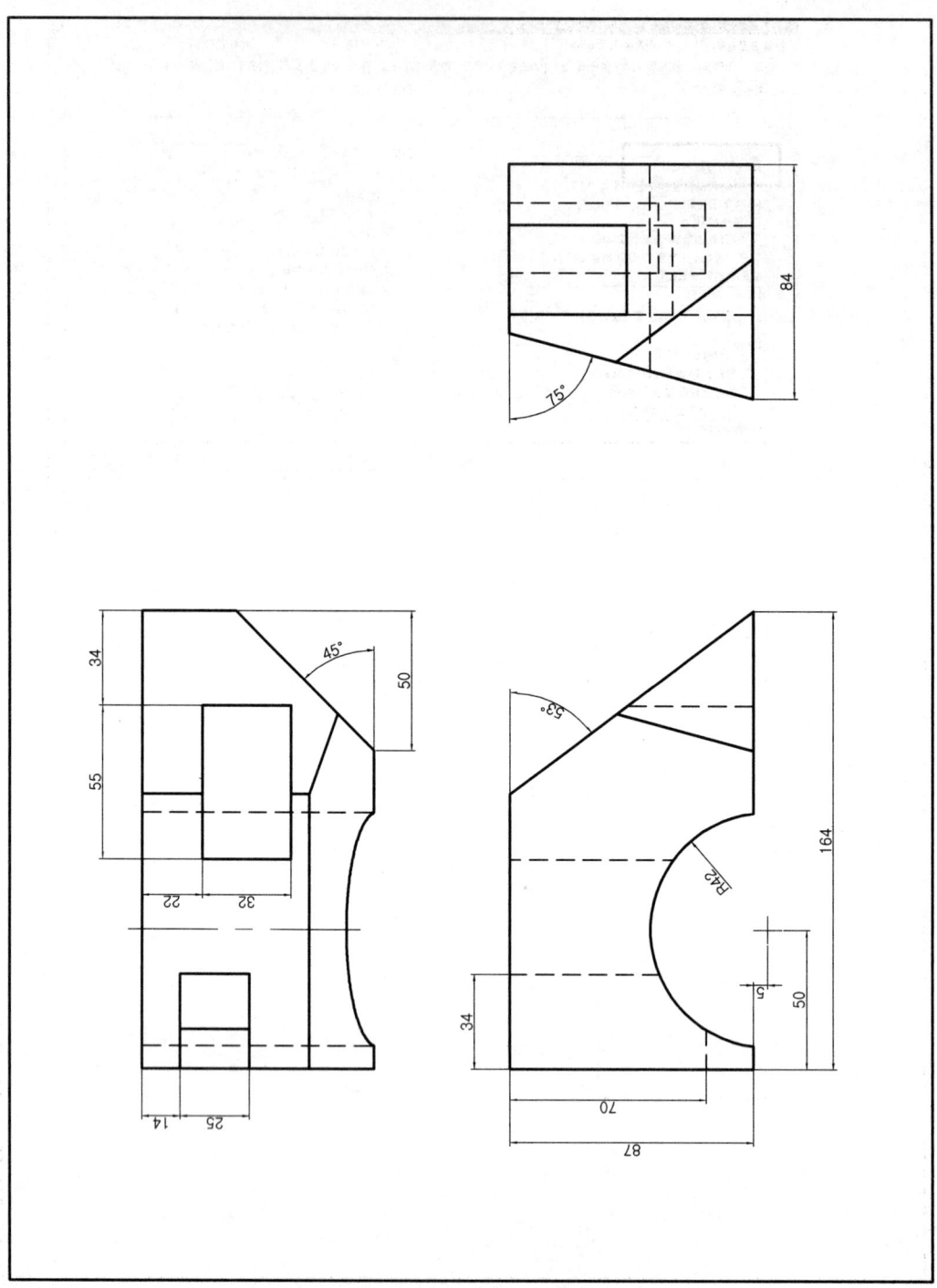

연습과제 2 실습도면 작성하기

[과제] 아래에 주어진 도면을 작성을 한다.

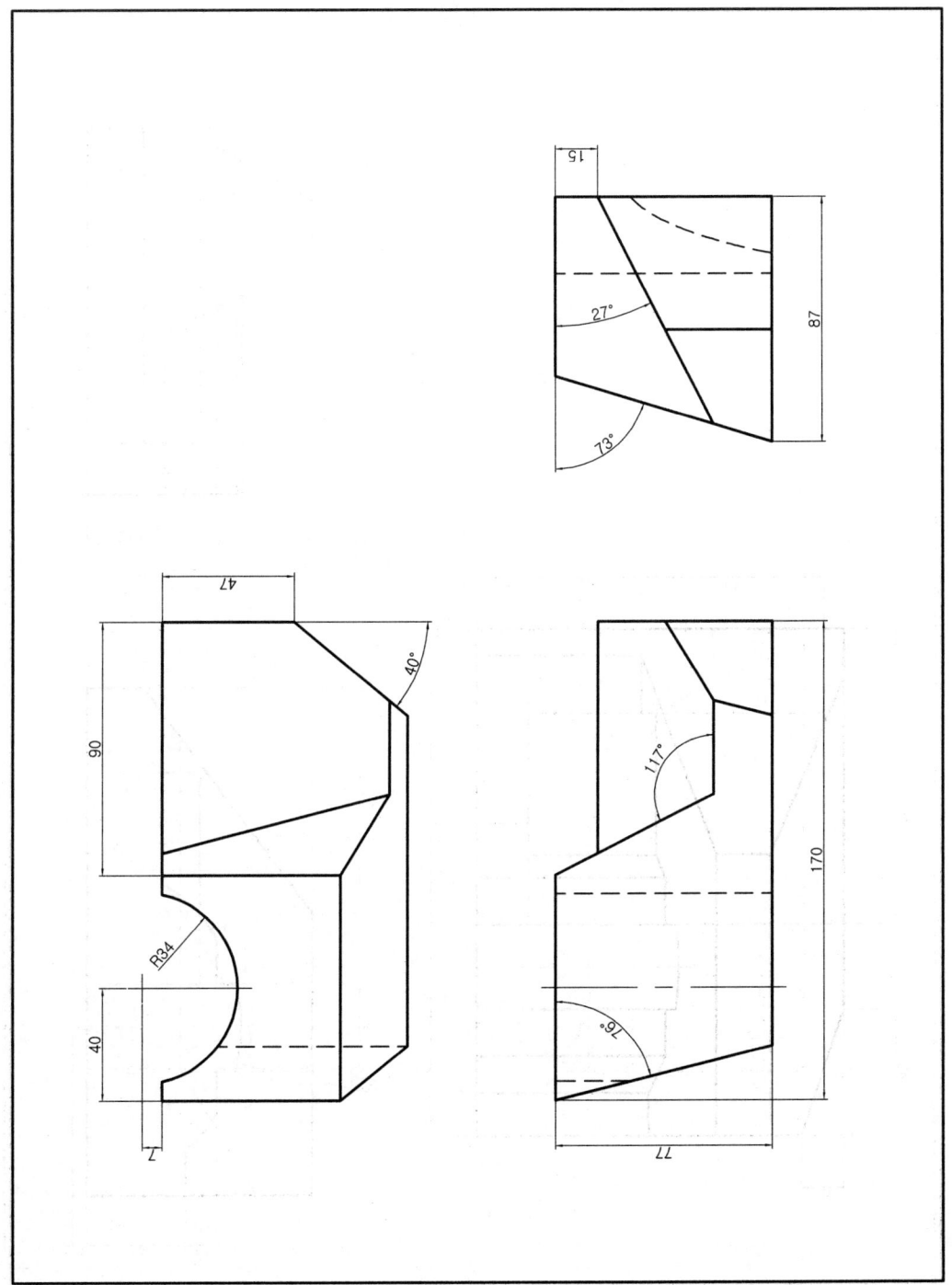

연습과제 3   실습도면 작성하기

[과제] 아래에 주어진 도면을 작성을 한다.

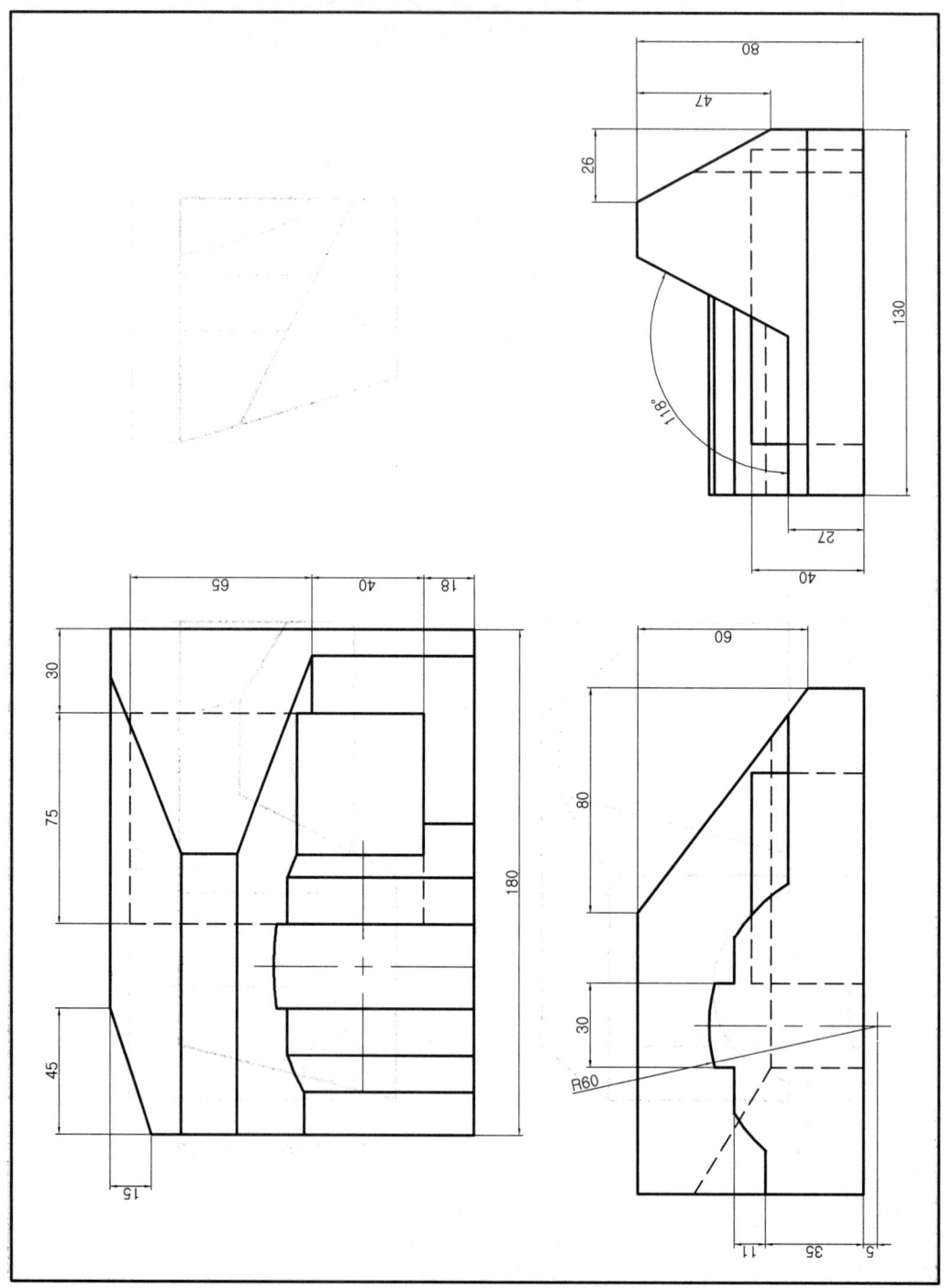

Part 11
연습도면 Ⅰ

AutoCAD 2016

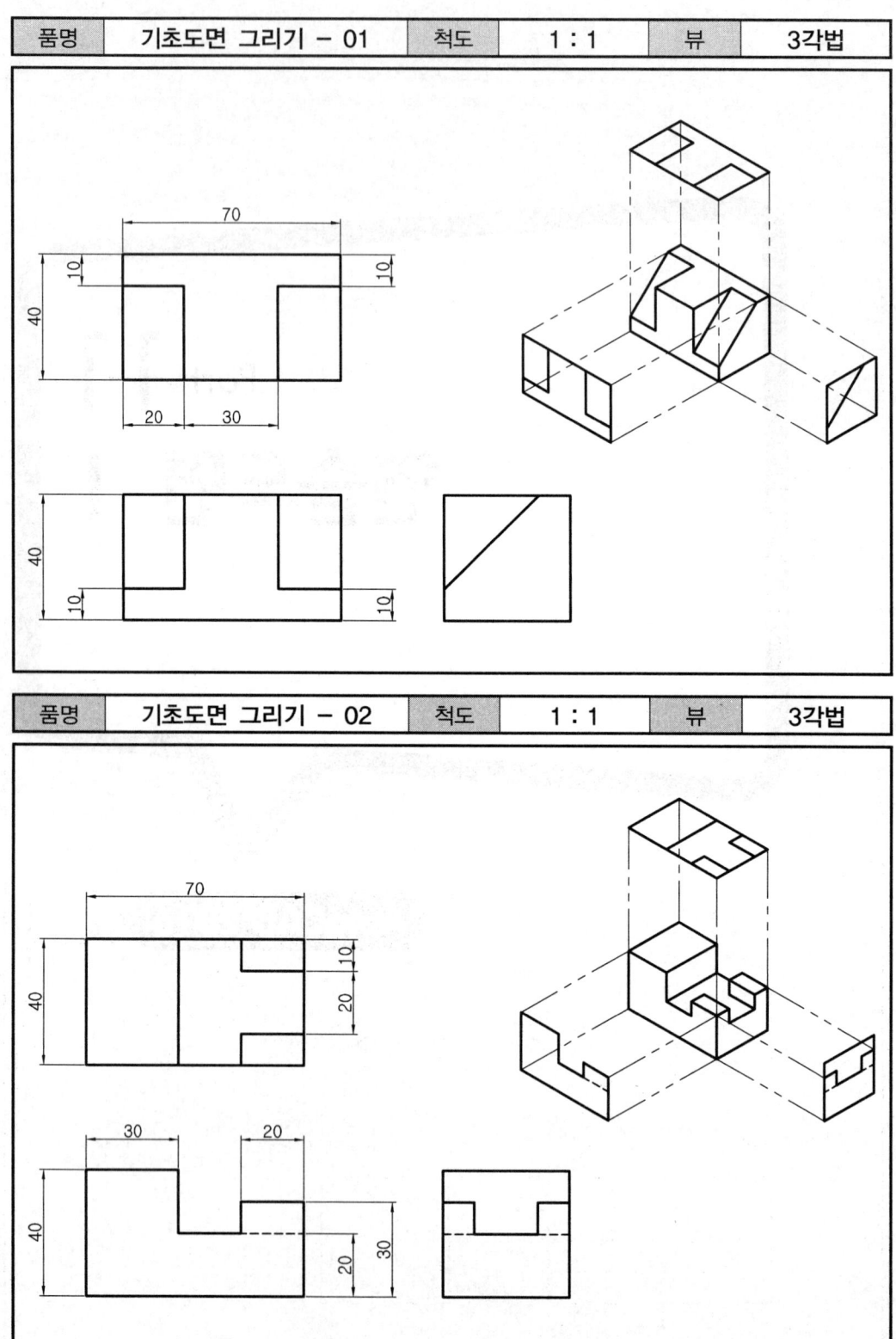

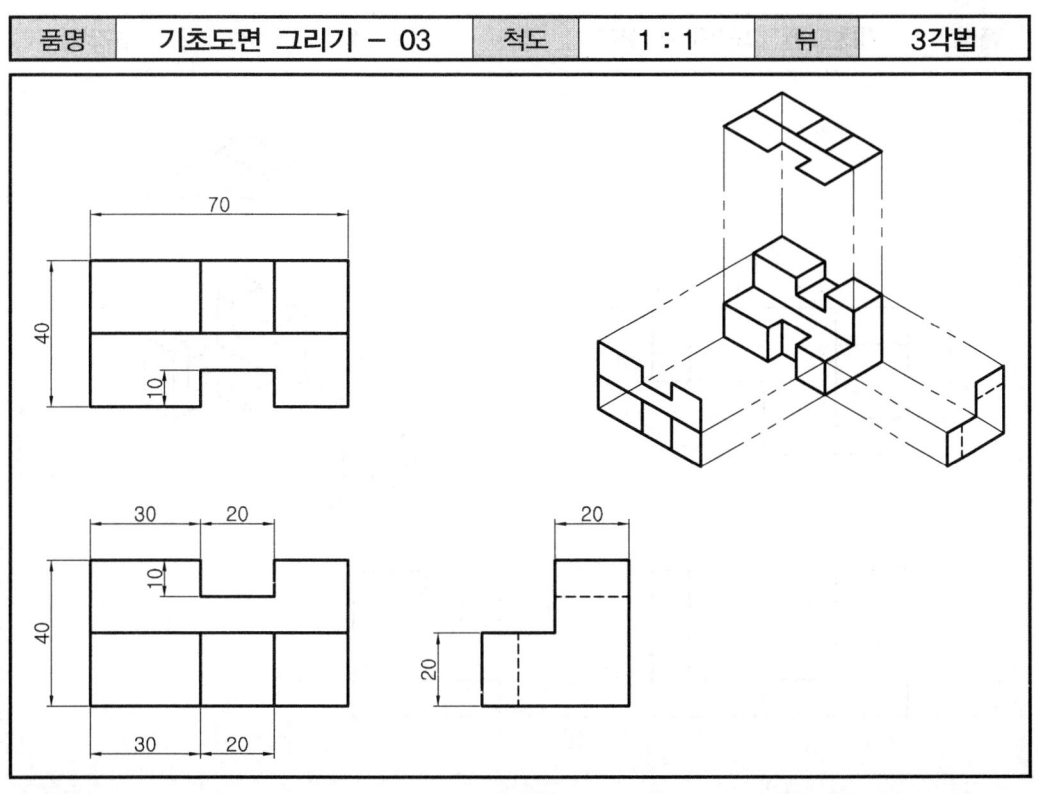

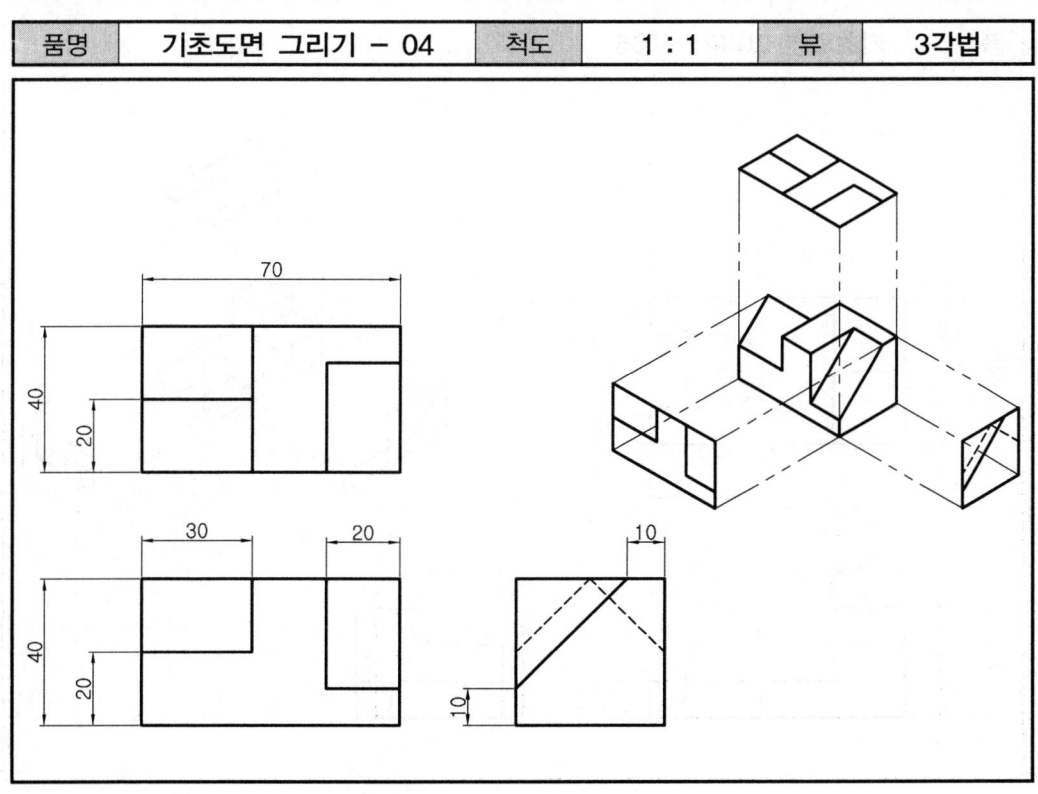

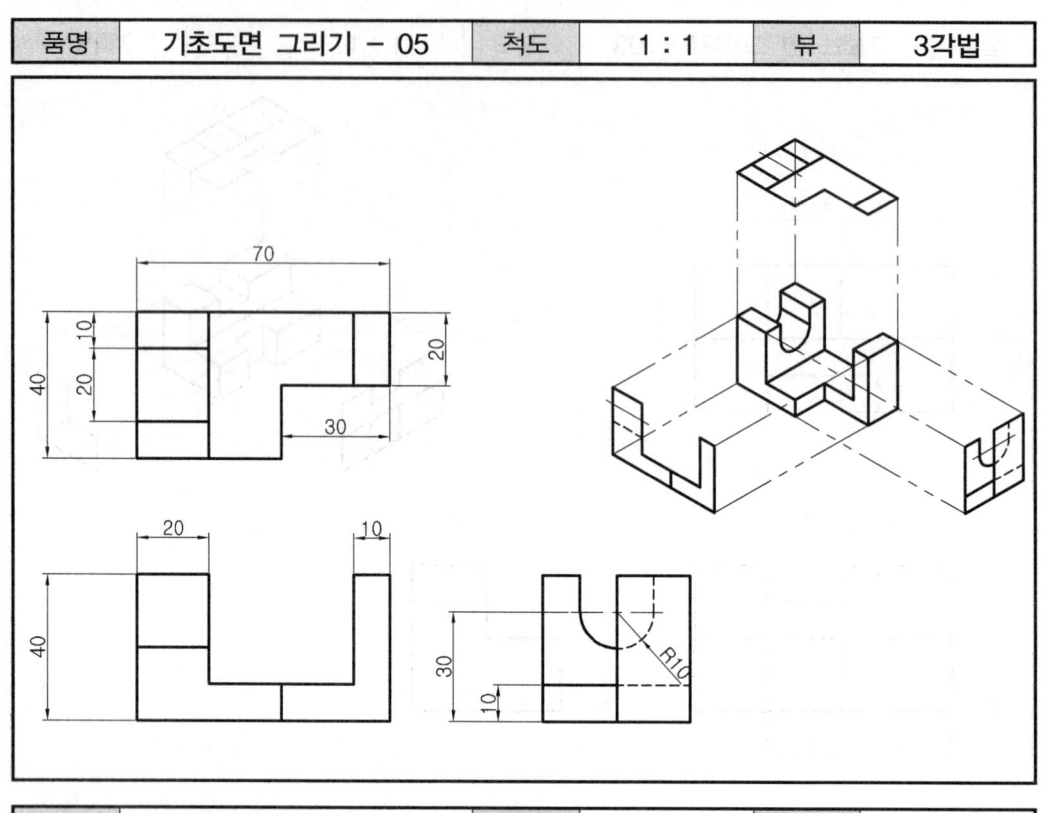

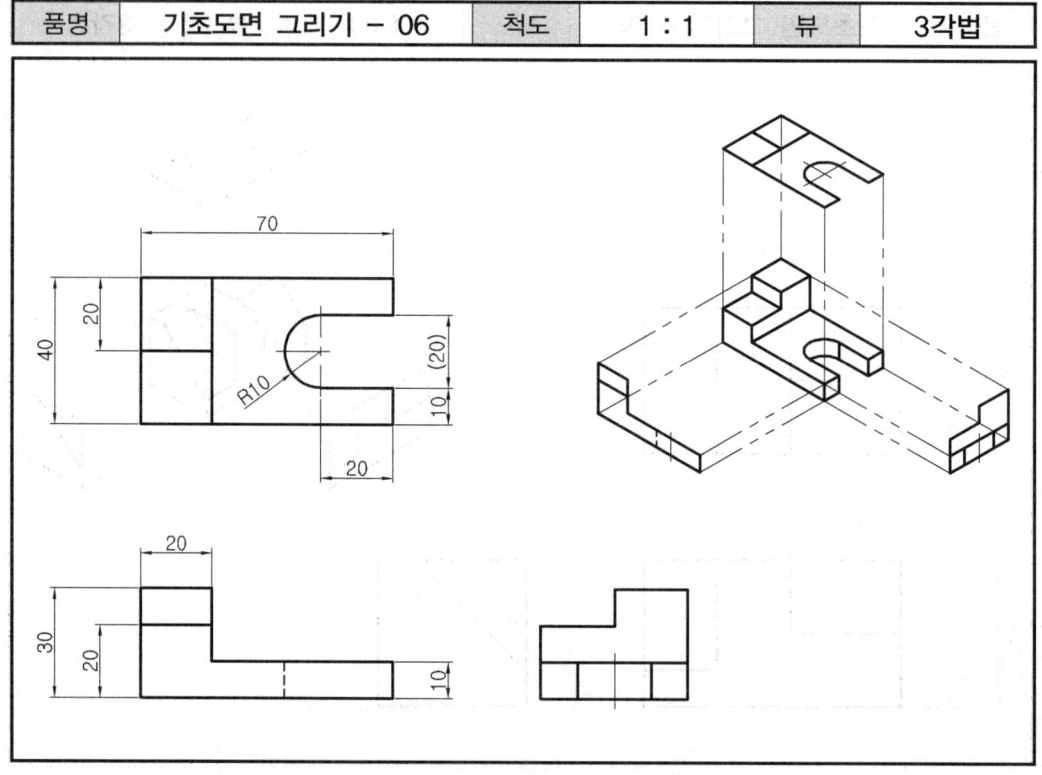

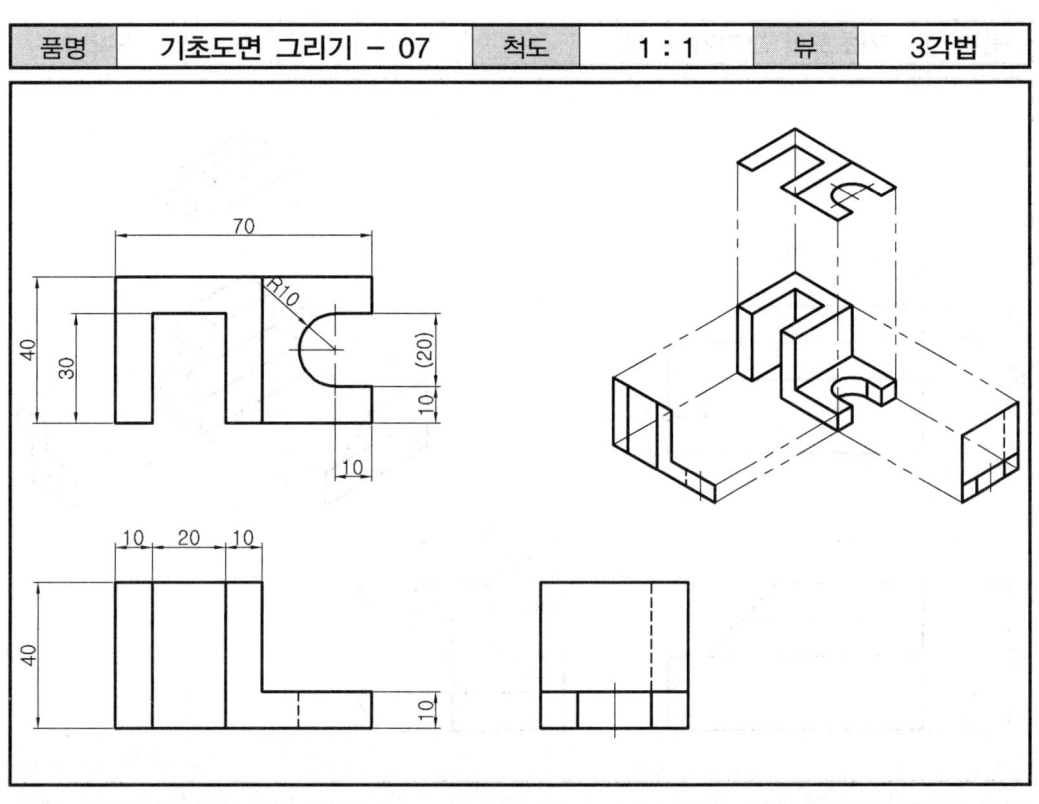

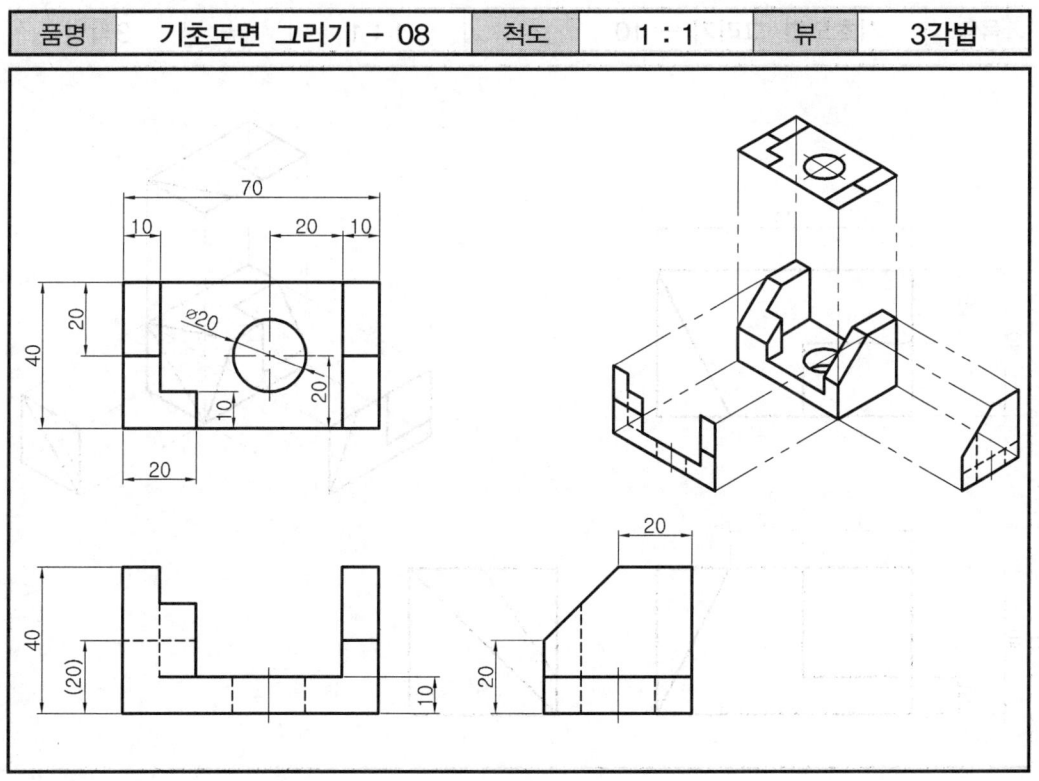

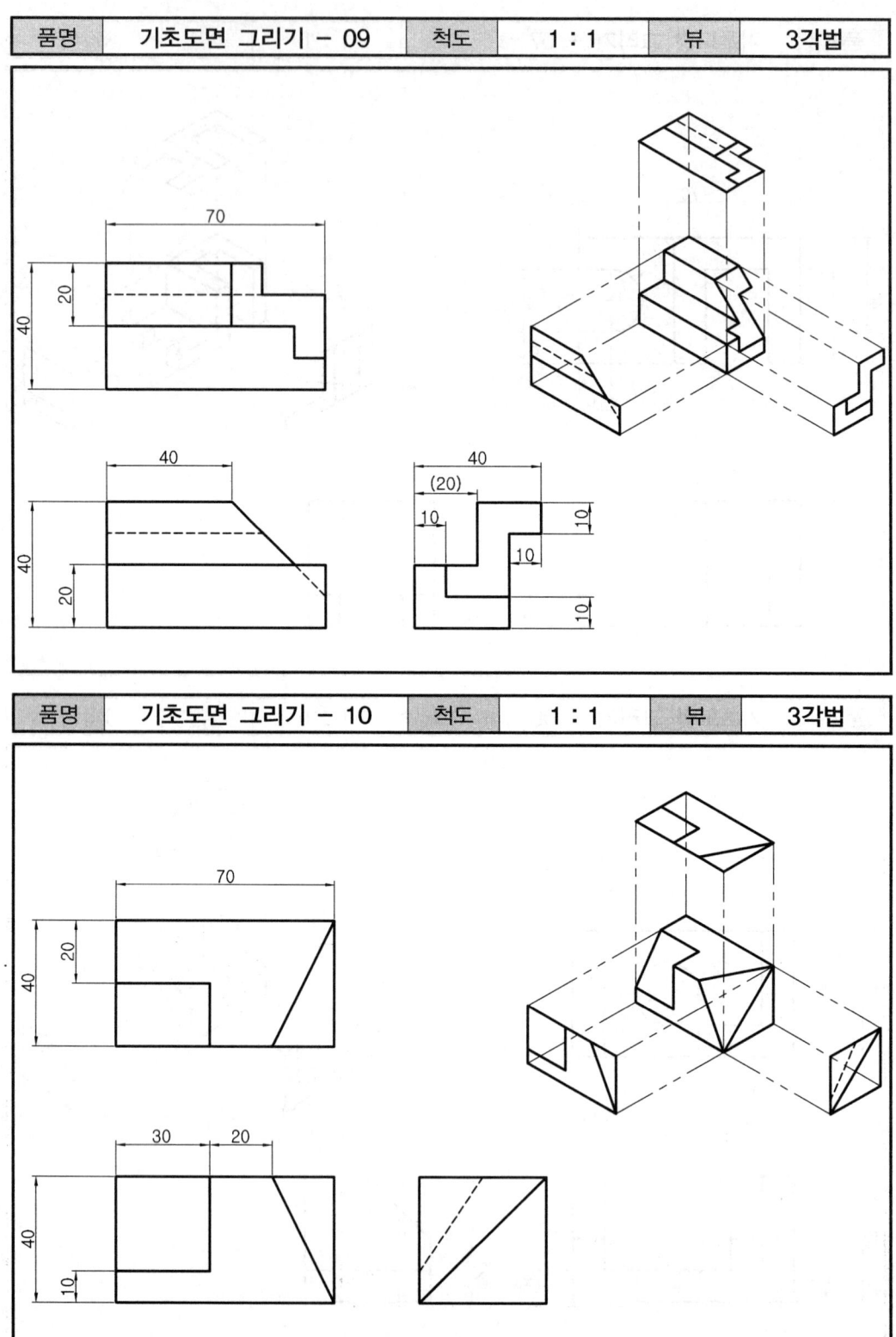

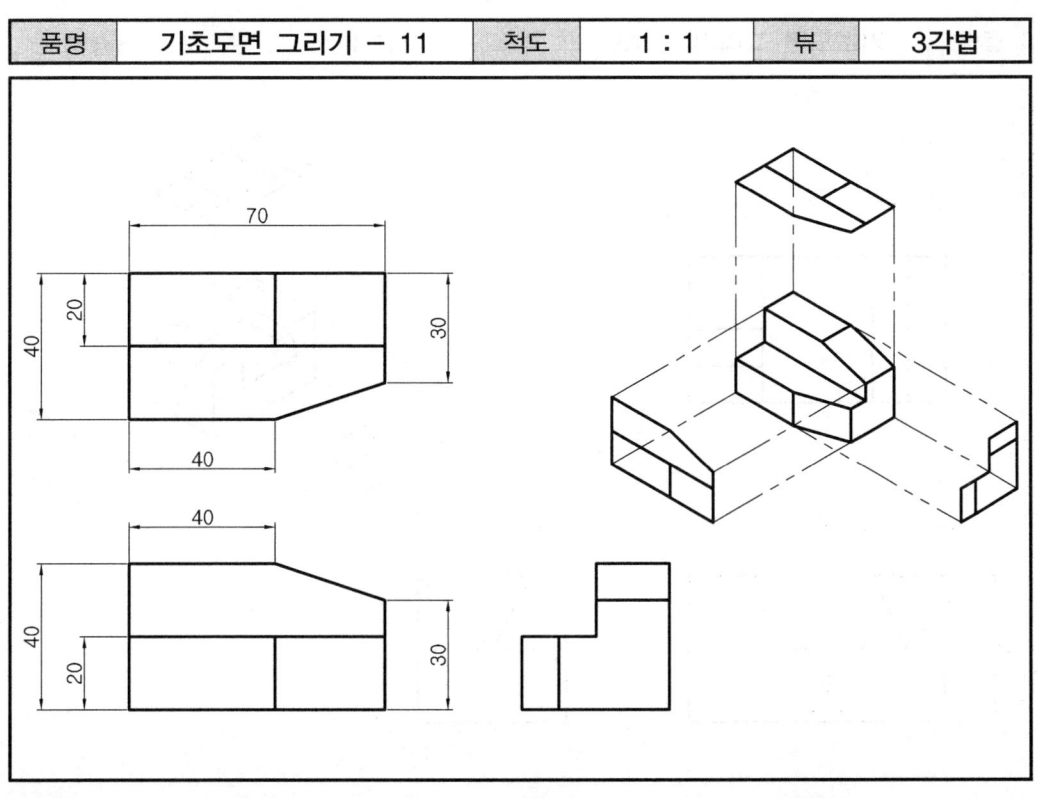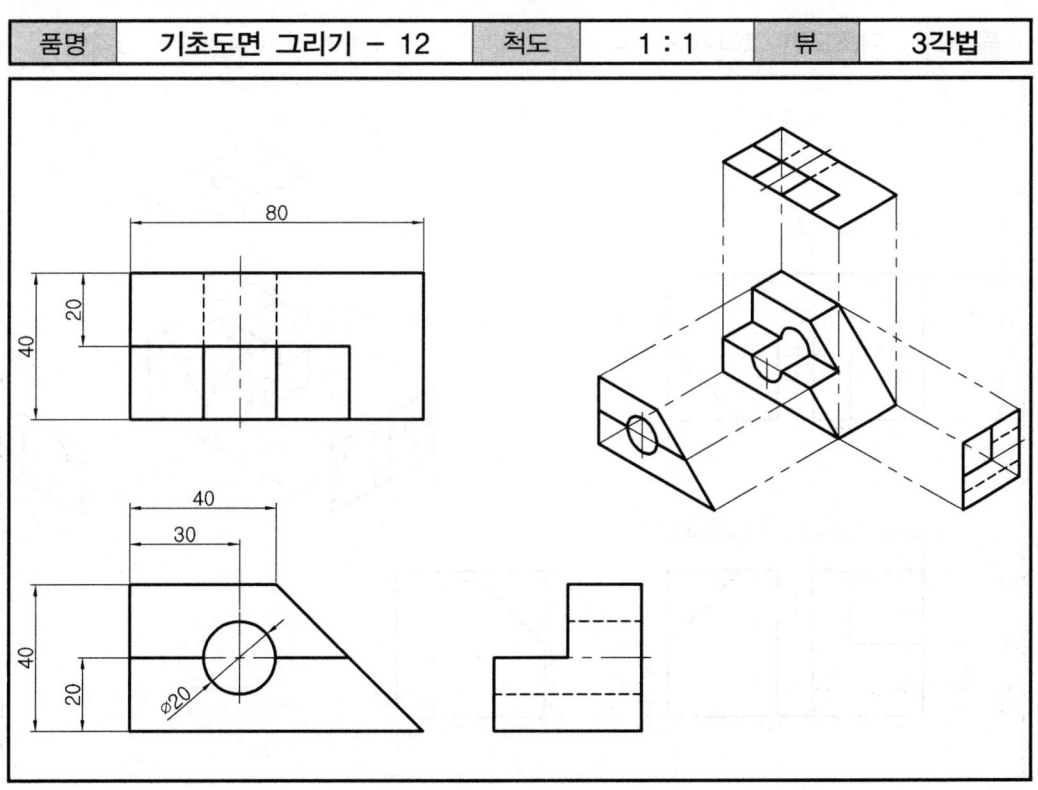

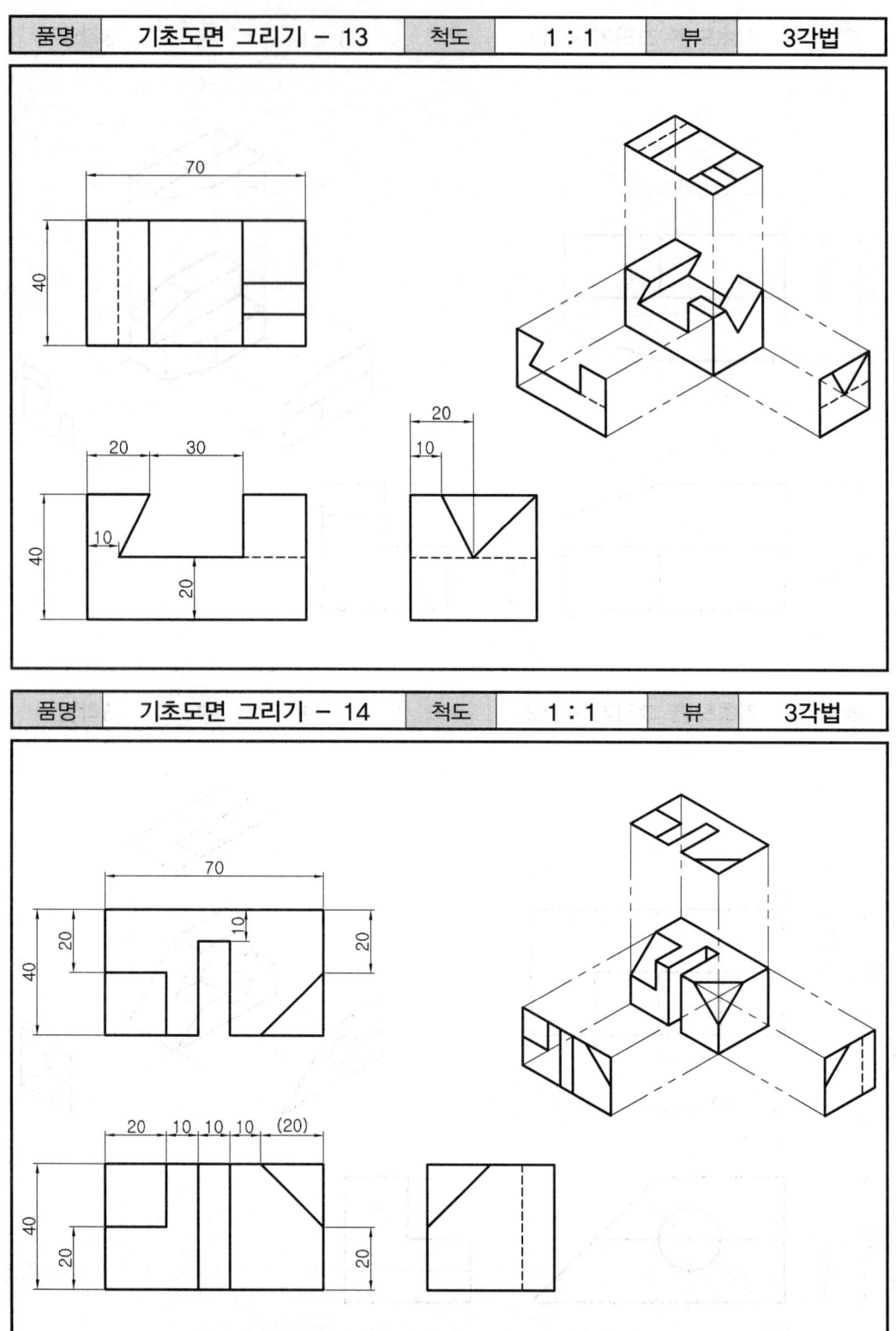

| 품명 | 기초도면 그리기 - 15 | 척도 | 1 : 1 | 뷰 | 3각법 |

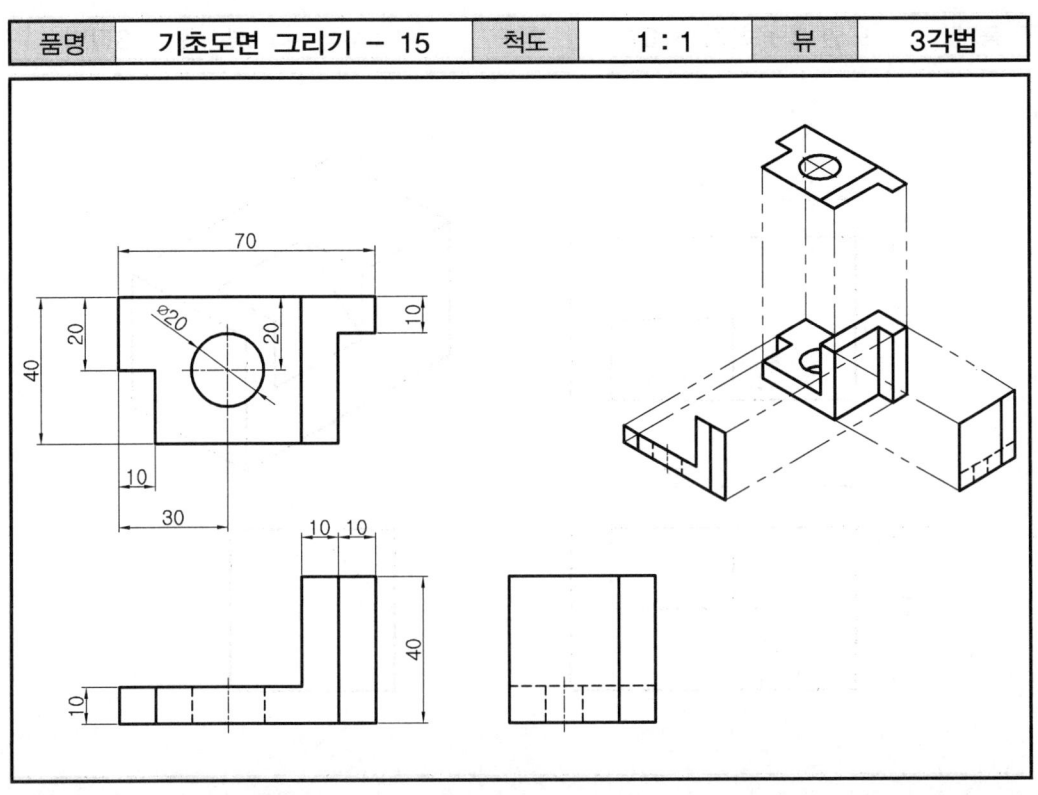

| 품명 | 기초도면 그리기 - 16 | 척도 | 1 : 1 | 뷰 | 3각법 |

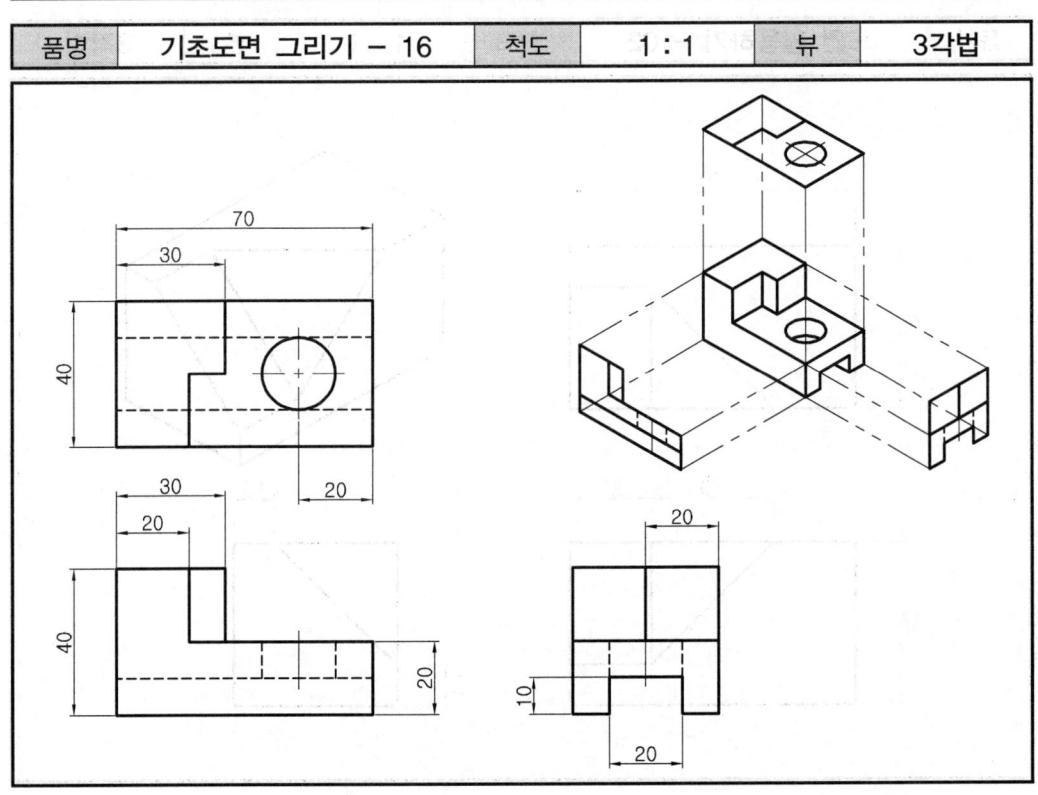

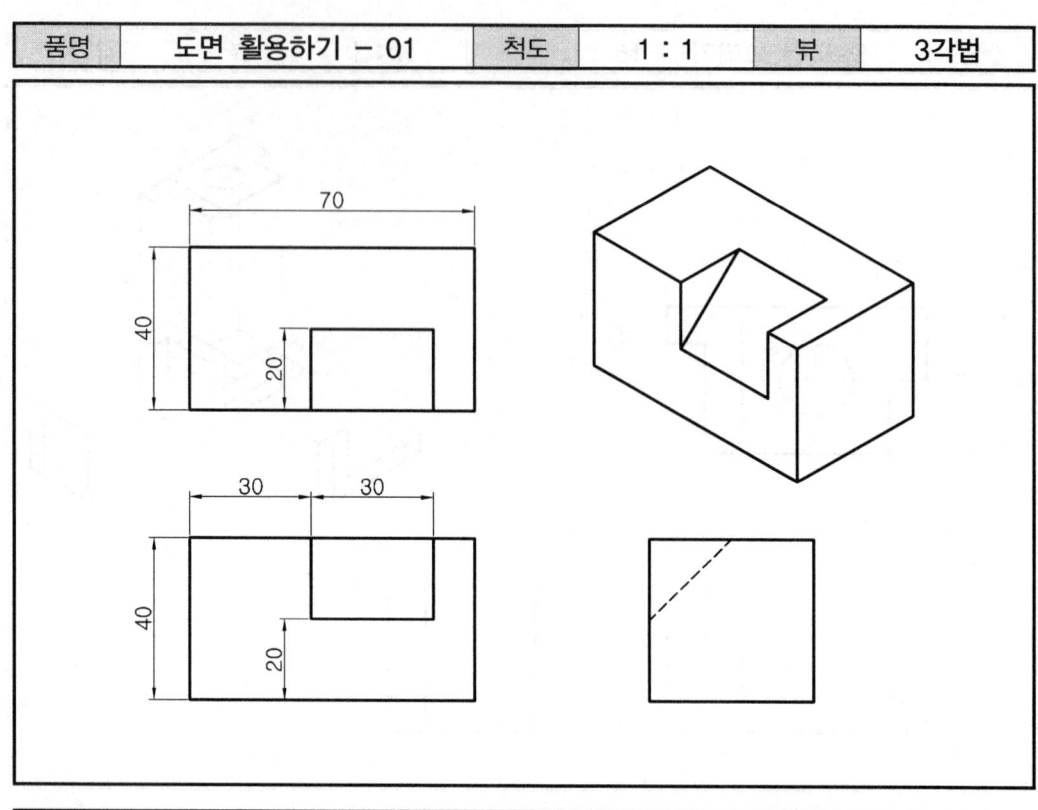
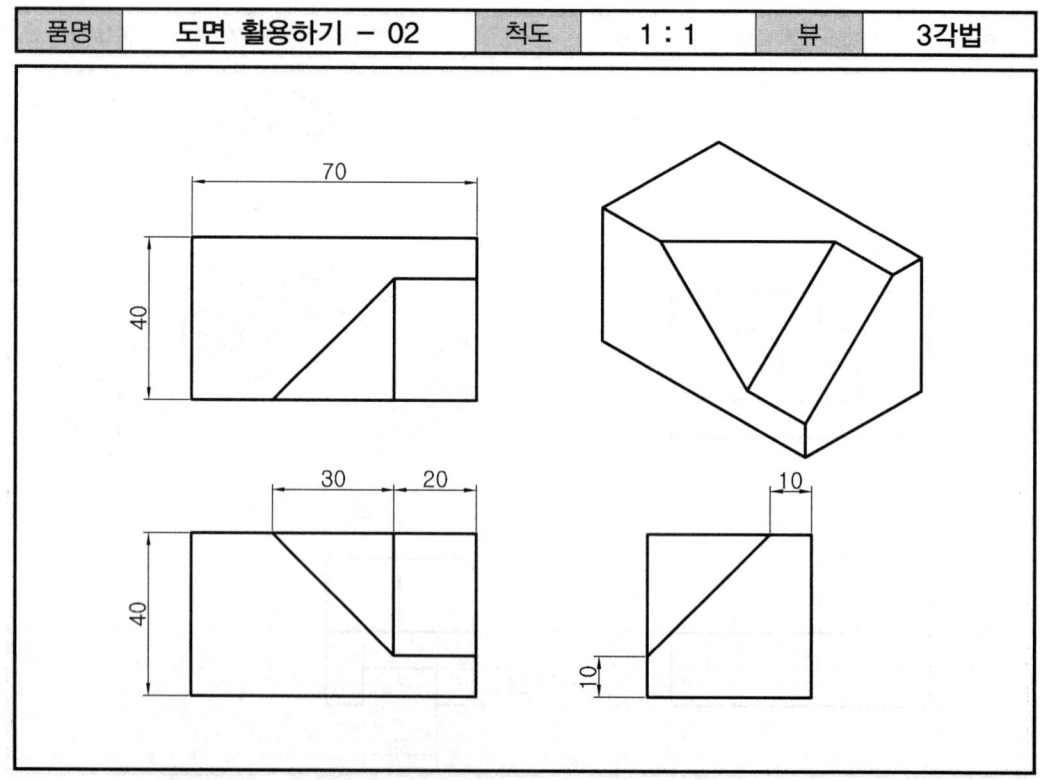

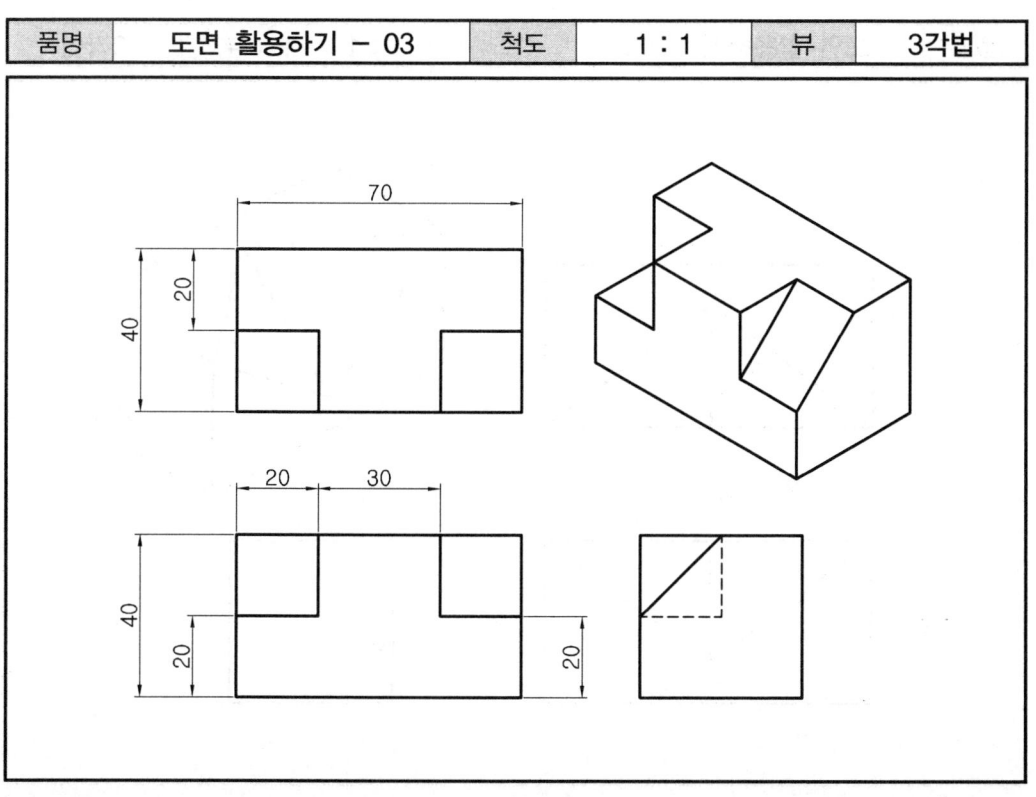

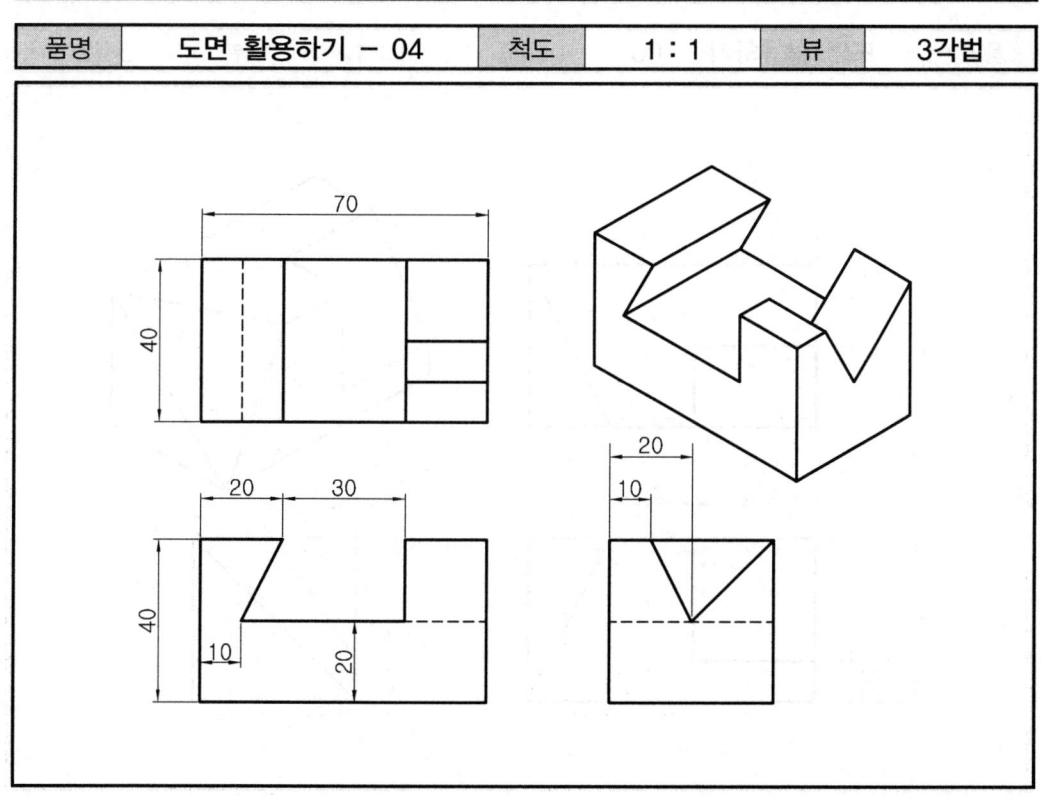

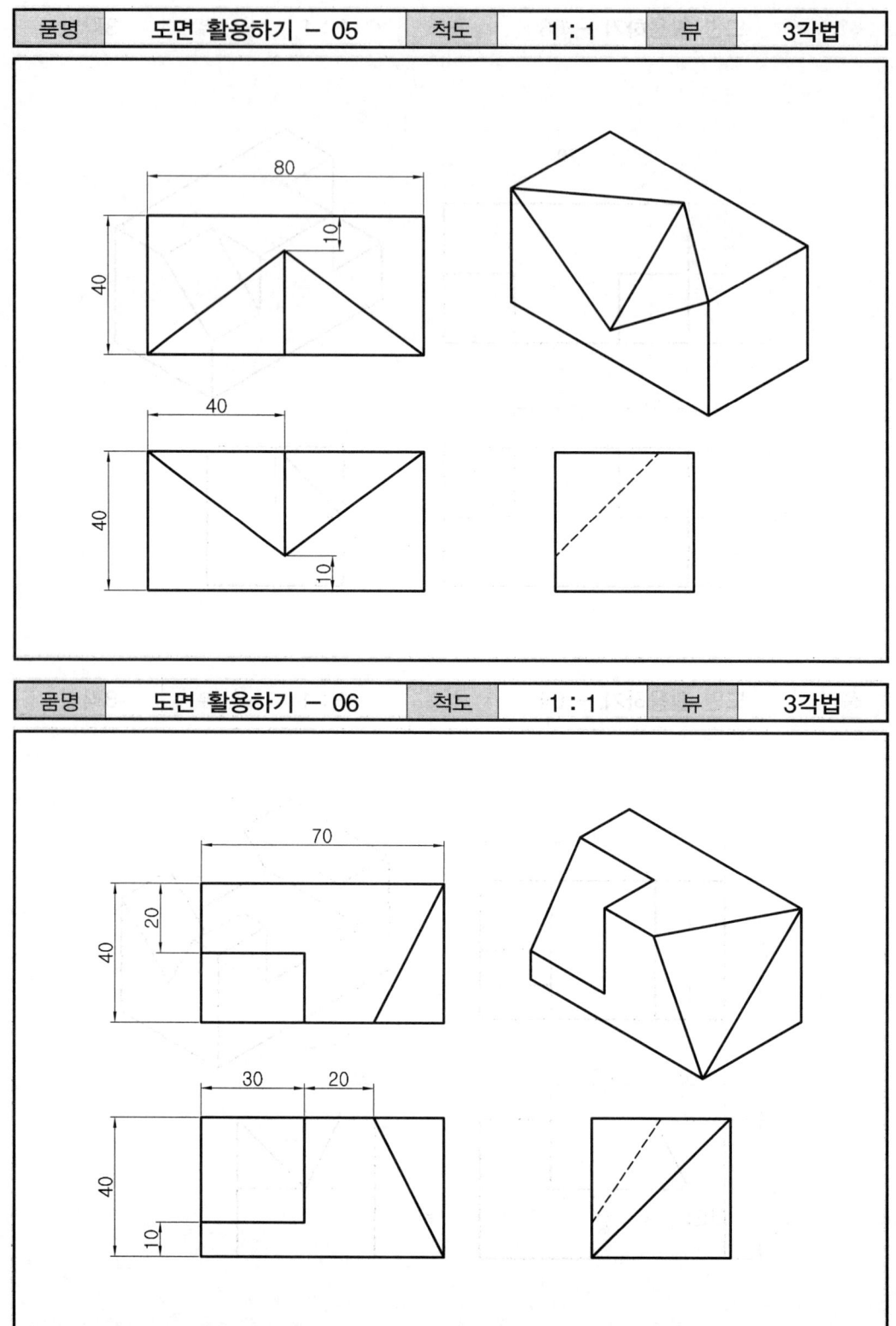

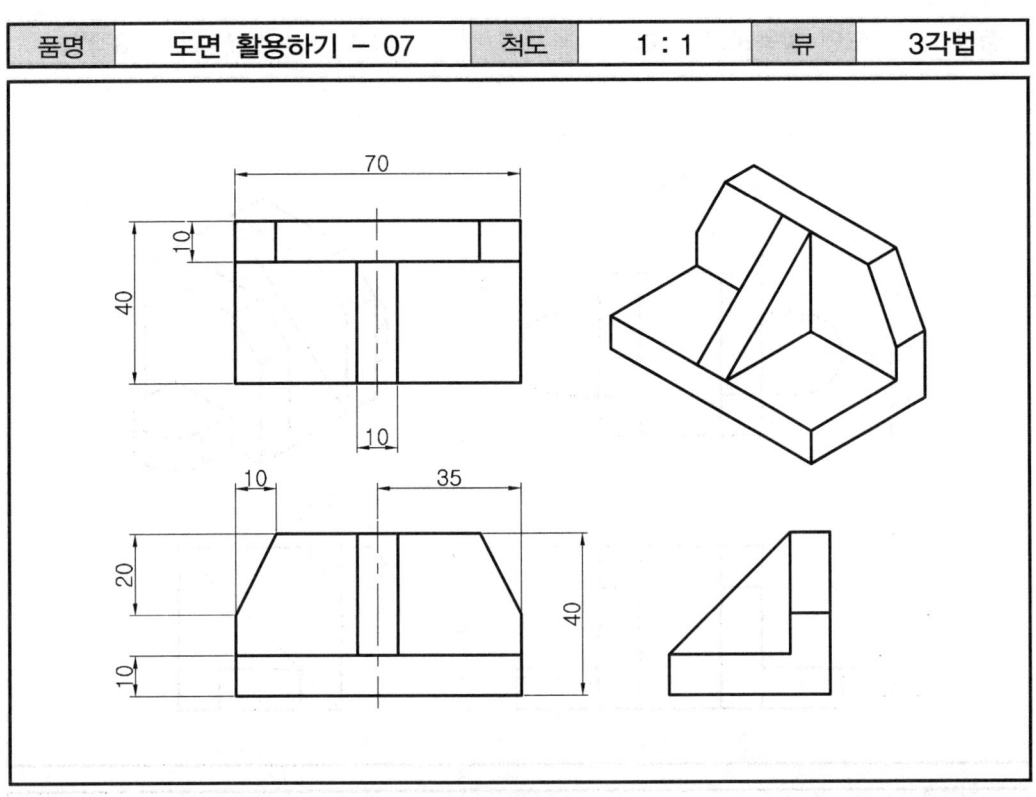
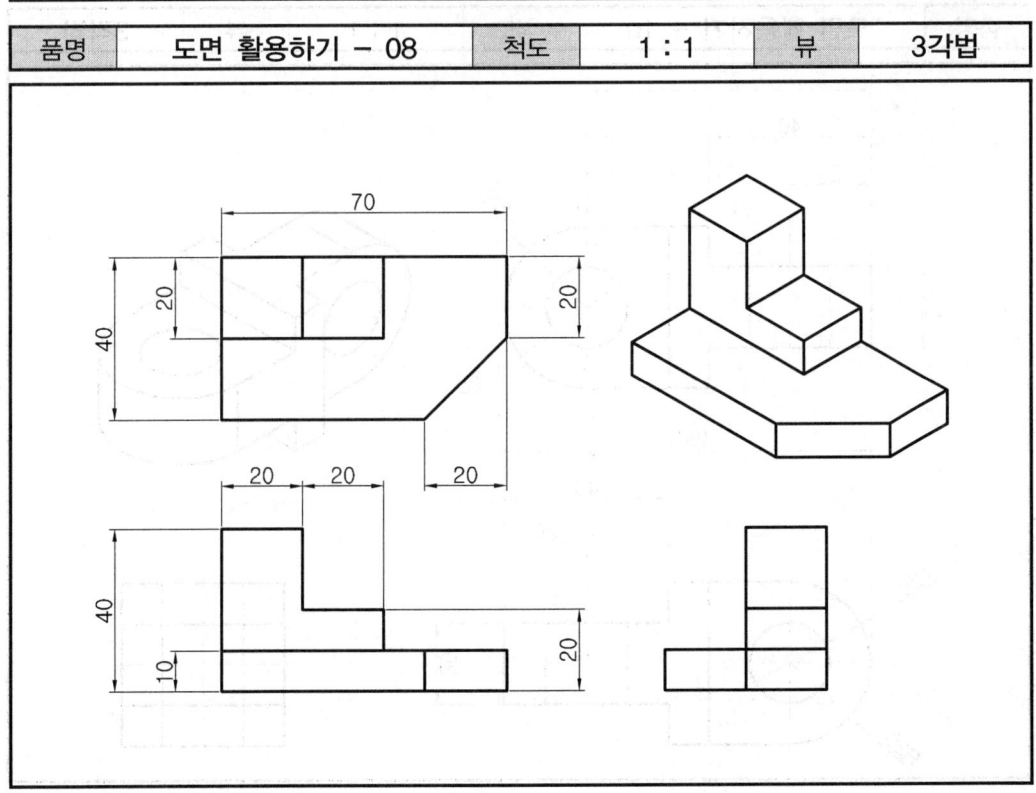

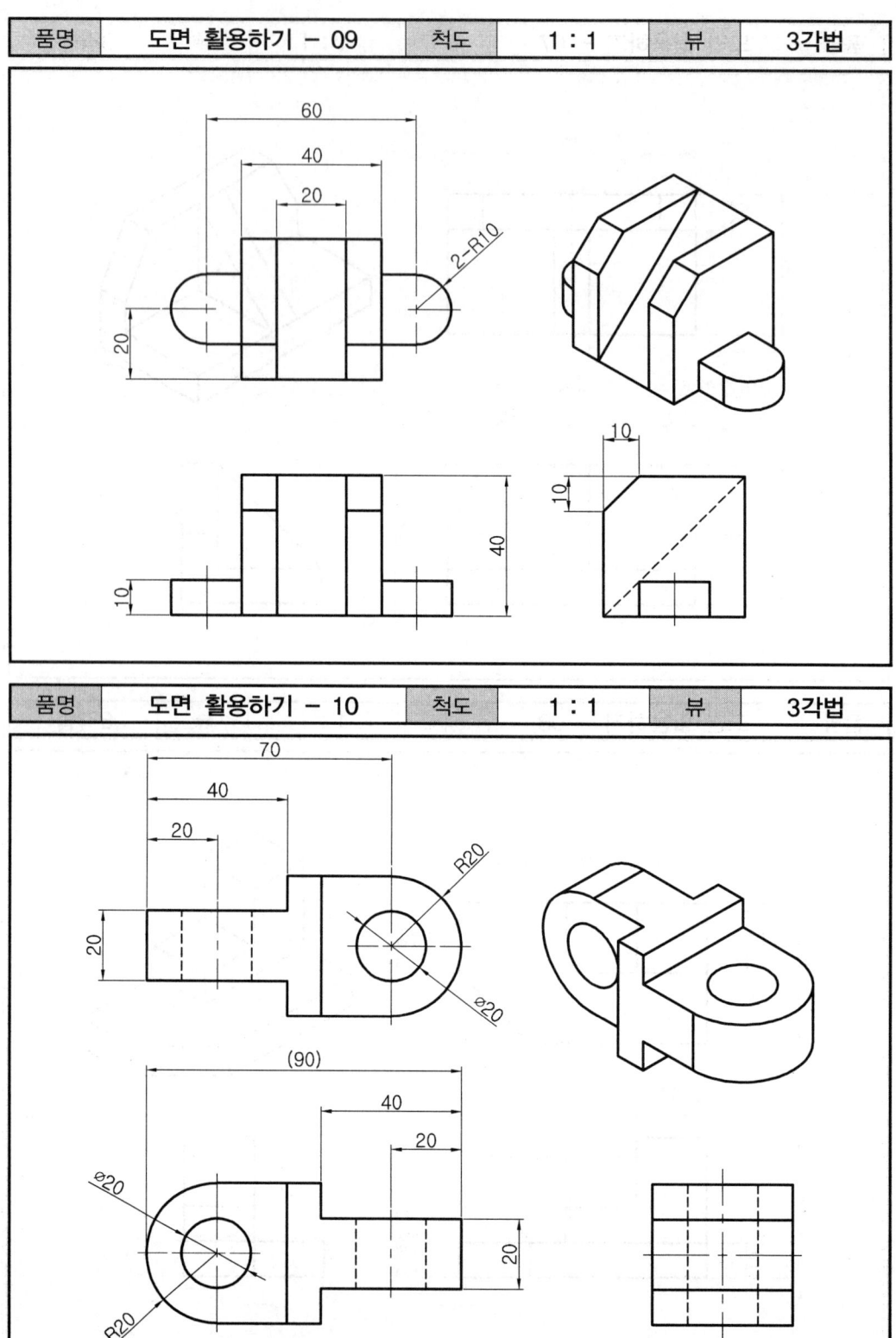

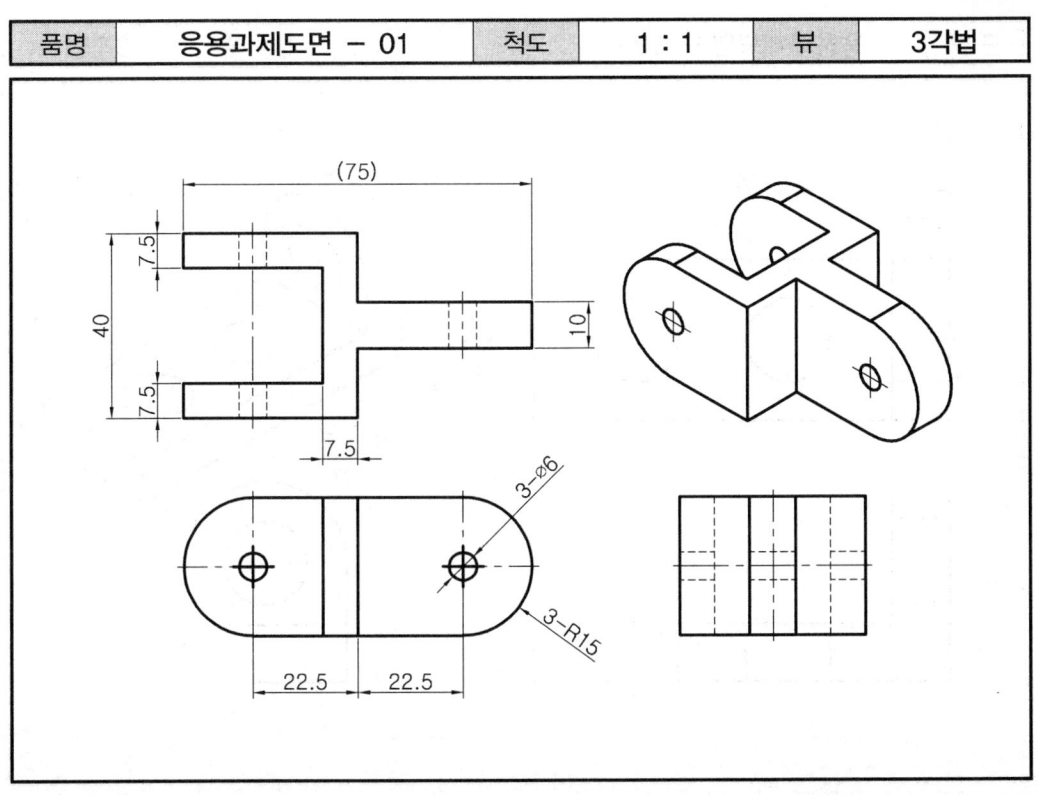

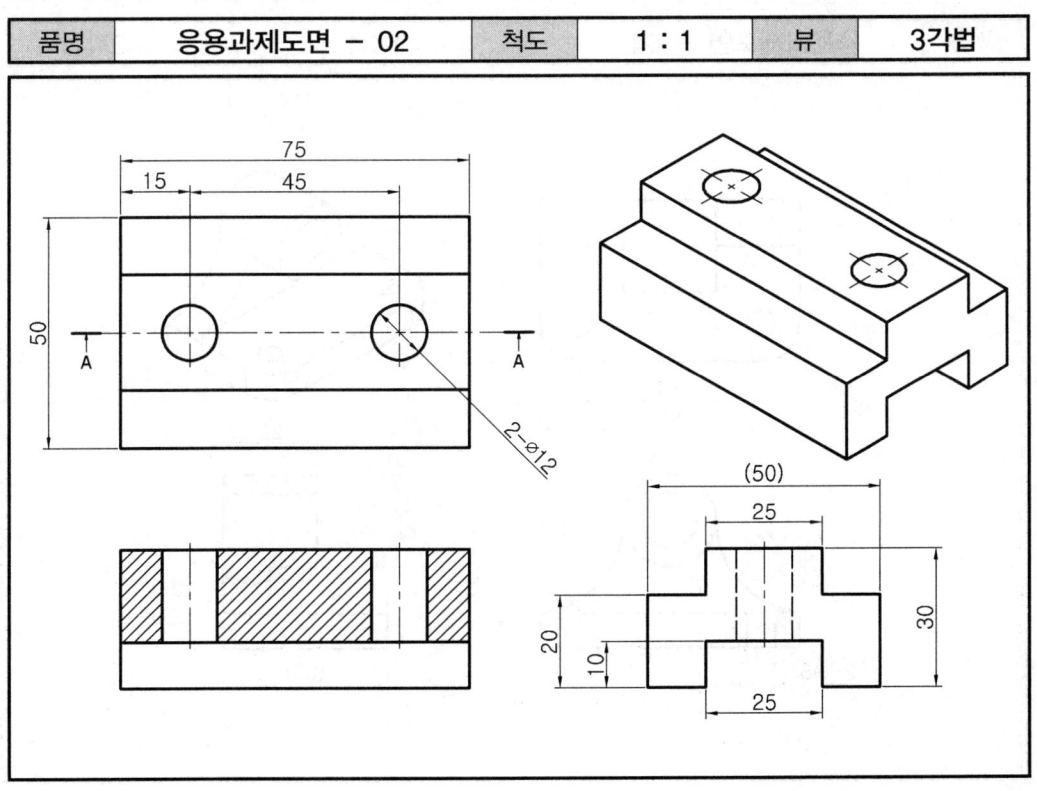

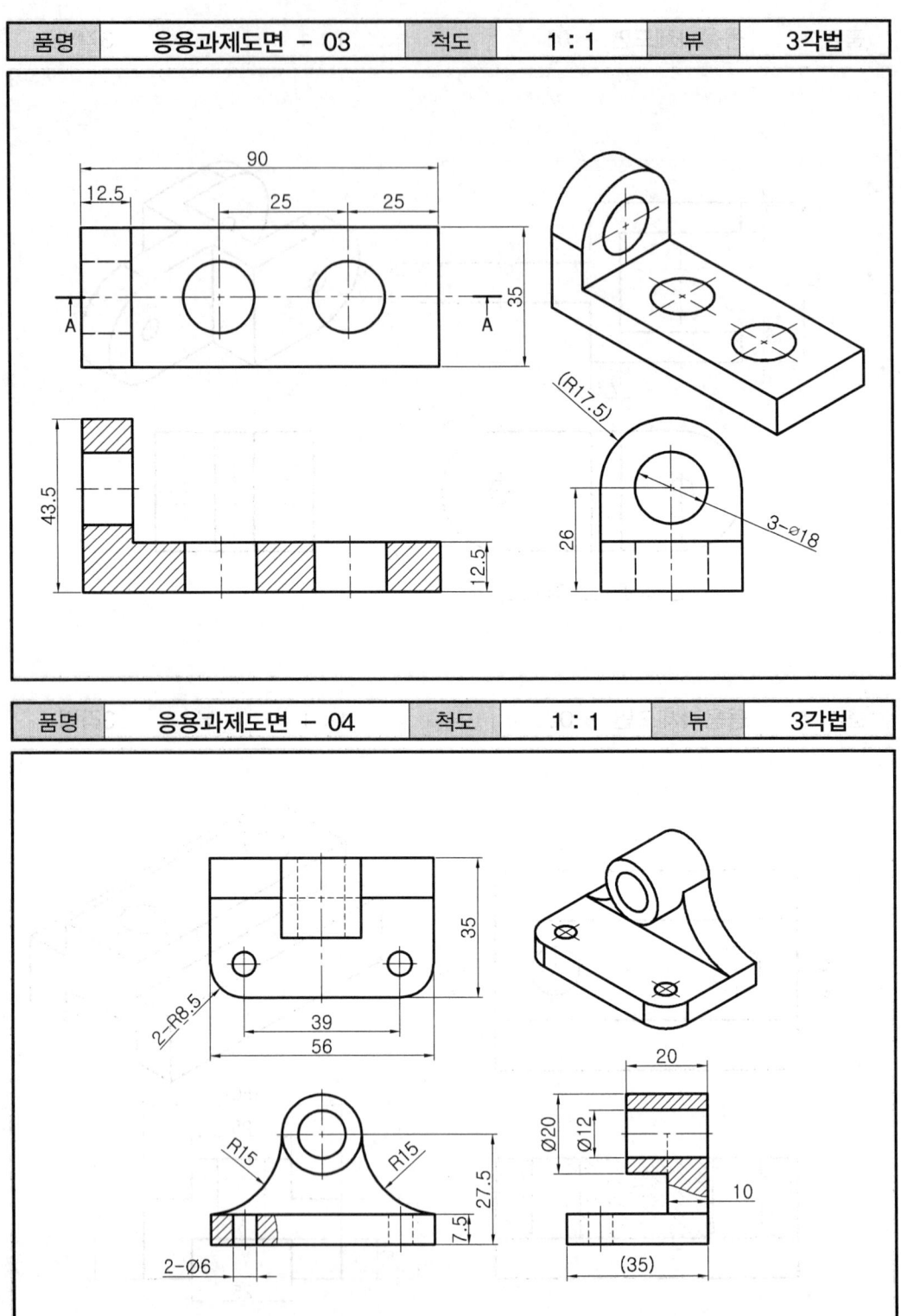

| 품명 | 응용과제도면 – 05 | 척도 | 1 : 1 | 뷰 | 3각법 |

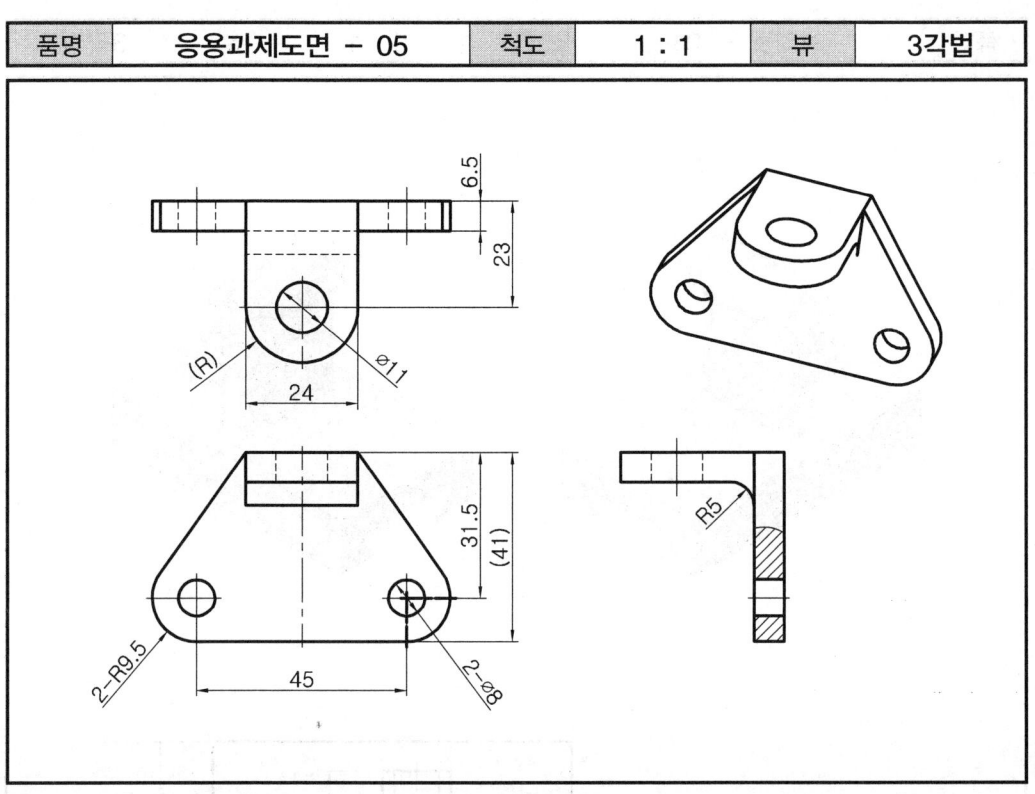

| 품명 | 응용과제도면 – 06 | 척도 | 1 : 1 | 뷰 | 3각법 |

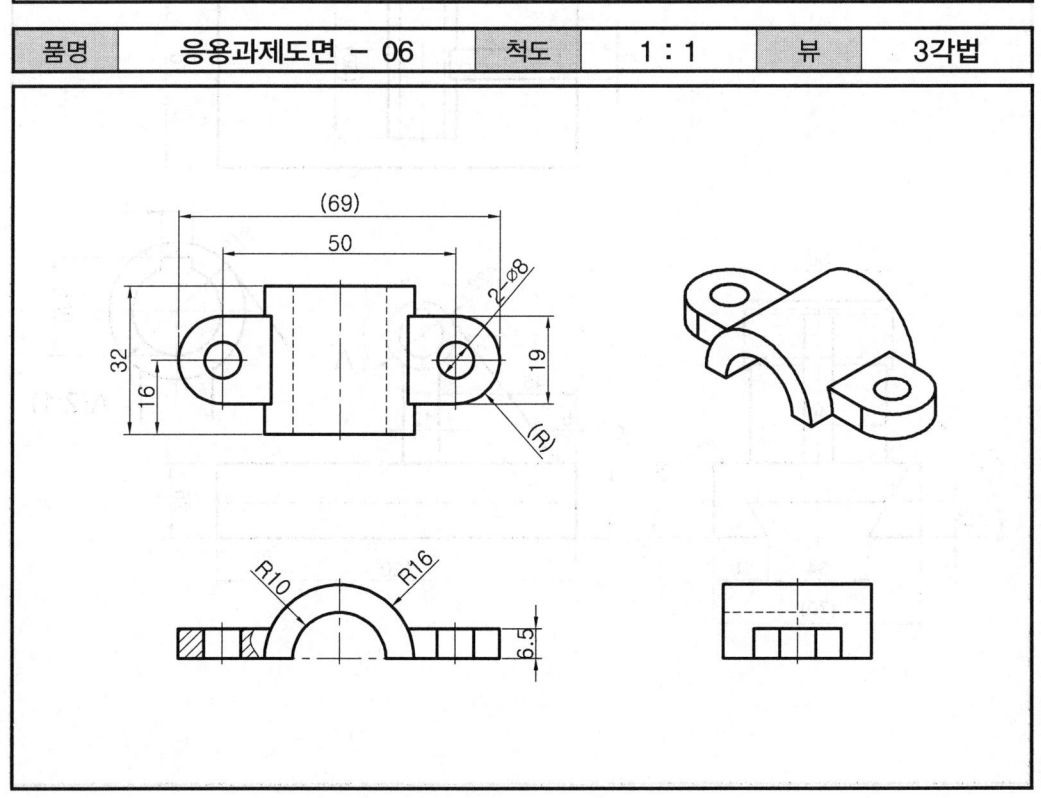

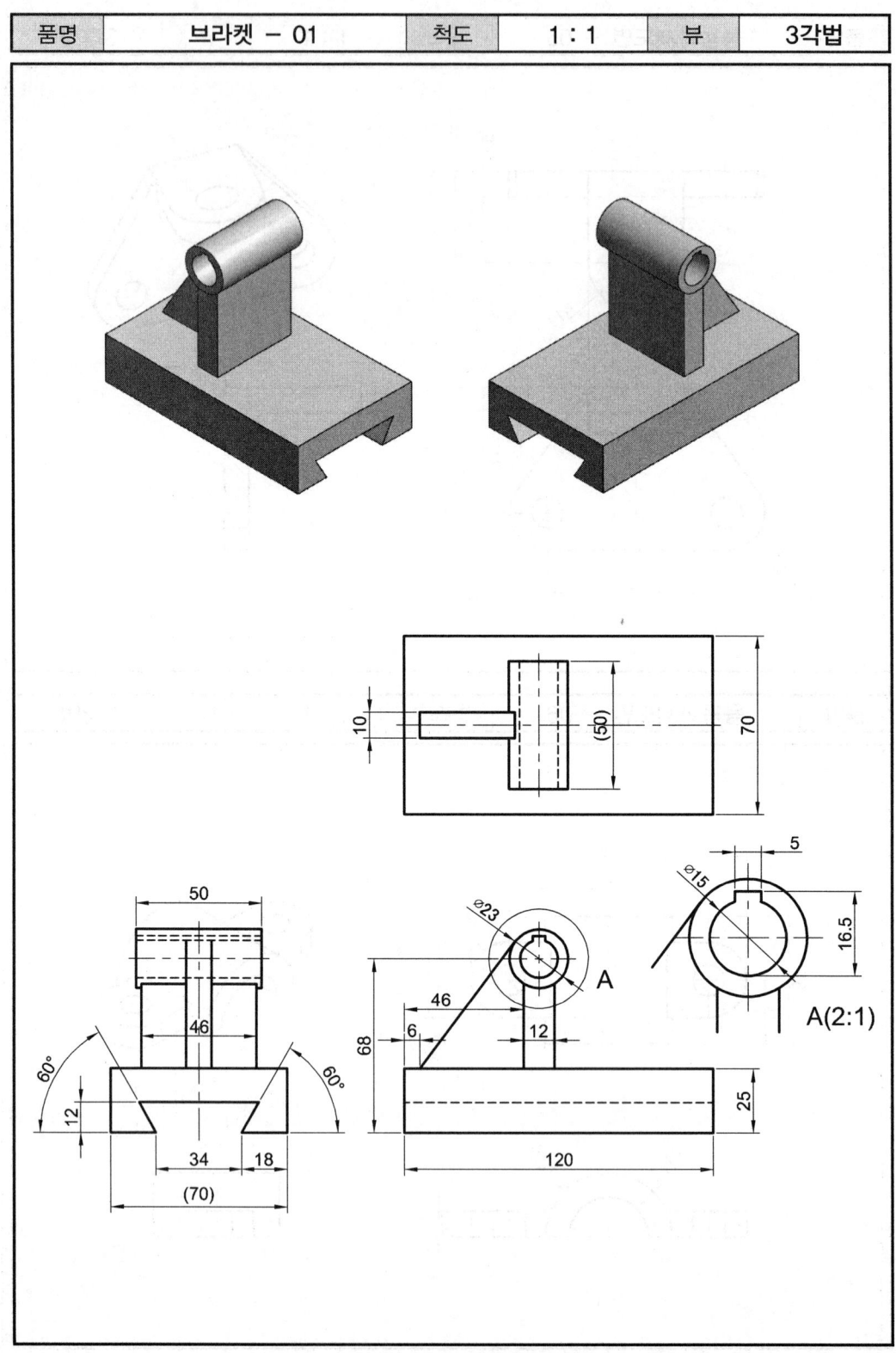

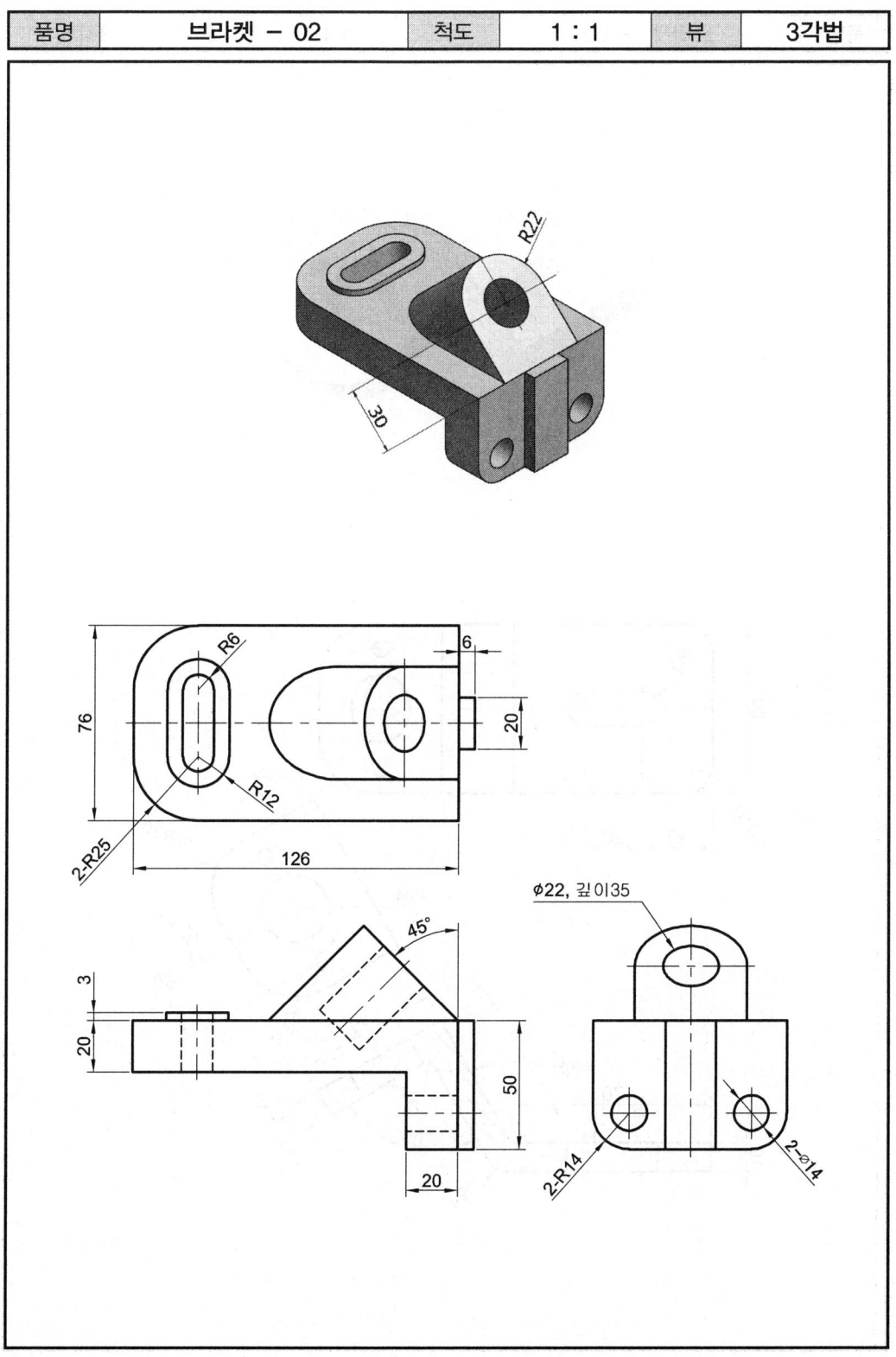

| 품명 | 브라켓 − 03 | 척도 | 1 : 1 | 뷰 | 3각법 |

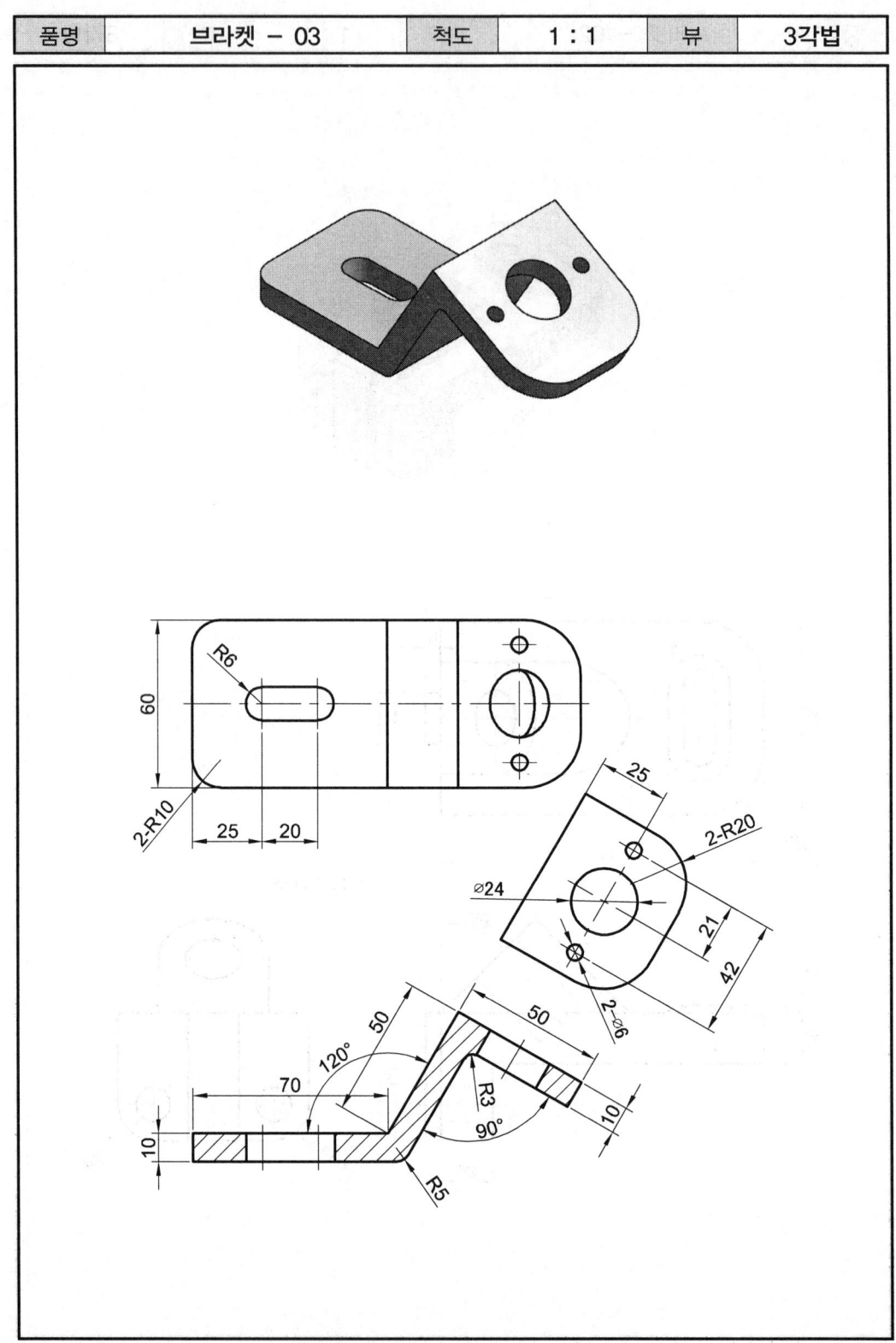

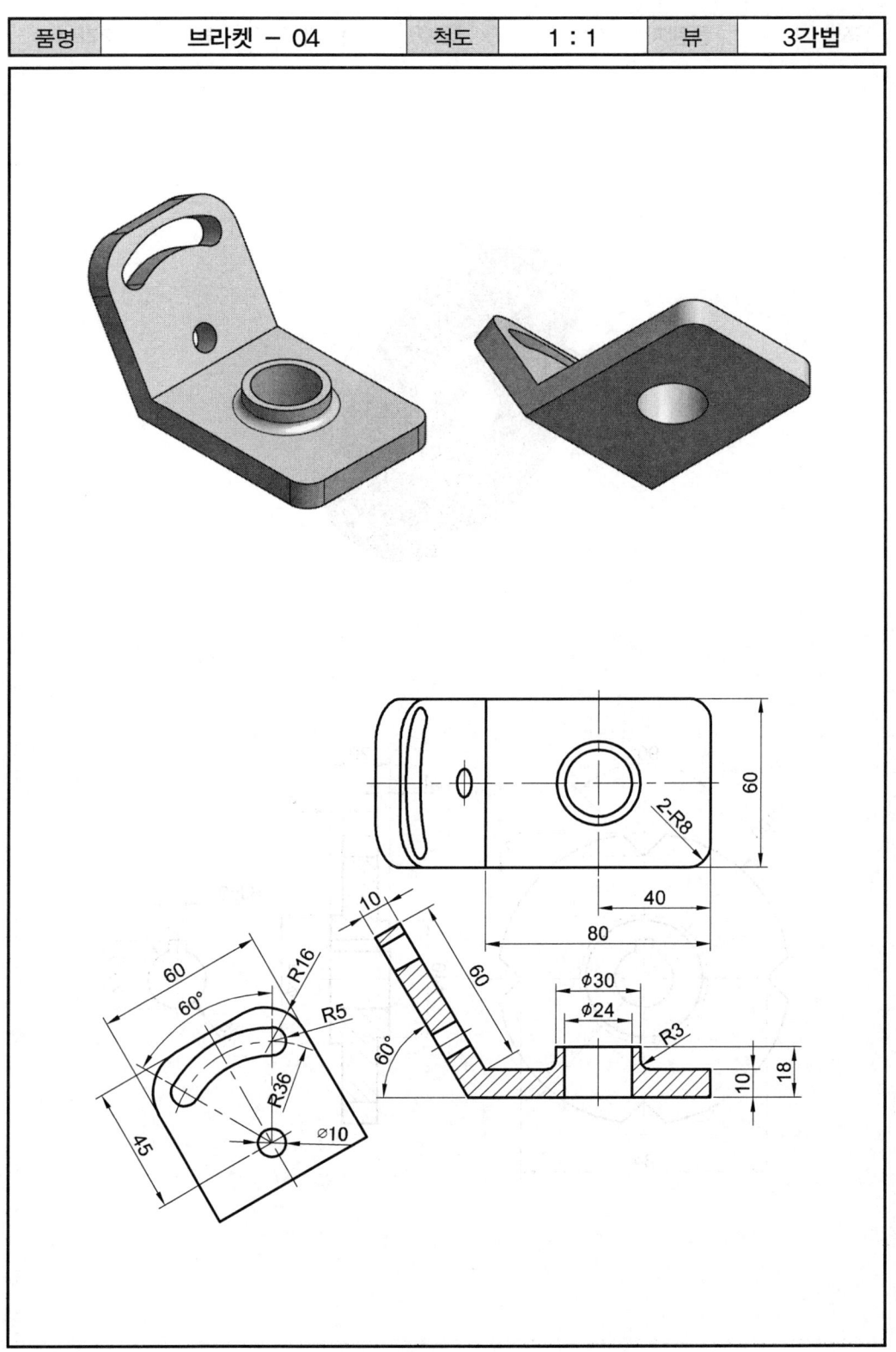

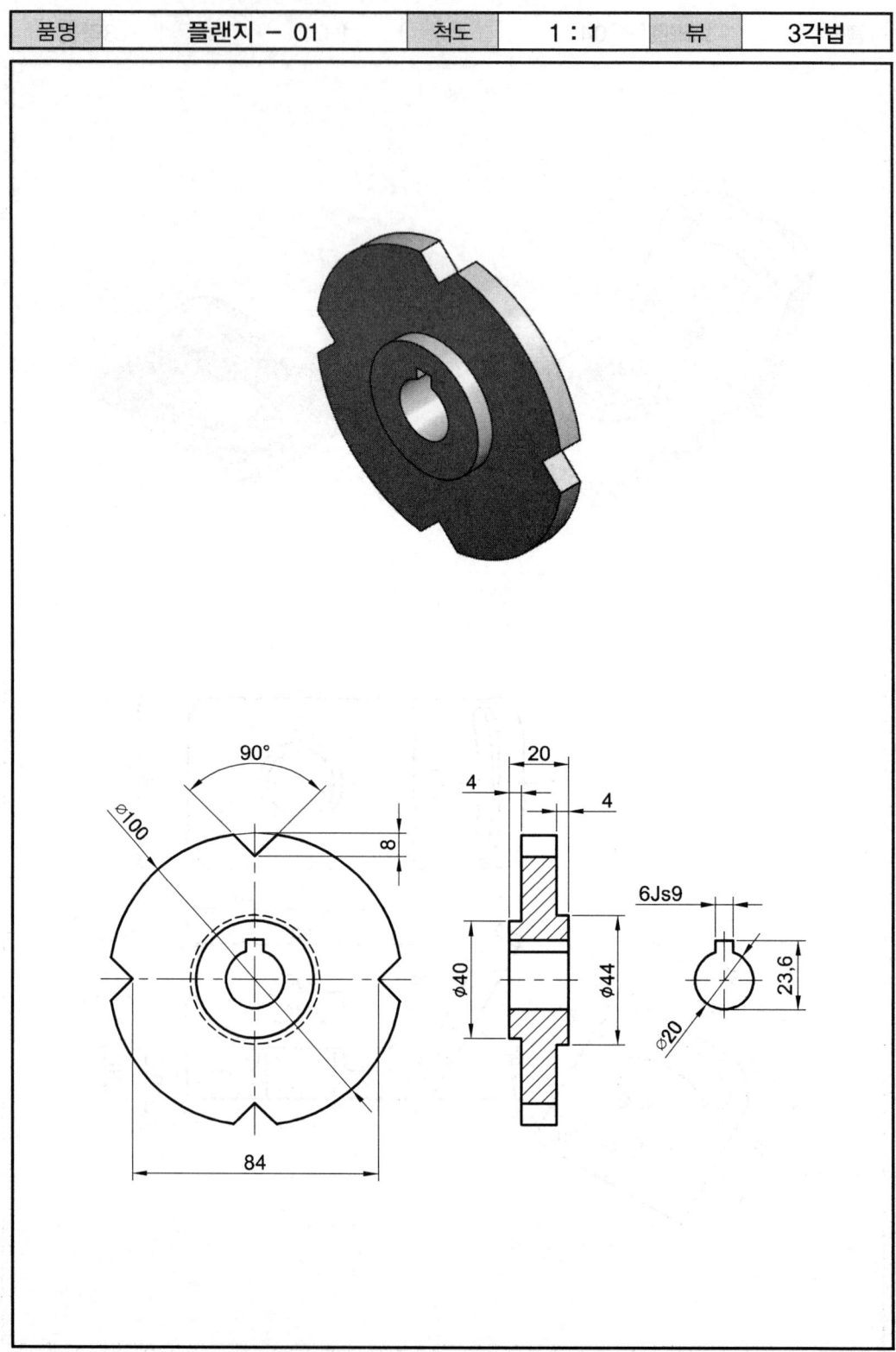

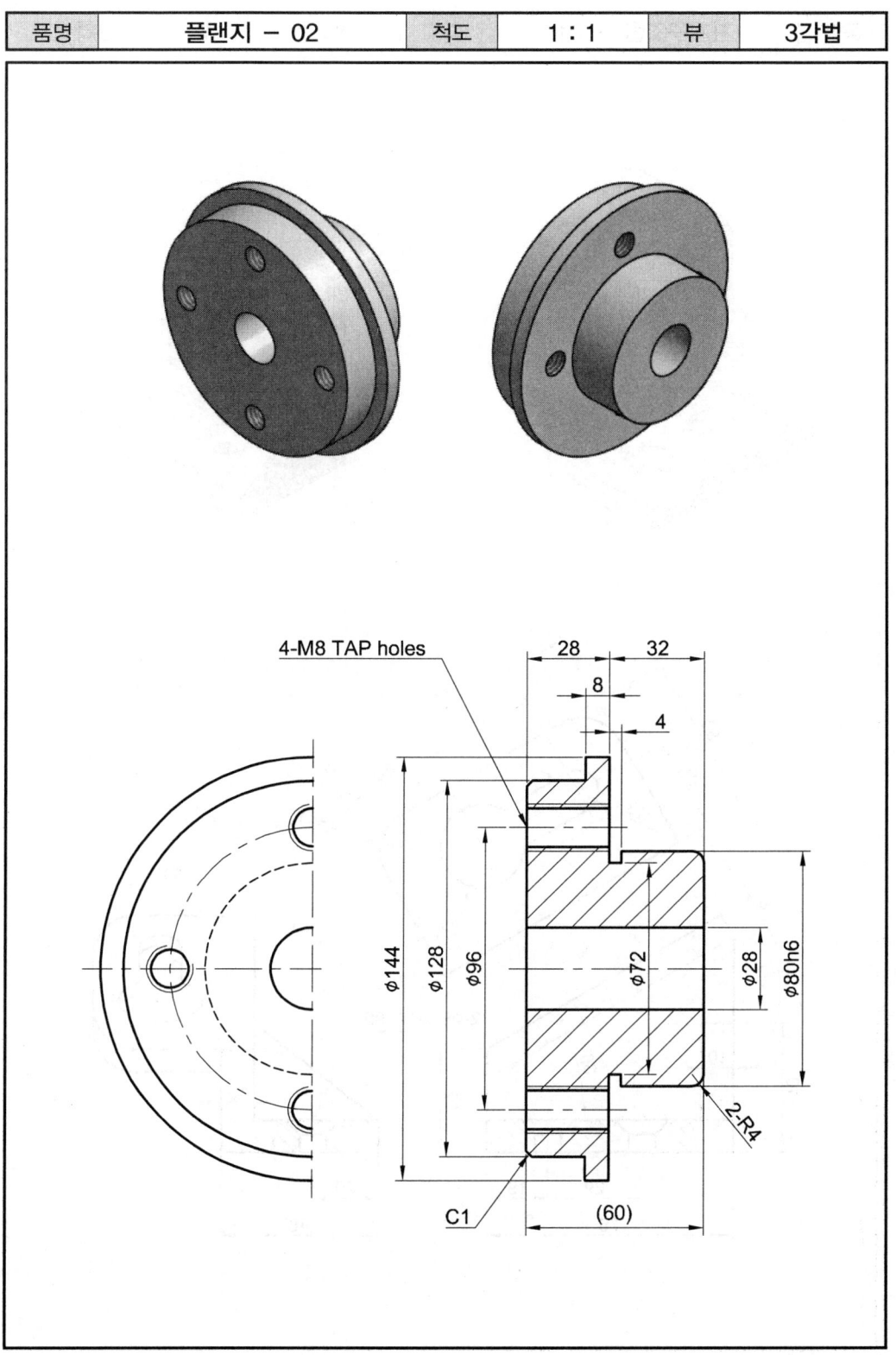

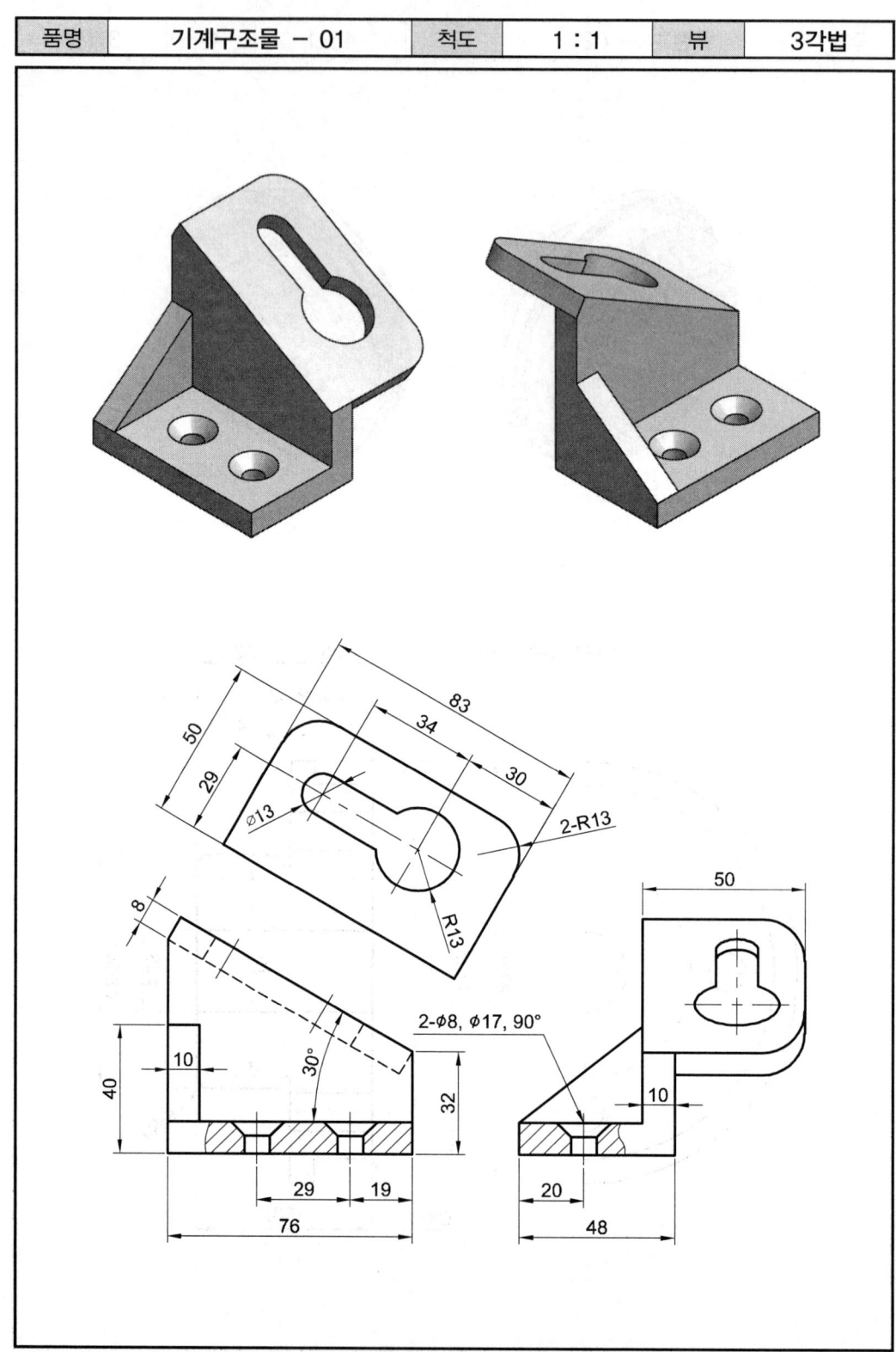

| 품명 | 기계구조물 – 02 | 척도 | 1 : 1 | 뷰 | 3각법 |

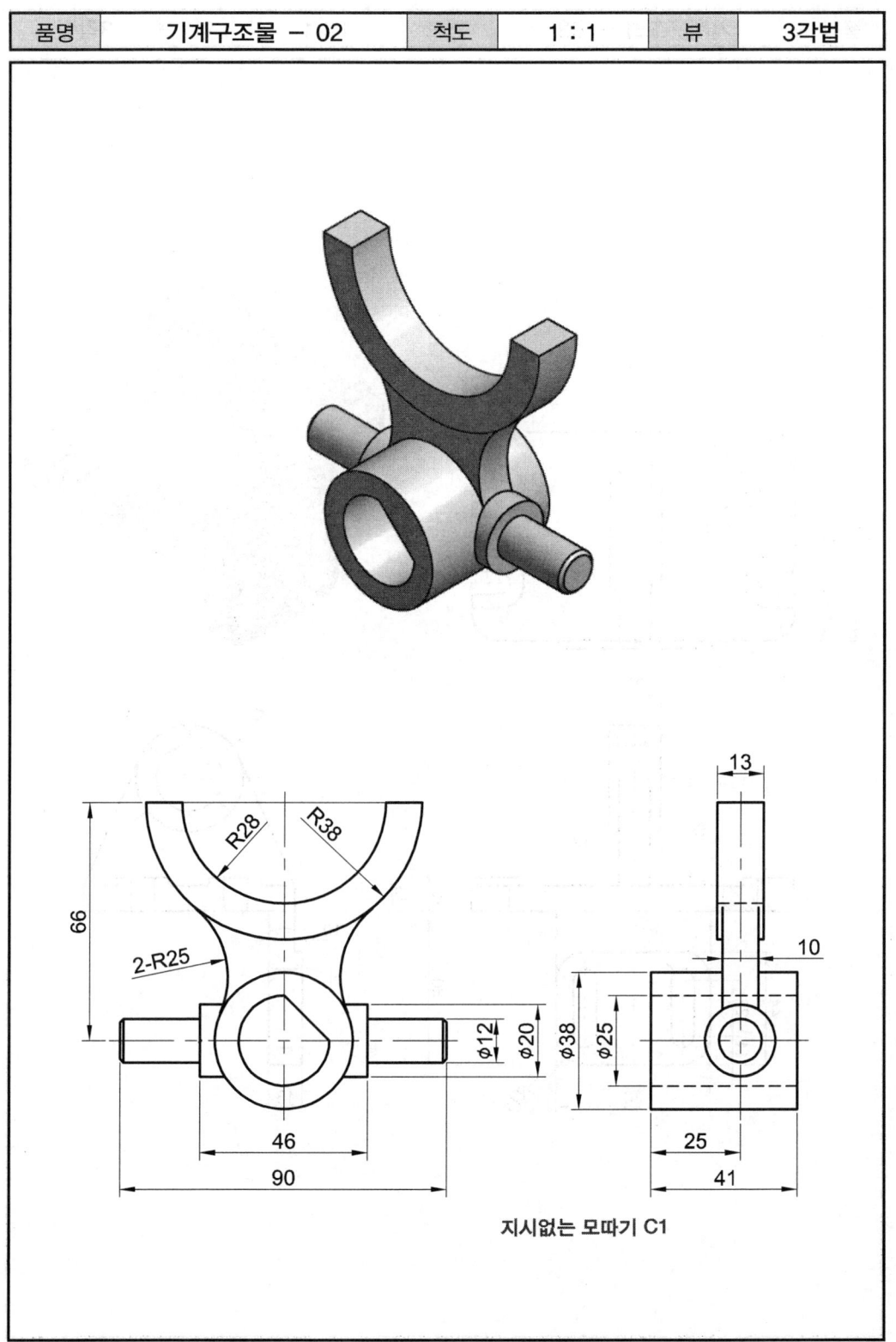

지시없는 모따기 C1

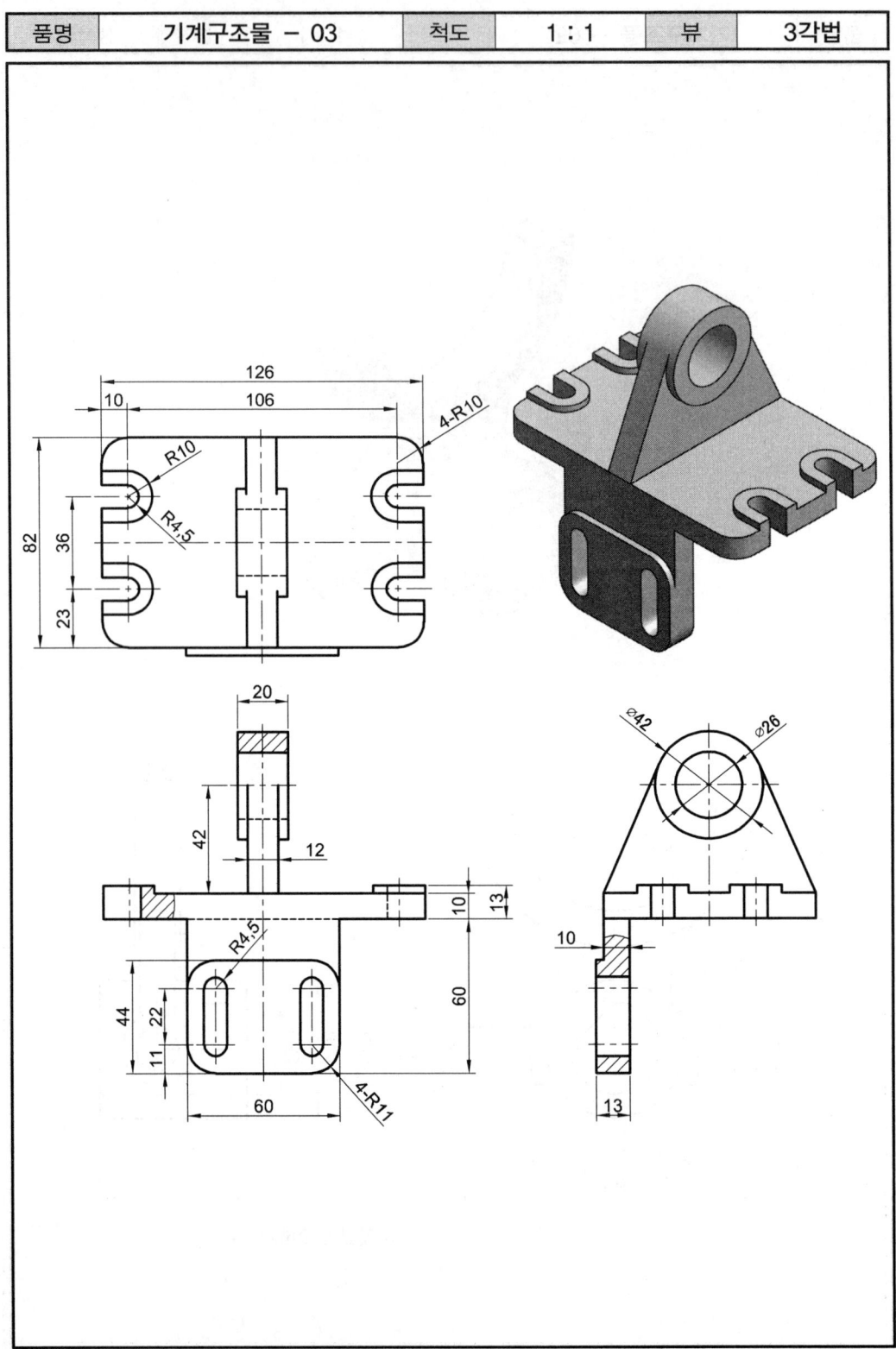

| 품명 | 기계구조물 - 04 | 척도 | 1 : 1 | 뷰 | 3각법 |

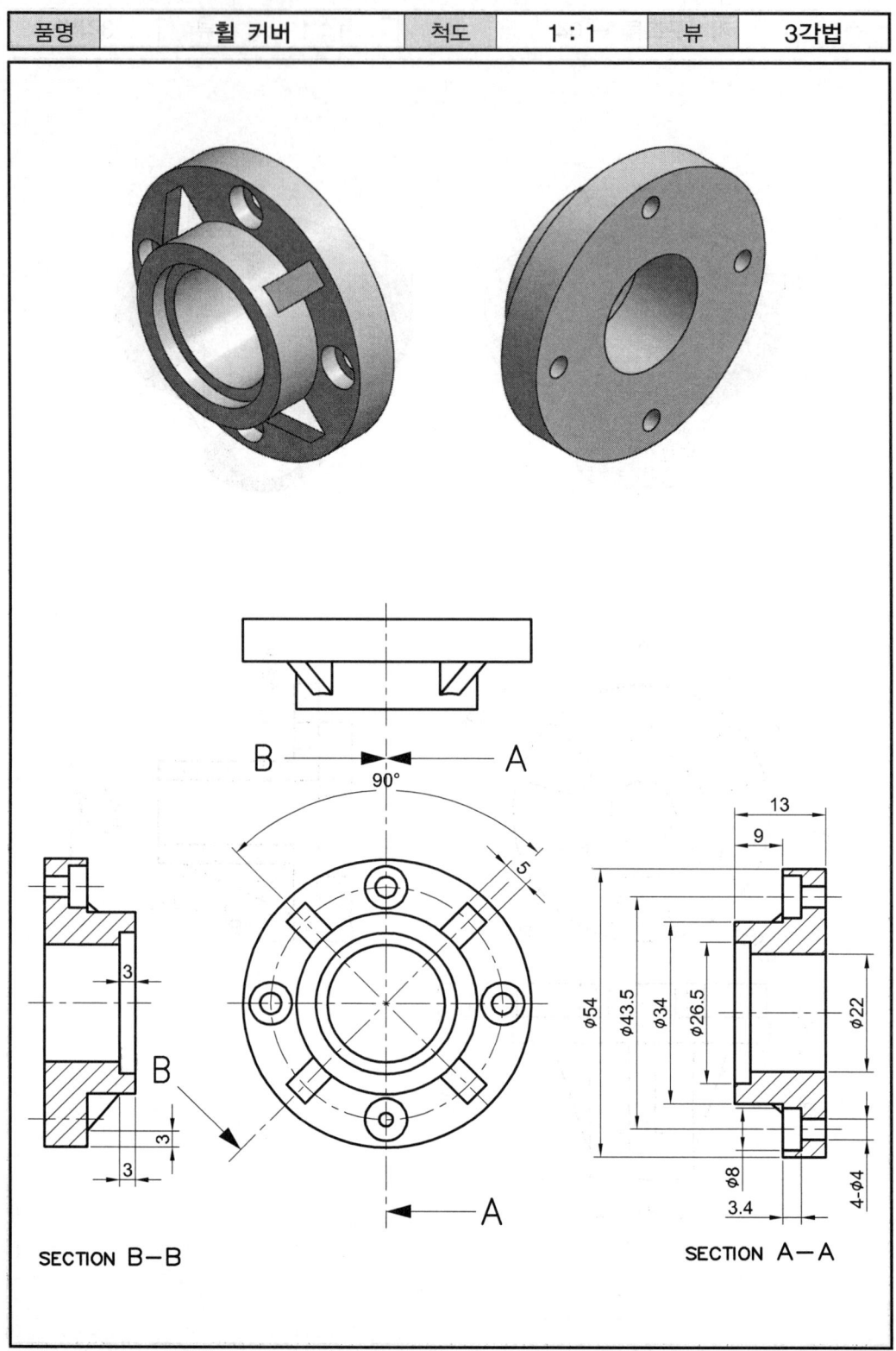

| 품명 | 타이트너 본체 | 척도 | 1 : 1 | 뷰 | 3각법 |

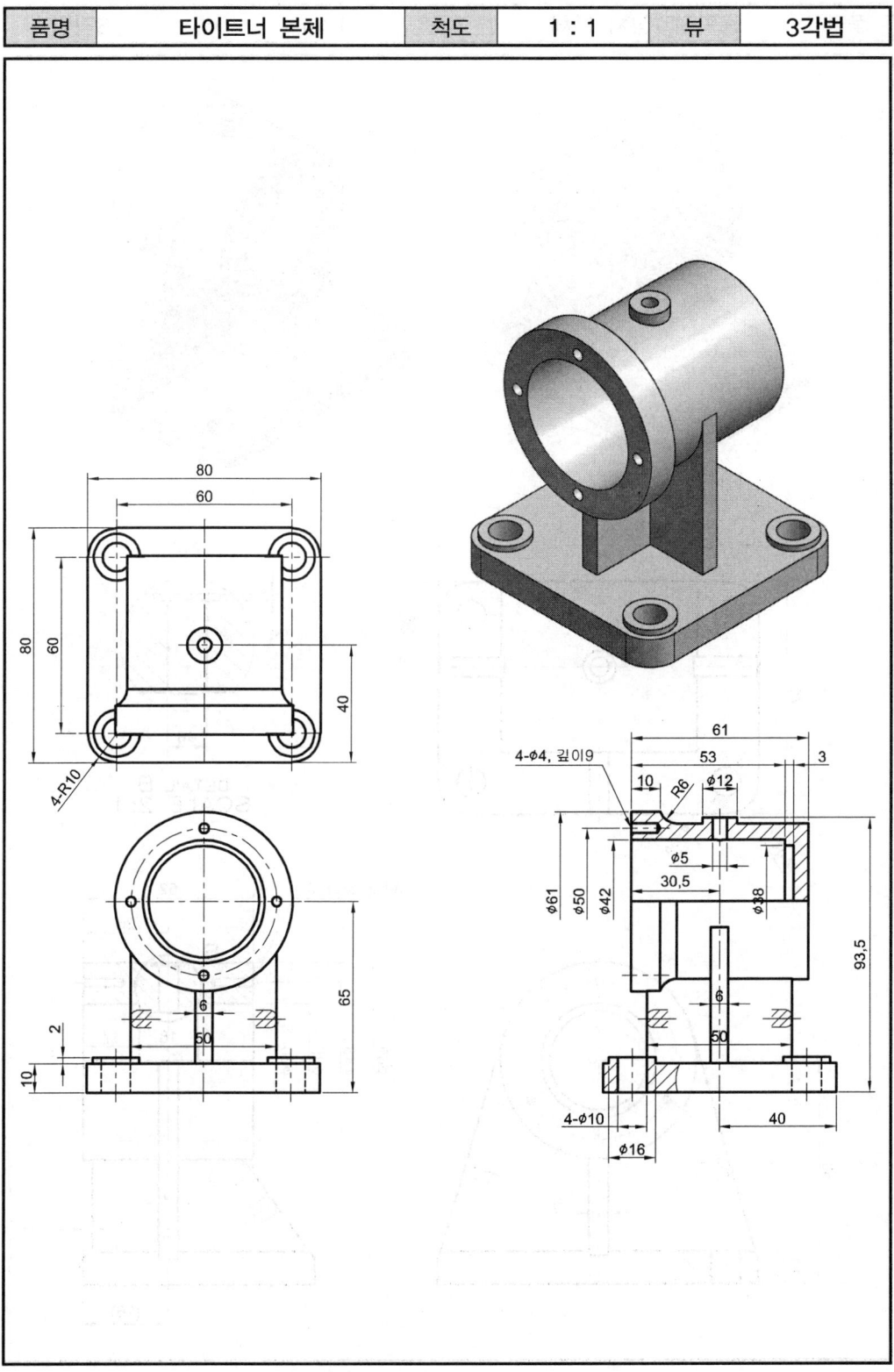

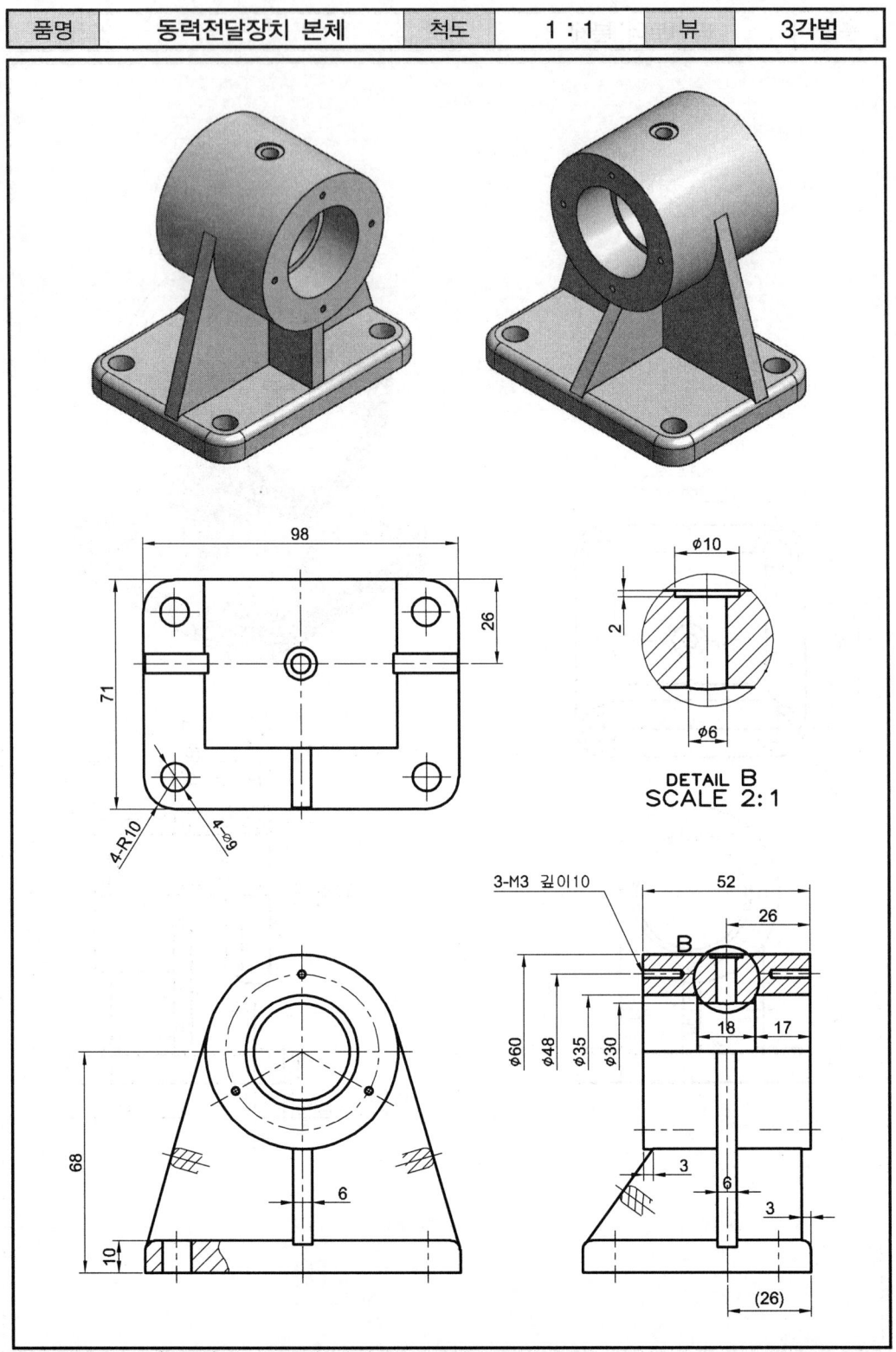

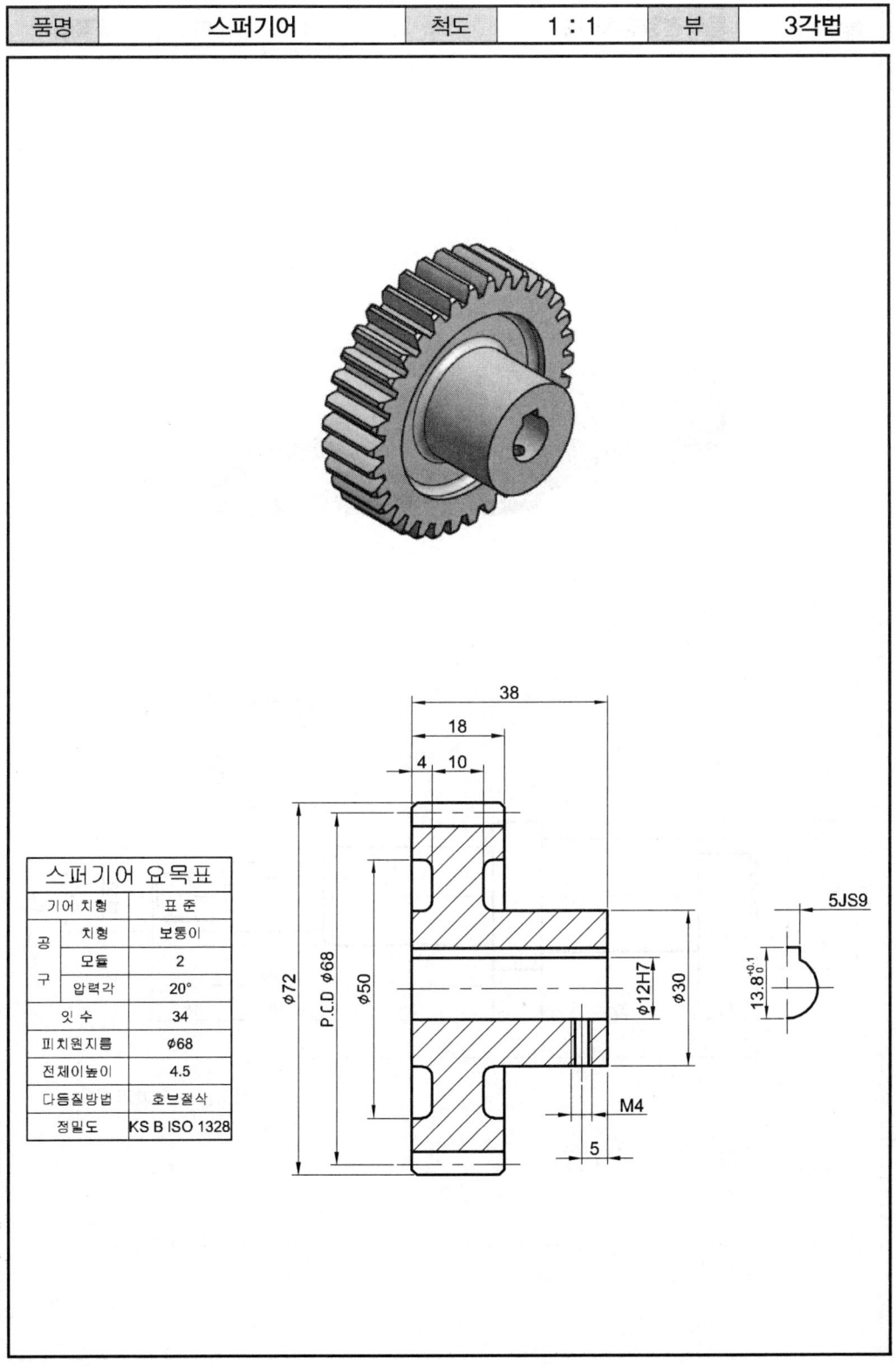

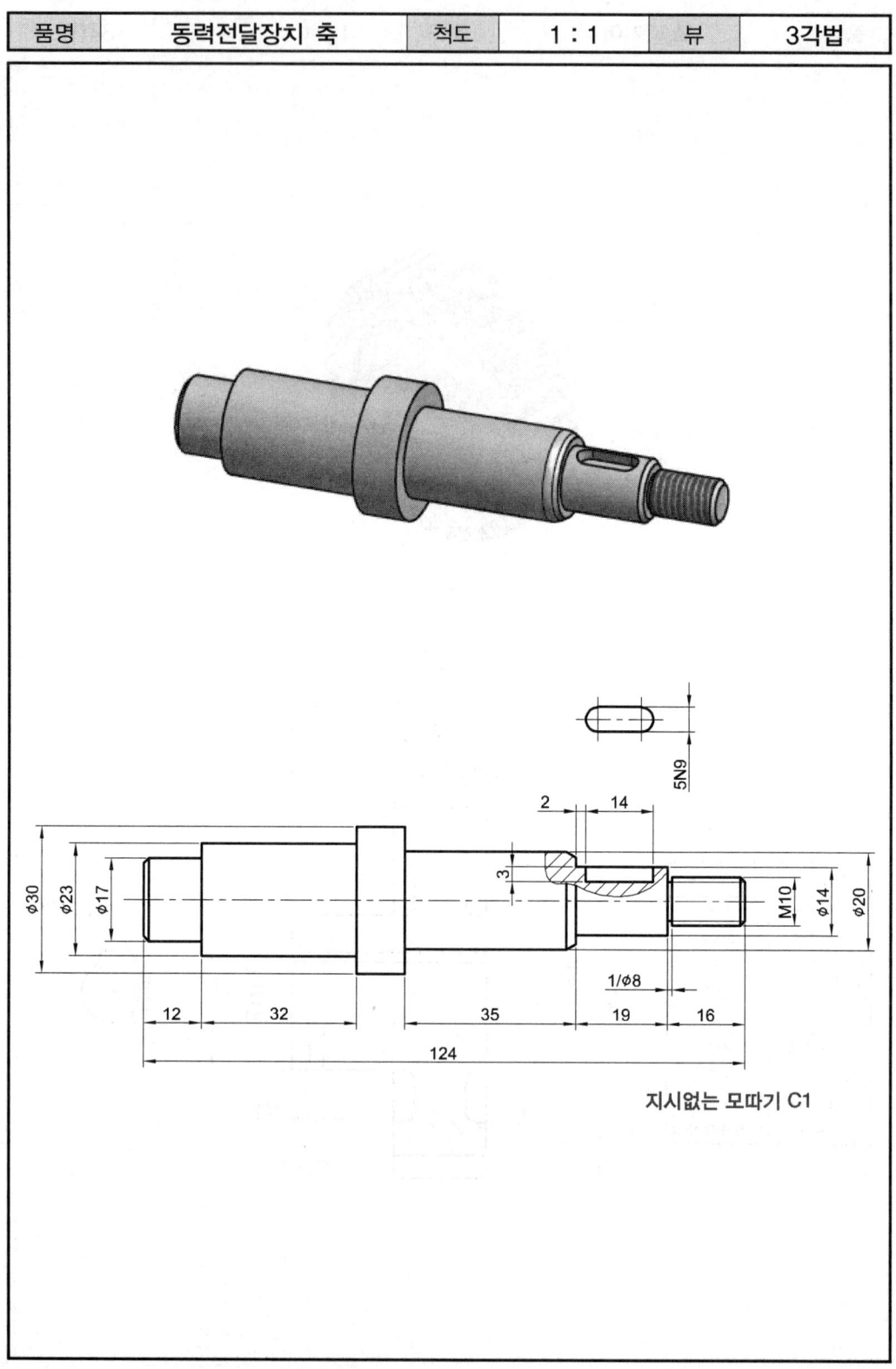

★ 리밍지그 - 조립도 ★

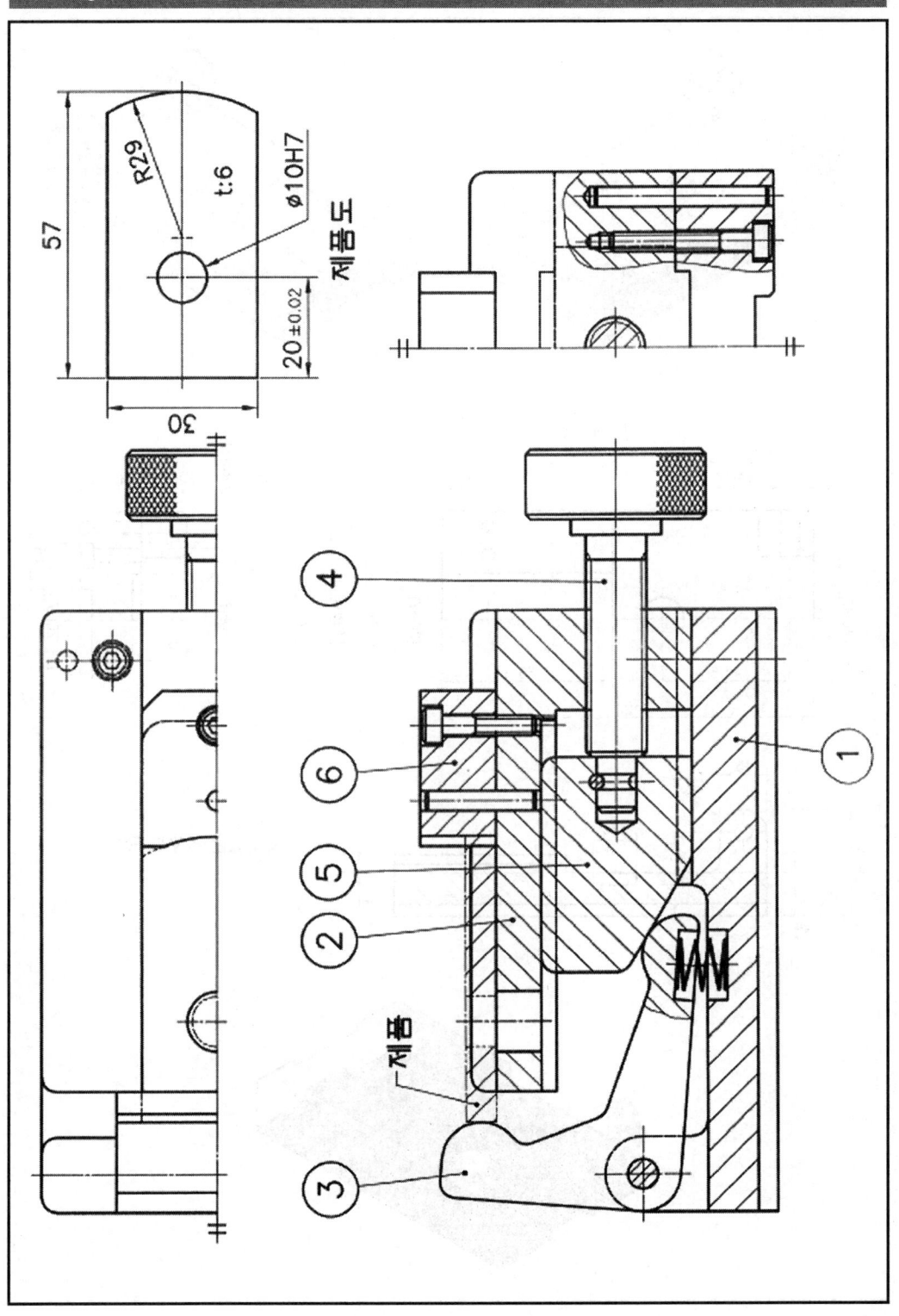

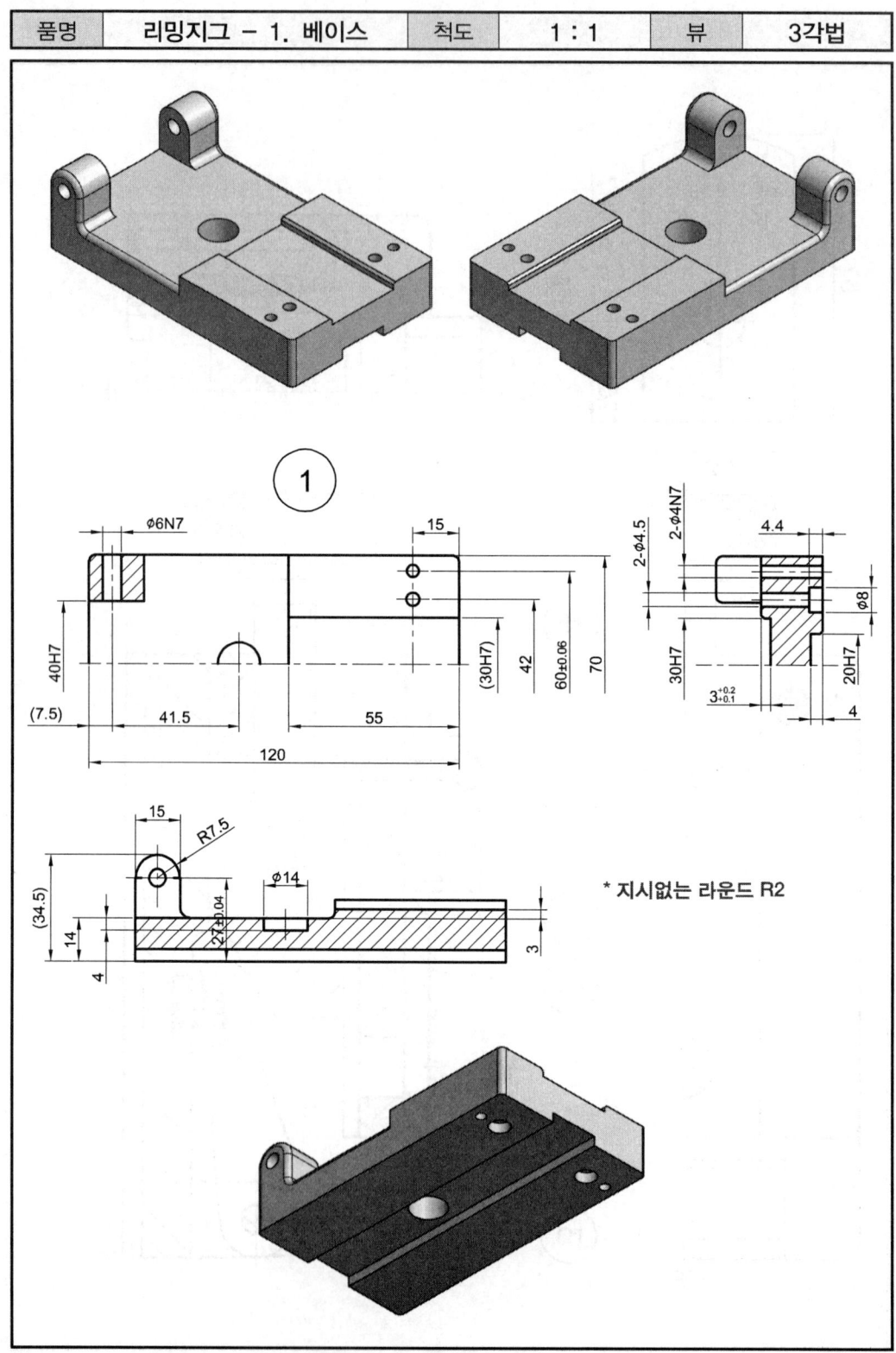

| 품명 | 리밍지그 - 2. 서포트 | 척도 | 1:1 | 뷰 | 3각법 |

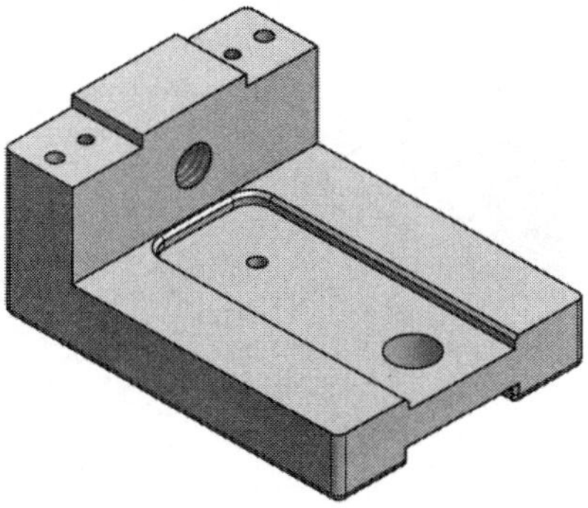

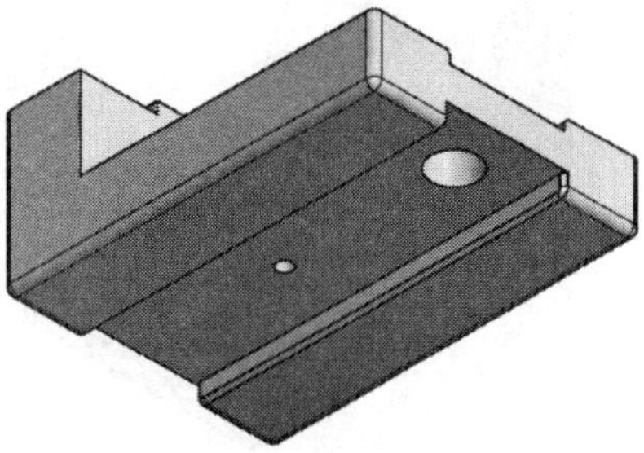

②

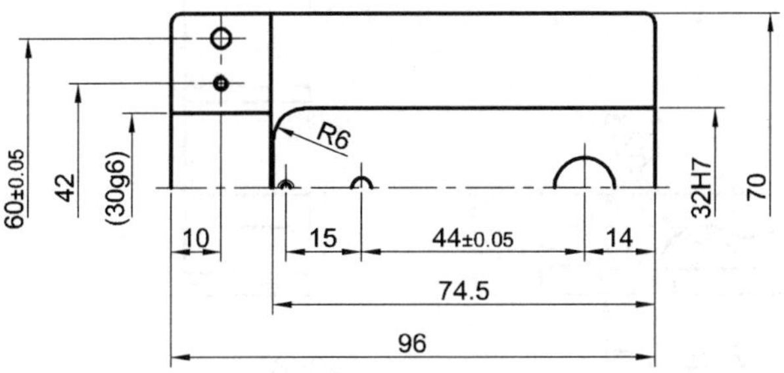

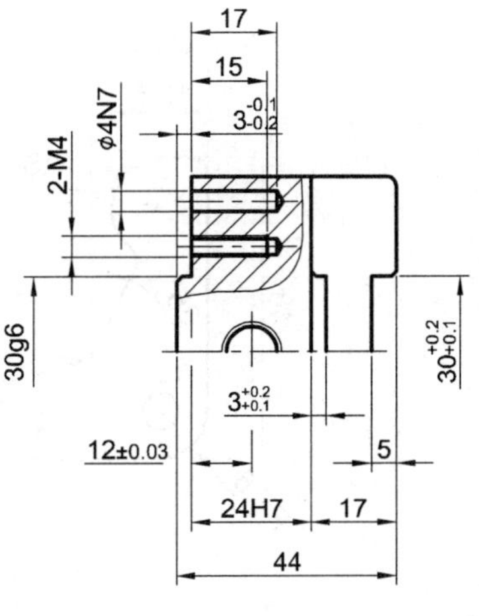

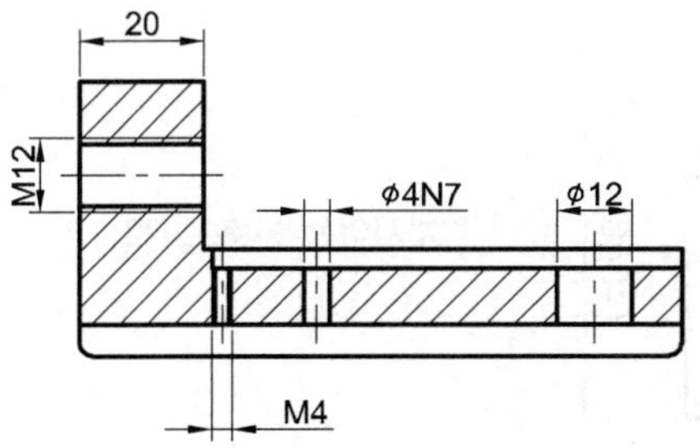

* 지시없는 라운드 R2
  모따기 C1

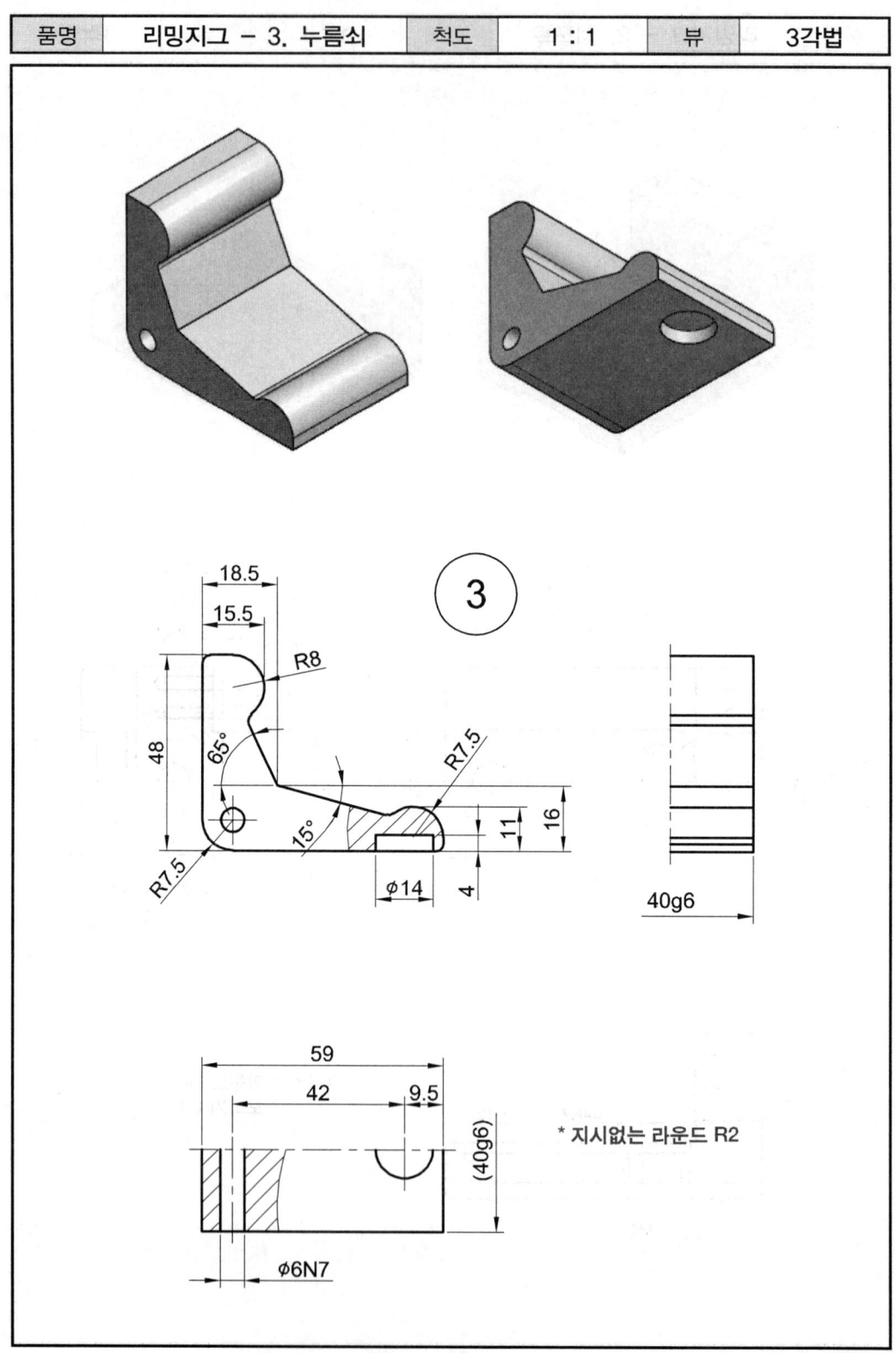

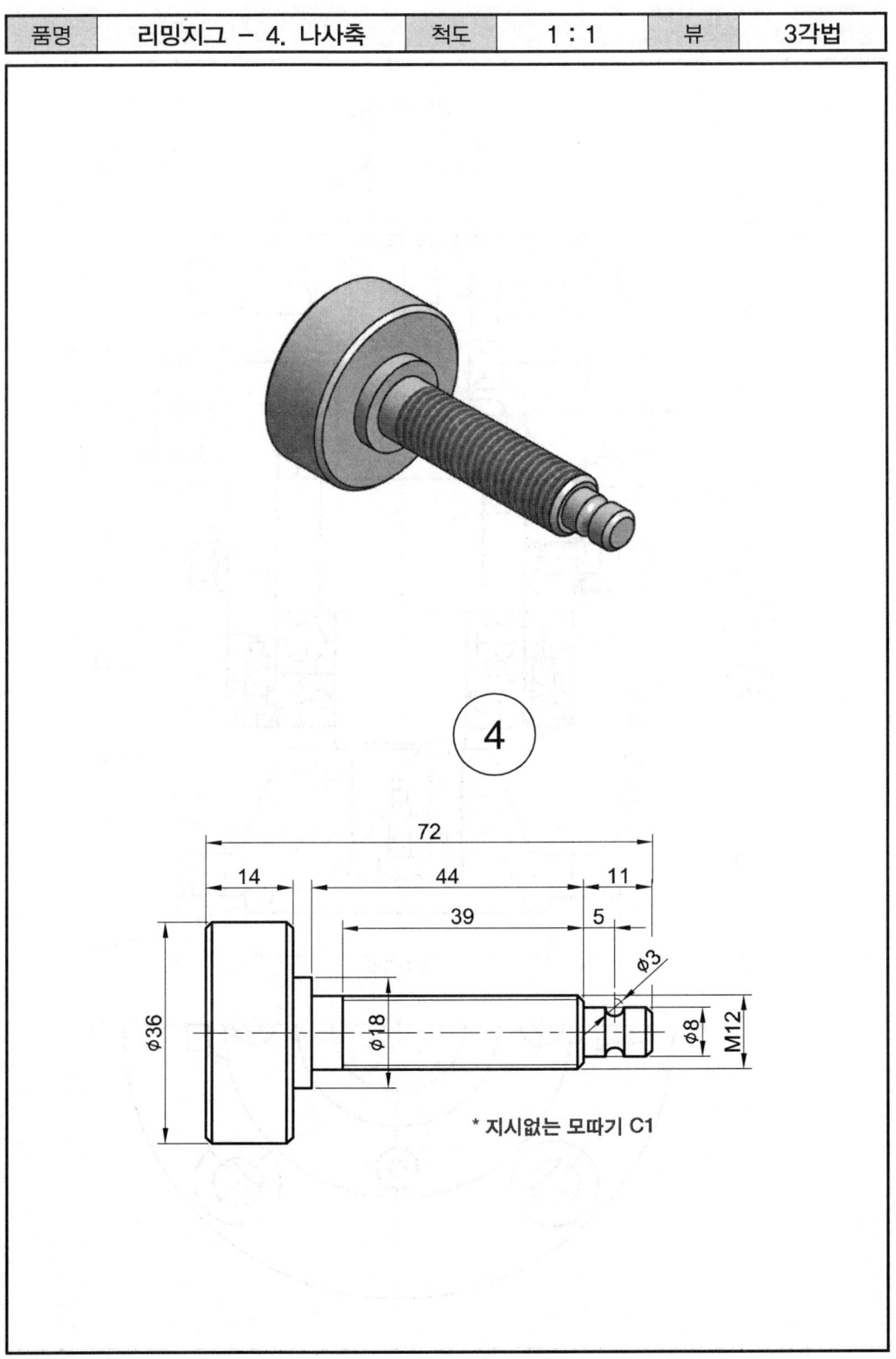

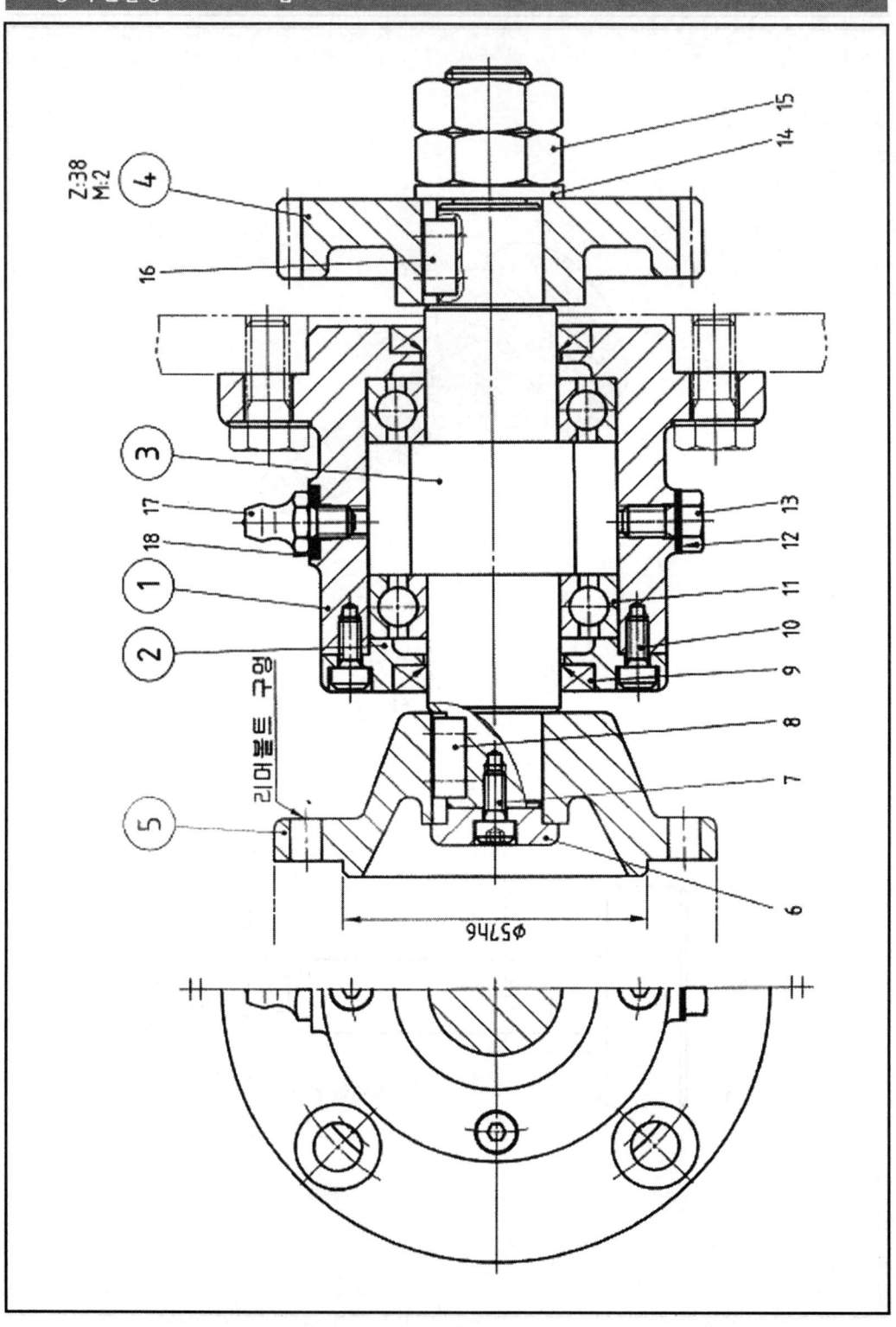

| 품명 | 동력전달장치1 - 1. 본체 | 척도 | 1 : 1 | 뷰 | 3각법 |

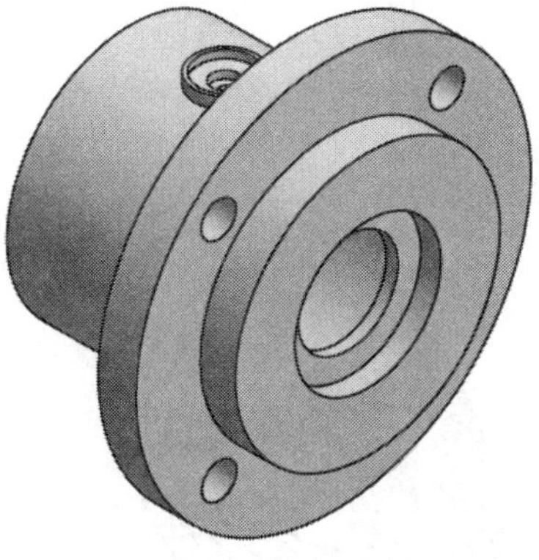

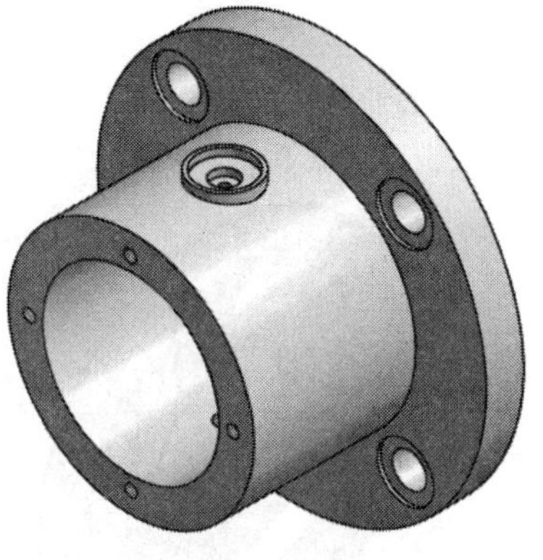

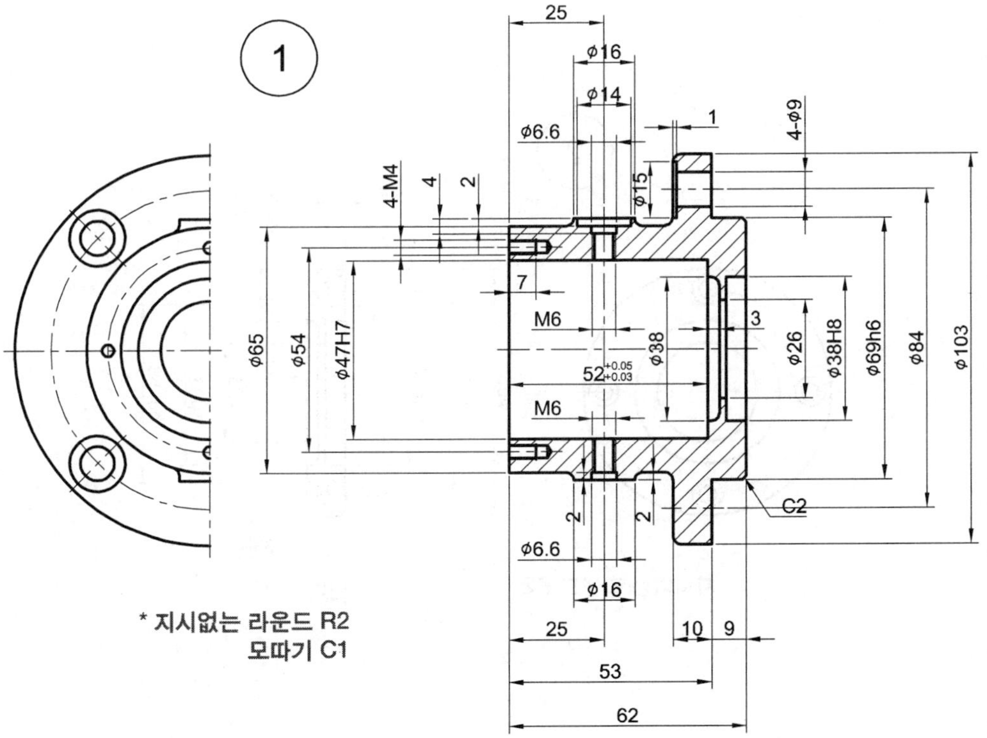

①

* 지시없는 라운드 R2
  모따기 C1

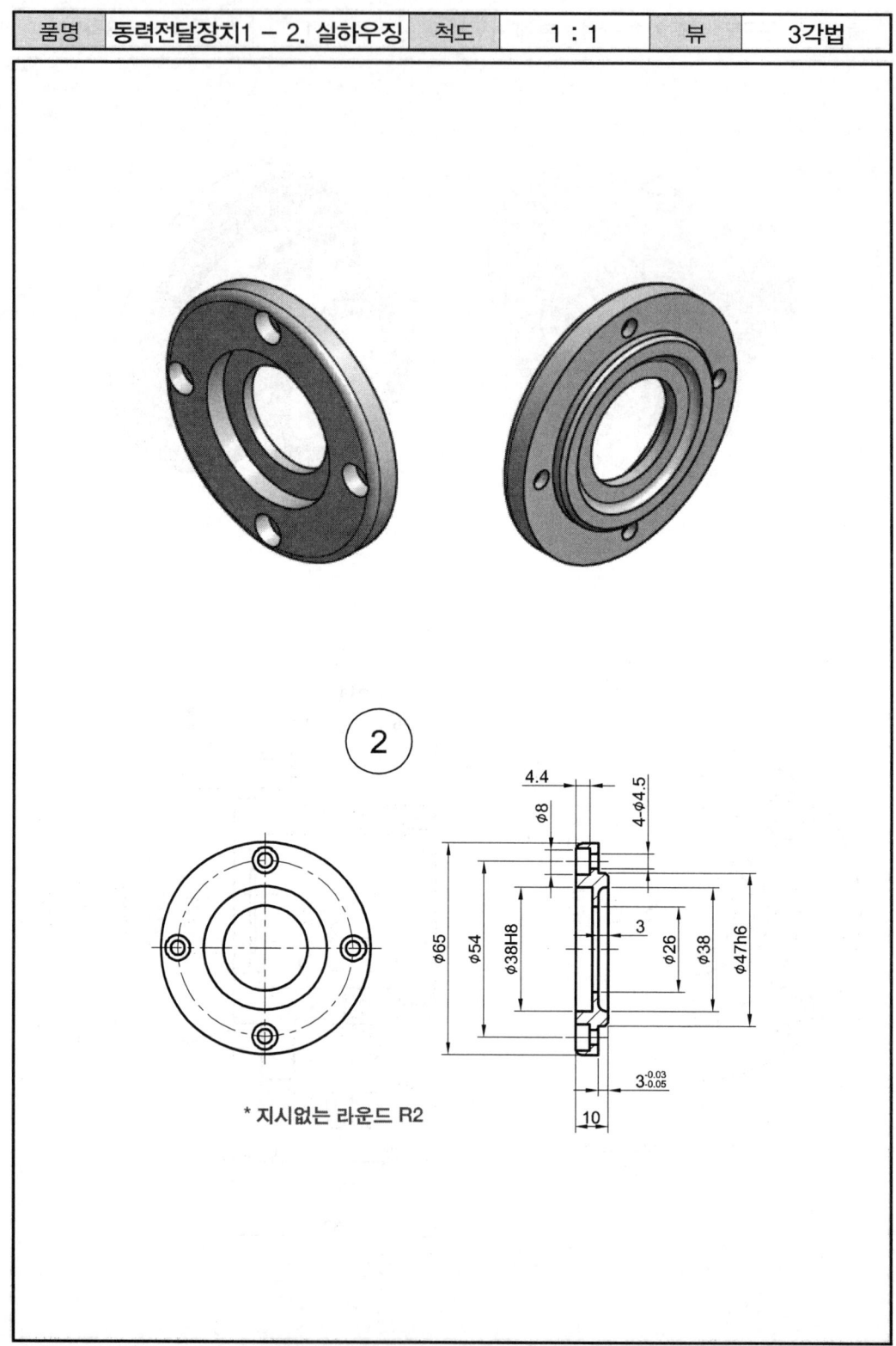

| 품명 | 동력전달장치1 - 3. 축 | 척도 | 1 : 1 | 뷰 | 3각법 |

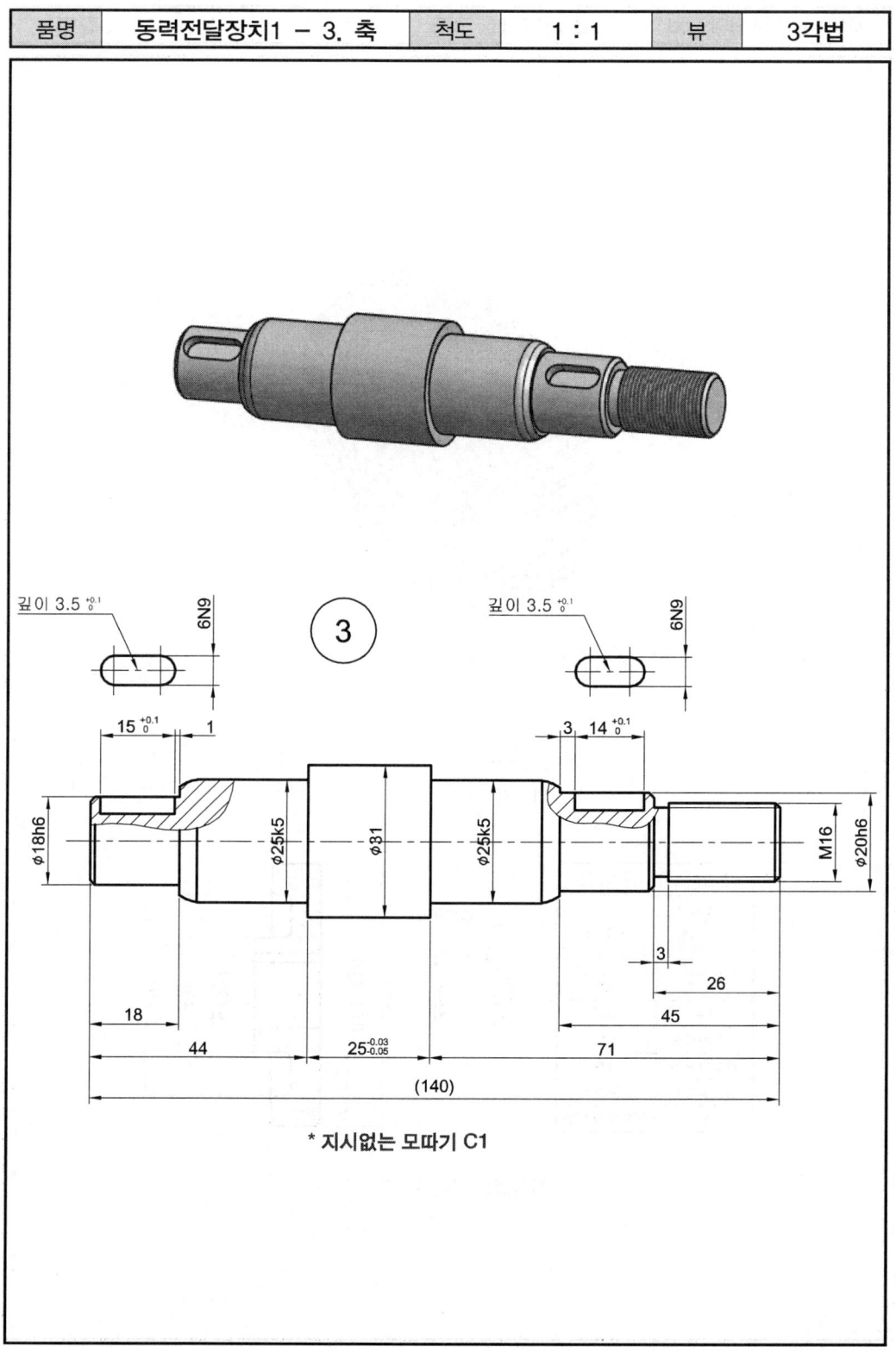

* 지시없는 모따기 C1

| 품명 | 동력전달장치1 – 4. 스퍼기어 | 척도 | 1 : 1 | 뷰 | 3각법 |

④

스퍼기어 요목표		
기어 치형		표준
공구	치형	보통이
	모듈	2
	압력각	20°
잇 수		38
피치원지름		ø76
전체이높이		4.5
다듬질방법		호브절삭
정밀도		KS B ISO 1328

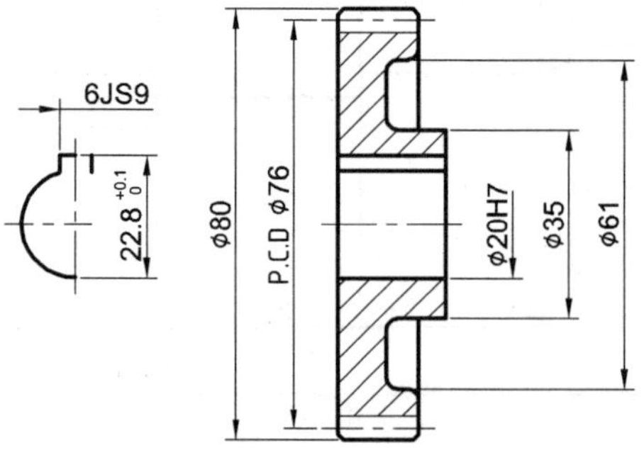

6JS9
22.8 $^{+0.1}_{0}$
ø80
P.C.D ø76
ø20H7
ø35
ø61

* 지시없는 라운드 R2

| 품명 | 동력전달장치1 – 5. 플랜지 | 척도 | 1 : 1 | 뷰 | 3각법 |

⑤

* 지시없는 라운드 R2

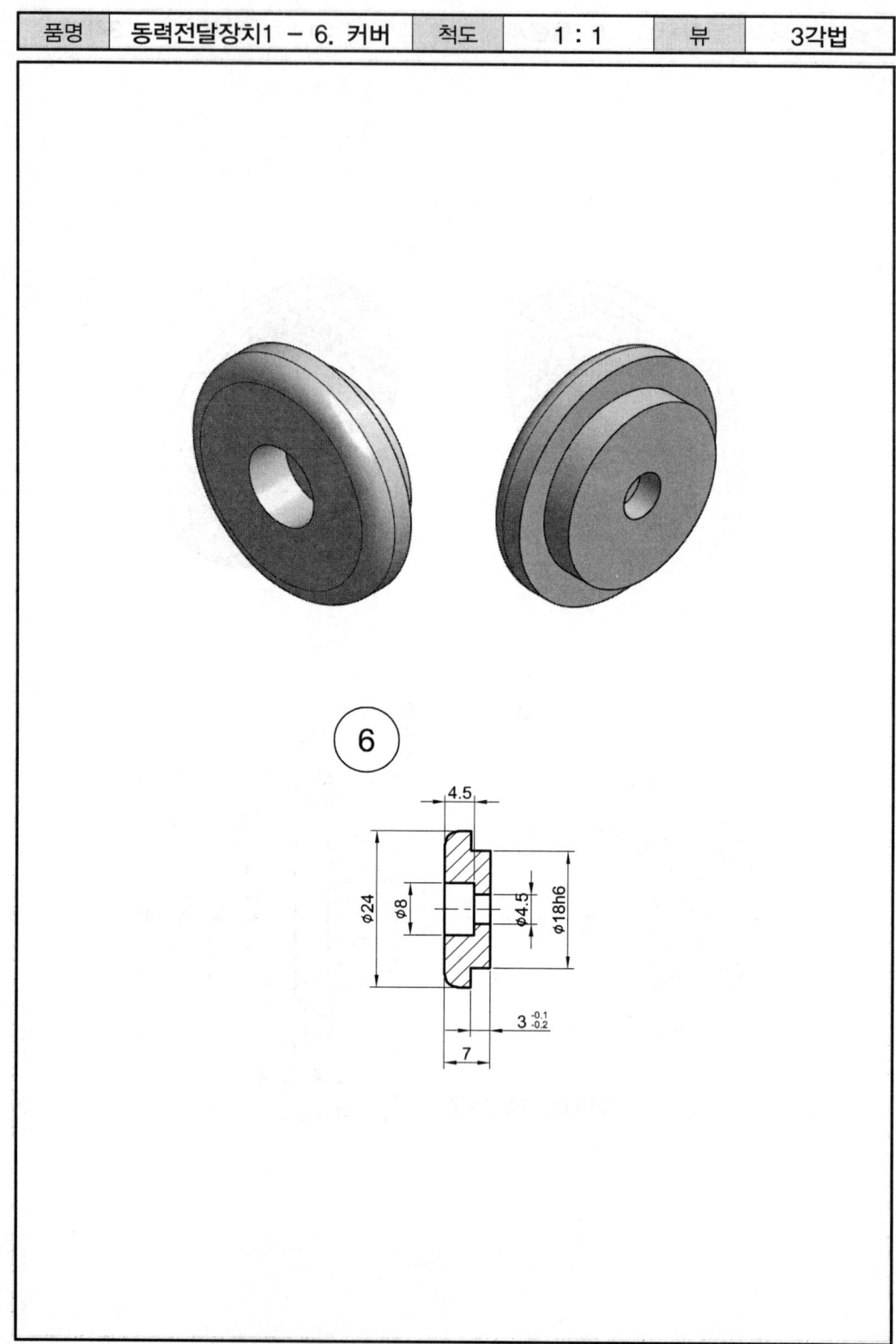

★ 동력전달장치 2 - 조립도 ★

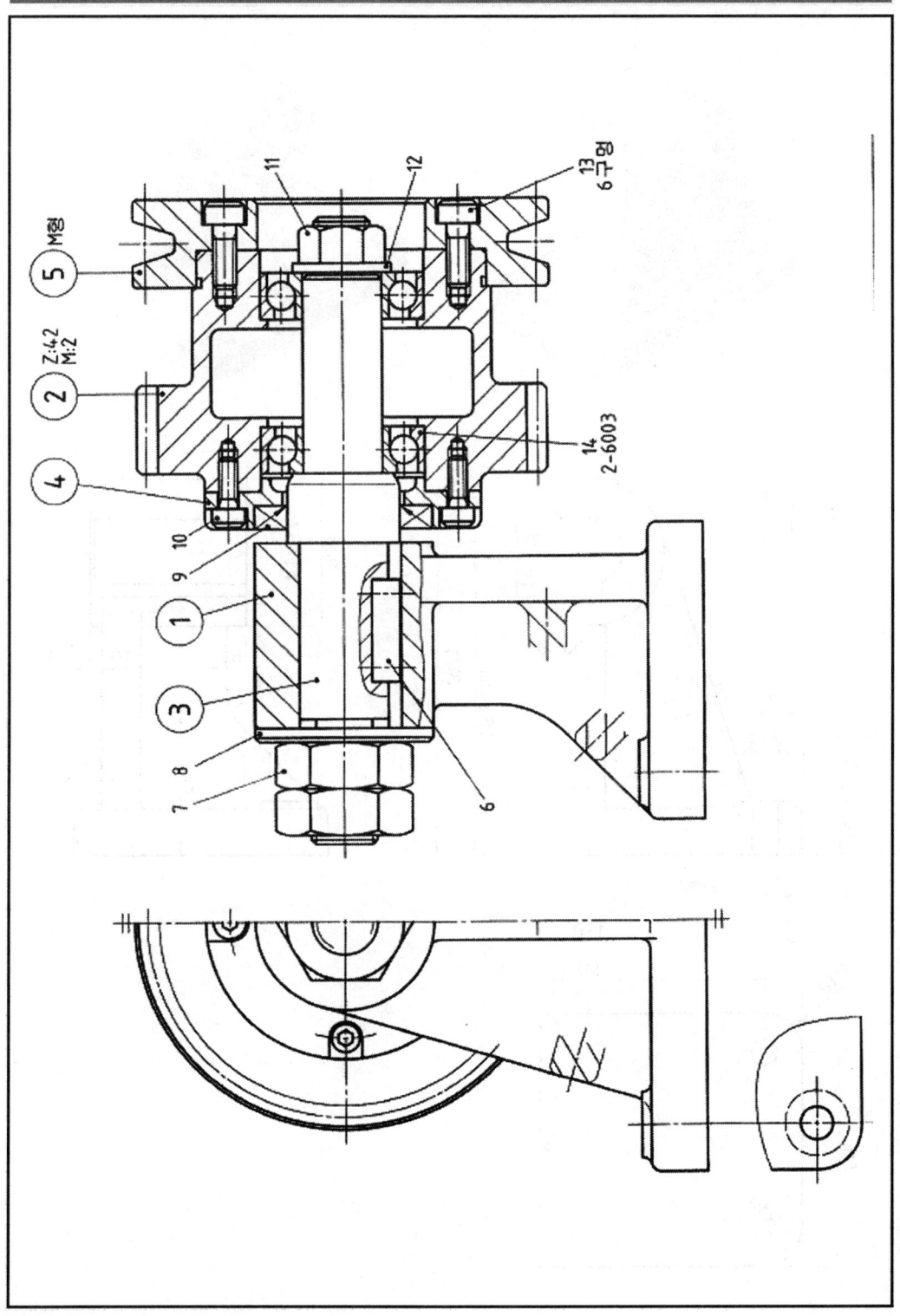

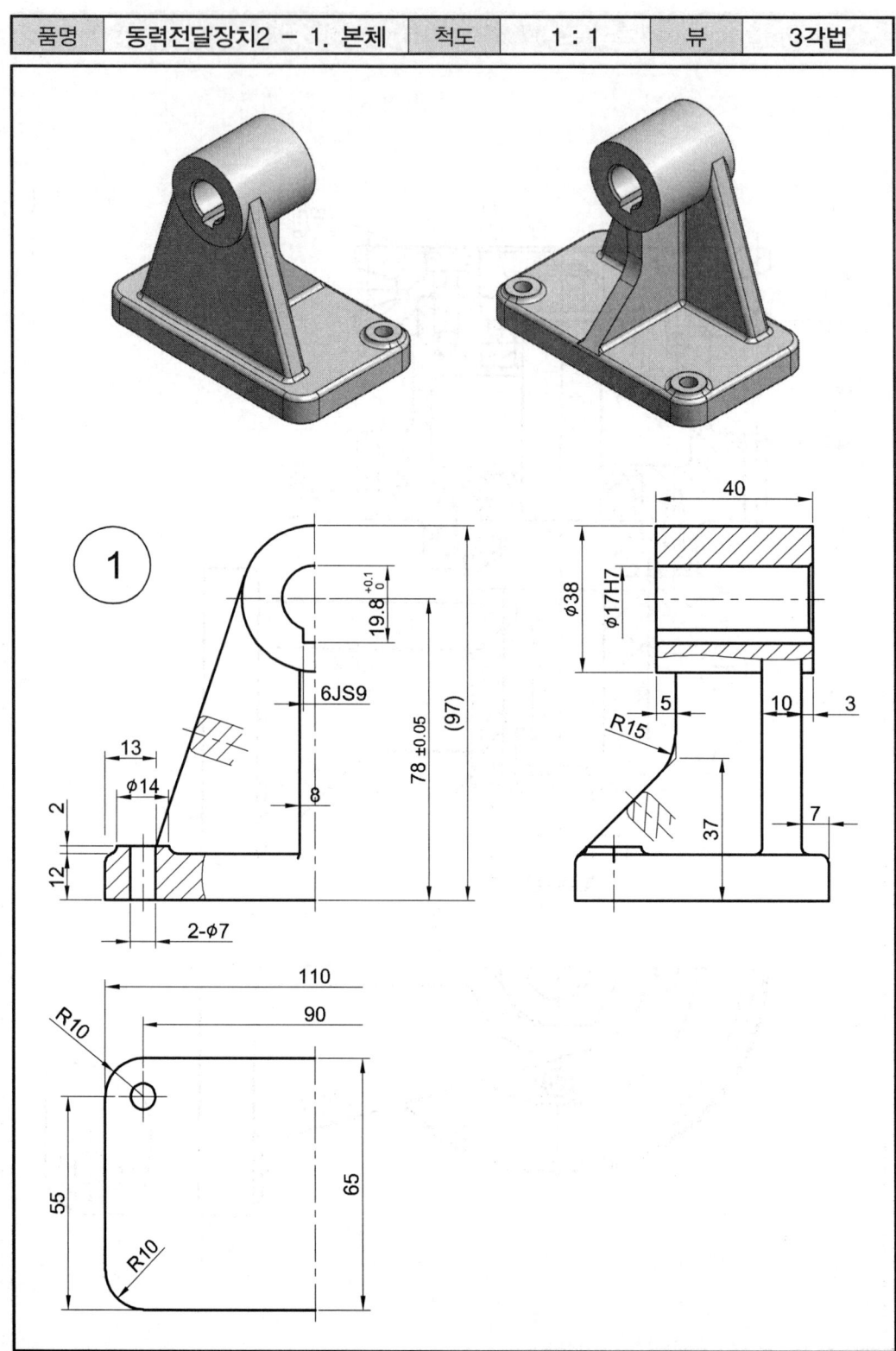

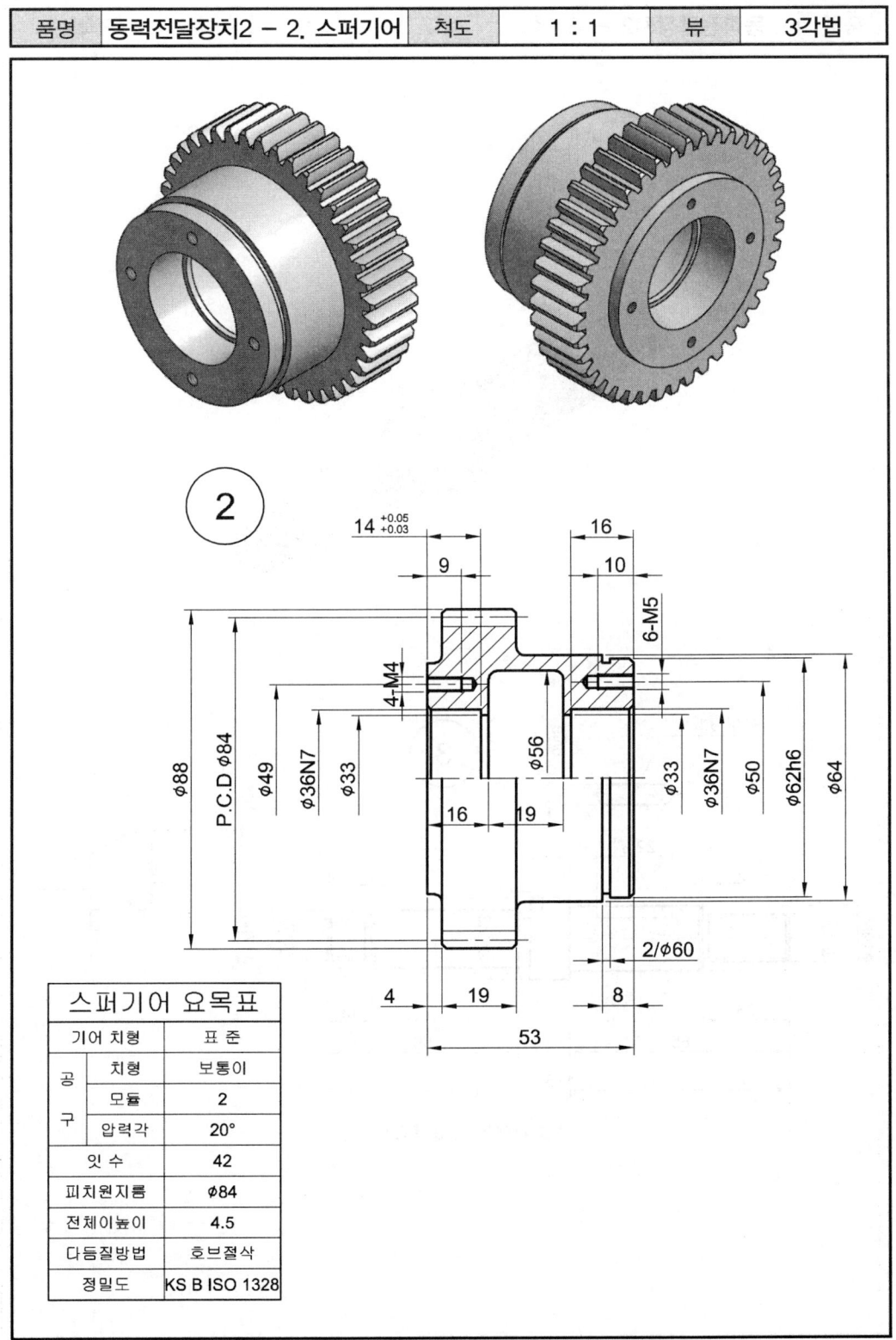

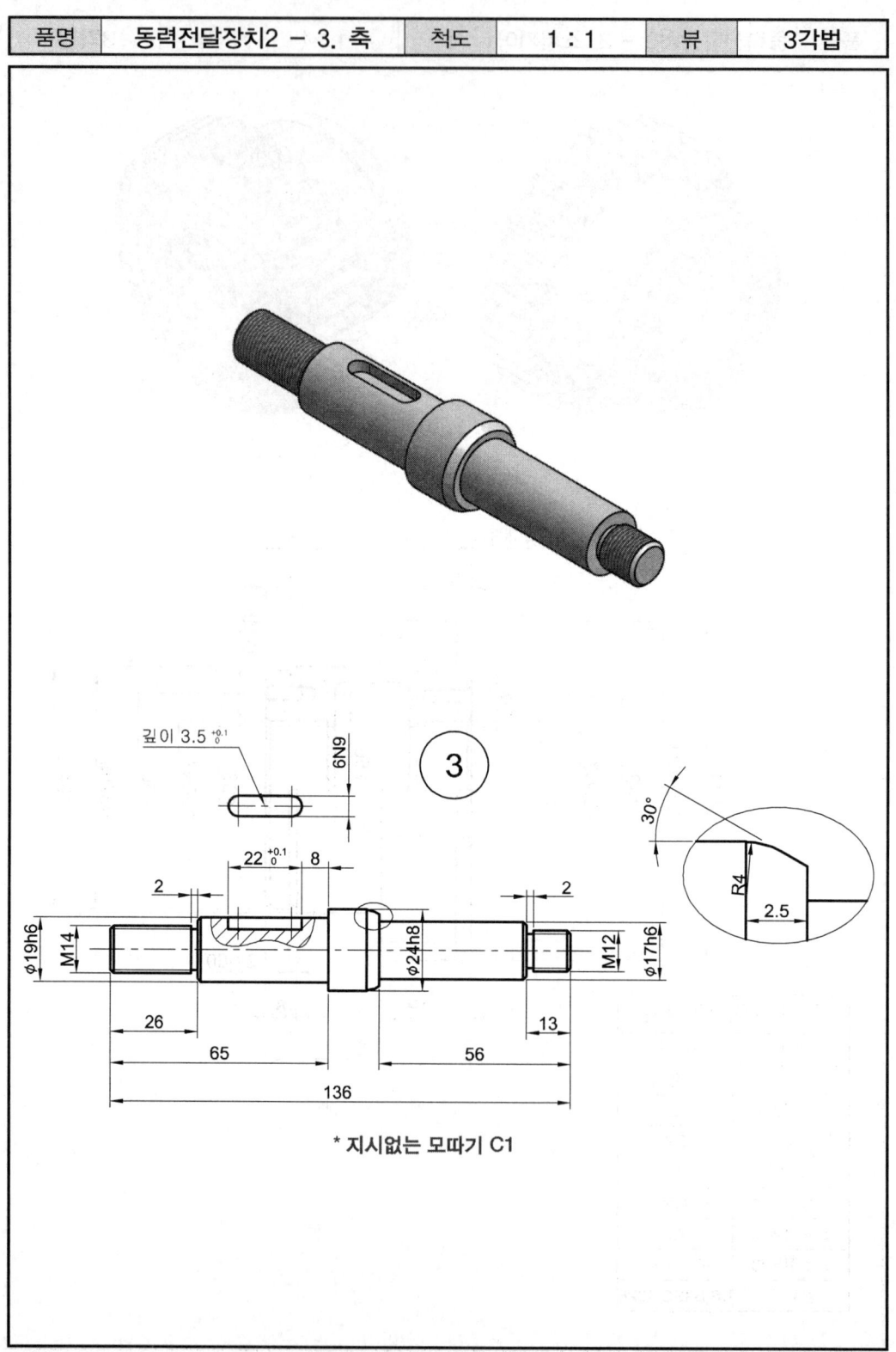

| 품명 | 동력전달장치2 - 4. 실하우징 | 척도 | 1 : 1 | 뷰 | 3각법 |

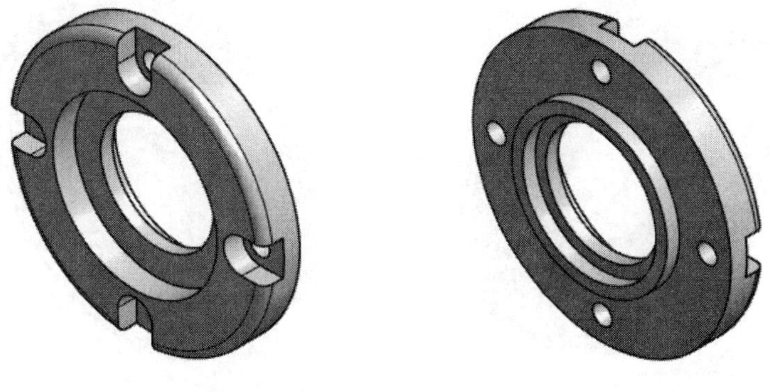

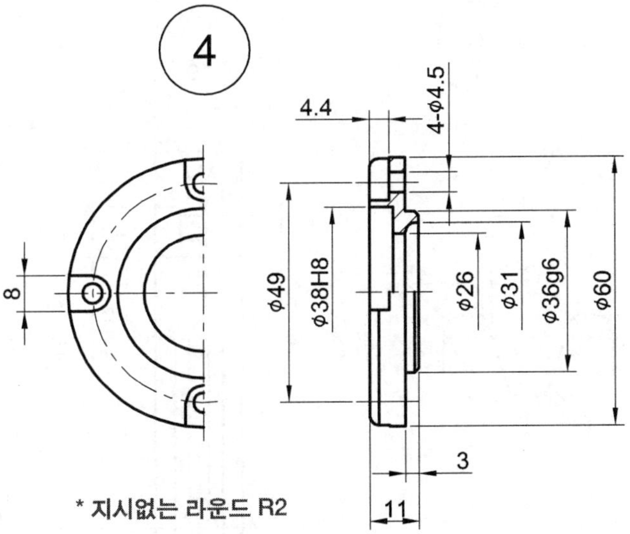

④

* 지시없는 라운드 R2

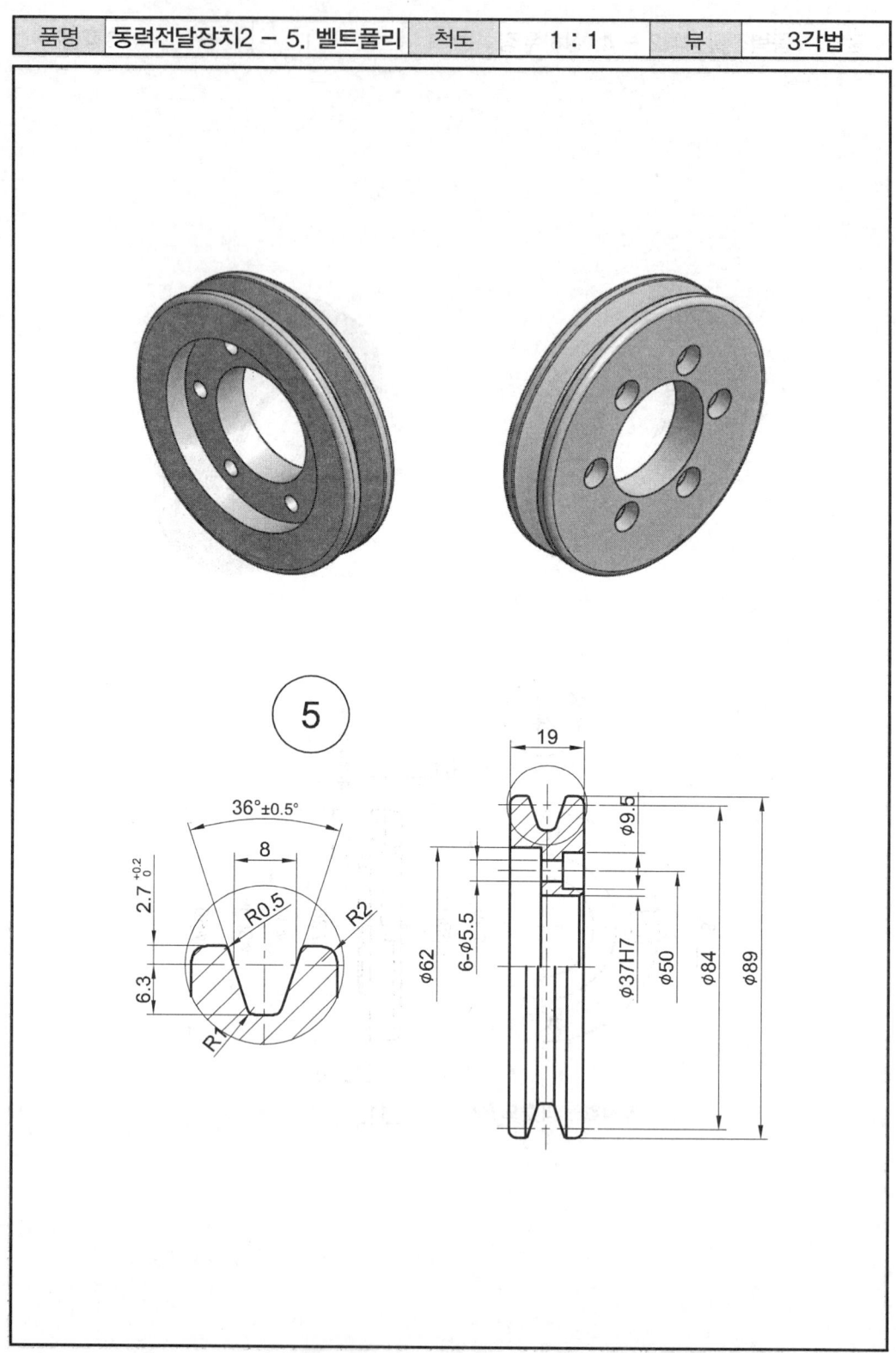

Part 12
연습도면 II

AutoCAD 2016

★ 4지형 레버 에어척 - 조립도 ★

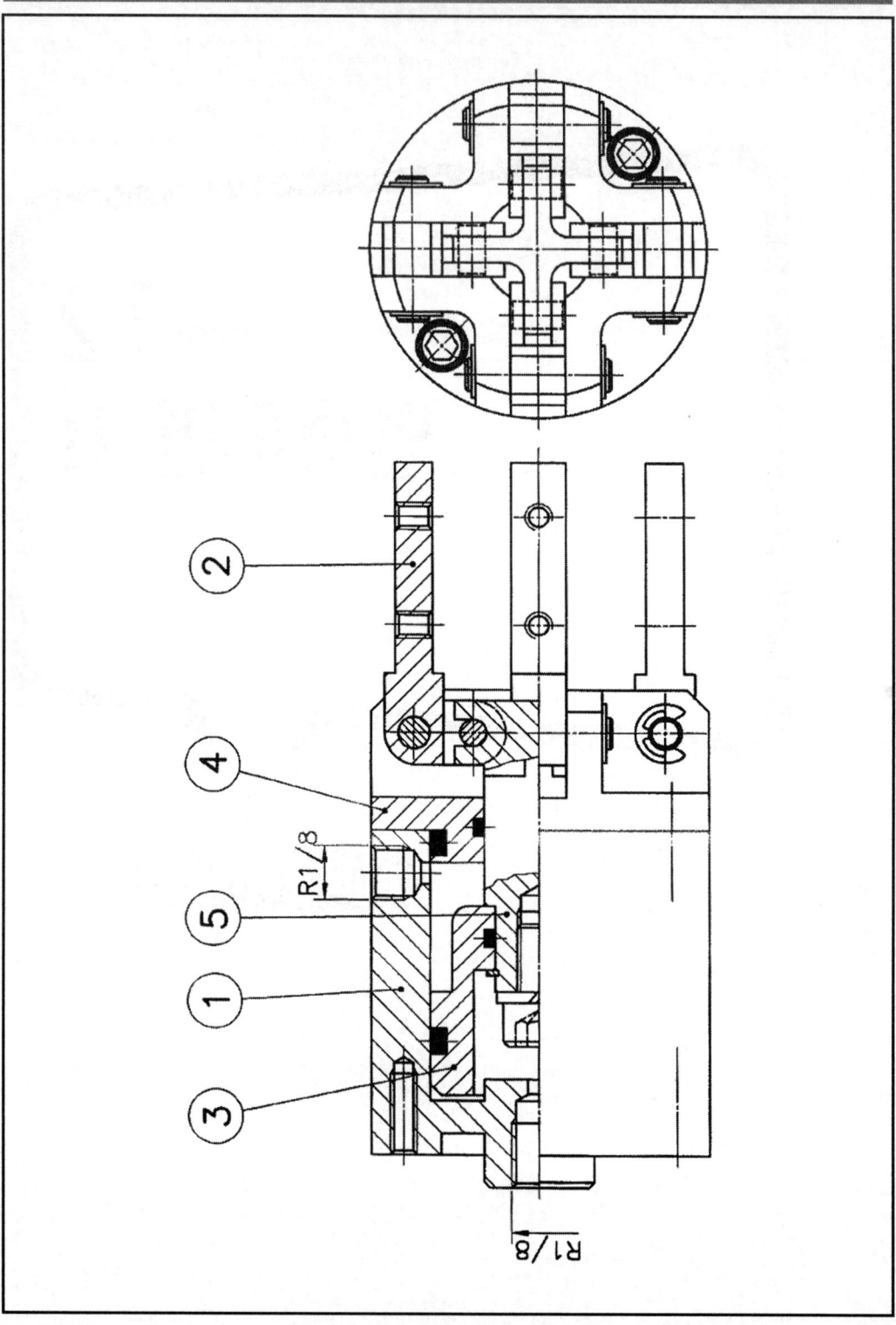

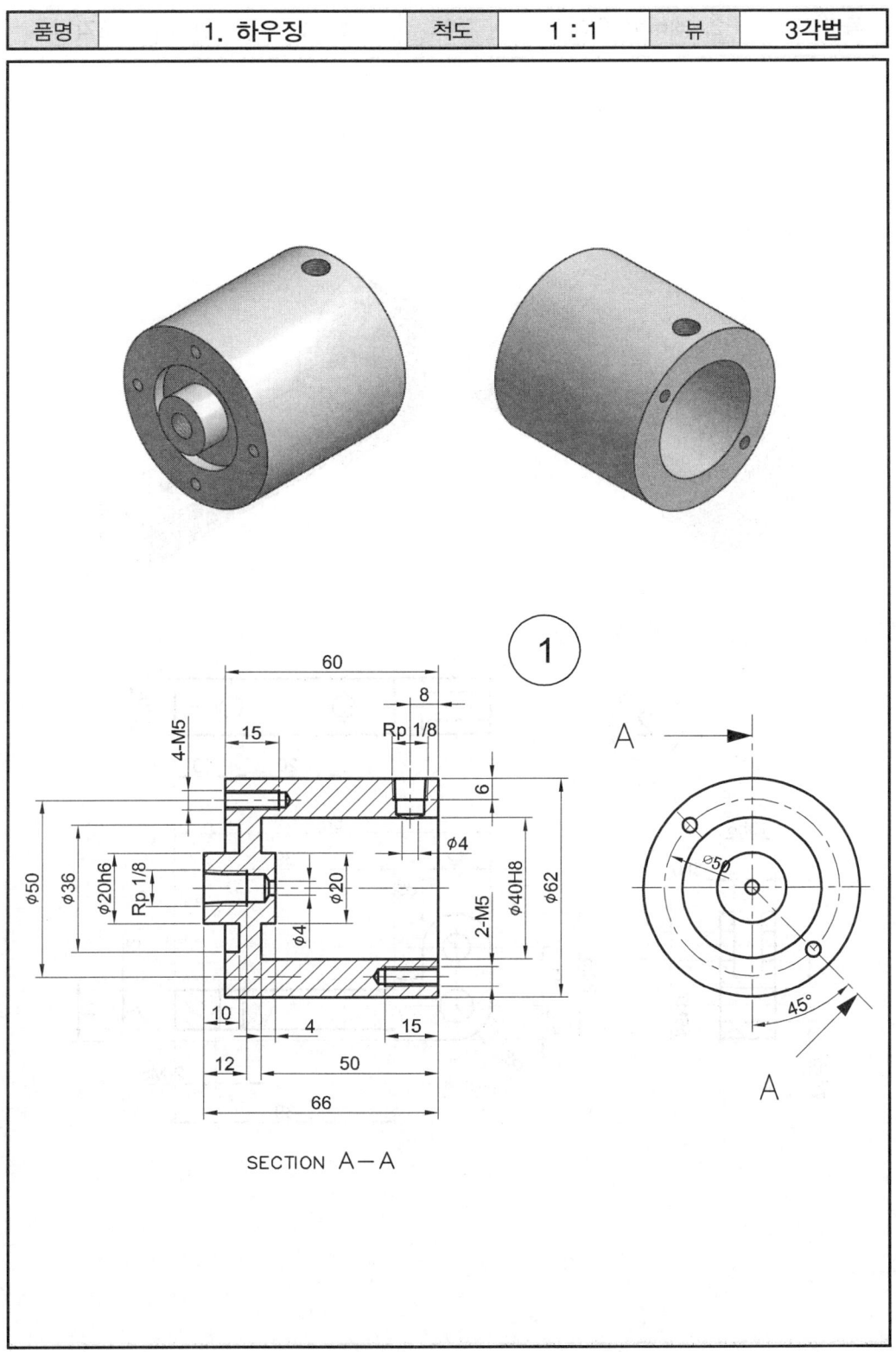

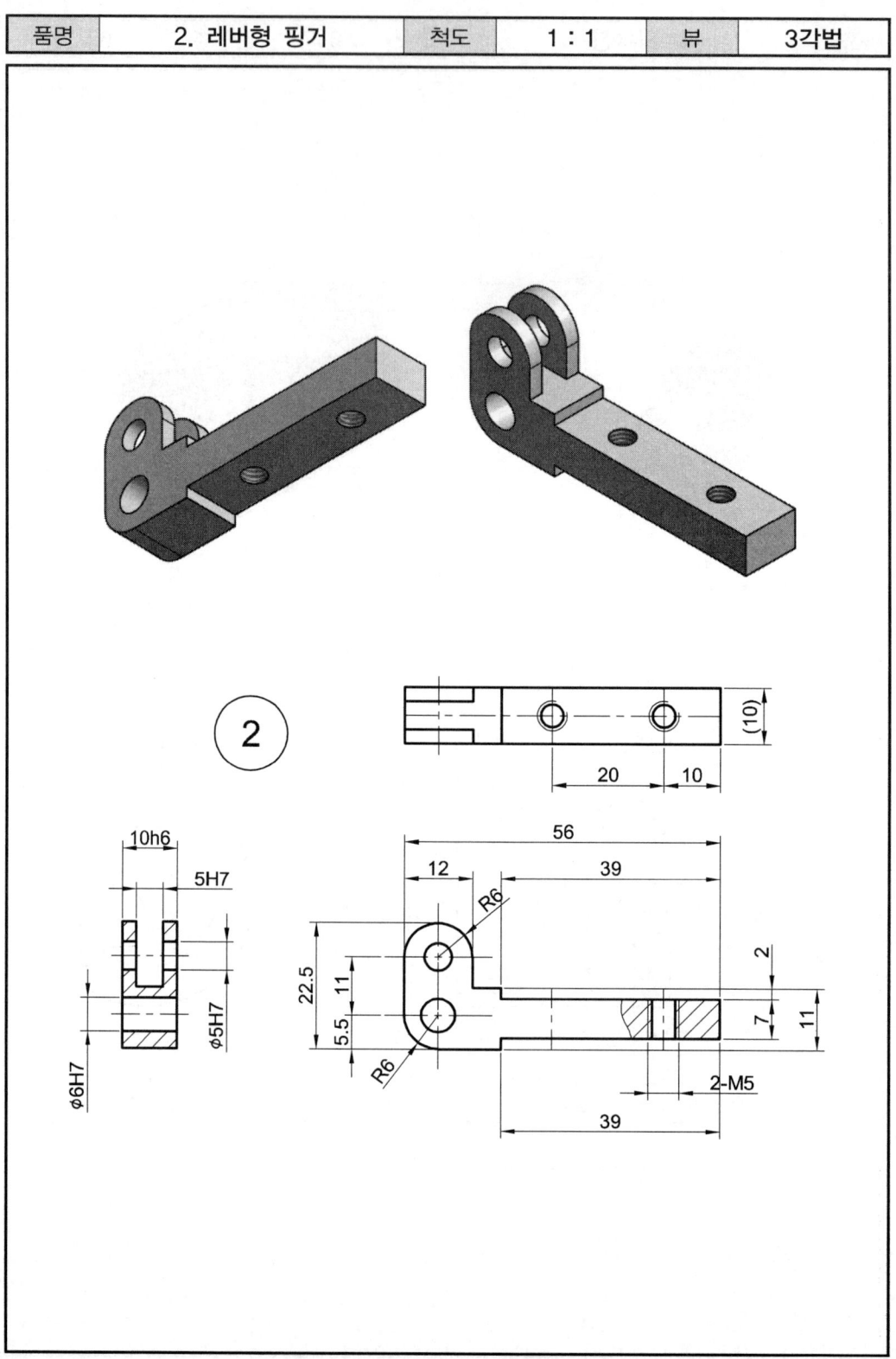

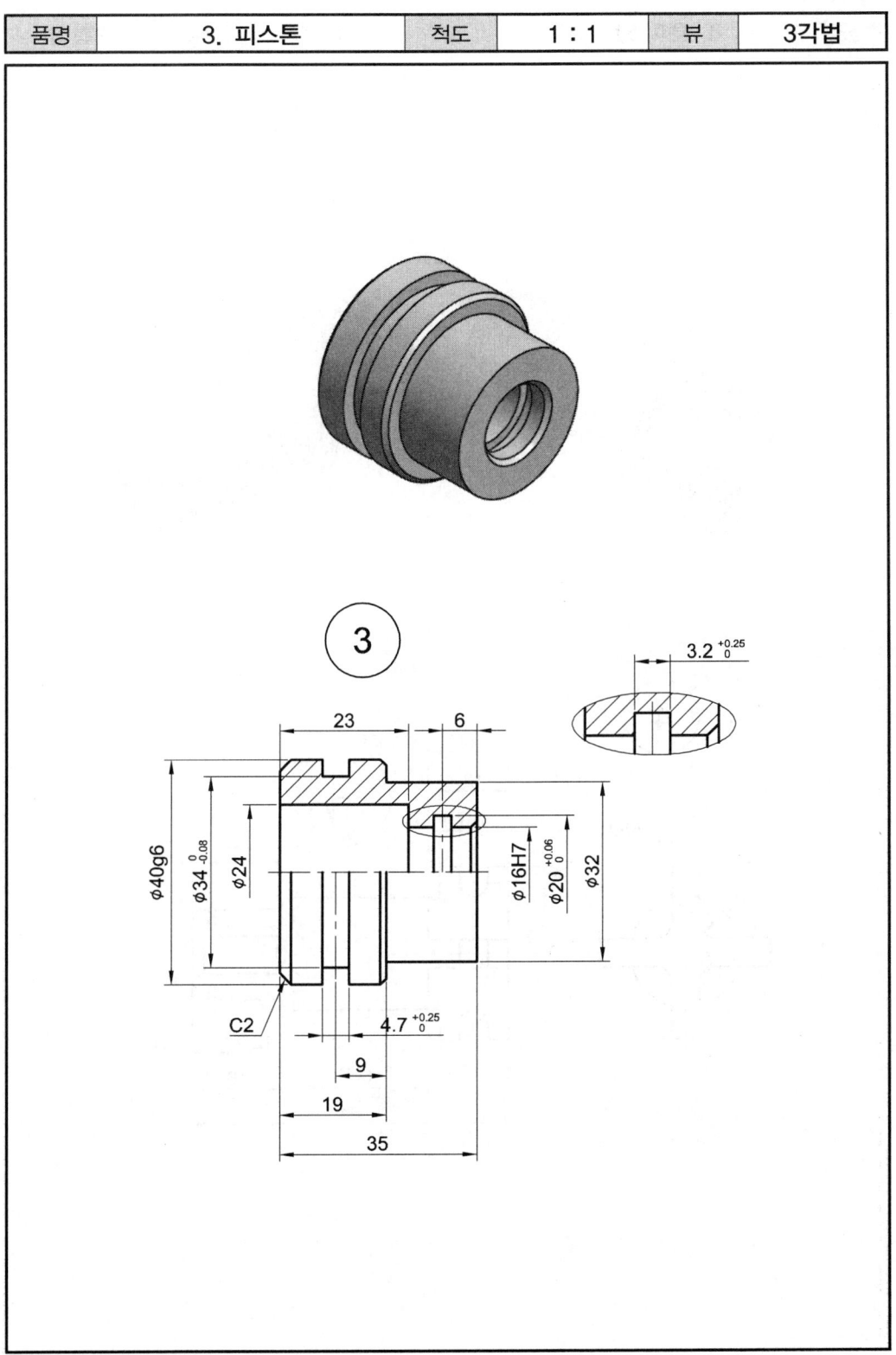

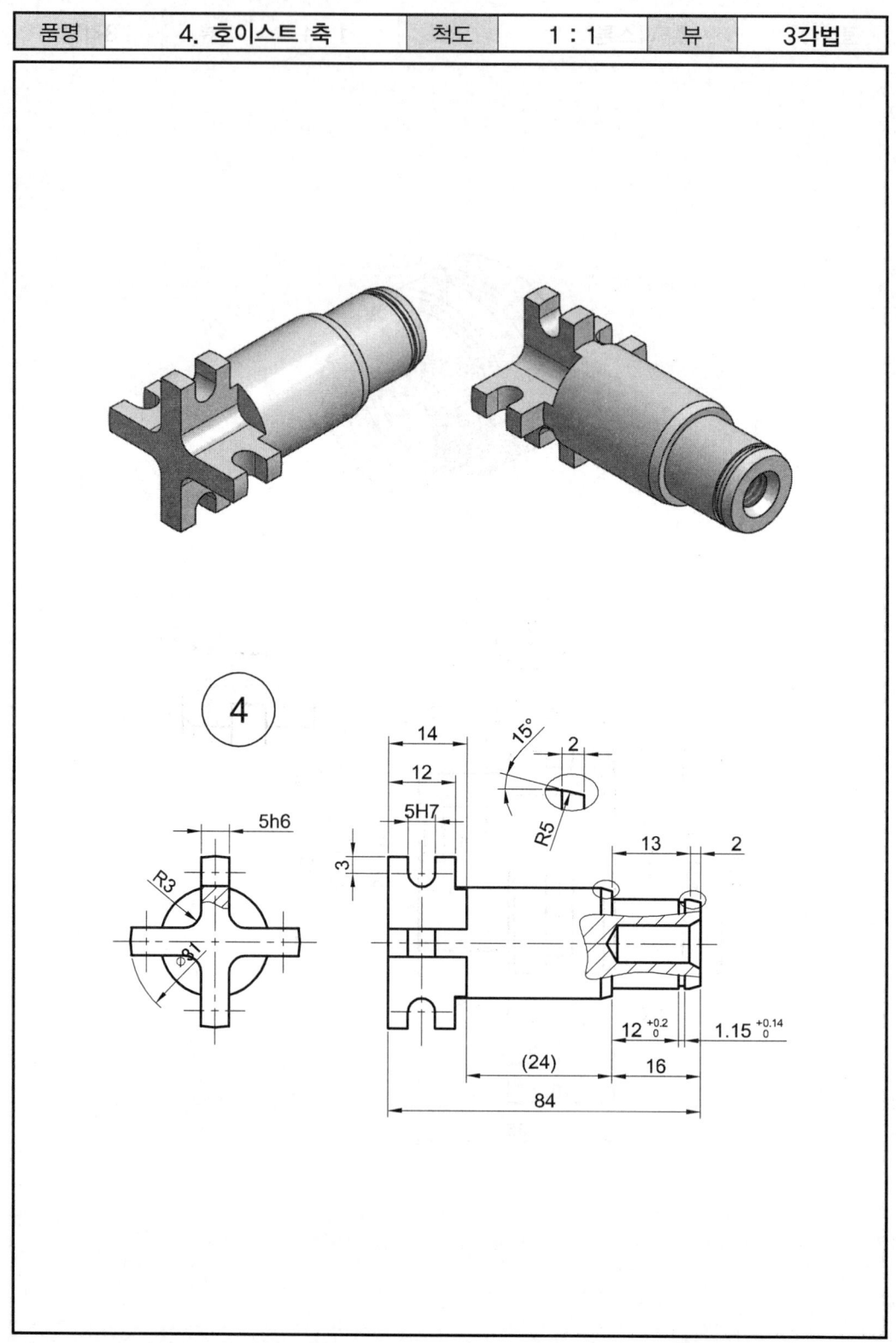

| 품명 | 5. 하우징 커버 | 척도 | 1 : 1 | 뷰 | 3각법 |

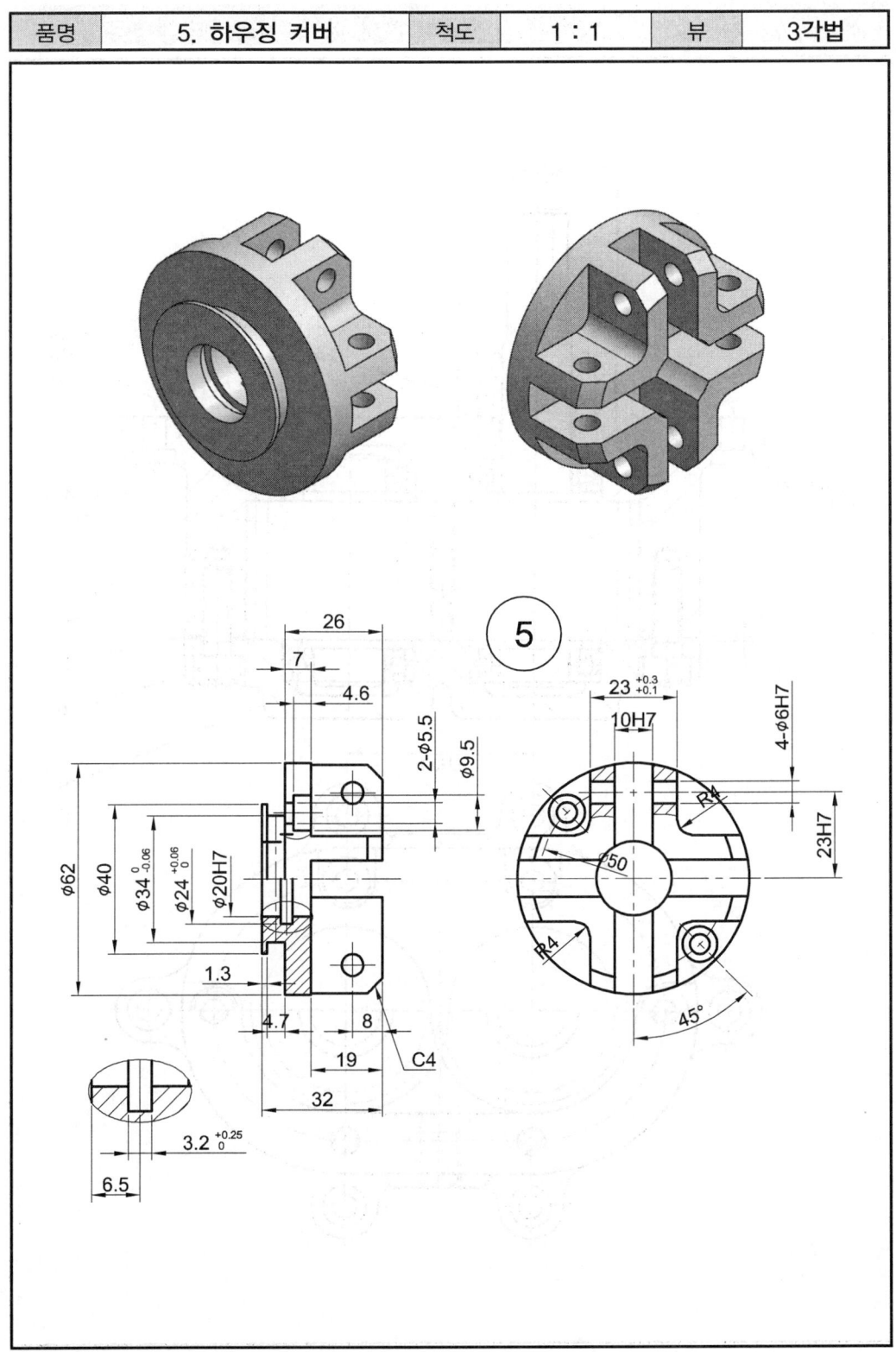

★ 워터 펌프 - 조립도 ★

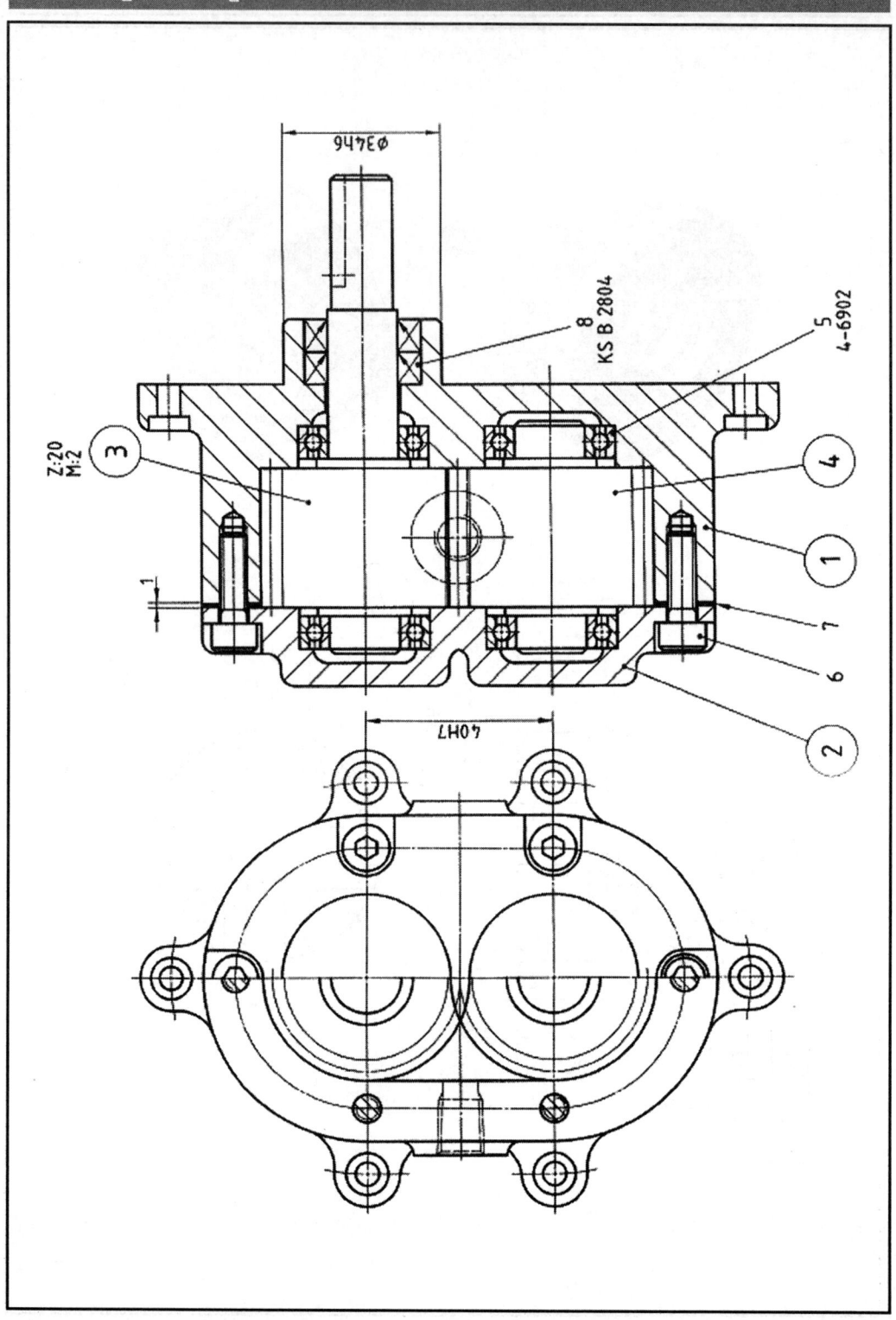

| 품명 | 1. 본체 | 척도 | 1 : 1 | 뷰 | 3각법 |

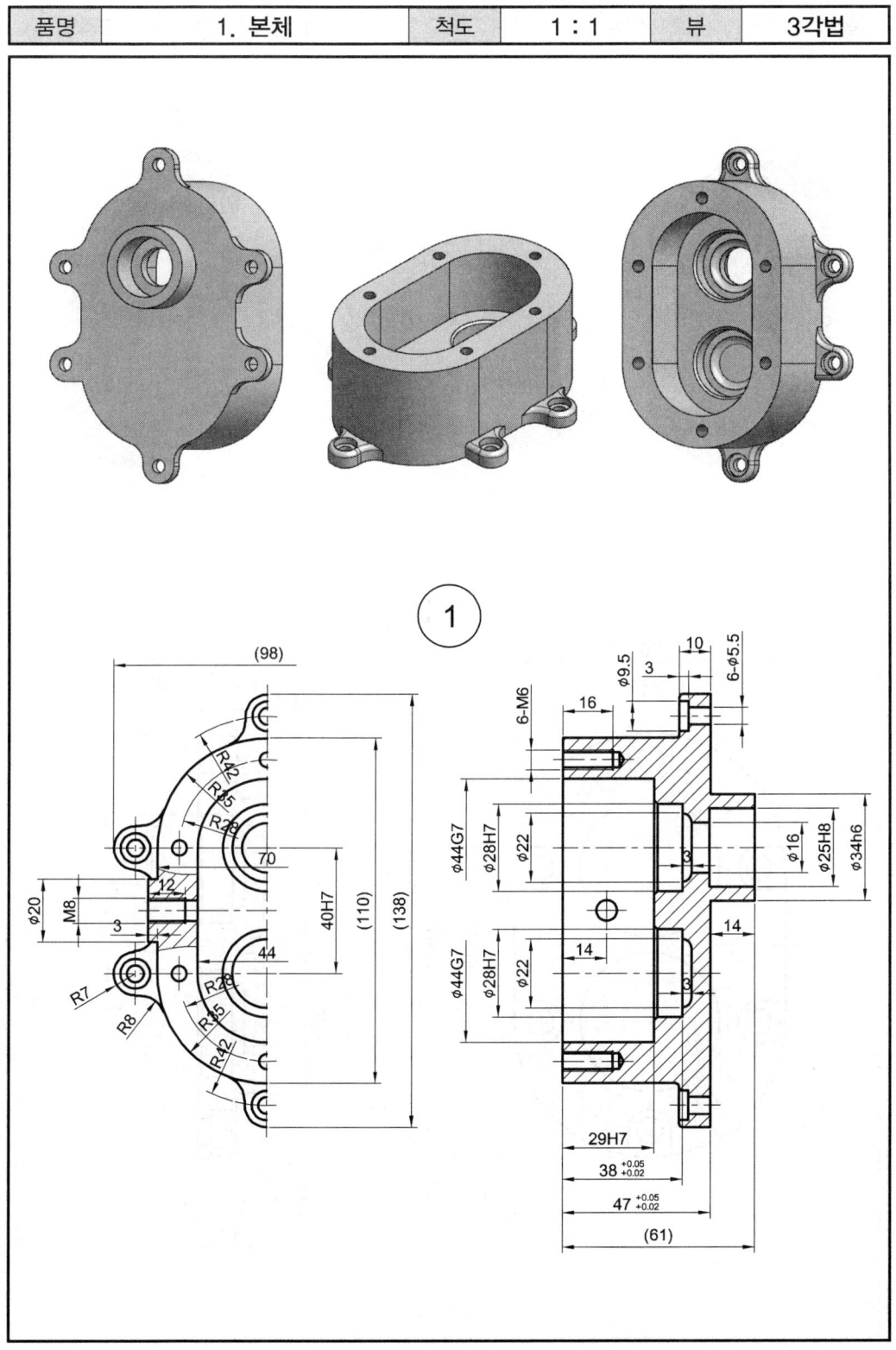

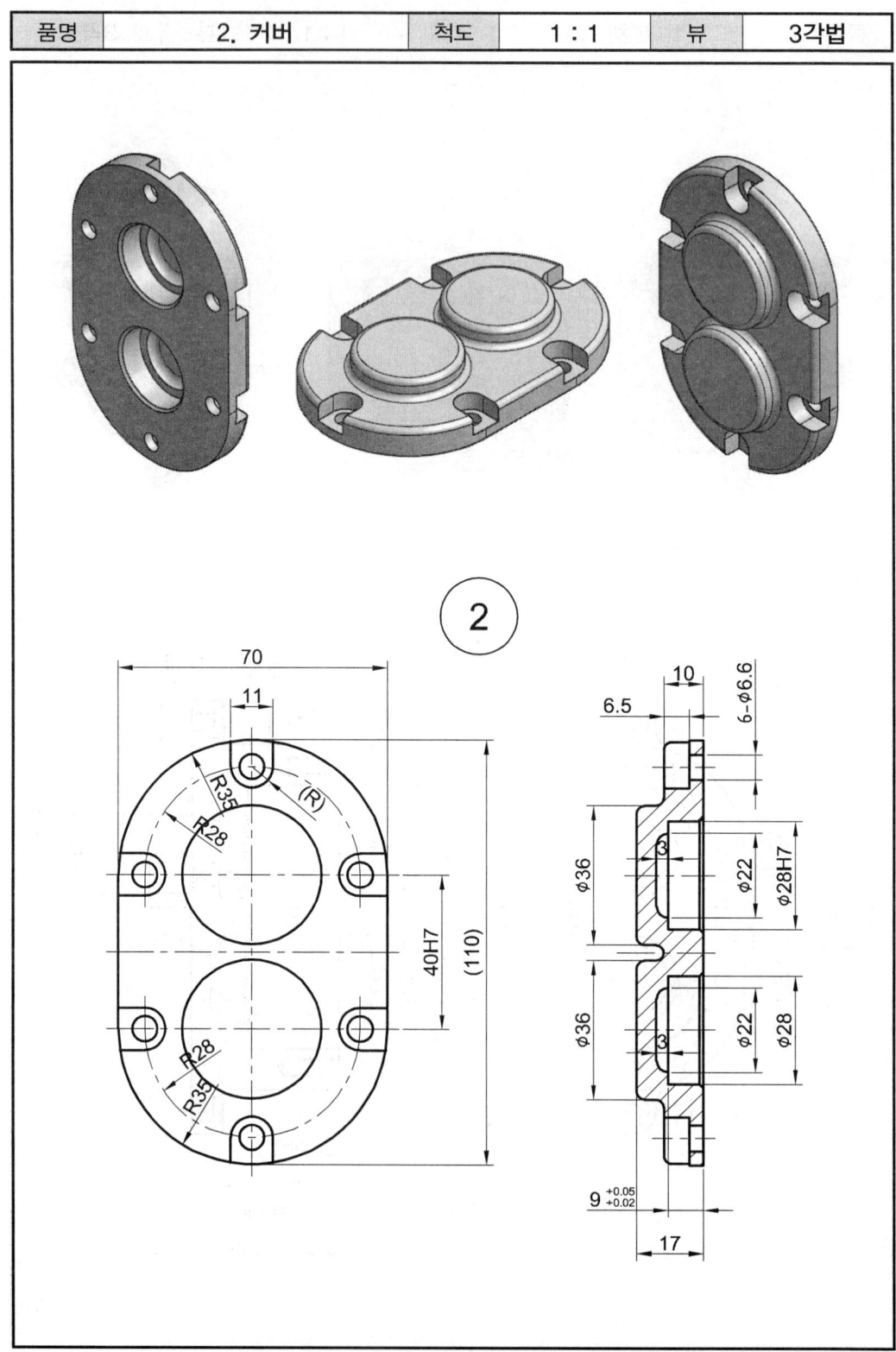

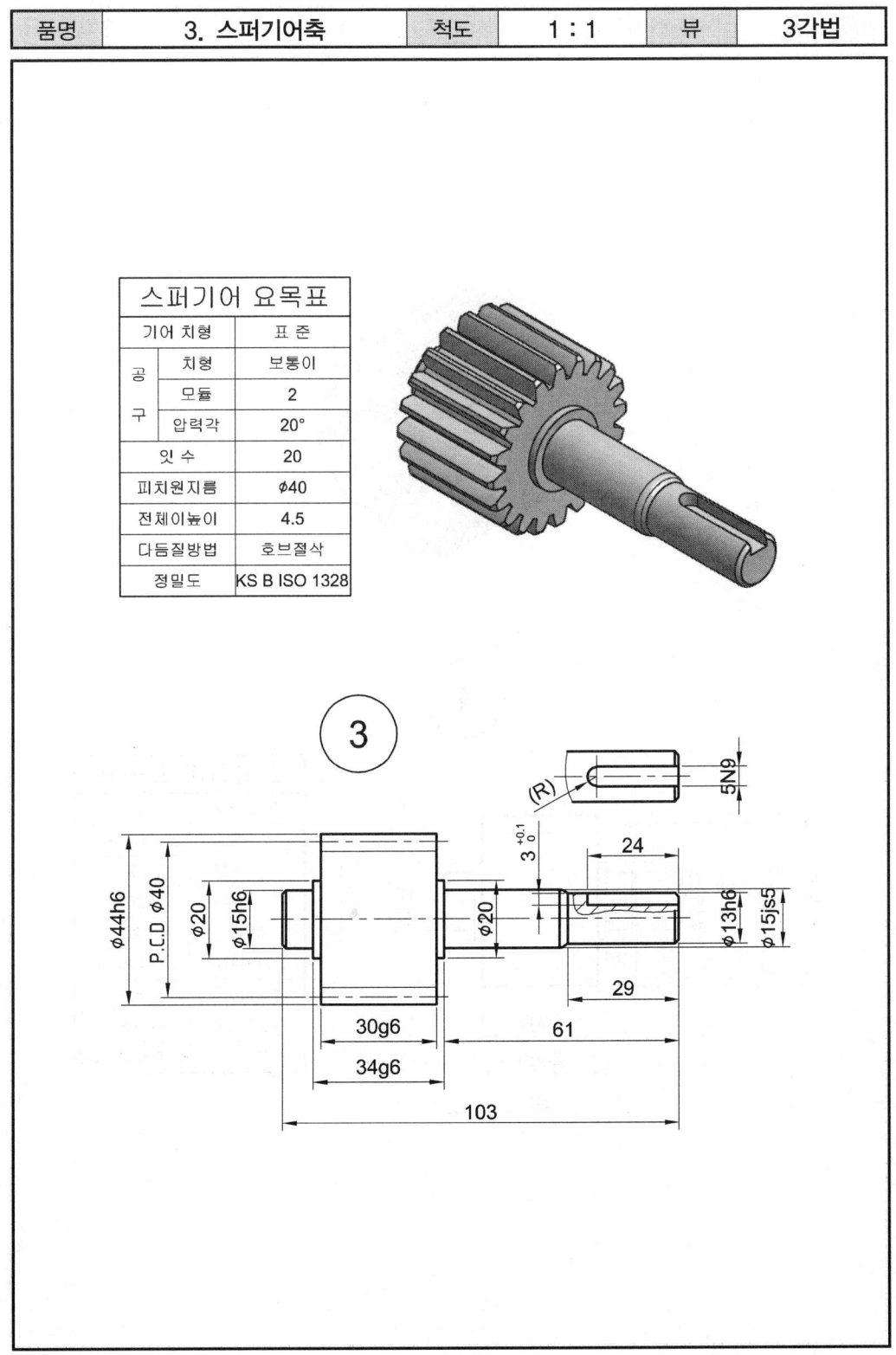

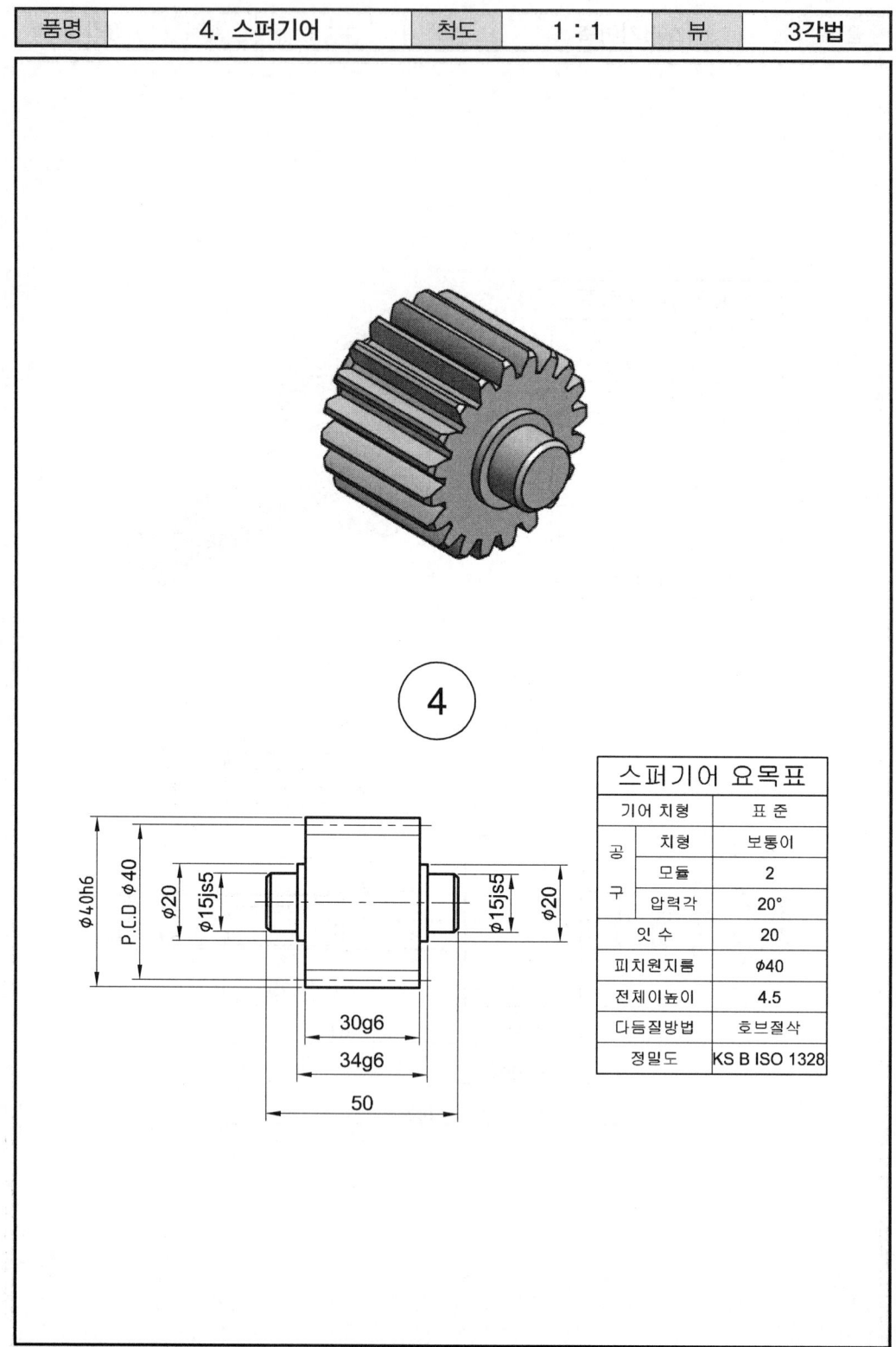

★ 편심왕복장치 - 조립도 ★

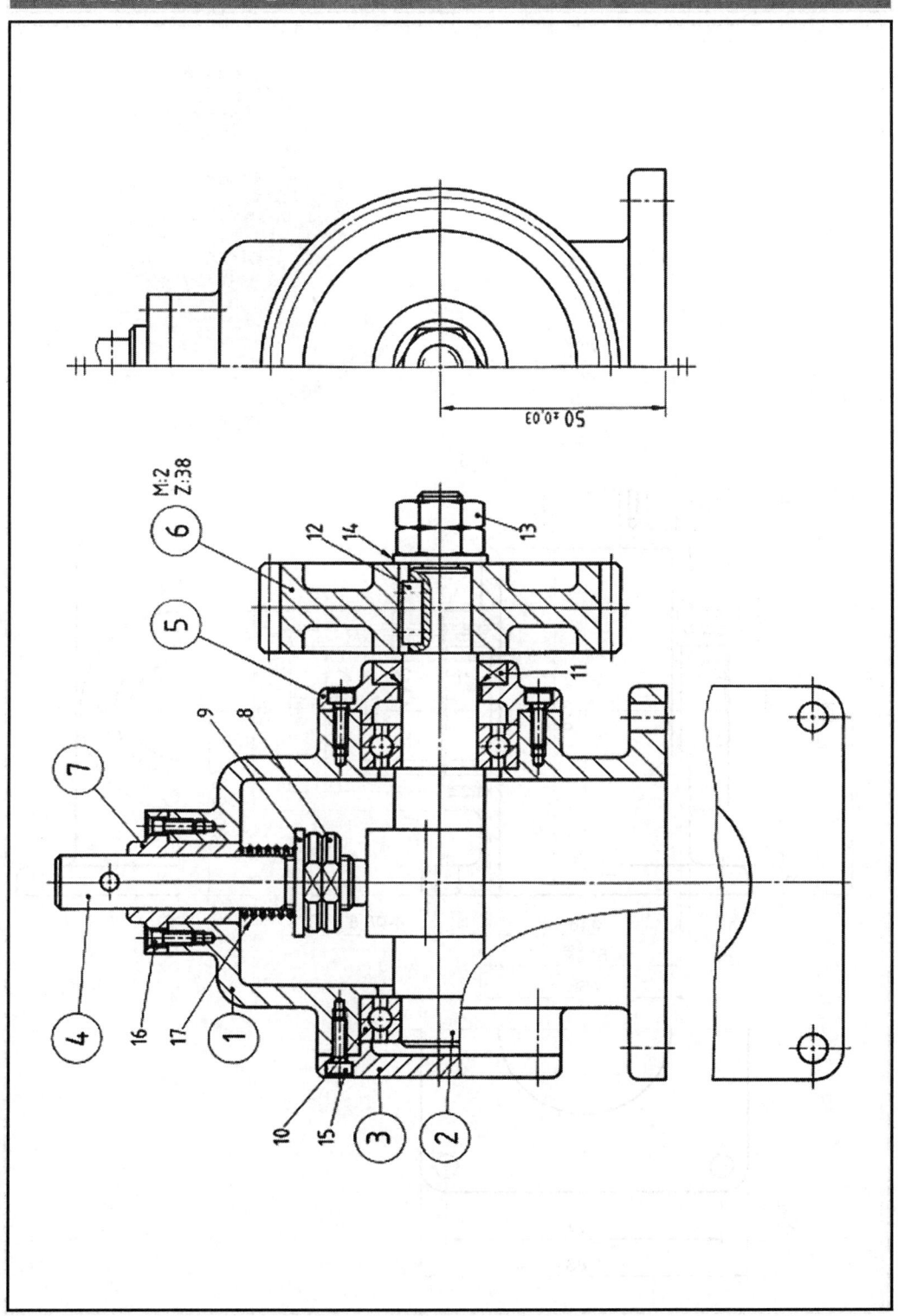

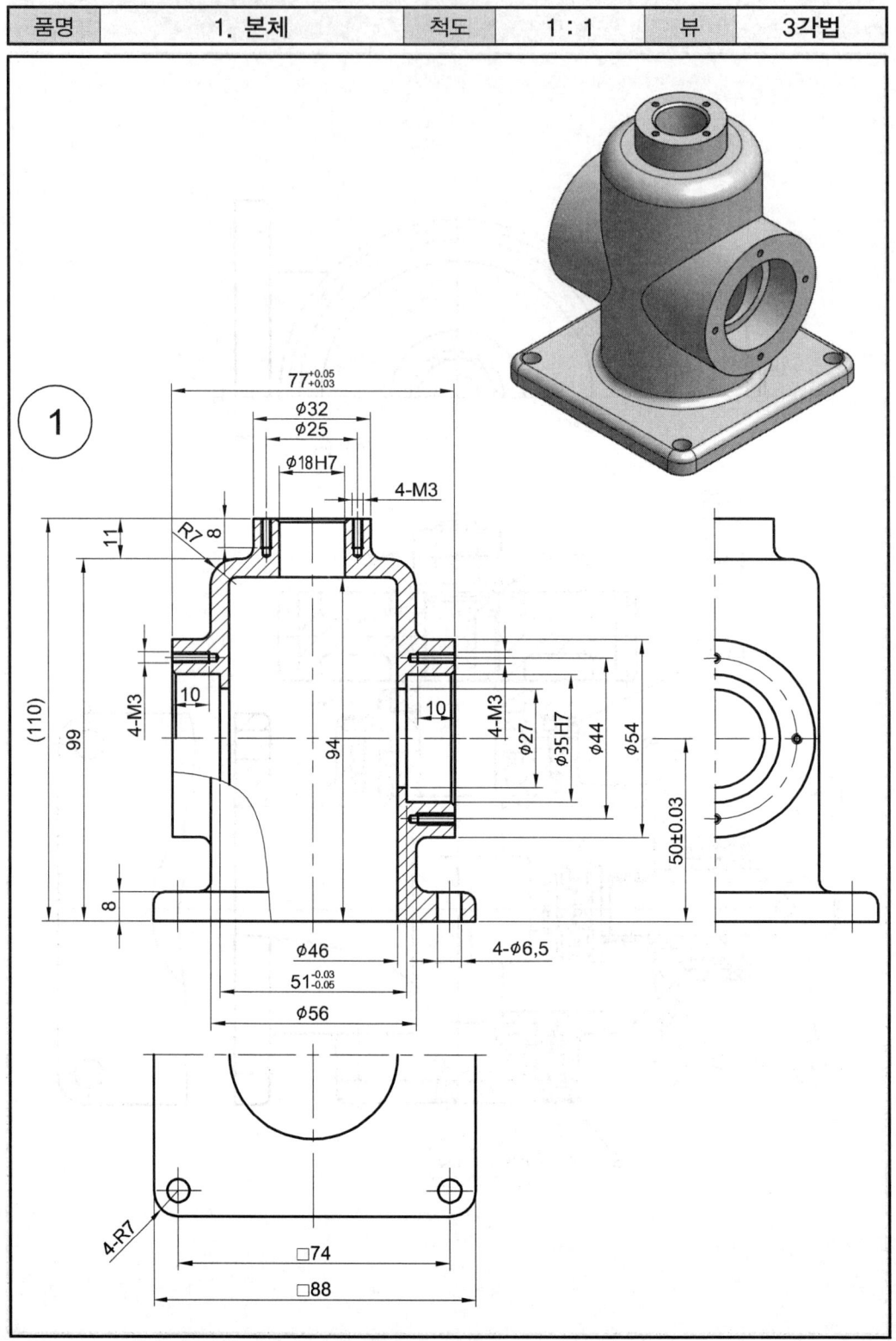

| 품명 | 2. 편심 축 | 척도 | 1 : 1 | 뷰 | 3각법 |

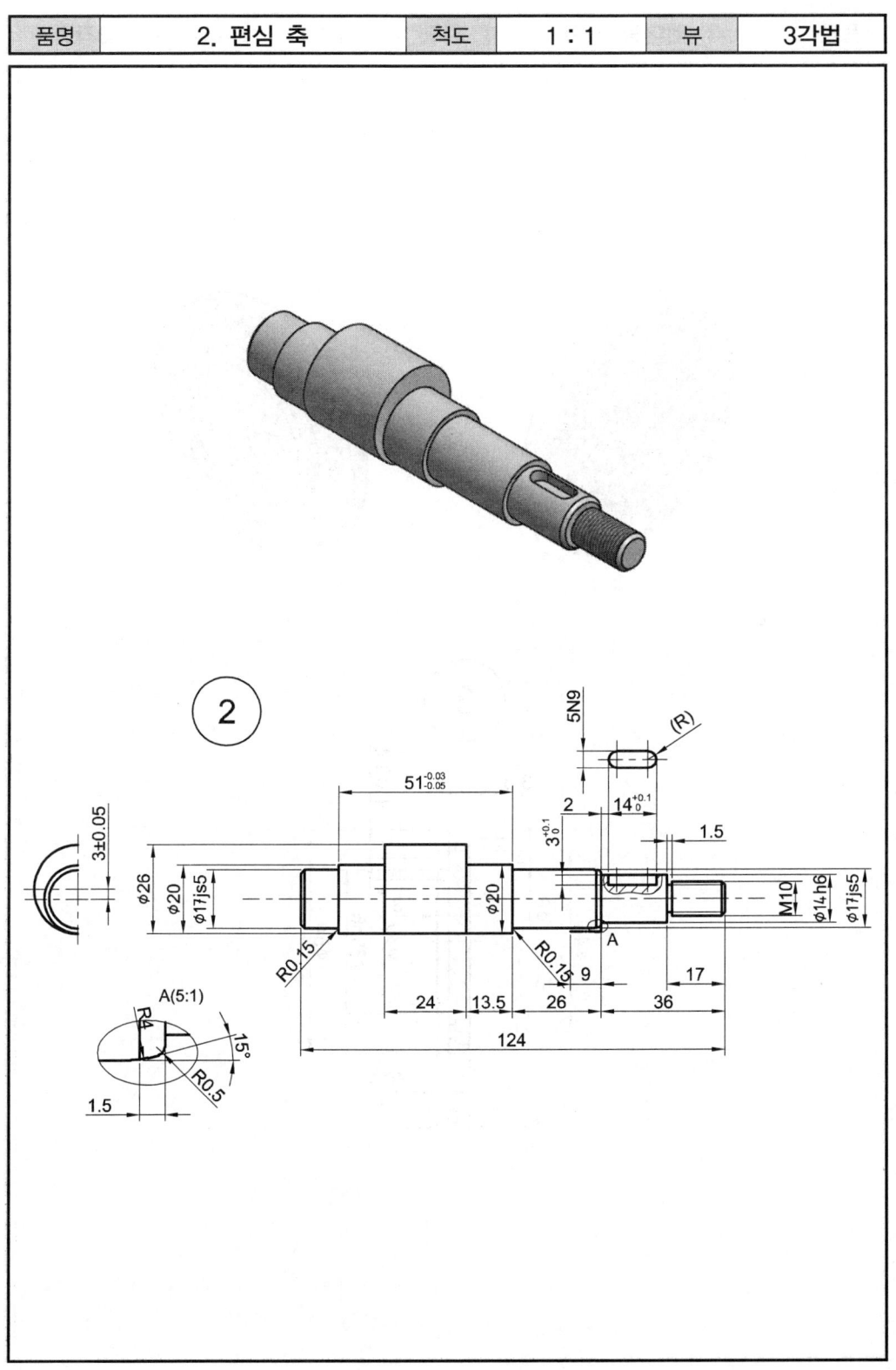

| 품명 | 3. 베어링 커버 | 척도 | 1 : 1 | 뷰 | 3각법 |

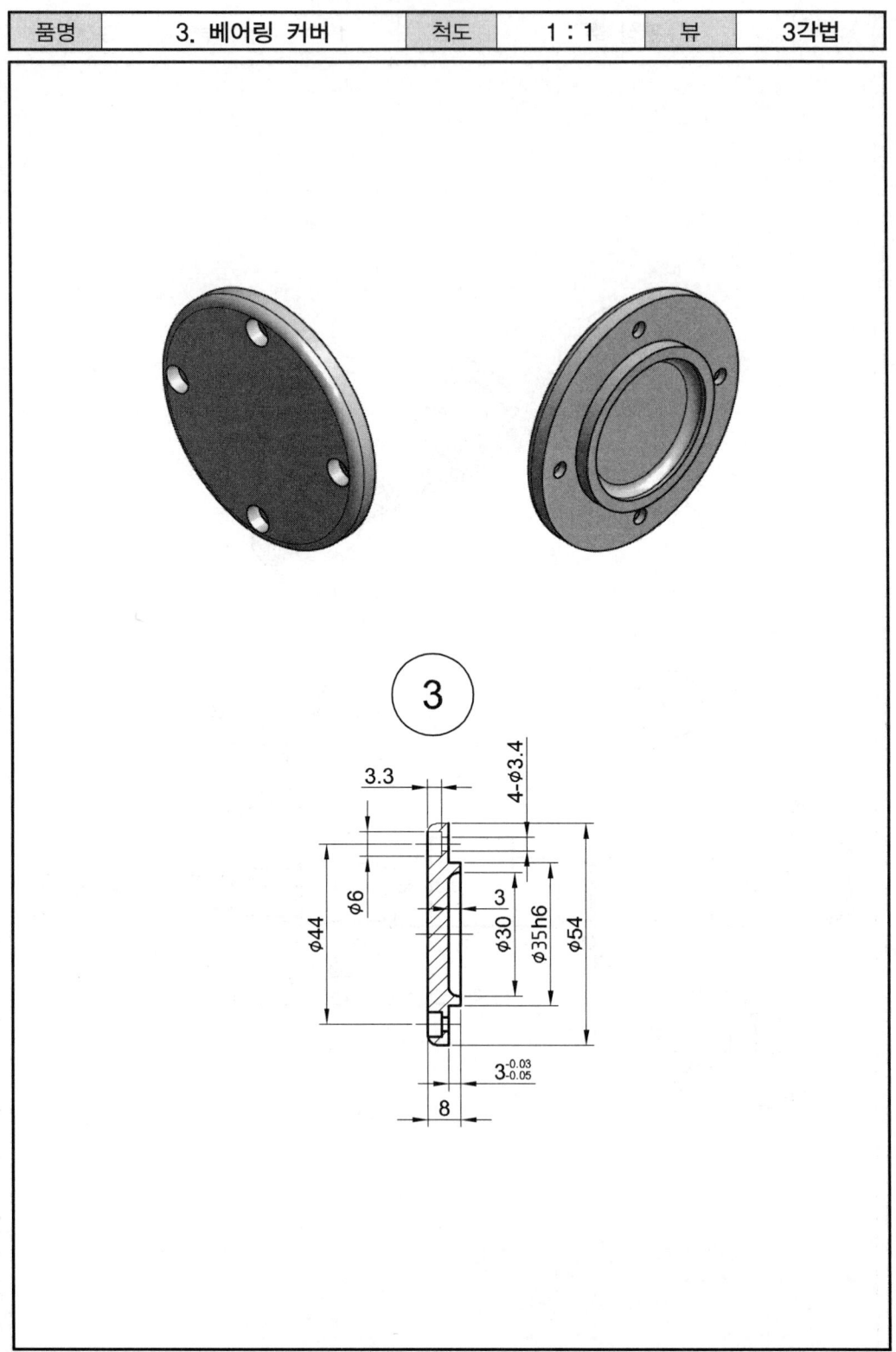

| 품명 | 4. 슬라이더 | 척도 | 1 : 1 | 뷰 | 3각법 |

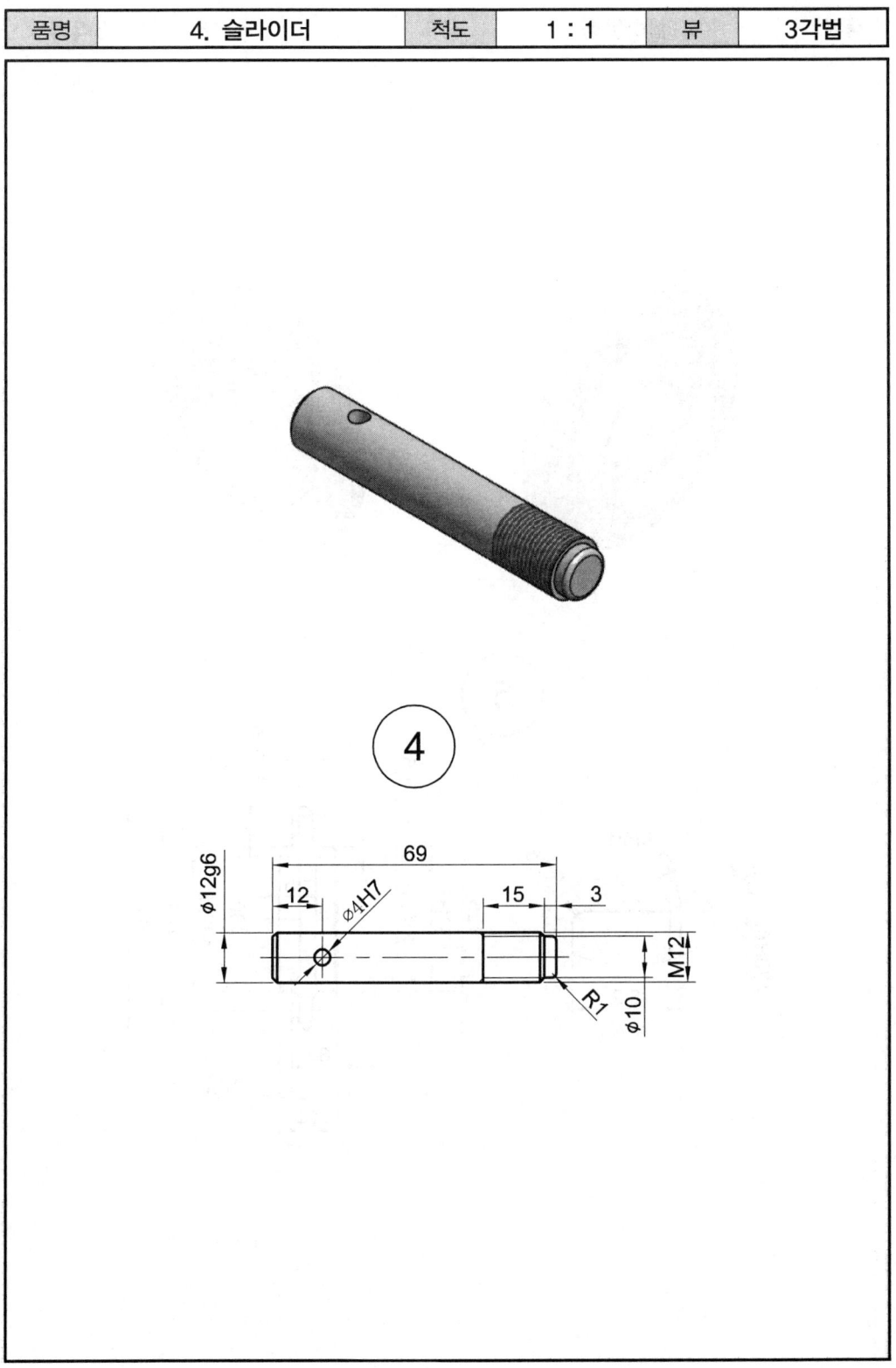

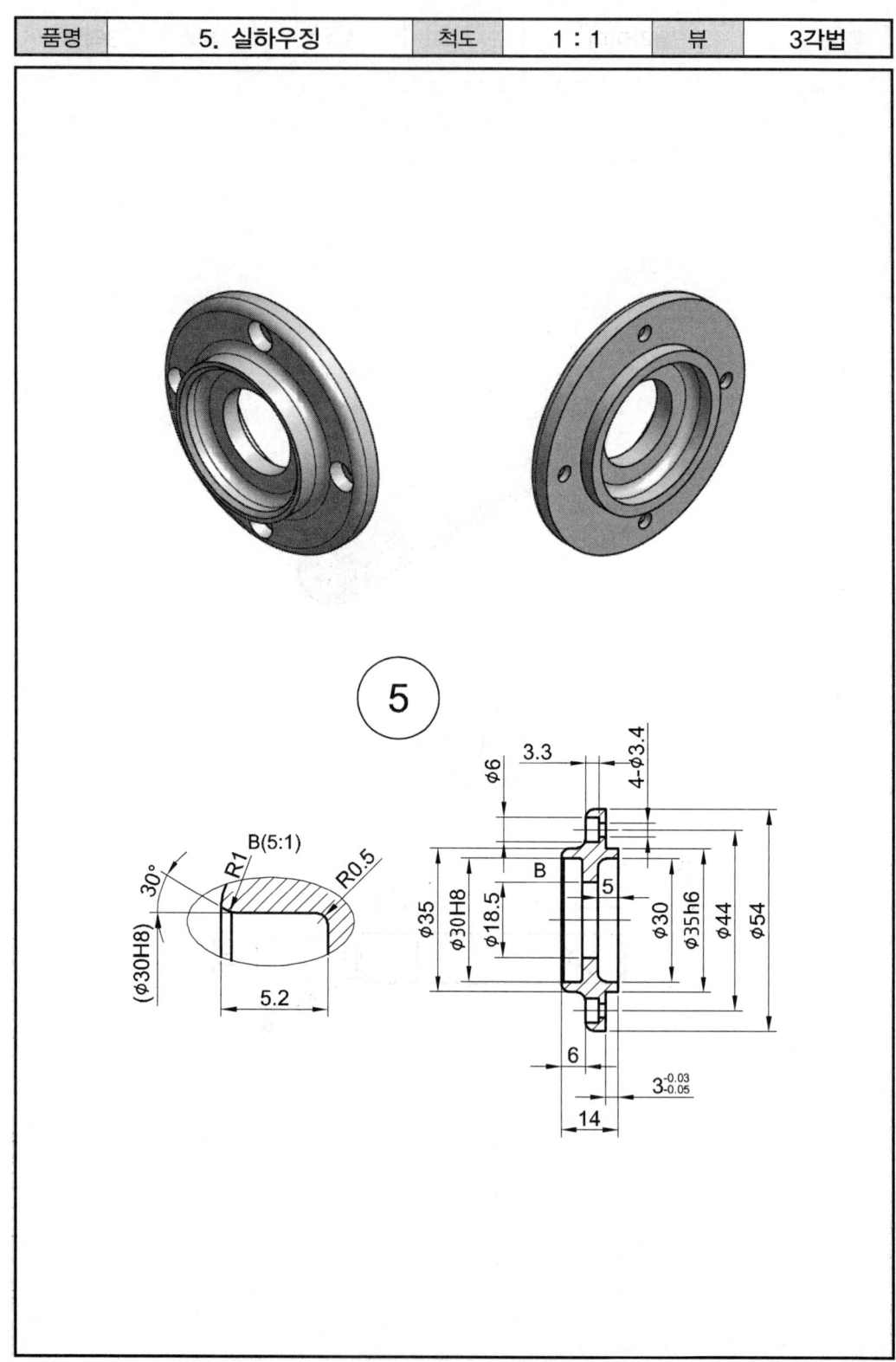

| 품명 | 6. 스퍼기어 | 척도 | 1 : 1 | 뷰 | 3각법 |

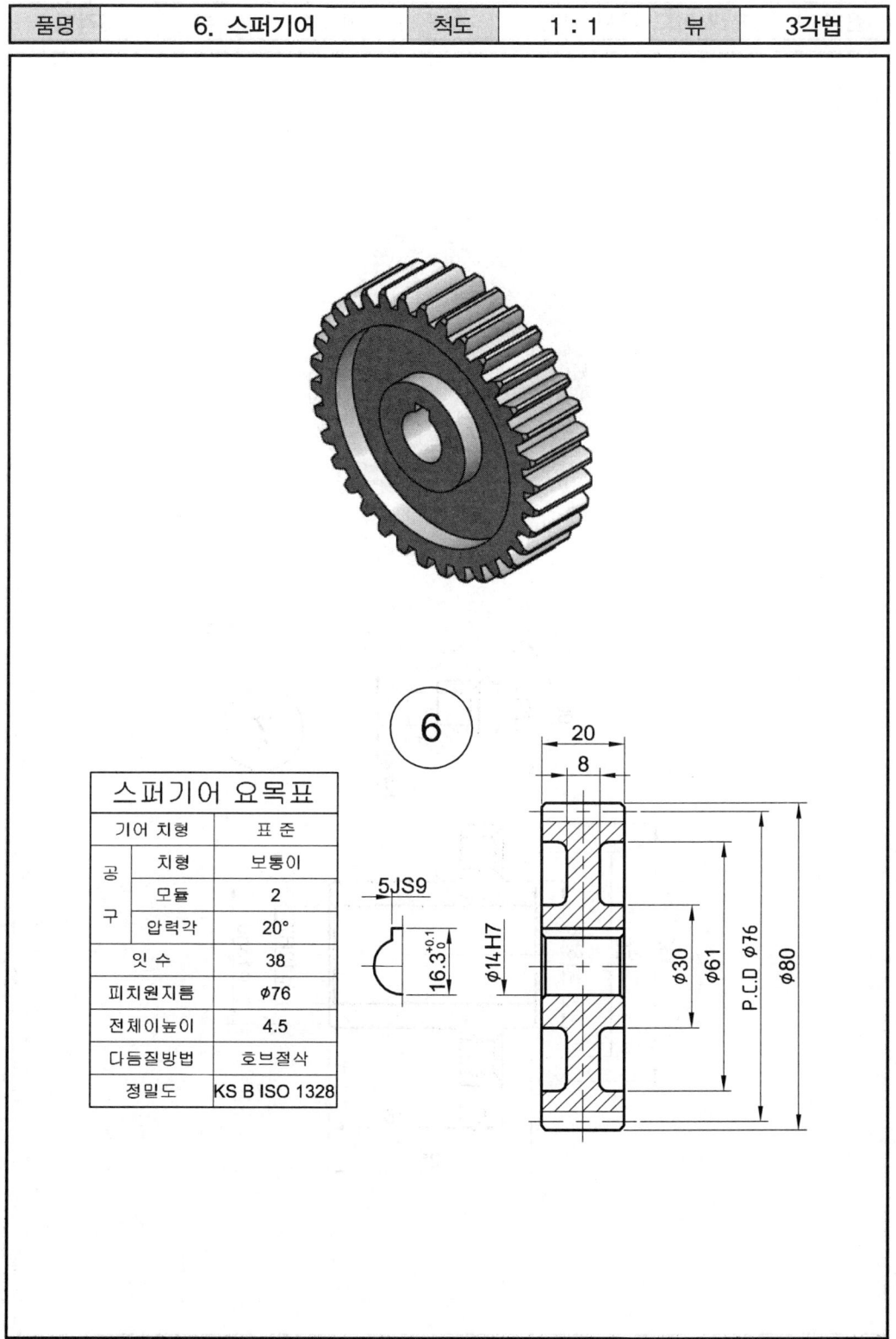

스퍼기어 요목표	
기어 치형	표준
공구	치형	보통이
	모듈	2
	압력각	20°
잇 수	38
피치원지름	⌀76
전체이높이	4.5
다듬질방법	호브절삭
정밀도	KS B ISO 1328

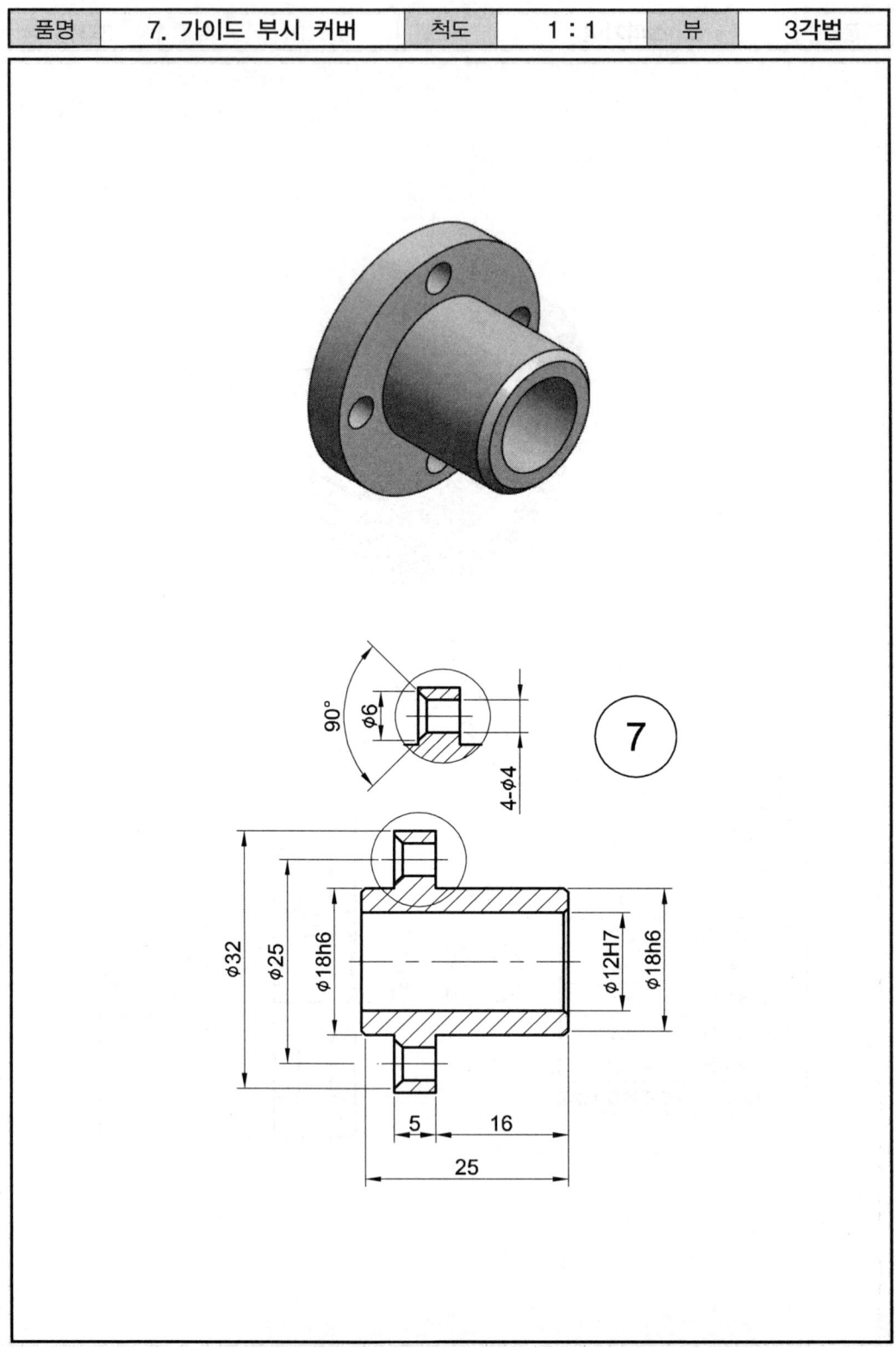

| 품명 | 17. 스프링 | 척도 | 1 : 1 | 뷰 | 3각법 |

⑰

15　⌀1
⌀14　⌀15

★ 축 받힘 장치 - 조립도 ★

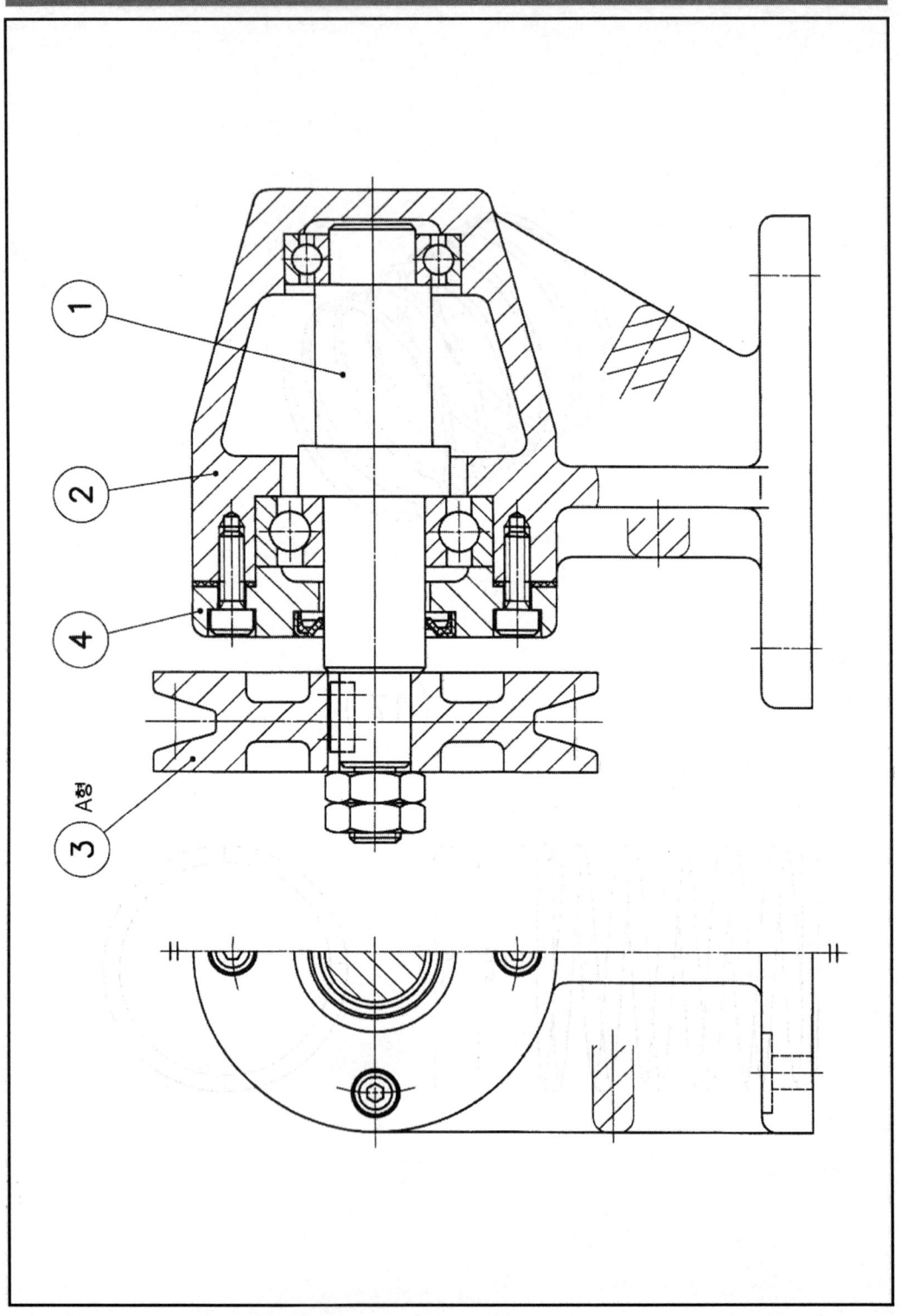

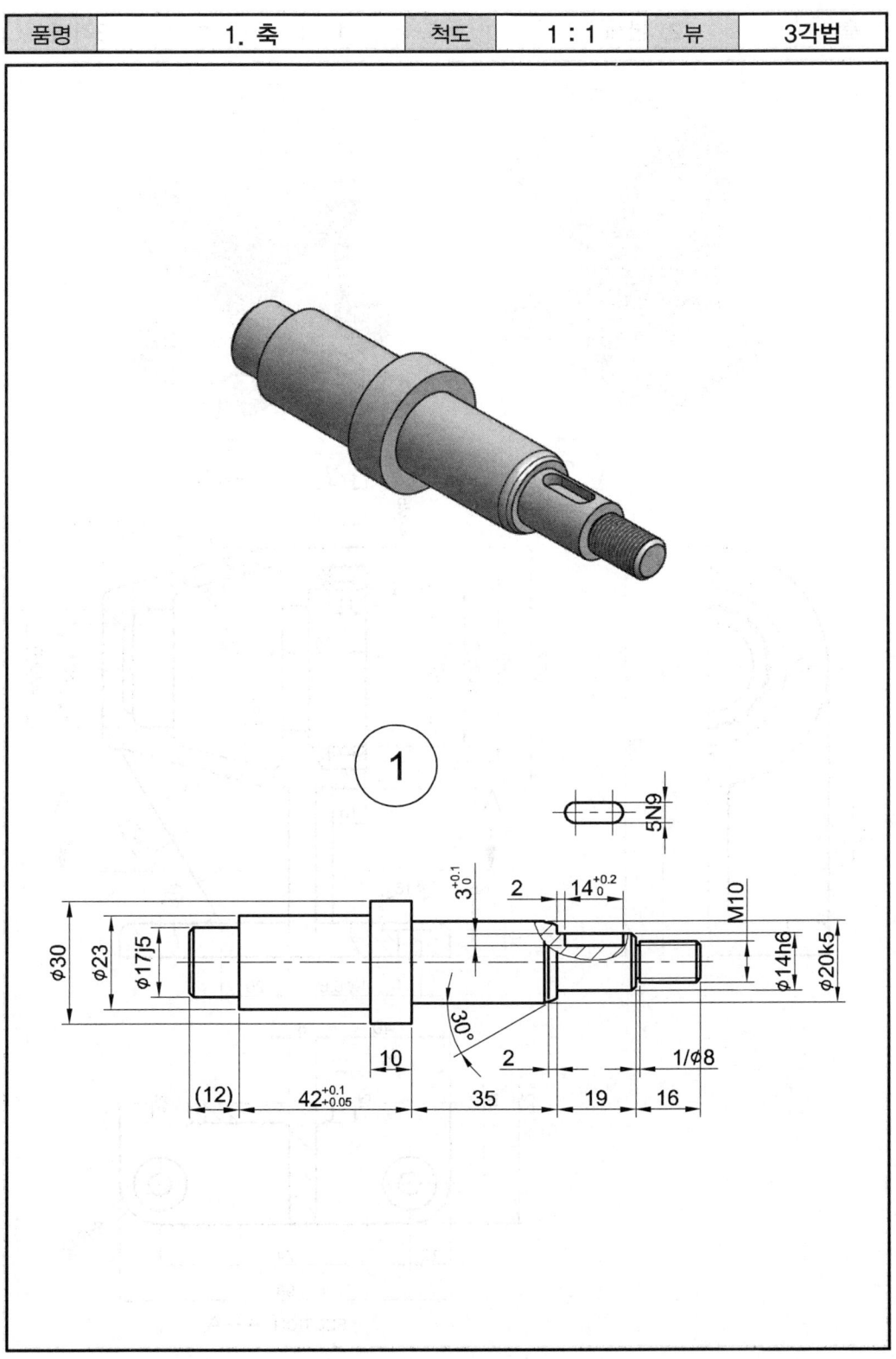

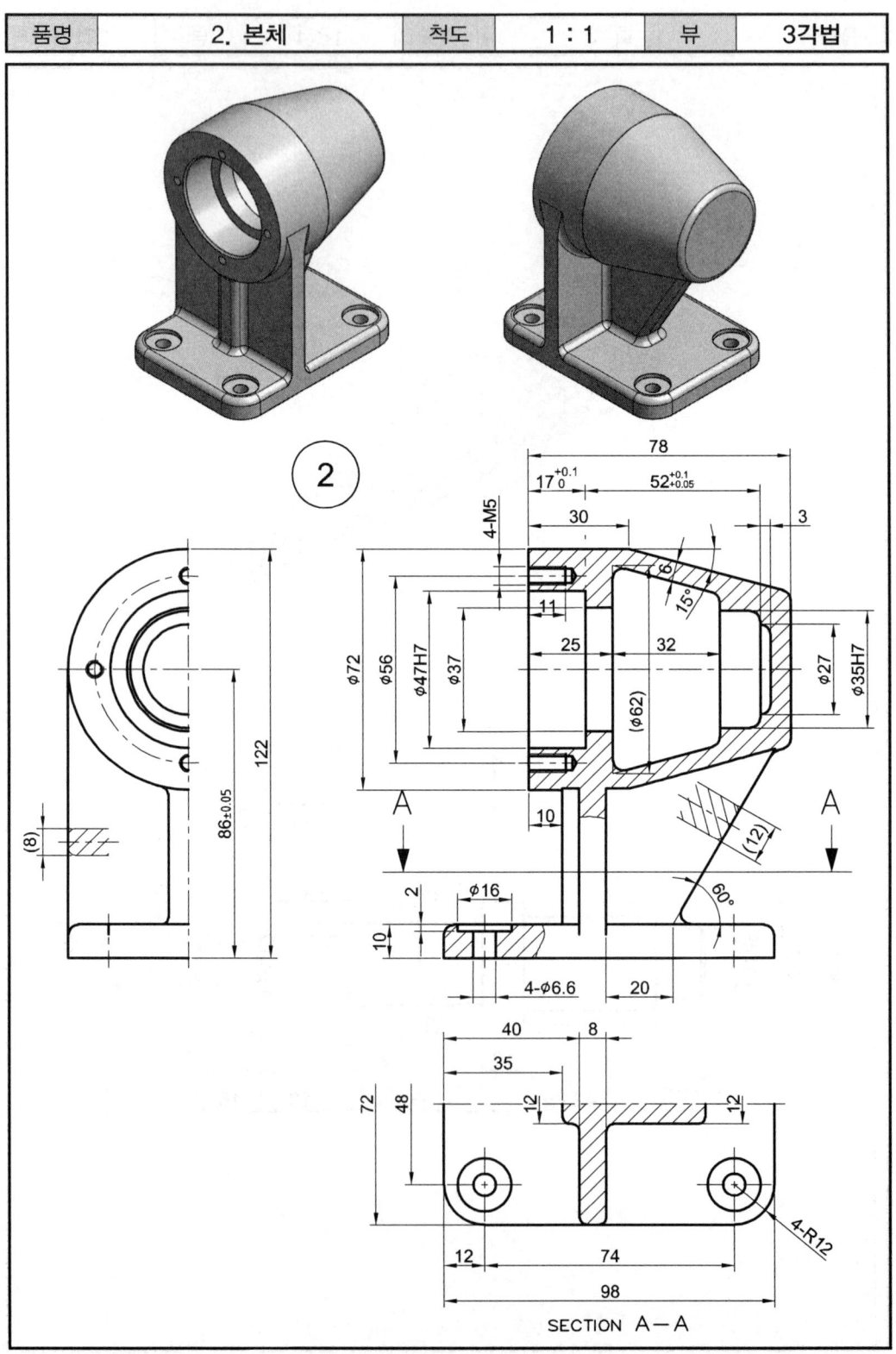

| 품명 | 3. 커버 | 척도 | 1 : 1 | 뷰 | 3각법 |

SECTION A—A

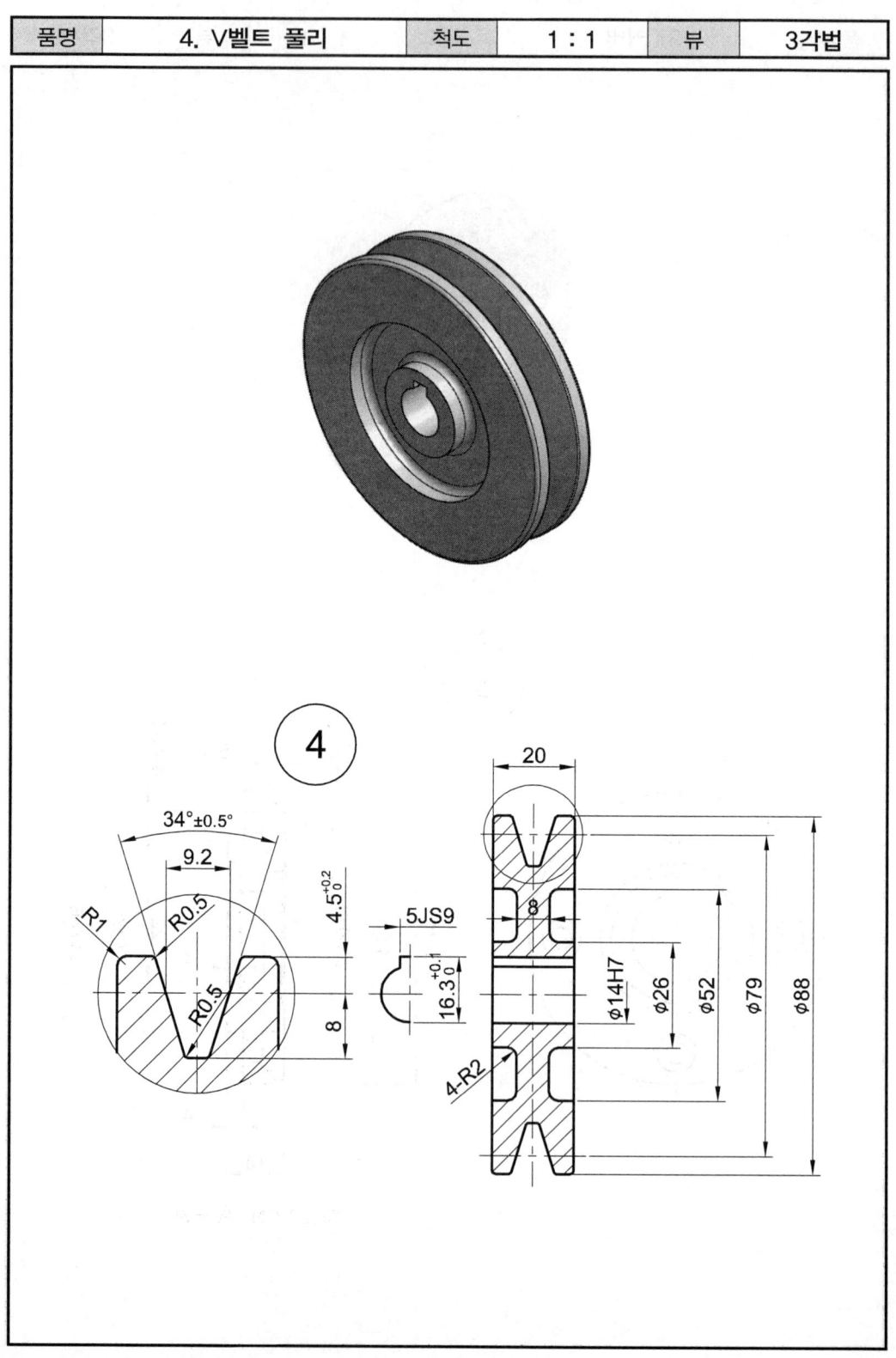

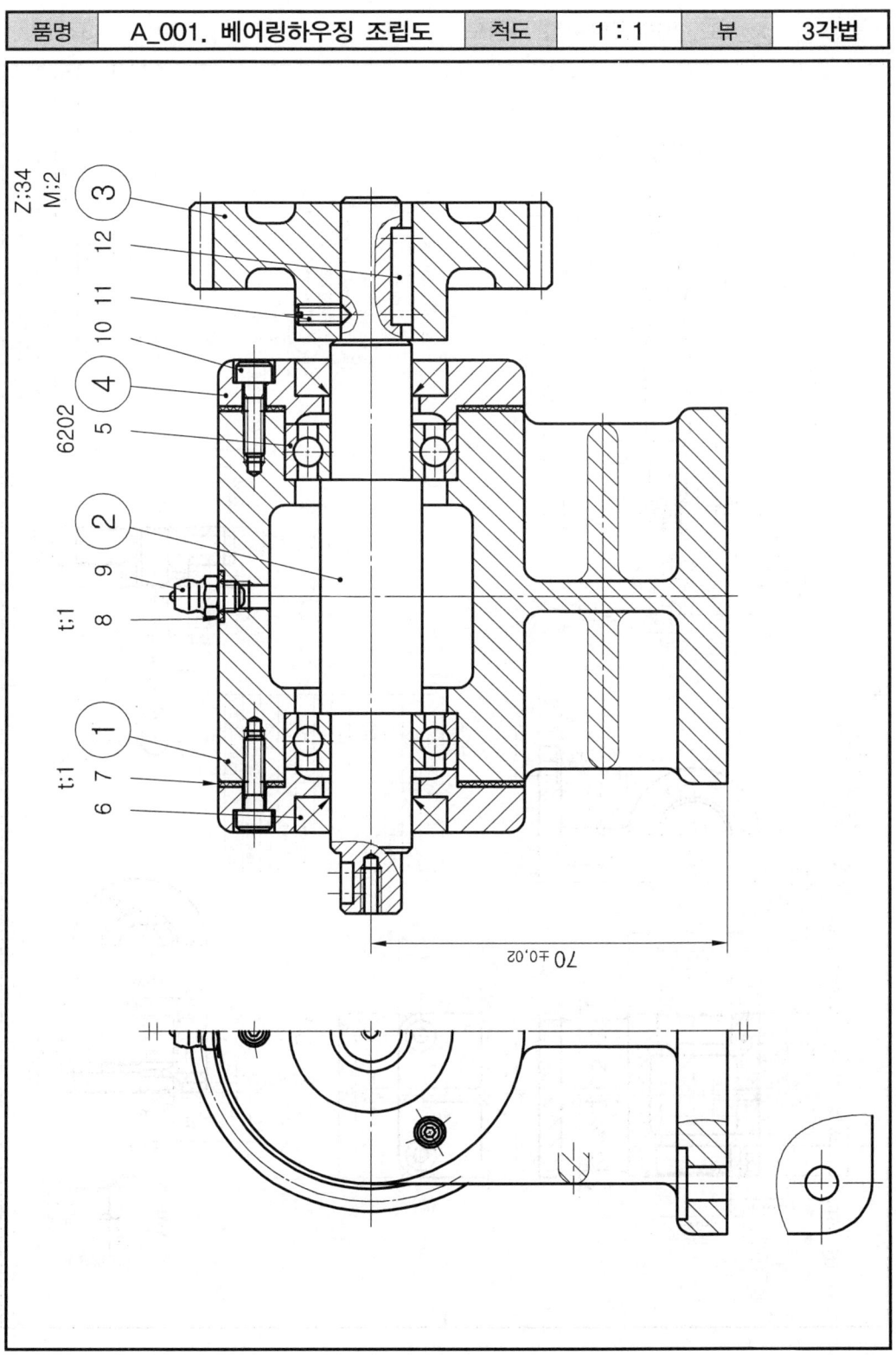

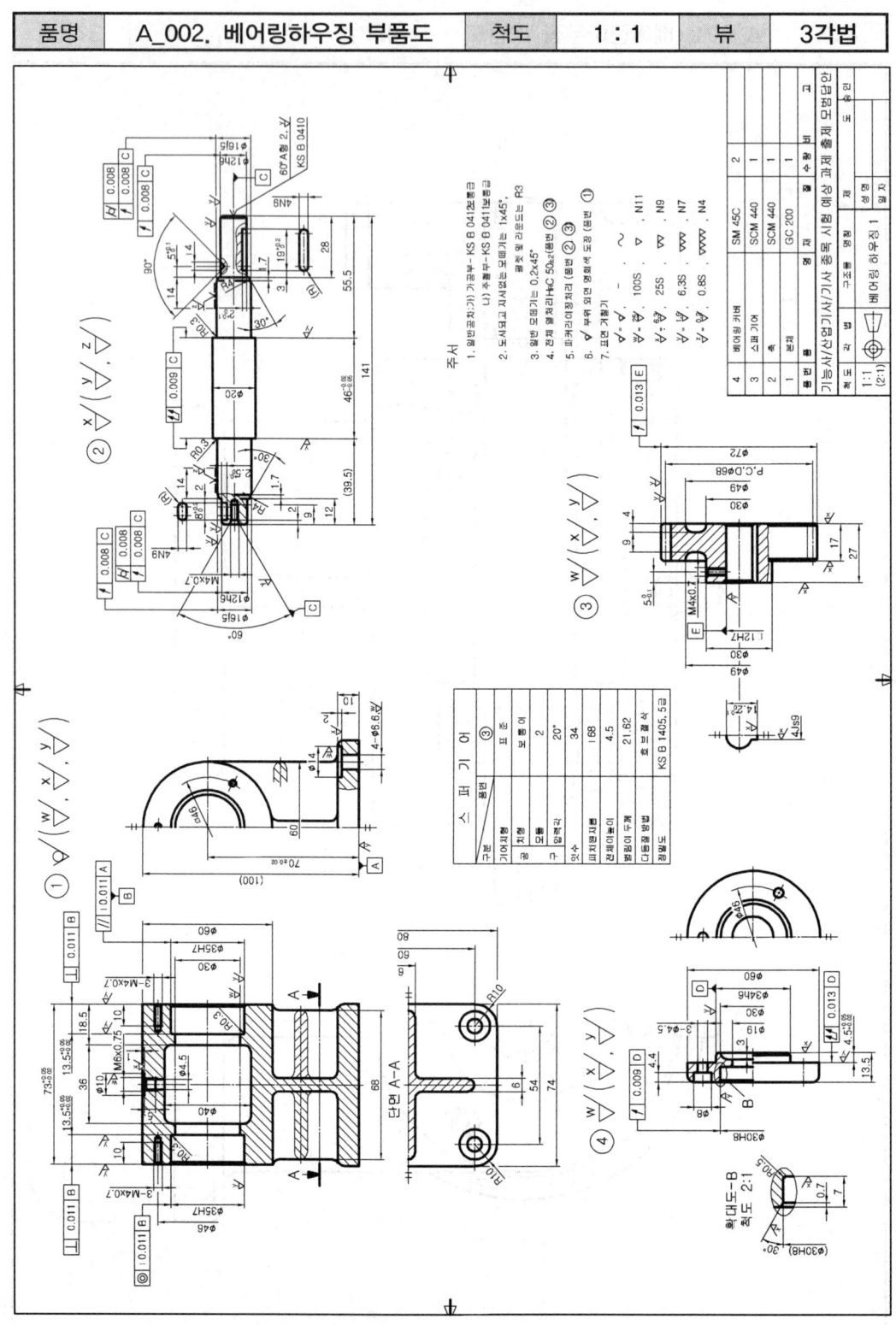

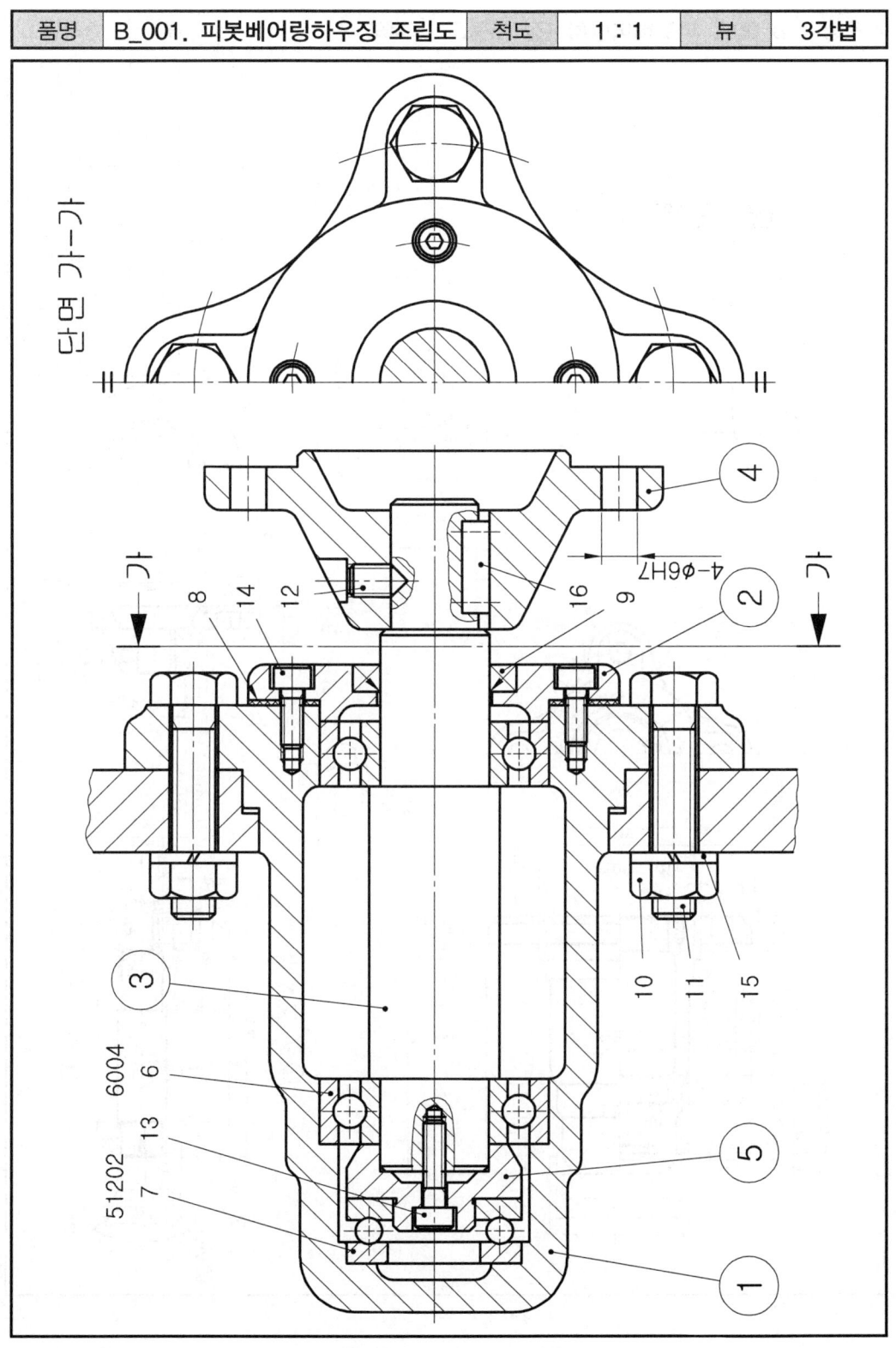

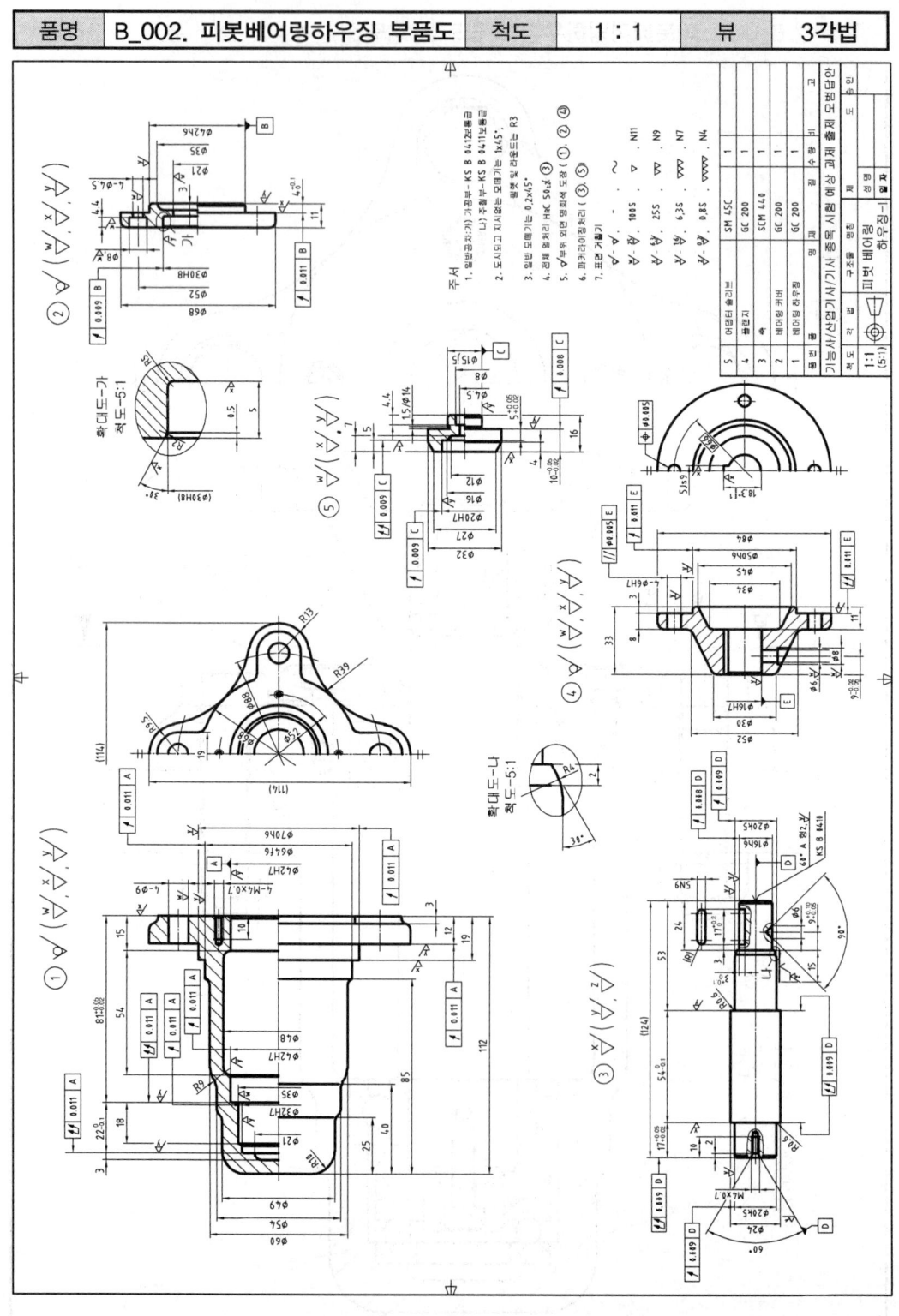

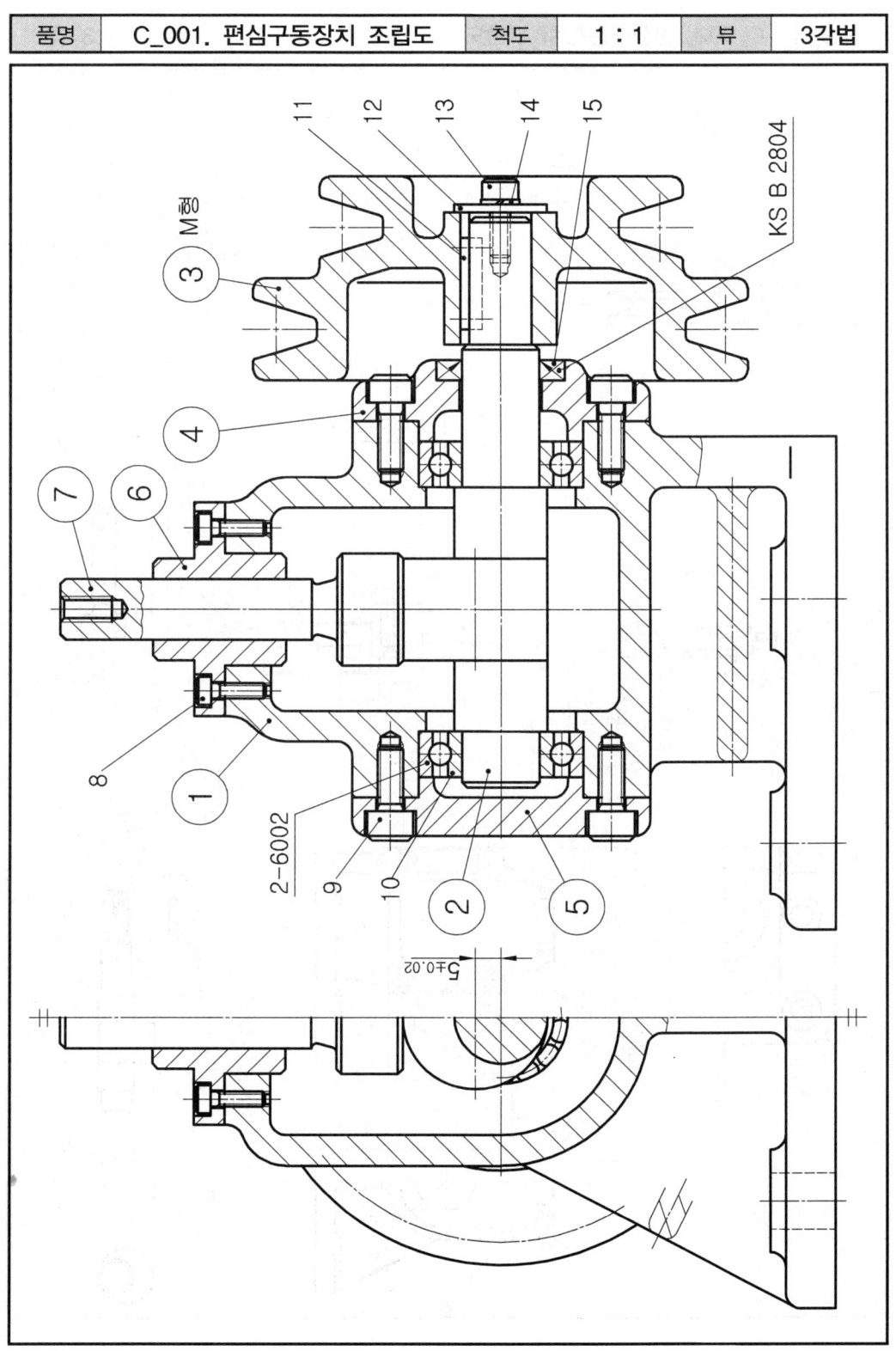

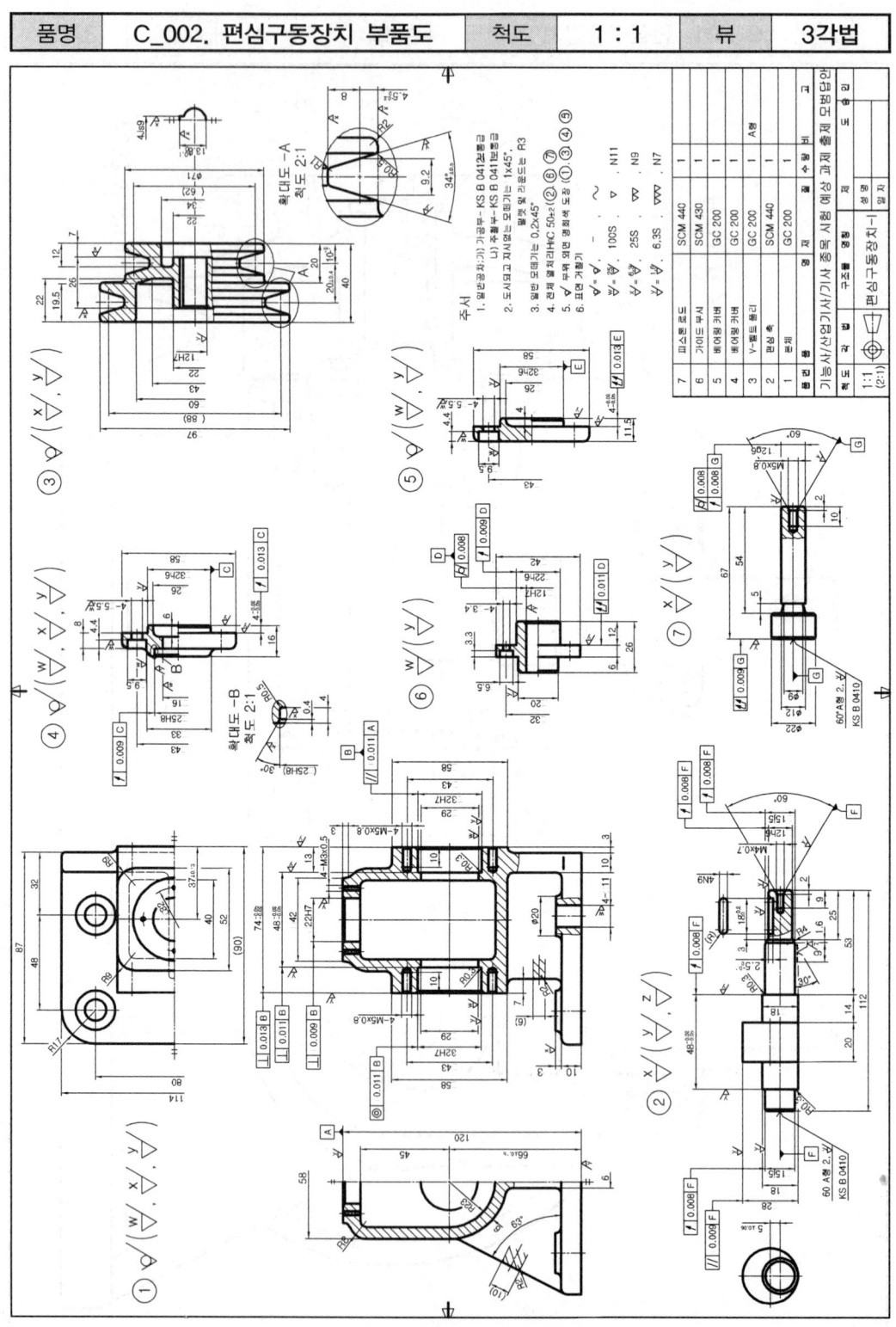

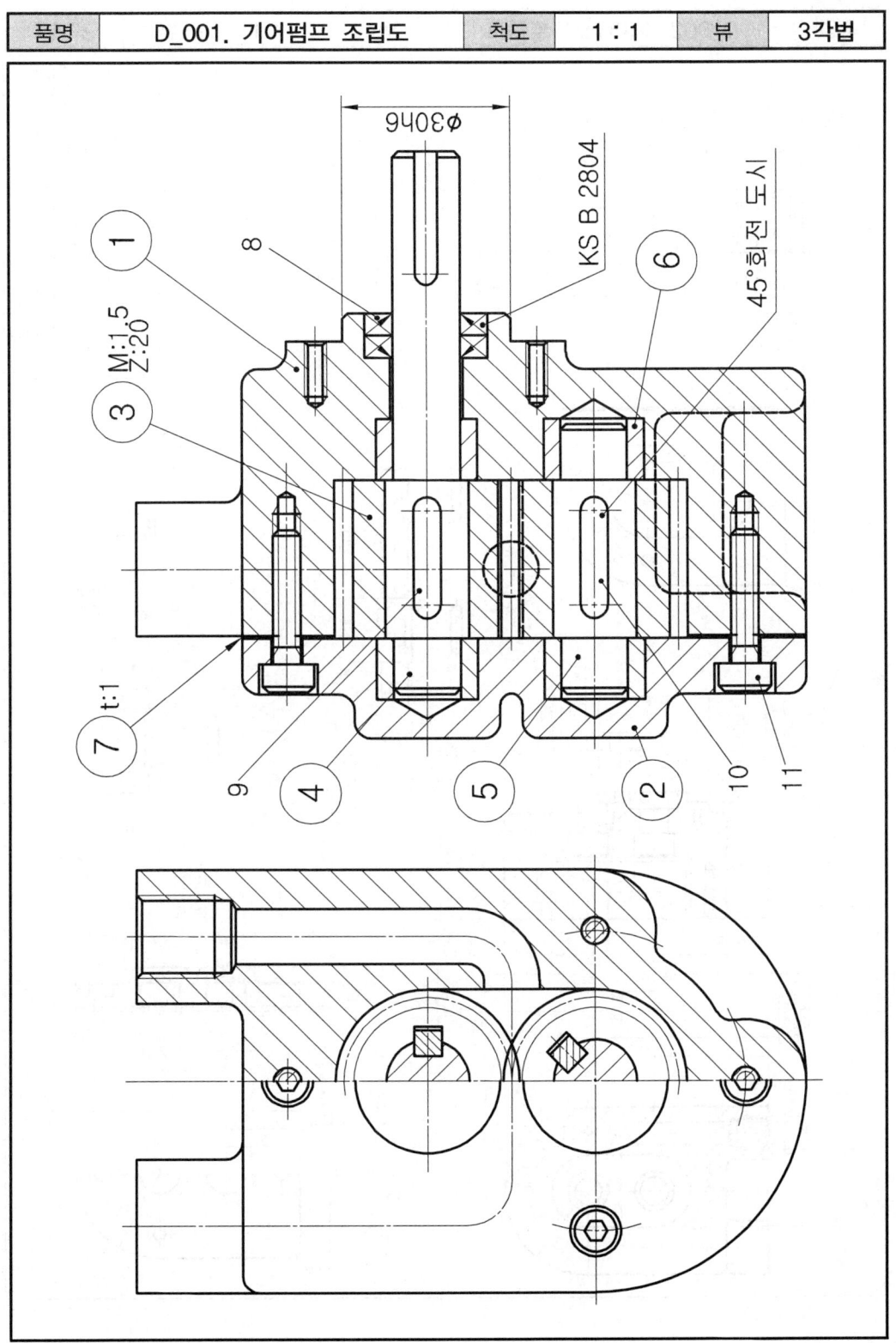

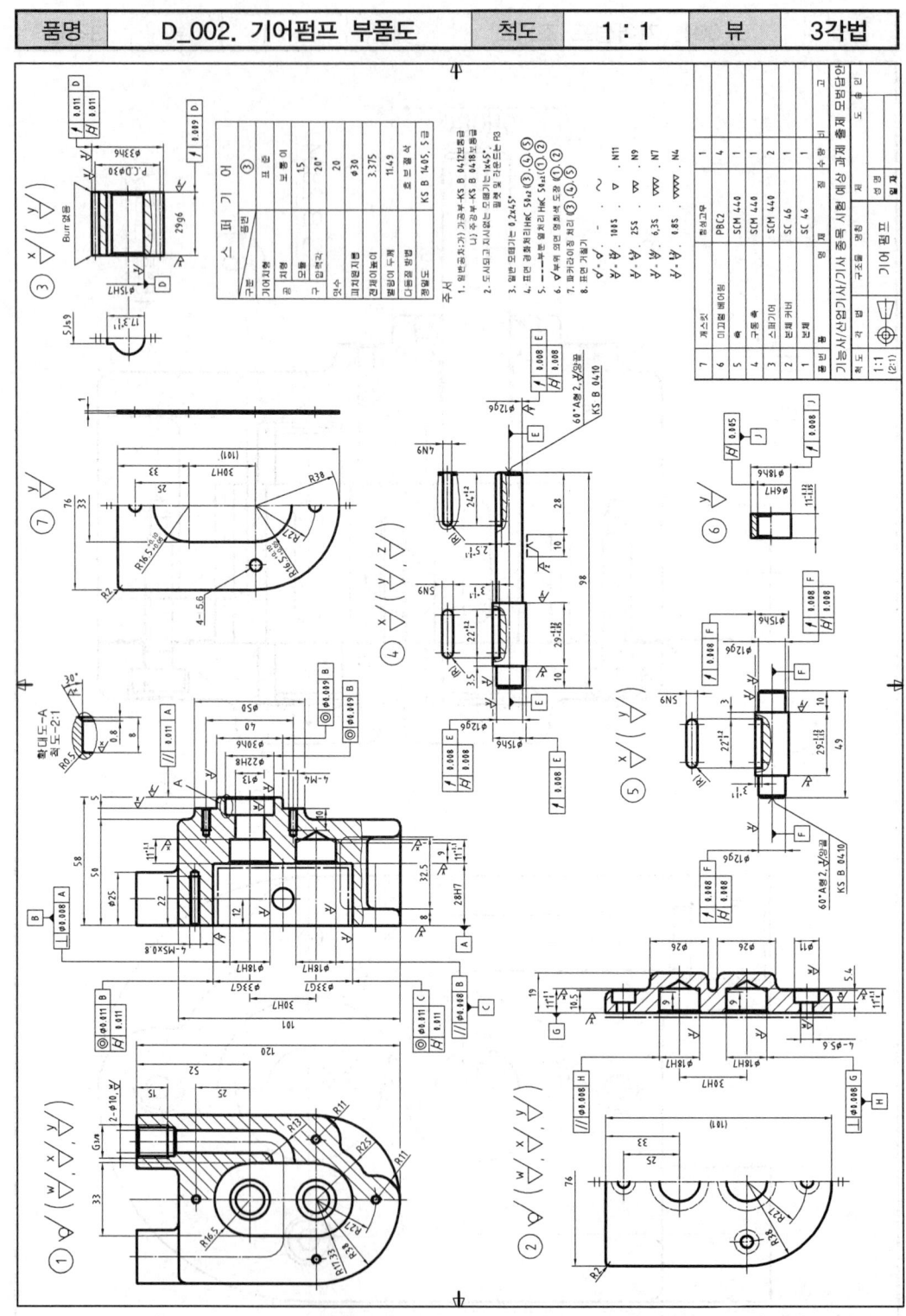

| 품명 | E_001. 스퍼기어박스 조립도 | 척도 | 1:1 | 뷰 | 3각법 |

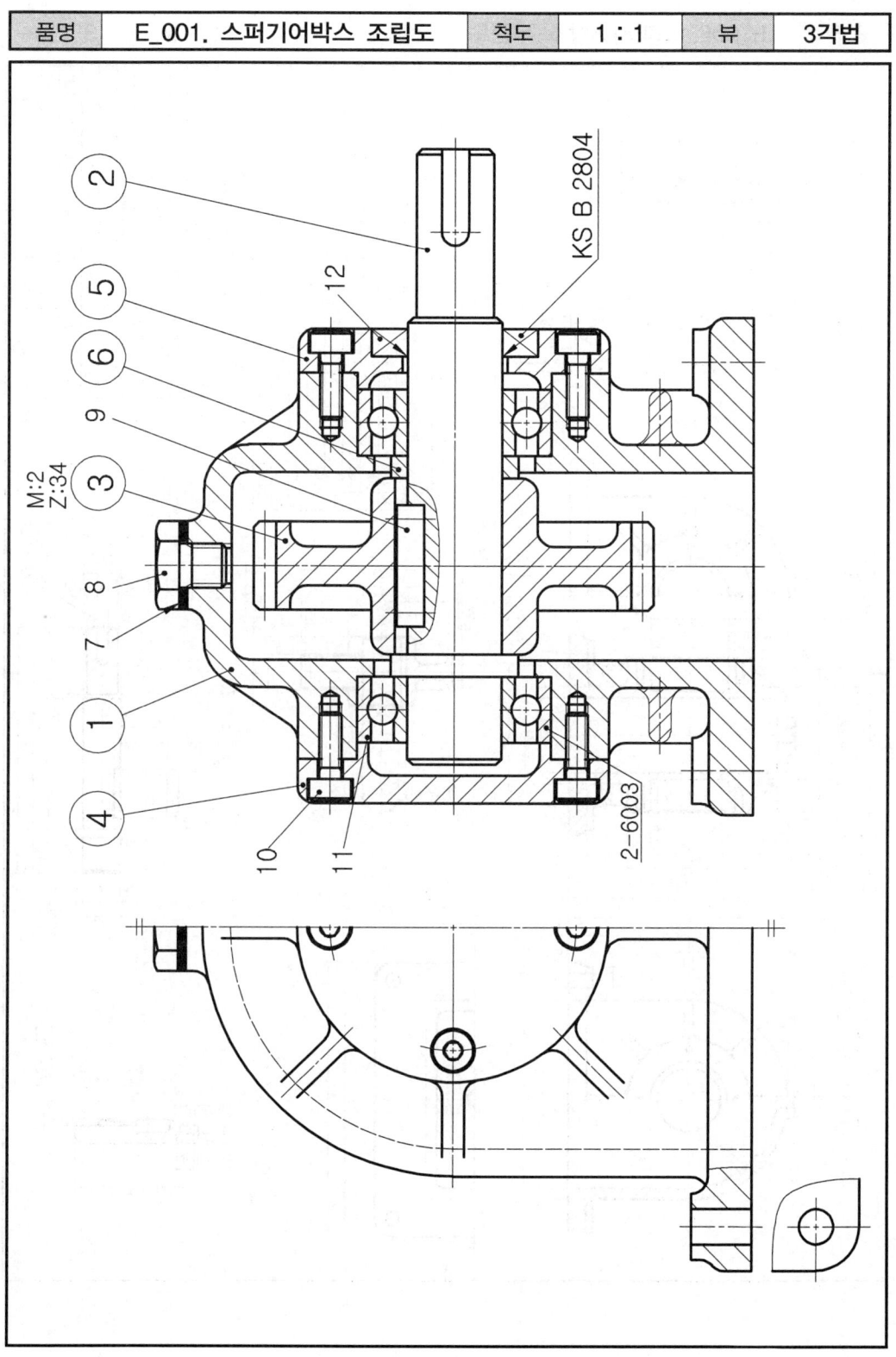

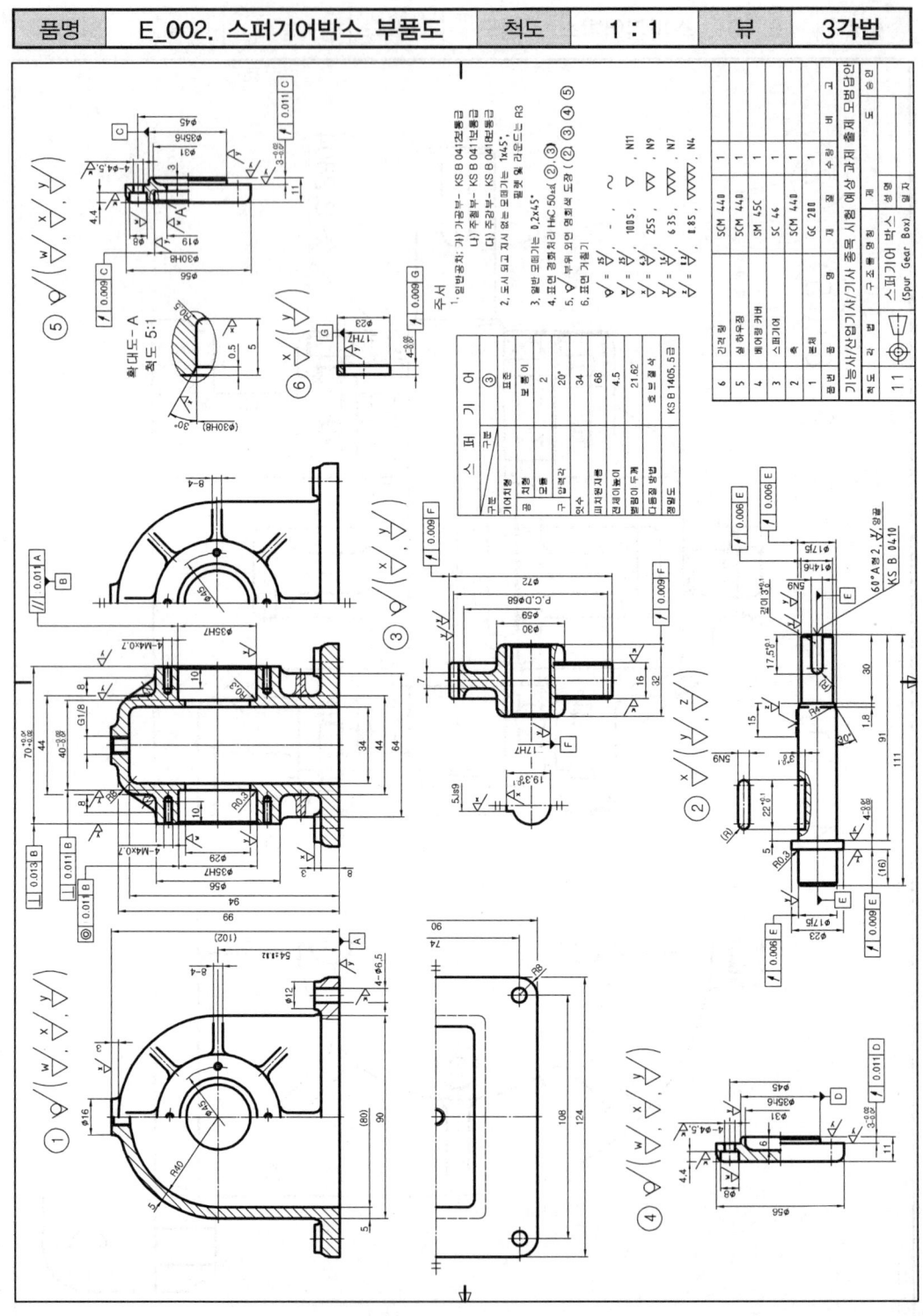

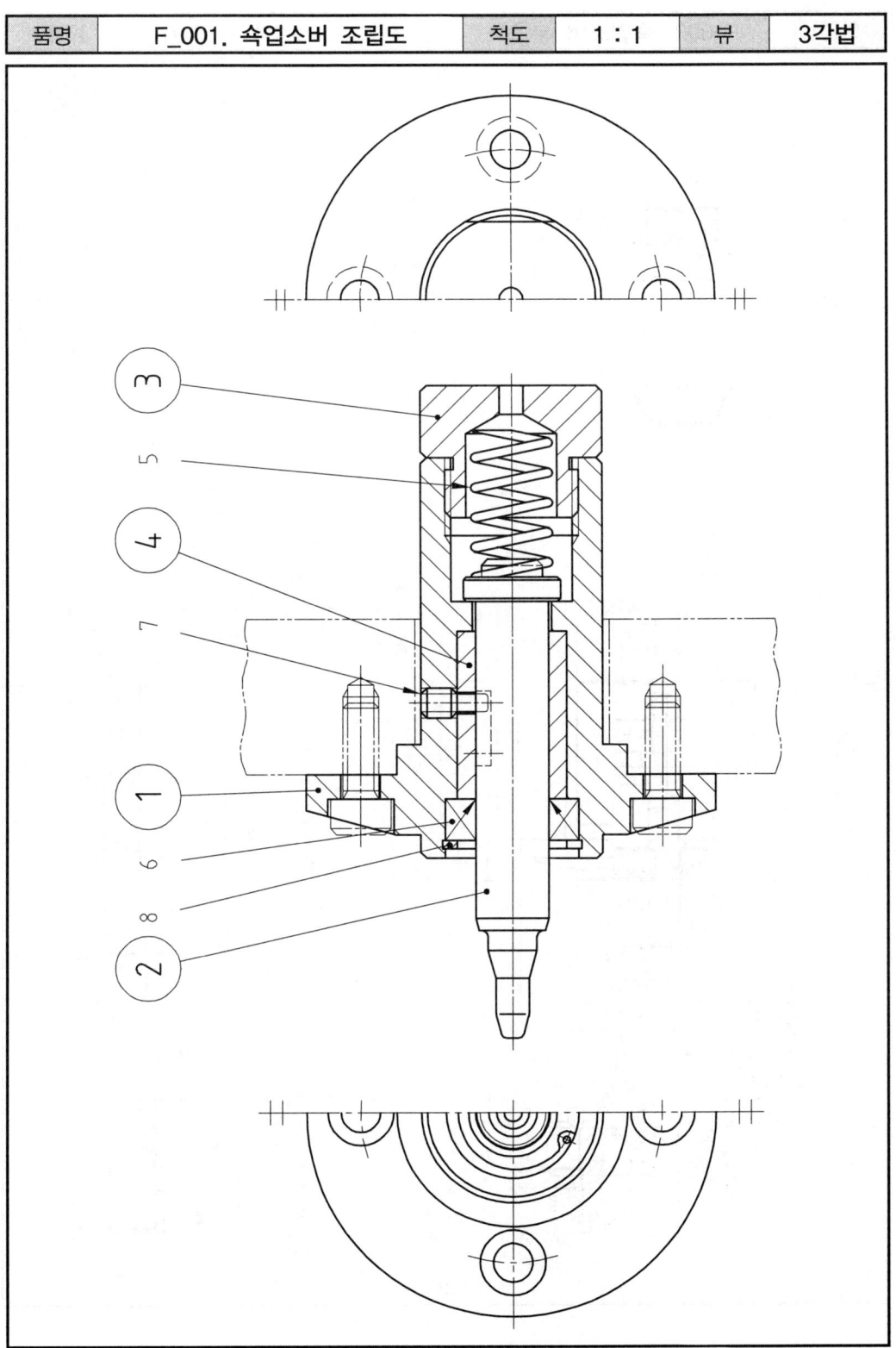

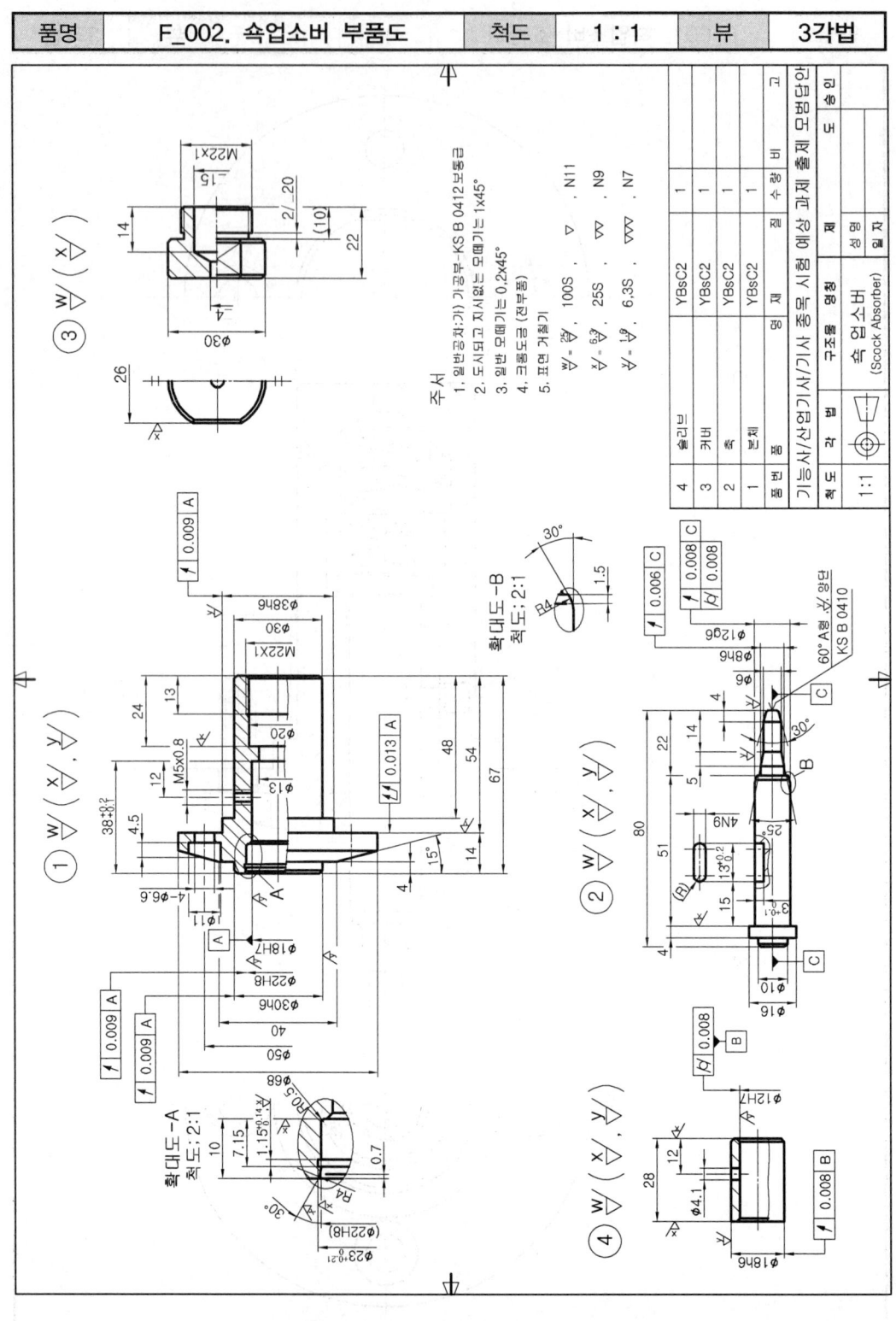

| 품명 | G_001. 리프트에어실린더 조립도 | 척도 | 1:1 | 뷰 | 3각법 |

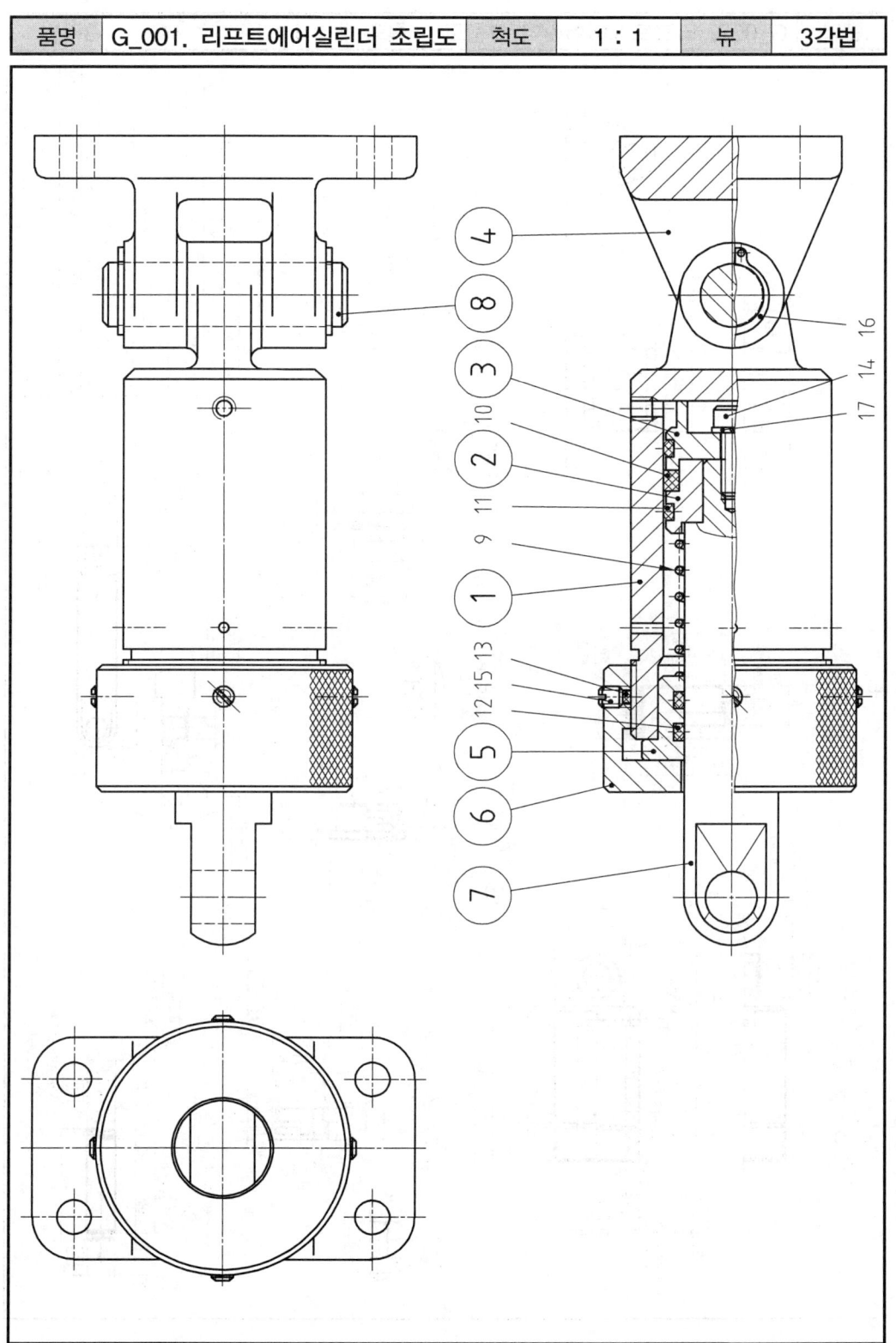

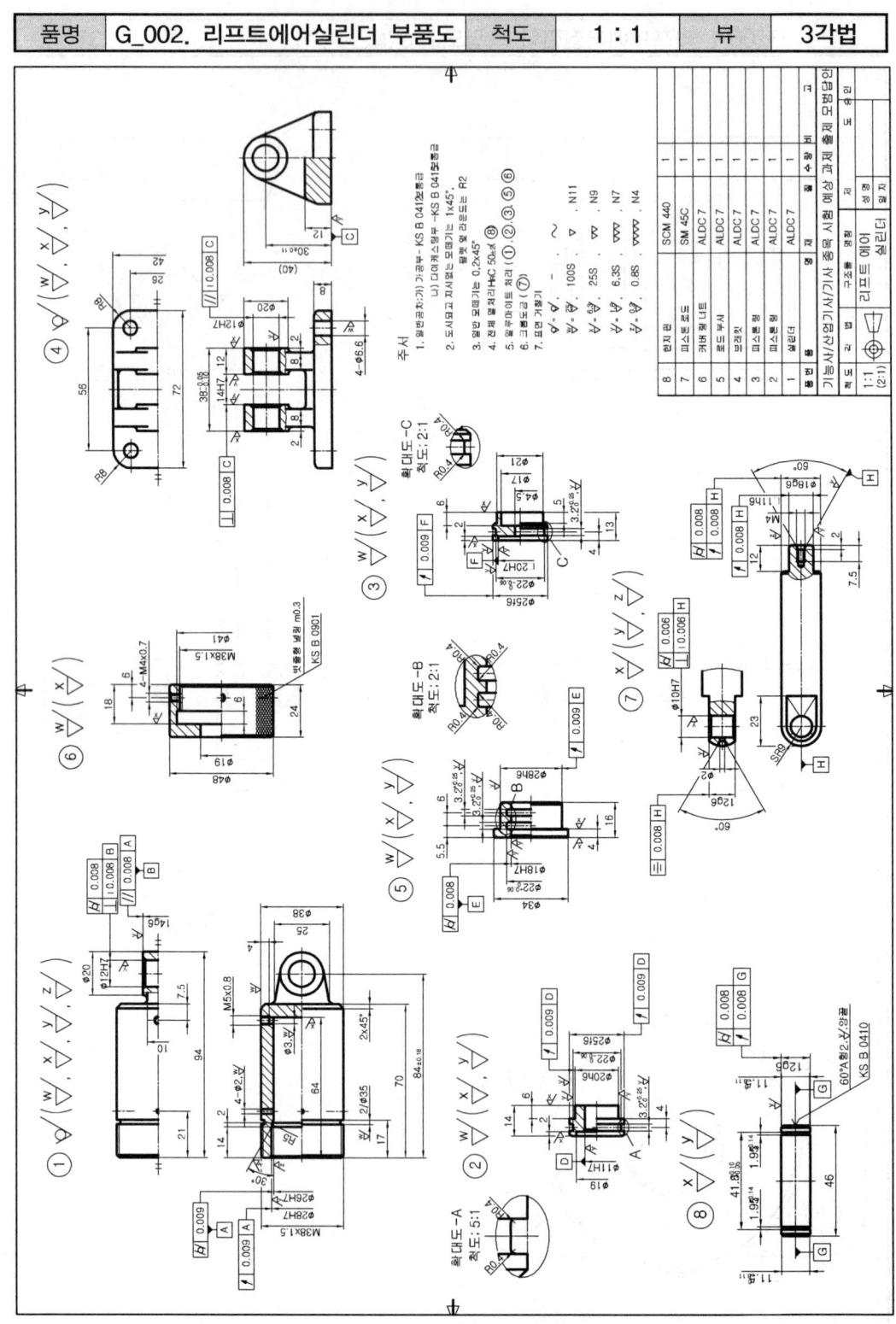

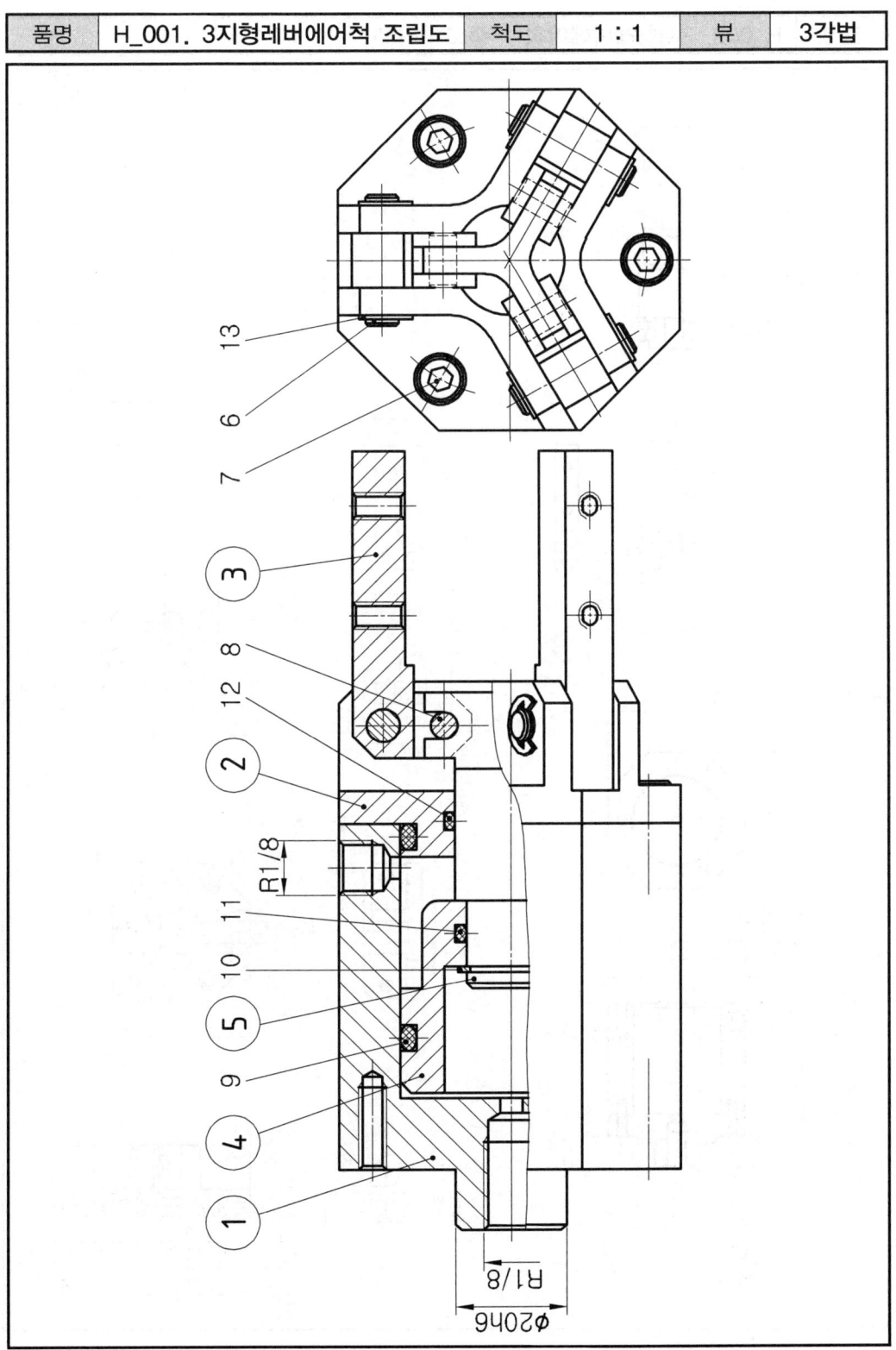

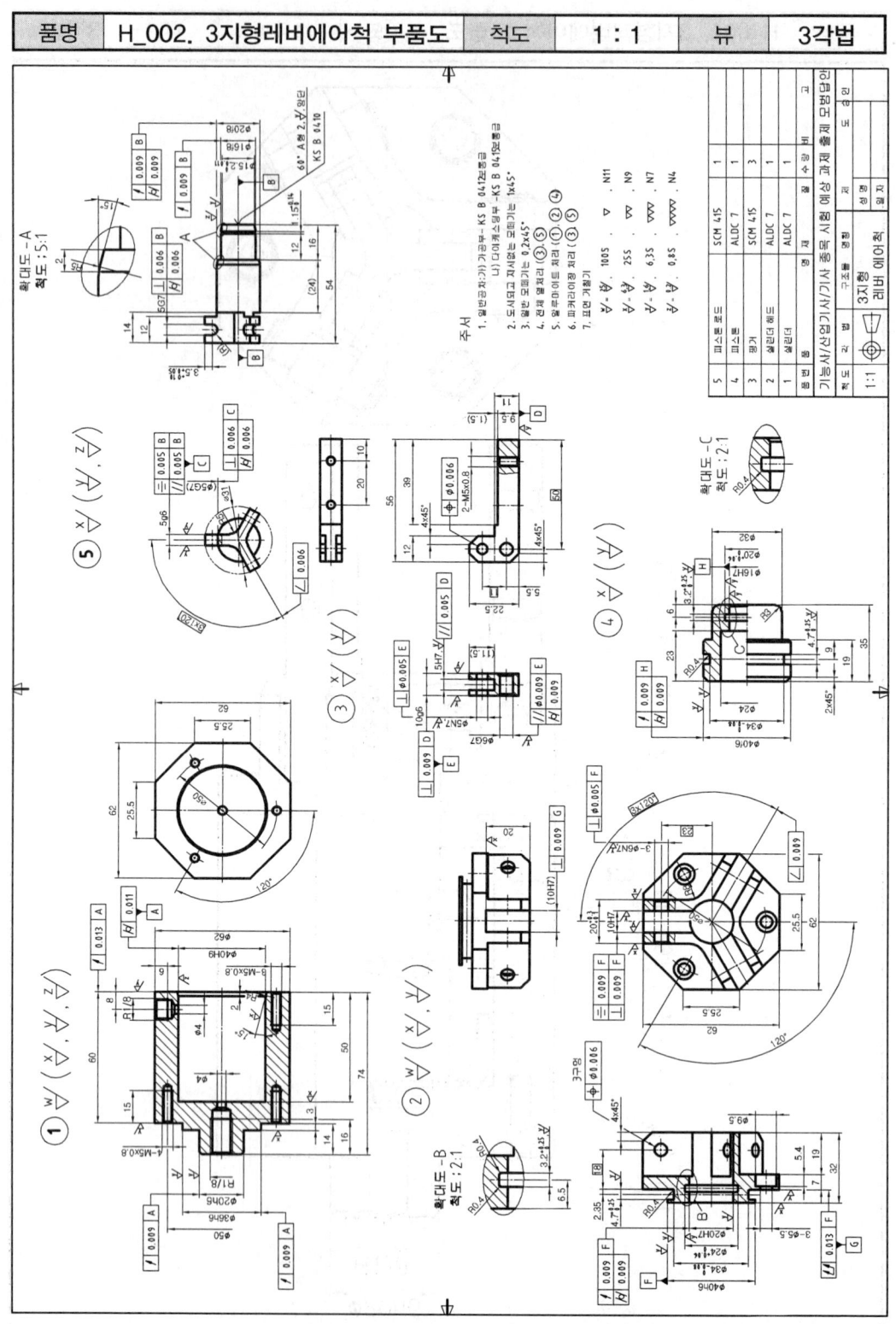

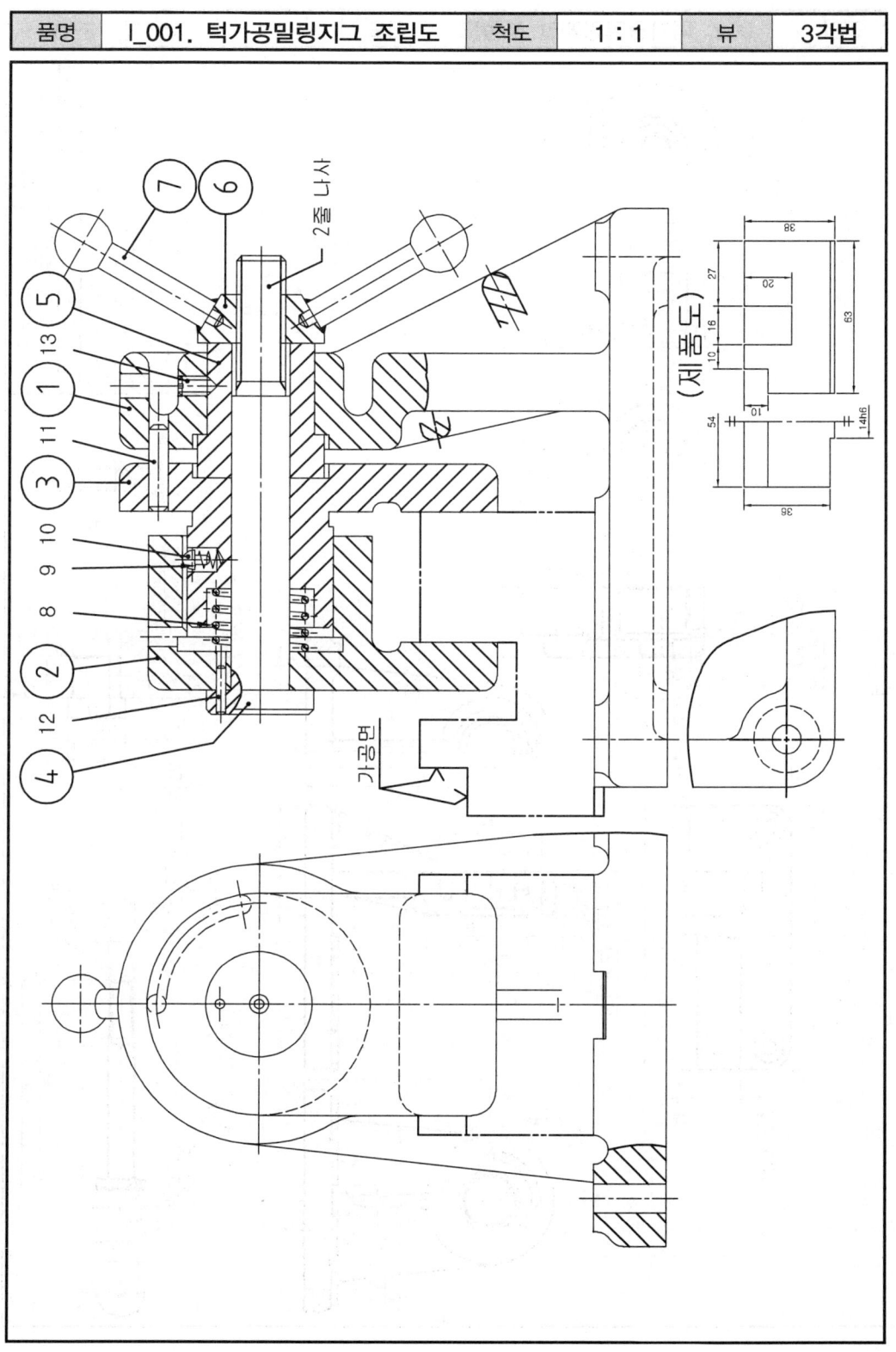

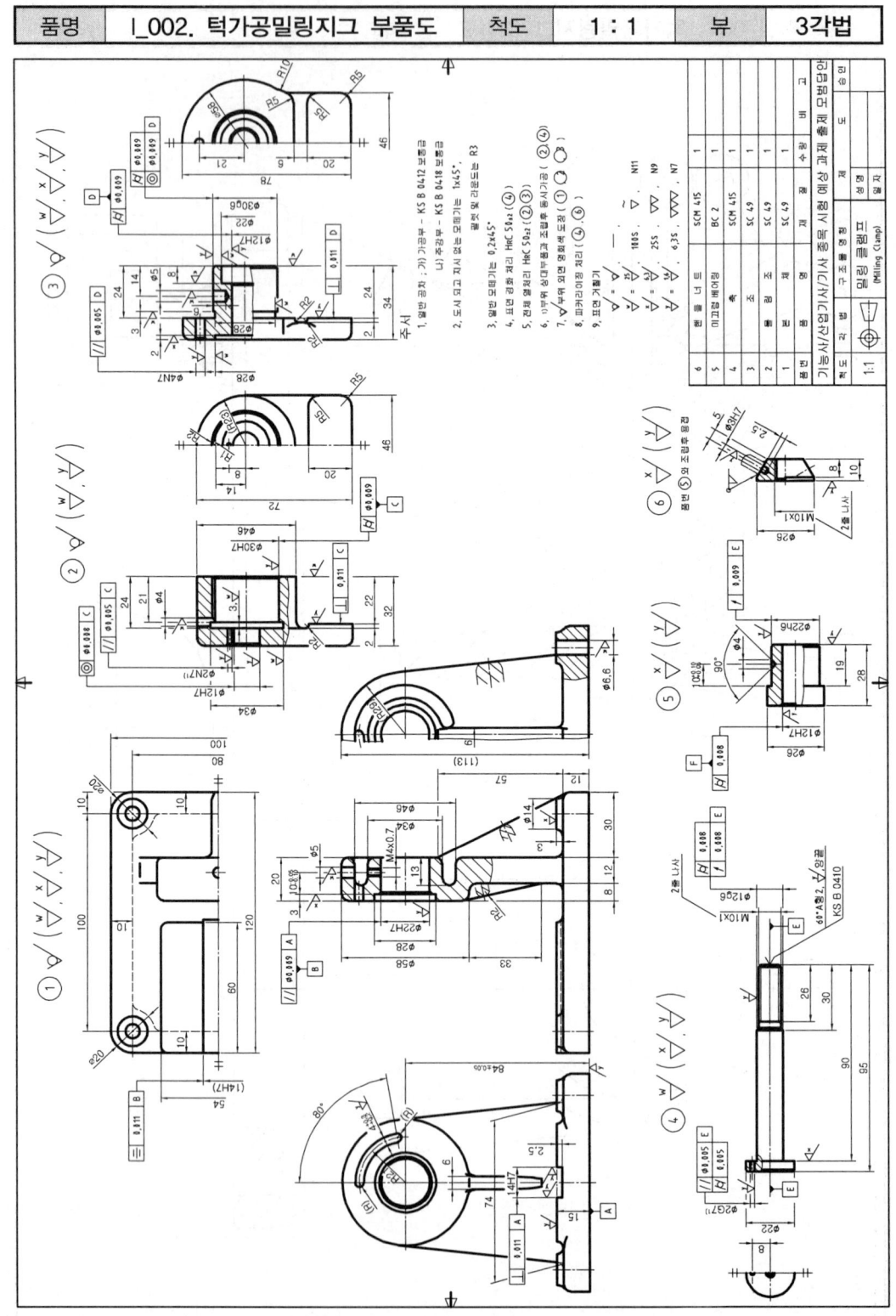

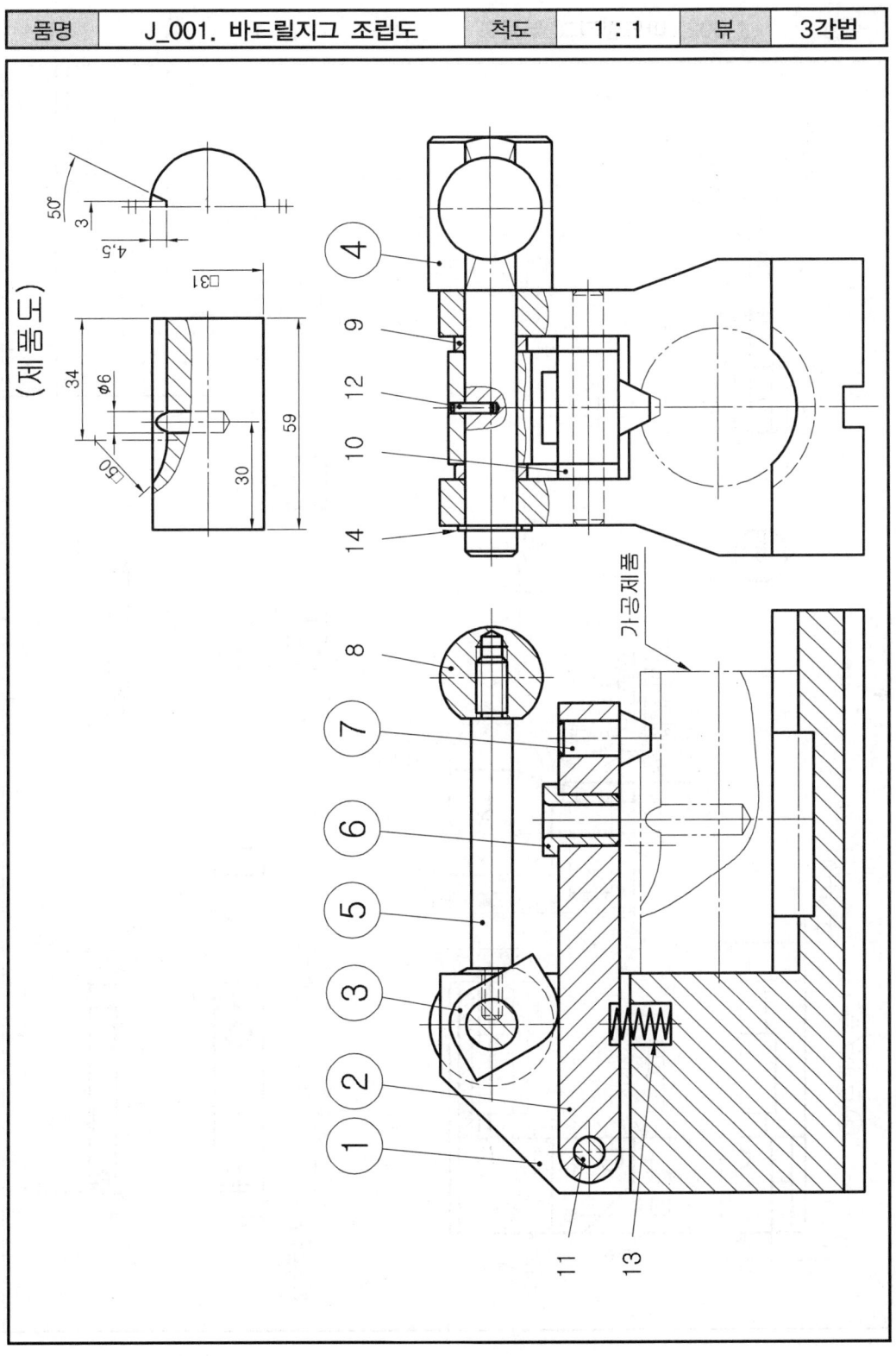

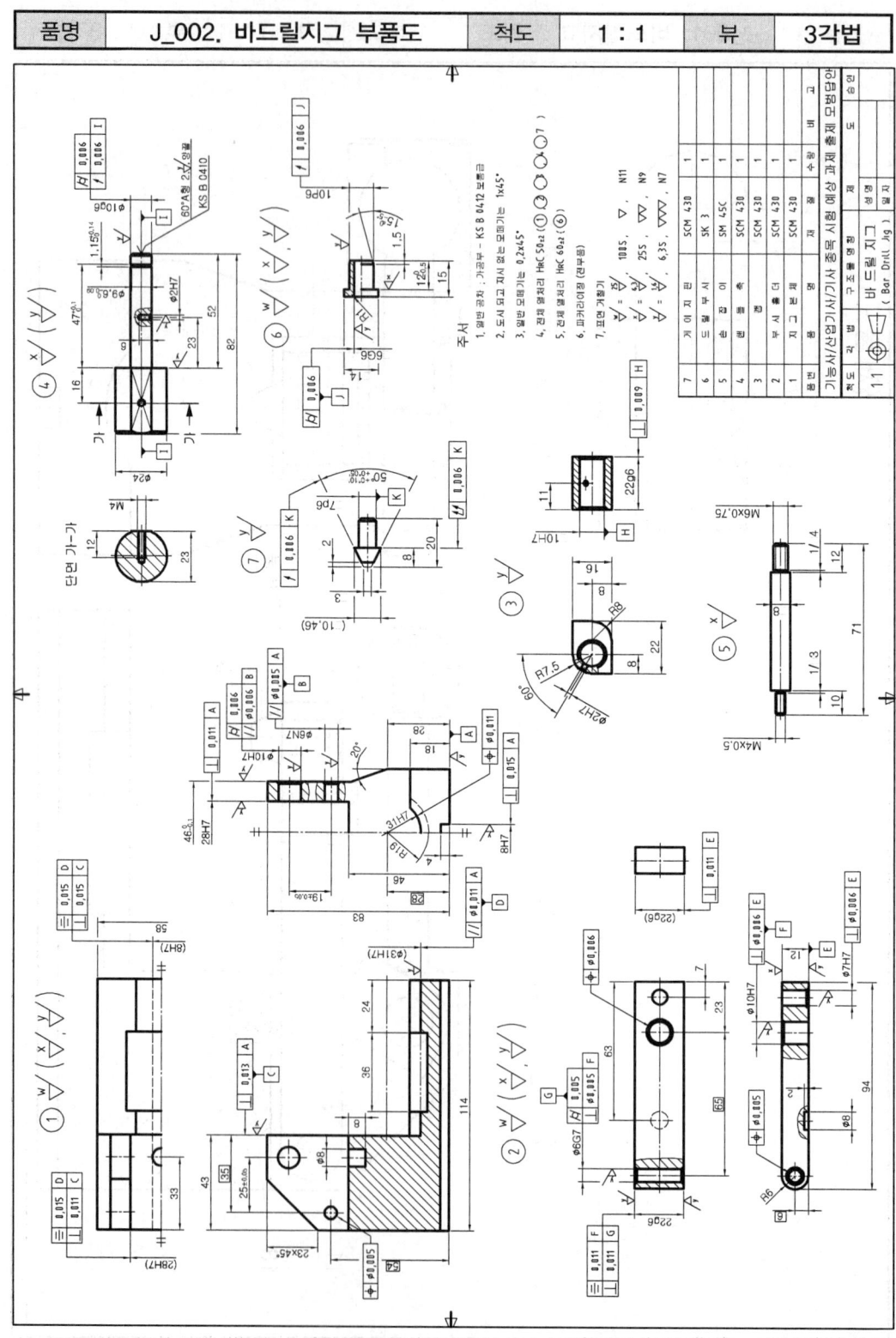